“绿典之路”丛书编委会

生态环境法典编纂辑丛

中国环境法典编纂要论

上卷

主　编　汪　劲

副主编　刘　超　巩　固　张忠民
　　　　竺　效　吴凯杰

法律出版社
LAW PRESS · CHINA
北京

图书在版编目(CIP)数据

中国环境法典编纂要论：上下卷 / 汪劲主编. --
北京：法律出版社，2023
ISBN 978 - 7 - 5197 - 7707 - 4

Ⅰ. ①中… Ⅱ. ①汪… Ⅲ. ①环境保护法—法典—研究—中国 Ⅳ. ①D922.680.4

中国国家版本馆 CIP 数据核字（2023）第 049863 号

中国环境法典编纂要论(上下卷)
ZHONGGUO HUANJING FADIAN BIANZUAN YAOLUN(SHANG XIA JUAN)

汪　劲　主编

责任编辑　吴　昉　蒋潆莹
装帧设计　鲍龙卉

出版发行　法律出版社
编辑统筹　法律教育出版分社
责任校对　王　丰　郭艳萍
责任印制　刘晓伟
经　　销　新华书店

开本　710 毫米 × 1000 毫米　1/16
印张　35.5　　字数　545 千
版本　2023 年 4 月第 1 版
印次　2023 年 4 月第 1 次印刷
印刷　永清县金鑫印刷有限公司

地址：北京市丰台区莲花池西里 7 号(100073)
网址：www.lawpress.com.cn
投稿邮箱：info@lawpress.com.cn
举报盗版邮箱：jbwq@lawpress.com.cn

销售电话：010 - 83938349
客服电话：010 - 83938350
咨询电话：010 - 63939796

书号：ISBN 978 - 7 - 5197 - 7707 - 4　　定价(上下卷)：96.00 元
凡购买本社图书，如有印装错误，我社负责退换。电话：010 - 83938349

感谢以下单位为“各国环境法典译丛”提供的大力支持!

中国法学会
阿里巴巴公益基金会
北京大学教育基金会

标示“绿典”之路（代总序）

对法律人而言，“法典”似乎是一个不可抵挡的诱惑。在我的阅读范围内，什么是法典，没有答案；但我知道，法典化是学术与实践紧密结合的过程，法学理论是法典的基础，法典是法学理论的规范性表达，没有法学和法学家，就没有法典！正因为有法学和法学家的存在，世界上从来不缺少推动法典化的力量，也未消失过反对的声音。不可否认，法典化运动是近代以来一个普遍的法律现象，在法典的制定上，法学家发挥着不可替代的作用。

十二表法是法典，抑或民法大全是法典？真的很难回答。在最宽泛的意义上，法典是一种成文的法律作品，主要是对某一法律领域最根本的原则和基础性的规范作出规定。法典是整体的、系统的，不是单一的法律，也不是对多部法律的简单汇编；法典是科学系统编纂的成果，是对法学和法律的提炼和结合，需要由法学家和法律家共同参与才能完成。法典化作为一种理想的立法模式和方法，各类法律不断地完善、补充以及体系化，最终都是以制定法典作为目标的。

即便如此，环境法人对环境法典依然有太多的疑问。从形式上看，大陆法系的一些国家制定了环境法典，更多国家没有环境法典；有的国家环境法律冠有“法典”之名，但学者们却认为其不是一部法典；有的国家环境法典连续多达数本，有的国家环境法典只有可怜的几十条。从内容上看，不同国家的环境法典更是千差万别，与具有基本相同体例的各国民法典相比，简直是“冰火两重天”。从法典化的过程看，有的国家经过三十多年的争论，多次启动环境法典制定，始终不得其果；有的国家几乎还没有开始环境保护，就在国外专家的帮助下，出台了环境法典；还有的国家环境法典已经制定完成，却因为种种原因不能或者不敢颁行……到底什么时候需要环境法典?环境法典是社会变革的必然结果吗?特定的个人或政治家对环境法典有怎样的作用?应如何认识环境法典与环境法学的关系?剪不断、理还乱,直叫人爱也法典,恨也法典!

在中国,环境法典同样是环境法人的不变“初心”,也始终走在坎坷崎岖的道路上。20世纪70年代,中国环境保护立法起步之始,就设定了法典化目标。1979年,在时任国务院环境保护领导小组副组长李超伯代表国务院向全国人大常委会所作的《关于〈中华人民共和国环境保护法(草案)〉的说明》中,就明确指出这部法律主要是规定国家在环境保护方面的基本方针和基本政策,应成为环境保护领域的基本法。虽然这部法律因种种原因以《中华人民共和国环境保护法(试行)》的方式颁布,但以基本法为龙头、单行法为骨干的环境立法体系一直延续至今,“体系化”这个法典的核心要素始终存在。在环境法理论研究中,法典化是一个永恒的课题,三十多年的中国环境法发展史上,不断有学者推出有价值的环境法典研究成果。2011年年底,全国人大常委会讨论启动《环境保护法》的修订时,将修订后的《环境保护法》作为环境法典总则加以考虑并为进行环境法典编纂奠定基础的建议再次提出,遗憾的是没有得到采纳。2014年,十二届全国人大常委会第八次会议审议通过的《环境保护法修订案》只是进一步明确了其在环境保护领域的综合法定位。在学者们看来,这是《环境保护法》地位的提升,但由此带来的立法实践“困扰”日显,随着《大气污染防治法》《海洋环境保护法》《水污染防治法》等环境保护单行法修订工作的展开,如何处理与《环境保护法》的关系,成为一个现实的问题。或者高度重复立法或者法律支离破碎的困境,使立法者开始关注并思考环境法典编纂的必要性及可行性;人大代表、政协委员关于环境法典编纂的议案、建议逐渐增多,将编纂环境法典纳入第十三届全国人大常委会立法计划的呼声也日益高涨。

不得不承认,我们这一辈环境法人赶上了最好的时代!过去四十年经济社会高速发展所积累的生态环境问题成为制约中国未来的“瓶颈”已是社会共识,用法治手段推进生态文明建设、打赢污染防治攻坚战的举措彰显坚定的政治意志,中国自己的立法、执法、司法经验和理论成果奠定了环境法体系化、整体化的基础。种种现象表明,展开法典化研究和推进环境法典编纂的一些必要条件已经具备;但是,这些客观现实均不能构成中国必须编纂环境法典的充分理由。中国是否需要环境法典,是否存在环境法典的替代方案?如果我们认为中国应该有环境法典,也必须回答中国需要怎样的环境法典、如何构建适应环境法典需求的环境法知识体系、如何在现有环境立法与资源立法的基础上进行建构、如何处理环境法典与民法典等传统法典的关系……别有滋味在心头,真让人喜也法典,忧也法典!

一个时代的学者有一个时代的使命,回答环境法典编纂的基本理论问题,是今天的中国环境法学者必须直面的时代课题。这需要学者们有时不我待的担当和舍我其谁的勇气,以严肃的学术态度、坚毅的学术精神、科学的学术方法、理性的学术论证,提出能够让立法决策者接受、让社会接受的成果。至于最后的结论,无论是圆梦环境法典还是梦碎环境法典,都具有同等的非凡价值。我们要做的,仅仅是忠实记录所走过的道路,并留下一个又一个路标,昭示后来人。

在我的心目中,“绿典之路”丛书就是这样一个树立路标的系统工程。之所以将环境法典称为“绿典”,是希望为我们的路标涂上最鲜明的底色,为每个行路人提供更高辨识度。面对可能前行、可能转折、可能返回的环境法典之路,希望既提供国外先行者的路线图,鼓励研究参照系、重走经典线,为可行或不可行之路插上绿色路标;也总结中国的经验,鼓励漫漫长路上下求索,逢山开路、遇水搭桥,为开辟康庄大道设定绿色标识。为此,“绿典之路”丛书设计了“各国环境法典译丛”“外国环境法典研究文丛”“中国环境法典研究文丛”“环境法典相关研究文丛”等若干子系列,从构建环境法典研究“生态系统”的角度,探索环境法典化的“生态平衡”。出现在“绿典之路”上的每一本论著,都应该既有独立的功能与作用,也能为提升生态系统的服务能力贡献智慧与力量。

我知道,任何国家制定法典,都有很多既偶然又必然的因素发挥作用,结果不可预测。在中国,环境法典的出台,也许很快,也许很慢,甚至慢到我们这一代人都无缘相见。但是,我更明白,学者对法典的追求,从来不是以被命名为法典的某个法律文件为直接目的。在法典化的进程中,创新和创造环境法知识体系、合理解释环境法社会现象、准确把握环境法运行规律、教授和传承环境法思维方式、巩固和提升环境法学术品质,都是学者为环境法典所做的最好准备和最大贡献。因此,“绿典之路”丛书是否可以在当下直接为中国环境法典编纂做出贡献,可遇而不可求。但是,记录环境法学的思维过程,记载环境法学人的心路历程,记忆环境法学科的品格养成,为后人标示中国环境法典化之路,一定可以实现。

2014 年的今天,全国人大常委会高票通过《环境保护法修订案》,这部“长出了牙齿”的法律,凝聚了几代环境法人的心血,是环境法理论成果与立法决策的有机结合,值得环境法人骄傲和自豪!2018 年春天,我们托起心中的向往,满怀信心再出发!期待在“绿典之路”上,环境法学者不断成长,环境法成果不断涌现,环境法学科不断完善,环境法品格不断成熟!

吕忠梅

2018 年 4 月 24 日

于北京太平桥大街 23 号

当幸福来敲门（代序言）

2022 年夏天，世界多国的炎热持续与火灾频发，人与自然在“赤诚相见”中共生；中国长江流域出现汛期反枯与多地高温“超长待机”，让人体会到前所未有的“温度”。网友们调侃“不到 43℃都不好意思说热”“在路上遇到个陌生人，相视一笑变熟人了……”面对百年未遇之大“烤验”，气象专家说这是全球气候变化带来的后果，未来可能变为常态；环境法学者无法立即得出结论，却对包括气候变化在内的环境问题研究，更多了几分责任。

夏末秋初，中国法学会环境资源法学研究会“环境法典专家建议稿”课题组连续召开了“环境法典编纂理论与实践研讨会”和“环境法典专家建议稿编纂第一阶段成果结项研讨会”。我们选择在“红色遵义”召开“绿色法典”研讨会，既旨在对《生态环境法典专家建议稿（草案）》（以下简称《专家建议稿草案》）的研究成果进行阶段性总结，研讨下一阶段工作；也寓意环境法典编纂研究的血脉赓续与文化传承。为中国的“绿典之路”留下“精研探理论 力行出真知”的浓重标识。

回想起来，“环境法典专家建议稿”子课题组于 2019 年秋正式开始工作，我参与了其中的研究框架拟定、骨干团队组建、重点问题研讨以及内外部征求意见会等不少活动，也联系了多个法学刊物组稿并领衔撰写了十余篇论证文章，多次对各小组讨论草拟的法典条文以及论文作者的初稿进行具体讨论，觉得自己对研究成果的丰富了然于胸。但在这次会上看到摆在桌上的纸质成果，面对眼前的五编 1102 条 156 万余字的《专家建议稿草案》及立法说明、各大法学期刊上发表的 50 多篇超过 100 万字的论证文章、还有近 30 万字的多场论证会发言记录，心中如有万马奔腾。数以百万计的文字背后，是 100 多名环境法学人近 3 年的勠力同心、绞尽脑汁、攻城拔寨、柳暗花明，是所有关心和支持环境法典编纂研究的各学科学者的倾囊相助、集思广益、推石上山、峰回路转。

这是一次真正的闭门会议,前两天是论文作者交流,后三天是对《专家建议稿草案》的逐编讨论。大家针对已有成果,本着冲破“天花板”、提升“续航力”的态度,直面问题、直陈观点、直接争论,提出了数百条需要进一步论证和解决的问题。在面对碾压式提问进行跳跃性回答时,从他人指出问题之初的不解到迅速找到破解之道的喜悦中,我强烈地感受到这支“史上最年轻的法典编纂团队”中的许多人正经历着从“青椒”向“红椒”质变之痛:他们的问题意识、破题能力、解题方法基本成熟,在环境法典编纂基础研究和理论创新方面可谓得心应手;但针对法典编纂所需要的从理论构想到法律文本、从学者的批判性思维到立法者的政治性选择等“频道切换”,他们在对论文向条文的转化、事理到法理的融通、世情与国情的洞察方面尚显生涩。这是新一代环境法学人面临的挑战,也是新一代环境法学人成长的巨大空间。对于5年前就“以准备失败的心情去迎接胜利”的环境法典编纂研究,幸福的脚步声已经越来越近。2021年全国人大常委会将环境法典编纂研究纳入立法计划,更是敲响了加快步伐的鼓点。

我们明白,目前的《专家建议稿草案》还不成熟,还有太多需要进一步解决的问题,无法在自己都不满意的情况下拿出来“示人”。但也深知,《专家建议稿草案》研究和拟订过程中遇到的困难和问题绝对不限于课题组自己,甚至不限于环境法典编纂自身,它们可能是中国进入“法典时代”后,法典编纂所共同面临的理论与实践挑战。把我们对这些问题发现、思考的过程以及对解决问题方案的设计展示出来,让更多人关注、了解、参与环境法典编纂研究,为加快环境法典编纂凝聚智慧和力量,是我们为机遇开门的最佳选择。

于是,这次会议讨论决定将其中的部分成果集结成为《中国环境法典编纂要论》出版。我们选择了近3年来发表的对《专家建议稿草案》有重要作用的20多篇论文、对《专家建议稿草案》进行研讨的50多篇发言实录。希冀在全面呈现课题组成员对《专家建议稿草案》的理论思考与实践关切的同时,也展示在《专家建议稿草案》形成过程中,来自不同学科、不同领域专家学者,围绕《专家建议稿草案》研究中的重点、难点、热点、焦点问题,提出的富有针对性与建设性的意见建议。为便于了解课题组的基本思路,我们将《专家建议稿草案》条旨大纲(2022 年 8 月版)作为附件,供读者参考。

本书基本按照《专家建议稿草案》的逻辑,安排为六篇。除“基础理论篇”外,其余部分根据《专家建议稿草案》设计的五编制结构,分别对应为总则篇、污染控制篇、自然生态保护篇、绿色低碳发展篇、生态环境责任篇。每篇的内容包括理论研究和问题探讨两部分:理论研究主要收入相应主题的学术论文,问题探讨部分主要收入相关研讨会上专家学者的发言实录,《专家建议稿草案》条旨大纲(2022 年 8 月版)置于相应篇的问题探讨部分。

本书分为上、下两册,涉及环境法典编纂研究“命题—破题—析题—解题”过程中不同层面的诸多问题。我们希望,大家能够更多关注课题组提出的基本主张和相关论证,帮助并支持课题组取得更加丰富、更高质量的研究成果。

第一,环境法典编纂是重大的政治决策和最高形式的立法活动。通过将有关生态环境保护关系的多部法律编纂形成一部法律,既可以完善生态环境保护法律的逻辑体系,实现制度统一,便利社会生活;又可以加速绿色低碳发展战略转型,促进国家治理体系和治理能力现代化。今天的中国,有习近平生态文明思想的坚强理论武装,有人民群众对美好生活新向往的民意基础,有构建党委领导、政府主导、企业主体、社会组织和公众共同参与的现代环境治理体系的现实需求,有共谋全球环境治理体系、共建“地球生命共同体”的博大胸怀,还有几代环境法学人持续研究提供的学术支持,环境法典编纂条件已经成熟。为此,应将环境法典编纂纳入国家立法规划,尽快启动环境法典编纂工作。

第二,环境法典编纂是落实《宪法》确定的建设“美丽中国”国家目标、保护生态环境国家任务的必然要求。应以习近平生态文明思想为指引,树立“人与自然生命共同体”理念,以“可持续发展”为价值主线、以“生态环境”为调整范围、以构建“人与自然和谐共生”法律关系为编纂方法,形成“总则—污染控制—自然生态保护—绿色低碳发展—生态环境责任”的框架体系,体现“生态兴则文明兴”“生态环境是最普惠的民生福祉”“山水林田湖草沙统筹治理”“绿水青山就是金山银山”“共谋全球生态文明建设”的绿色低碳发展战略,促进环境治理体系与能力现代化。

第三,中国环境法典宜以“生态环境法典”命名,根据中国生态文明体制改革继续深化的国情以及生态环境立法以监管为主的特征,采取“适度法典化”模式,保持环境法典一定程度的开放性与动态性。环境法典应坚持“以人民为中心”立场,确立并保护公民环境权;扎根于中华民族优秀传统文化的深厚土壤,体现“天人合一”“道法自然”世界观和“仁民爱物”自然观;传承中华法系“寓道于术”的法典编纂方法,实现节制、平衡、和谐之意的“取用有度”法治现代性转化。同时,在吸收借鉴外国环境法典编纂有益经验基础上,创新环境法典体例,将绿色低碳发展作为专门一编,通过提高社会经济活动中资源、能源开发利用的效率与公平、确保国家能源安全,促进资源开发利用与生态承载力相协调,推动实现经济社会可持续发展。

关山万千重,山高人为峰。中国共产党第二十次全国代表大会召开在即,生态文明建设的新战略布局呼之欲出。编纂中国自己的环境法典,这个曾经遥不可及的梦想,正在几代人的努力奋斗中不断靠近。穿过立法计划,已经能看到一部具有中国特色、时代烙印、国际典范的生态环境法典。每一代人都有自己的长征路,当环境法典编纂的使命落在环境法学人的肩上时,每个人都是最佳的责任担当,应以千磨万击还坚劲的意志,激扬越是艰险越向前的精神,踔厉奋发,笃行不怠。

幸福里没有为什么,只有我!

吕忠梅

2022 年 8 月 12 日于遵义

编 写 说 明

本著作是中国法学会环境资源法学研究会组织开展环境法典编纂系列研究课题的阶段性成果之一。

2017 年 1 月,中国法学会环境资源法学研究会(以下简称研究会)在北京大学举行了环境立法法典化高端研讨会,拉开了中国环境法典编纂多学科、全方位和多视角研究的序幕。同年 10 月,研究会在北京举行环境法典编纂国际研讨会,对环境法典编纂的理论和实践问题进行了深入研讨。

2018 年 8 月,研究会成立了由会长吕忠梅教授为负责人的环境法典编纂研究项目组,在阿里基金会的支持下启动了"中国环境法典研究"和"环境资源法学研究队伍能力建设"两个专题的学术研究工作和能力建设活动,决定用 10 年甚至更长时间对环境法典编纂的基本理论和立法实践等课题进行全面、深入研究,为适应国家将来启动的环境法典编纂工作的需要,同步培养一批理论水准高、实践能力强的中青年环境法学者。

四年多来,项目组组织翻译了 11 个国家的环境法典,分 15 个专题分类研究环境法典编纂的基本理论,启动了 8 期中青年环境法学者教学科研能力高端培训活动并连续 4 年举办中国青年环境法学者论坛和"撷英青年环境法学奖"评奖活动。此外,研究会还成立"绿典之路"丛书编委会,编辑出版了"各国环境法典译丛""中国环境法典研究文丛""生态环境法典编纂辑丛"等系列研究丛书,组织编写了《中国环境法学研究(2000－2020)评述》和《环境法学课程知识点体系和教学指南》,为进一步深入开展环境法典编纂实践奠定了理论基础。

基于前期环境法典编纂研究的学术成果,根据吕忠梅会长建议,2019 年下半年,研究会组织国内近百位中青年环境法学术骨干成立了"环境法典专家建议稿编纂"课题组,与北大法宝(北京北大英华科技有限公司)合作研制了人工智能环境法典编纂立法系统并正式启动《生态环境法典专家建议稿(草案)》(以下简称《专家建议稿草案》)编纂工作。研究会还连续与刑法、民法、宪法等兄弟研究会分别在清华大学、中国人民大学、北京航空航天大学和西南政法大学联合举办了环境法学科与重要部门法学学科对话会,就环境法典编纂中涉及的与刑法条款的关系、与民法典编纂中绿色条款的关系和宪法规范实施与环境权条款的关系等立法和实践课题开展了法学学科内跨学科、广泛深入的学术交流,为环境法典编纂中涉及的重要部门法理论课题提供解决方案和理论指导,增强了课题组做好环境法典专家建议稿的决心与信心。

2021 年 3 月,全国人大常委会公布了 2021 年度立法工作计划,首次研究启动环境法典等条件成熟的行政立法领域的法典编纂工作,极大地鼓励课题组做好《专家建议稿草案》的编纂工作。2021 年 8 月,课题组完成了《专家建议稿草案》初稿的编纂工作;同年 10 月,在海南大学举行了《专家建议稿草案》初稿研讨会。

2021 年以来至今,课题组围绕《专家建议稿草案》的编纂举行了多场专题研讨会,形成了 30 多万字的会议记录;课题组成员在多个法学期刊分别发表环境法典编纂研究论文 50 余篇,形成了 100 多万字的论证文章。目前,共分五编 1102 条、计 150 多万字的《专家建议稿草案》及其立法说明的文本雏形已基本形成。

为充分展现课题组在《专家建议稿草案》编纂研究中取得的专门成就,课题组召集部分教师和研究生对上述成果进行了编辑整理,择其要者集结分篇出版,为环境法典编纂研究项目结项和《专家建议稿草案》第一阶段编纂研究画上一个完美的句号。

在此,对参与本书编写的以下人员致以诚挚的谢意:本书各章节的作者;北京北大英华科技有限公司的赵晓海总经理、曹琴总监、武崇松经理、王一涵经理、汤倩旎经理、侯飞宇经理等技术团队成员;《专家建议稿草案》各编子课题组的吴昂、冀鹏飞、邓琼老师,以及冯令泽南、吕爽、初依依、宋亚容、李晓慧、吕稣、李文贺、刘娉、吕可欣等博士和硕士研究生。

环境法典专家建议稿编纂研究课题总牵头人　汪劲

2022 年 8 月 8 日

于遵义宾馆

目　　录

基础理论篇

总　则　篇

污染控制篇

基础理论篇

1.1 环境法典编纂的总体构想*

在2020年11月召开的中央全面依法治国工作会议上，习近平总书记发表重要讲话，明确指出“民法典为其他领域立法法典化提供了很好的范例，要总结编纂民法典的经验，适时推动条件成熟的立法领域法典编纂工作。”①为贯彻落实习近平法治思想，中共中央印发的《法治中国建设规划（2020—2025）》提出了“到2025年，以宪法为核心的中国特色社会主义法律体系更加完备”的总体目标。② 这意味着，中国特色社会主义法律体系中，不应该只有一部民法典。2021年4月，全国人大常委会向全社会公布的立法计划中，明确提出“要研究启动环境法典、教育法典、行政基本法典等条件成熟的行政立法领域的法典编纂工作”③。国家决策、立法机关工作安排都表明，环境法典编纂已经不是一个单纯的学术研究问题，或者说不应再停留在理论层面，为立法决策者提供理论支撑与具体编纂方案已经成为当务之急。因此，迫切需要对一些基础性问题作出回答。

---

* 吕忠梅，中国法学会副会长、中国法学会环境资源法学研究会负责人。本部分根据作者在武汉大学环境法研究所成立四十周年纪念暨面向新时代的中国环境法学高端论坛（2021年9月25日，武汉）、《生态环境法典专家建议稿（草案）》基础理论与总则编专题研讨会（2022年1月12日，北京）、《生态环境法典专家建议稿（草案）》污染控制编专题研讨会（2022年4月23日，北京）、《生态环境法典专家建议稿（草案）》绿色低碳发展编专题研讨会（2022年4月17日，北京）上的主旨发言整理而成，收入本书时有部分修改。

① 习近平：《坚定不移走中国特色社会主义法治道路　为全面建设社会主义现代化国家提供有力法治保障》，载《求是》2021年第5期。

② 中共中央印发：《法治中国建设规划（2020—2025年）》，载《人民日报》2021年1月11日，第1版。

③ 全国人民代表大会：《全国人大常委会2021年度立法工作计划》，载中国人大网2021年4月21日，http://www.npc.gov.cn/npc/c30834/202104/1968af4c85c246069ef3e8ab36f58d0c.shtml。

一、环境法典编纂的条件已经成熟

环境法典编纂的条件是否成熟,是启动编纂环境法典首先要回答的问题。前提是如何判断或者以什么为标准来判断条件成熟与否。从各国法典编纂的经验看,有四条共同性标准:一是法典编纂有国家的现实需求,包括政治的、社会的和经济发展的需求;二是有政治与民意基础;三是有足够的立法资源;四是有充分的立法技术准备。[①] 从中国《民法典》编纂的经验看,各方面有不同总结,[②]概括起来就是:"党中央的坚定决心、坚强领导、有力组织是法典成功编纂的政治保证;具有中国特色、体现时代特点、反映人民意愿是法典编纂的内在要求;具有坚实的立法基础和实践基础和理论研究基础是开展法典编纂的前提条件;遵循立法规律、坚持问题导向,开门立法、发挥人大代表主体作用、营造良好舆论氛围、培养造就专门立法人才队伍等,是法典编纂的重要方略。"[③]从这些标准来看,环境法典编纂的基本条件已经成熟。

(一)有习近平生态文明思想和习近平法治思想作为坚定的政治基础和强大的理论武装

中国共产党对百年追求史就是"从苦难中国到美丽中国"的奋斗史,在中国共产党为人民的尊严和幸福、为中华民族的伟大复兴接续努力的过程中,一直存在追求更美好的生活环境和生态环境的主线。[④] 党的十八大以来,习近平总书记创造性提出一系列新理念新思想新战略,诞生了系统科学、逻辑严密的习近平生态文明思想[⑤]和内涵丰富、体系完备的习

---

① 参见吕忠梅:《环境法典编纂:实践需求与理论供给》,载《甘肃社会科学》2020 年第 1 期。

② 参见《总结民法典编纂经验　推动民法典贯彻实施——中国法学会"积极推动民法典实施座谈会"发言摘编》,载《人民日报》2021 年 4 月 16 日,第 15 版。

③ 许安标:《总结编纂民法典的经验　推动条件成熟立法领域法典编纂》,载《民主与法制》2021 年第 35 期。

④ 参见孙金龙、黄润秋:《回顾光辉历程　汲取奋进力量　建设人与自然和谐共生的美丽中国》,载《光明日报》2021 年 6 月 22 日,第 6 版。

⑤ 参见《求是》编辑部:《在习近平生态文明思想指引下迈入新时代生态文明建设新境界》,载《求是》2019 年第 3 期。

近平法治思想。[①] 习近平法治思想的生态文明理论作为马克思主义中国化、现代化的最新成果,指导"生态文明建设""绿色发展""美丽中国"写进党章和宪法,成为全党意志、国家意志和全民共同行动的指南,为环境法典编纂提供了坚定的政治基础。"以人民为中心"的法治立场,坚持法治为了人民、人民至上的原则为环境法典编纂提供了最终目标;自然生命共同体、人与自然生命共同体、人类命运共同体的三个"共同体"命题,为环境法典编纂提供了价值论和方法论;最严格的制度、最严密的法治保护生态环境的"最严法治观",为环境法典编纂提供了实践基础。[②]

(二)有构建现代环境治理体系的新目标、新任务对编纂环境法典提出的现实需求

近年来,国家为推进生态文明体制改革发布了一系列重要文件,尤其是2020年中共中央办公厅和国务院办公厅联合发布的《关于构建现代环境治理体系的指导意见》,明确提出了构建现代环境治理体系的目标,要求建立"源头严防、过程严管、后果严罚"的全过程、全链条的"大环保"格局,[③]这个新体系远不是过去我们理解的环境保护就是污染防治和生态保护。我国明确提出到第二个一百年时,达到中等发达国家的环境质量水平。为实现这个目标,"十四五"规划确定了"以降碳为重点""减污降碳协同增效"两个抓手。将"双碳目标"与"污染物排放减量"有机结合,这是中国的一大特色。通过这一方法推动全面绿色转型,促进生态环境质量实现从量变到质变的飞跃。[④] 现代环境治理体系和"十四五"新目标,需要建立统筹污染治理、生态保护、应对气候变化、促进生态环境质量持续改善的生态环境保护法律体系,而不是传统意义上的"小环保"法律体系。[⑤]

---

① 参见李林:《习近平法治思想的核心要义》,载《中国社会科学报》2020年11月23日,第4版。

② 参见吕忠梅:《习近平法治思想的生态文明法治理论》,载《中国法学》2021年第1期。

③ 参见中共中央办公厅、国务院办公厅:《关于构建现代环境治理体系的指导意见》,载中央人民政府网,http://www.gov.cn/zhengce/2020-03/03/content_5486380.htm。

④ 参见王仁贵:《面对艰巨任务,"十四五"绿色转型如何布局——生态环境部部长黄润秋接受〈瞭望〉新闻周刊专访》,载《中国生态文明》2021年第2期。

⑤ 参见吕忠梅:《中国环境立法法典化模式选择及其展开》,载《东方法学》2021年第6期。

(三)有环境立法矛盾冲突、缺乏体系性而产生的环境法典编纂内生动力

现行环境立法模式导致的法律适用困难等是理论与实务界呼吁法典编纂的直接原因,这是多年来被反复讨论的问题。[①] 我国从1979年《环境保护法(试行)》到现在,已经制定了多部相关法律,"有法可依"的问题已基本解决。但是,现行立法的问题也很明显:一是立法数量多、速度快,但重复率高,矛盾冲突多,法律适用比较困难;在污染防治立法中,立法时间跨度长达40年,制定时间不一,其间又经过多次修改,导致《环境保护法》与大气、水、固体废物、噪声等污染防治法的条文重复率达30%以上;一些基本制度在不同的单行法中,适用原则、适用程序、适用条件、处罚主体或处罚形式都不一致,导致环境执法和司法常常陷入困境。[②] 二是采取环境与资源立法"二分"模式,[③]缺乏体系化立法思维,加之实际存在的部门利益法律化现象,不仅法律冲突多,而且用政策解决立法突出方式被经常运用,导致环境治理实践中的法律适用度低,"运动式执法"较为普遍,法律的实效性、权威性降低,不利于法治建设。

(四)有多年环境立法及法典化研究所达成的学术共识为编纂环境法典奠定理论基础

几代环境法人为环境法体系化做出了巨大贡献,虽然思路不同,但形成了丰富的理论成果。从环境法学史的演变看,环境法学产生之初,学者们提出了先制定环境保护法,然后制定单行法的"基本法 + 单行法"的体系化思路,[④]并始终认为应该有环境立法体系。[⑤] 中国于1989年第一次

---

① 参见何江:《为什么环境法需要法典化——基于法律复杂化理论的证成》,载《法制与社会发展》2019年第5期。

② 参见吕忠梅:《环境法典编纂:实践需求与理论供给》,载《甘肃社会科学》2020年第1期。

③ 参见邓海峰:《环境法与自然资源法关系新探》,载《清华法学》2018年第5期。

④ 参见李超伯:《关于〈中华人民共和国环境保护法(试行草案)〉的说明》(1979年9月11日)。转引自汪劲:《从环境基本法的立法特征论我国〈环境保护法〉的修改定位》,载《中外法学》2004年第4期。

⑤ 参见金瑞林主编:《环境法学》,北京大学出版社2002年版,第43－52页;吕忠梅主编:《环境法学概要》,法律出版社2016年版,第59－70页。

修订《环境保护法》,1992 年联合国里约热内卢环境与发展大会明确提出可持续发展观,[①]环境法学界出现了关于环境立法体系化的高潮,明确提出编纂环境法典的主张。[②] 2014 年修订《环境保护法》前后,有学者明确提出将《环境保护法》作为未来环境法典的"总则"加以修订。[③] 2015 年启动《民法典》编纂时,有关环境法典编纂的讨论再次热烈。[④]

2017 年,中国法学会环境资源法学研究会启动了环境法典编纂研究的重大项目。为此,专门成立"外国环境法典翻译""环境法典编纂基础理论研究""环境法典专家建议稿"三大课题组,公开招标 15 个研究课题,召开多次相关研讨会,并委托北大法宝开发了智慧立法系统。全国有近 200 位学者参加这个项目,已经发表 50 多篇论文,形成 5 本专著,完成 9 个国家的环境法典翻译。2021 年全国人大法工委立法计划发布后,中国法学会环境资源法学研究会组织数十名学者提出了《生态环境法典专家建议稿(草案)》,并正在进行深入论证。

经过多年研究,环境法学界对于环境法典编纂达成基本共识,认为条件已经成熟,应迅速启动环境法典编纂工作。

二、环境法典编纂以核心价值为主线

全国人大法工委公布的立法计划中将环境法典定位于"行政立法领域的法典编纂"[⑤]。立法实践中的环境资源立法,分属于法律体系中的行政法与经济法两个部门。一般情况下,资源类立法属于经济法,环境类立

---

① 参见吕忠梅主编:《超越与保守:可持续发展视野下的环境法创新》,法律出版社 2003 年版,第 2 页。

② 参见蔡守秋:《论国外环境法的综合性、一体化》,载《科技与法律》1998 年第 4 期;王灿发:《瑞典环境法的体系及其借鉴意义》,载《中国环境管理》1995 年第 5 期;屈振辉:《中国环境法的法典化问题研究》,载《嘉应学院学报》2004 年第 1 期;张梓太、李传轩、陶蕾:《环境法法典化研究》,北京大学出版社 2008 年版,第 319 - 320 页。

③ 参见汪劲:《论有限修改〈环境保护法〉的有效性课题》,载《清华法治论衡》2012 年第 2 期;张梓太、郭少青:《结构性陷阱:中国环境法不能承受之重——兼议我国环境法的修改》,载《南京大学学报(哲学 · 人文科学 · 社会科学版)》2013 年第 2 期;吕忠梅:《〈环境保护法〉的前世今生》,载《政法论丛》2014 年第 5 期。

④ 参见吕忠梅、窦海阳:《民法典"绿色化"与环境法典的调适》,载《中外法学》2018 年第 4 期。

⑤ 全国人大常委会:《全国人大常委会 2021 年度立法工作计划》,载中国人大网 2021 年 4 月 21 日,http://www.npc.gov.cn/npc/c30834/202104/1968af4c85c246069ef3e8ab36f58d0c.shtml。

法属于行政法。将环境法典作为行政领域的法典编纂,意味着环境法典一方面以管理法为主体,另一方面以污染防治领域立法为主要基础进行编纂。在这个定位之下,我们首先需要找到环境法典编纂的逻辑主线。

《民法典》以权利为主线,体现的核心价值是“自由”。为了实现“自由”,在主体维度,《民法典》假定自由的人是被高度抽象的社会中的“平均人”,不管年龄、性别、种族,均无个体差别;在行为维度,“自由”体现为自己能够决定自己的行为,《民法典》应最大限度地保障个体的主观意愿;在后果维度,“自由”体现为责任自负,自由选择的同时要求自负其责,这是《民法典》的核心价值使然。[①] 其实,在《民法典》编纂经验中,值得借鉴的是寻找逻辑主线的技术方法。

在笔者看来,民法与环境法最大的差别在于,民法尤其是《民法典》,是形式主义法学的“巅峰之作”,而环境法是代表实质法学的新型法域。环境法作为新型法律,其调整对象是经由自然环境作用而产生的“人—自然环境—人”的关系,[②]法律关系的性质包括传统的行政、民事、刑事、诉讼关系等多个方面,调整手段具有政策法律化、技术法律化的特征,是具有明显“跨界性”的领域性法律。[③] 这决定了环境法必然会建立追求实质正义的理论。环境法既要追求公平、正义、秩序、安全这样一些法的传统价值,更要追求人与自然的和谐共生、人类永续发展等终极价值。实际上,环境法构建了以可持续发展为目的价值,以安全、公平、正义、秩序为工具价值,目的价值和工具价值相互配合的价值体系。一方面,以目的价值统领工具价值;另一方面,对工具价值进行生态安全、环境正义、代际公平、环境治理秩序的“改造升级”。[④] 环境法典也必须立足于生态系统整体性、以公法调整为主的法律性质,注重经济社会发展与环境保护相协调以及“山水林田湖草沙”综合治理、基于自然生态规律的跨部门和跨地区统筹协调、基于生态系统服务功能的独立监管模式,必须以国家战略作为

---

① 参见吕忠梅、窦海阳:《民法典“绿色化”与环境法典的调适》,载《中外法学》2018 年第 4 期。

② 参见吕忠梅:《环境法律关系特性探究》,载《环境法评论》2018 年第 00 期。

③ 参见吕忠梅:《环境法回归　路在何方?——关于环境法与传统部门法关系的再思考》,载《清华法学》2018 年第 5 期。

④ 参见吕忠梅:《中国环境立法法典化模式选择及其展开》,载《东方法学》2021 年第 6 期。

根本价值取向。

中国进入新时代,2018年修订的《宪法》,将"推动物质文明、政治文明、精神文明、社会文明、生态文明协调发展,把我国建设成为富强民主文明和谐美丽的社会主义现代化强国"写入序言并与其他国家目标相互协同。同时,《宪法》第89条增加了国务院"领导和管理经济工作和城乡建设、生态文明建设"的职权,中国迈入了"环境宪法"时代。[①] 在国际环境治理体系中,中国也发挥着越来越重要的作用。这都要求环境法典编纂确立能够作为根本精神指引和原则性规范的核心价值和基础概念,实现环境立法思维从分散到系统整合的转变。这个概念,既要很好地体现"人与自然和谐共生"的目标任务、保障建设"美丽中国"战略的实现;又要能充分体现"共谋全球生态文明建设"的国际视野、为人类命运共同体贡献中国智慧和中国方案。综合考察国内、国际生态环境法治理论和实践,其已经成为我国生态环境保护社会实践活动的法治基础和核心,且既为中国环境立法确定立法目的和价值追求,[②]也为国际社会提出并践行生态环境保护,还为多国环境法典作为立法价值目标的可持续发展大有裨益。

(一)认真贯彻落实习近平生态文明思想的必然要求

习近平生态文明思想是新时代新发展阶段加强生态环境保护的指导思想和行动指南。从生态环境治理的角度看,习近平生态文明思想以人与自然是生命共同体为基础,将自然条件纳入生态合作治理框架,强调自然、市场、社会、政府相互嵌入,超越了国际上生态中心主义、生态社会主义、生态市场主义、绿色凯恩斯主义等理论的局限性,在生态伦理、治理方式上具有先进性,是习近平总书记对可持续发展理论的原创性贡献。[③]从国际范围来看,21世纪的可持续发展理论也有了很大的发展,在继续保持资源、经济、社会协调发展的核心理念基础上,更加强调可持续发展与环境保护脱钩,强调拓展可持续发展的时间、空间维度,强调市场、社

---

① 参见张翔:《环境宪法的新发展及其规范阐释》,载《法学家》2018年第3期。

② 参见柯坚:《当代环境问题的法律回应——从部门性反应、部门化应对到跨部门协同的演进》,载《中国地质大学学报(社会科学版)》2011年第5期。

③ 参见王鹏伟、贺兰英:《习近平生态文明思想对现代西方环境理论的超越》,载《人民日报》2021年10月18日。

会、政府的共同参与,其理论发展与中国的生态文明建设不仅“异曲同工”,而且是中国的生态文明建设走向世界的良好契合点。[①] 因此,将“可持续发展”作为环境立法领域法典编纂的基础概念,可以更好将“生态兴则文明兴”“生态环境是最普惠的民生福祉”“绿水青山就是金山银山”“山水林田湖草沙统筹治理”“共谋全球生态文明建设”的重要精神加以贯彻。

(二)固化生态文明体制改革成果的内在需求

中国共产党历来高度重视生态环境保护,把节约资源和保护环境确立为基本国策,1994 年发布的《中国 21 世纪议程》明确提出了中国可持续发展的战略目标、战略重点和重大行动,制定了促进可持续发展的经济政策,参与国际环境与发展领域合作的原则立场和主要行动领域。[②] 党的十八大将生态文明建设纳入“五位一体”总体布局;在新发展阶段中,将“绿色发展”置于“创新、协调、绿色、开放、共享”发展之中心位置,强调“绿色发展”对于构建新发展格局的重大意义。[③] 与此同时,大力推进生态文明体制改革,构建了“源头严防、过程严管、后果严惩”的生态文明制度体系,形成了“全面加强党对生态环境保护的领导、压实地方责任、压实部门责任”的“大环保”格局;通过组建生态环境部,统一行使生态和城乡各类污染排放监管与行政执法职责,打通地上和地下、岸上和水里、陆地和海洋、城市和农村、一氧化碳和二氧化碳,将碳达峰、碳中和纳入生态文明建设总体布局,贯通污染防治和生态保护,加强统一监管,坚决守住生态安全边界。[④] 将“可持续发展”作为环境立法领域法典编纂的基础概念,可以将党的十八大以来生态文明体制改革的重要成果尤其是“大环保”格局和统筹协调体制机制加以固化,将中国在人与自然和谐共生的发展理念和实践方面走在世界前列的经验加以总结,既保证“美丽中国”战略目标的实现,也展现中国作为绿色发展的探路者、贡献者和引领者的

---

① 参见诸大建:《用国际可持续发展研究的新成果和通用语言解读生态文明》,载《中国环境管理》2019 年第 3 期。

② 参见《中国 21 世纪议程——中国 21 世纪人口、环境与发展白皮书》,中国环境科学出版社 1994 年版,第 2 章中国可持续发展的战略与对策、第 4 章可持续发展经济政策。

③ 参见方世南:《领悟绿色发展理念亟待拓展五大视野》,载《学习论坛》2016 年第 4 期。

④ 参见吴舜泽等:《做实“一个贯通”和“五个打通” 推进国家生态环境治理体系和治理能力现代化》,载《中国环境报》2018 年 9 月 12 日,第 1 版。

大国担当。

(三)总结经验基础上完善生态环境立法体系的迫切需求

自1979年我国颁布《环境保护法(试行)》以来,经过40多年的发展,基本形成了以《环境保护法》为统领,涉及污染防治法、自然资源保护法、自然生态保护法、循环经济与资源综合利用法等各个领域,覆盖法律、行政法规、部门规章和地方性法规等多层级的环境与资源法律体系。这些立法为保护生态环境、保障公众健康、促进生态文明建设发挥了重要作用。自1992年以来,制定和修订的不少环境与资源法律按照《中国21世纪议程》的要求,①体现"可持续发展"原则。特别是2014年修订的《环境保护法》,将"可持续发展"纳入立法宗旨,其后修订的2015年《大气污染防治法》、2018年制定的《土壤污染防治法》等法律,也明确了"促进经济社会可持续发展"的立法宗旨。② 随着生态文明体制改革的进程,环境与资源立法也正在实现"从行政规制法到多元共治法""从要素管控法到生态治理法""从单一保护法到综合施治法"的转型。③《长江保护法》《生物安全法》更代表着中国生态环境立法未来的发展趋势。④ 以"可持续发展"作为环境立法领域法典编纂的基础概念,可以在认真总结已有立法经验的基础上,梳理和整合现有立法资源,一方面,针对污染防治领域立法重复率高、矛盾冲突与空白并存的现状,通过法典编纂实现类型化、体系化;另一方面,根据宪法确立的建设"美丽中国"的国家战略,按照生态文明体制改革构建"大环保"格局、建立统筹协调新体制机制的要求,形成污染防治与自然生态保护一体谋划、限制污染和破坏生态环境行为与促进绿色低碳发展整体考虑的新型规则体系。既为构建新发展格局提供法治保障,也在应对气候变化进程中为中国实现"碳达峰、碳中和"国际承诺充分展现大国担当、承担领导责任提供法治基础。

---

① 《中国21世纪议程》明确要求"逐步建立国家可持续发展的政策体系、法律体系"。参见《中国21世纪议程——中国21世纪人口、环境与发展白皮书》,中国环境科学出版社1994年版,第7页。

② 参见《大气污染防治法》第1条、《土壤污染防治法》第1条。

③ 参见吕忠梅:《习近平法治思想的生态文明法治理论》,载《中国法学》2021年第1期;秦天宝、段帷帷:《我国环境治理体系的新发展——从单维治理到多元共治》,载《中国生态文明》2015年第4期;吴凯杰:《环境法体系中的自然保护地立法》,载《法学研究》2020年第3期。

④ 参见吕忠梅:《中国环境法典的编纂条件及基本定位》,载《当代法学》2021年第6期。

(四)合理借鉴国外法典编纂成果并用好"世界通用语言"的客观诉求

1992 年联合国环境与发展大会以来,"可持续发展"理念盛行于国际社会并且不断深化发展,其概念和主要内容不仅为多个国际法律文件所采用,同时也对各国环境立法发展产生了极大影响。20 世纪 90 年代,世界上不仅出现了多个国家纷纷制定或修订环境保护法以体现可持续发展理念的高潮,而且在一定意义上,是可持续发展理念"催生"了环境法典。在比较法意义上,世界上已经颁布或准备出台的环境法典,莫不与之有关。考察瑞典、德国、法国、哈萨克斯坦、柬埔寨等国家的环境法典编纂历程,都可以发现"可持续发展"的基石性作用。① 比如,1997 年秋,瑞典政府内阁表示致力于将瑞典转变成生态可持续国家,而后所颁布的《瑞典环境法典》依此确定其立法目的、适用范围与基本原则等核心内容,形成了一个体现可持续发展精神的法律体系,这是世界上最早颁布的环境法典。再如,2012 年柬埔寨政府决定启动环境治理改革,以促进环境可持续性并维护国家经济发展,随后决定制定环境法典。从目前已经看到的《环境与自然资源法典草案》中,可以明显地看到"可持续发展"理念的基础性作用。② 以"可持续发展"作为环境立法领域法典编纂的基础性概念,采用生态环境保护的"世界通行语言",不仅可以使环境法典成为中国对世界的贡献,在联合国《世界环境公约》谈判中更好展示中国立场、体现中国方案;而且可以使环境法典作为共谋全球生态文明建设的标志性成果,成为为他国所向往、可模仿、可借鉴的立法经验,引领世界生态文明法治建设。

从国际上看,可持续发展已成为当代人类发展的最大共识,推动法律的整体性变革也是实现可持续发展的重要目标。从中国生态文明建设过程看,"建设生态文明是中华民族永续发展的千年大计"③,在国家治理框

---

① 参见吕忠梅、田时雨:《环境法典编纂何以能——基于比较法的背景观察》,载《苏州大学学报(法学版)》2021 年第 4 期。

② 感谢中国法学会环境资源法学研究会"外国环境法典翻译出版"课题——《柬埔寨环境与自然资源法典》翻译组负责人王社坤教授提供的中文翻译文本及其说明。

③ 习近平:《决胜全面建成小康社会 夺取新时代中国特色社会主义伟大胜利——在中国共产党第十九次全国代表大会上的报告》,载《人民日报》2017 年 10 月 28 日,第 1 版。

架中,可持续发展与生态文明建设体现为目的与手段的关系,[①]且两个概念在法律及政策文件中经常同时出现。从理论成果看,可持续发展与生态文明理论同源,都是反思传统发展方式、提出人类发展或者文明形态构想的理论成果。西方国家的学者从马克思主义自然观出发,提出了生态文明的构想,仅有空想成分,[②]中国把生态文明这样一个理论设想变成了治国理政的生动实践。考虑到"可持续发展"既是中国的,也是国际的;既是环境法的生动实践,也是中国对全球环境治理体系的独特贡献。从统筹国际国内两个大局,为世界贡献一部有引领力的环境法典的角度,将"可持续发展"作为环境法典编纂的核心价值,是合适的。

三、环境法体系化宜采取适度法典化模式

从世界范围内的环境立法看,环境法体系化的方法有两种:一种是"基本法 + 单行法",另一种是法典化。"基本法 + 单行法"的优点是无须考虑整体逻辑主线与篇章结构,只要在保证各单行法不违背环境基本法的基本理念、基本原则和基本制度的基础上,保持规则上的一致性就可以。但这种方法有明显缺点,容易使规范结构处于分散状态,难以避免规则"逸出",单行法逃离基本法约束的现象会经常发生。法典化路径的优劣与基本法正好相反,法典编纂可以建构较为完善的逻辑体系,体现立法的民主性、科学性、全面性、可预测性和易操作性,便利社会生活;法典还具有政治象征意义,有利于实现法律制度统一,加速国家战略转型,促进社会变革;法典还具有法文化意义,能够促进国家治理体系现代化。法典化路径的缺点是难度大,理论要求高;追求体系化的规范结构也可能会导致法律体系的停滞、甚至僵化。[③]

中国应该选择何种环境法典编纂方法,除理论上的论证外,还必须考虑立法基础的现实。中国环境立法最初曾设想过"基本法 + 单行法"体系,后来由于种种原因并没有实现,在环境与资源立法二分的情况下,污染防治立法速度快、覆盖面广;自然资源立法主要以资源开发利用为主要

---

① 参见吕忠梅:《发现环境法典的逻辑主线:可持续发展》,载《法律科学(西北政法大学学报)》2022 年第 1 期。

② 参见潘岳:《论社会主义生态文明》,载《绿叶》2006 年第 10 期。

③ 参见[德]沃尔夫冈·卡尔:《法典化理念与特别法发展之间的行政程序法》,马立群译,载《南大法学》2021 年第 2 期。

内容,自然保护份量很小,许多自然保护的法律还是空白。[①] 还有一个必须考虑的因素是,20 世纪 70 年代提出的"基本法 + 单行法"设想,是仅局限于污染防治领域的"小环境法",[②]与新时代的"大环保格局"有天壤之别。在这种情况下,如果回到过去的"基本法 + 单行法"的模式,也需要先将《环境保护法》修订成为基本法,然后再对 30 多部相关法律以及相关法规、规章逐一修改,其工作量和难度并不亚于编纂法典。并且,这种方式还无法发挥法典化作为国家政治改革的象征或者国家变革的标志性成果的功能,无法彰显环境法典编纂在促进环境治理体系现代化上的特殊优势。比较而言,法典编纂显然优于"基本法 + 单行法"方案。

从各国推进环境法典化的情况看,也有严格法典化、适度化法典等不同模式。严格法典化以法国、德国等传统民法典为代表,追求的是内容宏大、全面而精细的法典化。比如《法国环境法典》采用的是"法律 + 行政法规"汇编形式,几乎包括全部的环境立法,其特点在于对环境事务的全面性、体系化的组织;而德国对环境法典有着实质化的追求,希望制定出一部像《德国民法典》那样逻辑紧密、语言精练的"真正的法典"。[③] 因为种种原因,《德国环境法典(草案)》经过多次修改,到现在也未正式颁布。[④] 适度化法典编纂的典型是《瑞典环境法典》,这部法典以实用主义理性阐释了法典化理论与实践的转向,采用框架性编纂加授权立法的模式,属于框架性的实质编纂,以放弃绝对的严密性与确定性来实现相对的开放性和可操作性。[⑤]

目前,大家都认同我国的环境法典编纂应选择适度法典化模式,但对什么是"适度"却有着不同的认识。笔者认为,适度法典化是在基础概念统领下实现法典调整范围适度,以及在基本逻辑指引下的体系严密适度,本质是环境法典在概念与体系上所秉承的理性主义尺度。为体现环境法的实质法治特点,需要构建以目的价值为核心、以工具价值为技术方法的

① 参见徐以祥:《论我国环境法律的体系化》,载《现代法学》2019 年第 3 期。

② 参见周珂、竺效:《环境法的修改与历史转型》,载《中国地质大学学报(社会科学版)》2004 年第 4 期。

③ 参见吕忠梅、窦海阳:《民法典"绿色化"与环境法典的调适》,载《中外法学》2018 年第 4 期。

④ 参见沈百鑫:《两次受挫中前进的德国环境法典编纂》,载《中国人大》2018 年第 5 期。

⑤ 参见竺效、田时雨:《瑞典环境法典化的特点及启示》,载《中国人大》2017 年第 15 期。

基础概念与基本逻辑体系。具体包括两个方面：一是动态开放的实质性法典编纂。这表明环境法典编纂不是简单的法律汇编而是实质编纂。对此，既要体现环境法的“二次调整法”特征，[1]也要体现环境法对实质正义的追求，克服僵化和机械的弊端。在目前的立法资源条件下，环境法典编纂不必面面俱到，取代所有的环境单行法，而应该选择体现环境法本质和实现国家任务最为根本和精要的部分加以整合，对其基础性范畴、制度和内容进行全面规定，为促进环境治理体系现代化建立一个全面具体、有机协调的法律框架体系。二是以理念变革和方法创新为基础的法典编纂。环境法典编纂要学习民法典编纂技术，但又不能完全照搬民法典。在借鉴潘德克顿体系和教义学方法的同时，还必须根据环境法的特点进行理念变革和方法创新。

（一）以“生态环境法典”命名[2]

中国进入生态文明时代，环境保护的内涵与外延已经有了新的拓展，“生态保护优先，绿色发展”的原则重新定义“发展与保护”的关系，对中国国家治理体系和治理能力现代化提出了全新的法治需求。在新的历史条件下，将过去的环境保护立法以污染防治法为主的立法模式“平移”至法典编纂，显然不合适。环境立法领域的法典编纂也不能成为以某个部委为中心、体现部门职责的污染防治法编纂。

必须考虑的现实情况是，在我国现行立法体系中，生态环境保护有关的法律分属行政法、经济法两个子体系。其中，污染防治立法的内容相对集中于环境保护监管制度，这些内容均可纳入法典编纂；而自然资源和能源立法则涉及权属确定、交易等广泛的内容，自然生态保护和资源能源节约利用仅占其中很小部分，但这一小部分内容对于法典编纂却不可或缺。这就从立法技术上提出了如何寻找统摄污染防治、自然资源保护、绿色低碳发展的法典名称问题。

以“生态环境法典”命名，既有宪法依据，又能彰显生态文明时代特色，还能契合可持续发展基础概念，因此是最佳选择。同时，也需要对

---

① 参见吕忠梅：《环境法回归路在何方？——关于环境法与传统部门法关系的再思考》，载《清华法学》2018 年第 5 期。

② 由于“生态环境法典”还仅仅是一个命名设想，并非正式法典名称。本书在行文中依然采用“环境法典”的一般提法。

"生态环境"这个宪法概念进行重新界定,确定其基石概念的地位,以基石概念厘清法律关系,也为环境法典调整范围和逻辑结构创造理论基石。

(二)采取"总则—分编"基本结构

借鉴民法典潘德克顿体系基本特征,借助"提取公因式"方法,将环境法律体系中的共通性内容抽象出来作为统摄全局的总则规范,将特殊性内容放入分则部分予以规定,形成的总则编与分则各编之间的逻辑关系,既体现各编之间的关联性,也体现法典整体思路的连贯性。

总则编以近平总书记"用最严格制度最严密法治保护生态环境"的最严法治观为指引,明确法典的基本宗旨、基本原则、生态环境治理体系和基本法律制度,确立可持续发展的基本规范,为各分编提供理念基础和价值判断标准、建立统一的规范尺度,构建以可持续发展为目标的生态环境治理体系,塑造"党委领导、政府主导、企业主体、公众参与"的共建、共享、共治生态文明建设新体制,促进自然、市场、社会、政府的相互嵌入的合作共治新机制。

污染控制、自然生态保护、绿色低碳发展三编根据"可持续发展"的基本逻辑,按照健康生存为本、生态保护优先、保障绿色发展的顺序展开。其中,污染防治编以控制环境污染、保障人群健康,促进社会可持续为目标,着重以环境要素污染和重点污染物控制为规制对象,以现行污染防治法为基础,针对污染防治领域出现的新情况、新问题,及时回应人民群众的关切和新期待,充分体现习近平总书记"生态环境是最普惠的民生福祉"的基本民生观。自然生态保护编以合理利用自然资源和保护生态环境,保障生态可持续为目标,着重以自然资源保护和生态功能保护为规制对象,将现行的自然资源立法和生态保护立法进行优化整合,贯彻落实习近平总书记"山水林田湖草沙统筹治理"的系统整体观,形成类型化、体系性保护制度,为当代人和后代留下发展的空间和基础条件。绿色低碳发展编以"绿水青山就是金山银山"的绿色发展观为指引,以促进低碳发展、减污降碳为目标,着重以资源能源的节约利用、清洁生产、循环再生与综合利用为规制对象,将现行的能源立法和清洁生产、循环利用综合利用立法进行优化整合,形成类型化、体系性保护制度,为实现"绿水青山"的价值转化和应对气候变化提供基本法律制度。

生态环境责任编,既借鉴中国民法典编纂将侵权责任单独成编的经验,也根据生态环境保护救济机制比较特殊的实际情况,按照习近平总书记“像保护眼睛一样保护生态环境,像对待生命一样对待生态环境”的重要思想,以建立生态损害担责制度和机制为目标,梳理相关法律和生态文明体制改革文件,建立生态环境权益保障法律制度体系。

(三)妥善处理内外部关系

在“适度法典化”构想下,“生态环境法典”编纂不是将所有现行的环境保护相关立法都纳入法典,而是采取“法典+单行法”的双法源格局。鉴于当前生态文明体制改革还处于进行过程,环境法律体系也在不断健全与完善,故环境法典在确保自身体系稳定的同时需对改革实践保持一定的开放性。具体而言,通过整合现行环境法律规范的基本价值、共性原则,消除各单行法之间冲突和重叠的部分,形成具有基础涵盖力与综合协调力的框架体系型环境法典;同时保留环境单行法用以规范处于复杂、变动状态的环境保护局部领域,对环境法典起到补充、完善和细化的作用,并通过及时出台或更新单行法的方式进行适应性增删或修正,从而减少法典可能存在的僵化弊端。与此同时,生态环境法典编纂本身,除了要考虑环境领域立法的内部关系外,还必须妥善处理好与其他领域立法的关系。

在与现行生态环境领域立法的关系处理上,由总则确立生态环境法律体系的基本规则,各分编根据自身特点和法典编纂逻辑需求进行取舍,尽可能在现行有效立法上进行编纂,以减小立法难度。具体而言,污染控制编尽可能整合现有立法、补充相关空白(如新型污染物),实现完整的体系化,在法典编纂完成后基本废止现行污染防治单行法;自然生态保护编和绿色低碳发展编主要是整合现行法律中的生态服务功能保护、生物多样性保护、节能减碳增汇、可再生能源利用等相关法律制度,形成体系化、协同性制度安排,野生动物保护等专门保护生态服务功能与生物多样性的法律可以纳入法典,其他自然资源类法律应保留(如《土地管理法》《水法》《森林法》《草原法》《矿产资源法》《渔业法》等)。此外,正在制定中或拟制定的相关法律(如自然保护地法、国家公园法、湿地保护法、能源法、综合利用法等)则可以根据生态文明体制改革的要求,在法典中先予以原则规定,然后视情决定是否仍然需要制定单行法。

在法典编纂与生态文明体制改革政策文件和改革实践经验的关系处

理上,应尽可能地将政策文件确立的重大改革目标、重点改革任务等顶层设计在法典中固定下来;对于改革过程中形成的、经过实践证明有效的执法司法经验,应及时总结提炼,在法典中予以体现。但需要特别注意法典编纂的技术要求,实现政治立场向法学理论、政策话语向法律话语、实践逻辑向法律逻辑的转化,避免简单地将政策"直译"成法律,影响法典的质量和可实施性。

在生态环境法典与其他法典、法律的关系处理上,应以相关制度有机衔接为目标,建立与民法典、刑法、行政法、经济法、诉讼法相关制度的有机联系。尤其是注意环境法典与民法典绿色规则体系、刑法有关环境资源犯罪规则、公益诉讼和生态损害赔偿诉讼制度的不同性质定位、规范重点,设计出既能充分发挥各相关法律的独特功能,又与环境法典协同配合、形成生态环境保护合力的相关制度体系。

在涉及国际公约、条约实施以及我国倡导的国际生态治理规则的法律制度设计上(如海洋污染防治、生物多样性保护、湿地保护、应对气候变化、共建"绿色一带一路"等),应按照国际法实施的基本原则加以处理。

四、环境法典编纂的基本框架构想

如前所述,中国法学会环境资源法学研究会已经自2017年开始组织了环境法典编纂研究。在大家的共同努力下,已经形成的《生态环境法典专家建议稿(草案)》是集体智慧的结晶。这里呈现的,是经过大家共同讨论和论证的成果。

(一)总则编①

总则作为法典的开篇,是对生态环境立法的"提取公因式",主要内容是确立法典立法宗旨、确定调整范围、建立生态环境治理体系和基本原则、规定一般性规则的功能,具有统领各分编的内容并指导单行法的立法和适用的功能。在我国现行环境资源立法已经有多部的情况下,环境法典总则可以借鉴民法典总则编纂时确立的"体例科学、结构严谨、规范合

---

① 感谢"环境法典编纂研究"课题组成员、中国人民大学法学院竺效教授和丁霖博士提供的总则编纂思路和基本内容。

理、内容协调一致”原则,[①]既“编”也“纂”。“编”就是将已有的环境保护、污染防治、自然生态保护、资源能源等环境法律和制度加以整合,进行科学化、体系化整理;“纂”则需要结合我国生态文明建设实践中出现的各种新情况、新问题确立新制度,以实现建设“美丽中国”、保障中华民族永续发展的国家目标。[②]

环境法典总则编的主要内容包括三个方面:一是在《宪法》已将“生态文明”与建设“美丽的社会主义现代化强国”写入宪法序言,[③]将“美丽中国”建设确立为国家任务的时代背景下,环境法典一般条款应以确认和维护宪法秩序中生态环境秩序为基础,确认和维护生态文明建设过程中形成的新秩序。二是构建适应新时代要求的生态环境治理体系,推动我国生态环境治理体系和治理能力现代化。三是建立协调衔接环境法典内外规范的基本制度,围绕生态环境利用行为的全过程规制,全面吸纳经过实践检验已经成熟的传统制度以及生态文明体制改革的制度成果。

(二)污染控制编[④]

污染防治是传统“小环境法”的主体,也是编纂环境法典的重要内容。污染防治的单行法数量多,基本涵盖了大气、水、海洋、土壤、固体废弃物、噪声、放射性等主要环境污染物,同时还有环境保护税法等针对污染的经济性规制措施。污染防治类法律的体量大而且交叉重复的内容多,是目前质疑和担忧环境法典是否可能的焦点,[⑤]也是环境法典编纂必须解决的难题。总体上看,编纂污染控制编有相对丰富的污染防治单行法基础,但需要处理的既有的法律规范之间的重复、交叉和不协调关系更为复杂,这需要在可持续发展核心价值指引下,以现行污染防治立法为基

---

① 李建国:《关于〈中华人民共和国民法总则(草案)〉的说明——2017 年 3 月 8 日在第十二届全国人民代表大会第五次会议上》,载《中华人民共和国全国人民代表大会常务委员会公报》2017 年第 2 期。

② 参见吕忠梅:《中国环境立法法典化模式选择及其展开》,载《东方法学》2021 年第 6 期。

③ 参见《中华人民共和国宪法修正案(2018)》第 32 条。

④ 感谢“环境法典编纂研究”课题组成员、华侨大学法学院刘超教授牵头的污染防治编课题组提供的编纂思路和基本构想。

⑤ 参见何江:《为什么环境法需要法典化——基于法律复杂化理论的证成》,载《法制与社会发展》2019 年第 5 期。

础,科学整理既有法律规范,总结成熟的执法、司法实践经验,明确制度创新需求,切实解决现行立法的交叉、重叠、不周延、不协调等问题,实现体系化。

污染控制编可参考《民法典》合同编的体例结构,[①]构建“通则 + 污染物控制专章 + 行政执行及制裁”的框架。一是通过合理类型化“环境污染”,解决现行污染防治单行法侧重“环境要素”忽视“环境”导致的问题。[②] 二是以保障人群健康、促进社会可持续发展为价值取向,建立相关制度和标准体系。三是增加对新污染物质控制的相关制度。

(三)自然生态保护编[③]

生态环境保护虽然是环境法学理论上不可缺少的重要内容,[④]但在我国现行的立法体系中,自然资源立法与污染防治立法分属不同法律部门,主要围绕自然资源的开发利用展开,但大部分设置有保护专章,这些保护专章是我国生态环境保护的主要法律依据。因此,环境法典编纂必须处理好自然生态保护与现行自然资源立法的关系问题。目前的考虑是,按照“适度法典化”原则,自然生态保护编对以经济类资源的经济性利用为主的现行法律,以统合现行资源法中的保护性规范为主;对于可归于“生态产品”范畴的“非传统资源”的相关制度,如碳汇交易、生态补偿,以及体现整体自然观和绿色发展理念的新型法律,如已制定的《长江保护法》[⑤]、制定中或拟制定的国家公园法、自然保护地法、黄河法、湿地保护法等则应纳入法典,提炼一般规则、确立基本框架,形成一般法与特别法的对应关系。

自然生态保护编是一个破旧立新、连横合纵的“新工程”,目的在于

---

① 《民法典》合同编对体例结构作了重大调整和创新,表现在制定合同编通则、设置“准合同编”、充实典型合同类型和协调与其他各编关系,参见石宏:《合同编的重大发展和创新》,载《中国法学》2020 年第 4 期。

② 参见刘超:《管制、互动与环境污染第三方治理》,载《中国人口 · 资源与环境》2015 年第 2 期。

③ 感谢“环境法典编纂研究”课题组成员、北京大学法学院巩固研究员牵头的自然生态环境保护编课题组提供的编纂思路和基本构想。

④ 学界一般认为,环境法分污染防治法、自然资源法和生态保护法三部分,其中后两者常被合称为自然保护法。参见汪劲:《环境法学》(第 4 版),北京大学出版社 2018 年版,第 231 页。

⑤ 参见吕忠梅:《关于制定〈长江保护法〉的法理思考》,载《东方法学》2020 年第 2 期。

通过传统自然资源法与生态保护法的融合与再造，实现“山水林田湖草沙”统筹治理、综合保护的目标。一是着眼于建立内容多样、关系多元、协调互补、层次分明的法律制度体系，明确表达对生态价值和自然保护的重视，合理安排体例结构。二是充分发挥法典的“统一法律规则”功能，构建合理的管理体制和机制，实现自然生态系统管理目标、指标的整体化。三是创设相应章节，对现行法律中大同小异、重叠交叉的类似条款进行集中、系统规定，兼顾同一性与灵活性。

(四)绿色低碳发展编①

相对而言，与绿色低碳发展相关的单行法律较少，现行法主要有《节约能源法》、《可再生能源法》、《清洁生产促进法》、《循环经济促进法》和全国人大常委会关于积极应对气候变化的决议等；在资源能源的综合利用、绿色生产和消费、对外投资环境保护、节能低碳产品、贸易与环境保护关系等领域，法律处于空白状态，行政法规和部门规章也很少，与“十四五”和2035远景规划纲要提出的目标要求有很大距离。因此，绿色低碳发展编是立法资源基础比较薄弱但创新空间巨大的领域，也是环境法典编纂中非常具有挑战性的部分。目前，关于绿色低碳发展编的基本思路是，在可持续发展价值指引下，遵循绿色发展原则，以促进低碳发展、减污降碳为目标，建立资源能源的综合利用，物质的循环利用、节约利用和清洁生产的法律规范体系。

绿色低碳发展编需要在全面梳理相关法律中与生态环境保护密切相关内容的基础上，结合生态文明体制改革要求、低碳绿色发展政策目标，统筹应对气候变化、能源开发与贸易合作、国际能源安全合作等国际生态环境治理需求，按照“一般规定+专章方式”设计框架结构和规范内容。②一是明确绿色低碳发展的基本规则，设立“一般规定”作为绿色低碳发展编的“小总则”。二是根据绿色低碳发展的重点领域和关键环节，设立清洁生产、绿色流通、绿色消费和监管保障等专章。三是设立气候变化应对与国际合作专章，建立具有中国特色、中国气派的应对气候变化与国际合

---

① 感谢“环境法典编纂研究”课题组成员、中南财经政法大学张忠民教授及其团队为绿色低碳发展编提供编纂思路和基本内容。

② 参见张忠民：《环境法典绿色低碳发展编对可持续发展理念的体系回应与制度落实》，载《法律科学(西北政法大学学报)》2022年第1期。

作机制。

(五)生态环境责任编[①]

环境法具有“二次调整法”的显著特征,[②]在综合运用传统行政、民事、刑事法律手段保护生态环境的基础上,形成了许多适应生态环境保护需求、体现生态环境保护特征的专门法律制度,使环境法律制度呈现多元性、复杂性。一方面,运用传统行政、民事、刑事法律手段的环境法制度,形成与相关法律的“普通法—特别法”关系,在环境法中有特殊规定,如行政许可法与环境行政许可、民法典绿色条款与污染防治法、污染和破坏环境犯罪与自然资源法等;另一方面,环境法在发展过程中形成了一些保护生态环境公共利益的特殊制度,但需要借助传统的法律责任形式或者诉讼程序加以实施。这种状况使环境法律责任承担着完善环境法律制度体系、建立与相关法律沟通协调的双重任务,对于环境法的有效实施具有不可替代的作用和功能,迫切需要在环境法典编纂过程中加以认真对待,为环境执法、环境司法提供充分的制度供给,为污染控制、自然生态保护、绿色低碳发展的相关行为规范建立基本裁判规范,并规定必要的程序规范,以确保环境法典的有效实施。

从现行环境保护立法、资源能源立法基础看,各单行法都规定了具体的行政法律责任,而对民事责任、刑事责任则多采取转介或引致方式,适用《民法典》[③]《刑法》的相关规定。由于环境行政责任的规定基于污染控制行政行为、生态保护行政行为、绿色低碳发展相关行政行为的不同特性加以规定且与具体行政行为联系密切,因此,在环境法典编纂的总体设想中,对于法律责任分别加以处理。对各单行法规定的具体行政法律责任,在污染控制编、自然生态保护编、绿色低碳发展编中设立“行政制裁”章节予以规定,按照体系化目标予以完善。对于行政法律责任的一般性规定以及裁判性程序规范,民事法律责任和刑事法律责任及其程序规范,

---

① 感谢“环境法典编纂研究”课题组成员、中国人民大学法学院竺效教授及其团队为生态环境责任编提供编纂思路和基本内容。

② 参见吕忠梅:《环境法回归路在何方?——关于环境法与传统部门法关系的再思考》,载《清华法学》2018年第5期。

③ 《民法典》实施前,主要是适用《侵权责任法》中的相关规定。《民法典》实施后,《侵权责任法》已经废止,相关制度已由《民法典》的“侵权责任编”继承并完善。

在生态环境责任编加以规定。

五、环境法典编纂的方法论

环境法典编纂研究必须回答“如何获得法律所体现的价值共识”以及“如何将价值预设转化为法律形式”[①]等方法论问题。但从已有研究看,过去关于环境法方法论的研究成果极少,当前对于环境法典编纂的技术方法的专门研究缺乏,出现这种现象的主要原因在于学者们缺少方法论自觉。环境法长期被认为是对策法学,方法论思维方式没有形成,这是我们明显的短板。在此,与大家交流两个具体的方法论问题。

(一)环境法典编纂方法论之一:法律关系[②]

人们常说,《德国民法典》之所以伟大,是因为法学家创造了法律关系的概念,形成了潘德克顿体系。其实,作为方法论的法律关系理论,在法典编纂中发挥作用的奥秘是通过法律关系客体的类型化,形成周延的逻辑体系。但是,民事法律关系与环境法律关系有非常大的不同,概括而言,民事法律关系是“主客二分”理念下的“人—人”关系,或者说是纯粹的社会关系;环境法律关系是“天人合一”理念下的“人—自然—人”关系,或者说是人与自然共生的社会关系。正是法律关系的性质不同,导致环境法典编纂不可能采取与《民法典》完全相同的路径。那么,法律关系是否能够及何以成为《民法典》编纂的方法论,是我们必须认真研究并给出明确回答的问题。

环境法典编纂,实际上是回溯与环境、资源、生态有关的生活“场景”,并将其从纷繁复杂的社会关系选取出来,打上环境法律关系的特定“标识”。可持续发展“神形兼备”,既是世界观,也自带环境与发展综合决策方法。环境与发展综合决策的本质是将自然条件纳入国家治理框架,强调自然、市场、社会、政府相互嵌入,形成新的自然、市场、社会、政府四维合作治理体系。要将这种四维合作治理体系以法律形式加以固化,环境法律关系必然发生变化。

---

① 朱志昊:《从价值预设到法律形式:立法方法论基础初探》,载《河南大学学报(社会科学版)》2011 年第 4 期。

② 参见吕忠梅:《环境法典编纂方法论:可持续发展价值目标及其实现》,载《政法论坛》2022 年第 2 期。

一是重构主客体关系。法理学上的主客体关系是哲学主客体关系在其特定领域和场合下的具体表现。[①] 基于人类中心主义的“主客二分”哲学,传统法律关系的客体,是独立于人的意识之外并能为人的意识所感知和人的行为所支配的客观世界中的各种现象。[②] 这种理论,将为人类服务作为客体获得法律地位的全部理由,以实现对客体的控制和利用为目的。这恰是造成环境污染、生态破坏问题的理论根源。可持续发展基于“生态人类中心主义”[③]哲学观,重新定义主客体关系。认为自然环境具有以自身为目的的非工具理性价值,是不以人的认知和评价为转移的客观存在。[④] 这种价值体现着人对自然的依赖,而不是单纯的人对自然的主导和支配;不仅是对人的有用性,而且是对所有生命的有用性。[⑤] 这也对整个人类生存和发展具有深远意义。以这种哲学为基础的环境法律关系,首先是承认自然的内在价值,在坚守法律“以人为本”的根本宗旨的同时,重视生态环境的自身价值,建立“人—自然—人”的双重和谐关系。其次是合理界定环境法律关系客体,通过对生态环境的特定化、类型化,将人与自然的关系纳入法律关系的框架,为实现人与自然的和谐、代内及代际公平提供法律途径。

二是重构多元主体互动关系。相对于传统法律关系,环境法律关系最鲜明的特色在于经由环境介质的联系才能形成主体间关系。某一主体针对生态环境的行为,经过自然环境的迁移转化后才对其他主体产生作用,呈现出“人—生态环境—人”的间接关系模式。这不仅使环境法律关系并不一目了然,增加了在因果关系、致害机理和受损程度等方面判断的复杂性;[⑥]而且使环境法律关系主体间的行为模式、联系方式更为复杂。

---

① 参见文正邦:《论主客体统一——法律实践的一个中心问题》,载《华东政法学院学报》2000 年第 2 期。

② 参见孙国华主编:《法理学教程》,中国人民大学出版社 1994 年版,第 485 - 486 页。

③ 陈海嵩:《环境伦理与环境法——也论环境法的伦理基础》,载吕忠梅主编:《环境资源法论丛》(第 6 卷),法律出版社 2006 年版。

④ 如生命支撑价值、使基因多样化的价值、稳定性和自发性的秩序价值等。参见[美]霍尔姆斯·罗尔斯顿:《环境伦理学:大自然的价值以及人对大自然的义务》,杨通进译,中国社会科学出版社 2000 年版,第 3 - 28 页。

⑤ 参见[美]霍尔姆斯·罗尔斯顿:《环境伦理学:大自然的价值以及人对大自然的义务》,杨通进译,中国社会科学出版社 2000 年版,第 254 页。

⑥ 参见胡学军:《环境侵权中的因果关系及其证明问题评析》,载《中国法学》2013 年第 5 期。

一方面,环境法所调整的环境社会关系大多与既有法律所调整的社会关系联系在一起,是既有社会关系延伸基础上的法律关系,呈现与既有社会关系的复杂联系,一个行为可能涉及民事、行政、刑事、诉讼等多个法律关系,也可能导致不同甚至冲突的法律后果,需要按照一定标准进行统筹协调;另一方面,主客体关系的理性调适为环境法律关系的内容构造提供了立体生长可能。环境法本质上是由国家意志与个体意志混合支配的领域,"权力"与"权利"交织也由此成为必然。权力主体与权利主体以主导、参与、监督、保障等方式形成互动、合作关系,实现环境与发展综合决策的"四维合作"格局。这就需要重构以"权利—义务"为内容的传统线性法律关系,形成环境法律关系"权利—义务"与"权力—责任"的立体结构。①

人们在社会经济活动中形成的环境社会关系经环境法调整后形成环境法律关系。在这个意义上,环境法律关系与环境法律规范实际上是一体两面,体现的是将法律规范用于调整社会关系的类型化思路:在外部,通过界定现实社会生活中的环境法律关系属性,决定是否必须适用环境法律规范;在内部,具体的环境法律关系进一步决定必须直接适用的环境法律规范。环境法典的编纂,很大程度上是这种思路的具体体现,一方面,以总则方式界定社会生活中的环境法律关系的基本属性,为行为主体是否应该适用环境法律提供依据;另一方面,按照保护对象的不同类型,以分编方式界定环境、生态、资源三个不同面向的法律关系,为行为主体直接适用具体的环境法律规范建立准则。具体体现在:一是展开可持续发展价值。环境法典编纂的一个重要方法,是通过法律关系构造将可持续发展目的价值与生态安全、环境公平、公益保障等工具价值②以权利义务配置方式予以体现。确立可持续发展立法宗旨,体现环境法律关系的特殊性,落实保障生态安全、环境公平、公共利益的权利义务和职责权限,形成适应"人与自然和谐共生"关系的法律规范体系。二是构建现代环境治理体系。在环境法典编纂中,按照环境与发展综合决策要求,合理构

---

① 参见陈锐:《法律关系内容的重构:从线性结构到立体模型》,载《法制与社会发展》2020年第2期。

② 参见吕忠梅:《中国环境立法法典化模式选择及其展开》,载《东方法学》2021年第6期。

造隶属型环境法律关系与平权型法律关系，[①]体现环境法律关系由国家意志与个体意志混合支配的本质，形成“权力—责任”“权利—义务”的立体结构，建立“权力—权利”的沟通协调机制，推动实现环境治理体系和治理能力现代化。三是界定具体环境法律关系。在环境法典编纂中，将可持续发展确立的价值体系通过多元主体间的权利义务构造转化为法律规范，最终呈现为以一定逻辑结构为外观的具体环境法律关系。这就需要立足于环境法律关系客体的类型，借鉴潘德克顿体系，按照“总则—分编”结构，构建具体的环境法律关系。借鉴潘德克顿体系，总则采取“提取公因式”方式规定环境法典的一般规则，重点在于宣示立法目的、调整范围、基本原则，规定有关主体间职权、权利与义务配置及其组织方式形成生态环境治理体系，对生态环境监管体制以及党委政府、企业、公众等治理主体的职权、权利、义务作出一般性规定，既为环境法律关系主体行为提供基本依据，也为各分编具体细化并落实权利义务规范提供基本指引。分则部分根据生态环境的环境、生态、资源三重内涵，将环境法律关系类型化为污染控制、自然生态保护和绿色低碳发展三类具体规范，提升环境法典的统一性、体系性、可适用性，妥善解决现行环境立法的矛盾冲突及交叉重复问题。

(二)环境法典编纂方法论之二:类型化思维[②]

环境法典编纂的旨趣在于通过对环境法规范的识别和提取、解释和补充形成一部符合法治要求的体系化法律文本。从环境法典编纂研究角度看，重点是确立从现行立法和执法司法案例中提取出具有约束力和支配力的有效规范的判断标准及其解释和体系化的方法，以澄清概念范畴、弥补法律漏洞并消除规范之间矛盾和冲突，从而设计出能够被法律共同体理解和掌握的统一的法律体系方案，这使环境法典编纂研究的视角必须转向“规范”。与传统法律不同，环境法具有明显的跨部门和法律政策化与政策法律化交织、技术法律化与法律技术化交融的特征，规范形式更加多元和复杂，如何将公私法结合、政策措施和科技标准嵌套的各种规

① 参见宋方青主编:《法理学》，厦门大学出版社2007年版，第99-100页。

② 参见吕忠梅:《类型化思维下的环境法典规范体系建构》，载《现代法学》2022年第4期。

范,通过类型化构造形成有机统一的体系,增强环境法的可实施性,在形式上将法体系与其他社会治理体系相互区分,减少或缓和纷繁复杂、层出不穷的生态环境保护问题对实定法秩序的冲击,也是环境法典编纂的难点所在。

在法学理论上,法律规范首先是社会规范的一种,不同于技术规范。同时,作为社会规范的一种,法律规范是一般行为规则,具有普遍适用、反复适用、强制适用的特性。按照不同标准,法律规范可分为不同类型。但是,当我们把这些理论运用于环境法时,却产生了巨大的"溢出效应"。比如,在基本属性上,传统的法学理论认为技术规范不具有法律规范的属性,[①]但在环境法上,技术规范不仅仅是义务,而且可能成为权利的具体内容。再如,在法律体系上,传统法学理论是以"公法—私法"二元结构及部门法理论为基础的法律规范类型,但环境法采取了综合立法模式和多种调整方法,跨越"公私二分"、超越部门界限,出现了大量无法归属于传统法律规范类型,甚至难以纳入法律体系的状况。又如,环境法具有"政策法""促进法""二次调整法"[②]等特性,环境法律规范的不确定性大大增强,又与传统部门法规范相互嵌套且经常出现"转介""引致"情况,对一般意义上的规范分类方法及标准提出了挑战。种种问题表明,以概念化思维为主的法律规范及其一般分类理论,不能为以体系化为目标的环境法典编纂提供必要方法工具,迫切需要引进新的思维方法,进行理论创新。

拉德布鲁赫将类型化方法引入法学,创造了一种不同于概念法学的研究方法。这种方法经由恩吉施、考夫曼、拉伦茨等学者的发展,在法学基础理论与部门法研究中得到运用。[③] 拉伦茨认为,概念与类型的区别在于,概念可以被定义,而类型不能进行定义,只能进行描述。[④] 因此,"类型"作为一种更为开放、更具有包容性的思维和界定事务的方法,[⑤]可

---

① 参见张志铭:《法律规范三论》,载《中国法学》1990 年第 6 期。

② 参见吕忠梅:《环境法回归路在何方?——关于环境法与传统部门法关系的再思考》,载《清华法学》2018 年第 5 期。

③ 参见罗猛:《对我国刑法"类型化"不足之思考》,载《国家检察官学院学报》2010 年第 6 期。

④ 参见[德]卡尔·拉伦茨:《法学方法论》,陈爱娥译,商务印书馆 2003 年版,第 100 页。

⑤ 参见马荣春:《刑法类型化思维的概念与边界》,载《政治与法律》2014 年第 1 期。

运用于法律解释和立法领域。对于前者,主要是运用类型化思维方法,将不能用“概念”加以定义和表征的社会事实和规范内容,用类型加以描述和概括,使得法律规范解释更具包容性和开放性,提升法律规范的适用效能。对于后者,主要是将类型化思维与法学分类方法相结合,通过建立一定的价值判断标准,对社会事实或规范内容进行分类,用于设计类型化规则,以增强法律规范的有效性和针对性。这种对法律规范进行类型化研究的方法,对立法中的规范配置具有重要的体系建构意义。但是,环境法学研究中,学者仅从传统法理学角度,对环境法律规范进行分类,至多可谓有类型化意识,并未使用类型化思维方法,更谈不上对环境法律规范进行以系统化为目的的类型化研究。由于环境法学研究缺乏方法论自觉,暴露了“对策型”环境法学基础理论研究不足的明显短板。从某种程度上讲,环境立法实践中存在的体系性不强、协调性不足、实效性不彰等问题,与环境法学理论供给不能满足社会生活对环境法律规范的需求有一定关系。因此,欲通过环境法典编纂实现环境立法体系化目标,切实增强环境法律的可实施性,首先必须解决环境法律规范的类型问题。

环境法典所追求的体系化,应当由体现规范秩序的外部体系与践行价值理念的内部体系共同构成。① 而无论是作为构建外部体系的规则还是体现内部体系的原则,最终都只有以规范的形式呈现,才可能付诸实践。因此,环境法典编纂的主要内容是环境法规范的有机集合,具体表现为不同属性的环境法律规范基于一定的环境立法内在价值而形成逻辑自洽的规则秩序。在这个意义上,只有解决了环境法律规范的类型化问题,才可能真正建立环境法典的逻辑体系和规范体系,类型化由此成为环境法典编纂不可或缺的方法论。

经过 40 多年的努力,我国生态环境领域立法工作成效显著。到 2022 年为止,相关法律达到 31 件;②同时,我国《民法典》《刑法》《民事诉讼法》《行政诉讼法》等法律中也出现了绿色条款。面对众多专门立法、相关立法以及不同法律部门中的绿色条款,学者们提出了“先平移,后剔

① 参见徐以祥:《论我国环境法律的体系化》,载《现代法学》2019 年第 3 期。

② 《栗战书在生态环保立法工作座谈会上强调　深入贯彻习近平生态文明思想　加快完善中国特色社会主义生态环境保护法律体系》,载《人民日报》2022 年 1 月 15 日,第 1 版。

除”的环境法典编纂工作思路,[①]但“平移”好做,“剔除”困难。类型化思维凭借其明显的双向性、开放性、结构性等特征,[②]可以从方法论上较好地弥补环境法典编纂所面临的概念化思维短板,具体如下。

一是以类型化思维的双向性实现环境法典既“编”又“纂”目标。在法学研究中,概念化是我们努力达成的目标,但却很难成功。于是,学者们引入了以弥补概念化思维不足的类型化思维。作为方法论,概念式思维与类型化思维有明显区别;[③]但是,类型化思维并非排斥概念。这意味着类型化是一种双向的、开放性思维过程,需要我们把握其在概念与类型之间的循环运动,[④]运用好两者之间的功能互补、作用协同优势,准确地把握社会生活现象并将其纳入法律规范。环境法典编纂既要对已有立法进行梳理识别,又要根据社会生活的变迁进行补充完善。因此,将类型化思维的双向性运用到环境法典编纂上,一方面是对作为法典编纂基础的已有法律进行解释,通过探寻法律条文含义的方式将已有法律概念逆向回溯至生活类型,经由“法律概念—规范类型—生活类型”过程,完成“先平移、后剔除”;另一方面,需要根据社会经济生活的发展变化,在对生态文明建设实践提炼共性特征、要素的基础上加工形成相应的规范类型,经由“生活类型—规范类型—法律概念”的方式,在环境法典中加以固定。由此,实现环境法典既“编”又“纂”的目标。

二是以类型化思维的开放性缓解环境法规范的不确定性难题。虽然类型与概念一样,都是要素的集合体,但概念要求所有的要素都具备完全相同的特征,是一种“集合填充式”的思维方式,注重要素的简单相加,不关注要素之间的整体性联系;而在对类型的判断中,重要的并非个别特征的逐一吻合。从逻辑涵摄关系上看,概念式思维强调“非此即彼”,而类型化思维则关注“或多或少”。在概念的词典中没有“类似性”,这是一种典型的“单值逻辑”。类型化思维呈现一种“或多或少”的逻辑涵摄模式,

---

① 参见汪劲:《论中国环境法典框架体系的构建和创新——以中国民法典框架体系为鉴》,载《当代法学》2021 年第 6 期。

② 参见马荣春:《刑法类型化思维:一种“基本的”刑法方法论》,载《法治研究》2013 年第 12 期。

③ 参见杜宇:《“类型”作为刑法上之独立思维形式——兼及概念思维的反思与定位》,载《刑事法评论》2010 年第 1 期。

④ 参见杜宇:《“类型”作为刑法上之独立思维形式——兼及概念思维的反思与定位》,载《刑事法评论》2010 年第 1 期。

是一种比较意义上的判断。[①] 这种注重要素之间的意义关联及其层级性的开放式思维方法对环境法典编纂至关重要。

三是以类型化思维的价值归依性展开环境法规范的体系逻辑。类型因不可被定义而没有明确的边界,但这并非表示类型的形成没有判断标准。人们在观察社会生活并形成规范时,总是在一定的价值取向指导下归纳反复出现的事物的共同特征,这种客观化的价值就是类型的核心,也是类型化思维的归类依据。这种以价值取向决定类型构建及其适用的思维方式,对环境法典编纂具有至关重要的方法论意义。环境法作为应对环境问题带来的社会问题而产生的综合性法律,其基于"污染和破坏环境"的各种社会生活图景而产生。其中,因生产行为而污染和破坏环境构成最主要的情形,人们日常生活、一般消费行为也可能造成污染和破坏环境;同时,公共决策行为、政府管理行为同样可能造成污染和破坏环境。这些不同的行为可能造成对他人财产权、人身权的侵害,也可能造成对他人环境权益的损害,还可能造成对公共利益损害、对后代人利益的损害。因此,环境法典编纂难以找到某种单独的、完全能够代表客观评价的概念式特征,只能通过"可持续发展"这个价值理念构建类型和逻辑。[②] 此时,尽管不同主体及其行为在形式上呈现纷繁复杂的差异性,但可以将这些形式上的差别置于次要地位,将重点放在获得一个关于保护范围的一致性并形成层次性次序上,使所有的对象能够在"可持续发展"这一价值取向上得以连接。

---

① 参见杜宇:《"类型"作为刑法上之独立思维形式——兼及概念思维的反思与定位》,载《刑事法评论》2010 年第 1 期。

② 参见吕忠梅:《发现环境法典的逻辑主线:可持续发展》,载《法律科学(西北政法大学学报)》2022 年第 1 期。

1.2 环境法典基石概念探究*

现代法中的“自然”处于支零破碎、庞杂混乱状态。在不同时代、不同领域的立法中,其往往受到不同预设和对待,从而形成了基石概念[①]不一、范围交叉重叠、内容各有千秋、功能大同小异、目标殊途同归的不同制度体系,其典型表现是以对自然的不同称呼为基石概念发展起来的“(自然)资源法”、“环境(保护)法”和“生态(保护)法”三类立法。无论在理论还是实践上,这三类法律都相对独立,呈三足鼎立之势,但又非泾渭分明,很难截然分离。在我国,更有大量使用“生态环境”概念的法律法规和政策文件,与前述立法交叉重叠、纠缠不清。如何选择、取舍,确定一个最具包容性和统摄力的基石概念,并以之为基点进行制度命名和体系构建,理顺其他概念的关系,则须妥善处理,谨慎对待。

一、从资源、环境到生态:现代社会中的自然

(一)资源、环境、生态:各自源起与原初意义

1. 资源:有经济价值的天然物质

资源首要是一个经济学概念。现代汉语中的“资源”与英文中的“resource”对应。《辞海》中的“自然资源”是“一般指天然存在的自然物,不包括人类加工制造的原材料”,“是生产的原料来源和布局场所”[②]。《中国大百科全书》的“资源”定义是“人类生存和发展的物质基础”[③],“自然

---

* 巩固,北京大学法学院研究员,博士生导师。本部分原载于《中外法学》2022 年第 6 期,收入本书时有部分修改。

① 本书所谓“基石概念”,是指在法律规范体系中居于核心地位、具有统领作用、能统摄和指引整体制度体系构建的基础性概念。

② 辞海编辑委员会编:《辞海》(缩印本),上海辞书出版社 1979 年版,第 1897 页。

③ 中国大百科全书编委会编:《中国大百科全书》(30),中国大百科全书出版社 2011 年版,第 59 页。

资源”则是“自然生成、以自然状态存在、主要受自然规律支配的资源”①。尽管表述略有差异,但其都强调物质性存在、源于自然和可供经济利用等特征。就此而言,资源实际上就是指可进行经济利用的自然物质。

2. 环境:影响人类生存发展的自然物质集合

环境是随着环境科学的兴起而得到广泛使用的概念。《中国大百科全书》对“环境”的定义是“人群周围的境况及其中可以直接、间接影响人类生活和发展的自然因素和社会因素的总体”②。与强调经济价值、着眼个体的资源概念相比,环境概念有三大特点:一是外延更广,各类自然物质,不论是否稀缺、可否控制和利用,均在关注范围;二是具有整体性和空间指向,不以个体要素为指向,而着眼于由不同要素排列组合的构成整体;三是价值尺度更宽,考虑对人的各种影响,不限于经济价值和商品化。这种意义上的典型环境,是人们日常生活所栖身的城市、乡村等“生活环境”。

3. 生态:万物互联共生的网络系统

生态是由动物学家创造、长期在生物学领域使用的概念。与资源和环境相比,生态概念的最大特点是结构上的“去中心化”和价值上的“非人类中心”,其从生物物种而非人类视角出发,着眼于自然变化对物种存续的影响,不以人的价值需要为尺度,不以直接影响人类生活的区域范围为限。在生态系统中,各种自然存在物,无论生命有机体,还是无生命物质,都在食物链或物质能量循环中扮演某种角色,发挥某种功能。③ 这也意味着,自然界的万事万物都有其独立存在的内在价值和应当遵循的自然规律。

(二)以生态为中心的环境、资源一体化:互相融合与发展方向

以上论述的资源、环境、生态三大概念源于不同学科和实践,内涵、外延各异,分别指向自然的不同部分,似乎界限分明,但这只是就早期情形

---

① 中国大百科全书编委会编:《中国大百科全书》(30),中国大百科全书出版社 2011 年版,第 120 页。

② 中国大百科全书编委会编:《中国大百科全书》(10),中国大百科全书出版社 2011 年版,第 202 页。

③ 参见[美]戴斯·贾丁斯:《环境伦理学》,林官明、杨爱民译,北京大学出版社 2002 年版,第191 - 192 页。

而言的。随着社会的发展,这些概念从专业领域扩展至日常实践,不可避免地出现泛化趋势。[①] 尤其在因现代环境危机所致人与自然关系根本转变带来的自然认识深化和环境价值变革的影响下,这些对自然世界的不同指称在内涵、外延方面都发生着“静悄悄的革命”,出现实际所指范围重叠、对象趋同的现象。

对资源来说,一旦其“利用”内涵扩展,外延将与环境、生态无异。在现代经济学视野中,资源与环境、生态已难分伯仲。“国际学术界对自然资源的研究已从20世纪80年代仅关注资源本身,大幅扩展到对资源、人口、环境、生态系统的整体互动研究”。[②] “地球表层的自然环境要素及其构成的自然环境整体几乎都属于自然资源范畴,自然资源与自然环境难以区分。”[③]

对环境来说,一旦把对人类生存发展之“影响”的视野放宽,其外延也将极大扩展。在人类足迹踏遍世界的背景下,无论是青藏高原冰层还是太平洋深海都出现了污染物质,[④]在气候暖化带来的自然灾害、海平面上升更危及全球的现实面前,地球上已没有哪个角落不影响人类从而可以排除在需要关心和保护的“环境”之列了。正因如此,联合国环境规划署(UNEP)及全球环境基金(GEF)界定的“全球环境问题”(global environmental issues)包括气候变化、生物多样性、土地退化、国际河流、持久性有机污染物等,其中“既有污染问题,又有自然生态和自然资源问题”[⑤]。

---

① 以资源概念为例,即发生着从“自然资源”到“社会、经济资源”,再到“知识资源”,最后到“全面资源”的四阶段变化。参见李维华、韩红梅:《资源观的演化及全面资源论下的资源定义》,载《管理科学文摘》2003年第2期。

② 邓海峰:《环境法与自然资源法关系新探》,载《清华法学》2018年第5期。

③ 彭补拙等编著:《资源学导论》,东南大学出版社2013年版,第2页。

④ 参见有趣探索:《北极“最干净地区”被污染,冰川含多种农药和化合物,影响来了》,载百度网2020年8月24日,https://baijiahao.baidu.com/s?id=1675919765923031049&wfr=spider&for=pc;参见中国气象爱好者:《数据确认:印度污染扩散至青藏高原,冰川已成“污染仓库”》,载百度网2019年8月21日,https://baijiahao.baidu.com/s?id=1642440717493248640&wfr=spider&for=pc。

⑤ 徐嵩龄:《关于“生态环境建设”提法的再评论(第一部分)》,载《中国科技术语》2007年第4期。

至于一度秉持“生物中心”视角、“假装人类并不在场”的生态学,[①]一旦在研究视野中加入“人”的存在、纳入与人的相互影响,作为其研究对象的生态将立刻与环境重叠,并同时产生资源意蕴——对人类来说,还有什么比身处其中的生态系统更影响其生存发展的“环境”,比与之俱损俱荣的生态系统更弥足珍贵的“资源”?而这种人与自然交织互动的系统,才是真实的世界,无论称之为人类世界还是自然界。随着生态学的发展,人们越来越深刻地认识到,“未被破坏的自然仅仅是一种理想和雄心的产物”,“在地球上没有哪块土地未被人类接触过”,而正是因为“现代人努力将人类从环境中抽离出去而不试图理解我们在本地生态系统中扮演的角色,最终引发了难以解决的问题”[②]。正如有学者指摘的,“早期生态学与经济学将‘自然界’与人类社会分开(至少在西方的文化是这样)的观点是毫无意义的”,“我们必须破除这样的二元论”[③]。

总体看来,在现代环境危机大背景下,资源、环境和生态的内涵、外延均已极大扩展,从早期的狭义概念扩展为广义概念,其实际指代已从自然的三个部分到三个面向,即都是指这个星球上与人伴随始终、相互影响、以系统方式联结共生的自然物质世界,只是维度不同、视角有差异而已。就此而言,三大概念实为一体三面关系。它们所各自引领的法律制度体系,也不再泾渭分明,而是大量重叠交叉,故须辩证认识,协同处理。

二、从三足鼎立到一体三面:现代环保立法的体系结构与关系变迁

(一)(自然)资源法:从产权构建到利用管制

资源法是以传统意义上的自然资源,也即具有经济价值、可直接转化为商品的自然要素为对象的法。独立的、真正意义上的“资源法”直到近代才出现,是工业文明的特有产物。

早期资源法集中于林、水、土、矿以及渔业等领域,[④]内容主要在于产权制度构建,包括明确取得规则、确定资源归属、对特殊资源进行控制和

---

① [美]约翰·R.麦克尼尔:《太阳底下的新鲜事:20世纪人与环境的全球互动》,李芬芳译,中信出版集团2017年版,第313页。

② [美]谢健:《帝国之裘》,关康译,北京大学出版社2019年版,第149页。

③ 赵绘宇:《生态系统管理法律研究》,上海交通大学出版社2006年版,第82页。

④ 参见戚道孟主编:《自然资源法》,中国方正出版社2005年版,第12-13页。

专营,以及划分相关利益、责任等。其主旨在于通过立法处置把自然界中处于天然状态、不归任何人所有的"资源"转化为可为个人独占利用的"财产",实质是对自然的私有化。故就内容和性质而言,早期资源法实为财产法的特别法。直到 1951 年,美国第一本正式出版的"自然资源法"教材还是"完全从私人财产和分配的视角看待自然资源法","主要关乎水、矿、公共土地方面的财产权益取得"。[①]

近代以来,在资本主义和工业革命联合推动的开发狂潮下,率先开启工业化进程的西欧各国很快面临资源耗竭的窘境,[②]从而对外推动了 18 世纪后半叶以来以掠夺工业原料为主的第二阶段欧洲殖民扩张,对内则激发了本国的资源保护实践。资源法中基于保护目的对资源取得、利用的禁限管控条款增多,许多本可自由获取的资源不再免费,个人对资源的开发和使用也不能任意和无度。设立专门机构对重要资源进行分配和管理,从国家整体利益和长远发展角度进行合理规划,确保高效和多功能利用,成为各国普遍做法。尤其自 20 世纪 60 年代以来,为保护环境,需要对资源进行"周密计划和适当管理"的观念广泛传播,[③]以利用管控为主要内容的保护性规则大量涌现,各种针对资源获取、开发、利用、转让及利益分享的规划、计划、许可以及相应财税、责任制度成为资源法的常规内容,对周边环境影响的预测评估也逐渐成为资源开发利用的前置要求,资源法与环境法的边界日益模糊。进入 20 世纪 90 年代,在将环保与发展一体化对待的可持续发展理念的影响下,资源法进入了与环境法律规范融合互动的"可持续发展法"时期,[④]成为现代环保制度的重要内容。在现代法律体系中,资源法被普遍归于环保阵营,成为广义"环境法"的组

---

① Robert L. Fischman, *What is Natural Resources Law*?, 78 University of Colorado Law Review 717 (2007).

② 参见邬沧萍、侯东民主编:《人口、资源、环境关系史》(第 2 版),中国人民大学出版社 2010 年版,第 72 – 74 页。

③ 1972 年联合国《人类环境宣言》规定"为了这一代和将来的世世代代的利益,地球上的自然资源,其中包括空气、水、土地、植物和动物,特别是自然生态类中具有代表性的标本,必须通过周密计划或适当管理加以保护"。

④ 参见肖国兴、肖乾刚编著:《自然资源法》,法律出版社 1999 年版,第 45 页。

成部分。[①]

(二)环境(保护)法:从污染防治到综合保护

环境法最初和长期以来仅指污染防治法,其所直接保护的,是受污染物毒害的水、土、气等自然要素所构成的处于开放状态、影响不特定人的集合空间。对于这类既不以经济利用为目的、又难以控制和支配、不在传统“资源”范畴的自然存在,唯有“环境”称呼最便捷、准确,故相关立法也被惯称为“环境(保护)法”。

现代污染防治源于18世纪的“公共健康法规与卫生改革运动”,[②]该运动主要解决因污染排放和废弃物堆积给居民带来的公共健康危害,是典型的对“生活环境”的保护。然而,随着人类影响自然的深度和广度的扩展,“环境法保护的环境要素一直在扩大”[③]。资源枯竭、生态退化、气候变化等非污染问题一旦被纳入“环境问题”范畴,相关立法也当然成为“环境(保护)法”的一部分。而且,即使污染防治本身,也往往与资源利用、生态保护密不可分,需要在立法中统筹考量。无怪乎,各国为修复受损环境而设计的法律制度,对象、内容、功能雷同,但名称五花八门,以资源、环境或生态为基石概念者均有。[④] 而诸如濒危物种保护法、气候变化应对法等针对典型“生态”问题的立法,也已被归于“环境法”范畴。

(三)生态(保护)法:从特殊区域到自然全域

早期生态学关注的主要是人迹罕至的荒野,关心非人物种及其栖息地保护,故所谓“生态(保护法)法”(又称“自然保护法”)最初主要是指保护野生动植物、物种及其栖息地或某些特殊区域的法,由于直接以特定

---

① 《中国大百科全书》认为,“自然保护法和自然资源法是整个环境法的两个组成部分”。中国大百科全书编委会编:《中国大百科全书》(30),中国大百科全书出版社2011年版,第102页。美国的情况也类似,可参见 Robert L. Fischman, *What is Natural Resources Law*?, 78 University of Colorado Law Review 717 (2007)。

② 参见廖红、[美]克里斯·郎革编著:《美国环境管理的历史与发展》,中国环境科学出版社2006年版,第44页以下;[美]理查德·拉萨路斯:《环境法的形成》,庄汉译,中国社会科学出版社2018年版,第53页以下。

③ 李挚萍:《环境法基本法中“环境”定义的考究》,载《政法论丛》2014年第3期。

④ 美国为“自然资源损害”,多数欧盟国家为“环境损害”,法国为“生态损害”。

自然物为保护对象,故往往被视为自然资源法的部分和变种。[①] 但在立法目的和价值观念等方面,二者实际上针锋相对,体现的是两种不同的自然认识和价值观念,在制度内容和实践功能方面有很大差异。[②] 早期生态法实际上是以"反资源法"称谓出现的,是对"重在利用"[③]的资源法的回应和纠偏;其在制度举措方面,主要是"区划"加"隔离",通过划定各类保护区域,对人类行为予以限制和管控,以最大限度地减少人类影响,保留自然的"原初"状态。

但随着社会的发展,这些区域也日益遭受污染危害,并因原始自然的日益稀缺而具有了审美、文化产业角度的"商品化"属性。如今,各类保护地早已不是人迹罕至的"荒野",而是与人类密切关联、互相影响的"环境",以及可供游憩、娱乐,成为生产生态产品的"资源"。防范污染危害,规范开发利用,公平分享惠益,协调各类活动与需求,也成为相关立法的重要内容,其发生着"从隔离到共管"的范式转变。[④] 在生态学影响下,任何对自然产生较大影响的活动,都应贯彻生态理念、考虑生态基础、运用生态规律,最初主要用于狭义生态保护的"生态系统方法"已广泛扩展到污染防治和资源管理领域,成为相关立法均须遵循的价值理念,[⑤]并促成了三类法律的相互借鉴和深度融合。[⑥]

---

① 或因为此,中国大百科全书把"自然保护法"和"自然资源法"收录为一个词条。参见中国大百科全书编委会编:《中国大百科全书》(30),中国大百科全书出版社 2011 年版,第 102 页。

② 参见滕海键:《美国环境政策与环保立法研究:以环境政治史为视角》,中国社会科学出版社 2016 年版,第 92 页以下;[美]戴斯·贾丁斯:《环境伦理学》,林官明、杨爱民译,北京大学出版社 2002 年版,第 46 页以下。

③ 赵绘宇:《生态系统管理法律研究》,上海交通大学出版社 2006 年版,第 17 页。

④ 参见秦天宝:《从隔离到共管:保护地范式的转变——结合美、加、澳等国家法律实践的考察》,载《清华法治论衡》2012 年第 2 期。

⑤ 参见 Robert L. Fischman, *What is Natural Resources Law*?, 78 University of Colorado Law Review 717 (2007);巩固:《"生态系统方法"与海洋环境保护法创新——以渤海治理为例》,载《中国海洋法学评论(英文版)》2010 年第 1 期;吴凯杰:《环境法体系中的自然保护地立法》,载《法学研究》2020 年第 3 期;赵绘宇:《生态系统管理法律研究》,上海交通大学出版社 2006 年版,第 20 页以下。

⑥ 污染防治中的生态考量,前文已有提及,此不赘述。资源管理领域同样如此。譬如一片森林,其林木能否采伐、哪些可以哪些不可,以及如何采伐,主要取决于相关林木的生态区位和功能,而非其市场价值。近年来森林管理领域大力推行"分类经营",把以生态功能为主的公益林与无此负担、可相对宽松的商品林区别对待。此时的森林法,既是借鉴生态系统原理的资源管理法,又是调整领域扩张的生态保护法,深度融合,难分彼此。

(四)面向生态系统管理的融合与分工:现代环保法律体系的辩证统一

综合以上来看,资源法、环境法、生态法与分别作为其基石概念的资源、环境和生态如出一辙,存在既差异又趋同、既独立又重叠的复杂关系。就早期情形而言,三者彼此独立,存在明显差异;但随着社会的发展,三者的边界日益模糊,彼此融合扩展,出现向以生态系统为基础的环境资源综合管理演进的趋势。以保障生态价值、维护生物多样性和系统完整性为共同目标和根本指向,把一切自然物质视为具有内在价值的潜在资源予以珍惜利用,在进行较大活动前评价环境影响,根据自然生态状况和系统平衡需要确定管护任务和建设目标,在此基础上统筹安排污染防治、资源利用和生态保护相关制度举措,综合运用产权、管制、规划、财税等各种手段,并根据生态状况和环境效果不断对制度举措进行动态调整,已成为环保领域立法的普遍要求和理想图景。这种常被简称为"生态系统管理"的"基于生态系统的环境资源综合管理"[①],代表着"大环保"立法的未来,也是作为可持续发展理念实现方法的"环境与发展综合决策方法"[②]在立法层面的要求和体现。

三、从广到狭与从合到分:我国环保立法的基石概念与体系关系

我国自改革开放以来全面启动的工业化进程是在现代环保观念广泛传播、环境法律体系已然确立的国际背景下进行的,环境法治建设有更好实现综合决策、统筹处理一体三面关系的"后发"优势。然而,由于我国采取生态环境部门专司污染防治,其他部门分别管理林、草、水、土、矿、海、保护区等自然资源和生态空间的"分要素、多部门"管理体制,又由于立法体制上的"部门立法"特色,[③]各部门陆续主导制定了以本部门目标

① 参见巩固:《环境法典自然生态保护编构想》,载《法律科学(西北政法大学学报)》2022年第1期。

② 吕忠梅:《环境法典编纂方法论:可持续发展价值目标及其实现》,载《政法论坛》2022年第2期。

③ 参见王利明:《立法应当去部门化》,载《当代贵州》2015年第21期;裴智勇:《开门立法是良方》,载《海南人大》2009年第12期;徐凯:《新邮政法与部门立法之痛》,载《法治与社会》2009年第8期。

及相关职权行使为核心的单行法，偏离了初见曙光的“大环保”模式。受制于部门立场和视角，相关立法在概念使用和内容安排上实际仍是与西方环境法治初期类似的狭义模式，这在1989年正式通过、长期被视为环保领域“基本法”的《环境保护法》中体现尤为明显。长期以来，生态环境部门以“环境”或“环境保护”为标题制定了大量以污染防治为主要内容的部门规章和政策文件，①更使其限缩为极狭义的原初概念。与此同时，由各资源管理部门主导制定的法律法规和政策文件也分别以本部门职责为核心具体构建，其使用的“资源”“生态”及由此衍生的“资源保护”“生态保护”“生态建设”等概念也多限于与部门职责密切相关的狭义层面，具有区别和排除污染，仅与植树种草、物种保护等“自然”问题相关的意味。

这一制度设计至少带来三方面问题：第一，环保立法客观上形成了污染防治法与自然资源法各管一摊、彼此隔绝的二元体系。第二，理论与实践脱节，概念与制度错位。环境法学名义上秉持“大环保”理念，实则偏重污染防治，相关理论、思想、制度多以污染防治法为预设基础，其典型表现是多数环境法教材中归纳的所谓“基本制度”实际仅为污染防治制度。第三，生态保护立法不足，发育不全。

当然，值得一提的是，近年来，随着生态学理论的传播和生态问题的加剧，国家对生态保护的重视程度不断提高，环保立法重污染、轻资源、弱生态的情况有所改观，污染防治、资源管理和生态保护互动融合、一体规定的做法已在部分立法中得到相关实践。不过，总体看来，此类立法尚为少数。而且，除《长江保护法》（2020年）这种明确以对某特定生态区域的系统、完整保护为目标定位的流域“综合法”之外，在分别以污染防治或资源管理为标题和内容的单行法中简单增加几条跨界条款，逻辑上难谓合理，体系上较为突兀，实际效果也不无折扣。就制度建设的长远、整

---

① 如《环境行政处罚办法》（2010年修订）、《环境保护公众参与办法》（2015年）、《环境信息公开办法（试行）》（已失效）、《环境监测管理办法》（2007年）等，相关工作规划也被称作“环境保护规划”。

体而言,有时甚至增加混乱和干扰。[①] 因此,通过法典编纂真正理顺各方关系,实现优化组合,方为根本之道。

四、以“生态环境”为统领:环境法典的概念选择与体系构建

(一)以“生态环境”为基石概念

综合来看,就我国环保法律政策的概念使用现状而言,最适合作为法典的基石概念,成为制度体系构建之概念基础的,非“生态”和“环境”组合而成的“生态环境”莫属,其理由如下:

第一,“生态环境”有作为联合词组的“生态”加“环境”之意,外延最为宽广,可包含狭义的“资源”、“环境”和“生态”。其所衍生的“生态环境保护”,可涵盖资源保存、污染防治、生态保护以及绿色发展、清洁生产、循环经济、生态建设等主要环保举措。尤其值得注意的是,作为联合结构的“生态环境”乃是中国语言的特有优势。“当某事物、某问题与‘生态’‘环境’都有关(既是涉及生态,又是涉及环境),或分不太清是‘生态’还是‘环境’问题,就用‘生态环境’(如生态环境问题,某地区的生态环境)。这正是中国语言的特点……它们的涵义就是有简化的‘和’和‘或’的意义。”[②]

第二,“生态环境”又有作偏正结构理解,表达“基于生态关系的环境”之意。[③] 此既认可自然的“环境”本质,表达外部自然物质世界对被预设为中心事物的人类的影响;又突出其结构上的“生态”特色,强调自然要素之间的规律性联系和系统性特征,体现生态这一时代特征,为法典在制度设计上确认生态价值、基于生态系统、遵循生态规律、建设生态文明做好铺垫和基础。

第三,作为联合词组的“生态环境”可有效区别于单一使用的“资源”、“环境”和“生态”,从而为后者在狭义层面单独使用,分别引领“资

---

① 譬如,前述《水法》对在水源保护区非法设置排污口的罚则条款在当时保护水源急需而相关污染防治法条款缺失的背景下有其积极意义,但在2008年修订的《水污染防治法》为加强水源保护增设力度更大的处罚条款时,就出现针对同一违法行为存在两类轻重不一的处罚条款的情形。参见《水法》(2002年)第67条、《水污染防治法》(2008年)第75条。

② 蒋有绪:《不必辨清“生态环境”是否科学》,载《科技术语研究》2005年第2期。

③ 参见李志江:《“生态环境”、“生态环境建设”的科技意义与社会应用》,载《科技术语研究》2005年第2期。

源保存”“污染防治”“生态保护”相关制度,构建三位一体的“大环保”制度体系留下充分空间。

第四,“生态环境”是一个在国家环保相关重大政策文件中得到普遍使用,但在具体法律规则中较少出现且未获明确立法界定的概念。前者意味着法典以之为基础,可更加方便地与国家相关政策目标和制度设想对接,更加全面、精准地贯彻国家意愿和改革构想,[①]“以明确的法律概念回应生态文明建设国家任务、为环境法典建立时代坐标”[②]。

第五,受到广泛接受和普遍认可。这一概念在法律以外的其他语境中也获得广泛接受。譬如,有学者在解读习近平生态文明思想时,即广泛使用“生态环境”指代保护对象,认为该思想的实践意义在于“推动国家‘生态环境’公共政策体系重建,实现‘生态环境’治理体系与治理能力的现代化”[③]。在日常生活中,“生态环境”更被广泛运用于教育、宣传、社会动员等各种环保情境中。

第六,“生态环境”还是一个深具中国特色、历经实践检验的宪法概念。作为一个中国学者基于生态学影响在宪法中创制的概念,尽管“生态环境”的提出不无仓促,曾遭遇激烈争议,但历经实践洗礼而未改,获广泛接受和使用,根源还在于其与“大环保”时代精神之契合以及支持、推动环保领域制度建设的积极效果,[④]其生命力已获得实践检验。

(二)“生态环境”概念界定

作为基石概念,法典有必要对“生态环境”作出具体界定,为制度实践提供规范指引。基于前述“三位一体”考虑,本书提出建议条款为:“本法所称生态环境,是指影响人类生产、生活、生存及与自然和谐共生的各种天然的和经过人工改造的自然因素,包括但不限于相关生态要素、空

---

① 譬如,党的十九大报告多次出现的“生态环境”,如“生态环境保护的状况明显改变”“生态环境保护任重道远”“实行最严格的生态环境保护制度”“改革生态环境监管体制”等,都是宽泛的广义概念。

② 吕忠梅:《环境法典编纂方法论:可持续发展价值目标及其实现》,载《政法论坛》2022年第2期。

③ 郇庆治:《习近平生态文明思想的理论与实践意义》,载《马克思主义理论学科研究》2022年第3期。

④ 参见巩固:《“生态环境”宪法概念解析》,载《吉首大学学报(社会科学版)》2019年第5期。

间、功能、服务,以及它们所构成的生态系统整体。”其要点及特色之处在于:

第一,外延开放、宽广,系统、完整、分层次地容纳各类自然事物。包含生态要素、空间、功能、服务及它们所共同构成的生态系统,而不仅仅是自然因素的“总体”。从生态学角度看,自然界中的个体与整体、要素与空间,都是相对而言的,本概念为此留下充分空间。而除静态的物质构成外,由这些要素、空间或单独或联合发挥的某方面的生态功能或服务也是客观存在、值得保护的,也有必要明确列出,进而为相关法律制度(如实践中已经出现的“生态功能损害”或“生态服务损失”赔偿)[①]提供基础。就此而言,本概念表述逻辑最周延、外延最宽广。

第二,价值指引明确,兼顾人类利益与生态利益,平衡社会实践需要与自然状态维持。本概念采取“影响人类生产、生活、生存及与自然和谐共生”的表述,有两重含义。一方面,“影响人类生产、生活、生存”不仅明确把自然价值与社会实践联系起来,可分别从这三大实践需要出发去作具体选择和判断,具有可操作性;而且分别与狭义的“资源”、“环境”和“生态”相呼应,反映和体现它们的“一体三面”关系,对应可持续发展的三大面向,指引三大制度体系的具体构建。另一方面,“与自然和谐共生”又把价值关怀视野扩展到那些与社会实践无直接关系,但因生态联结影响平衡、和谐的自然事物,跳出纯粹人类视角之狭隘,给自然价值以一定的独立考量和观照,形成对前述人类利益的必要制约和平衡。另外,这也是对“坚持人与自然和谐共生”这一“新时代推进生态文明建设”所必须坚持的首要原则的立法回应。[②]

第三,落脚“自然因素”,坚持保护对象的自然属性。现代社会人类活动影响广泛,自然因素与社会因素密切交织。但从法律部门划分的专业性和制度有效性角度看,环境法的调整范围不宜过宽。毕竟,自然因素与社会因素性质迥异,表现形式、问题根源不同,受生态规律制约的程度不一,故不宜混为一谈。只有保留相当程度自然属性、作为生态系统的组成部分、参与生态过程、影响生态平衡的事物,才具有高度尊重和充分运用生态规律、通过特别立法进行特殊调整的必要。如果把那些完全脱离

---

① 参见《民法典》第1235条第1-2项。

② 参见习近平:《推动我国生态文明建设迈上新台阶》,载《奋斗》2019年第3期。

自然状态、不受生态规律支配的纯粹人工物品、“社会环境”也作为环境法的保护对象，不仅过于宽泛，而且由于相关规范价值目标不同、基本原理各异，也无法形成内在逻辑一致的统一体系。环境法也会模糊自身属性，丧失独立特征。

第四，突出生态特征，凸显整体性和系统性。要素、空间、功能和服务都是从生态角度而言的，“它们所构成的生态系统整体”更进一步地强调前述部分之间的内在联结和系统性构成，把这些自然事物排列组合形成的系统整体也作为保护对象，赋予了独立价值。

（三）“生态环境”概念运用与基本制度构建

作为一个内涵丰富、外延宽广的基石概念，“生态环境”在法典中主要用于范围宽泛、内容综合的“大环保”场合，作为前缀统领那些能够贯穿环保全域、规范各类自然事物的基本制度和共通规定，具体包括以下三类情形。

第一，作为法典标题，框定保护对象、调整范围和主体内容。法典本身应以“生态环境”为前缀命名为“生态环境法典”，这一既“联合”又“偏正”的前缀意味着：法典的保护对象是包含狭义资源、环境和生态、经由生态联结以系统方式存在的自然界总体。保护范围所及，即法典的调整范围。与之相应，法典在内容上也涵盖传统“环境（保护）法”、“自然资源法”和“生态（保护）法”相关保护性制度规定。

第二，作为章节标题，用于内容上具有总体或共通指向的章节，主要是总则和法律责任部分。法典采用“总则—分编”结构，其中“总则编采取‘提取公因式’方式，规定可以统领全局和普遍适用的立法宗旨、基本原则、管理体例和引领性制度等内容”[①]。其所具体设置的“治理体系”“监管体制”“保护职责”“公众参与”，以及“规划”“区划”“标准”“影响评价”“监测评估”“应急管理”等内容，都是涵盖污染防治和资源、生态保护的一般性规定，均须以“生态环境”为前缀才全面、准确。这也意味着，该部分条文的编纂应主要以现行污染防治法、自然资源法和生态保护法中的同类规定为“原料”，通过“提取公因式”归纳可共通适用的基础规范，打造名副其实的环保“基本”制度。除此之外，还可以且应当结合可

① 吕忠梅：《中国环境立法法典化模式选择及其展开》，载《东方法学》2021年第6期。

持续发展的实现要求和国家生态文明建设目标进行必要创新,从更好保护生态环境“一体三面”的角度出发对不同主体的权利、义务、职责和分别针对不同领域、面向的具体制度机制作出统筹安排,消除矛盾、冲突,形成制度合力,充分发挥法典的体系化效益,彻底破解“碎片化”这一现代环境法治痼疾,形成以真正意义上的“生态环境”为保护对象的制度框架。①

法典第五编全面规定环保领域相关法律责任,②适用范围普遍,指向环保全域,故也应以“生态环境”为标题前缀。在内容上,其除对现行法相关责任规定的合并精简、查缺补漏外,还须加强不同责任、机制之间的分工与配合,形成以“生态环境”整体保护为共同指向的“大环保”责任体系,为全面实现可持续发展提供系统完整、富于激励的制度保障。

第三,作为具体保护对象,用于内容综合、指向宽泛的特定制度规范。譬如,法典“总则”编“一般规定”章规定的立法目的、基本国策、基本原则、主体义务、保障机制、教育科技、国际交流与合作等条款,在条旨和内容表述上也宜用“生态环境”概念,避免相对狭窄的“资源”、“环境”或“生态”。又如,“生态环境责任编”中的“生态环境损害赔偿”制度,适用领域宽广,原因行为包括环境污染和生态破坏,以受损自然状况的修复、恢复为目标,保护对象具有整体性、开放性,也只有以“生态环境”为前缀才能表达准确其内容,也才能清楚区别于针对“他人损害”救济的传统环境侵权责任。③

(四)其他概念运用与分编制度体系

单独的“资源”、“环境”和“生态”分别指代自然的不同面向,承载不同的价值目标,其各自导向的规则体系,构成环保立法的鼎立三足,形成相对独立的三编,构成法典的主体内容。但这并不意味这三编简单地以三大概念为基础,形成所谓资源编、环境编、生态编,分别对现行资源法、

① 譬如,在“规划”方面,建立统一的“生态环境规划”制度,对环保领域各类相关规划提出统一的目标和要求,并协调“环境保护规划”“自然资源利用规划”“保护地规划”“土地利用规划”等多种规划之间的关系,消除内容冲突,实现“多规合一”,破除多头规划、规划打架问题。

② 参见汪劲:《论中国环境法典框架体系的构建和创新——以中国民法典框架体系为鉴》,载《当代法学》2021年第6期。

③ 《民法典》第1229条。

环境法、生态法中的相关规范进行合并精简、修改增删即可；不从概念上和体系上彻底打破现行法的框架结构和“势力范围”，并依其逻辑主线——“可持续发展”[①]——的内在结构和实现要求进行重组，具体制度设计就难以真正实现以生态整体保护和全面可持续发展为指向的系统性融合，法典条款的创新力度和体系化效益也终将有限，那么法典编纂最终将不过是简单的条文汇编。另外，从现实角度看，把已有资源法、环境法、生态法的内容一网打尽，由一部法典全部统摄，则既不可能，也无必要。因此，尽管单一的“资源”“环境”“生态”概念在法典中还要大量出现，尽管法典的确要以现行资源保存、污染防治、生态保护相关法律规定为基础进行构建，但它们之间并非简单、机械的对应关系。无论概念使用，还是内容选择以及体系安排，都需要施以更加辩证和复杂的处理。

第一，少用“环境”概念，多用“污染防治”，脱钩“环境保护”。“环境保护”与“污染防治”的等同互换是特定时代和社会背景下的产物，有其历史局限性，现已极大落后于时代和实践，应予扭转。在“大环保”观念普遍确立的当下，不仅日常语境中的“环境”外延大为扩展，“环境保护”的实际所指也远超污染防治，此在最新修改的《环境保护法》也获确认和体现。[②] 而随着“大部制”改革的推进，生态环境部门的监管职责已从由专司污染防治向分担部分资源保存、生态保护功能扩展，[③]甚至正式名称也已改为“生态环境”部门，体现了“大环保”的理想目标和应然方向。对此，法典应予以支持和保障。故而，法典应径以“污染防治”（或“污染控制”）指代相关活动，避免过去或无异议，但今天已极不确定的“环境保护”措辞，相应章节也应以“污染防治”为前缀命名，尽管其实际内容和功能，与传统上狭义的“环境保护”相对应。这也意味着，在相关制度规范的保护目标、范围和力度方面，该编仍以狭义“环境”——“生活环境”——的保护为基准，服从于维护公众健康这一核心目标，切实保障社会的可持续。另外，作为“大环保”视野下的“生态环境法典”的重要组成部分，该编内容也不应完全拘泥于对狭义环境的保护，而应在保证基本任

---

① 吕忠梅：《发现环境法典的逻辑主线：可持续发展》，载《法律科学（西北政法大学学报）》2022年第1期。

② 参见巩固：《“生态环境”宪法概念解析》，载《吉首大学学报（社会科学版）》2019年第5期。

③ 具体制度举措，如生态环境保护督查、生态保护红线、生态环境损害赔偿等。

务的前提下作适度扩展。那些对降低生态风险、保护生态安全或保障资源再生、增进资源供给确有必要的污染控制举措,也可以且应当在此规定。除此之外,“污染控制”的标题只是就该编首要功能和主体内容而言的,其主要规定针对污染控制一般情形的一般规定、常规制度,并不意味着可垄断所有污染控制相关内容。那些对于资源或生态保护具有重要意义、仅适用于某领域特定情形、提出某些方面特殊要求、可视为其他制度体系之固有部分的污染控制类举措,也可以在其他相应章节规定,以更便于理解适用和发挥实效。这也是法典的体系化效益之一。

第二,淡化“资源”概念,限缩“生态”概念,强化生态保护,依要素、空间(区域)编排。由于“资源”根深蒂固的经济色彩及其潜藏的开发意味,法典应尽量减少使用这一概念,对需要保护的自然物直接以其日常名称(如水、土地、森林、草原、野生动物、湿地、山脉、流域、国家公园等)称呼即可,不必再加“资源”二字。法典所提供的保护是生态角度的,而非经济、战略意义上的,故其对象应只限于具有直接生态意义的可再生资源,但不必刻意区分“保存”意义上的保护与“维护”意义上的保护,因为对可再生资源来说,二者的区分既困难又无必要。而且,从现代绿色发展观看来,是否存在绝对不能开发、只能消极放任的纯粹“维护”,也是不无疑问的。当然,那些没有直接经济价值、不在传统“资源”范畴、未获单行法保护的自然物,只要具有生态意义,当然也可以纳入法典给予最低限度的保护。而对于那些由不同类型自然物构成、需要在特定地理范围内整体保护的空间或者区域,也可以且应当划定相关区域,予以综合管理和整体保护。这些在传统法律体系中属于狭义“生态法”的空间性保护规范,应和前述属于传统“资源法”的要素性保护规范归于共同一编,按照先一般规定(要素保护)后特殊规定(区域保护)的顺序编排成不同章节,兼顾利用管控、保护改善和修复治理,从生态系统整体保护角度作出统一安排,“深入实施山水林田湖草一体化生态保护和修复”[①],实现传统“资源法”与“生态法”的深度融合。就此而言,对狭义“资源”和狭义“生态”的保护在法典中是置于同一制度体系之中的,由于后者在价值目标和体系结构方面的决定性作用,其实质是通过“生态法”的扩展,来更好实现生态的可持续,故该部分应以“生态”为基石概念进行命名。但考虑到传统

① 习近平:《推动我国生态文明建设迈上新台阶》,载《奋斗》2019年第3期。

“生态”概念的狭义性，为避免不必要的混淆，可效仿“生态环境”概念，在“生态”前面加上“自然”二字以指代这种由狭义的“自然资源”和“生态”共同构成的宽泛概念，也明确其物质构成上的“自然的”属性，以之为前缀命名相关章节，指代诸多涵盖传统资源保存和生态保护的法律规范。

第三，扩展资源观念，升级“保护”制度，保障绿色发展。常规资源的开发利用与传统经济活动为“一枚硬币的两面”，所以应由民商经济法调整，无须生态环境法典规定。但如前文所述，诸多非传统资源类自然物，如相关自然生态空间、功能和服务（如自然景观、碳汇等），在现代社会已具有相应经济价值和潜在市场，其产出的“生态产品”在相应制度设计下也可以产生一定经济效益，形成相关产业，推动经济发展。这种生态价值市场化的“绿色发展”，以不损害生态环境为前提，以更高品质的生态环境状况为指向，无论在客观上还是主观上而言，都应当由法典加以规范。此外，对于传统产业来说，通过清洁生产、循环经济等方面要求，实现节能、减碳改造和绿色化提升，也是现代环保的必要举措。这正反两部分内容，看似“风马牛不相及”，实则都指向“环境容量”“生态服务”等新型“环境类资源”，涉及其在生态环境约束下的合理支配和高效利用，是“绿水青山就是金山银山”的体现和要求，其实质是“资源法”的绿化和扩展，也应纳入专门制度体系，形成“绿色低碳发展编”，以更好实现经济可持续发展，使“保护生态环境就是保护自然价值和增值自然资本，就是保护经济社会发展潜力和后劲，使绿水青山持续发挥生态效益和经济社会效益”①获得系统的制度保障。

---

① 习近平：《推动我国生态文明建设迈上新台阶》，载《奋斗》2019 年第 3 期。

1.3 环境法典编纂视角下的环境基本法考察*

环境法典通常从环境基本法发展而来，是对环境基本法的传承、吸纳、替代和发展，可以说，环境法典的基础在于环境基本法。所以，本书希望通过对世界范围内环境基本法的发展演化进行研究，以求为中国环境法典的编纂提供一定的理论立法实践支撑。

一、环境基本法的发展演化

环境基本法的出现始于20世纪60年代末，经历了20世纪70年代初到80年代末的起步期以及20世纪90年代到现在的高速发展期。19世纪以后，工业化、城市化的迅速扩张和人口的膨胀，出现了因大规模工业化和城市化而导致的现代环境问题。以技术为主导的控制手段的运用已经跟不上人类行为造成的负面环境影响，以分散的污染控制和自然保护立法为主的环境立法无法达到环境整体保护的目的。人们重新考虑如何处理自然要素间的相互关系以及人与自然、环境与发展、科技与环境等关系。科技的发展，让人们更多地了解了自然界事物之间的内在联系以及自然发展的规律，为解决环境问题提供了更明智、更长远、更可靠的方法，其中，体现整体国家环境政策的环境立法被认为是环境法治建设的必需，由此，环境基本法应运而生。环境问题产生跨国界的影响时，国际社会也开始积极回应。特别是当跨境污染、生物多样性消失、气候变暖等全球性环境问题出现后，国际社会形成的集体共识和规则对各国国内的环境立法也产生了重要的影响。1972年联合国的"人类环境会议"以及1992年联合国的"环境与发展大会"对于推动世界各国对于环境问题的长远影响以及环境保护对于人类持续发展的重要性达成共识具有重要意

---

* 李挚萍，中山大学法学院教授。本部分原载于《中国政法大学学报》2022年第5期，收入本书时有部分修改。

义，进而也推动了世界范围内环境基本法的发展。

环境基本法自20世纪60年代末出现，到现在已经有50多年的历史，曾经历二次发展的高峰期。①

第一个高峰期出现在1972年至20世纪80年代末，在1972年联合国人类环境会议的影响及推动下，不少国家制定颁布了环境保护基本法。如罗马尼亚的《环境法》（1973年）、马来西亚的《环境质量法》（1974年）、泰国的《环境质量保护与促进法》（1975年）、匈牙利的《环境保护法》（1976年）、中国的《环境保护法（试行）》（1979年）、斯里兰卡的《国家环境法》（1980年）、荷兰的《环境法通则》（1980年）、波兰的《环境保护法》（1980年）、巴西的《环境政策法》（1981年）、印度尼西亚的《关于环境管理的基本规定》（1982年）、瑞士的《环境保护法》（1983年）、土耳其的《环境法》（1983年）、新西兰的《环境法》（1986年）、印度的《环境保护法》（1986年）、墨西哥的《生态平衡及环境保护法》（1988年）、加拿大的《环境保护法》（1988年）等。这个时期环境基本法从无到有，出现了环境立法整体化第一次质的飞跃。但是这个阶段的环境基本法相对简单，内容主要包括：明确国家的环境保护目标和政策，确定国家和企业的环境保护责任，建立国家的环境保护的监督管理体制，建立了以许可证和环境影响评价制度为中心的环境管理制度。

第二个高峰期出现在1992年至21世纪早期，1992年联合国环境与发展大会召开以后，随着可持续发展战略的确立，环境保护与发展更充分地融合，环境民主、公众参与等制度广泛普及。以实施可持续发展战略为契机，各国的环境基本法的发展又经历了一次飞跃。绝大部分已经颁布了环境基本法的国家都修改、完善或者升级了本国的环境基本法，如日本1993年颁布的《环境基本法》取代了其1969年的《公害对策基本法》，瑞典1999年颁布的《环境法典》取代了其1969年的《环境保护法》，匈牙利1992年颁布的《国家环境框架法》取代了其1976年的《环境保护法》，印度尼西亚1997年颁布的《环境管理法》取代了其1982年的《关于环境管理的基本规定》，罗马尼亚1995年的《环境保护法》取代了其1973年的《环境保护法》，荷兰1993年的《环境管理法》取代了其1980年的《环境

① 参见李挚萍：《中青年法学文库：环境基本法比较研究》，中国政法大学出版社2013年版，第7-8页。

法通则》等。

一大批国家则在这个时候颁布了全新的环境基本法。如越南1993年的《环境保护法》、斯诺文尼亚1993年的《环境保护法》、阿尔巴尼亚1993年的《环境保护法》、埃及1994年的《环境保护法》、智利1994年的《环境基础法》、乌克兰1995年的《环境保护法》、蒙古1995年的《环境保护法》、阿塞拜疆1999年的《环境保护法》、格鲁吉亚1996年的《环境保护法》、圭亚那1996年的《环境保护法》、喀麦隆共和国1996年的《环境管理框架法》、莫桑比克1997年的《环境法》、尼泊尔1997年的《环境保护法》、巴基斯坦1997年的《环境保护法》、南非1998年的《环境管理法》、澳大利亚1999年的《环境保护和生物多样性保全法》、芬兰2000年的《环境保护法》、沙特阿拉伯2001年的《环境法通则》、苏丹2001年的《环境保护法》、俄罗斯2002年的《环境保护法》、卡塔尔2002年的《环境保护法》、利比亚2003年的《环境保护和管理法》、马其顿2005年的《环境法》、坦桑尼亚联合共和国2004年的《环境管理法》、阿富汗2005年的《环境保护法》、津巴布韦2005年的《环境管理法》、纳米比亚2007年的《环境管理法》等。到目前为止,已有70多个国家制定了环境保护基本法[①]。

在长达50余年的发展进程中,环境基本法形式和内容也在不断演化。总体来说,环境基本法的形态可以分为三种:政策法形态、框架法形态、综合法形态。

20世纪90年代出现综合法形态的基本法往往整合了原有的部分单行立法,具有不同程度的法典编纂性质,或者可以称之为准环境法典,如瑞士1983年的《环境保护法》、墨西哥1988年的《生态平衡和环境保护法》、英国1990年的《环境保护法》、荷兰1995年的《环境管理法》、丹麦1998年的《统一环境法》、加拿大1999年的《环境保护法》、保加利亚2002年的《环境保护法》、马其顿2005年的《环境保护法》等。部分国家的环境基本法虽然没有使用环境法典的名称,但是在内容和形式上都具有环境法典的特征,如1988年加拿大颁布的《环境保护法》是汇集了5部早期环境法规的基础上颁布的综合性立法,它取代了加拿大此前实施

① 参见吕忠梅:《环境法典编纂:实践需求与理论供给》,载《甘肃社会科学》2020年第1期。

的《环境污染物法》《清洁空气法》《水法》《海洋倾废法》《环境法》。这部法律内容十分广泛，对空气污染、水污染、有毒物质的排放、海洋废物倾倒、跨省之间的污染控制协调和执法监督等事项加以综合管理，1999年加拿大新的《环境保护法》取代了1988年的《环境保护法》，新法将可持续发展作为立法所追求的终极目的，进一步明确了政府的环境保护的义务，拓展了公众参与的路径，一定程度上考虑了生物技术的环境影响。①

二、环境基本法为环境法典编纂所奠定的基础

（一）环境基本法的综合化为环境法典编纂奠定了框架基础

环境基本法出现的原因之一是以整体立法解决过去分割式立法带来的环境保护碎片化的问题。为了实现可持续发展，适应生态整体主义以及综合处理环境与经济、社会发展关系的要求，环境基本法从政策法、框架法向着综合法方向进化。随着人们对于环境整体性和相互关联性认识的深入，环境基本法的综合化进程一直在深化，环境法典也可以说是环境基本法综合化的成果之一。通过研究环境基本法综合化的路径和形式，可以为环境法典编纂提供更直接的参考。

1. 环境保护对象的综合

基本法的综合化从生态环境保护内部的综合开始，着眼于各种环境污染形态以及生态要素之间相互影响。美国1969年《国家环境政策法》的颁布是因为政策倡导者认识到生态系统是一个相互联系的整体，环境应该作为一个整体来研究和保护，当时联邦政府对环境分割管理的体制，不能充分反映环境政策应该相互融合的特点。② 由于联邦政府未能有效地将环境价值融入他们的政策制定之中，以及未形成在联邦机构中对环境价值与经济、社会价值进行协同考虑的工具和机制，为了促使整个国家认识到环境价值的重要性，立法者们希望从实质上改变联邦政府机构政策制定的目标和方法。③ 在此背景下，美国颁布了《国家环境政策法》。

---

① 参见徐伟敏：《〈加拿大环境保护法〉（1999）介评——兼论我国环境基本法的完善》，载《探索·创新·发展·收获——2001年环境资源法学国际研讨会论文集（上册）》。

② See Lynton K. Caldwell, *Environment: A New Focus for Public Policy?*, Public Administration Review, Vol. 23, No. 3, p. 132 – 139 (1963).

③ 参见李挚萍：《〈美国国家环境政策法〉的实施效果与历史局限性》，载《中国地质大学学报（社会科学版）》2009年第3期。

菲律宾1977年的《环境政策法令》在前言部分阐明法令的颁布是基于以下理由：由于人们对人口增长、城市化、工业扩张、自然资源的快速利用和技术不断进步中产生的不同、有时甚至是冲突的需求，导致一种分割且短期的环境保护方法和观念的产生；这种狭隘的观念不利于实现人与自然和谐相处的理想环境状况；现在迫切需要制订一项集中的、综合的环境保护方案，通过要求进行环境影响评价和说明，为保护整体环境作出协调一致的努力。①

2. 环境保护与经济、社会发展的综合

进入20世纪90年代，在可持续发展战略的指导下，各国环境法综合化的深度和广度都在强化，朝着与生态系统以外的其他系统进行综合的方向发展，不仅关注生态系统内各要素的整体保护，也关注生态系统与经济系统(经济发展模式、生产力和生产关系的状况、科技的发展)、社会系统(城市规划和管理、社会治理)等的融合。本书特别考察了荷兰环境基本法的综合化进程。

荷兰于1980年颁布了《环境法通则》(General Environmental Provision Act,GEPA)，并成为环境保护领域的基本法。该法统一了部分单行立法中的许可证发放程序、例外规定、申诉和投诉程序等规定，对环境法概念和术语也进行了规范。20世纪80年代开始，荷兰环境保护立法在国家两个项目的推动下发生了较大变化。第一项目是"环境政策综合工程"，其核心内容是改善环境政策的协调性，针对法律领域而言，就是强调立法的综合性；第二个项目是"放宽城镇规划和环境管制的行动计划"，其核心内容是压缩和简化环境立法。② 法律的综合化和现代化的目标是：第一，在决策阶段，所有与环境保护相关的问题都能得到适当的考虑，荷兰环境保护政策的重要理念(如可持续发展、节约能源和生命周期管理)应该融入法律之中；第二，企业只受单个行政部门的管理，并形成有利于企业发展的综合环境保护制度；第三，为市民、企业和行政机关提供一个更简单、容易理解的法律制度；第四，减少由于单行法的界限之争

---

① See Philippine Environmental Policy(Presidential Decree No. 1151), 1977.

② See P. Gilhuis, *Experiences and Perspectives with Regard to the Codification of Environmental Law in the Netherlands*, in H. Bocken and D. Ryckbost eds., Codification of Environmental Law: Proceedings of the International Conference, Kluwer Law International, 1996, p. 107.

对环境法律的执行和实施的影响。[①] 荷兰《环境法通则》的适用范围因此而进一步扩展并取代一些单行法中分别规定的事项,1988 年,有关财政的规定纳入该法,使得 7 个环境单行法中的财政规定被取消;1990 年,有关金钱处罚的条款加入该法。

1993 年,一些新的立法加入荷兰《环境法通则》,该法的结构发生大的变化并更名为荷兰《环境管理法》。荷兰《环境管理法》是一个综合法,它将 6 个分类法中规定的许可证合并为一个综合的环境许可证,有关企业的环境许可制度大体上已经形成为一个整体,企业的许可申请和执行事务由一个部门处理,适用于企业的一般性规定也基本上被综合处理。此外,该法还统一了各个分类法中所规定的环境政策计划和环境规划制度、环境质量要求、环境执行以及省级环境条例。

21 世纪后,荷兰开始了一个更大规模的环境立法整合,2014 年 6 月 17 日,荷兰基础设施和环境部向荷兰议会提交了《环境与规划法》法案;[②]在议会通过后,该法案于 2016 年 3 月 23 日公布。原预计该法案将于 2021 年 1 月生效,但是时至今日,该法的生效时间仍然未定。荷兰《环境与规划法》全部或者部分整合了目前关于空间、住宅、交通、自然环境以及水资源管理等方面的 35 部法律,其中被取代的法律有 15 项,包括荷兰《水法》、《危机与恢复法》和《空间规划法》等。[③] 准建证等各类许可证也将多证合一为新的"环境许可证",建立了多法合一、多规合一、多证合一的规划管控体系,这也标志着荷兰进入了规划管控的"大一统"时代。

3. 环境保护综合化的制度工具

环境基本法的综合化不仅是体系结构的综合化,也是环境保护措施和制度的综合化。环境保护的综合化需要有制度工具,在环境保护的众多制度之中,有些制度具有强大的统筹功能,被用于统筹其他的制度。从

① See P. Gilhuis, Experiences and Perspectives with Regard to the Codification of Environmental Law in the Netherlands, in H. Bocken and D. Ryckbost eds., Codification of Environmental Law: Proceedings of the International Conference, Kluwer Law International, 1996, p. 107.

② See Environment and Planning Act of the Netherlands, https://iplo.nl/regelgeving/omgevingswet/english-environment-and-planning-act/?_ga=2.5083635.1792466902.1626342178-527307573.1626342178.

③ See Environment and Planning Act of the Netherlands, https://iplo.nl/regelgeving/omgevingswet/english-environment-and-planning-act/?_ga=2.5083635.1792466902.1626342178-527307573.1626342178.

国外的经验来看,这些工具主要是规划、环评、许可等制度。

在美国《国家环境政策法》中,立法者的意图是以《国家环境政策法》作为基本的综合协调工具,将各种法律要求纳入一个清晰统一的整体中,特别是通过环境影响评价制度将其他环境法所要求的环境分析评估融合在一个分析评估之中。[①] 如前文所提到的菲律宾《环境政策法令》也是希望通过要求进行环境影响评价和说明,从而保护整体环境进行综合与协调。

欧洲国家传统上特别重视许可制度在综合污染防治中的作用,如瑞典在其1969年的《环境保护法》中关于基本制度和措施的规定非常单一,只强调了许可制度。欧盟综合环境保护的主要工具也是许可证。欧盟1996年颁布的融合了多部污染防治法中许可证制度的《综合污染预防与控制指令》(IPPC),开始了欧盟实施综合污染控制的实践。由于IPPC指令所涵盖的范围不够广,2009年7月欧盟委员会通过了《工业排放指令》进一步将IPPC在内的7个有关工业排放活动的立法融合为一个指令。欧盟成员保加利亚、荷兰、德国、瑞士、英国、芬兰、丹麦等国都遵循了这种做法,在本国的环境基本法或者法典中构建了以许可证制度为核心的综合污染控制框架体系。

21世纪以后,各国的环境保护更加注重区域规划、总体布局和空间管理的作用,以此为经济、社会发展与环境保护的关系进行定量和定性。如上文提及的荷兰《环境与规划法》合并了目前关于空间、住宅、交通、自然环境以及水资源管理等方面的法律,建立了以空间管理为核心的多法合一、多规合一、多证合一的规划管控体系。

(二)环境基本法发展为环境法典编纂奠定的理论基础

环境基本法有几十年的发展历史,其立法理论和立法实践成熟,为环境法典的编纂提供了丰富的养分。

1."环境"内涵认识的深入

"环境"是环境法最核心的关键词,对"环境"的认识是环境立法的重要前提和基础。传统法律对于"环境"没有整体的认识,更缺乏对"环境"

---

① 参见李挚萍:《美国〈国家环境政策法〉的实施效果与历史局限性》,载《中国地质大学学报(社会科学版)》2009年第3期。

生态属性的定位和界定。由于环境问题凸显并对人们的利益构成了危害，为了人类的生存和持续繁衍，人们不得不认真地对其生存环境进行探索，对人类生存和发展所需要的环境条件进行深入研究，对于人与环境的关系进行重新审视。环境基本法出现后，借助于环境科学、生态学等学科知识，“环境”作为一个独立概念在法律中有了自己的内涵、地位和属性。

最早一批规定“环境”定义的有马来西亚、中国、斯里兰卡等国家的环境基本法。1974 年马来西亚《环境质量法》第 1 部分第 2 条规定：“环境是指围绕人类生存的各种物理因素，包括土地、水、大气、气候、声音、气味、味觉，动物和植物的生物因素和审美的社会因素。”①中国 1979 年颁布的第一部环境保护基本法《环境保护法(试行)》第 3 条规定：“本法所称环境是指：大气、水、土地、矿藏、森林、草原、野生动物、野生植物、水生生物、名胜古迹、风景游览区、温泉、疗养区、自然保护区、生活居住区等。”早期的环境基本法对“环境”作的是简单的列举性界定，只是明确了组成环境的各要素。虽然这时期的定义不成熟，但是它也有重要的贡献：首先，通过定义明确了环境法的保护对象；其次，奠定了环境法法律体系的基础。从各国共同的立法实践来看，单行立法基本上是根据环境要素来制定的。

随着人们对于环境整体性认识的深入，20 世纪 80 年代开始，对环境的分散保护逐步转向整体保护，此时环境基本法的“环境”定义也显示了整体性的特征。墨西哥 1988 年的《生态平衡与环境保护基本法》认为环境是“自然的、人造的、或由人类为实现自身及其他生物体的生存和发展而引进的元素在特定时间及空间中相互作用的集合”②。智利 1994 年的《环境基本法》第 2 条规定，“环境”是“由自然和人工的物理、化学、生物性质的要素，社会文化及其相互作用组成的全球系统，被人类或自然行动永久地改变着，同时以不同的表现方式规制和调节着生命的存在和发展”③。整体性环境观的形成大大推动了环境综合立法的发展。

科学的发展揭示环境的最本质特征是相互关联性。环境是一个由生物和非生物、物质和能量相互作用，通过物质循环和能量转换构成的整

---

① Acticle 2 of Part 1 of Environmental Quality Act of Malaysia, 1974.

② Article 3 of General Law of Ecological Balance and Environmental Protection of the United Mexican States, 1988.

③ Article 2 of The Law of General Bases of the Environment of Chile, 1994.

体,其各部分并非以孤立的点的形式存在,而是以相互交结的网络系统状的形式存在的。环境是生命体之间及其与非生命体之间基于生存的安全与持续而建立的所有关系状态。[①] 环境的最根本的特质是相互关系,环境可以说是一种相互关系的集合体,这种相互关系包括生态系统内容的各种关系,人与自然的关系、人与人的关系等。环境要素在本质是相互依赖、平等的,各类关系主体互为中心,互为条件,没有绝对的谁"臣服"谁、谁主导谁的状态。许多国家环境基本法中的"环境"定义也反映了这一特性。印度1986年的《环境保护法》将"环境"定义为"包括水、空气、陆地以及三者之间的相互关系和三者与人类、其他生物、植物、微生物及其他物质间的相互关系"[②]。尼泊尔1997年的《环境保护法》认为,"环境意味着自然、文化和社会系统的组成部分,经济和人类活动和他们的组成部分之间的互动和内在关系"[③]。蒙古1995年的《环境保护法》认为,"环境应包括蒙古境内直接或者间接影响人类生活和活动岩石圈、水、生物圈和大气,以及它们之间的相互关系"[④]。

环境基本法中"环境"的定义也反映出法律对"环境"价值的揭示从平面单一到立体交叉的发展过程。"环境"具有多方面的功能和价值,功能是一个组成部分对其他组成部分所发挥的作用,价值往往是从人的好恶出发而界定的好处。环境法对"环境"不同功能、价值的认可和保护处于发展进程之中,总体趋势是朝着一元价值到多元价值,从人的利益到关注其他物种的利益的方向发展的。法律关注的环境价值更是延伸到美学、文化、历史、娱乐等价值。如新西兰1986年《环境法》第2条规定:"环境包括:(1)生态系统及其组成部分,包括人和社区;(2)所有自然和物质资源;(3)那些具有审美、文化、娱乐等属性和特性,能给人们带来愉悦感受的区域;(4)以上述(1)到(3)项事物产生相互影响的社会,经济,美学和文化条件……"[⑤]

---

① 参见张锋:《环境与环境资源法的变革——环境概念的重新诠释》,载《东岳论丛》2007年第2期。

② 印度《环境保护法》第2条。杨翠柏主编:《印度环境法》,四川巴蜀书社2008年版,第4页。

③ Article 2 of Environmental Protection Act of Nepal, 1997.

④ Article 3 of Environmental Protection Law of Mongolia, 1995.

⑤ Article 2 of Environment Act of New Zealand, 1986.

2. 环境基本法价值理念的演化

环境基本法的重要目的之一是明确环境保护以及环境立法的价值目标。“整个法秩序（或其大部分）都受特定指导性法律思想、原则或一般价值标准的支配。”[①]“事实上，法律判断是一种价值判断，故每一条法律规范都蕴含着一定的价值观念。而这些存在于具体规范之背后的价值观念之上，又存在其必须服从和贯彻的某种更为抽象、位阶更高的价值观念，直至法律的终极价值目标，即法律所追求的社会公平正义。”[②]环境基本法的价值理念更集中体现在立法目的和基本原则等条款中。

环境基本法出现于20世纪60年代，历史并不长，总体来说，环境基本法的立法目的经历了从“一元目的”到“二元目的”乃至“多元目的”，从“单层次目的”到“多层次目的”的演化，其发展历程可以分为两个阶段：

第一阶段是从20世纪60年代到20世纪90年代中，又称可持续发展战略实施前阶段。这一阶段的环境基本法主要是各国为解决本国突出的环境问题而制定的，对环境问题和环境政策还缺乏系统的考虑，所以立法目的相对直接和简单。[③] 如日本1967年颁布的《公害对策基本法》第1条第1款规定：“本法是为了明确企业、国家和地方公共团体对防治公害的职责，确定基本的防治措施，以全面推行防治公害的对策，达到保护国民健康和维护其生活环境的目的……”[④]瑞典1969年颁布的《环境保护法》甚至根本没有立法目的的条文。

第二阶段从20世纪90年代中到现在，又称可持续发展战略实施后阶段。这一阶段，各国的环境问题已经充分暴露，国际社会对环境保护已经有了较深刻和系统的认识，更重要的是可持续发展战略作为处理环境与发展关系的总体战略提出并得到国际社会的认同，反映在环境基本法的制定上，由单一强调污染治理或者自然保护向全方位的环境保护转变；

---

① ［德］卡尔·拉伦茨：《法学方法论》，陈爱娥译，台北，五南图书出版股份有限公司1999年版，第255页。

② 尹田：《论民法基本原则之立法表达》，载《河南省政法管理干部学院学报》2008年第1期。

③ 李挚萍：《环境基本法立法目的探究》，载《中山大学学报（社会科学版）》2008年第6期。

④ 从选功编著：《外国环境保护法》，中国政法大学出版社1989年版，第21页。

由强调末端治理为主的技术性措施向强调源头控制的环境管理制度转变;由关注人的健康利益向全面构建人们的环境权转变;从经济建设为中心的发展观向可持续发展战略转变。① 如越南 1993 年通过的《环境保护法》在前言部分规定:"环境对于人类和其他生物的生存以及国家、民族和全人类的经济、文化和社会发展极为重要。为了提高国家环境管理的效力,加强各级政府、国家机构、经济及社会组织、人民武装部队和每一个人保护环境的责任,以保护人民的健康,确保人人都有权生活在健康的环境中,服务于国家的可持续发展目标,从而保护本国及全球环境;根据 1992 年越南社会主义共和国宪法第 29 条和第 84 条;特制定本法以保护环境。"②

自 20 世纪 80 年代后期以来,环境法发展迅速,环境法的基本原则也日趋成熟,出现一些共同认可的原则,如预防原则、污染者负担原则、协调发展原则等。20 世纪 90 年代后环境法基本原则出现了体系化、多元化的趋势。环境法基本原则承载了人类社会可持续发展的共同价值,是当代人类社会环境法律价值、观念、原理和方法等方面的共性反映。尽管存在法治的历史、文化差异,各国、各地区环境法的原则仍具有内在的共通性。

3. 可持续发展在环境基本法中的定位

1992 年联合国"环境与发展会议"确立了可持续发展战略,自此,世界各国纷纷在国内法明确可持续发展战略的法律地位。作为一个国家战略,可持续发展的精神贯穿于整个法律体系以及所有的决策和活动之中,它肯定不是环境法所独有的思想、原则和精神。由于环境法担负着协调环境、经济、社会发展,构建与自然相和谐的发展模式的重任,可持续发展战略的基本定位往往在环境基本法中体现。基于可持续发展战略崇高的地位和博大精深的内涵,大部分国家将它确立为环境基本法的指导思想和最终目标,地位超出一般的法律原则并将其精神贯穿于法律原则之中。如加拿大《环境保护法》在宣言部分规定:"在此仅宣布,保护环境是加拿大人民福利的基础,本法的首要目的在于通过污染预防以有助于实现可

---

①　参见李挚萍:《环境基本法立法目的探究》,载《中山大学学报(社会科学版)》2008 年第 6 期。

②　本书所引用的越南《环境保护法》的法律文本是越南政府公布的官方英文翻译版本,http://coombs. anu. edu. au/ ~ vern/luat/english/Law - envir - protect. txt。

持续发展。”[①]丹麦《环境统一法》第1条规定:“本法的目的是促进保护自然和环境,从而在尊重人类生活条件和保护动植物的情况下实现可持续的社会发展。”[②]可持续发展已成为迄今为止国际社会最广为接受的指导发展的总体战略,其理念正在全面深刻地影响着环境立法。

更多的国家将可持续发展确立为环境基本法原则,该原则在一国环境基本法中的定位有如下两种模式:一是地位高于其他基本原则。在澳大利亚、新西兰、法国、南非等国,可持续发展原则有高于其他原则的地位。在澳大利亚、新西兰、法国,“可持续发展”一词演化为生态可持续发展,澳大利亚《环境保护与生物多样性保存法》将生态可持续发展原则确立为本国环境保护最基本的原则,在该原则之下延伸出一体化发展原则、风险预防原则、公平原则、保护生物多样性原则和生态完整原则、环境成本内部化原则。[③] 二是与其他基本原则的地位并列。保加利亚2002年《环境保护法》第3条将“可持续发展”规定为其11项环境保护原则之一。斯诺文尼亚2004年《环境保护法》第4条将“可持续发展原则”规定为其13项环境保护原则之一。马其顿2005年《环境保护法》将“可持续发展原则”规定为其13项环境保护原则之一。

“可持续发展”一词最经典的定义是“指满足当前需要而又不削弱子孙后代满足其需要之能力的发展”。这一定义由于过于抽象而让许多人认为无法实施。为此,许多国家在将可持续发展原则确立为法律原则的基础上提出了具有实践指导意义的要求。马其顿《环境法》第8条规定:“可持续发展原则——从事某项活动时应当采取合理的、可持续的方式利用自然资源,以确保当代人在满足其享受健康的环境和经济、社会发展需要时不损害后代人满足他们自己需要的权利。”[④]斯诺文尼亚2004年《环境保护法》第4条规定:“可持续发展原则:(1)州和自治区在其管辖区域内采用政策、战略、规划、计划和一般法律行为以及在处理其他的事务时,应当推动经济和社会发展,既满足当代人的需要,也考虑后代人满足他们需求的平等机会,并使环境得到长期保护。(2)为促进可持续发

---

① Declaration of Canadian Environmental Protection Act, 1999.

② Article 1 of Part 1of Consolidated Environmental Protection Act of Denmark, 1998.

③ See Article 3A “Principles of ecologically sustainable development” of Environment Protection and Biodiversity Conservation Act 1999 of Australia.

④ Article 8 of Law on Environment of Macedonia, 2005.

展,环境保护要求应当纳入政策的制定和实施以及经济、社会发展的各项活动之中。”①

南非《环境管理法》的原则二为“发展必须具有社会、环境与经济的可持续性”,紧接着进一步明确“可持续发展要求考虑以下相关的因素:(1)尽可能避免干扰生态系统和失去生物多样性,当其不能完全避免时,将影响最小化并加以补救;(2)尽可能避免污染和环境退化,当其不能完全避免时,将影响最小化并加以补救;(3)尽可能避免破坏国家的风景和文化遗址,当其不能完全避免时,将影响最小化并加以补救;(4)尽可能避免废弃物的产生,当其不能完全避免时,将废物最小化并尽可能地再利用或回收利用,或者以一种负责任的方式进行处置;(5)负责任和公平地开发、利用不可再生自然资源并考虑资源耗竭的后果;(6)发展、开发和利用可再生资源和生态系统的一部分不会导致对其完整性构成损害;(7)在实施风险规避和预防方法时考虑到现有知识对于预测决策和行动后果的限制;(8)预防对环境和人们的环境权的不良影响,当其不能完全避免时,将影响最小化并加以补救”②。

4. 环境基本法中公民环境权的地位

公民环境权概括来说是指公民享有在良好的环境中生存的权利。强调权利主体对环境的生态功能和生态价值的享受。20 世纪 90 年代以来的环境法也被称为第三代环境法,这个阶段的法律出现了一个特征,即从“个人”角度出发的环境保护和风险控制机制。③ 环境法更为强调公众个人的权利及其在环境中的利益,并发挥公民在环境保护中的作用。环境权的主张在 19 世纪 60 年代末 70 年代初提出。自 20 世纪 90 年代以来,公民环境权已为许多国家以及联合国确定为基本人权。④

环境权立法有两个重要阶段:第一阶段是注重宣示性环境权立法阶段。从 20 世纪 70 年代至 20 世纪 90 年代末,各国环境基本法对于公民环境权的规定大多属于抽象性、宣示性和理念性的。第二阶段是宣示性

① Article 4 of Environmental Protection Act of Slovenia, 2004.

② Article 2 of South Africa National Environmental Management Act , 1998.

③ See Hannes Veinia, Codification of Environmental Law: Major Challenges and Options, Juridica, 2000, p. 58 – 67.

④ 联合国人权理事会第 48 届会议于 2021 年 10 月 8 日宣布,拥有一个清洁、健康和可持续的环境是一项人权。

环境权和实践性环境权立法并重阶段。自20世纪90年代以来,特别是联合国欧洲经济委员会通过的《在环境问题上获得信息、公众参与决策和诉诸法律的公约》生效后,各国公民环境权立法的重心已经转移到保障环境权的实施,即获取环境信息、参与环境决策和提起环境司法救济等制度和措施构建与完善方面。

世界各国的环境基本法都不同程度地规定了公民环境权,但是立法国别差异相当大,部分亚洲如日本、沙特阿拉伯、泰国等国家的环境基本法对于公民环境权态度暧昧不清,缺乏明确的宣示,但是有一些具体的相关规定。部分传统的欧美国家,如美国、英国、德国等没有关于公民环境权的概念表述,但是有关公民环境权的实质内容及实施机制的规定却十分完善,表现出轻概念、重实施的特点。最引人注目的是环境基本法出现较晚的众多非洲、南美洲、中亚和东欧国家,其环境基本法中关于公民环境权的立法既有重要的价值和理念宣示作用,也有具体实施措施和救济机制,体现环境权立法已经走向成熟。

(三)环境基本法立法技术为环境法典编纂提供的技术支撑

环境基本法的立法技术成熟多元,特别是综合化的立法趋势出现后,其立法技术可以为环境法典的编纂提供参考借鉴。

1. 分步式的立法

综合型环境基本法的发展往往不是一步到位的。欧盟国家环境法综合化的计划非常庞大,但是其进程采取的是分步式。从20世纪70年代到90年代中,欧盟的各种环境指令和规定已经达到200多件。这些立法涵盖了所有重要的领域,如水体、空气、土壤、噪声和废物管理等。但是,欧盟环境立法领域存在的立法分散、缺乏协调统一、体系庞大、内容复杂、执行不易、守法成本高等问题也引发了社会的诸多批评,①对环境立法进行重整和更新已经成为欧盟的紧迫任务。欧盟委员会在其2002年颁布的《简化和改善环境管制》的文件中,对其222个基本立法及超过1400个相关的法律提出了4项法律简化的措施:法律汇编(consolidation)、法

---

① See Jan H Jans, *The Relationship Between the IPPC Directive and other EC Environmental Law*, in Chris Backes and Gerrit Betlem eds., Integrated Pollution Prevention and Control, the EC Directive from a Comparative Legal and Economic Perspective, Kluwer Law International Ltd., 1999, p. 43.

典编纂(codification)、法律重铸(recasting/redrafting)和法律简易化(simplification)。①

欧盟的环境立法综合化过程从环境保护最核心的领域,即污染防治开始,1996年颁布了《综合污染预防与控制指令》,建立了一个综合的框架进行污染防治,融合了多部污染防治立法中的相关规定。该指令开始了欧盟实施综合污染控制的实践。2009年7月,欧盟委员会颁布的《工业排放指令》取代了《综合污染预防与控制指令》,《工业排放指令》进一步将分散的7个有关工业排放活动的立法融合为一个单一的指令。类似的法律整合也在其他环境保护领域展开,欧盟2000年颁布的《水框架指令》(Water Framework Directive)整合了14个相关指令,废除了7个指令。欧盟2004年颁布的《关于预防和补救环境损害的环境责任指令》(directive on environmental liability with regard to the prevention and remedying of environmental damage),对各个环境指令中的环境责任进行了整合及创新。② 由此可见,欧盟环境法律编纂是分领域进行的,成熟一个编纂一个。

2. 持续性、开放式的立法

荷兰环境法综合化采取的立法技术是附加(add up)立法的方式,即逐步增加和改变法律的内容。最初颁布的法律并不意味着是法律的最终版本,它呈继续扩展之势,法律最终定型往往跨越几个阶段。③ 从荷兰《环境法通则》过渡到荷兰《环境管理法》的过程中可见一斑。荷兰《环境管理法》后来的发展也显示这种特点,该法由独立的单元组成,荷兰《环境管理法》共有22章,1993年颁布时,该法中的5章,即国际事务、物质和产品、其他活动、报告保存记录和监督的责任、财务保证,只有标题而没有内容④;2004年,有关“物质和产品”一章和“报告保存记录和监督的责

---

① See Communication from the Commission Action Plan “Simplifying and Improving the Regulatory Environment”. COM (2002) 278 final.

② 参见李挚萍:《论欧盟环境立法之融合——以污染防治立法为例》,载《中国地质大学学报(社会科学版)》2011年第4期。

③ See P. Gilhuis, *Experiences and Perspectives with Regard to the Codification of Environmental Law in the Netherlands*, in H. Bocken and D. Ryckbost eds., Codification of Environmental Law: Proceedings of the International Conference, Kluwer Law International, 1996, p. 102.

④ 参见荷兰《环境管理法》的中译本。赵国青主编:《外国环境法选编》(第1辑,下册),中国政法大学出版社2000年版,第868-970页。

任”一章已有了相应的法律条文，然而，仍有三章没有内容 [①]。此外，新的章节可以通过法律修改的方式加进去，现有的章节也可以不断扩展。以废弃物部分立法为例，荷兰 1993 年颁布的《环境管理法》将原《化学废物法》和《废弃物质法》中有关程序、企业和计划的内容纳入其中，1994 年 1 月修改《环境管理法》时，将以上两个法律的其他条款合并进入《环境管理法》的第十章。

这种立法技术有一些明显的好处：第一，没有必要对整个立法进行急剧的、根本的修改，以减少法律震荡和社会震荡；第二，负责实施法律的人员和机构可以逐步地适应和应对变化的情况；第三，从政治角度讲，时间跨度长的缓慢的变化更适合荷兰的政治文化，这个国家崇尚在全民共识的基础上做决定，不喜欢剧变。[②] 但是这种方法也有其弊端：首先是在一定的相当长的时间内引起法律的频繁变化，会削减那些实施法律的人的参与意识，而他们的参与及承诺对实施新法极为关键。现在在荷兰可以看到这种参与意识和承诺意识在冷却甚至消失。其次是附加立法会导致新的观点频繁出现。尽管可持续发展、生命周期管理等新理念对荷兰环境法综合化、法典化产生积极的影响，但是同时也存在这样一种危险，即新的观点被频繁地加进法典中，会导致法律原则、结构和基础需要进行根本改变。要使得附加立法得以成功，最初颁布的法律文本必须先打下良好的基础，使之具有包容性，随后的其他方面的立法能够容易地、合理地契合进来。但是荷兰《环境管理法》的起草者似乎对这方面重视不够，因而，立法出现了一些任意性的倾向，[③]所以，后来人们不断地呼吁改善《环境管理法》的标准性和规范性。

---

① 参见荷兰住房、空间计划和环境部 2004 年发布的《环境管理法》的英文版。

② See P. Gilhuis, *Experiences and Perspectives with Regard to the Codification of Environmental Law in the Netherlands*, in H. Bocken and D. Ryckbost eds., Codification of Environmental Law: Proceedings of the International Conference, Kluwer Law International, 1996, p. 107.

③ See P. Gilhuis, *Experiences and Perspectives with Regard to the Codification of Environmental Law in the Netherlands*, in H. Bocken and D. Ryckbost eds., Codification of Environmental Law: Proceedings of the International Conference, Kluwer Law International, 1996, p. 107 - 108.

三、环境基本法与环境法典在环境法律体系科学化中的功能比较

(一)对整个环境法律规范体系进行整合方面

环境法典是以整合现有环境法律规范体系为目的而形成的一个法律文本,它在整合环境法律法规体系方面的能力、程度和效果都强于环境基本法。环境基本法则是作为环境法律法规体系的一员而存在的,其对整个法律体系整合主要起到宏观指导及奠定框架的作用。但是现代社会,任何一部环境法典都不可能将所有的环境立法整合进来并取代所有的现行法,故在环境法典之外仍然存在一定数量的环境保护单行立法。《法国环境法典》虽然内容庞大,但是有关森林、城建、矿产资源的立法却不包括在法典内,只进行单项立法。由于法国至今没有确立"危害环境犯罪"的罪名,因此《法国环境法典》中没有刑罚的规定。但是,在《法国环境法典》中有轻犯罪的规定,如在环境法典中的每一章后都有针对违反环境法典规定的处罚规定,但这种处罚类似于中国的行政处罚,而不是制裁犯罪。对于环境污染损害的赔偿责任,《法国环境法典》目前也没有进行规定,主要依据《法国民法典》来处理。[①] 现代的环境基本法朝着综合法的方向发展,其也开始整合部分的环境单行法。如荷兰 1993 年的《环境管理法》是整合了荷兰许多环境法律法规的基础上完成的,该法在 20 世纪 90 年代甚至被认为是除《法国环境法典》外世界上综合性最强的一部环境法。[②] 所以,两者在这方面的功能差异开始缩小。

(二)在法律文本自身的逻辑自洽方面

环境法典具有法律汇编和法律编纂的两种形式,总体而言法律汇编的成分更多。作为一个具有法律效力的文本,环境法典自身的逻辑性其实不够强。尽管环境法典的编纂程度各有不同,适度法典化的做法也有一些国家采用(如法国、瑞典等),但作为法典编纂,总是需要对一些现行法进行全部或者部分整合,否则就不能称之为法典了。环境法典总则编、分则编之间以及分则编各部分之间由于立法时间、背景及目的的不同,原存在于分散立法中的关联衔接不足及矛盾冲突不可能在法典编纂时完全

---

① 参见汪劲、骆建华:《法、意环境之行》,载《世界环境》2002 年第 3 期。

② 参见骆建华:《荷兰、德国的环境保护法制建设》,载《世界环境》2002 年第 1 期。

消除。而环境基本法本身是一个单独立法的产物，其自身文本的逻辑性、整体性要强得多。所以，环境基本法在进行立法指导、行政执法、法制宣传、守法教育等方面更能为社会所接受。

（三）适应环境法的未来发展变化方面

传统法学一般认为，法典的稳定性更大。这是因为法典修改的程序复杂、修改一条可能牵动多条，因而，对其修改更为慎重、频率更低，它对社会秩序的稳定作用更强，应变能力较弱。而环境基本法的修改更为便利，更能与时俱进。然而，这一看法也有一定的改变，如美国《统一商法典》的起草者卢埃林认为"由于社会的变化快于法律的变化，因此，为了实现指引和再指引功能，同时维持对社会重新定位做出反应时所必需的灵活性，成文法必须留有充分的余地以便能适应日益变化的关于正义的社会观念"①。他在起草法典时经常使用灵活、开放的标准而不是泾渭分明的规则。② 大部分拥有环境法典的国家并没有为法典的修改规定更严格的程序，以欧盟国家的环境法典为例，它们必须跟随欧盟立法的变化而修改，当欧盟有新环境保护指令需要在成员国内转化时，每个成员方不能因为其立法体例的不同而拖延转化的时间，所以，这方面的区别也在缩小。

（四）社会成本和社会影响方面

法典是成文法的最高境界，法典编纂对国家振兴以及社会文明的影响超过任何其他法的形式，"比之其他法的形式和制度形式，法典历来是固化和记录一定的统治秩序、社会秩序和社会改革成果的更有效形式"③。所以，法典编纂受到的关注度肯定是非常高的。与此同时，各种政治力量可能也希望可以利用这一机会实现一定的政治目标，或者获取

---

① LIewellyn, *The Normative*, *the Legal*, *and the Law Jobs*: *The Problem of Juristic Method*, 49 Yale Law Journal 1355 (1940). 转引自孙新强：《法典的理性——美国〈统一商法典〉法理思想研究》，山东人民出版社 2006 年版，第 206 页。

② 参见孙新强：《法典的理性——美国〈统一商法典〉法理思想研究》，山东人民出版社 2006 年版，第 207 页。

③ 周旺生：《法典在制度文明中的位置》，载封丽霞：《法典编纂论——一个比较法的视角》，清华大学出版社 2012 年版，第 15 页。

政治上的关注度和支持。当然,也正是基于这一原因,国内不同政治力量以及利益集团之间的博弈也增强,法典编纂过程是一次利益再分配和整合的过程,这对法典编纂的影响可谓利弊参半,一些国家,如德国,环境法典编纂失败是联邦与州之间,以及联邦政府的各部门之间利益无法平衡导致的。[①] 立法需要成本,法典化的成本尤其大,如果没有合适的时机凸显立法需求,法典化将难以推行。20 世纪 90 年代中期,可持续发展战略被广泛认同并有转化为法律的急迫要求,国际社会出现了环境法法典化的趋势,环境立法编纂的阻力相对较少,法国、瑞典、丹麦、荷兰等国家,很好地抓住了这一立法时机。当然,环境法典编纂成功,不仅会大大提高环境立法的关注度,也会全面促进环境法治建设。环境基本法的立法成本相对较低,其制定颁布无疑也会大大促进环境法治建设,但是不一定能获得法典编纂那样的关注度,其立法带来的政治和社会增益不如法典编纂。

四、结论

中国环境法治建设经过 40 多年的发展,特别是随着生态文明建设的深入,中国当前已经完全具备环境法典编纂的条件和社会共识,当前的主要问题是编纂什么样的环境法典,才能既符合中国国情,又能促进中国走上国家富强、民族复兴、生态良好的可持续发展的健康道路。环境法典与环境基本法在功能和目的上具有一定的共同性,在发展上具有一定的传承性。环境基本法的综合化与环境法典的适度化,使得环境基本法与环境法典的差距在缩小。可以说,环境法典的编纂是环境基本法的一种升华。环境基本法有 50 多年的历史,其发展过程形成的立法价值理念、原则目标、制度框架、立法技术等,为环境法典编纂提供了必要的基础和支持,对环境基本法的研究可以为环境法典编纂提供诸多的参考借鉴。

中国环境法典的编纂可以从国内外环境基本法的立法经验中汲取大量的营养。首先,在环境法典编纂方向上,中国可以借鉴国外环境基本法综合化的路径,以实现可持续发展为最终目标,以综合化、一体化为引领,充分融合环境保护的各项目标以及协调环境保护与经济建设、社会发展的关系,系统地解决环境问题,全面提升环境质量。当然中国的环境法典必须从中国国情出发,聚焦中国突出的环境问题,满足本国民众对生态环

---

① 参见施理:《德国环境法法典化立法实践及启示》,载《德国研究》2020 年第 4 期。

境产品的需求。其次,在环境法典编纂的形式上,可以借鉴部分国家环境基本法综合化的法律整合方式,从简化法律、方便执法的角度出发,对现有的法律制度和法律规范进行适度整合,其具体做法包括对分散于各个单行立法中的制度,如许可证、财务保障、环境监测、执法监督等进行整合,也包括对一些单行法进行全部或者部分整合。当然整合后的结果应该能达到提升、简化法律,方便找法、用法,消除法律之间的内耗,提高法律的执行效果等目的。再次,在环境法典内容上,借鉴环境基本法最新的理念和内容,以山水林田湖生命共同体理念为指导,在充分考虑生态环境的整体性和内在关联性的基础上,构建起环境保护的权利义务体系、原则体系、制度体系、责任体系和规则体系。最后,在环境法典编纂的技术方面,可以适当借鉴外国环境基本法分步式、渐进式、开放式的立法技术。先对总则部分进行编纂,在分则的编纂时,可以分步进行,成熟一部分编纂一部分,对于非常重要但是目前立法考虑不够成熟的部分可以先采用抽象式的立法表达,待条件成熟后再进行具体立法。

1.4　环境法典编纂的宪法基础*

2020年《民法典》的成功编纂使我国迈入了法典化时代。随后，《全国人大常委会2021年度立法工作计划》指出，研究启动环境法典、教育法典、行政基本法典等条件成熟的行政立法领域的法典编纂工作。2021年颁布的《法治中国建设规划（2020—2025年）》也指出，对某一领域有多部法律的，条件成熟时进行法典编纂。2022年全国人大常委会工作报告中进一步指出，在条件成熟的立法领域，继续开展法典编纂工作。可见，其他领域的法典编纂正式进入工作日程。我国环境法领域对编纂环境法典的呼声由来已久，[①]并且已经进行了相当深入的研究和准备工作。那么，法典作为最高级的立法形式，而宪法作为主要规范立法权的法律，编纂法典首先要看宪法上对此是否有所要求，任何法典的编纂都必须“根据宪法”来进行。探讨环境法典编纂的宪法基础不仅反映了“一切法律不能同宪法相抵触”的精神，也是衡量环境法典编纂的条件成熟度的标志之一。近些年，我国环境法学与宪法学已经开展了行之有效的对话交流，以下拟在已有讨论的基础上，对环境法典编纂的宪法基础进行分析。

一、环境法典与美丽中国的国家目标

国家目标与国家目的不同，国家目的是证成国家为什么存在，而国家目标是国家要前进的方向。全国人大常委会委员长栗战书同志曾指出，我国宪法同一些外国宪法相比，一大特色就是明确规定了国家的根本任

---

* 王锴，北京航空航天大学法学院教授、博士生导师。本部分原载于《法学评论》2022年第5期，收入本书时有部分修改。

① 最早提出环境法典构想的有王灿发：《瑞典环境法的体系及其借鉴意义》，载《中国环境管理》1995年第5期；蔡守秋：《论国外环境法的综合性、一体化》，载《科技与法律》1998年第4期。

务、发展道路、奋斗目标。[①] 这一奋斗目标的集中体现就是我国《宪法》序言第7自然段,即“把我国建设成为富强民主文明和谐美丽的社会主义现代化强国,实现中华民族伟大复兴”。上述目标中,社会主义现代化强国是终极目标,而富强、民主、文明、和谐、美丽是社会主义现代化强国的具体表现。

在宪法学上,国家目标并非一句口号,而是具有法律约束力的宪法规定。这种法律约束力体现在:首先,国家的各项措施不能与该目标背道而驰;其次,国家的各项措施应当尽可能地实现该目标。前者科予国家消极义务,后者科予国家积极义务。但是上述义务都是客观法义务,也就是说,公民并不享有请求国家履行这些义务的权利,即使国家没有履行这些义务,也只能通过合宪性审查而非宪法诉讼的方式来救济。那么,国家需要尽到何种程度的义务来实现国家目标?这里不能不提到“可能性保留”(Vorbehalt des Möglichen)的理论。可能性保留源于“法并非不具可能性的利益”的思想,[②]要求立法要考虑现实的可能性,立法机关要避免法律的要求与现实的可能性脱节。可能性保留首先要反映国家在某个特定时期所能调动的资源(包括人力、物力和财政)。立法者要对其所制定的法律规范的可付诸实施性负责,它不能故意制定不可能实现的法律、没有规范义务的法律、明显无法履行的给付请求权、现实中不可能达到的有约束力目标等。此外,要为未来现实的变化预留空间,立法要有灵活性,比如在例外的情形下允许执行机关免除公民所承担的义务或者解除普遍的禁令。总体上,可能性保留要求法律规定要满足事实上可执行和法律上可期待。[③]

对于“美丽中国”目标的实现,习近平生态文明思想中已经给出了“路线图”:第一步,“确保到2035年节约资源和保护环境的空间格局、产业结构、生产方式、生活方式总体形成,生态环境质量实现根本好转,生态环境领域国家治理体系和治理能力现代化基本实现,美丽中国目标基本

---

① 全国人民代表大会:《栗战书在深入学习宣传和贯彻实施宪法座谈会上的讲话》,载中国人大网,http://www.npc.gov.cn/zgrdw/npc/xinwen/2018-03/30/content_2052732.htm。

② Otto Depenheuer, Vorbehalt des Möglichen, in: Josef Isensee und Paul Kirchhof (Hrsg.), Handbuch des Staatsrechts der Bundesrepublik Deutschland, Band Ⅻ, 3. Aufl., C. F. Müller, Heidelberg, 2014, S. 558.

③ a. a. O., S. 571.

实现”[1];第二步,“到本世纪中叶,建成富强民主文明和谐美丽的社会主义现代化强国,物质文明、政治文明、精神文明、社会文明、生态文明全面提升,绿色发展方式和生活方式全面形成,人与自然和谐共生,生态环境领域国家治理体系和治理能力现代化全面实现,建成美丽中国”[2]。就此而言,环境法典的编纂对于美丽中国国家目标的实现具有重要意义,体现了环境法领域的“制度创新、制度供给和制度配套”。

当前的主要问题在于,编纂环境法典是否具备可能性或者说条件是否成熟。根据“可能性保留”的理论,可能性一般分为政治上的可能性、事实上的可能性和功能上的可能性三种。

政治上的可能性,是指立法能否得到执政党的支持或者说有没有可能在立法机关获得通过。对此,学者已经进行了充分的论证。[3] 党的十八大以来,我国把生态文明建设纳入中国特色社会主义事业五位一体总体布局,明确提出大力推进生态文明建设,努力建设美丽中国,实现中华民族永续发展。尤其是“不能把加强生态文明建设、加强生态环境保护、提倡绿色低碳生活方式等仅仅作为经济问题。这里面有很大的政治”,[4] 这标志着党对中国特色社会主义规律认识的进一步深化,也表明了党和国家加强生态文明建设的坚定意志和坚强决心。

事实上的可能性,是指立法不能使义务超出不能承受之重。环境法本身所具有横跨公私法的领域法特征给环境法典的编纂带来了如何与其他部门法进行协调的难题,很多环境法的法条“散落”在其他部门法(比如行政法、刑法、经济法)之中,甚至已经被其他的法典所容纳,比如《民法典》。为了解决这一矛盾,我国环境法学界提出了“适度法典化”的编纂路径,[5]即不追求环境法典的面面俱到,不是说只要涉及环境问题的都要纳入环境法典,而是保持环境法典调整范围适度,一方面允许一些单行法存在,另一方面也向未来保持开放性。

---

① 习近平:《论坚持人与自然和谐共生》,中央文献出版社 2022 年版,第 15 页。

② 习近平:《论坚持人与自然和谐共生》,中央文献出版社 2022 年版,第 15 页。

③ 参见吕忠梅、田时雨:《生态环境法典编纂何以能——基于比较法的背景观察》,载《苏州大学学报(法学版)》2021 年第 4 期。

④ 中共中央文献研究室编:《习近平关于社会主义生态文明建设论述摘编》,中央文献出版社 2017 年版,第 5 页。

⑤ 参见吕忠梅:《中国生态环境法典的编纂条件及基本定位》,载《当代法学》2021 年第 6 期;吕忠梅:《中国环境立法法典化模式选择及其展开》,载《东方法学》2021 年第 6 期。

功能上的可能性，是指立法能否实现预期的目标。如果说实现环境法的体系化是编纂环境法典的主要目标，那么，一方面，有《民法典》成功编纂以及其他国家编纂环境法典的经验可以借鉴；另一方面，经过多年的发展，我国环境法的基本体系已经形成，主要领域（比如污染防治、资源保护或者生态保护、专门事项）都建立了环境法律制度，[①]行政机关和司法机关也已经针对环境法开展了较为丰富的解释和适用活动，因此，环境法典的编纂并非"另起炉灶"，而是在现有基础上的开陈布新，再加上指导思想明确和方法科学，能够保证环境法体系化的目标实现。

二、环境法典与环境保护的国家任务

我国宪法上最直接的环境条款就是《宪法》第9条第2款和第26条，这两条都位于《宪法》第一章总纲部分，总纲条款通常规定国家的目标和任务，即主要面向未来，因此也被称为纲领性条款或者基本国策。[②] 尤其是《宪法》第9条第2款提出了"自然资源"概念、第26条区分了生态环境和生活环境，这为环境法典的编纂提供了"顶层设计"。

（一）环境保护的对象

编纂环境法典首先要解决它的调整对象问题。关于这一点，现行《宪法》第26条首创了区分生态环境和生活环境的做法。1989年的《环境保护法》第2条则将两者统称为"环境"，并且将环境界定为"影响人类生存和发展的各种天然的和经过人工改造的自然因素的总体，包括大气、水、海洋、土地、矿藏、森林、草原、野生生物、自然遗迹、人文遗迹、自然保护区、风景名胜区、城市和乡村等"。可见，《环境保护法》中的"环境"涵盖了生态环境和生活环境两者。[③]

但是问题在于，如果按照《环境保护法》的思路，将环境法典的调整对象扩大到生活环境的话，那么环境法典的内容势必非常庞大，诸如城乡规划、城市景观、文物保护、名胜古迹等都要纳入环境法典，甚至《宪法》

---

① 参见吕忠梅：《生态环境法典编纂：实践需求与理论供给》，载《甘肃社会科学》2020年第1期。

② 参见王锴、刘犇昊：《宪法总纲条款的性质与效力》，载《法学论坛》2018年第3期。

③ 参见许安标、刘松山：《中华人民共和国宪法通释》，中国法制出版社2003年版，第81页。

第22条第2款的"国家保护名胜古迹、珍贵文物和其他重要历史文化遗产"也将成为环境法典的制定依据。

实际上,通过比较法的观察,我们发现,其他国家也有类似的争论。比如在德国,关于环境概念的界定,立法机关首先很明确地指出,这里的环境是指自然环境,[①]不包含人为形成的环境(比如建筑物、工厂、交通设施等)以及社会环境(比如人际关系、社会文化经济制度等)。[②] 同时,为了表述更精确,《德国基本法》第20a条使用了"自然生活基础"(Natürliche Lebensgrundlagen)的概念,它与自然环境是同义的,但不包含精神—社会环境。[③] 它是指整个生态系统,即大气、水、土地、动植物世界、微生物以及他们之间的相互影响。同时,自然生活基础也包含了矿产资源,因为它们已经成为现代文明的生活基础。[④] 就此而言,自然生活基础包含了所有人的、动植物的生命所依赖的自然前提,它们是生命以多样的形式维持、延续以及发展的必要条件,没有它们,生命将无法长期存在。[⑤]

虽然《宪法》第26条的"生态环境"概念产生了一些争议,[⑥]但从与生活环境界分的角度来看,该概念还是有其存在的意义的。因为生活环境的保护目前主要归入行政法的领域,比如城乡规划、城市景观、文物保护、名胜古迹等,而且与生态环境保护的目的不同。如果说生态环境保护的是环境的存续意义,生活环境保护的更多是环境的文化意义。同时从《宪法》序言中的"生态文明建设"来看,生态环境应当是未来环境法典的主要调整对象。对此,2015年中共中央、国务院发布的《关于加快推进生态文明建设的意见》中也指出,"加快建立系统完整的生态文明制度体

---

① Nicolai Müller – Bromley, Staatszielbestimmung Umweltschutz im Grundgesetz? Rechtsfragen der Staatszielbestimmung als Regelungsform der Staatsaufgabe Umweltsschutz, Erich Schmidt Verlag, Berlin, 1990, S. 103.

② Martin Will, Staatsrecht I: Staatsorganisationsrecht mit Bezügen zum Verfassungsprozessrecht, C. F. Beck, München, 2021, S. 353.

③ Hans Hofmann/Hans – Günter Henneke (Hrsg.), GG Kommentar zum Grundgesetz, 14. Aufl., Carl Heymanns Verlag, Köln, 2018, S. 964.

④ a. a. O., S. 964.

⑤ Christian Calliess, Rechtsstaat und Umweltstaat: Zugleich ein Beitrag zur Grundrechtsdogmatik im Rahmen mehrpoliger Verfassungsrechtsverhältnisse, Mohr Siebeck, Tübingen, 2001, S. 110.

⑥ 参见巩固:《"生态环境"宪法概念解析》,载《吉首大学学报(社会科学版)》2019年第5期。

系,引导、规范和约束各类开发、利用、保护自然资源的行为,用制度保护生态环境”。所以,笔者同意环境法学者提出的将环境法典的调整对象集中在“资源、环境、生态”三个面向。[①] 其中,资源侧重于利用,环境侧重于保护,生态侧重于发展。正如习近平总书记所指出的,“我们党历来高度重视生态环境保护,把节约资源和保护环境确立为基本国策,把可持续发展确立为国家战略”[②]。

(二)从环境保护的国家任务到国家的环境保护义务

国家任务与国家目标不同。国家任务是宪法分配给国家或者允许国家从事的一些特定活动。[③] 国家任务比国家目标更加具体,在某种程度上,国家任务就是实现国家目标的手段。如果将我国“社会主义现代化强国”的国家目标分为富强、民主、文明、和谐、美丽五个部分,那么,在每个目标下面,《宪法》都科予了国家相应的任务。但《宪法》只是列举了部分国家任务或者说重要的国家任务,并没有穷尽国家任务。比如和谐的国家目标,不仅是通过《宪法》第 28 条的预防和惩治犯罪来实现,还有行政法上的预防和惩治一般违法行为等,因此,国家任务即使完全履行,也只能说国家目标在接近实现。

国家任务与国家目标的另一个区别在于,国家任务并不具有国家目标的强制力,更多的是一种授权条款,也就是说,它只是为国家的行为提供了法律上的可能性,而非科予法律义务。[④] 因此,国家任务更多是为国家机关的行为提供理由,但是国家机关为履行国家任务过程中到底要如何行为,还要受到其他宪法规定的限制,比如基本权利。当然,宪法为何要规定国家任务? 实际上从宪法上列举的国家任务中可以看到,这些任务大多是让国家介入原本属于社会自治的领域,比如经济、文化、环境等,也就是说,如果宪法不规定这些任务,国家介入这些领域就缺乏足够的理

① 参见吕忠梅:《生态环境法典编纂方法论:可持续发展价值目标及其实现》,载《政法论坛》2022 年第 2 期。

② 习近平:《推动我国生态文明建设迈上新台阶》,载《求是》2019 年第 3 期。

③ Josef Isensee, Staatsaufgaben, in: Josef Isensee und Paul Kirchhof (Hrsg.), Handbuch des Staatsrechts der Bundesrepublik Deutschanland, Band Ⅳ, C. F. Müller Verlag, Heidelberg, 2006, S. 124 – 125.

④ a. a. O., S. 126.

由。因此,国家任务的出现与经济宪法、文化宪法、环境宪法等部门宪法的出现是同步的。

正是因为国家的环境保护任务缺乏强制力,所以出现了国家的环境保护任务转变为国家环境保护义务的趋势。国家环境保护义务的形成有三种原因,第一种是国家针对公民环境权所承担的义务,但是该义务要以公民环境权的享有为前提。第二种是国家针对环境公共利益所承担的义务,也就是环境公益诉讼中所要求国家承担的义务。但对于这种义务,公民个人并无请求性,也就是说,即使国家不履行该义务,公民个人也无法通过诉讼的方式来要求国家履行。第三种是从基本权利的国家保护义务中延伸出国家的环境保护义务。基本权利的国家保护义务是指国家有义务保护公民的基本权利免受其他公民的侵害,因此,在公民的基本权利遭受危险的时候,国家有义务采取措施进行干预。

国家的环境保护义务实际上是将对公民基本权利的"侵害源"从其他公民扩展到了环境,即当公民基本权利所保护的法益遭受外在环境带来的危险时,国家有义务排除这种危险。[①] 这也是目前德国所采取的路径,德国联邦宪法法院最早在 1978 年的 Kalkar1 号判决中提出国家在环境法上的保护义务,[②]在后续的判决中,法院指出,国家有义务保护公民的生命和健康免于和平使用核能的危险,免于飞机噪音的危险,免于交通噪声、臭氧、电磁波的危险。[③] 第三种方式可以避免前两种方式中要么纠缠于公民环境权是否存在,要么公民个人缺乏可请求性的缺陷,是相对稳妥的构建国家环境保护义务的方式。

从国家环境保护任务到国家环境保护义务,虽然只是一字之差,但带来的是整个法律关系和法律性质的改变。

首先,如果说国家环境保护任务是指向国家,强调国家如何完成任务以及该项任务在国家机关内部如何进行分配(比如《宪法》第 89 条第 6 项规定:"国务院行使下列职权:……(六)领导和管理经济工作和城乡建设、生态文明建设……"),那么,国家环境保护义务指向的则是公民,因为国家之所以承担这项义务,是为了保护公民,实际上是保护公民免受环

---

① Johannes Dietlein, Die Lehre von den grundrechtlichen Schutzpflichten, 2. Aufl., Duncker & Humblot, Berlin, 2005, S. 103 – 104.

② BVerfGE 49, S. 140ff.

③ Andreas Voßkuhle, Umweltschutz und Grundgesetz, NVwZ 2013, S. 6.

境的不利,由此才有了治理环境的理由。

其次,与不具有强制力的国家环境保护任务不同,国家的环境保护义务不仅具有强制力,而且在国家没有履行该项义务的情况下,公民能通过诉讼的方式来请求国家履行,由此就产生了公民的保护请求权问题。保护请求权是一种从国家的客观法义务中推导出来的公民的主观公权利,即客观法的再主观化;[①]因为国家的环境保护义务原本是面向所有公民的,国家一旦制定、发布、实施环境保护措施,所有公民都会因此而受益。此时个人对此只有反射性利益而无主观公权利,但是保护请求权使得国家在没有履行该项客观义务时,通过个别公民向国家的请求,(此时国家如果继续不作为)就转变为国家的不作为损害个别公民权利的问题。我国信息公开行政诉讼中就曾采取这样的机制,比如根据最高人民法院《关于审理政府信息公开行政案件若干问题的规定》(2011 年)第 3 条规定,公民、法人或者其他组织认为行政机关不依法履行主动公开政府信息义务,直接向法院提起诉讼的,应当告知其先向行政机关申请获取相关政府信息。对行政机关的答复或者逾期不予答复不服的,可以向法院提起诉讼。在该规定中,原本行政机关不履行主动公开信息的义务,公民是没有请求权的。因为主动公开是向全社会公开而非向某个特定公民公开,但是该条通过公民向行政机关申请信息公开这一设计解释出了公民对政府享有的知情权,此时政府不履行主动公开信息的义务就变成了侵犯特定公民知情权的行为,对此特定公民就可以向法院提起主观诉讼。保护请求权的提出为公益与私益之间建立了“桥梁”,也为环境权的证立提供了契机。

因此,如果结合宪法上的基本权利条款,《宪法》第 26 条中的国家环境保护任务就可以被解释为国家为了保护某些基本权利(比如生命权、健康权)而要对环境进行治理的国家环境保护义务。[②] 这种保护义务至

---

① 参见王锴:《环境权在基本权利体系中的展开》,载《政治与法律》2019 年第 10 期。

② 也有学者将国家环境保护义务理解为国家保护环境免受第三方侵害的义务,Vgl. Tobias Brönneke, Umweltverfassungsrecht: Der Schutz der natürlichen Lebensgrundlagen im Grundgesetz sowie in den Landesverfassungen Brandenburgs, Niedersachsens und Sachsens, Nomos Verlagsgesellschaft, Baden - Baden, 1999, S. 239。但在这种理解下,国家环境保护义务仍然是个客观法义务,因为环境作为受害方不可能去起诉国家,而只能由代表环境的组织去提起公益诉讼。这种义务即使存在,也应当被称为“国家的保护环境义务”,而非从基本权利的保护义务中脱胎而来的“国家的环境保护义务”。

少包含两个层面,第一个层面是不恶化,即对已经造成的污染进行治理,以使其恢复原状,比如“防治污染和其他公害”“禁止任何组织或者个人用任何手段侵占或者破坏自然资源”;第二个层面是改善,以使其变得更好,比如“组织和鼓励植树造林”“保障自然资源的合理利用”。那么,如何判断国家是否履行了环境保护义务呢?

德国联邦宪法法院曾经提出了禁止保护不足的原则,即通过法秩序所形成的保护措施必须达到最低要求。[①] 对此通常会采用比例原则进行分析,包括:(1)目的正当性,即要保护的法益必须具有宪法上正当性。(2)妥当性,即国家所采取的保护措施必须有助于目的的达成。这里的目的达成,只需要具有抽象的可能性即可。比如为了保护公众健康而禁止在公园内吸烟的措施就是不妥当的,因为公园是开放空间,即使吸烟也不会对他人身体造成健康损害,这样的保护措施不可能实现保护健康的目的。(3)必要性,即在多个能够达到保护目的的保护措施中,应当选择更有效的保护措施。例如,在德国的第二次堕胎案判决中,德国联邦宪法法院指出,单纯依靠刑事惩戒对于保护胎儿生命的作用有限,还需要一些配套措施,如为孕妇提供专业咨询,或在住房、学习、工作等方面提供福利措施。对于环境保护来说,必要性就是要用最严格的制度、最严密的法治来保护生态环境。(4)均衡性,即保护措施必须与保护目的之间必须有一种合理的比例关系,“不能用大炮来保护麻雀”,即保护措施应当与危险的范围、方式、接近度相匹配。[②]

国家的环境保护义务首先是由立法机关来承担的,[③]所以,如果立法机关完全不制定保护环境的立法,显然是违反该义务的。但同时需要注意,如果立法机关发布的立法达不到保护的目的,甚至有“放水”嫌疑也是不行的。比如2017年发生的甘肃祁连山事件中,甘肃省人大常委会制定的地方性法规,即《甘肃祁连山国家级自然保护区管理条例》(2016年修正),将国务院制定的行政法规——《自然保护区条例》(2011年修订)第26条所规定的“禁止在自然保护区内进行砍伐、放牧、狩猎、捕捞、采

---

① BVerfGE 88, 203, S. 254f.

② 参见王锴:《基本权利冲突及其解决思路》,载《法学研究》2021年第6期。

③ Christian Calliess, Rechtsstaat und Umweltstaat: Zugleich ein Beitrag zur Grundrechtsdogmatik im Rahmen mehrpoliger Verfassungsrechtsverhältnisse, Mohr Siebeck, Tübingen, 2001, S. 454.

药、开垦、烧荒、开矿、采石、挖沙等活动”缩减为“禁止进行狩猎、垦荒、烧荒”等3类活动，而这3类都是近年来发生频次少、基本已得到控制的事项，被缩减的7类恰恰是近年来频繁发生且对生态环境破坏明显的事项。这样的立法因为对环境保护的不足而违反国家环境保护义务。现在的主要问题是如何满足“禁止保护不足”中的必要性？诚如前述，我国目前的环境立法不是太少，而是繁多，也正因为繁多，所以存在重复、矛盾、混乱等种种问题，就此而言，编纂内外体系统一的环境法典就比目前这种分散立法的方式对环境保护更有利，也更具必要性。同时，法典这种最高级的立法形式也符合了“最严格的制度、最严密的法治”的要求。因此，从落实《宪法》第26条的国家环境保护义务和避免环境保护不足的角度，编纂环境法典是立法机关应当选择的路径。

三、环境法典与公民的环境基本权利

我国宪法上虽然没有明确规定公民的环境基本权利，但是从《宪法》第33条第3款的“国家尊重和保障人权”中可以推导出公民的环境基本权利。因为宪法不可能将所有的人权都予以明确列举，而《宪法》第33条第3款就是在发挥概括性人权保障条款的作用，即为那些制宪者或修宪者没有预见到的新兴人权进入宪法、受到宪法保障提供通道。[①] 近年来，环境权作为新兴人权越来越多地获得国内和国际的承认。首先，习近平总书记在中央政治局第三十七次集体学习中明确指出，“保障公民经济、文化、社会、环境等各方面权利，不断提升人权法治化保障水平”[②]。其次，2021年10月8日，联合国人权理事会通过了第48/13号决议，承认享有清洁、健康和可持续环境的权利(right to a clean, healthy and sustainable environment)是一项具有重要意义的人权。这是联合国系统第一次

① 宪法上没有列举的基本权利也分为不需要列举、真正未列举和非真正未列举，有些基本权利属于不言自明的自然权利，比如生命权、健康权，即使宪法未列举，也不能认为公民不享有该权利，就属于不需要列举的基本权利；有些基本权利可以从宪法上已经列举的权利中推导出来，比如姓名权、隐私权可以从《宪法》第38条的人格尊严中推导出来，就属于非真正未列举的权利。

② 习近平：《坚定不移走中国人权发展道路 更好推动我国人权事业发展》，载《求是》2022年第12期。

承认环境权是一项独立的人权,具有划时代的意义。[①] 最后,2021 年公布的《国家人权行动计划(2021—2025 年)》将环境权利作为与经济社会文化权利、公民权利和政治权利相并列的人权,并从污染防治、生态环境信息公开、环境决策公众参与、环境公益诉讼和生态环境损害赔偿、国土空间生态保护修复、应对气候变化六个层面对环境权利的内涵进行了阐述,涵盖了实体环境权和程序环境权,甚至包含面向后代的环境权,可以说是目前最为全面的环境权利论述。

实际上,相对于环境权是不是宪法上的基本权利,更需要回答的是,环境权是何种宪法上的基本权利,亦即环境基本权利的内涵问题。人们一般按照请求权内容将宪法上的基本权利分为四种:请求国家不作为的自由权、请求国家进行实体给付的社会权、请求国家确认参选或者当选资格的参政权和请求国家进行程序给付的程序权。

对此,笔者认为,首先,环境权如果作为一种防御国家对环境进行破坏的自由权,它非常容易与同样具有自由权性质的生命权、健康权等基本权利发生竞合。也就是说,一旦国家机关及其工作人员有破坏环境的行为,就往往附带着人民生命、健康、财产权益的受损,此时公民通过生命权、健康权、财产权等就可以请求国家不得作出上述行为,而往往等不到环境权的发动。因此,如果将环境权作为一种自由权来看待,它的独立性和存在的必要性是有疑问的。

其次,我国环境法学者经常将环境权分为实体环境权和程序环境权,《国家人权行动计划(2021—2025 年)》中也将程序性的环境权利界定为“信息公开、公众参与、提起诉讼、获得赔偿”。应当说,这种分类没有太大的问题。因为程序权本身在我国宪法上就有所体现,《宪法》第 41 条规定:“中华人民共和国公民对于任何国家机关和国家工作人员,有提出批评和建议的权利;对于任何国家机关和国家工作人员的违法失职行为,有向有关国家机关提出申诉、控告或者检举的权利,但是不得捏造或者歪曲事实进行诬告陷害。对于公民的申诉、控告或者检举,有关国家机关必须查清事实,负责处理。任何人不得压制和打击报复。由于国家机关和国家工作人员侵犯公民权利而受到损失的人,有依照法律规定取得赔偿

① 参见吴卫星:《环境人权在联合国系统之演进——联合国人权理事会第 48/13 号决议之评析》,载《人权法学》2022 年第 3 期。

的权利”。程序权的作用在于，帮助实体性权利的实现。[①] 因此它的主要内涵是请求国家给予事前参与或者事后救济的程序，当然国家提供的程序要达到“正当程序”的要求。只要国家提供了这种程序，至于公民能否获得个人预期的效果或者说能否在救济中“胜诉”，并非程序权的保护范围。因此，程序权是“只管过程、不问结果”的权利，程序权只是提供了实现实体性权利的可能性，并非必然。同时，程序权是以实体性权利为基础的，也就是说，如果没有实体性权利，程序权所请求的程序就失去了对象。对于程序性环境权来说，如果实体性环境权的内涵迟迟不能确定，所谓的“程序性环境权”其实就不是针对环境权的，而是公民的生命权、健康权、财产权等因为环境问题受损后的程序权。因为程序权是对应所有实体性权利的，不只环境权有程序权的问题，生命权、健康权、财产权等都有程序权的问题。所以，光有程序性环境权是不够的，程序性环境权并不能解决所有的问题。

最后，环境权与参政权的距离是最远的，因为参政权，比如选举权和被选举权，是进入国家之内担任公职的权利，而环境传统上属于社会事务，是处于国家之外的被管理或治理的对象。由此可见，环境权作为宪法上的基本权利，只有纳入社会权是最可行的，这不仅符合了环境的社会属性，也顺应了环境权主要请求国家积极作为的内涵。

环境权作为社会权的最大特点就是它的保护范围需要立法形成，因为社会权需要国家给付，但是国家要给付到什么程度需要考虑国家的财政承受能力，而预算权又属于立法机关的职责。因此，对于任何社会权来说，离开立法都是没有办法实施的。以我国《宪法》上已经明确列举的社会权为例，劳动权和休息权有《劳动法》（2018 年修正），物质帮助权有《老年人权益保障法》（2018 年修正）、《基本医疗卫生与健康促进法》（2019 年）、《残疾人保障法》（2018 年修正）、《社会保险法》（2018 年修正）、《城市居民最低生活保障条例》（1999 年）等，受教育权有《教育法》（2021 年修正）、《义务教育法》（2018 年修正）、《高等教育法》（2018 年修正）等一系列教育立法。但是对于环境权来说，目前仅有《环境影响评价法》（2018 年修正）第 11 条第 1 款规定：“专项规划的编制机关对可能造成不良环境影响并直接涉及公众环境权益的规划，应当在该规划草案报

① 参见王锴：《论宪法上的程序权》，载《比较法研究》2009 年第 3 期。

送审批前,举行论证会、听证会,或者采取其他形式,征求有关单位、专家和公众对环境影响报告书草案的意见。但是,国家规定需要保密的情形除外。”这种立法状况显然对于环境权的保护是不利的。因此编纂环境法典也是有效保护公民环境基本权利的必然要求,从《国家人权行动计划(2021—2025 年)》对环境权利的列举来看,涉及方方面面,恐怕不是一部条文数有限的单行立法能够解决的,应当通过系统性的环境法典进行规定。

四、环境法典与公民的环境保护义务

根据我国《民法典》第 9 条的规定,民事主体从事民事活动,应当有利于节约资源、保护生态环境。根据《环境保护法》第 6 条第 1 款的规定,一切单位和个人都有保护环境的义务。上述规定通常被视为公民(民事主体中也包含公民)的环境保护义务。习近平总书记也指出,“保护环境是每个人的责任”“要加强生态文明宣传教育,增强全民节约意识、环保意识、生态意识,营造爱护生态环境的良好风气”。[①] 现在的问题是,公民的环境保护义务到底是法律义务还是宪法上的基本义务?公民环境保护义务的内涵是什么?它与公民的环境基本权利之间是何关系?上述问题跟环境法典编纂之间也具有极为密切的关系,因为环境法典作为调整环境法律关系的基本法律,必然涉及权利与义务的构建。[②] 我国长期以来虽然秉持权利与义务一致性的原理,但是过去的权利与义务要么分属不同主体,比如 A 有财产权,B 承担不侵犯 A 的财产的义务;要么虽属同一主体,但针对不同事项,比如 A 有财产权,同时也承担服兵役义务。真正的难题在于,权利主体和义务主体相同且针对同一事项的时候,如何解释权利与义务的一致性?比如我国《宪法》第 42 条规定的“中华人民共和国公民有劳动的权利和义务”和第 46 条规定的“中华人民共和国公民有受教育的权利和义务”,此时就会产生劳动和受教育到底是权利还是义务的理论困惑。对于公民的环境权和环境保护义务来说也是如此,尤其是公民的环境保护义务会不会“变相”架空公民的环境权,比如要求公民行使环境权的前提必须先履行环境保护义务。这些都是未来编

---

① 参见王锴:《论宪法上的程序权》,载《比较法研究》2009 年第 3 期。

② 参见吕忠梅:《做好中国生态环境法典编纂的时代答卷》,载《法学论坛》2022 年第 2 期。

纂环境法典时不得不考虑的。

虽然有的国家的宪法将公民的环境保护义务作为宪法上的基本义务,也有学者主张将公民的环境保护义务上升为基本义务。[①] 但问题是,要论证公民的环境保护义务是基本义务,首先必须明确其宪法依据。我国《宪法》并未明确规定公民的环境保护义务,目前与之最接近的是《宪法》第53条“中华人民共和国公民必须遵守宪法和法律”的规定。[②] 该条位于公民基本义务部分,通常被称为公民的守法义务。《民法典》和《环境保护法》显然属于法律,那么,能否据此认为《民法典》第9条和《环境保护法》第6条第1款所规定的环境保护义务就是一种宪法上的守法义务呢?对此,笔者认为,基本义务与法律义务的区别不仅仅在于基本义务是宪法规定的,更重要在于基本义务的存在并不依赖法律,而法律义务则高度依赖法律,没有法律,也就谈不上法律义务。由此可见,《宪法》第53条规定的公民遵守宪法的义务应当属于基本义务,但是公民遵守法律的义务虽然是宪法规定的,却不是基本义务。[③] 因为如果没有法律,遵守法律的义务就是一句空话。这跟遵守宪法的义务显然有所不同,后者即使缺少法律,遵守宪法的义务也仍然存在。在此,我们需要区分法律对于宪法上基本义务的两种意义:一种是对于基本义务存在的意义,另一种是对于基本义务实现的意义。法律会影响基本义务的实现,但并不影响基本义务的存在。首先,基本义务既然由宪法来规定,实际上就是为了克服由法律规定时立法机关可以随意修改甚至废止该义务的弊端,因此,基本义务的独立性就在于它不依赖法律也能够存在。其次,基本义务往往需要

---

① 参见陈海嵩:《公民环境保护宪法义务的历史源流与规范意义》,载《环境法评论》2018年第0期;张震:《公民环境义务的宪法表达》,载《求是学刊》2018年第6期。

② 虽然有学者将《宪法》第9条第2款的“禁止任何组织或者个人用任何手段侵占或者破坏自然资源”作为公民环境保护义务的宪法依据,但显然环境的范围要大于自然资源,比如声音肯定不属于自然资源。也有学者将《宪法》第53条中的“爱护公共财产”“尊重社会公德”作为公民环境保护义务的宪法依据,但一方面,环境并不都是公共财产,比如灰尘;另一方面,根据《宪法》第24条第2款,公德的内涵是指“爱祖国、爱人民、爱劳动、爱科学、爱社会主义”,还无法直接从中推导出保护环境的内涵。

③ 基本义务必然是宪法规定的,但宪法规定的义务不一定是基本义务。比如我国《宪法》第71条第2款规定,调查委员会进行调查的时候,一切有关的国家机关、社会团体和公民都有义务向它提供必要的材料。该义务就不是基本义务,因为基本义务必须是公民向整体上的国家承担,而非向某个具体的国家机关承担,此义务显然是公民向调查委员会承担的。参见王锴:《为公民基本义务辩护——基于德国学说的梳理》,载《政治与法律》2015年第10期。

通过法律来实现,甚至很多基本义务中明确规定了“依法”二字,比如我国《宪法》第55条第2款的“依法服兵役义务”和第56条的“依法纳税义务”,这是为了避免国家根据抽象的宪法规定让公民承担无限的义务。根据上述标准,我国《民法典》第9条和《环境保护法》第6条第1款规定的公民(以及其他民事主体)的环境保护义务本身就是法律规定的,它不可能透过守法义务成为宪法上的基本义务。

将公民的环境保护义务界定为法律义务有两大好处,一是如果将其界定为基本义务,那么必然导致其属于公法义务。因为宪法本身就是公法,是调整国家与公民之间关系的法律,所以基本义务都是公民向国家来承担,这必然无法解释《民法典》,亦即私法中的环境保护义务。二是有利于理顺公民的环境保护义务与公民的环境基本权利之间的关系。诚如前述,如果公民的环境保护义务是基本义务,它必然与环境基本权利之间产生“孰先孰后的矛盾”,比如破坏环境的公民能否主张自己实际上放弃了环境权?国家能否以公民违反环境保护义务为由拒绝承担针对公民环境权的义务?对此,笔者认为,作为法律义务的公民环境保护义务无外乎两种内涵,一种是公民的不作为义务,比如不能破坏环境;另一种是公民的作为义务,比如进行垃圾分类,但无论是何种内涵,都不能否定公民环境权的存在。因为公民的环境基本权利作为宪法权利,它的位阶高于作为法律义务的公民环境保护义务,国家不能因为公民违反环境保护义务而否认其享有环境基本权利。当然,公民能否以放弃自身的环境权为由不履行环境保护义务?这涉及宪法学上基本权利放弃的原理。基本权利放弃是有条件的,并非任何行为都会产生基本权利放弃的效果。有些基本权利,尤其是关系公共利益的基本权利,是不能放弃的。[①] 环境权作为利他的基本权利使个人放弃必然产生妨碍他人享有健康安全的环境的后果,因此,环境权不能主张放弃,也不会产生放弃的法律后果,即国家不能因为公民放弃环境权而拒绝向其提供健康安全的环境。

需要注意的是,作为法律义务的公民环境保护义务并非只能由民法典来规定,诚如前述,宪法上的基本义务虽然都是公法义务,但法律义务既有可能是公法义务,也有可能是私法义务。《民法典》仅仅规定了民事主体向其他民事主体承担环境保护义务的情形,但公民向国家承担的环

---

① 参见王锴:《基本权利冲突及其解决思路》,载《法学研究》2021年第6期。

境保护义务仍然有必要由环境法来规定，这是由环境法作为横跨公私法的领域法属性所决定的。比如我国《环境保护法》第38条规定的“公民应当遵守环境保护法律法规，配合实施环境保护措施，按照规定对生活废弃物进行分类放置，减少日常生活对环境造成的损害”，这显然是公法义务。环境法典的编纂不仅是在形成公民环境基本权利的保护范围，同时也是在形成公民环境保护的法律义务。在某种程度上，环境保护的法律义务关系环境法的“牙齿”。正如习近平总书记所指出的，“决不能让制度规定成为没有牙齿的老虎”①。

五、结论

法典旨在实现部门法的体系化，从内在体系与外在体系相统一的角度，法典编纂是从“国家法制统一”走向“国家法治统一”的必由之路。《宪法》作为调整国家与公民之间关系的根本大法，为环境法典的编纂提供了双重基础。一是在国家层面，编纂环境法典是对美丽中国的国家目标和环境保护的国家任务的落实，同时，联系《宪法》上的基本权利条款，国家的环境保护任务可以被解释为国家为了保护公民基本权利免受环境危害的环境保护义务，国家履行环境保护义务要符合“营造绿色安全的健康环境”的要求，②不能保护不足。从“最严格的制度、最严密的法治”的角度来看，编纂环境法典是实现上述目标和任务的必要手段。二是在公民层面，制定环境法典是保护公民环境基本权利的需要。环境权作为请求国家积极作为的社会权，其保护范围需要立法来形成。同时公民的环境保护义务作为法律义务，也需要通过环境法典的编纂来形成其具体内容，从而构建起公私兼顾的、以环境权和环境保护义务为架构的环境法律关系。

---

① 习近平：《论坚持人与自然和谐共生》，中央文献出版社2022年版，第13页。

② 习近平：《论坚持人与自然和谐共生》，中央文献出版社2022年版，第148页。

1.5 环境法典框架体系的构建和创新*

本书拟在比较借鉴民法典编纂成功经验的基础上，分析环境法典编纂与民法典编纂的异同，在研讨创新中国环境法典框架体系的构建原则和方法的基础上，提出中国环境法典框架体系的构建方案。

一、环境法典框架体系构建的创新需求

（一）可供环境法典编纂借鉴的创新的民法典框架体系

《民法典》是我国第一部以法典命名的法律。民法学界在民法典编纂工作启动前曾研究起草了民法典草案专家建议稿，吸纳了知名学者就重大民法典编纂疑难问题展开讨论，围绕民法典编纂中的重要理论问题和实践问题著书立说，总结了国外民法典编纂的经验并提出了立法建议。在环境法体系与民法体系存在诸多重要差异的现实面前，民法典框架体系的创新对中国环境法典框架体系的构建有哪些值得借鉴之处呢？

无论是两大法系的划分，还是公私法的分野，民法体系和框架结构一直都是识别和区分它们的重要标准。我国《民法典》不仅高度体现了社会主义核心价值观、高度结晶了两个世纪以来各国民法确立的先进民事法律制度，还高度总结并创新了中国民法的框架结构和制度体系。

归纳一下，民法典框架体系构建的创新主要表现在如下三个方面：

第一，完备的民事单行法为民法典框架体系的构建奠定了法律基础。法典编纂的一个重要前提就是有法可编。2016 年至 2020 年，全国人大常委会在民法典总则（草案）、分编（草案）等的说明文献中曾多次强调，编纂民法典，就是通过对我国现行的民事法律制度规范进行系统整合、编订纂修，形成一部适应新时代中国特色社会主义发展要求，符合我国国情

---

* 汪劲，北京大学法学院教授、北大资源能源与环境法研究中心主任。本部分原载于《当代法学》2021 年第 6 期，收入本书时有部分修改。

和实际,体例科学、结构严谨、规范合理、内容完整并协调一致的法典。[①]截至2020年5月28日,在全国人大通过《民法典》之前,我国已经颁布制定了二十多部民事单行法,这些民事单行法为编纂民法典创造了较好的客观条件。

第二,潘德克顿体系为民法典框架体系构建创新提供了方法基础。潘德克顿体系的重要特征,就是将民事法律关系的共通事项通过"提取公因式"的方法将它们整理成为总则;将民事主体的权利及其民事法律行为按照由内至外(由生至死)的顺序将它们分门别类作为各编的规定。潘德克顿体系创立的民法典编纂体例对近现代各国民法典编纂产生了深远影响:在中国民法典草案的起草过程中,不论是民法学者还是立法部门草拟、起草、创制的不同版本,均采用了潘德克顿体系。[②]

第三,严格设编并将涉及民事法律行为的行政法规等规则排除在法典以外。《民法典》物权编、合同编、人格权编以及知识产权、涉外民事关系的法律适用等大量民事法律制度的具体实施因涉及公共利益或者属于公权力规制领域的范畴而由国务院行政法规等作出具体规定。那么,编纂民法典是否也应当将这些行政法规规定的内容一并纳入呢?民法典编纂的回答是否定的。例如,关于住宅建设用地使用权期间届满续期问题的规定,虽然住宅建设用地等土地使用权到期后续期的法律安排属于民法基本制度的重大事项,但根据党中央批准的有关工作安排,该项工作由国务院有关部门研究制定。鉴于国务院有关部门当时尚未正式提出方案和修法议案,物权编对此先作出一个原则性规定,待国务院正式提出修改有关法律的议案后,再进一步做好衔接。

---

① 参见王晨:《关于〈中华人民共和国民法典(草案)〉的说明》,载中国人大网2020年5月22日,http://www.npc.gov.cn/npc/c30834/202005/50c0b507ad32464aba87c2ea65bea00d.shtml;李建国:《关于〈中华人民共和国民法总则(草案)〉的说明》,载中国人大网2017年3月9日,http://www.npc.gov.cn/npc/c12435/201703/3963e7c79b8d4853873b747d9ed276a7.shtml。

② 参见陈华彬:《潘德克吞体系的形成与发展》,载《上海师范大学学报(哲学社会科学版)》2007年第4期。2020年5月28日全国人大审议通过的《民法典》最终采用了通过总则确立民事主体、民事权利、民事法律行为、民事责任等民事总则制度,通过物权、合同、人格权、婚姻家庭、继承、侵权责任等分编确立了民事分则制度的创新模式。民法学者认为,《民法典》所设七编呈现了与域外范式民法典之间的结构差异,通过《民法典》的体系构造我们可以看到当代中国民法典编纂对潘德克顿体系的扬弃。

(二)环境法典编纂之困境与框架体系构建的创新需求

首先,环境法体系的广义性与民法不同,环境法典编纂需要在框架体系的构建上创新。

和民法一样,中国环境法的内在思想体系和法律技术实际上多数来自对外国环境法的借鉴。然而与民法体系的确定性对民法典框架体系所做的贡献不同的是,1993 年全国人大设立环境保护委员会(1994 年更名为环境与资源保护委员会),从立法工作需要的角度将环境法与自然资源法整合在一起。1997 年原国家教育委员会也将环境法与自然资源法整合创设为法学二级学科“环境与资源保护法学”。环境与资源保护法学作为法学二级学科的创建,中国环境法体系的构造和内容开始发生变动,范围也在不断扩大。①

那么环境法体系的范畴到底应当如何界定呢?目前环境法学界存在三种不同的主张。第一种主张及其实践持“广义环境法”说,具体做法是以环境与资源保护法作为环境法体系的构建标准,将自然资源法或者能源法单独作为环境(资源)法体系的一部分。② 第二种观点持“狭义环境法”说,即环境法体系的范畴应当只包含自然资源法和能源法等领域中具有环境保护性质的内容,而非它们的全部。③

另外,从最近二十年由国家立法机关或者国务院分别行使环境监督管理权的各行政机关组织编写并公开发行的环境保护法规汇编、自然资源法规汇编或者环境与资源保护法规汇编等文献资料看,由于这些环境与资源法规汇编都具有浓厚的部门工作管理和监督职权色彩,因此它们不足以作为中国环境法典编纂的主要理论依据。

综合以上认识,笔者认为在法的保护利益各异的环境、资源、能源和

---

① 查阅国内大量环境法学类(环境资源法、环境与资源保护法)教科书,多数作者都认为环境与资源保护法学应当涵盖环境法、自然资源法等法学相关学科。

② 在将环境与资源保护法学作为法学二级学科的背景下,国内高校大多数环境法学课程及其使用的教科书都改名为“环境资源法”“环境与资源保护法”等新的名称,只有少数高校的环境法课程和统编教材仍然保留“环境法”或者“环境法学”的名称。

③ 例如,笔者在《环境法学》一书中,就以中国环境法的体系为基础,将环境法体系分为环境法总论、污染控制法(含能源法中的环境保护规范)、自然保护法(含自然资源法中的保护性规范)、环境责任法和国际环境法等五编。参见汪劲:《环境法学》(第 1 版),北京大学出版社 2006 年版,目录页。

循环经济等法律面前,从事法律汇编工作相对简单,而想要从数量多达三十余部的单行法律中统一提取共通适用的公因式规则,完成法典编纂则极为困难。我们必须有所为有所不为,并在一定原则指导下作出取舍。

其次,环境法法源的广泛性也与民法不同,环境法典编纂需要在框架体系的构建上创新。

《民法典》第 10 条规定:“处理民事纠纷,应当依照法律;法律没有规定的,可以适用习惯,但是不得违背公序良俗。”根据解释,这里的法律是指广义的法律,包括全国人大及其常委会制定的法律和国务院制定的行政法规,但不包括法律解释和规章。[①]

与民法法源的狭义性相比,世界各国环境法的法源远多于民法。这是因为国家在环境治理领域需要在法律存在的前提下较多应用行政、科技的手段和方法,因此除法律外,政府和其他行政主体可以经法律授权制定具有政策性、灵活性和变通性的规则以适用于环境治理的各个领域。例如,法国的法典化工作包括对法律的编纂和对法规的编纂,分别构成法典的法律部分和法规部分,而法规部分往往晚于法律部分推出。[②] 瑞典环境法典的编纂则在融入 15 部单行法律的基本规定外保留了大量实施规则留待政府条例细化。[③]

笔者曾利用大数据分析、自然语言处理等人工智能技术,通过“北大法宝”中央法规数据库对全国人大及其常委会制定的所有法律条文进行字段分析,最终提取涉及环境、资源、能源、防灾减灾和循环经济(清洁生产)类法律 90 余部、行政法规 274 部、司法解释 50 部、部门规章 4032 部、部门规范性文件 2515 部。[④] 此外,自 2015 年中国实行生态文明体制改革以来,党中央国务院先后在生态环境法治领域通过并印发了一系列实施

---

① 全国人大常委会法工委主任李适时等认为,行政法规可以根据法律的规定或经法律的授权,针对特定领域的民事关系作出具体的细化规定。此外,有的法律授权地方性法规对某种特定的民事关系作出具体规定。参见李适时主编:《中华人民共和国民法总则释义》,法律出版社 2017 年版,第 34 – 35 页。

② 参见《法国环境法典》(第一至三卷),莫菲等译,法律出版社 2018 年版,第 2 页。

③ 参见《瑞典环境法典》,竺效等译,法律出版社 2018 年版,第 2 – 3 页。

④ 2019 年 10 月,笔者和竺效、刘超、巩固、徐以祥和张忠民等教授一起研究编制了一部由编、章、节和条文条旨构成的《中国环境法典草案专家建议稿》模拟框架内容结构树,交由北大英华科技有限公司《人工智能辅助环境法典编纂系统》研究团队将该模拟框架内容结构树中的关键词和字段从北大法宝中央法规数据库中予以提取。

方案和指南文件,逐渐在自然资源资产产权、国土空间开发保护、空间规划体系、资源总量管理和全面节约、资源有偿使用和生态补偿、环境治理体系、环境治理和生态保护市场体系、生态文明绩效评价考核和责任追究等八大领域建立起产权清晰、多元参与、激励约束并重、系统完整的生态文明制度体系,在环境公益诉讼、生态环境损害赔偿、建立以国家公园为主体的自然保护地体系等生态环境领域也有大量制度创新。

以上内容除一小部分是以国家法律或者以国务院行政法规的形式予以颁布施行的外,大多数则是以中共中央办公厅和国务院办公厅的名义通过党的组织体系和政府机关体制下发施行的,目前尚未制定法律或者行政法规。

因此作为环境法典法源的单行法律、行政法规并未全部涵盖环境保护的各个领域,目前还有大量的环保规范存在于党中央国务院的有关的政策文件中或者部门规章和司法解释中,这些都需要通过编纂创新的方法将其纳入环境法典中。

再次,环境法律关系的多重牵连性与民法的单一性不同,环境法典编纂也需要在框架体系的构建上创新。

在传统部门法中,因物的利用所产生的民事关系由私法调整,行政关系则由公法调整。与民法主要调整人身关系和财产关系等私法关系相比,环境法体系内既有私法关系,又有公法关系。纵观近代各国立法确立的环境法律关系,总体上它们属于以人类平等地利用环境的权利和义务为内容、符合并体现了自然生态规律的具有多重牵连法律性质的环境利用关系。[①] 因此,环境法律关系兼具公法和私法的复合性特征,在某一环境利用关系中公权力、各类私权利和环境公益等因素经常呈同时存在之势,参与环境利用关系的主体除公民(自然人、公众及其代表)外,还包括各种开发利用行为人以及国家机关和政府及其生态环境部门。[②]

最后,环境法律责任制度的复合性与民法不同,环境法典编纂还需要

---

① 参见汪劲:《环境法学》(第4版),北京大学出版社2018年版,第57页。

② 人类利用环境的行为既包含一般意义上从环境中直接或者间接获取物质(如人类开发利用自然资源)和利用环境容量取得经济价值(如向环境排污)的行为,也包含人类利用环境质量和效益生存繁衍的行为,所以环境法律关系理论将环境利用行为分为开发利用行为和本能利用行为两大类。参见汪劲:《环境法律的解释:问题与方法》,人民法院出版社2006年版,第136-138页。

在框架体系的构建上创新。

我国《民法典》编纂的创新点之一是将“民事责任”在总则编专章作出规定,同时专门创设“侵权责任编”规定了相对完善的侵权责任制度[①]。值得一提的是,不论在总则编中还是在侵权责任编中作出规定,民法典编纂遇到的法律责任问题主要都只涉及民事责任问题。

环境法典编纂也涉及法律责任规定的编纂问题,环境法上的法律责任既包含违法行为所应受到制裁的行政责任和刑事责任,也包含环境污染和生态破坏的民事责任,属于公法和私法同时存在的复合性法律责任制度。因此,环境法典编纂对法律责任制度的安排包括了公法(行政制裁或者刑罚等)和私法(侵权的民事责任和生态环境损害赔偿责任等)上的法律责任两大类。

对违反环境法典规定应当受到行政制裁的行为,可以考虑在各编有关行为模式的法律规范之后设专章作出规定。这样既能够凸显违法行为所受法律制裁的后果与各编对不同行为模式和法律义务的对应性和特定性,又可以维护环境法典各编在行政制裁规则方面的关联性和一致性。

然而,环境法典框架体系对刑事责任和民事责任制度的设计则没有这么简单。鉴于我国长期以来一直有着维持刑法统一性的传统和民法典有关民事责任制度一体化的要求,如何通过环境法典规定或者指引适用刑事责任和民事责任,如是设编规定生态环境责任,还是在总则中设专章对它们作出规定,是需要环境法典编纂创新的重大理论和实践课题。[②]

二、构建环境法典框架体系的创新方法

中国环境法法典化的研究肇始于20世纪90年代初期,是伴随对中国环境法体系的研究和对外国环境法发展趋势研究一并展开的。环境法学者通过研究发现,各国以环境保护为目的制定的单行环境保护法律越来越多,各国环境立法在演变发展上呈现出综合性、一致性、一体化、趋同

---

① 参见王晨:《关于〈中华人民共和国民法典(草案)〉的说明》,载中国人大网2020年5月22日,http://www.npc.gov.cn/npc/c30834/202005/50c0b507ad32464aba87c2ea65bea00d.shtml。

② 在《环境法典研究(2018－2020)公益项目研究》和《〈环境法典(专家建议稿)〉编纂研究》的研究过程中,笔者和课题组其他各编负责人通过内部会议多次讨论,在《环境法典(专家建议稿)》中采用了设编规定生态环境损害责任的方法。

化、协调化等共同特征,并昭示未来各国环境立法法典化的趋势。① 国家立法机关自20世纪90年代起全国人大专门委员会就开展环境立法法典化的研究工作②直至今日。

在我国,国家法律和行政法规在立法上基本上采用的都是“总则—分则”的结构模式,加上中国民法典编纂也采用了“总则—分则”的结构模式,并且不论是瑞典还是法国、意大利等已经颁行了环境法典的国家基本上都采用的是“总则—分则”的结构模式,所以中国环境法典编纂采用“总则—分则”结构在国家立法机关和环境法学界存在广泛的共识。③

通过以上对民法典框架体系创新的总结和对中国环境法体系的特色与环境法典框架体系构建之差异的分析,笔者认为,在借鉴民法典框架体系成功经验的同时,还需要研究中国环境法体系的广义性构造、广泛性法源、环境法律关系的多重牵连性和环境法律责任制度的复合性等决定性因素,按照如下方法构建创新的中国环境法典框架体系。

第一,中国环境法典框架体系构建应当采用适度法典化方法。限于中国环境法体系的广义性和法源的广泛性,加上国家为履行环保义务、实施环保法律而设立有多元行政机关统一或者分工负责参与环境管理事务,环境法学者为此提出了以“适度法典化”的方法编纂中国环境法典的框架体系构建思路。

从学者对适度法典化的解释分析,如何理解“适度”并将其作为原则

---

① 参见王灿发:《瑞典环境法的体系及其借鉴意义》,载《中国环境管理》1995年第5期;汪劲:《论全球环境立法的趋同化》,载《中外法学》1998年第2期;蔡守秋:《论国外环境法的综合性、一体化》,载《科技与法律》1998年第4期;屈振辉:《中国环境法的法典化问题研究》,“中国环境资源法学研讨会2003年年会论文”;彭峰:《法律进化与环境法法典化的未来》,载《东方法学》2010年第6期。

② 据笔者参与所知,1995年年初第九届全国人大环资委就组织全国人大和国务院有关部门官员、高校环境法学者赴瑞典接受了来自欧洲各国环境法学者和官员专门进行的欧洲环境法进程、环境立法方法、环境法典编纂等专题的培训和交流。这次培训的专题之一就是研习《德国环境法典总则(草案)》和《瑞典环境法典草案》,参会人员回国后还编译出版了包含22部瑞典环境法规在内的《瑞典环境法》著作。2004年年初第十届全国人大环资委还组织了中国环境立法法典化课题研究,专门研讨如何在可持续发展思想指导下将《环境保护法》和其他单行环境资源保护法律修改成为一部综合性的环境法典。2008年8月第十届全国人大环资委再次邀请部分环境法专家在京举行环境立法与法典化工作座谈会,主要针对各国(地区)环境立法法典化的趋势、环境法典编纂的难点与问题等展开了讨论。

③ 参见朱炳成:《形式理性关照下我国环境法典的结构设计》,载《甘肃社会科学》2020年第1期。

是对环境法典编纂出现不同认识的关键。例如，夏凌博士在2007年撰写的博士学位论文中最早提出了“编纂‘开放性’环境法典，整合各环境单行法中共通的部分，消除各个环境单行法之间冲突和重叠的部分，使环境法具有清晰、严谨的体系，同时由不同法律位阶的行政法规、部门规章和地方性法规加以补充”的主张。[①] 张梓太认为，我国环境法典应该采用法典与单行法共存的模式，适度法典化。[②] 而持相同观点的吕忠梅等进一步指出，通过整合各环境法律规范的基本价值、共性原则，形成具有基础涵盖力以及综合协调力的框架体系型环境法典；同时保留环境单行法，用于规范环境保护的局部领域和无法纳入环境法典的法律内容，对“适度”的环境法典起到补充、完善和具体化的作用。[③]

然而，在实际操作上如何“适度法典化”呢？目前见仁见智各有解释。在2021年3月18日全国人大常委会法工委举行的“环境法典编纂研究专题座谈会”上，来自国务院各有关主管部门官员、最高国家司法机关官员和环境法学研究者均认为，国家立法机关有必要开展环境法典编纂工作。[④] 只是在环境法典的框架体系构建方面如何采用“适度法典化”方法，国务院各有关主管部门官员和环境法学研究者对此存在不同认识。例如，生态环境部官员认为环境法典编纂的法源范围应当“适度”定位于生态环境部门主要掌管职权的环境污染防治法律领域；自然资源部官员则建议将环境法典编纂的法源范围“适度”定位于自然资源与环境法典的位阶上，突出自然资源部门主要掌管职权的自然资源管理法律领域。

---

① 夏凌：《环境法的法典化——中国环境立法模式的路径选择》，华东政法学院2007年博士学位论文，摘要第iv页、第145－148页。

② 参见张梓太：《论我国环境法法典化的基本路径与模式》，载《现代法学》2008年第4期。

③ 参见吕忠梅、窦海阳：《民法典“绿色化”与环境法典的调适》，载《中外法学》2018年第4期。

④ 环境法学界关于中国环境法法典化的研究认为，环境法法典化在世界范围内呈现一个立法趋势，我国环境法法典化也是大势所趋；环境法典化有利于我国环境法律体系的完善，对各类环境保护规范的重新整理与协调，去除“环保法律规范肥大化”的倾向并解决法律规范重叠和冲突问题；站在新时代背景下，推动我国环境法法典化的制定恰逢其时。参见彭峰：《法律进化与环境法法典化的未来》，载《东方法学》2010年第6期；吕忠梅、窦海阳：《民法典“绿色化”与环境法典的调适》，载《中外法学》2018年第4期；王灿发、陈世寅：《中国环境法法典化的证成与构想》，载《中国人民大学学报》2019年第2期；张梓太：《中国环境立法应适度法典化》，载《南京大学法律评论》2009年第1期；刘长兴：《论环境法法典化的边界》，载《甘肃社会科学》2020年第1期。

环境法典编纂中的适度法典化,实质上是指以一定原则和方法为标准对构成环境法典法源的环境单行法律作出纳入法典或者保持原状的编纂方法,保持环境法体系的"法典—单行法律"并行的最终构造。笔者认为,将环境法典编纂的范围"适度"确定在环境保护法、污染防治法、自然保护法和绿色低碳发展法等领域,排除自然资源法和能源法以及其他关联性环境保护法律规定是最优方案。

第二,从广义环境保护理念和分类规制特征提取公因规则和有所为有所不为的方法。提取公因式规则也是环境法典编纂中对框架体系构建创新经常被提到的方法。只是不同学者对它们的理解有所不同,笔者拟在此结合环境法典编纂的实践,就中国环境法典框架体系构建创新的方法提出自己的见解。

编纂环境法典总则的意义和功能在于强调总则对所有环境法律关系领域的各类环境利用行为的统一指导性和统一适用性。然而,《民法典》总则编以私法原理为结构主线提取"公因式"规则的模式并不能适用于环境法典总则编的编纂。在我国环境法体系的范畴中,因立法所保护价值的目的不同,环境立法的价值呈多元化倾向等因素的大量存在,难以从立法目的各异、公私规范夹杂、行政部门主导的单行环境与资源保护法律中提取作为统一指导并统一适用的"公因式"规则。

笔者认为,我们可以继续以潘德克顿体系关于法律关系与法律行为理论指导环境法典总则编的编纂,以单行环境立法在污染防治、自然保护和绿色低碳发展等领域确立的共通性法律规范作为总则编纂提取公因式规则的主要法源。

从广义环境保护理念和分类规制特征分别提取公因式规则的方法,就是对构成我国环境法体系范畴内的法律部门的作出取舍,从环境保护价值相同的环境污染防治法、自然保护法和绿色低碳发展法中提取总则所需的公因式规则,并以此指导自然资源法、能源法和其他环境利用行为单行法律在环境保护领域的立法和适用。鉴于我国自然保护立法相对薄弱,环境法典总则编的若干基本原则和基本制度还需要通过立法创新予以确立。

而一般意义上可以作为法源的现行自然资源单行法、能源单行法和其他环境利用行为单行法,都应当将其作为单行法律继续存在,在环境法典编纂中放弃纳入。

第三，应当为国家基本法律和环境资源单行法律的适用规定衔接条款。2018年全国人大常委会曾确定了不纳入《民法典》各分编内容的三个标准：一是涉及特定群体、领域的内容，原则上由民事特别法规定；二是《民法典》各分编的规定难以涵盖和替代的内容，不宜纳入；三是还处于发展变化中、经验还不成熟、拿不准的内容暂不纳入。因此在《民法典》以外尚存在大量民事单行法律。和中国民法一样，中国环境法的内在思想体系和法律技术实际上多数来自对外国环境法的借鉴。为此，在确定了适度法典化和从广义法源提取公因式规则的方法之后，还剩下如何适用环境法典以外的国家相关法律和环境单行法律的问题。

笔者认为，应当借鉴民法典的上述原则在对有关环境单行法律进行取舍以后，解决未纳入环境法典的环境单行法律和其他国家基本法律与环境法典的适用关系问题。具体方法是在维持不纳入环境法典的单行法律现状地位的基础上，为国家基本法律和环境单行法律的适用规定衔接条款。在环境法典框架体系的构建创新中，可以安排三个路径分别规定环境法典与国家基本法律和环境单行法律等的衔接条款，具体如下：

其一路径是和国家基本法律的衔接。主要有与刑法有关规定的衔接、与民法典有关规定的衔接、与国家诉讼法律[《行政诉讼法》(2017年修正)、《民事诉讼法》(2021年修正)、《刑事诉讼法》(2018年修正)]的衔接。如当前有诸多环境污染和生态破坏案件就涉及多个法律责任的追究问题，既涉及实体规则的交叉适用，也涉及程序规则的交叉适用，还涉及不同性质诉讼中对同一证据的效力判定规则等，这些法律适用的新问题在各单行诉讼程序法律中并未作出规定，因此环境法典应当根据环境审判的特点对此作出衔接性规定。

其二路径是和国家环境单行法律的衔接。在适度法典化原则下编纂环境法典必须有所取舍。采取环境法典与单行法并行的方式，并在环境法典中规定与环境单行法律的衔接条款，一是为环境单行法律提供适用指引；二是就法律之间的不一致提供选择适用的基本规则。

其三路径是针对环境领域的新情况和新问题，通过授权性规范授权政府主管部门依法制订与规制变化中的环境问题保护一致的政策措施，以及授权制订处于变化中的科学标准和技术规范等规则的衔接规则。

三、环境法典框架体系构建设想

(一)环境法典总则编

环境法典总则的功能在于确立环境保护的基本原则和一般性规则,统领环境法典各分编内容并指导环境单行法律的立法和适用。我国《民法典》总则编在编纂时确立了"体例科学、结构严谨、规范合理、内容协调一致"的原则,要求编纂民法典不是制定全新的民事法律,而是对现行的民事法律规范进行科学整理;也不是简单的法律汇编,而是对已经不适应现实情况的规定进行修改完善,对经济社会生活中出现的新情况、新问题作出有针对性的新规定。

鉴于此,环境法典总则编在内容和构造上首先应当吸纳《环境保护法》、《海洋环境保护法》(2017 年修正)总则部分、《环境影响评价法》等具有综合性内容的环境单行法律的部分或者全部;其次应当从《长江保护法》、单项污染防治和自然保护法律的总则部分,以及具有综合性内容的环境行政法规中提取公因式规则;最后应当从生态文明体制改革以来党中央国务院有关建立系统完整和最严格的生态文明制度体系的具体内容中提取环境法典总则所创新的制度和规则,并借鉴《民法典》的成功经验在系统梳理总结有关环境保护法律实践经验的基础上从环境单行法律中提炼具有普遍适用性和引领性的规则,共同形成环境法典总则编草案的具体内容。

(二)环境法典污染控制编

从我国现行环境污染防治单行法律看,编纂污染控制编的单行法律体量较大,每部法律法条数量在 100 条左右,因此可以借鉴《民法典》物权编和合同编下采用分编结构的方式对各污染防治领域的规制内容作出安排。污染控制编的法源,除了应当将《环境保护税法》(2018 年修正)、《水污染防治法》(2017 年修正)、《海洋环境保护法》(分则部分)、《大气污染防治法》(2018 年修正)、《环境噪声污染防治法》(2018 年修正,已失效)、《土壤污染防治法》(2018 年)、《固体废物污染环境防治法》(2020 年修订)、《放射性污染防治法》(2003 年)、《核安全法》(2017 年)等法律纳入外,还应当考虑将弥补环境保护单项法律空缺、在实践中行之有效的环境行政法规和少量部门规章也一并纳入,同时考虑将排污权交易、环境污染责任保险、环境污染第三方治理、电磁辐射等内容纳入创新规则之中。

(三)环境法典自然生态保护编

由于我国环境保护事业创立之初的重点,在于因工业生产活动产生的环境污染问题及其对人群公共健康的侵害,以至于包括《环境保护法》在内的环境保护单行法律的规制重点均放在污染防治领域,污染防治单行法律的制订也相对完善,而对自然生态破坏的现象则主要依赖自然资源单行法律设立的保护性规则予以相应保护,总体上忽视了对非为自然资源的生态系统、生物多样性和自然生态区域的法律保护。

在自然资源单行法律方面,目前主要制定有《土地管理法》(2019 年修正)、《水法》(2016 年修正)、《森林法》(2019 年修订)、《草原法》(2021 年修正)、《渔业法》(2013 年修正)、《深海海底区域资源勘探开发法》(2016 年)、《海域使用管理法》(2001 年)等,由于自然资源涵盖了大部分重要环境要素,所以这些单行法律都为自然资源保护设了专章作出规定,因此在生态文明体制改革以前,我国的自然生态保护管理在很大程度上是依赖自然资源单行法律中的保护性规范展开的。

笔者认为,由于资源保护的含义是从人们对自然资源经济价值的认识出发的,所以资源保护只针对环境要素中的自然资源而不包含其他自然环境要素。同时自然资源的保护法益是自然资源的所有权、使用权及其带来的相关经济利益,所以资源保护的直接目的是促进所有权人可持续开发利用自然资源,其对自然环境要素的保护只是对经济利益保护的间接的和反射的利益。

自然生态保护法,是以保护生态系统平衡或防止生物多样性破坏为目的,对一定的自然地域(含区域与流域)、野生生物及其生境实行特殊保护并禁止或限制环境利用行为而制定的法律规范的总称。[①] 因此,环境法典自然生态保护编不应当将自然资源单行法律纳入其中。

与污染防治单行法律相比,我国的自然生态保护单行法律立法相对滞后、数量很少,目前只有《野生动物保护法》(2022 年修订)、《水土保持

---

① 参见汪劲:《环境法学》(第 4 版),北京大学出版社 2018 年版,第 248 页。

法》(2010年修订)、《海岛保护法》(2009年)、《防沙治沙法》(2018年修正)等,此外大部分是由行政法规或者部门规章予以规定的,如《自然保护区条例》(2017年修订)、《风景名胜区条例》(2016年修订)、《病原微生物实验室生物安全管理条例》(2018年修订)、《野生植物保护条例》(2017年修订)和《草原防火条例》(2008年修订)等。与自然生态保护相关的法律主要有《气象法》(2016年修正)、《文物保护法》(2017年修正)、《动物防疫法》(2021年修订)、《生物安全法》(2020年)等。从目前有关自然生态保护的部门规章和生态文明体制改革以来关于自然生态保护的政策文件看,环境法典自然生态保护编还应当在生态保护红线、湿地保护、自然保护地(含国家公园、自然保护区和其他自然公园等区域)、城市景观与绿地、自然资源资产负债和全民所有自然资源资产有偿使用制度等自然生态保护特色的制度措施方面作出创新规定。

(四)环境法典绿色低碳发展编

如前所述,环境法典绿色低碳发展编的设计意图,是环境法典编纂根据"可持续发展"的基本逻辑分别从污染防治、自然生态保护、绿色低碳发展三方面展开的最后一个环节。与自然生态保护编和绿色低碳发展编相比,污染控制编的编纂强调对防治对象、防治手段和方法以及防治目的已经基本成型的环境容量利用行为的规制,着眼于企业生产末端的污染物排放管理;自然生态保护编的编纂则是主动保护和保存人类尚未开发利用的地域、区域、流域和海域,以及野生生物物种及其生态系统。而绿色低碳发展编主要遵循"绿水青山就是金山银山"的绿色发展理念,以促进低碳发展、减污降碳为目标,着重以资源能源的综合利用,物质的循环利用、节约利用和清洁生产为规制对象。

与污染控制编和自然生态保护编相比,绿色低碳发展编的单行法律更少,目前主要制定有《节约能源法》(2018年修正)、《可再生能源法》(2009年修正)、《清洁生产促进法》(2012年修正)、《循环经济促进法》(2018年修正)和《全国人民代表大会常务委员会关于积极应对气候变化的决议》(2009年)等法律法规,而在资源能源的综合利用、绿色生产和消费、对外投资环境保护、节能低碳产品、贸易与环境保护关系等领域,除法律和行政法规处于空白状态外,就连部门规章也很少。因此,绿色低碳发展编是编纂环境法典的薄弱环节,也是制度创新的重点。

（五）环境法典生态环境责任编

如前所述，生态环境责任编的设立是建立环境法典生态环境权益保障法律制度体系的要求。在生态环境责任编的设立中，除需要参考民法典设编规定侵权责任外，还需要重点关注违法制裁和环境保护救济机制的特殊性和不同情况。例如，在环境法典各编已分别在污染控制、自然生态保护和绿色低碳发展各编分类设立行政制裁条款的同时，还要处理好总则编共通性行政法律制度的行政法律后果规定、违反国家规定构成犯罪的刑事责任的适用、被民法典全部囊括的环境侵权责任规定的适用等问题，以及环境责任领域经常出现的同一环境违法行为应当同时承担行政、民事和刑事法律责任问题以及相应的行政程序和司法诉讼程序中有关法律规则的适用等问题。

笔者认为，环境法典框架体系中对生态环境责任的安排并非将所有传统法上的三大责任都全盘纳入，而是通过设立生态环境责任编在合理取舍公法和私法责任的基础上配置适用规则，从而确保环境法典中生态环境责任体系的完整性和法典规则的可操作性。

四、结论

编纂中国民法典的成功为编纂中国环境法典提供了可供借鉴的经验。但是，中国环境法体系的广义性、法源的广泛性、法律关系的多重牵连性和法律责任制度的复合性等特性有异于民法典编纂的法律基础和条件，决定了必须在总结民法典编纂成功经验的基础上探索中国环境法典编纂的新原则和新方法。比较分析境外环境法典的结构，中国环境法典框架体系的基本构造应当包含总则、污染控制、自然生态保护、绿色低碳发展、生态环境责任五编。

1.6 环境法典编纂结构模式之比较研究*

在展开具体论述之前，首先须对本书所指的"结构"进行界定。本书所用的"结构"特指环境法典中的卷、篇、章等法典内容的组成"部件"经过编排组合所呈现的最终状态，也就是环境法典中具体内容的编排方式。而"结构模式"则指"结构"设计所表现出的可从理论上归纳、描述，并可能被人类环境法典化实践所能参考借鉴的具体方式。笔者认为，在我国当前环境法典化理论研究和立法趋势的大背景下，研究境外环境法典的结构模式具有重要价值。

环境法典的编纂是一项繁大工程，如何将数量众多的单行立法有机整合，同时前瞻性地融入新的内容，以在破解原有体系固有之弊病的基础上发展环境法，是对立法者立法技术的直接考验。立法技术是一个抽象的概念，将之具体化而言，立法技术是指将立法目的、政策及原则等法律思想以妥当的文字予以表达，并将法律条文依科学体系编纂起来的技巧。概括而言，立法技术应当包括两个层面内容：一是结构技术，二是语言技术。① 其中，立法结构技术主要体现为法律的结构设计、不同法律之间的衔接和配合等。②

可以说，无论是何种层次、何种领域的立法，在立法过程中均需以立法技术为支撑工具，将抽象的法律思想具现为法律语言。而最终立法结果水平的高低，正是立法技术先进与否的体现。就环境法典的编纂而言，法典中体例（如采用总则—分则二分的体例）的选择及编章结构的布局，

---

* 竺效，中国人民大学法学院教授。本部分原载于《当代法学》2021 年第 6 期，收入本书时有部分修改。

① 参见赵立新：《地方立法技术存在不少亟需改进的地方》，载《人大研究》2020 年第 4 期。

② 参见全国人大常委会法制工作委员会编：《中国特色社会主义法律体系学习读本》，新华出版社 2011 年版，第 98 页。

正是立法者使用立法技术的过程及体现，其中既凝结了本国立法思想，也映射了本国更深层次的法律传统。因此，在环境法典的编纂中，从环境单行法走向环境法典并不是法律条文的机械合并，而是在审查基础之上将各主要单行法归入一部法律并使之融贯的技术过程。[①] 从比较法经验而言，无论是恢宏庞大的《法国环境法典》，还是高度凝练的《瑞典环境法典》，均是运用立法技术对单行法重新编排的最终结果，其中编章结构的不同设置也体现了立法技术运用上的差异。因此，研究境外环境法典编纂中的结构安排的共性规律与趋势，分析不同结构模式背后的立法技术选择，尤其是对以单一环境要素管理为核心内容的单行法的整合方式，将极大地丰富我国环境法典的编纂的立法技术“工具箱”。

一、境外环境法典编纂结构模式探析

客观而言，环境法典并未像民法典那样在全球范围掀起编纂潮流，但这并不意味着环境法典编纂意义的削弱。法典编纂是多种因素综合的结果，编纂与否以及如何编纂是一国基于其国情所作出的综合考量。法典的编纂并不是目的，它是一种法律体系完善方式的高级选项。环境法自身的特殊性决定了，法典化并非其升级更新的唯一选择。因此，我们不应否定未进行环境法法典化国家（法域）的努力，而应将目光聚焦在已面世的环境法典（草案）之上，探究其背后的共通机理。目前，世界上已有为数不少的国家（地区）发布了环境法典或相关草案文本，这为我们的研究提供了数量虽不充足但也不可谓不足的样本。作为本书比较研究对象的主要有《瑞典环境法典》、《法国环境法典》、《菲律宾环境法典》、《意大利环境法典》、《哥伦比亚可再生资源和环境保护法典》[②]、《哈萨克斯坦共

① 参见王起超：《粗放和精细：论立法技术的秩序构建路径》，载《河北法学》2021 年第 5 期。

② 感谢刘时剑老师提供该法典中译本。西班牙语原文详见 DECRETO 2811 DEL 18 DE DICIEMBRE DE 1974（1974 年第 2811 号法令）。

和国生态法典》[①]、《独联体生态示范法典》[②]、《柬埔寨环境与自然资源法典》(草案)[③]以及《德国环境法典》(专家委员会草案)[④]9 部(以下统称环境法典研究文本)。尽管前述 9 部环境法典研究文本的具体名称不同,但笔者认为,分析其内容得出皆属环境法典这个判断是可以成立的。纵观已有研究,学界对各国环境法典的实质与形式之辨有了基本一致的观点,本书不再就此话题展开。本书拟主要探讨各国(地区)环境法典的结构模式,即法典的篇章"部件"的结构设置组合方式。经过对上述 9 部环境法典研究文本的比较研究,笔者将已有环境法典研究文本的结构模式大致划归纳为三种类型:过程主导模式、要素主导模式和过程为主要素为辅的混合模式。必须指出,前述环境法典结构模式的类型划分只是一种学理归纳的尝试。

(一)过程主导模式

过程主导模式,是指法典的编章结构设置以环境治理过程为主线,即从整体上分析,编章的结构安排大致遵循"事前预防—事中监管—事后救济"的阶段划分逻辑。需说明,前述阶段划分并无明确的标准,而是结合法典的整体内容和编章布局所作出的综合学术判断。就分析环境法典研究文本的具体内容而言,采取实质编纂方式的环境法典的结构往往选择过程主导的设计思路,这类法典包括《瑞典环境法典》、《独联体生态示

---

① 感谢刘洪岩研究员提供该法典中译本,俄语原本详见哈萨克斯坦共和国能源部统一生态网络资源官网(http://ecogosfond.kz)。

② 感谢刘洪岩研究员提供该示范法典中译本,法典俄语原文的总则部分详见独立国家联合体成员国议会间大会信息公报,2007 年第 39 期(第一部分),第 377 - 434 页[Информационный бюллетень. Межпарламентская Ассамблея государств - участников Содружества Независимых Государств. 2007. N 39 (часть 1). С. 377 - 434];分则部分详见独立国家联合体成员国议会间大会信息公报,2007 年第 41 期,第 273 - 335 页(Информационный бюллетень. Межпарламентская Ассамблея государств - участников Содружества Независимых Государств. 2007. N 41. С. 273 - 335)。

③ 该草案中文译本由王社坤教授等译自 2016 年正式提交给柬埔寨环境部草案第 7 版的英译版,并根据后续更新的第 10 版的英译版进行了补充完善。该法典草案的柬埔寨语版已更新到第 11 版。感谢王社坤教授提供该中译本。

④ 感谢沈百鑫副研究员提供该法典草案中译本,德语版详见 Bundesministerium für Umwelt, Naturschutz und Reaktorsicherheit (Hrsg.), Umweltgesetzbuch (UGB - KomE); Entwurf der Unabhängigen Sachverständigenkommission zum Umweltgesetzbuch beim Bundesministerium für Umwelt, Naturschutz und Reaktorsicherheit, Berlin: Duncker und Humblot, 1998。

范法典》、《哈萨克斯坦共和国生态法典》及《柬埔寨环境与自然资源法典》(草案)等,以下将对它们进行详细介绍。

1."义务—监管—救济"过程主导的《瑞典环境法典》

《瑞典环境法典》生效实施于1998年,被誉为"世界上第一部具有实质编纂意义的环境法典"。[①]《瑞典环境法典》采取了"总则—分则"的体例,并采用"篇—章—节"三层级的条款编写方式。《瑞典环境法典》共设七编,分别为:第一编"总则",主要包括立法目的和适用范围,以及需要考虑的一般原则;第二编"自然保护",主要涉及保护区和动植物物种保护;第三编"关于特定活动的特殊规定",是对水上作业、开采业、基因工程等特定活动的特殊规定;第四编"案件与事项的审查",规定了案件和争议事项的审查,并建立起一套内置于普通法院体系中的环境法庭审判制度;第五编"监督等",旨在确保法典的各项内容得到有效遵守;第六编"处罚",该部分与环境犯罪有所衔接,并创设了一些新型的收费制度;第七编"赔偿等",主要规定了因环境损害导致的利益损失的填补。[②]

分析该法典各编的设置可以发现,《瑞典环境法典》的各编结构设计大致遵循了环境治理的过程进路。就理论提炼而言,该法典从义务本位出发,以"义务—监管—救济"的全过程为主线,将环境保护中所涉的各方主体都统摄其中,并对其义务进行了较为详尽的规定。作此判断的主要依据是《瑞典环境法典》各编中的具体内容。该法典的第一编至第三编的内容主要为监管主体和被监管主体的义务规定;第四编至第六编的主要内容为监督管理的具体方式,包括审查、批准、禁止、处罚等;第七编的主要内容则为对违反规定造成私益和公益损害的救济方式。另外,虽然该法典第二编名为"自然保护",但研读其内容可知,其并非针对具体环境要素的逐一列举,而是从监管视角出发对一类环境要素之上的行为义务所作的集中规定。[③] 因此,可以说,《瑞典环境法典》在结构设置上呈现了典型的过程主导特征。

在已有的环境法典中,《瑞典环境法典》是进行实质编纂较为成功的典型代表,同时也是"适度化"编纂的成功范式,它"通过放弃绝对的严密

---

① 竺效、田时雨:《瑞典环境法法典化的特点及启示》,载《中国人大》2017年第15期。

② 参见竺效、田时雨:《瑞典环境法典化的特点及启示》,载《中国人大》2017年第15期。

③ 参见《瑞典环境法典》,竺效等译,法律出版社2018年版,目录第1-9页。

性与确定性,实现了相对的开放性和可操作性”。[①]《瑞典环境法典》的成功经验,为后续其他国家的环境法典编纂提供了良好的示范,也在一定程度上掀起了环境法典的编纂浪潮,其许多做法和经验十分值得我国借鉴。

2.“义务预设—监督管理—责任追究及纠纷解决”过程主导的《哈萨克斯坦共和国生态法典》

为了在法律层面对环境保护制度进行系统化整合,哈萨克斯坦于2004年启动了生态法典编纂工作,并于2007年1月正式颁布实施。《哈萨克斯坦共和国生态法典》将其国内的《环境保护法》《生态鉴定法》《大气法》等多部环境保护相关法律纳入其中进行实质编纂,为哈萨克斯坦的环境保护工作增添了强大助力。

《哈萨克斯坦共和国生态法典》分为“总则部分”和“分则部分”两大板块,每个板块下皆使用了“编—章—条”的结构。其中“总则部分”包括7编、27章;分则部分则包括2编、20章。总则部分的7编依次为:第一编“总章”,第二编“环境保护领域的行为许可制度、生态标准制度、环境保护领域的技术法规、环境影响评价制度、生态鉴定制度、生态许可制度、生态审计制度”,第三编“生态保护的经济手段”,第四编“生态监督”,第五编“生态监测和生态清查”,第六编“生态紧急情况区和生态灾难区的设立”,第七编“生态文化教育、环境保护领域的科学研究和国际合作开展”。分则部分的两编是:第八编“实施经济活动和其他社会活动时应遵守的生态要求”,第九编“生态违法责任和生态纠纷解决机制”。

通过比较分析,《哈萨克斯坦共和国生态法典》的结构设计,整体上是从监管主体视角出发,依照“义务预设—监督管理—责任追究及纠纷解决”的行政管理主导过程之脉络展开。具体而言,该法典第一、二、三编规定了多项基本原则,明确了国家机关和公民、社会团体在环境保护领域的权力(利)和义务,以及环境保护和自然资源利用的基本经济协调机制;第四、五编规定了生态环境监督、监测的基本方式;第六、九编则对造成生态环境损害应承担的责任及其救济进行了规定。此外,《哈萨克斯坦共和国生态法典》的特色还在于,法典未选择将某一范畴的环境要素单独成编,而是将针对具体环境要素的规范置于某一项具体制度之下。例如,在第五编“生态监测和生态清查”的第十六章“生态监测”中,围绕

---

① 吕忠梅:《环境法典编纂:实践需求与理论供给》,载《甘肃社会科学》2020年第1期。

具体要素将环境状况监测分为大气状况监测、大气降水状况监测、水资源质量监测、土壤状况监测、气象监测、辐射监测等八种类型。不仅如此,从篇幅结构的比例来看,直接以环境要素为主题设置的编、章、节在该法条中占比极低,几乎所有涉及具体要素的规定皆是围绕本部分的主题展开。由此笔者主张,《哈萨克斯坦共和国生态法典》在法典编纂结构模式上属于典型的过程主导型环境法典。

3. "隐性"过程主导的《独联体生态示范法典》

独联体作为苏联国家间的松散邦联,其本身并不享有凌驾于国家之上的权力,它本质上是国家间的合作协调机构。为了解决区域环境问题,给成员方的环境立法提供指导,独联体成员国国家间议会大会启动了法典的编纂工作,将成员方间涉及同类的环境保护事项进行整合,分别于2006 年和 2007 年通过了《独联体生态示范法典》的总则和分则部分。①

《独联体生态示范法典》分为总则和分则两编,共 28 章。总则部分共 12 章,分别为第一章"生态领域的基本概念",第二章"国家的生态立法",第三章"国家规制生态关系的基本原则",第四章"社会组织、运动、政党和其他非商业团体在生态领域的权利和义务",第五章"有关国家生态发展的活动规划",第六章"环境保护领域和生态安全保障领域的标准制度",第七章"在开展经济活动和其他社会活动时应当遵守的生态领域的要求",第八章"环境影响评价和生态鉴定",第九章"生态监督",第十章"环境保护领域的以及确保生态安全保障领域的经济协调",第十一章"环境保护领域和生态安全保障领域的科学研究",第十二章"生态文化的形成基础"。法典分则部分共 16 章,分别为第十三章"在实施个别类型的经济活动时应当遵守的环境保护领域和生态安全保障领域的要求",第十四章"国家环境监测(国家生态监测)",第十五章"保护土地资源和土壤免受不良影响的法律原则",第十六章"保护地下资源的法律原则",第十七章"保护地表水免受不良影响的法律原则",第十八章"保护大气免受不良影响的法律原则",第十九章"环境保护领域和生态安全领域的技术规制",第二十章"允许对环境施加影响的综合许可证",第二十一章"环境影响的付费制度,生态税",第二十二章"气候保护、大气臭氧层保护和近地宇宙空间保护的法律原则",第二十三章"保护森林和其他

① 参见刘洪岩、马鑫:《独联体是怎样为生态立法的?》,载《中国人大》2017 年第 23 期。

植物免受不良影响的法律原则”,第二十四章“保护动物界免受不良影响的法律原则”,第二十五章“受到特殊保护的自然客体”,第二十六章“预防和制止生态违法和生态犯罪的法律保障”,第二十七章“生态领域的国际合作”等。

分析法典结构可知,《独联体生态示范法典》具有高度的体系化和系统化,且逻辑严谨脉络清晰,总则和分则紧密衔接,系统梳理了环境治理各环节的要求。从内容上展开分析可见,该示范法典总则部分对立法目的、适用范围、基本原则、职权划分、基本制度等作出了清晰的规定。虽然分则中有部分章是围绕环境要素进行的设置,但这并不妨碍其呈现过程主导为主线编纂法典的整体特征。研读条款可知,尽管该示范法典分则部分的第十五、十六、十七、十八、二十二、二十三、二十四等7章是针对特定环境要素作出的规范,但就内容而言,这些章中的绝大多数条款,都是关于行为主体的义务之规定。例如,第十五章(第68－74条)中,有5个条款是对监管主体和利用主体合理使用和保护土地资源义务的规定。由此分析可见,上述各章在内容上以环保义务设定为主,而非围绕具体环境要素展开的全方位规范,从逻辑上看其实是对总则部分第七、八、九、十章的延续。依此可以判断,《独联体生态示范法典》表现出较为明显的过程主导特征,可将其划为过程主导型环境法典。

(二)要素主导模式

要素主导模式,是指环境法典的整体篇章设置,并不遵循“事前、事中、事后”的治理理论逻辑(例如,《瑞典环境法典》所采用的事先设定义、事中监管、事后救济的实然法实践逻辑从理论上就可以作此种概括抽象),而是主要围绕某一个或某一类环境要素展开,章节的内容主要针对具体要素的管理或保护活动展开。这种模式与过程主导模式有着较显著和直观的区别。目前,采用要素主导的环境法典编纂结构模式的主要代表有《法国环境法典》《哥伦比亚可再生自然资源和环境保护法典》等。

1. 围绕环境要素展开的《法国环境法典》

法国深受法典化文化的影响,是法典化运动的“急先锋”。《法国民法典》的不朽功绩,为法国烙下了深刻的法典化基因,也催动着环境法领域的法典化进程。法国环境法领域的法典化工作包括对法律的编纂和对行政法规的编纂,它们分别构成法典的立法部分和行政法规部分,立法和行政法规并行编纂也构成了该国环境法典体例的独特风景。法国环境法典立法部分于2000年获得通过,2007年行政法规部分最后提交审议的一卷获得通过,标志着法国环境法典化工作的基本完成。[①] 区别于瑞典的实质编纂路径,在编纂路径的选择上,法国选择了形式编纂道路,这决定了《法国环境法典》实际上是本国环境保护相关法律法规的“高级汇编”,重点并不在制度层面的实质创新。

作为一部形式编纂的法典,《法国环境法典》的规模宏大、内容丰富,其采用了“卷—编—章—节—分节—条”的条文组织形式。该法典共设七卷,分别为第一卷“共同规定”,第二卷“自然环境”,第三卷“自然空间”,第四卷“自然遗产”,第五卷“污染、风险和损害的预防”,第六卷“适用于新喀里多尼亚、法属波利尼西亚、瓦利斯和富图纳、法属南方和南极洲领地和马约特岛的规定”,第七卷“南极环境保护”等。[②] 实际上,仅从“卷”的设置上就能基本判断《法国环境法典》的结构模式为要素主导模式。这是因为,该法典除第一卷外,其第二卷、第三卷、第四卷、第五卷、第七卷皆主要围绕具体的环境要素或对象展开。例如,第二卷自然环境又下设两编,分别为“水、水环境与海洋环境”和“空气与大气层”。其中,第一编中包含9章,分别为“一般制度与资源管理”“规划”“行政与财政机构”“活动设施与用途”“非公有河流的相关规定”“检查与处罚的相关规定”“国防”“对海洋水域与海上航道的特别规定”“海洋环境与政策”等;第二编也包含9章,依次为“空气质量监测与公共宣传”“规划”“应急措施”“国家预防空气污染和合理利用能源的技术措施”“财政与税收规定”“检查与处罚”“放射性物质造成污染的特别规定”“其他规定”“温室效应”等。由此示例可见,该法典第二卷事实上就涉及水、空气的环境要素进行了全面的规定,其展开的逻辑为所有与核心环境要素相涉的内容尽纳入无余。再如,该法典第五卷“污染、风险和损害的预防”,虽在名称上无法判断其主导环境要素,但从其下设编、章中能够直接得出判断其所采的要素主导的结构设计思路。该法典第五卷下设9编,分别为第一编“环保分类设施”、第二编“化学品、生物灭杀剂与纳米材料”、第三编“转

① 参见莫菲:《法国环境法典化的历程及启示》,载《中国人大》2018年第3期。

② 参见《法国环境法典(第一至三卷)》,莫菲等译,法律出版社2018年版,译者序第2-5页。

基因生物”、第四编“废弃物”、第五编“关于某些工程或设施的特别规定”、第六编“自然风险预防”、第七编“噪声污染预防”、第八编“生活环境保护”、第九编“核安保与基础核设施”。笔者从学理上判断,《法国环境法典》的第五卷实际上也是围绕着具体要素所展开的,其余几卷的情况基本相同,这里不再一一列举。

此外,分析《法国环境法典》结构设置可见,环境要素主导模式法典有一个显著特点:主体义务、监管机制、法律责任等基本内容在各个环境要素部分皆分别予以规定,而未设立专篇(章)就这类议题进行集中规定。例如,《法国环境法典》第二卷、第三卷、第四卷及第五卷中,皆有保护特定环境要素的行政责任、刑事责任规定以及相应的程序条款。在第二卷“自然环境”中,针对河流污染和海洋污染行为,分别在第一编的第六章和第八章中作了具体规定;在第三卷“自然空间”的第三编“公园和保护区”中,第一章“国家公园”和第二章“自然保护区”中分别规定了具体的刑事责任及追责程序;在第四卷“自然遗产”中,则针对自然遗产的保护与监测、狩猎活动、淡水渔业资源等分别规定了相应的行政及刑事责任;而在第五卷“污染、风险和损害的预防”中,分别对化学品、转基因生物、废弃物、放射性物质等特定要素的使用管理作了特殊责任规定。综上可见,《法国环境法典》是一部典型的以环境要素为主导,围绕特定环境要素展开形式编纂的环境法典。

2. 环境要素主导的《哥伦比亚可再生自然资源和环境保护法典》

《哥伦比亚可再生自然资源和环境保护法典》(以下简称《哥伦比亚环境法典》)施行于 1974 年 12 月。值得一提的是,该法典诞生之初所关注的并非纯粹意义上的环境问题,还包括可再生资源的保护问题,这是因为该法典颁布时环境保护事业在该地区尚未真正进入蓬勃发展阶段。但这并不妨碍我们将其作为一部环境法典进行学理研究。

总体上分析,《哥伦比亚环境法典》采用了“卷—部分—章—节—条”的结构安排,虽未明确采用常见的“总—分”体例,但从第一卷的内容来判断,其相当于一般意义上的总则。《哥伦比亚环境法典》共分两卷。第一卷为“关于环境”,下设四个部分:第一部分为“环境政策的定义及一般规定”,主要规定了属于环境污染的状况类型以及保护环境和自然资源的基本要求等;第二部分为“有国际影响的环境问题”,主要规定了对跨国环境问题秉持的基本立场;第三部分为“环境政策的发展途径”,共 8

章,主要规定了一些环境保护中的提倡、鼓励及保障政策;第四部分为“与非自然资源类要素相关的环境保护规则”,共5章,主要对有毒化学品、噪声、固体废物、健康风险防控等进行了规定。第二卷为“关于可再生自然资源的权属、使用及环境影响”,下设的几个部分分别围绕大气、河流、海洋、陆生动植物、水生生物等自然环境要素展开规定。

由上可见,就环境法典编纂结构所采模式而言,《哥伦比亚环境法典》与《法国环境法典》类似,其并不侧重实质上的环境治理体系整合,而是通过一种力求穷尽列举的方式,将可能涉及的环境要素分别进行较为完整的规定,最终构成一部形式相对完整的环境法典。另外,与《法国环境法典》相同,《哥伦比亚环境法典》也在责任上采用了分别规定的方式,该法典未设专门的责任部分。例如,该法典第二卷第三部分就针对非海洋水域的保护系统规定了法律责任。由此可以判断,《哥伦比亚环境法典》的编纂结构采用了环境要素主导模式。

3. 环境要素贯穿的《菲律宾环境法典》及法典群

菲律宾于1972年颁布施行了环境法典。但是,菲律宾国内除环境法典外,还有一系列通过总统令、共和国法案、最高法院决定等形式颁布实行的法律法规,它们共同构成了菲律宾的环境法体系,包括《菲律宾森林改革法典》《菲律宾卫生法典》《菲律宾水法典》《菲律宾渔业法典》等。①这种多部环境领域或相关领域的法典并行的特征,也呈现要素主导的设计思路。

《菲律宾环境法典》共7个部分,采取的是“编—章—条”的体例。《菲律宾环境法典》七编分别为:第一编“空气质量管理”,该部分包括空气质管理的标准、监管执法与监测;第二编为“水质量管理”,主要内容为水体分类及水质标准、对水质保护与提升的义务要求;第三编为“土地使用管理”,主要内容包括土地管理的目的、国家土地使用计划、工业选址等;第四编为“自然资源管理与保护”,该部分所涉要素较多,包括渔业与水产资源、野生动物、林业与土壤资源、洪水管控与自然灾害、能源开发、地表水保护与利用、矿产资源;第五编为“废物管理”,内容包括废物管理的政府责任,固体与液态废物的处置方法;第六编为“其他条款”,通过列举的方式规定了人口与环境平衡、环境教育、环境研究、国外环境信息的

---

① 参见《菲律宾环境保护法典》,岳小花译,法律出版社2020年版,目录第1-4页。

监控与传播、税收激励、财务补助与补贴、地方政府单位和私人个体的参与、历史与文化资源和遗产的保护、履行环境保护功能的政府机构、公共听证、术语解释等方面的内容;第七编为"最后条款",相当于附则,主要规定了"条款的可分性"和"生效"问题。①

分析可见,《菲律宾环境法典》的结构呈现明显的要素主导特征,且这种特征较《法国环境法典》和《哥伦比亚环境法典》更加直观。在《菲律宾环境法典》中,除第六编的部分内容外,第一编至第五编皆围绕具体环境要素展开,环境要素主导贯穿了法典始终,与过程主导型法典存在显著差异。

(三)混合结构模式

混合模式,其实是指环境法典在编章结构的设置上,既采取了环境治理的过程视角,也兼顾了对重要环境要素的调整。通常情况下,这一环境法典编纂结构模式还显现以环境治理过程为主、辅以对主要环境要素的列举倾向。必须指出,这三种模式其实并非泾渭分明,这里的划分更多是从某一特征的凸显程度所作的综合判定。《意大利环境法典》、《德国环境法典》(专家委员会草案)等属于较具代表性的混合结构模式环境法典。

1. 融环境要素于"预防—监督—救济"过程的《意大利环境法典》

截至目前,意大利环境法的法典化并未完成,仍处于修改完善过程中。该法典的意大利原文可直译为"有关环境的法律规范",但是民间和学术界习惯称其为"法典",为了方便表述,本书也采用"法典"称谓。尽管意大利的环境法典尚未编纂完成,但其目前的结构框架已经较为完整,同样具备研究价值。②

从可见的中译本分析,《意大利环境法典》采用"部分—编—章—条"的四级条文编纂方式。该法典本共分 6 个部分,分别为:第一部分"一般规定和基本原则",第二部分"战略环境评价、环境影响评价、环境综合许可的程序",第三部分"土壤保护、抗沙漠化、水污染防治和水资源管理的

---

① 参见吕忠梅总主编:《菲律宾环境保护法典》,法律出版社 2020 年版,第 1 - 37 页。

② 参见李钧:《一步之遥:意大利环境"法规"与"法典"的距离》,载《中国人大》2018 年第 1 期。

规定”,第四部分“废弃物管理和污染场所改造的规定”,第五部分“空气保护和大气减排的规定”,第六部分“环境损害赔偿的规定”。[①] 从第一级结构可以看出,尽管编纂尚未完成,但《意大利环境法典》的综合程度已相当高,在结构设置上不仅体现了环境治理的前中后环节,同时也兼顾了主要的环境要素。其中,第一部分、第二部分和第六部分结合体现了“预防—监督—救济”的完整过程,第三部分、第四部分、第五部分则分别围绕一类环境要素展开。从各部分所占比例来看,过程部分和要素部分基本相当,表现出了混合模式的一些特征。

2. 过程主导的总则统领要素编分则之“德国环境法典草案”

德国也具有浓厚的法典化传统,但与法国不同的是,德国环境法的法典化进程并不顺利。德国历经了两次环境法典编纂运动,但均以失败告终。德国环境法典编纂失败的原因是多方面的,有学者将失败原因总结为以下几点:政府部门的利益考虑、联邦与州权力的竞争、法典化理念与多元化民主的冲突、欧盟法强化对法典化意义的不断削弱、不同政治志愿造成的压力等。[②] 德国在这两次编纂过程中共公布了4个版本的草案,包括1994年的“教授草案”、1997年的“专家委员会草案”、1999年的“工作草案”以及2009年的“立法草案”。[③] 在这几部草案中,“专家委员会草案”具有代表性,它超越了众多现行有效规定,较另外几部草案有许多实质创新,同时也是后续政府草案的核心基础。[④] 因此,本书以“专家委员会草案”为例分析德国环境法典编纂中的编章结构特征。

《德国环境法典》(专家委员会草案)分为总则和分则两部分,每个部分下均为“章—节—条”结构布置。总则部分共8章,主要为:第一章“一般规定”,下设8节,主要规定了法典的目的、基本原则、法律法规的制定、产品责任、监管措施、市场调控机制、环境信息、跨境环境保护等内容;第二章“规划”,下设3节,主要规定了环境规划及其影响评价;第三章“项目”,下设6节,主要规定了各种建设项目的行政许可取得及其环境影响评价;第四章“产品”,下设4节,主要规定了产品在生产、销售、使用

---

① 参见《意大利环境法典》,李钧、李修琼、蔡洁译,法律出版社2021年版,第1-2页。

② 参见沈百鑫:《德国环境法法典化的核心问题和受挫原因及对我国的启示》,载吕忠梅主编:《环境资源法论丛》(第11卷),法律出版社2019年版。

③ 参见施理:《德国环境法法典化立法实践及启示》,载《德国研究》2020年第4期。

④ 参见沈百鑫:《两次受挫中前进的德国环境法典编纂》,载《中国人大》2018年第5期。

过程中应遵守的义务规定;第五章“干预措施和监控”,下设3节,主要区分了需要经行政许可的活动以及主要的监测方式;第六章“企业环境保护、环境责任和其他经济手段”,下设3节,详细规定了企业经营中的环境义务;第七章“环境信息”,下设4节,主要规定了环境信息的范围、主管部门及其获取方式;第八章为“跨国环境保护”,下设5节,主要规定了跨境环境保护的一些常见问题。分析可见,该法典草案总则结构编排整体上折射了“义务设定—监管引导—参与合作”的过程思维。

在分则部分,《德国环境法典》(专家委员会草案)共设置9章,对多种具体环境要素进行了规定,依次为:第九章“自然保护、景观养护和森林保护”,第十章“土壤保护”,第十一章“水体保护”,第十二章“污染防治和能源供给”,第十三章“核能和辐射防护”,第十四章“交通设施和管线设施”,第十五章“基因技术和其他生物技术”,第十六章“危险物质”,第十七章“废物管理”。前述列举已经揭示,该法典草案分则结构设计明显采用了环境要素主导的模式。

《德国环境法典》(专家委员会草案)总则并未以专门部分或专章规定法律责任,笔者猜测原因之一可能是,总则部分的规定抽象性更强。例如,法典总则中的第七章对环境信息的形成、获取作了一般规定,在分则第十章“土壤保护”中,则专门规定了可能引起土壤污染的事项报告义务,以及建立专门土壤信息系统的要求。简单比较条文篇幅可知,《德国环境法典》(专家委员会草案)分则部分从第245条至第775条,篇幅占据了整部法典的70%左右。但即便是篇幅占比较大的分则部分,其在内容上仍处于总则部分的统领之下。综合分析,笔者认为,可将《德国环境法典》(专家委员会草案)划归为混合模式。

但需要指出,《德国环境法典》(专家委员会草案)并未涉及法律责任的专门部分或专章。行政责任主要采用分散规定的方式,如总则部分的第一、四、五、六、八章均设有“行政违法”专节;分则部分的第十、十二、十三、十六章设有“行政违法”专节,而第十四章所分设的“交通设施”和“管线设施”两节中仅后者设有“行政违法”专门的小节。而民事责任的规定在该法典草案中涉及不多,较为集中的是第十三章在“行政违法”专节前专设了第四节“责任和担保准备金”,相对详细集中地规定了损害赔偿责任的实体和程序规范。相较于法律责任在总则专章或在总则、分则后列专门部分规定的方案,《德国环境法典》(专家委员会草案)的法律责任设计似乎“干扰了”该法典形成完备的过程主导,降低了法律责任机制对于全过程环境治理格局形成的威慑和引导作用的发挥。这一点足以提醒我们,未来环境法典编纂结构设计时对此应加强相应的专题研究。

3. 过程为主、要素为辅的“柬埔寨环境与自然资源法典草案”

与德国类似,柬埔寨的环境法典目前也未实施生效,仍处于草案阶段。相较本书所列的其他几部环境法典研究文本,《柬埔寨环境与自然资源法典》(草案)的一个特点在于,它是由国际专家主导形成的,带有较强的理想化色彩。尽管如此,《柬埔寨环境与自然资源法典》(草案)仍有许多先进思想和理念值得我们深入研究借鉴。

《柬埔寨环境与自然资源法典》(草案)同样采取了“总—分”体例,并采用“卷—编—章—条”四级条文编写方式。草案共10卷,分别为:第一卷“总则”,第二卷“环境评价与监测”,第三卷“环境管理和可持续发展机制”,第四卷“自然资源的可持续管理”,第五卷“文化和自然遗产的保护与管理”,第六卷“废物和污染管理”,第七卷“环境教育、研究与意识”,第八卷“经济措施、账目、费用及环境资金”,第九卷“环境与自然资源控诉解决程序”,第十卷“法律责任”。纵观其整体结构,该法典草案同样遵循了以环境治理过程为主线的核心逻辑。其中,第一、二、三卷分别规定了环境治理中参与主体的义务及环境治理过程中的前置环节;第七、八、九、十卷则主要围绕环境治理的保障机制和纠纷解决、责任追究机制进行相对完整的规定。在这几卷之外,第四、五、六卷则主要围绕环境要素展开,分别针对特定类别的环境要素作了更为具体的规定。结合各部分的具体内容予以分析,笔者认为,《柬埔寨环境与自然资源法典》(草案)所采编纂结构属于过程导向为主、要素导向为辅的混合模式。

二、境外环境法典编纂结构对我国的启示

通过上文对9部环境法典研究文本的比较分析可以发现,无论采取何种环境法典编纂结构模式,环境法典结构的组成单元皆或多或少地涉及环境治理过程或环境要素。如何正视这一环境法典编纂结构设计的共性规律,在我国环境法典结构设计方案中既充分又合理地考量环境治理过程和环境要素的影响,下文尝试探讨之。

(一)采取"总—分"体例下的混合结构模式

通过分析上述9部环境法典研究文本的编纂体例可见,无论环境法典的体系是否庞大,内容是否丰富,采取"总—分"的体例架构是较为通行的做法,即从内容上看法典应当具有总则部分和分则部分。

总则中应主要包括三部分内容。第一种是统领性内容,即具有提纲挈领意义及宣示价值,必须在总则中规定的内容,包括立法目的、基本概念、适用范围、基本原则、基本国策等。第二种是具有抽象和普遍适用的基本制度,如环评制度、环境标准制度、监测制度、规划制度等。第三种一般则是既不属于上述两种范畴但是又无法在分则中规定的内容,比如涉及跨国环境问题的处理。

笔者建议,在采取"总—分"体例的基础上,我国环境法典的结构应选择上文所提到的混合结构模式。这是因为混合结构模式更符合我国的环境立法习惯和传统,最典型的表现莫过于我国《环境保护法》的结构设计。以2014年修订的《环境保护法》为例,其从第一章至第六章的编排设计,完整阐释了环境治理的三个环节:第一章、第三章为各方参与主体设定了相关义务,第二章、第四章、第五章规定了数种基本的监管手段,第六章则集中就法律责任进行了规定。同时,第四章还以污染防治为主线,集合了多种环境要素。事实上,我国1989年《环境保护法》也体现了这种结构逻辑。而1979年《环境保护法(试行)》虽受时代局限,但已具备混合模式的雏形,其"总则""保护自然环境""防治污染和其他公害""环境保护机构和职责""奖励和惩罚"的章节编排,大致符合混合模式的主要特征。由此说明,混合结构模式符合我国环境立法的习惯。

此外,采取混合结构也更有助于实现适度法典化的目标。在适度法典化目标的指引下,依照"事前预防→事中管控→事后救济"的逻辑顺序,对以具体要素为核心的污染防治法、自然资源法和生态保护法等单行立法进行整合编纂与类型化编排,有助于实现预防、管控、救济法律规范之间的综合协调。① 同时,采用混合结构模式也能够使环境法典体系更具开放性,即在环境保护科技实践不发生颠覆性改变的前提下,在最大限

① 参见于文轩、牟桐:《生态文明语境下环境法典的理性基础与法技术构造》,载《湖南师范大学社会科学学报》2020年第6期。

度地保证法典的稳定性的同时使法典具有一定程度的灵活性和开放性。[①]

（二）以更高层次的“核心要素”抽象并贯通分则编

正如吕忠梅教授所指出，“环境法典不可能全面地抛弃按不同环境要素进行管制的立法方法，但它至少能够克服环境法的分散现象，使环境管制从分散走向协调一致”[②]。在确定混合结构模式后面对的首要问题就是，分则编设置应如何确定主导环境要素。笔者所在的吕忠梅教授团队所提的环境法典结构设计方案采用了以污染防治、生态保护、低碳发展三个更高层次的“要素”统筹整合环境要素、生态要素、能源要素，甚至经济社会发展要素的编章结构设计，即赋予未来的环境法典兼顾人的可持续发展、生态（环境）的可持续发展、经济社会的可持续发展的功能。

环境法作为领域法，其既需要处理与传统部门法之间的关系以“消解与不同部门法规范之间的效力冲突”[③]，也需要妥善安排领域内部各具体要素之间的关系。鉴于针对具体要素进行分别立法的模式已被实践证明难以为继，必须把握住编纂环境法典的契机，改良分要素立法模式，形成法典内部的领域法应对。对此，结合境外环境法典编纂的有益经验，从污染防治、生态保护等核心领域进行整合，改变分别立法所造成的要素割裂问题，以实现对特定领域活动的综合规制，是一条可行的路径。同时需要注意的是，分则部分各编的内容设置都应尽量遵循互不相容、穷尽母项和同一划分标准的规则要求。即各编应在现有立法基础上，将同一类子项所涵盖的内容周延地纳入各编之中，以避免出现子项不穷尽的问题；同时各编的划分以及各编内部章节的划分应采用同一划分标准，避免出现逻辑不通畅的问题。[④] 展开而言：

首先，经过多年的环境法治实践积累，污染控制和自然生态保护已然

---

① 参见周骁然：《体系化与科学化：环境法法典化目的的二元塑造》，载《法制与社会发展》2020年第6期。

② 吕忠梅、窦海阳：《民法典“绿色化”与环境法典的调适》，载《中外法学》2018年第4期。

③ 刘剑文：《论领域法学：一种立足新兴交叉领域的法学研究范式》，载《政法论丛》2016年第5期。

④ 参见朱炳成：《形式理性关照下我国环境法典的结构设计》，载《甘肃社会科学》2020年第1期。

成为我国环境法体系中传统意义上的核心内容,应当整合现有污染控制和自然生态保护相关的单行法,以形成污染控制编和自然生态保护编。污染控制编可整合的法律包括《环境保护法》中关于污染防治的内容,《大气污染防治法》《水污染防治法》《土壤污染防治法》《固体废物污染环境防治法》《环境噪声污染防治法》等。自然生态保护编可整合的单行法包括《野生动物保护法》《生物安全法》《水土保持法》《防沙治沙法》等。另外需要注意的是,并非所有的污染控制和自然生态保护单行法都适宜纳入环境法典。例如,核污染虽与环境保护密切相关,但是对核能的利用集中度高、需要考虑的因素远不限于环境,能源安全、社会安全乃至损害赔偿等都需要统一考虑,其污染防治也不同于普通的污染防治,因此不宜纳入环境法典的污染控制编。①

其次,对于既涉及环境保护又涉及自然资源管理的单行法,如《水法》(2016 年修正)、《草原法》(2021 年修正)、《森林法》(2019 年修订)等,可选择性地将特定内容纳入环境法典。在环境法典编纂中必须要妥善"圈定"环境法典的调整范围。就我国当前实际而言,未来的环境法典短期内仍应以污染防治法与自然生态保护法为核心和基础,而自然资源法、能源法等除了在资源开发与利用方面具有环境保护的价值向度之外,更多的价值在于资源与能源开发秩序的法律建构,自然资源法与能源法中污染防治与自然生态保护的法律措施,在本质上属于污染防治法与自然生态保护法的相应措施在产业或行业专门性法律中的运用。因此,在进行分则编内容划定与结构设计时,暂不宜将纯粹自然资源和能源开发利用的内容纳入环境法典。尤其是《煤炭法》(2016 年修正)、石油法、《渔业法》(2013 年修正)等具有显著的行业特征和产业特征的单行立法,不宜编入环境法典。② 但环境法典化过程须同步解决环境法典与未纳入法典的自然资源、能源开发利用领域单行法律之间的适用技术,以为法典化实践提供必要法律技术储备。

最后,为了体现法典的时代性,还必须对国家长期战略有所回应。例如,环境法典应对碳中和、碳达峰战略有所关注。因此,笔者赞同吕忠梅

---

① 参见刘长兴:《论环境法法典化的边界》,载《甘肃社会科学》2020 年第 1 期。

② 参见焦艳鹏:《环境法典编纂与中国特色社会主义法律体系的完善》,载《湖南师范大学社会科学学报》2020 年第 6 期。

教授所提出的,在污染控制编、自然生态保护编之外,将这两部分无法涵盖但又属于环境保护领域的绿色低碳发展的内容纳入未来环境法典,并单独成编。这一编所涉及的现有单行法主要包括《可再生能源法》《循环经济促进法》《清洁生产促进法》等。

需要注意的是,围绕着特定要素进行分则编的设置并不意味着要排斥环境单行法律、法规以及规章。相反,在适度法典化的目标下,未来会有相当程度的环境保护单行立法继续生效发挥作用。采用这一立法思路的主要原因包括:其一,我国在环境保护的诸多局部领域还存在薄弱、粗糙甚至空白的现象,单行法更有试错能力,适用效果更为有效,在局部领域仍有相当大的作用空间;其二,有些与环境法相关联但又超出环境法"射程"的单行法,像核安全立法、防灾减灾法等,不可能纳入环境法典。因此,如果在现阶段制定环境法典,在环境法典之外适度保留环境单行法,可以对"适度"的环境法典起到补充、完善和具体化功能,在实际运行中使环境法典的功能得到充分有效的发挥。①

(三)以生态环境责任单独成编补缺法典完整架构

前述两小部分主要从环境法典编纂的结构模式角度,讨论了我国环境法典总则和分则的设置方法及内容范围。需要注意的是,在混合结构模式中,环境治理过程是占据主导地位的,这也就意味着环境治理过程思维应当完整体现于环境法典的结构设计之中,其中以责任追究威慑引导行为人调整行为方式的环节必不可少。事实上,离开法律责任的威慑与引导则无从谈法治,环境法典也不例外。笔者认为,为了体现环境治理过程的完整,应在我国未来环境法典中设置单独的法律责任编,并可采用"生态环境责任"的编名。

具体而言,基于我国当前环境保护实践判断,未来环境法典中的法律责任应涵盖针对私益损害救济的环境侵权责任,针对生态、环境本身损害救济的生态环境修复责任,以及公法层面的环境刑事责任和环境行政责任。除环境行政责任和刑事责任外,其他类型的环境法律责任其实是对基本规则的具体适用,完全可以将基本规则提炼凝结成单独的章、节。这

---

① 参见吕忠梅、窦海阳:《民法典"绿色化"与环境法典的调适》,载《中外法学》2018年第4期。

不仅符合我国的立法习惯,从理论上来看,也是一种较为科学的选择。就行政法律责任而言,其中既存在一些共通规定,如环境行政处罚的实施机关、管辖规则、基本程序、救济途径等,也存在污染防治、生态保护等领域的特别适用,且这部分内容分散在《环境保护法》《水污染防治法》《大气污染防治法》《野生动物保护法》等单行法中,在法典编纂过程中必须考虑上述单行法被吸收后责任规定的处置问题。对此笔者认为,可将基础性的共通条款规定在"生态环境责任"部分中,根据基础规则的内容设置"环境行政处罚""环境行政处分""环境行政处罚的救济"三个部分;而关于污染控制、自然生态保护、绿色低碳发展等领域的具体行政责任,应在前述"污染控制""自然生态保护""绿色低碳发展"部分进行规定。另外,就刑事责任而言,"环境法典与刑法的协调须考虑刑事法律机制的特殊性。在我国的刑法典单轨立法模式下,环境相关犯罪都规定在刑法典及其修正案中,环境立法至多作引致性规定。"①也就是说,考虑到刑事立法的传统,环境刑事责任及其追究程序恐难以突出惯例,无法在环境法典中过多规定,仅作引致性规定即可。

此外还需注意,程序性规范和实体性规范同样重要,都是一部完整的法典应有的内容,在法典中规定纠纷解决和责任追究机制也是一种通行的做法。② 就我国而言,将纠纷解决和责任追究程序纳入责任部分是必须的。这是因为,我国环境保护中的纠纷解决与责任追究程序相较一般程序而言具有特殊性,这种特殊性决定了该部分内容应在环境法典中有

---

① 刘长兴:《论环境法法典化的边界》,载《甘肃社会科学》2020 年第 1 期。

② 例如,《瑞典环境法典》在第四编中围绕诉讼程序专门设置了第二十章"法庭"、第二十一章"环境法庭的案件"、第二十二章"环境法庭对申请案件使用的程序"、第二十三章"环境上诉法庭和最高法院的诉讼程序"、第二十五章"诉讼费用和其他类似费用"等,参见《瑞典环境法典》,竺效等译,法律出版社 2018 年版,第 93 - 120 页。《哈萨克斯坦共和国生态法典》专门围绕纠纷解决设置了第九编"生态违法责任和生态纠纷解决机制"。《意大利环境法典》在第六部分"环境损害赔偿的规定"中的第三章"环境损害赔偿"中,就纠纷解决的诉讼程序进行了规定,参见《意大利环境法典》,李钧等译,法律出版社 2021 年版,第 418 - 421 页。《柬埔寨环境与自然资源法典》(草案)中围绕纠纷解决机制设置了第九卷"环境与自然资源控诉解决程序"。上述几部法典都对纠纷解决方式进行了集中规定,《法国环境法典》从结构上看虽为要素主导型,但是针对具体要素的管理与保护也规定了纠纷解决和责任追究的内容,如其《法国环境法典》第二卷、第三卷、第四卷及第五卷中,皆有围绕行政责任、刑事责任追究的程序条款,参见《法国环境法典(第一至三卷)》,莫菲等译,法律出版社 2018 年版,第 200 - 203、30 - 310 页;《法国环境法典(第四至七卷)》,莫菲等译,法律出版社 2018 年版,第 85 - 86、116、166 - 169 页。

所体现。另外,“从狭义上的程序规范来看,现有立法基本上能够满足环境法律纠纷程序性规范的需求”①。因此,环境法典编纂中无须考虑程序的创设,而应重点考虑转致条款的设计,以处理好实体条款与程序条款之间的衔接问题。

① 王灿发、陈世寅:《中国环境法法典化的证成与构想》,载《中国人民大学学报》2019 年第 2 期。

1.7 环境法典编纂基本原理中的焦点问题

1.7.1 环境法典编纂方法论*

环境法法典化已经成为当下环境法学界关注的热点问题。建立何种意义上的“立法方法论”，为环境法典编纂提供方法指引，是环境法典编纂中的一项重要的基础理论准备工作。目前，除少数学者有专文探讨外，鲜见有关于环境法典编纂方法论的系统研究成果。下面从五个方面论述环境法典编纂需要注意的问题。

第一，运用法教义学方法实现环境法典编纂的形式理性要求。环境法法典化最为重要的目标之一，就是对环境法律规范按照一定的内在逻辑进行系统化。建构符合形式理性要求的环境法体系，是环境法典编纂的首要使命。那么，通过何种方法实现环境法律规范的体系化？毫无疑问，法教义学方法应当是最主要的方法。通过法教义学方法，完成环境法律体系化与环境法律解释的任务，一方面，对现有繁杂、分散、失范的环境法律规范进行体系整合；另一方面，建立环境法律的解释和适用规范，以克服法典“有限理性”的局限和一经编纂即具有滞后性的问题。

第二，运用可以实现实质理性要求的价值判断方法。环境法律规范体系必须对社会发展变化保持一定的开放性。在环境法典编纂过程中，既要基于对环境法律实践和法条进行大量充分的实证研究，还要在实证的基础上进行价值规范的思考和权衡，对不同价值之间的逻辑关系作出判断，对相互冲突的价值进行权衡和取舍。环境法典编纂应当以可持续发展为根本价值取向，以生态秩序、生态安全、环境公平、公益保障为基本价值目标，以多元主体有效互动与多重利益合理分配为根本保障，在立法

---

* 史玉成，甘肃政法大学环境法学院教授。本部分根据作者在《生态环境法典专家建议稿（草案）》基础理论和总则编专题研讨会（2022 年 1 月 12 日，北京）上的发言整理而成。

技术上实现兼顾形式理性与实质理性的“适度法典化”目标。这一点在环境法学界已有基本共识。

第三,运用实现人与自然和谐发展的系统论方法。环境法律规范不仅关涉人类社会的发展,对人类社会的秩序、正义等价值实现具有促进作用,而且还有利于实现人与自然之间的和谐发展。这一终极目的决定了环境法典编纂应当采用系统论方法。系统论方法比传统的法典编纂方法更进一步,在处理人与自然的关系方面,遵循“山水林田湖草沙”是一个生命共同体的理念,将人与自然进行了有机统合,有利于形成一个尊重自然、顺应自然和人与自然和谐发展的“共同体社会”。在规范人的行为方面,最大限度地将“保护”和“利用”两类立法有效融合起来,把环境的生态价值和经济价值有效统合起来。在整合环境监管体制方面,改变多头立法体制所带来的公共权力部门化、部门权力法定化现象,实现环境监管权力的均衡配置和协调运行。

第四,构建环境法法权谱系的法权化方法。童之伟教授早些年提出“法权中心学说”,试图平衡权利和权力的矛盾性,达到更高层面的抽象化和统一。笔者曾借鉴这一概念,尝试性提出“环境法的法权结构理论”,以促进环境利益的共生和增进为目的,建立“环境权利—环境权力统一体”,即环境法的法权结构,确立公民环境权的实定权利地位,平衡环境私权利与公权力的关系,构建一个高度一体化的、衡平的环境法法权谱系。环境法典编纂的过程中,应当注意体现和平衡各类因环境规制不断生发而成的全新的“环境私权”和“环境公权”,建立环境私权和环境公权的具体权利/权力谱系,促进环境法由命令控制法向利益衡平法的转型。

第五,使用立足功能主义的比较法学方法。自20世纪90年代以来,以法国、瑞典和德国为代表的一些大陆法系国家开展了一系列环境法典编纂活动,其中法国、瑞典的环境法典编纂已取得成功。一些发展中国家,如菲律宾、多哥、布基纳法索等,环境法典编纂也已提上立法议程并付诸实践,这些为我国环境法典编纂提供了有益的借鉴。一方面,要坚持功能主义,不同的法律制度,只要它们要解决相同的事实问题,即适应相同的法律需要,就是可比较的。另一方面,任何制度都是在一定的制度脉络中发挥功能的,在运用比较法学方法时,还需要把不同国家的环境法律体系架构和制度放在不同的制度背景和社会结构中进行分析,辨析它们的异同,做出比较和取舍。

1.7.2　环境法典编纂中环境法律规范的分类*

法典编纂要先从法律关系调整的整体角度考虑,然后再构建具体法律规范。其中环境法律规范与民法等其他部门法规范不同,比如环境法规范无法沿用传统分类方法,以往的确定性规范与非确定性规范、权利性规范与义务性规范等分类无法概括环境法规范的全部。如果环境法规范的类型化能够形成一个完整系统,那么环境法典编纂就比较容易了。《民法典》涵盖了物权、债权、人格权、婚姻家庭等编,每一编调整方法都不同而且也没有共同的制度。但是环境法不同,如许可制度穿插在排污许可、自然资源开采许可等部分,那么在不同编章中应该如何体现其调整方法? 若是每个部分的调整方法有所重复,这也是和民法典相比存在的不同之处。所以对于法律规范而言,能够正确分类,而且针对不同的调整对象建立各自的规范,对于环境法典编纂格外重要。对于法律规范的分类,笔者在教学过程中发现传统的法律规范分类无法完全适应环境法,所以在 1997 年年初出版的《环境法学教程》里专门写了一节“环境法规范”,其中包括综合性规范和具体性规范,当然没有提出吕忠梅教授认为的裁判性规范,至于裁判性规范能不能成为环境法当中专门的一类规范,后续可以继续探讨。

1.7.3　环境法典编纂的国外经验借鉴**

环境法体系化已经成为所有国家在环境法典编纂中的一个共同目标。在这个目标指引下,域外环境法典编纂采取了不同的路径选择,我们需要对此进行分析借鉴。以下分三方面对国外的环境法典编纂经验进行论述。

第一,环境法律体系化已经成为各国环境立法共同追求的目标。环

---

* 王灿发,中国政法大学民商经济法学院教授。本部分根据作者在《生态环境法典专家建议稿(草案)》绿色低碳发展编专题研讨会(2022 年 4 月 17 日,北京)上的发言整理而成。

** 刘洪岩,中国社会科学院法学研究所研究员。本部分根据作者在《生态环境法典专家建议稿(草案)》基础理论和总则编专题研讨会(2022 年 1 月 12 日,北京)上的发言整理而成。

境法律体系化的概念源于法典化。法典编纂模式已经成为实现和推动环境法律体化的最佳路径,英美法系、大陆法系国家均开始关注法典化或者法典编纂这种模式。需要明确的是,法典化不等于法典编纂。英美法系国家学者对法典化的认识与大陆法系国家不同,其认为法典化是制定一部具有法律特征的法律,只要这个法律在相关领域能起到基础性、综合性的作用和调整功能,这就是一种法典化。比如美国的阿尔曼等学者提出英美法系国家也有法典化,与大陆法系不同之处在于其缺少大陆法系国家法典编纂的基本观念。基于这种认识,在借鉴国外法典编纂的过程中需要明确我国法典编纂的目标和需求。我国环境法典编纂是基于环境法律的体系化,具体而言,有两方面问题需要解决:其一,通过法典编纂使现有法律体系实现三方面突破,实现法律规范、制度体系和法治理念三个层面的提升;其二,打通现存的五个环境监管职能,改变条块分割、多龙治水的环境监管体系现状。

第二,域外环境法典编纂主要模式。其一,整体上的系统化模式。这类似于《法国环境法典》的汇编模式,即把同一位阶的法律进行整合,不同位阶的法律进行内部协调,同时外部协调其他法律规范。其二,制定一部调整范围尽可能广、法律规范尽可能缜密的环境法典。比如框架法,典型国家是韩国、南非等;再如没有法典名字却有法典意义的法律,如荷兰的《环境管理法》。其三,适度法典化,即制定一部法典,并使该法典与其他法典之间相协同。典型国家有俄罗斯、哈萨克斯坦。采用适度法典化模式,应当注意的是,法典制定之后还需解决附带性问题,比如环境法典本身的体系化问题,环境法典与其他环境法律制度、环境法外的其他法律之间的体系化问题。其四,通过完善相关行政立法,最终实现环境法律体系化。典型国家如爱沙尼亚。

第三,基于以上分析,关于我国要采取的适度化法典编纂模式,域外经验可以提供哪些值得借鉴之处。环境法典编纂的适度体系化目前已成为国内学界的共识,但同时应意识到,由于环境法律体系的体量之大,以及技术性规定之复杂,通过制定一部法典来彻底解决所有问题目前还不现实。因此,还要关注环境行政立法方面环境法律编纂的基础性作用。在经验借鉴中,应抛却只有以法典命名的才是法典的认知,在某些国家没有法典之名但是有法典之实,且后者实质上是普遍性存在的,应对此类实质法典予以关注。

另外,从目前的研究样本(德国、法国、俄罗斯、哈萨克斯坦、瑞典、意大利、爱沙尼亚、菲律宾、独联体)中国家或区域组织的立法经验来说,首先,法典编纂需要成熟的时机;其次,法典编纂的目标要非常清晰、明确,目标不能过于模糊,不能包罗万象,要进行简化,避免走德国的老路;再次,规制对象要非常清晰;复次,由于法典编纂可能会涉及一些职能部门、管理部门,可能存在社会相关利益方的调整和博弈问题,故对此应有充分的准备;最后,法典编纂应确定一个核心的价值指引,比如法国的环境法典更多地侧重于环境权的保护和公共参与,我国主要关注的则是经济可持续发展、民生等。此外,还要遵守宪法规定,避免出现违宪内容。

1.7.4　环境法典编纂的德国经验借鉴*

以下从“环境法是作为一个系统转型的源动力”的立场出发,就德国环境法典编纂经验的借鉴及可能创新进行论述。对此分成四个部分:第一部分是“为什么”要编纂环境法典,第二部分是“要不要”和“能不能”编纂,第三部分是“怎么样”编纂更为合适,第四部分是小结。

首先,回答“为什么”。可以从两个角度回答该问题,“问题导向”和“创新导向”。“问题导向”方面,主要涉及内容上的庞杂、末端治理,以及随着环境法快速发展,纵向制度法和横向领域法上不再匹配、制度上的补丁化等。此外从法源上讲,存在一定冲突,法源众多,在法律效力等级和不同部门间以及纵向制度条例和高位阶领域法之间,都存在这些问题。

在“创新导向”方面,其一,在社会转型和价值引导的维度上,环境法有价值框架体系的培育和重构,以及区域间和层级之间的一种价值体系沟通和传递甚至拉平的功能(这点非常关键,是环境法典编纂的价值基础)。其二,生态的法律化和法律的生态化问题。环境法不只是生态的法律化,还是对整个法律的一种生态化,体现在源头治理、全链条管理、产品环境责任,以及物质流管理这些方面的理念和制度上。其三,环保作为人类的第三次解放,是自“自由、平等、博爱”的 1789 年法国大革命的自由主义解放和 19 世纪和 20 世纪的社会解放以来的第三次解放——“生

---

* 沈百鑫,江苏省环境科学研究院副研究员。本部分根据作者在《生态环境法典专家建议稿(草案)》基础理论和总则编专题研讨会(2022 年 1 月 12 日,北京)上的发言整理。

态革命”。其四,环保是一种价值新发现的过程。近年来一直提到生态价值评估、环境损害评估,其实环境一直存在,一如既往地发生,过去和事先没有受到重视,只是自发生污染以后,才开始被逐渐重视。这些评估其实和社会的现实价值体系存在冲突,或者说是不等同的。在这种“创新导向”层面上,不管是对于环境治理的学科建设还是对国家新政策的支撑,都非常有意义。但这种“创新导向”,需要以长期知识积累下的一种深刻和全面的理解和科学精准适度的把控为基础,再进行创新。

“创新面向”的第二个方面是在行政法层面上。其一,环境法是行政法的一个实验室和国家治理的一个实验室。在国际竞争中,往往取决于实验室。(笔者认为这一点非常重要,环境法是行政法理论创新和国家治理的最前沿领域。)其二,现在很多行政法是任务导向的,此类行政法不仅适用法教义学方法,更需要用法社会学、法比较学、法与经济、法政策学方法不断地融入和创新。其三,关于法的时代性。一方面科技进步促进国家治理,同时法律的侧重点须从传统的开发扶持转到市场机制监管,再到严格的监管。(就像现在水治理中传统水利工作,不能再强调水资源开发,而应是在可持续发展理念下的多功能秩序构建。)随着科技和社会发展,法本身需要进行及时切换。其四,在制度的设计和塑造力上,现代环境法自带很强的制度设计性,即对社会的设计力和塑造力。(另外还有保障统一市场、法治统一、防治系统风险等,以及环境法本身的维度,此外不再展开。)

其次,从“要不要”上来讲。德国从 1976 年开始提出要进行环境法的系统化,到 2008 年(最近一次)再次受到挫折。德国的经历虽然呈现了一种比较曲折的受挫过程,但整体上也提供了很多经验:深层次上涉及核心如何进行一体化,包括环境法内部的综合和平衡,环境与资源间的一体化保护,政府、企业、公众间的参与和平衡。从欧盟层面来说,欧盟环境政策和欧盟环境法是现在国际环境政策和法律的“重镇”,虽然不被称为法典化,但其体系化过程对我国非常具有借鉴意义。《工业排放指令》和《欧盟水框架指令》,这些规定从内容和方式上都可为我国环境法发展提供一定借鉴,尤其自 2019 年欧盟由德国人冯德莱恩女士担任欧盟委员会主席后,在环境政策的塑造力方面,《绿色协议》之后的一系列政策(包括无毒环境、气候立法、从田园到餐桌、生物多样性战略、土壤保护战略),均非常具有塑造力和创新性。

关于“能不能”,可持续发展原则非常重要,是我国开展环境法典编纂的基础。但“什么是可持续发展”,笔者认为可分为四个维度。第一层“经济,社会和环境”三者之间的维度,为我们熟知。第二层维度,经济的可持续性、社会的可持续性、环境的可持续性,各自的可持续性。当前对于可持续发展,更多地停留在经济的可持续,比如“两山理论”,相对来说仍是注重经济层面;“社会的可持续性”,发达国家在现代环保产生之前,多已进入“社会国”“社会法”的发展阶段,在这方面我国是比较薄弱的;环境的可持续性,是指生态作为主体,其本身特有的意义,对此的理解当前实质上并不多,这方面不断成长。关注“环境的可持续性”实质上带动的是价值消费的转型,价值消费的转型既不是传统意义上的“价值”,也不是传统的“消费”,而更多带有美学和精神的满足,或者说是一种高质量环境的消费,这种消费可能需要一定时间进行转型。第三层维度是地理上的,区域、流域、跨界、地区、全球。第四层是代际公平,包括后代发展权和未来竞争力问题。

“能不能”问题还取决于“两个外”。第一个是“外部性内化”,即经济发展与环境保护问题关键取决于外部性内化[包括不同环境问题不同时期发生、工业化城镇化为主的现代化与作为后现代的生态环境政策同时期、经济(资源)法与环境法的迭代、经济理性对社会理性和生态规律的磨合]。第二个是“外生性内生”,我国作为发展中国家,现阶段外生性内化的问题,是还在不断持续转型的问题(内生性力量日益增加,但还有一个国内层级传递的力量)。我国采取现代环境政策肯定有一种内生力,但是内生性与外生性这两种力量,主要是比例构成演化的问题。

再次,“怎么样”进行法典化。笔者更倾向于开放式的法典编纂,策略上、时代性上、可操作性上都较为合适。我国《民法典》的编纂过程,也处于这样的理性成长过程,不断地进行开放式的分则编编纂,最后的编纂只是前期全部过程的集成。德国的环境法典编纂经验亦如此,尽管教授稿草案和专家委员会稿草案都是一程式的一体化,但到了部委起草,在1999年和2008年两次起草中其实最终还是选择了方式上开放式和结构上框架式的法典编纂模式。

最后,关于环境法中的法教义学与法学交叉学科的关系。笔者认为,环境法中的法教义学(或者说法解释学)是一个很必要的出发点和巩固基础,但不能拘泥于此。法教义学更多地适用于传统法学,如民法和刑法等领域。但是不管从我国的现状还是从德国的经验来说,环境法的法典化编纂可能需要更大的框架基础。(运用法哲学、法社会学、法与经济、法政策学、法历史学、比较法学、立法技术学开拓疆域,体系性优先、用法学外的更多知识来补充解释力,创造一种“制度可塑、前提可扩、正义优先”的法典编纂基础。)

总　则　篇

2.1 环境法典总则编的板块与构造[*]

环境法典总则编的构造,是对提取公因式所得各类环境法律规范按照性质和目的的不同,在可持续发展思想指导下分类作出指导照应分则各编和有关单行法规定的具有统筹性、全局性的部署安排。与民法典编纂只纳入单一属性的民事单行法相比,环境法典编纂需要全面体现环境法构造的广义性、法源的广泛性、法律关系的多重牵连性和法律责任制度的复合性等基本特征,它们共同决定了环境法典总则编的构造思路和编纂方法。

环境利用行为规则是衡平价值利益,不论是经济利益还是社会利益、环境利益,衡平是价值实现的需求,总则的意味即在于此。具体领域则由分则各编或者单行法律解决。纵观法典总则编的基本规定并比较外国环境法典总则编的内容,环境法典总则编的意义在于确立法典的适用对象范围和环境法的基本原则,明确环境法主体及其权利(职权)和义务(职责)关系,规定各类环境利用行为的共通性规则和法律责任适用规则,统一指导处于变动创新中的环境单行法的立法活动。

为此,本书主要想论述两个问题:一是环境法典总则编构造面临的现实问题;二是总则编应具有的板块。

(一)关于环境法典总则编构造面临的现实问题

首先,当前的编纂体系和分类,与环境法学研究体系的分类实际上存在差异。法律法规汇编、编纂在我国已有多年历史,从 20 世纪 70 年代后期 80 年代初期环境法学开始建设,就在讨论环境法学的体系。而该体系,实质上是以生活环境或者环境科学为背景,以人类以及影响人类健康

---

* 汪劲,北京大学法学院教授。本部分根据作者在《生态环境法典专家建议稿(草案)》基础理论和总则编专题研讨会(2022 年 1 月 12 日,北京)上的发言整理而成。

的污染为中心展开的。世界上众多国家的环境法,起初阶段均或多或少存在重污染、轻自然的问题。在此过程中,国家作为环境保护的义务主体,从环境损害救济到事先防治,专门行政机构出现,行政色彩不断浓厚。无论是中国,还是日本或其他国家(地区),环境法典或法律法规汇编基本都以专门行政机构为中心,具有浓厚的主管部门色彩。

其次,环境法典编纂的总则编和分则编无法纳入所有的环境法律、法规、规章等。一些行政法规,比如《自然保护区条例》已作为国家在某一领域中的基本规则;党中央、国务院、中办、国办制定的大量意见方案、指南等,很大程度上也在指导着生态环境实践,已被约定俗成作为环境法律制度的重要组成部分;还有一部分规章填补着环境法律规范的空白。此类成熟的规则,是否应当在总则编和分则编中有一席之地?在提取公因式的时候,能否将其提取出来?

最后,总则编的制度创制还受制于行政职能划分和权限交叉。对此问题应予以重视,比如《环境保护法》的立法背景从1979年到1989年,再到2014年,主要是由生态环境部门主持的。其色彩虽不断向生态环境领域扩充,但其调整范围受到职权范围的限定。生态环境部门还是只关注其职权范围的内容,而属于自然资源的海洋、林草、农业、渔业资源等不在其职权范围。再如,发改委、财政部等宏观经济调控部门,也影响着总则编的构造。这是一个现实问题,在总则编的编纂过程当中,应当有所为有所不为。

(二)关于总则编板块的构造和编纂思路

第一,总则编应当凝练环境法典的核心范畴。环境法典的核心范畴,是指应当为环境法典总则编确立的、适用于环境法律关系所有领域的规范构造和行为通则,本书将其主要归纳为立法宗旨、调整范围、基本原则和环境治理体系等内容方面。

由于环境问题源于经济发展,保护环境在一定程度上会减缓经济的发展速率和水平,因此许多人认为环境保护是与发展对立的行为。这也是可持续发展思想产生发展的缘由。可持续发展思想较好地阐释了环境与发展的相互关系,它所给定的发展路径恰好与影响人类发展的环境、社会和经济三大紧密相关。因此,以可持续发展作为环境立法的目标逐渐成为各国环境立法的首要选择。不仅如此,可持续发展的理念还与中国传统的“天人相应”思想吻合,也是易于为国人所接受的思想。为此,环境法典的基本理念必须与可持续发展的基本理念相契合。环境立法的本质是衡平环境利用行为产生的利益关系,让未知的生态价值和环境利益与社会经济利益得以在利益衡平中同等考虑。

在调整对象和范围方面,先应厘清生态环境概念。生态环境概念的厘清,是决定并解释环境法典调整社会关系领域的基本准则。在2015年9月中共中央国务院《生态文明体制改革总体方案》实施的前30多年,我国宪法和环境保护的法律一直是以“环境”的概念来概括“生活环境和生态环境”的,其中生态环境的概念既是与生活环境相对称的表述,也是国家环境行政权分部门执掌的重要依据。2014年修订的《环境保护法》也以概括加列举的方式将“环境”的概念定义为“影响人类生存和发展的各种天然的和经过人工改造的自然因素的总体,包括大气、水、海洋、土地、矿藏、森林、草原、湿地、野生生物、自然遗迹、人文遗迹、自然保护区、风景名胜区、城市和乡村等”。

《生态文明体制改革总体方案》实施以后,我国新制定或者修改的环境保护法律均以“生态环境”的概念替换“环境”,2018年国务院机构改革也对国家环境行政权作出了重新整合。目前,有关“生态环境”概念的表述和适用已不同于现行《宪法》和《环境保护法》上有关“环境”概念的解释。在环境法典编纂中,“生态环境”的概念具有广义性和复合性,可解释为生态视野下以人群健康为中心和以自然界为中心的环境的总体,蕴含了生活环境、自然资源生态资产和生态系统等多元要素在内的广义的概念。为此在环境法典编纂中,无论是明确法典的适用范围,还是构建国家环境治理体系,首先要厘清生态环境的概念并以此来界分环境法典调整的社会关系领域和对环境法律体系进行合理分类。在环境法典编纂中给“生态环境”下定义,应当基于《环境保护法》和生态文明体制改革以来对环境范畴理解的新发展。所谓“生态环境”,是指影响人类生产、生活、生存以及与自然和谐共生的各种天然的和经过人工改造的自然因素,包括但不限于相关要素、空间、功能、服务,以及它们所构成的生态系统整体。这一定义的前半段厘清了环境法典的适用范围即法典的空间效力,为在相关空间内生态适用环境法典提供法律依据;后半段则界定了生态环境概念的内涵与外延,即天然和人工改造的自然因素中影响人类生产、生活、生存以及与自然和谐共生的部分,不仅包括要素、空间,还包括功能和服务等,本定义体现了整体保护的理念。

因生态环境保护目的的不同,环境立法所确立的规则、手段和方法也不同。例如,污染规制的目标是维护公众健康,主要采用直接设定标准对排污行为实施行政干预的强制规则;自然生态保护的目标是维护生态系统平衡,因而要以衡平环境和经济利益为目的协调物权制度,并以行政干预和经济诱导作为资源开发行为的强制和选择规则;绿色低碳发展的目标是减轻人类经济活动带来的环境负荷,所以经济诱导和市场化方法便成为减废和低碳的行为模式。

环境法典总则的编纂要明确高位阶的价值衡平及其实现机制,如为衡平环境、社会和经济三大利益订立基本规则和基准等基本规范,而非着眼于污染控制、自然生态保护和绿色低碳发展等分则各编的个别普通规范。

2014 年修订《环境保护法》时首次将环境保护的基本原则归纳为"保护优先、预防为主、综合治理、公众参与、损害担责"。这些原则虽然较以前的环境立法有所进步,但当时在部门立法思想的主导下主要体现的是以污染防治为中心的环保理念,未能全方位涵盖可持续发展的立法宗旨。而环境法典的基本原则,既要作为国家构筑生态环境多元共治体系的法律基础,又要作为构建环境污染防治、自然生态保护、绿色低碳发展等法律规范和制度体系的规则指引和适用准则。

为此,环境法典总则应当确立如下基本原则:一是保护优先、自然恢复,即发展利益权衡原则。发展利益权衡原则是发展决策中权衡环境利益与社会经济利益冲突的基准,是将生态保护优先作为促进人与自然和谐、实现全面协调可持续发展战略的重要价值选择。当经济社会发展可能严重影响或危害环境时,要求将保护环境作为优先选择,实现全面协调可持续发展。在生态退化或者破坏的情况下,应当减少人为干预、充分利用自然自身的修复能力恢复自然生态系统的原状。二是预防为主、综合治理,即治理价值选择原则。预防为主、防治结合和综合治理,被认为是针对重大环境利用行为可能带来环境风险的应对思路和处理方法,要求对重大环境利用行为采取事前预测、分析和采取防范措施。综合治理是环境法综合性的规范表达,是正确处理防和治关系的准则。三是政府主导、公众参与,即协同决策合作原则。公众有权通过法定程序或途径参与涉及公众环境权益的决策和行为,使决策和行为结果符合公众的切身环境利益和需要。在环境法典中确立公众参与的原则，是公众环境权在环境立法上的明确表达。四是受益补偿、损害担责，即环境责任分配原则。环境立法的本质乃弘扬环境利益及其与社会经济利益相衡平的价值，因此环境法典应当合理分配不同行为的环境责任，将外部费用内部化。对以获益为目的的环境利益行为，要求其补偿环境修复的成本费用；对损害环境的行为，则要求行为人承担相应的治理、恢复、赔偿等生态环境责任。

环境权是环境法的核心范畴。环境法典编纂离不开对公民环境权的设定。联合国大会决议认为，“拥有健康环境的权利改变了人们的观点，从‘乞求’转变为‘要求’ 政府采取行动”。因此在环境法典编纂强化现代环境治理体系的内容中，将公民保护环境的作用做最大化提升就是设立环境权，这将有助于公民协同政府和企业事业单位履行环境保护的义务和责任，适当减轻仅仅依靠政府政策协调可持续发展模式和观念转变的状况。

自 1972 年联合国在《人类环境会议宣言》中提出人们拥有“过上有尊严和幸福生活的高质量环境”的基本权利以来至今，公民环境权已作为第三代人权（公民权利或社会权利）被纳入各国宪法、国家法律和区域协定。我国从 2009 年开始连续四次在《国家人权行动计划》将环境权利纳入，在 2021 年发布的《国家人权行动计划》中更是将环境权利独立编为包含污染防治、生态环境信息公开、环境决策公众参与、环境公益诉讼和生态环境损害赔偿、国土空间生态保护修复和应对气候变化等六项权能在内的新兴人权类型。2022 年 7 月联合国大会通过决议，宣布享有清洁、健康和可持续的环境是一项普遍人权。

在环境法典编纂中，环境权“入典”既是制度创新，又是对现行法律有关环境权益保护规定的归纳和总结。笔者认为，环境法典对公民环境权的设立可以表述为“公民享有清洁、健康和可持续的环境的权利”，其性质可以作为人格权的派生权利，但解释论上应当具有很强的公法属性和集体权利的属性。笔者认为，环境法典编纂应当采用“一体两翼”的模式确立公民环境权利体系。所谓“一体”，是指在总则编确立“一般环境权”，即明确宣示“公民有在清洁、健康、美丽的环境中生活的权利”，这是环境法典关于环境权的本体性规定。与此同时，将环境权的具体权能即环境信息知悉权、环境决策参与权和建言权以及环境损害救济权等作为保障环境权得以实现的实体权利和救济权利作出规定。所谓“两翼”，是指在分编各编将环境权具体化为“健康环境权”和“自然享有权”两大类别。其中,健康环境权的客体是健康环境,主要是与污染防治相关的权利,具体包括清洁空气权、清洁水权、环境安宁权等;自然享有权是人们对于自然环境、自然资源、自然空间的非排他性的使用权,具体包括自然空间的进入权(公共地役权)、景观权、环境获益权等。

第二,环境法典总则体系的构建仍然应当以环境法律关系理论为中心编排。作为具有全局性和统领性的环境法典总则体系的构建,我们仍应当采用以法律关系为中心进行编排的方法。这一方法不仅秉承了将一般的内容置于前面的立法技术的潘德克顿体系总—分构造的基本原理,而且还与40多年来我国国家立法的基本模式和体例相契合,易于各界所接受。

人类围绕生态环境利用形成的各种社会关系均离不开主体、客体和行为,这些内容既是环境法律关系所共同具备的要素,又涵摄了环境、社会和经济等实现可持续发展的三要素。按照潘德克顿体系的原理,环境法典编纂需要将环境法律关系的共通事项通过提取公因式的方法整理成为“总则”,将环境利用行为主体的权利和环境利用行为按照类型分门别类作为各编的规定。

环境与资源保护领域法律中的共通性规则,一般指为实现立法目的、在法的基本原则指导下确立的在环境利用行为领域具有普遍适用性和引领性的实体和程序规范体系,一般以基本制度表述。总则内容体系的构建思路,是在比较有关国家环境法典总则内容的基础上,全面吸纳我国环境与资源保护法律领域各项基本制度以及生态文明体制改革以来生态环境领域实行的重大政策措施,然后从中提取共通性规则予以构建。为此,我们可以按照“事前预防—事中控制—事后应对”的全过程规制逻辑,通过提取公因式的方式归纳提炼总则的制度体系并做内容上的编排。与此同时通过编纂对现有以“命令—控制”型为主的基本制度体系作出合法典化的修正,如增加环境经济和市场化方法、生态环境修复等制度措施。

环境法典总则编纂中通过提取公因式方法归纳和提炼的共通性规则,目前主要包括生态环境规划与国土空间规划、生态环境标准与名录、生态环境监测与调查、环境影响评价、生态环境税费、突发环境事件应急、资源环境承载能力监测预警、生态环境行政许可、自然区域和物种保护、物质再生循环制度、生态环境经济手段、生态环境损害预防控制与修复等,它们共同构筑了总则基本制度体系的主要内容。

基于环境法律关系既有保护性关系又有调整性关系的多元属性,环境法典总则关于主体及其基本的权利义务关系应当按照现代环境治理体系的基本模式构建,采用多方共治的体制,明晰政府、企业、公众等各类主体权责关系和保障运行机制畅通的各类程序规则,形成全社会共同推进环境治理的良好格局。

首先,环境保护是一项基本国策,环境法典总则应当对涉及可持续发展领域的政府职能作统合性安排,应当将分散的环境行政权、环境资产管理权和环境司法权统合规定于法典总则中,体现"中央统筹、省负总责、市县抓落实"的环境治理工作机制。其次,公民享有清洁、健康和可持续的环境权,环境法典总则除了要明确公民环境权并确立环境权的实现、保障和救济机制外,还要确立环境治理全民行动体系和社会监督机制。最后,企业事业单位是开发利用环境的获益者,环境法典总则应当将《民法典》绿色原则规定为企业事业单位的环境保护义务,并确立环境治理市场体系的基本规则、合理的价格收费机制以及健全企业信用建设。

围绕生态环境保护和开发利用产生的法律关系既有保护性关系又有调整性关系,这些都是环境法律制度的逻辑分类和体系构建基础。法典分则定编是潘德克顿体系中的重要内容之一,而可持续发展既是环境法典的价值取向,又是分则分编的方法基准。除作为思想准则以外,可持续发展所蕴含的三大核心要素还正好契合环境立法三大领域的三种类型。

污染防治的目的是规制排污行为,是典型的实现社会可持续的手段;污染控制法律领域——污染控制全领域相对集中、健全,建议全盘纳入法律,在法规规章的基础上创设单行法律制度;同时,授权政府制定环境政策,通过行政法规等弥补法律规则的不足和局限;授权政府制订环境标准和其他相关技术规范。

自然生态保护的目的是减轻自然资源开发行为,通过限制行使开发利用权实现环境保护的目标,是典型的实现环境可持续的手段;自然保护法律领域——目前自然保护法律规范大部分存在于自然资源法律之中作为保护性规范进行规定。从自然保护法律的特点看,大部分涉及不同所有制条件下自然资源权属关系和对合理开发利用自然资源的调整问题,建议保留各单项自然资源法律,在法规规章的基础上创设单行法律制度;将自然保护的共通性规范纳入法典分则,一是确立自然保护的行为规范,指导单行法律;二是明确对不同的自然区域和不同自然物种和生物多样性实行保护,限制所有权行使的限度;三是明确保护自然的利益机制,设立有关补偿制度。

绿色低碳发展的目的是校正资源和产品等物质在生命周期循环各环节的利用行为以减轻经济行为对环境的负荷,是典型的实现经济可持续的手段。绿色发展法律领域——新领域,已经存在部分法律。与前二者均不同,本编应当统合"现有法律 + 低碳 + 安全 + 延伸生产者责任",在法规规章的基础上创设单行法律制度;建议保留相关法律。

生态环境责任编的设立是建立环境法典生态环境权益保障法律制度体系的要求,在生态环境责任编的设立过程中,除参考《民法典》对侵权责任的设置经验以外,还需要重点关注生态环境保护救济机制具有的特殊性和实际情况。原本与环境保护有关的法律责任规范零散且庞杂地分散在各类环境保护单行法律法规之中,再加上近年来环境保护领域出现的"生态修复责任""生态损害赔偿责任"等新内容,因此在环境法法典化的背景下,将这些相关的生态环境法律责任规范成体系地整合在一起成为环境法典的重要组成部分将具有重要意义。

第三,总则编要以现行环境与资源保护法律为基础构建适度法典化的制度体系。环境法典总则的功能在于确立生态环境领域的一般规则,统领环境法典各分编内容并指导环境单行法律的立法和适用。所以总则编纂既要遵循法典编纂的一般原理和方法体现核心概念和范畴,又要把握好适度取舍及其与法典分则各编的关系。环境法典编纂要以一定原则和方法为标准,对构成环境法典法源的环境与资源保护单行法规作出纳入法典或者保持原状的选择,这一工作既要符合《立法法》的基本原则,又要让理论界、实务部门和社会各界广泛接受。德国环境法典编纂受挫的经验也告诉我们,与民法典编纂不同,环境法典编纂赋予对可持续发展目标实现享有职能的国家机关尊严,是环境法典编纂成功的重要公权力基础。因此,将环境法典编纂的范围"适度"确定在环境保护法、污染防治法、自然保护法和绿色低碳发展法等领域,排除自然资源法和能源法以及其他关联性环境保护法律规定是最优方案。

首先,以环境法典的核心范畴作为适度的方法标准。生态环境的概念和可持续发展的要求,告诉我们在环境法典框架体系的构筑上应当相对全面完整,为此应当以环境法典的核心范畴作为确定适度取舍的方法标准。这是因为:环境法典的调整对象应当覆盖所有环境利用关系,包含环境容量利用关系、生态要素利用关系和减废与物质循环利用关系,缺一不可;环境法典的适用范围应当包含衡平社会利益的污染防治领域、维护环境利益的自然保护领域和保持经济利益的绿色低碳发展领域,不应顾此失彼;环境法典的价值理念应当涵盖并体现社会发展指南、环境责任分配、正当决策程序等实现环境法基本原则的主要类型。

其次,以中国特色的环境立法体系和政策作为适度的取舍基础。在环境法典框架的适度方面,中国环境法律体系的现实构造实际上是由统称为环境与资源保护法的广义环境法体系构成。除污染防治规范主要规定于以生态环境监管为中心的污染防治法律之中以外,自然保护规范只制定有少量单行法规、多数规定在自然资源单行法律之中,绿色低碳发展规范则主要规定于清洁生产、循环经济和若干重要经济法律制度之中。在这个特点之下,环境法典框架的适度应当是,通过总则提取环境与资源保护和循环经济法律的公因式(共通性规范),通过分则合理安排污染防治、自然保护和绿色低碳发展等各编,即将污染防治法律全盘纳入不再保留,从自然资源和清洁生产、循环经济以及若干重要经济法律制度中提取绿色低碳发展规范并修订各该单行法律继续适用。

在环境法典内容的适度方面,中国环境法的法源现实上既包含法律,也包含行政法规和部门规章,并且部分党内环境法规和国家重大环境政策在很大程度上也是环境行政和环境司法的重要依据。在这个特点之下,环境法典内容的适度应当采用“法典—单行法规”模式,在框架适度的基础上,将实施时间较长、能够弥补法律规定不足的行政法规和部门规章以及司法解释等内容,和已在全国适用并指导立法、行政和司法实践的具有可操作性的党和国家重大环境政策和制度措施,全部升格为环境法典编纂的创新法律规范。此外,限于环境法实施的政策性和技术性特点,应当在法典以外保留单行法规立法,并授权政府针对新问题制定新规则和标准与技术规范,既要适度掌控去法典化现象,又要借此以弥补环境法典不易适时修订的不足。

在环境法典法律责任规定的适度方面,由于环境法律关系具有多重牵连性和复合性,法律责任的构造也难免涉及“行政、刑事和民事”三大法律责任。环境法典法律责任规定的适度方法,一是在总则有关法律适用规范条款中预设三大法律责任的衔接和适用规则,拓展环境行政责任的方式;二是行政责任制度方面,应当在提取公因式的基础上,整合现有污染防治、自然保护和绿色低碳发展领域法律中的行政责任制度并分别规定于分则各编之后,与行为模式规则保持一致;三是受限于犯罪和刑罚只能由《刑法》规定的规则,刑事责任规定应当着眼于环境违法行为与刑法有关破坏环境资源保护罪的准用性规范;四是民事责任制度方面则应当遵循《民法典》有关环境侵权和生态损害赔偿责任的基本原理,适度对有关民事责任构造的具体内容作出细化和衔接;五是环境纠纷的处理解决和诉讼制度方面,应当规定环境争议纠纷解决的诉讼和非诉机制,同时注重与环境公益诉讼和生态损害赔偿诉讼规则的衔接和创新。

在总则基本制度体系与分则各编具体制度规范的适用关系上,可以将其表述为"一般规范—特别规范"和"框架规范—细化规范"两大类。前一类如资源环境承载能力监测预警、环境影响评价、突发环境事件应急、生态环境损害预防控制与修复等制度,它们在污染控制、自然生态保护、绿色低碳发展领域的具体适用并无本质差异,若有需要分则各编可以作出特别规定;后一类如生态环境标准、生态环境规划、生态环境监测、自然区域和物种保护、生态环境行政许可、物质再生循环制度与生态环境经济手段等制度,它们在污染控制、自然生态保护、绿色低碳发展领域的适用方面存在较大差异,因此总则部分仅提供框架性规范,分则各编应当提供具体适用的细化性规范。

最后,应当确立与环境法典有关法律规范的适用规则。一是在环境法典内部明确法律责任适用规则;二是舒缓"去法典化现象",为有关生态环境的法律法规规范性文件明确制订规则和授权性规范,明确与国家其他法律的适用关系。

综上,笔者认为总则编需全盘体现生态环境各领域的行为模式和基本规则,并指导各编制度构建和实施。当前的法典总则编主要包括一般规定、生态环境治理体系、基本制度措施三大板块。

2.2 环境法典总则的体系功能与规范配置*

为应对环境法体系的结构性缺陷，现有研究提出，应改环境基本法模式为环境法典模式。这些主张已在“适度法典化”等命题上达成了一定共识，[①]但学界中也不乏质疑环境法典模式体系整合能力的声音。[②] 为深化对环境法典的研究，我们需要探讨，如何通过环境法典体系的科学安排来克服现行环境法体系的结构性缺陷。目前，多数学者主张，环境法典应采取总分结构，但这些主张未能结合环境法的特殊性，深入探讨环境法典总则的体系功能，它们仅沿用了民法等传统部门法的法典化与体系化理论，未能进行必要的改革和创新。[③] 不同于民法等按照调整对象或调整方法进行划分的部门法，环境法是问题导向的领域法，以应对和解决环境问题为调整目标，其调整对象具有特殊性，调整方法具有综合性。[④] 环境法的问题导向特质要求立法者不仅要关注法律规范体系本身的内在规律，还“必须回应外在于法律本身的固定因素，这些外在因素决定了法律旨在规范的问题和相关人类活动的性质”[⑤]，包括自然生态规律以及相关

---

* 吴凯杰，北京大学法学院助理教授。本部分原载于《法制与社会发展》2021 年第 3 期，收入本书时有部分修改。

① 参见吕忠梅、窦海阳：《民法典“绿色化”与环境法典的调适》，载《中外法学》2018 年第 4 期；李艳芳、田时雨：《比较法视野中的我国环境法法典化》，载《中国人民大学学报》2019 年第 2 期；张梓太：《中国环境立法应适度法典化》，载《南京大学法律评论》2019 年第 1 期。

② 参见朱明哲：《法典化模式选择的法理辨析》，载《法制与社会发展》2021 年第 1 期。

③ 参见李艳芳、田时雨：《比较法视野中的我国环境法法典化》，载《中国人民大学学报》2019 年第 2 期；王灿发、陈世寅：《中国环境法法典化的证成与构想》，载《中国人民大学学报》2019 年第 2 期。

④ 参见熊伟：《问题导向、规范集成与领域法学之精神》，载《政法论丛》2016 年第 6 期；刘剑文：《论领域法学：一种立足新兴交叉领域的法学研究范式》，载《政法论丛》2016 年第 5 期。

⑤ Richard Lazarus, *The Making of Environmental Law*, University of Chicago Press, 2004, p. Ⅰ.

的社会行为逻辑等。[①] 在此背景下,本书将从科学立法原则的一般要求出发,结合环境法领域的特殊性,探讨环境法典体系的科学化追求,进而分析环境法典总则在增进体系科学化上的功能定位,提出符合功能定位的规范配置。

一、环境法典总则的体系科学化功能

为实现环境法典体系的科学化追求,我们需要采用适当的结构安排和规范配置。在法典体系的结构安排方面,总分结构的科学性已在我国的民法典编纂中得到了充分认可,[②]但我们不能直接将民法典编纂的经验适用到环境法等领域法的法典编纂上。虽然现有的环境法典研究普遍认为总分结构是理想的选择,但这些研究仍缺乏对环境法典总则在体系科学化上的功能定位的明确认知,这也将影响总则的规范配置。环境法典模式可适用总分结构,环境基本法模式下的"基本法 + 单行法"结构也被认为是总分结构的一种表现形式,[③]但基本法模式下的总分结构在体系科学化功能的实现上面临难以克服的局限性。环境法典模式下的总分结构具有相对优势,能够克服环境基本法模式的功能局限,明确自身的功能定位。

(一)总分结构的体系科学化功能

环境法典的总分结构指在法典内部设置总则与分则,并且在整体上遵循"先总后分"编排逻辑的体系结构安排。总则的设置是总分结构的核心。通过抽象提炼并集中规定环境法律规范中的共通性,环境法典总则将统摄整个环境法典体系。在设立环境法典总则的基础上,我们可以按照"先总后分"的编排逻辑设置不同抽象层次的"小总则"。总分结构是法典结构安排的理想选择,具有重要的体系科学化功能。

首先,总分结构能够强化环境法典体系的目标协调性和内容全面性,

① 环境法治实践兼具法治实践面向和科技实践面向。参见周骁然:《体系化与科学化——环境法法典化目的的二元塑造》,载《法制与社会发展》2020 年第 6 期。

② 参见孙宪忠:《中国民法典总则与分则之间的统辖遵从关系》,载《法学研究》2020 年第 3 期。

③ 参见汪劲:《从环境基本法的立法特征论我国〈环境保护法〉的修改定位》,载《中外法学》2004 年第 4 期。

这对实现体系的外部科学化至关重要。一方面,在目标协调性方面,环境法典总则为环境法典分则各部分提供了一个必要的联系纽带,能够提供各部分无法单独规定的跨要素规则与综合性规范。按照系统治理与整体性保护理念,污染防治法、资源保护法、生态保护法等环境法子部门的调整对象之间具有内在联系,总则将衔接起这些调整对象,使它们形成一个有机的整体。例如,我们需要在总则中规定具有综合性的环境影响评价制度,全面考虑特定规划或建设项目可能造成的环境污染后果与生态破坏后果。再如,我们需要在总则中规定跨环境要素的综合排污许可制度,综合考虑针对空气、土壤、水体的不同污染排放行为之间的相互转化以及这些转化对生态系统的影响。[①] 即便环境法典总则的部分制度规范并不适用于所有环境法典分则制度规范,但只要对跨部门的问题具有统领和指导意义,它们就具有存在的价值和合理性。另一方面,总分结构的抽象概念与多重层次也能够确保环境法典体系在具有内容全面性的同时保持简明扼要的特点。通过规定环境保护领域的共通性规则,环境法典总则能够调整更加广泛的环境社会关系。例如,在总则中明确"污染物"的概念以及污染物排放标准等制度,能够确保所有的污染物都依法接受规制,并能够及时回应温室气体排放造成气候变化等新兴环境问题。同时,共通性规范的提取能够避免分则重复规定同一事项或设置大量准用性条款等问题,从而保持环境法典体系的简洁性,降低找法的成本。以污染物排放标准为例,若能在总则中规定制定污染物排放标准时的一般性考量因素,我们将无须在水污染防治、大气污染防治等方面的具体规范中重复规定相关因素,仅须就具体领域的特殊性作出特别规范。

其次,总分结构也是增进环境法典体系内部科学化的必由之路。一方面,总分结构的抽象概念与多重层次有助于增强体系的逻辑自洽性。在环境法的不同子部门中规定不同制度间的共同要素,极易造成规则的不统一。例如,在我国,分别以《水污染防治法》和《水法》为统领的水污染防治法体系和水资源保护法体系之间有着较严重的不协调性。[②] 尤其在入河排污口监督管理这一横跨水污染防治与水资源保护的管理环节

---

① 参见李挚萍、陈曦珩:《综合排污许可制度运行的体制基础及困境分析》,载《政法论丛》2019 年第 1 期。

② 参见孙佑海:《如何使环境法治真正管用?——环境法治 40 年回顾和建议》,载《环境保护》2013 年第 14 期。

上,生态环境部门与水行政部门间存在非常严重的职权交集与管理重叠。[①] 这就需要总则对入河排污口监管体制作出统一的规定,以避免具体法律规范之间的逻辑冲突。另一方面,总分结构可利用体系的形式强制效力实现环境法典体系的价值一致性。总则能够为环境法律规范制定与适用过程中的价值权衡提供原则性规定,整个体系都应始终贯彻这些原则性规定。偏离者需承担论证责任,提供基于特定领域特殊性的充分且正当的理由,总则应以“但书”排除的方式对这一点作出明确规定。[②] 围绕下位概念所设计的法律规范,在没有足够充分且正当的理由的前提下,不得与围绕上位概念所设计的法律规范相冲突。[③] 例如,在核电站选址等涉及环境公共利益且具有高度科技专业性的与设施选址有关的决策中,民主价值与秩序价值常会在是否纳入公众参与及参与程度等问题上出现冲突,不同的价值导向产生截然不同的规范取向。[④] 在部门主导立法的体制下,若缺乏总则层面上的考虑,承载民主价值的公众参与制度可能会因部门偏好遭遇过度的限制与弱化。[⑤]

由于总分结构具有体系科学化功能,采用环境法典模式的国家大都选择总分结构作为法典的基本结构。在已制定环境法典的国家中,法国、瑞典等国均在环境法典中设置了总则或者承担总则功能的章节。例如,《法国环境法典》的法律部分共有七卷,第一卷为总则,第二到七卷为分则。总则规定了环境法典的立法目的、基本原则、基本权利义务、监督管理体制、基本制度、基本法律责任、基本程序等基本规范,[⑥]承担着为具体

---

① 参见杜群、杜寅:《水保护法律体系的冲突与协调——以入河排污口监督管理为切入点》,载《武汉大学学报(哲学社会科学版)》2016 年第 1 期。

② 孙宪忠教授称之为总则对分则的“统辖”效力。参见孙宪忠:《我国民法立法的体系化与科学化问题》,载《清华法学》2012 年第 6 期。

③ 参见王轶:《民法原理与民法学方法》,法律出版社 2009 年版,第 14 页。

④ 参见汪劲、张钰羚:《我国核电厂选址中的利益衡平机制研究》,载《东南大学学报(哲学社会科学版)》2018 年第 6 期。

⑤ 许多学者曾指出环境立法的部门主导模式及其弊端。参见吕忠梅:《将环境法典编撰纳入十三届全国人大立法计划》,载《前进论坛》2017 年第 4 期;杜万平:《关于环境立法的过程与程序》,载《武汉大学学报(哲学社会科学版)》2008 年第 3 期;王灿发:《对中国环境法的反思》,载高鸿钧、王明远主编:《清华法治论衡》(第 13 辑),清华大学出版社 2010 年版;马骧聪、王明远:《中国环境资源法的发展:回顾与展望》,载王曦主编:《国际环境法与比较环境法评论》(第 1 卷),法律出版社 2002 年版。

⑥ 参见莫菲:《法国环境法典化的历程及启示》,载《中国人大》2018 年第 3 期。

规范提供价值基础,固化社会认可的新价值,确保未来立法与原则一致等体系功能。[①]《瑞典环境法典》的第一编总则编包含六章,分别规定了法典的立法目的和适用范围、基本原则、基本制度等内容。[②] 此外,虽然德国的环境法典草案尚未获得立法通过,但历次版本的草案都设置了总则部分,[③]例如,最初的"教授草案"即设置了总则共十一章,规定了环境法律规范的共同方面,并要求分则各编配合总则的逻辑结构。[④]

(二)环境法典总则较环境基本法的相对优势

总分结构具有重要的体系科学化功能,但总分结构并不专属于环境法典模式。在环境基本法模式下,若环境基本法与环境单行法各自的定位适当,那么理论上它们也可以构成总分结构:环境基本法相当于总分结构的总则,各环境单行法构成总分结构的分则,环境基本法规定环境法的共同方面,如环境法的目的、原则、基本规则等适用于环境法整体的共通性规范,环境单行法则规定环境法的特殊方面。然而,相较于环境法典的总分结构,以环境基本法为核心的总分结构面临着难以克服的局限性。

环境基本法模式的总分结构并不是与生俱来的,而是在环境基本法从政策法发展到框架法,再发展到综合法的这一形态演进过程中逐渐形成的。具体而言,第一,出现于20世纪60年代的政策法是环境基本法的早期形态。各国在制定环境政策法时,大都还没有成熟的环境单行立法,因此,各国制定环境政策法的主要目的是"自上而下"地宣示国家的环境保护政策,而非"自下而上"地总结归纳环境单行立法,环境法尚未形成总分结构,科学化功能比较有限。[⑤] 第二,框架法是20世纪80年代之后出现的环境基本法形态,也是目前环境基本法的主流形态。环境框架法

---

① See G. J. Martin, *French Experiences of the Codification of Environmental Law*, in H. Bocken and D. Ryckbost eds., Codification of Environmental Law: Proceedings of the International Conference, Kluwer Law International, 1996, p. 122 – 124.

② 参见竺效、田时雨:《瑞典环境法典化的特点及启示》,载《中国人大》2017年第15期。

③ 参见沈百鑫:《两次受挫中前进的德国环境法典编纂》,载《中国人大》2018年第5期。

④ See M. Kloefer, *On the Codification of German Environmental Law*, in H. Bocken and D. Ryckbost eds., Codification of Environmental Law: Proceedings of the International Conference, Kluwer Law International, 1996, p. 115 – 125.

⑤ 参见李挚萍:《中青年法学文库:环境基本法比较研究》,中国政法大学出版社2013年版,第5页。

大都制定于各国大量制定环境法律规范之后,各国意在借此改变分散立法的状况。环境单行法的发展为环境基本法的制定提供了丰富的素材,对环境法的调整对象的分类因此变得更为清晰,调整方法也因此变得更有针对性。在总结环境单行法经验的基础上,环境框架法重点通过“提取公因式”的方法整合、统领、协调和简化环境单行立法,通过制定跨部门的整体性保护规则代替部门分割性的保护规则,环境法由此初步形成了体系的总分结构。① 第三,综合法出现的时间较框架法晚,大多出现在20世纪90年代之后。环境综合法是在原有环境框架法的基础上,把环境单行法的部分内容纳入其中形成的,具有一定程度的法典编纂性质,因此,我们也可以称之为“准环境法典”。② 环境综合法不仅包含从环境单行法中提炼出的共通性规范,还囊括了环境单行法本身,这有助于发现和纠正体系内部的冲突与不一致,环境法体系的总分结构也因此变得更加成熟。

从政策法、框架法到综合法的历史演进,以及部分环境法发达国家的法典化趋势,揭示了环境政策法与框架法在实现体系科学化上的固有局限,以及环境法典的相对优势。在现行的框架法模式下,我们可以通过制定和修改相应的法律文件实现环境法律规范个体的科学化,但规范体系的科学化仍面临难以克服的固有缺陷。基本法模式下的环境法无须考虑环境法律规范体系的整体结构,对体系整体的目标协调性、内容全面性、逻辑自洽性与价值一致性关照不足,这导致环境法整体结构仍处于零散状态,环境单行法可能在不断修订的过程中产生规范“逸出”,逃离基本法约束,不同单行法之间的结构性问题更是难以避免。③ 相较于基本法模式,法典模式在体系科学化上具有明显的优势,可以在抽象提炼环境法典总则的过程中整体检视总则规范与分则规范的关系,促使二者依据各自的体系定位调整规范配置。法典模式的体系优势正是我国放弃“民法

① 参见李挚萍:《中青年法学文库:环境基本法比较研究》,中国政法大学出版社2013年版,第6页。

② 参见李挚萍:《环境基本法体系结构的比较分析》,载高鸿钧、王明远主编:《清华法治论衡》(第19辑),清华大学出版社2013年版。

③ 参见吕忠梅、窦海阳:《民法典“绿色化”与环境法典的调适》,载《中外法学》2018年第4期。

通则＋民事单行法”模式，选择编纂民法典的重要动因。[①]

环境基本法体系功能的固有局限已显现于我国的环境立法实践中。从1979年的政策法形态到如今的框架法形态，《环境保护法》依然未能对环境单行法律法规的制定与实施发挥基本法的统一、指导和协调作用。在2014年修改《环境保护法》之前，有学者认为，原有的《环境保护法》并未发挥出环境基本法应有的功能，在法律实施层面上，“无论是环境行政执法、环境司法还是环境守法方面，相关主体无不是以各种环境单行法律法规为直接依据和主要基础”[②]；在立法层面上，环境单行立法“既没有把《环境保护法》当成它们的根据，也没有在创设新制度时向《环境保护法》求‘源’，或在做出与《环境保护法》不一致的规定时遵守‘不破不立’的立法规律，就有关的不一致做严肃的立法说明”[③]。在2014年修改《环境保护法》的过程中，为提升该法作为环境基本法应有的体系功能，立法机关将这部法律定位为环境保护领域的基础性、综合性法律，其致力于解决环境保护的共性问题，规定环境法的基本理念、原则、制度，[④]但因环境基本法模式的固有局限性，对我国环境法律规范体系来说，《环境保护法》的科学化功能依然十分有限，我们应通过梳理、分类、整合环境法律规范，抽象提炼出环境法典总则，构建内部协调统一的环境法典体系。

（三）环境法典总则实现相对优势所需的功能定位

在增进体系科学化上，环境法典总则较环境基本法有相对优势，但这种相对优势的真正实现有赖于明确且适当的功能定位。为有效增进环境法典体系的科学化，环境法典总则应具备“总控阀门”“储存器”“转换器”“样板工具”四大基本功能。

第一，环境法典总则的“总控阀门”功能指适时“启用”或“关闭”、强化或弱化特定环境法具体规范的内容，从而协调不同规范的调整手段及其强度，增强体系的目标协调性，最大化实现环境保护的整体效果。“总控阀门”功能对增进环境法典体系的外部科学化与目标协调性具有重要意义。或许环境法的个别规范能够对单项环境要素提供充分的法律保

---

① 参见王利明：《中国民事立法体系化之路径》，载《法学研究》2008年第6期。

② 张梓太：《论我国环境法法典化的基本路径与模式》，载《现代法学》2008年第4期。

③ 徐祥民、刘宏：《环境基本法：环境法治建设的必需品》，载《中华环境》2014年第6期。

④ 参见吕忠梅：《〈环境保护法〉的前世今生》，载《政法论丛》2014年第5期。

护,这些个别规范也能不互相冲突,但从整体来看,它们依然可能对生态系统的整体性考虑不足,而这将导致环境保护的目的不能得到充分实现。只有当环境法典体系按照环境质量目标设定总行为控制目标,通过总则的"总控阀门"功能协调各类环境利用行为对生态系统的总体影响时,这一体系才能够有效落实系统治理与整体性保护理念。[①] 环境法典总则的"总控阀门"功能不仅能够确保环境保护的整体效果,而且有助于避免对环境利用行为人科以不必要的义务。

第二,"储存器"功能指环境法典总则可以通过提供一般化的规则增强体系的内容全面性。环境法典总则包括环境法典体系中最具概括性、稳定性的法理知识,这些知识可以提供超越个别问题的一般原理,即使不能为具体问题给出确切答案,也至少能够指明正确的解答路径。[②] 环境法典总则不仅能够储存大量规范,而且能够通过统一的概念和规范间的逻辑关联防止具体规范之间出现矛盾冲突,增强体系的逻辑自洽性,从而便于适用者在法律实施过程中发现规则适用的优先次序,减少找法成本。[③] 例如,环境监管涉及对排污许可、资源开发许可等行为之性质的认定,如认定它们是属于一般许可还是特许,这关系到对这些许可行为的资格审查将采取怎样的密度,许可申请和批准过程应遵循怎样的程序等问题。若能够将这些许可行为的共性抽象提炼到总则层面并将它们定性为"环境许可",我们便可统一规定这些行为的规范在实体和程序等方面的效果,分则也可根据各类排污许可、资源开发许可的特殊性作出具体规定。

第三,作为"转换器"的环境法典总则是解读和输出宪法环境条款的机制,它能够将抽象的宪法规范具体应用于环境领域,辅助环境法律规范的解释和适用。环境法典是对宪法环境条款的发展与补充,[④]从抽象的宪法环境条款到具体的环境法律规范,这一"转换"过程是通过环境法典

---

① 参见徐祥民:《环境质量目标主义:关于环境法直接规制目标的思考》,载《中国法学》2015年第6期。

② 此处借鉴学者对行政法总论的描述。参见宋华琳:《部门行政法与行政法总论的改革——以药品行政领域为例证》,载《当代法学》2010年第2期。

③ 参见苏永钦:《体系为纲,总分相宜——从民法典理论看大陆新制定的〈民法总则〉》,载《中国法律评论》2017年第3期。

④ 环境法等部门法不仅是宪法的具体化,也需接受合宪性解释和合宪性审查。参见张翔:《"近亲属证人免于强制出庭"之合宪性限缩》,载《华东政法大学学报》2016年第1期。

总则实现的。由于宪法环境条款承载了环境保护方面关于核心价值的判断结论,因此,环境法典总则的"转换器"功能对实现体系的价值一致性至关重要。我国的"环境宪法"设定了国家在保护生态环境和生活环境、保障自然资源的合理利用等方面的目标,并通过客观法规范科予了国家各类权力不同层次和方面的义务。[①] 环境法典需要以此为依据,具体化政府、企业和公民等各类主体的职权职责与权利义务。作为环境法典体系的一般性规范,环境法典总则应当发挥从宪法规范到具体环境规范的"转换器"功能,集中表达环境法的立法目的、基本原则以及各类主体的一般权利义务。

第四,"样板工具"功能指环境法典总则可以通过抽象提炼具体的环境法律规范,为分则具体领域的规范制定与适用提供"典范"和"样板"。不仅污染防治、资源保护、生态保护等分则具体领域的规范制定受益于"样板工具",对这些规范的解释与适用同样需要"样板工具"的约束。尤其在已有制定成熟的环境法典总则的情况下,若具体领域的规范偏离了总则规范,立法者应提供基于特定领域特殊性的足够充分且正当的理由,而不能随意为之。在我国,由于部门利益的驱动及微观视野的局限,环境法各领域在发展中经常会发生不合理的偏差,而这即需要环境法典总则在抽象层面的引导与制约。若环境法典总则能够提供一般性规范,那么它就能对具体规范的制定和适用提供来自体系的约束。

二、环境法典总则体系科学化功能的规范配置

为实现环境法典总则的体系科学化功能,环境法典总则需要有相应的规范配置。环境法典总则应当提供适用于环境法所有领域的基础性规范与综合性规范,以及不适合置于环境法典分则任何部分,因而只能在总则中规定的拾遗性规范。为确保环境法典总则的基础性规范、综合性规范、拾遗性规范与分则规范形成分工合作的关系,共同致力于环境法典体系的科学化,我们需要明确环境法典总则对分则的体系强制效力。

---

① 2018 年修正宪法之后,《宪法》序言中的"国家根本任务"的规定,总纲中的国家目标规范,以及其他与自然资源保护、国家机构职权划分等相关的条款,共同构成了我国"环境宪法"的规范体系。参见张翔:《环境宪法的新发展及其规范阐释》,载《法学家》2018 年第 3 期。

(一)环境法典总则的基础性规范

环境法典总则的基础性规范指适用于多个环境法子部门甚至所有环境法领域的规则与原则。基础性规范具有较高的抽象性,能够覆盖广泛的环境社会关系,且能够替代分则中的同质性规范,防止分则规范间出现逻辑与价值上的冲突。因此,基础性规范符合环境法典总则的"储存器"与"转换器"功能定位,有助于促进环境法典体系的内容全面性、逻辑自洽性与价值一致性。

通过运用"提取公因式"的抽象化方法,我们能够从环境法典分则中得出环境法典总则的基础性规范。[①] "提取公因式"是一种"从个别到共同""从特别到一般"的立法技术,提取出来的基础性规范相应地包括共同性规范与一般性规范两类,它们会分别与分则规范形成"共同—个别"与"一般—特别"两类关系。[②] 在"共同—个别"关系里,从分则规范中提取且规定于总则中的共同要素会概括具体规范,储存分则规范所不及的内容。共同性规范的主要功能在于扩大规范容量以弥补分则规范的不足,增强体系的开放性,因此,在规范容量上,共同性规范必须超过分则规范的总和。在提取共同性规范的过程中,立法者往往会以某一典型的法律关系为"标杆",以此建立总则层面的大部分制度。[③] 例如,立法者可从排污许可制度中提取出抽象程度更高的环境许可制度并置其于总则,该制度不仅能规范污染排放行为,也能规范资源开发行为等其他环境利用行为。在"一般—特别"关系里,总则将规定环境法律规范的一般性内容,分则规范仅需处理"例外"情形。例如,我们可在环境法典总则中规定侵权行为人可因受侵害人的"过错"免责,在分则的水污染防治法部分依据水污染防治领域的特殊性,特别规定受侵害人的"过错"必须是"重大过失"。

---

① 在民法典编纂过程中,运用采取"提取公因式"的方法,从民法分则中提取带有共性的元素乃至规则,最终形成民法总则的规范,是多数民法学者的共识。例如,参见崔建远:《关于制定〈民法总则〉的建议》,载《财经法学》2015 年第 4 期;李永军:《民法典总则的立法技术及由此决定的内容思考》,载《比较法研究》2015 年第 3 期。

② 参见苏永钦:《体系为纲,总分相宜——从民法典理论看大陆新制定的〈民法总则〉》,载《中国法律评论》2017 年第 3 期。

③ 参见朱芸阳:《民法典抽象技术的逻辑与路径》,载《南京大学学报(哲学·人文科学·社会科学)》2016 年第 1 期。

在现行的环境基本法模式下,《环境保护法》存在共同性与一般性不足的问题,难免与环境单行法相重复、冲突,与单行法不一致。据统计,在2014年修改之前,《环境保护法》中至少有31条与水、大气、固体废物、环境噪声、放射性物质、海洋环境等6部污染防治单行法的相应条文相重复,而《环境保护法》总共只有47条,重复率高达66%,在这47条中,又至少有7条与这些单行法不一致,[①]这就导致了《环境保护法》的"空心化"窘境:就具体条款而言,绝大多数条款处于"虚置"状态,就整体而言,在环境保护实践中,该法基本被"弃而不用"。[②] 2014年对《环境保护法》的修改并未根除这些问题。现行《环境保护法》中的污染物排放标准、排污许可等制度只适用于污染防治领域,重点污染物排放总量控制制度更是只适用于大气、水等特定污染防治领域,它们并不适用于资源保护等其他环境保护领域,不具备总则规范所需的基础性地位。一旦单项污染防治法也规定了类似制度,将难免发生重复与冲突现象。

为克服环境基本法模式的缺陷,环境法典总则不应将规范视野局限于特定问题领域,而应对环境保护全局作出基础性规定,将污染防治法、资源保护法等环境法律规范中的共同性与一般性要素提取到总则层面上,使它们形成共同性规范与一般性规范。以环境许可制度为例,现行《环境保护法》、《大气污染防治法》以及《水污染防治法》等法律都规定了企业持证排污的义务,《水法》、《草原法》、《渔业法》、《森林法》、《矿产资源法》(2009年修正)、《土地管理法》(2019年修正)等资源保护法则都要求资源开发行为人事先取得许可,它们本质上都是对环境利用行为的许可要求,为此,立法者应以"提取公因式"的方式在两类许可制度的基础上形成环境许可制度。法律规范的逻辑结构包括构成要件和法律后

---

① 参见别涛:《中国环境立法的适度法典化建议》,载微信公众号"中国法学会环境资源法学研究会"2017年11月5日,https://mp. weixin. qq. com/s/ – f3npw8nO_IqvuCsoqYUJw。汪劲教授持相似观点,认为"《环境保护法》所有47条规定中,除立法目的规定、立法解释规定、适用范围规定、对自然保护的原则性和准用性规定、对诉讼时效的规定以及国际环境条约在我国的适用规定、法的施行日期规定等固有规定外,其他具有实质性和可操作性的条款已全部重复规定于单项环境与资源保护法律之中"。参见汪劲:《从环境基本法的立法特征论我国〈环境保护法〉的修改定位》,载汪劲:《环境法治的中国路径:反思与探索》,中国环境科学出版社2011年版。

② 参见王曦:《"环保事业基础法":让特殊的〈环保法〉特殊起来!》,载《绿叶》2011年第1期。

果,相应地,立法者应按照构成要件与法律后果的结构“提取公因式”。[①]环境许可制度的构成要件主要包括申请与颁发主体、许可程序、许可条件、许可期限等内容,法律后果则包括许可的成立、生效与失效等。在“提取公因式”时,可考虑以较为成熟的排污许可制度作为“标杆”,从中提取出总则环境许可制度的基础性规范,同时,还应关照该基础性规范对资源开发许可的适用性。例如,在许可条件方面,若排污许可制度与资源开发许可制度均要求被许可主体监测与报告遵守许可证载义务的情况,立法者即可从中提取出“监测与报告遵守许可证载义务的情况”这一“公因式”,只有满足这一条件的申请主体才能够获得生效的环境许可。在总则中规定这些问题可以避免污染防治法和资源保护法出现重复规定,防止潜在的逻辑与价值冲突。

除了环境许可制度,在许多环境法制度上,立法者都应以“提取公因式”的方法提取出基础性规范并将它们置于总则。在理论上,环境规划、环境标准、环境资源承载力监测预警、环境影响评价制度等事前预防性制度及环境监测、联合防治协调、环境监察等过程控制制度均非特定的污染防治或资源保护领域专属,可以被适用于环境保护的所有领域。[②] 部分现行的环境法制度在基础性上已经达到了总则所需的水平,已能够统摄环境保护的所有领域,例如,2014 年的《环境保护法》第 13 条第 4 款规定:“环境保护规划的内容应当包括生态保护和污染防治的目标、任务、保障措施等……”此外,大部分制度仍处于污染防治法等只能规范特定领域的层次,需要进一步“提取公因式”。例如,《环境保护法》第 43 条与《环境保护税法》中的环境保护税制度本质上都规定了排污税,事实上,我们不仅可以将环境税收制度用于抑制污染排放行为,也可以用它约束资源开发行为,因此,可以考虑在总则层面规定统摄两类行为的基础性环境税制度。目前,《资源税法》(2019 年)已规定适用于资源开发利用行为的资源税制度,但在环境保护方面,该制度的功能还较弱,我们应以环境法典总则层面的基础性规范扩展它的功能适用范围。

环境法典总则的基础性规范不仅包括基础性规则与制度,还包括基

---

① 参见朱庆育:《法典理性与民法总则:以中国大陆民法典编纂为思考对象》,载《中外法学》2010 年第 4 期。

② 对环境法制度的归纳与分类,参见吕忠梅主编:《环境法导论》(第 3 版),北京大学出版社 2015 年版,第 99 页。

本原则。环境法原则是环境法内在价值的外显，是沟通价值判断结论与规则制度设计的桥梁。与环境法规则不同，环境法原则不预设任何具体确定的事实状态，也没有规定确定的法律后果，环境法原则的效力并非“全有或全无”，我们是以各原则在具体案件中的相对分量为主来决定冲突的解决办法的，但不能因此否定原则本身的效力。① 由于环境法原则的这些特点，环境法原则较环境法规则具有覆盖面更宽、灵活性更大、稳定性更强等优点，能够协调规则制定，指导规则执行，弥补规则漏洞，②增强环境法典总则的“储存器”“转换器”等功能。正如德沃金所言，为了给疑难案件以唯一正解，法律原则必须存在。③ 环境法原则有基本原则与具体原则之分。环境法典总则仅规定基本原则，具体原则规定在环境法典分则各部分中。④ 2014 年修正的《环境保护法》第 5 条已规定了环境法的“保护优先、预防为主、综合治理、公众参与、损害担责”原则，环境法典编纂者须在此基础上全面考察环境法具体原则的最新发展，以提炼出基本原则。例如，虽然《土壤污染防治法》第 3 条规定的“风险管控”原则仅适用于土壤污染防治领域，但该原则正在为越来越多的环境法领域所确认，我们需要在确定基本原则时充分考量这种情况。⑤

（二）环境法典总则的综合性规范

环境法典总则的综合性规范指为实现环境法典体系的外部科学化，我们必须在更高层次上进行立法规定的跨要素规范。综合性规范是环境法典总则“总控阀门”功能的直接体现，也是落实系统治理理念，增强环境法典体系目标协调性的必然要求。综合性规范不同于基础性规范，它会在认知上秉持将各项环境与资源要素作为统一体看待的整体性视野，在方法上采用协调不同环境利用行为的整合式路径，重点处理分则规范

---

① 参见张文显：《二十世纪西方法哲学思潮研究》，法律出版社 2006 年版，第 324 页。

② 参见吕忠梅主编：《环境法导论》（第 3 版），北京大学出版社 2015 年版，第 46 – 47 页。

③ See Ronald Dworkin, *Taking Rights Seriously*, Harvard University Press, 1997, p. 283 – 290.

④ 环境法基本原则体现着环境法的根本价值，是整个环境法律领域的价值判断准则，决定着法的统一性和稳定性；具体原则则是基本原则的具体化，构成某一具体环境法律领域的价值判断准则。参见张文显：《二十世纪西方法哲学思潮研究》，法律出版社 2006 年版，第 329 页。

⑤ 参见于文轩：《生态文明语境下风险预防原则的变迁与适用》，载《吉林大学社会科学学报》2019 年第 5 期。

无力解决的跨要素问题。[①] 传统上普遍按照不同环境要素、资源要素进行内部划分的做法已跟不上对生态环境系统性保护的科学认识,已不能满足环境保护实践的需要。[②] 为此,我们需要在环境法典总则中设置综合性规范以弥补这种不足。

在环境法发达的欧洲国家,以综合性环境许可制度为核心的综合性规范已成为各国环境法典总则或环境基本法的重要内容。[③] 欧洲国家多从对生态系统的整体性保护出发,在环境许可决策中考虑被许可行为对各种环境要素的总体影响。例如,即使经过多次修改,德国环境法典草案始终坚持整合理念,1997 年的"专家委员会草案"即在总则部分引进了"整合的开发行为许可"制度,设置了整合条款和开放条款,其中,整合条款规定企业应以对环境整体负担最小的方式履行基本义务和许可义务,开放条款则允许为增进环境的整体保护而免除对部分预防性环境标准的适用。[④] 整合条款和开放条款赋予了行政机关裁量的权力,由行政机关在个案中决定如何适用这两项条款。除了在实体法上落实整合理念,德国环境法典草案还采取了程序法措施,合并了原先分立的污染防治法和水法中的许可程序,由同一主管机关作出一体化的决定。[⑤] 除了德国,荷兰也先在 1979 年《综合环境法》中实现了许可程序的融合,又进一步在 1993 年《环境管理法》中实现了许可制度本身的融合,这一制度规定所有污染实体只需持有单一的许可。[⑥] 此外,比利时佛兰德地区 1995 年起草

---

① 参见孙佑海:《中国环境法治"十一五"回顾、评价与"十二五"展望》,载周珂主编:《中国环境法治》[2012 年卷(上)],法律出版社 2012 年版。

② 参见沈百鑫:《论〈环境保护法〉的进一步完善》,载《中国政法大学学报》2015 年第 2 期。

③ 李挚萍教授认为,环境基本法出现的大致原因包括"整体性保护代替分割线保护"与"整合、统领、协调和简化环境单行法"。参见李挚萍:《中青年法学文库:环境基本法比较研究》,中国政法大学出版社 2013 年版,第 5 页。

④ 参见刘如慧:《德国环境法典 2009 年草案初探——以整合的开发行为许可制度为中心》,载《台北大学法学论丛》总第 76 期(2010 年)。

⑤ 参见刘如慧:《德国环境法典 2009 年草案初探——以整合的开发行为许可制度为中心》,载《台北大学法学论丛》总第 76 期(2010 年)。

⑥ See P. Gilhuis, *Experiences and Perspectives with Regard to the Codification of Environmental Law in the Netherlands*, in H. Bocken and D. Ryckbost eds., Codification of Environmental Law: Proceedings of the International Conference, Kluwer Law International, 1996, p. 101; M. Hordijk, *Deregulation and Harmonization of Environmental Law in the Netherlands: The Dutch Environmental Management Act*, Indonesian Journal of Environmental Law, August 1997, p. 85 – 97.

的《环境政策法》是一次重要的环境法典编纂上的尝试，旨在推进不同环境许可决策程序的融合。[①]

在我国现行的环境基本法模式下，《环境保护法》在综合性规范方面存在很多不足。以环境许可制度为例，《环境保护法》第54条规定的许可制度仅能被适用于污染排放行为，未涉及资源利用行为等其他环境利用行为。按照系统治理理念的要求，环境质量的改善需要对污染防治行为与资源开发行为进行有效统筹。但根据我国《水污染防治法》《水法》等法律法规的有关规定，水体环境保护涉及取水、采砂、排污、建设项目等多个许可，[②]由于缺少跨越水污染防治法与水资源保护法的综合性规范，资源利用许可制度与排污许可制度之间缺乏整合和协调，我们无法在这种情况下整体考虑水生态系统的保护。不仅如此，排污许可制度内部也缺乏整合与协调。虽然《环境保护法》第54条构成排污许可制度的基础性规范，但因缺乏综合性规范的性质，《大气污染防治法》《水污染防治法》等单项污染防治法律仅关注了污染排放行为对特定环境要素的影响，缺乏对环境要素间的生态联系的应有考量。

为克服环境基本法模式的局限，环境法典总则应当规定整合与协调各类环境许可规范的综合性环境许可制度。在具体制度设计上，环境法典总则可以借鉴德国的“整合的开发行为许可”制度，要求环境利用行为人以对生态环境整体负担最小的方式履行环境法律义务，并授权行政机关按照系统治理理念与整体性保护目标调整规范对环境利用行为的手段与强度。与此相适应，环境法典总则需要改革与创新环境监测制度等监管执法制度，赋予行政机关综合监测、动态监测各类环境利用行为的职权与职责，行政机关能因此时刻掌握生态环境的整体状况，从而决定是否以及如何调整行为主体的具体义务。

除了在过程控制环节规定综合性环境许可制度，环境法典总则还应在事前预防环节和事后救济环节强化整体性保护。在现行模式下，环境质量标准、环境规划、环境影响评价等事前预防性制度多偏向于污染防治

---

① See L. Lavrysen, *The Codification of Flemish Environmental Law*, 8 European Environmental Law Review 230 (1999).

② 参见沈百鑫、李志林：《从中德比较论我国环境许可制度的发展》，载《中国环境管理》2018年第4期。

领域,对资源保护等其他领域考虑不足。[①] 以环境影响评价制度为例,《环境影响评价法》等法律法规规定,建设单位应在建设项目的可行性论证阶段评价该项目对生态环境的影响,该制度仅涉及污染排放行为,《水法》与《取水许可和水资源费征收管理条例》(2017 年修订)则规定了事前评价涉水建设项目对水资源影响的水资源论证制度,分别由生态环境部门与水行政部门负责两制度中的审批流程。这种功能分立不仅没有必要,还导致了生态环境整体性监管的断裂与疏漏,我们应当整合制定综合性的环境影响评价制度。[②] 在事后救济环节,生态损害救济与修复制度也需要超越单项环境要素的视野,综合考虑环境利用行为对环境的整体影响。[③] 例如,我们固然需要重点治理采矿行为造成的土地、森林资源破坏,但也不能忽视这种行为间接造成的周边水体污染、野生动植物资源破坏等生态问题。

(三)环境法典总则的拾遗性规范

环境法典总则的拾遗性规范是理想体系与立法现实相互妥协的产物,对于那些受限于立法进程,一时难以被置于环境法分则或环境单行法的环境法律规范,我们可暂时地将它们纳入环境法典总则中。拾遗性规范也是我国《民法典》总则的重要组成部分。[④] 拾遗性规范有助于增强环境法典体系的内容全面性,为后续立法提供"样板工具"。

在现行环境基本法模式下,《环境保护法》第 32 条即为拾遗性规范的实例。在《环境保护法》修订之前,通过立法应对土壤环境污染问题的必要性已获共识,《土壤污染防治法》已被列入十二届全国人大常委会的立法规划,当时仍在研究起草立法文本的过程中。为了及时处理土壤污

---

① 参见徐祥民:《环境质量目标主义:关于环境法直接规制目标的思考》,载《中国法学》2015 年第 6 期。

② 参见李珣:《中央环保督察|甘肃整改方案 62 次提及祁连山,将彻底清理》,载澎湃新闻网 2017 年 7 月 26 日,https://www.thepaper.cn/newsDetail_forward_1742690。

③ 参见薄晓波:《论环境法的生态系统整体保护原则》,载《吉首大学学报(社会科学版)》2014 年第 1 期。

④ 崔建远教授与王轶教授亦称之为立法技术上的剩余,陈甦教授则称之为拾遗性规范。参见崔建远:《关于制定〈民法总则〉的建议》,载《财经法学》2015 年第 4 期。

染问题,立法者认为《环境保护法》作为环境基本法应当对此作出原则规定。[1] 立法机关采纳了这一建议,在修订草案中将第32条(当时为修订草案第29条)修改为:"国家建立土壤环境调查、监测、评估和修复制度。"[2]后来又有常委会组成人员提出,大气污染防治法的修改已列入2014年立法工作计划,水污染防治法的修改也已列入立法规划,因而也有必要对大气、水作出类似规定,才最终形成了现在的表述,即"国家加强对大气、水、土壤等的保护,建立和完善相应的调查、监测、评估和修复制度"[3]。由此可见,《环境保护法》第32条的立法初衷是暂时性地填补立法空白,因而属于拾遗性规范。

在环境法典模式下,若仿效民法典编纂采用"先总则、后分则"的"两步走"模式,先行编纂的环境法典总则需要在分则编纂完成之前承担提供拾遗性规范的任务,待分则制定之后再行删减或调整。不仅如此,若采用"适度法典化"方案,只将部分成熟的环境法规范先行纳入法典之中,那么即使在环境法典整体编纂完成之后,环境法典总则中的部分拾遗性规范也需要继续保留,直到法典外环境单行法的制定或修改。从某类环境问题引发立法机关关注,到相关的环境单行法实际得到制定或修改,其间往往需要数年时间的研究起草与论证通过。在此期间,本应由立法规定的制度规范尚付阙如,而环境保护的实践又急需。在此情形下,不妨在环境法典总则中先给其一席之地,作出原则性规定以填补立法空白,至于体系性、逻辑性的缺憾,可以在后续修改或法典汇纂时作些微调。

(四)环境法典总则对分则的体系强制效力

在明确环境法典总则应当具有的规范类型之后,进一步需讨论如何安排总则与分则之间的关系,以实现总则的体系功能。

在现行的环境基本法模式下,许多学者认为环境基本法的位阶应当高于环境单行法。如有学者认为,《环境保护法》的效力应当高于环境保

---

① 参见信春鹰主编:《中华人民共和国环境保护法释义》,法律出版社2014年版,第115页。

② 参见全国人民代表大会法律委员会关于《中华人民共和国环境保护法修正案(草案)》修改情况的汇报,2013年10月21日。

③ 参见信春鹰主编:《中华人民共和国环境保护法释义》,法律出版社2014年版,第115页。

护单项法,[①]由全国人大将《环境保护法》作为国家基本法予以修改制定,[②]有利于处理它与其他专项法的关系。[③] 但在实践中,立法机关一直未在《环境保护法》的历次制定和修改中将其提升到基本法律的位阶,理论与现实之间的差距值得反思。从环境法典体系科学化的角度考虑,环境法典总则与分则的相互关系应当取决于总则规范的体系功能能否得以实现。目前支持提升环境基本法位阶的观点缺乏从体系科学化角度的深入论证,大都简单地认为环境基本法必须在位阶上高于环境单行法,从而确保在与单行法发生冲突时得到优先适用。[④]

在环境法典模式下,不能也无须通过提升环境法典总则的位阶,来确保当总则与分则规范发生冲突时,总则规范总是能够得到优先适用。赋予环境法典总则更高的立法位阶,在与分则规范发生冲突时不加区分地一律适用总则规范,并不符合环境法典总则的体系功能。如前所述,环境法典总则与分则的关系包含"一般—特别"关系,这意味着当案件事实符合分则特别性规范的构成要件时,分则特别性规范应当优先得到适用。若由于环境法典总则的高位阶,强行要求适用总则的一般性规范,那么案件事实的特殊性将得不到法律上的充分考量,会导致法律适用结论出现偏颇。相反,若总则与分则处于同一位阶,可以通过法教义学"先特殊,后一般"的法律适用顺序和步骤,准确地找到应当适用的法律规范。例如,2014 年修订的《环境保护法》设专章规定信息公开和公众参与的内容,与此基础性规范相配合,其后修改的《大气污染防治法》《水污染防治法》等环境单行法未再重复规定相同内容。但由于核安全领域的特殊性,2017 年制定的《核安全法》同样设置信息公开和公众参与专章,重点

---

① 参见吕忠梅主编:《环境法导论》(第 3 版),北京大学出版社 2015 年版,第 37 页。

② 参见汪劲:《从环境基本法的立法特征论我国〈环境保护法〉的修改定位》,载汪劲:《环境法治的中国路径:反思与探索》,中国环境科学出版社 2011 年版。

③ 参见杨朝飞主编:《通向环境法治的道路——〈环境保护法〉修改思路研究报告》,中国环境出版社 2013 年版,第 75 页。

④ 例如,蔡守秋教授认为,《环境保护法》"没有也不可能规定其他的环境保护法律不得违背该法的宗旨和规定","在实际的立法中,也出现了环境单行法的许多规定与《环境保护法》规定不一致的情况",因此由全国人大制定环境基本法是必要的。参见蔡守秋:《论修改〈环境保护法〉的几个问题》,载《政法论丛》2013 年第 4 期。钱水苗教授也曾表达类似观点,必须将《环境保护法》上升为国家基本法,从而"解决单项环境法律与《环境保护法》相'对抗'的问题","解决因其效力等级低而产生的各种矛盾和冲突"。参见钱水苗、魏琪:《关于修改我国〈环境保护法〉的几点思考》,载《甘肃政法学院学报》2013 年第 1 期。

规定与《环境保护法》不一致的特别性规范。例如,《核安全法》第64条规定的"核设施运营单位"信息公开范围超出了《环境保护法》第55条要求的"重点排污单位"信息公开范围,且负有信息公开义务的"核设施运营单位"并不一定是"重点排污单位"。虽然《环境保护法》第55条的一般性规范适用于核安全领域,但当《核安全法》有特别规范时,应当优先适用《核安全法》的有关规定,以充分体现核安全领域的特殊性。

虽然环境法典总则无须优先适用,但环境法分则的特别性规范并非可以随意偏离总则的一般性规范。为实现环境法典总则的体系科学化功能,应当在立法层面上明确总则对分则的体系强制效力。按照体系强制的要求,分则规范在没有足够充分且正当理由的前提下,不能与总则规范出现冲突。[①] 在编纂环境法典的过程中,应当根据总则规范来检查分则的特别性规范是否立足于具体领域的特殊性,抑或是特定历史情境或偶然的产物,从而判断分则的特别性规范是否具有足够充分且正当的理由。[②] 在前述例子中,《核安全法》关于"核设施运营单位"信息公开的特别性规范与《环境保护法》的一般性规范存在不一致,必须存在足够充分且正当的理由来证成这一特别性规范。若核安全领域的特殊性并不足以支持这一特别性规范,那么应当在编纂环境法典时删除或修改这一特别性规范。当分则特别性规范的发展与积累到一定程度,成为分则各领域的普遍现象时,可能反过来促使总则的一般性规范作出修改,从而推动环境法典的整体更新。

三、结论

经过40余年的环境立法,我国环境法体系的完备性缺陷已不再突出,结构性欠缺正逐渐成为主要问题。在构建现代环境治理体系的背景下,环境立法科学化的重心正在发生从规范个体到规范体系的转变,需要通过编纂环境法典来实现体系的科学化。环境法典体系的科学化包含外

---

① 此处借鉴了民法学者对体系强制的论述。参见王轶:《民法原理与民法学方法》,法律出版社2009年版,第14页。

② 德国环境法典的教授草案借鉴了"潘德克顿学派"的有关理论,采用这一方法来处理总则与分则之间的关系。See M. Kloefer, *On the Codification of German Environmental Law*, in H. Bocken and D. Ryckbost eds., Codification of Environmental Law: Proceedings of the International Conference, Kluwer Law International, 1996, p. 93.

部科学化与内部科学化这两个层次,分别要求体系具备目标协调性与内容全面性,以及逻辑自洽性与价值一致性。为实现环境法典体系的科学化追求,总分结构是体系结构的理想选择,环境法典总则需克服环境基本法模式下"基本法+单行法"结构的局限性,具备"总控阀门""储存器""转换器""样板工具"四大基本功能定位。为与环境法典总则的体系功能相适应,环境法典总则中的环境法规范应当具有基础性、综合性或拾遗性。为确保环境法典总则的三类规范与分则规范形成分工合作关系,没有必要提升环境法典总则的位阶,而应利用环境法典总则的形式强制效力,要求分则规范在没有足够充分且正当理由的前提下,不能与总则规范出现冲突。

2.3 环境法典总则中的环境治理体系*

构建并不断完善现代环境治理体系是实现可持续发展的必经之路，必然需要通过法治转型形成相应的法律规范体系。如何通过编纂环境法典的规范方式落实可持续发展的要求、推动生态环境治理体系与治理能力现代化的历史进程，是当前一个重要的课题。本书对此进行专门研讨。

一、现行环境治理体系的规范缺失及法典化需求

以2020年4月中办、国办发布《关于构建现代环境治理体系的指导意见》为标志，我国明确了环境治理体系与治理能力现代化的目标与具体路径。从规范化、法治化角度看，目前经由生态文明体制改革所形成的环境治理各方面内容仍存在一定的缺失和不足，亟待以法治思维和法治方式形成现代环境治理体系。综合多种因素考察，通过法典编纂对生态环境治理体系相关问题进行全面规范，具有丰富的意涵及较大的意义。

（一）目前我国生态环境治理中的规范缺失问题

从现状看，我国生态环境治理仍然存在诸多不符合环境治理现代化要求的缺陷，其中最为明显、最为突出的问题是生态环境治理法律法规中“权利—义务”的失衡。一直以来，我国以《环境保护法》为主的环境法律体系核心在于确立环境管理体制和以行政手段为主的监管机制，基本定位是“监管者监管之法”①。这一情况目前仍未有根本性改变。有研究对我国现行环境法律规范类型进行分析后，得出的结论是：以行政法律规范

---

* 陈海嵩，武汉大学法学院教授。本部分原载于《苏州大学学报（法学版）》2021年第4期，收入本书时有部分修改。

① 吕忠梅：《监管环境监管者：立法缺失及制度构建》，载《法商研究》2009年第5期。

为主,辅以一定的民事和刑事法律规范。[①] 目前我国的环境治理模式,是政府对企业的监管为主导、辅以公众参与为补充。[②]

以2014年修改后的《环境保护法》为例进行分析。该法是我国生态环境保护领域的基础性、综合性立法,在生态环境治理中发挥着核心性作用,其在规范配置上的做法也具有相当的代表性。纵观现行《环境保护法》,极大地强化了政府环境责任以及企业所承担的环境义务,被公认是"长了牙齿"的"最严环保法",具体规定了企业四个方面的法定义务:清洁生产的义务、减排与合法排污义务、环保管理义务、接受监管与监督的义务。[③] 相比而言,与公众和社会组织相关的规范内容就较为缺乏,仅仅在总则个别条款(第6条、第11条)以及第五章"信息公开与公众参与"中加以体现。这在很大程度上延续了中国环境治理整体结构中各方主体(企业、各级政府、第三方主体)相互关系的失衡,[④]不利于形成环境治理多元主体互动的良性关系。

总体而言,我国环境立法偏重政府与管理对象(包括企事业单位、社会组织及个人)相互间的"权力—义务"关系,特别是缺乏激发各类企事业单位形成环境治理规则的制度措施(规范供给不足),社会组织参与环境治理的规则也存在零散化的现象(规范效力不够),这不符合生态环境治理现代化的紧迫需求,亟待围绕多元主体"权利—义务"关系、真正形成现代环境治理体系所内含的"政府治理和社会调节、企业自治良性互动"要求。

(二)构建现代环境治理体系的法典化需求

为解决前述分析的规范缺失问题,可能采取的规范路径总体上包括三类:一是仅对作为基本法的《环境保护法》进行修改,可称为"小修"路径;二是针对目前生态环境立法进行全方面的调整,即对所有的生态环境

---

① 参见徐以祥:《我国环境法律规范的类型化分析》,载《吉林大学社会科学学报》2020年第2期。

② 参见谌杨:《论中国环境多元共治体系中的制衡逻辑》,载《中国人口·资源与环境》2020年第6期。

③ 参见张杰:《多少应当? 多少不得? 多少可以? ——新〈环境保护法〉规定了企业哪些义务和权利?》,载《环境经济》2015年第Z1期。

④ 参见王曦:《环保主体互动法制保障论》,载《上海交通大学学报(哲学社会科学版)》2012年第1期。

立法都进行相应修改,可称为“中修”路径;三是通过法典编纂的方式,即在形成统一的环境法典基础上替代原有相关生态环境立法的规定,可称为“大修”路径。

从我国法治建设现状及各方面条件看,上述三类路径各有优劣,但从生态环境治理现代化的紧迫要求看,第三类法典化的路径较为合适:就“小修”路径而言,优势是修改难度和幅度较小,仅调整《环境保护法》相关内容即可,但劣势在于由于现行《环境保护法》于2014年修订完成,此时修改会影响基本法的稳定性和权威性,也难以在短时间内理顺同其他环境单行法的关系;就“中修”路径而言,优势是能够避免不同立法间的冲突与抵牾,但缺陷在于过于耗费立法资源,不可能在短时间内加以完成,反而容易造成延误。考察前述第三类路径,法典化意味着将相关领域的法律规范整合成一部结构完整、体系严密的法典,一般不允许相关法律规范另外存在。[①] 总体而言,法典化的路径最为适宜解决目前我国生态环境治理规范缺失问题,即通过“大修”的方式从根本上解决一直以来生态环境治理失衡的问题,为生态环境治理现代化提供全面、系统的规范依据和指引。同时,也能够借此千载难逢的机会改变原有环境立法中不能适应生态环境治理现代化要求的规定。换言之,考察各方面情况可以看出,现代环境治理体系及相关法律规范的构建有着较为急迫的法典化需求。

(三)生态环境治理体系在环境法典中的功能定位

1. 创新中国特色的环境法知识体系、话语体系。构建现代环境治理体系是一项具有极大创新性的综合性任务,现代环境治理体系的构建是当代中国环境法治的重要实践经验与发展方向之一,其通过在环境法典编纂中的专门体现,形成适应新时代中国生态文明建设的规范形态,反映出契合当前中国环境法治发展阶段的“时代的理论思维”。在此基础上的理论阐释,无疑推进了中国特色环境法知识体系、话语体系的创新,也构成了生态环境治理体系对环境法典的重要意义所在。

2. 丰富环境法典总则的规范内涵。总体而言,我国环境法典编纂应

---

① 参见吕忠梅:《环境法典编纂:实践需求与理论供给》,载《甘肃社会科学》2020年第1期。

采取“总则—分则”的基本结构,由总则提供适用于所有领域的基础性规范和综合性规范。[①] 从目前已有各国环境法典看,总则部分尚无系统、直接规定生态环境治理体系的先例。在这一意义上,我国环境法典编纂通过对生态环境治理内容的系统性、专门性规定,能够进一步丰富环境法典总则的规范内涵,具有法治发展的总体意义。

3.保障环境法典在当代中国社会的适用。法律的生命在于实施,法典的价值在于更好地促进法律价值的贯彻与法律规范的落实。对于编纂中的环境法典而言,生态环境领域庞杂的内容如何加以取舍、精练及合理规定,便于法律适用是一个非常重要的考察因素。为了使得党、政府、企业、社会能够切实形成多元共治格局,促进不同主体相互间的共识,就需要系统、全面地对生态环境治理问题进行规范。在这一意义上,在总则中对生态环境治理内容加以全面规定,使其契合中国特色社会主义“五位一体”总体布局及当前我国经济社会发展的需要,促进环境法典的有效实施。

二、环境法典总则中“生态环境治理体系”的整体构造

(一)规范“生态环境治理体系”的“1+3”逻辑理路

根据前文论述,我国环境法典总则应顺应生态环境治理现代化的目标,设立专章对“生态环境治理体系”予以专门规范。该章节内容则按照“1+3”逻辑理路展开,即包括两个主要的方面:一是基于现代环境治理要求的“生态环境监管体制”,明确谁来管、管什么、怎么管的问题;二是基于环境治理体系实施逻辑而针对环境治理多元主体规范性要求,即主体所承担的生态环境保护职责,具体分为党委与政府、企业、公众三个部分,明确其中的职权、权利与义务。总体而言,环境法典总则对有关主体的规定应当为相关主体行为提供基本依据和指导性原则,在分则中加以扩展细化;同时,总则对于不同主体的规定应当全面,避免生态环境治理某类主体的规范缺失。每部分的具体内容在下文予以详述。

(二)环境法典总则对生态环境监管基础性体制的确立

有效的管理体制是任何一部法律得以“落地”的基础性组织保障。

---

① 参见吴凯杰:《论环境法典总则的体系功能与规范配置》,载《法制与社会发展》2021年第3期。

同时,依据依法行政原则,行使行政权力必须在国家立法中得以确认和授权,获得特定职权并成为相应的“行政主管部门”。根据现行《环境保护法》及一系列环境单行法的规定,我国生态环境监管体制在横向关系上实行“统一管理与分部门负责相结合”,除生态环境部门承担“统一监督管理”的职责外,还有大量相关部门也承担一定的环境保护职责;在纵向关系上实行“以块为主”属地管理体制,按照行政区划设定相应的生态环境部门,属于同级人民政府的组成部门。需要注意到,传统的生态环境监管体制不能适应当前生态文明建设的需要,存在地方保护主义、有法不依、执法不严、违法不究等现象。① 为推进生态环境保护职责落实,以2016年中共中央办公厅、国务院办公厅《关于省以下环保机构监测监察执法垂直管理制度改革试点工作的指导意见》为依据,开始进行环保垂直管理改革:县级环保局不再作为同级政府的组成部门,调整为上级生态环境部门的派出分局;环境执法重心下移,由市级生态环境部门对所辖区域的环境执法队伍进行集中管理。目前全国范围内已基本完成改革任务。这就在事实上突破了《环境保护法》的规定,亟待通过法治化路径加以确认。② 换言之,(地)市级及以上的生态环境监管,仍然基本适用《环境保护法》中管理体制的规定(环境监测、监察部门由省级统管),(区)县级生态环境监管则按照前述垂直管理改革的要求,不再适用《环境保护法》而是作为上级生态环境部门派出机构进行统管。

另外需要特别关注的变化,是2020年《长江保护法》颁布后流域管理体制的形成。在传统生态环境管理体制中,长江沿线流域各政府主体之间存在普遍和明显的职能重叠、交叉与空白,形成“条块分割”的碎片化管理体制,严重阻碍长江流域生态环境质量改善。为解决这一问题,《长江保护法》在我国立法中开创性地建立了流域管理体制,即按照全流域统一管理要求,将流域作为一个独立管理单元,遵循“统筹协调、系统治理”原则确立流域治理保护相关事权。③ 在《长江保护法》中,对中央政府、地方政府、中央政府各部门、地方政府各部门在流域保护上的职责进

---

① 参见任勇:《垂直管理改革的逻辑与任务》,载《中国环境报》2016年10月13日,第3版。

② 参见陈海嵩:《生态环境政党法治的生成及其规范化》,载《法学》2019年第5期。

③ 参见邱秋:《多重流域统筹协调:〈长江保护法〉的流域管理体制创新》,载《环境保护》2021年第Z1期。

行了逐项配置,此规定占该法条款的大部分内容。这同样是对传统环境管理体制的重大突破,需要在环境法典中加以确认和体现。

因此,环境法典总则对生态环境监管基础性体制的确立,需要充分体现我国生态文明体制改革的最新发展与创新成果,对《环境保护法》相关规定进行一定的调整。本部分的具体规定,本书主张可集中设计为一条,包括三款:(1)第1款规定中央政府职责,包括中央主管部门(生态环境部)在生态环境保护上的统一监督管理职责,以及中央其他部门(有关部门)在各自职责范围的监督管理。(2)第2款规定地方政府职责。考虑到环保垂直管理改革,本条款应当分为两个层面:一是针对省级、(地)市级人民政府生态环境部门,在本行政区域内对生态环境保护工作的统一监督管理,以及同级其他部门(有关部门)在各自职责范围的监督管理。二是县级生态环境部门,按照上级生态环境部门的要求履行监督管理职责,并配合县级人民政府实现环境质量义务。(3)第3款规定流域管理机构及其职责,是针对流域管理体制的特殊规定。以《长江保护法》相关规定为基础,对流域范围内中央政府、地方政府、中央政府各部门、地方政府各部门的职责进行规定。

(三)环境法典对跨区域联合防治与纠纷处理机制的规范

由于环境要素本身具有跨行政区域范围的自然属性,生态环境破坏行为及产生的危害后果也往往不局限于某一地,这凸显了跨区域联合防治与纠纷处理机制的重要性。对此,2014年修改后《环境保护法》新增第20条进行规定。该条规定体现了中央政府主导下的地方合作模式,在京津冀、长三角等地大气污染治理上取得较大成效。[①] 基于已有的实践效果,上述条文较为全面地规定了跨区域联合防治与纠纷处理机制,应在环境法典中加以继承,同样作为单独一条加以规定。需要完善之处,可以针对“统一规划、统一标准、统一监测、统一的防治措施”提出更为细致的要求,强化跨区域联合行动的执行与监督。另外,由于《长江保护法》用专

① 参见李广兵:《跨行政区环境管理的再思考——兼评〈环境保护法〉修订案第二十条之规定》,载《南京工业大学学报(社会科学版)》2014年第4期。

门条款规定了流域协调机制及其工作内容,[①]在法理上属于特殊规定。为加强衔接,环境法典总则本条文中有必要增加一款作为引致条款。

三、环境法典总则对党委政府职责的构建

(一)党委政府职责的根本遵循:中央与国家机关生态环境保护责任清单

政党是当代中国生态文明建设与环境法治转型中举足轻重、不可忽视的重要主体,这既是中国环境法治实践经验的总结,也是中国特色社会主义法治道路的内在要求,需要将党的领导贯彻到环境法典的各个部分。环境法典总则"生态环境治理体系"中的主要任务,是在法律上确认生态环境治理多元主体地位及职责、权利、义务等。因此本部分需要首先对公权力主体(党委政府)的职责予以规定。由于生态环境保护涉及事项和影响范围非常广泛,各级党委、政府以及大多数政府部门都存在相应职责。如果全部在总则中进行事无巨细的规定,无疑就会造成立法的冗长和繁杂,也不可避免地存在"挂一漏万"的风险,无法及时回应后续党和国家机构改革可能出现的调整,故需要通过更为简洁、稳妥的方式加以处理。基于中共中央办公厅、国务院办公厅《关于构建现代环境治理体系的指导意见》中提出的"完善中央统筹、省负总责、市县抓落实的工作机制"以及该部分具体内容,本书主张,以责任清单为抓手,通过引致性条款解决党委政府生态环境保护职责与法典稳定性之间的矛盾,即以2020年3月中共中央办公厅、国务院办公厅发布的《中央和国家机关有关部门生态环境保护责任清单》为基本依据。具体条款可拟为:"中央和国家机关有关部门应当根据生态环境保护责任清单,依法严格履行生态环境保护职责;省级党委、省人民政府参照中央生态环境保护责任清单,制定并发布省级党委、政府及有关部门生态环境保护责任清单。"

从规范属性上看,责任清单体现了公权力主体自治的基本理念,是基于功能主义的控权模式,其规定的职责是公共利益的具体化。[②] 前述《中

---

① 参见《长江保护法》第4条规定:"国家建立长江流域协调机制,统一指导、统筹协调长江保护工作,审议长江保护重大政策、重大规划,协调跨地区跨部门重大事项,督促检查长江保护重要工作的落实情况。"

② 参见刘启川:《责任清单编制规则的法治逻辑》,载《中国法学》2018年第5期。

央和国家机关有关部门生态环境保护责任清单》厘清并列明的中央和国家机关有关部门生态环境保护责任主体、责任范围、尽职要求、追责情形等内容,是近年来生态文明体制改革的基础性内容。该责任清单是党委和各级政府履行生态环境保护责任的基础和依据,也是追究党委和政府生态环境保护责任的基本遵循,通过引致的方式"进入"环境法典并发挥一般性规范效力,确保生态环境保护职责的履行"不越位""不缺位"。在此基础上,紧接着用专门条文逐一规定党委生态环境保护职责、政府生态环境保护职责以及生态环境保护督察的内容。

(二)党委生态环境保护职责的构造与规范形式

在法典总则中对党委生态环境保护职责加以确认(并非规定),是一个具有创新性的举措。在法理上,环境法典作为国家最高立法机关审议通过的规范,无法对党组织的具体行为作出规定或设立义务,而是根据生态文明体制改革要求进一步强化各级党委所承担的生态环境保护职责。因此该条文本质上是对各级党委基于政治伦理而承担的生态环境保护责任予以立法确认,或者说以法典的形式与规范路径体现党领导中国环境法治建设最为突出、最为核心的部分,围绕三个核心问题:一是党委承担生态环境保护职责的基本原则;二是追究党委及相关负责人生态环境保护责任的方式;三是党委生态环境保护职责相关规范与国家立法的关系。

在环境法典中回应上述问题,需要遵循党中央的相关路线、方针与政策。就第一个问题而言,2018 年 6 月,中共中央、国务院《关于全面加强生态环境保护坚决打好污染防治攻坚战的意见》明确要求:落实领导干部生态文明建设责任制,严格实行党政同责、一岗双责。同时,2015 年中共中央办公厅、国务院办公厅《党政领导干部生态环境损害责任追究办法(试行)》规定了"党政同责"的基本原则,各省也相继制定了相应的地方性党内法规予以细化。这明确了"党政同责"是各级党委承担生态环境保护职责的根本准则,构成环境法典的第 1 款内容,可表述为"严格实行党政同责,县级以上地方各级党委和政府对本地区生态环境保护工作负总责,党委和政府主要领导成员承担主要责任,其他有关领导成员在职责范围内承担相应责任"。

就第二个问题而言,由于前述《党政领导干部生态环境损害责任追究办法(试行)》已经实行多年,抓住了中国生态环境保护工作的"牛鼻子”，引导了中国环境治理模式创新，[①]在某种意义上成为约束各级党政领导干部的“达摩克利斯之剑”。环境法典只需对此进行原则性规定即可，构成环境法典第2款规定，可表述为“各级党政领导干部生态环境损害责任的追究，坚持依法依规、客观公正、科学认定、权责一致、终身追责的原则”。

就第三个问题而言，涉及国家治理中不同规范形式（党内法规与国家法律）相互间关系与连接。必须看到，以《党政领导干部生态环境损害责任追究办法（试行）》、《生态文明建设目标评价考核办法》（2016年）、《中央生态环境保护督察工作规定》（2019年）为代表的党内法规，以及党中央关于生态文明建设的一系列政策与改革举措，已经成为中国环境法治不可或缺的重要内容，发挥着重要的规范作用。[②] 在此同时，上述党内法规与党的政策也在不同程度上涉及国家与社会、国家与公民关系的调整，亟待在环境法典中加以合理规定，避免可能的认识混乱。本书主张，基于党内法规与国家法律“并行不悖、相辅相成”的二元法治格局，[③]以及生态环境党内法规属于“党的领导法规”、规范和保障党对生态文明建设工作实施领导的权威定位，[④]不宜简单地在法典中表述“党内法规与国家法律相互衔接”，应进一步深层次地定位现代环境治理中多元规范的相互关系，更好地发挥生态环境政党法治的作用。在这一意义上，前述生态环境党内法规同样构成中国环境法治渊源，这能够从根本上解释生态文明体制改革与环境法治发展的实践并加以规范指引。[⑤] 基于此理论立场，应当以“同等地位＋更严格保护”规则来处理两者的相互关系。

（三）政府生态环境保护职责的构造与履行

一直以来，政府生态环境保护职责都是环境立法不可或缺的重要内容。《环境保护法》在第一章总则第6条规定“地方各级人民政府应当对

---

① 参见常纪文、王鑫：《由督企、督政到督地方党委：环境监督模式转变的历史逻辑》，载《环境保护》2016年第7期。

② 参见陈海嵩：《生态环境政党法治的生成及其规范化》，载《法学》2019年第5期。

③ 参见欧爱民、向嘉晨：《党的领导与中国法治特色》，载《理论视野》2020年第4期。

④ 参见中共中央办公厅法规局：《中国共产党党内法规体系》，载《人民日报》2021年8月4日，第1版。

⑤ 这是我国环境法典编纂所需要回答的一个重要理论问题，限于篇幅，对此问题的详细论证，另文予以展开。

本行政区域的环境质量负责”的总体要求,并在后续章节相应部分进行具体设置。环境法典编纂可继受这一安排,即在总则之中规定政府生态环境保护职责的一般内容,具体规定在各分则相应部分加以体现。

总则中政府生态环境保护职责的条文表述,应当在《环境保护法》基础上进一步予以深化和拓展。从理论上分析,政府生态环境职责源于宪法上的国家环境保护义务,是行政权力为履行这一普遍性国家义务而应当采取的各方面措施。国家环境保护义务的规范内涵包括三种类型:现状保持义务、危险防御义务、风险预防义务。[①] 这为更为精细化、系统化的政府生态环境保护职责规定提供了理论指引。本书主张,该部分有两个大的方面需要加以规范,分为以下两条加以规定。

1. 政府生态环境保护职责的基本构造。本条基于国家环境保护义务理论和“美丽中国”目标任务,在法典中系统地确立政府生态环境保护职责,包括环境损害预防责任、环境风险预防责任、环境质量改善责任以及环境应急责任,分别表述如下:第一,本条第 1 款规定“各级人民政府应当及时采取措施干预或排除本行政区域内的生态环境损害”,本款规定的环境损害预防责任源于国家危险防御义务,即针对具有明显、直接环境危害性的“危险”,政府应该采取干预性措施并加以排除。第二,本条第 2 款规定“各级人民政府应当采取措施排除或减轻本行政区域内可能对生态环境造成损害的风险”,本款所规定的环境风险预防责任源于国家风险预防义务,即面对不确定性环境风险时,政府必须采取相应风险预防措施进行妥当的应对,而不能放任不管。第三,本条第 3 款规定“各级人民政府应当根据生态环境保护目标,采取有效措施持续改善本行政区域内的生态环境质量”,本款所规定的环境质量改善责任源于国家现状保持义务并加以拓展,要求政府采取措施保证生态环境状况不继续恶化,同时应采取进一步措施持续改善环境质量。第四,本条第 4 款规定“各级人民政府建立突发环境事件应急预案机制,负责突发环境事件的风险控制、应急准备、应急处置和事后恢复等工作”,该款所规定的环境应急责任属于紧急状态下的政府责任,是行政紧急权力在生态环境保护领域的运用,强调在突发性环境事件出现时,政府所应承担的应急与处理责任。

---

① 参见陈海嵩:《国家环境保护义务论》,北京大学出版社 2015 年版,第 94 页。

2. 政府生态环境保护职责的监督与履行。本条的基本内容,一方面,在于对《环境保护法》已有关于政府职责监督的条款的吸收和整合;另一方面,将生态文明体制改革中推进政府生态环境保护职责监督与履行的重要举措予以法律确认。具体条款分别表述如下:

第一,政府向人大报告环境保护工作。这是2014年《环境保护法》修改后的新增制度,已经在全国得到普遍施行。由最高权力机关对政府履行生态环境保护职责进行监督,体现我国生态环境保护中国家权力的合理配置及其深化改革,[①]应当在环境法典中予以保留和强化。可表述为"县级以上人民政府应当每年向本级人民代表大会或者人民代表大会常务委员会报告环境状况和环境保护目标完成情况,对发生的重大环境事件应当及时向本级人民代表大会常务委员会报告,依法接受监督"。

第二,多层级跨部门职责整合及履行,这是针对生态文明体制改革措施中河长制、湖长制、林长制的立法确认。以河长制为例,这是基于传统科层制环境管理体制之不足而创设的水环境治理制度,属于党政负责人主导下的流域协同治理,在实践中发挥了显著作用。[②] 在2017年《水污染防治法》修改中,已经明确纳入"河长制"规定。从理论上归纳,河长制、湖长制、林长制的共同特征是针对某环境要素进行多层级跨部门的职责整合并促进相关整合职责履行,是具有浓厚中国特色的环境治理机制,理应在环境法典中予以确认,并留下在其他领域加以拓展的适用空间。可表述为"各级人民政府建立河长制、湖长制、林长制以及法律法规、党内法规规定的其他制度,整合多层级跨部门的生态环境保护职责,分级分段组织领导、实施本行政区域内生态环境保护工作"。

第三,生态环境问题约谈。约谈制度是监督政府生态环境保护职责履行的柔性措施,通过对责任主体予以劝告、诫勉或警示,商谈整改方案,以非强制性手段督促相关地区政府及有关部门整改环境问题或应对环境风险。约谈制度在《长江保护法》《土壤污染防治法》及近年来修改的《水污染防治法》《大气污染防治法》《森林法》中均已有规定,已经成为我国环境治理中重要的制度措施,理应整合并体现在环境法典总则之中。可

---

① 参见陈海嵩:《政府环境报告制度的实证评估与理论阐释》,载《西南民族大学学报(人文社会科学版)》2017年第7期。

② 参见史玉成:《流域水环境治理"河长制"模式的规范建构——基于法律和政治系统的双重视角》,载《现代法学》2018年第6期。

表述为"县级以上人民政府及有关部门建立环保约谈制度,依法对未依法依规履行生态环境保护职责或履行职责不到位的人民政府及其相关部门负责人,或未落实生态环境保护主体责任的相关企业负责人展开约谈,并将约谈情况向社会公开"。

第四,生态环境离任审计与终身追责。这方面的规范依据是中办、国办在2015年发布的《党政领导干部生态环境损害责任追究办法(试行)》以及2017年发布的《领导干部自然资源资产离任审计规定(试行)》,以党内法规的方式确立了生态环境离任审计与终身追责制度,并在党中央多个重要的政策文件中一再强调。在其他党内法规中也具有规范基础[包括《中国共产党问责条例》(2019年修订)等]。由于生态环境损害的潜在性、复杂性以及难修复性,有必要通过领导干部离任审计和终身追责方式加强监督,且这是我国生态文明体制改革的重要成果,需体现在环境法典之中,可表述为"国家实行领导干部生态环境责任离任审计制度和生态环境损害责任终身追责制度。离任审计结果作为领导干部考核、任免、奖惩的重要依据;对领导干部离任后出现重大生态环境损害并认定其需要承担责任的,实行终身追责"。

第五,环境保护目标责任与考核评价。《环境保护法》第26条规定"国家实行环境保护目标责任制和考核评价制度",各环境单行法中均有类似规定。目前我国已在大气环境保护、水环境保护、土壤环境保护、主要污染物总量减排等领域明确了环境保护目标及具体指标,定期进行考核评价,取得良好效果。[①] 环境法典对此应予继承,可表述为"国家实行生态环境保护目标责任制和考核评价制度。县级以上人民政府应当将环境保护目标完成情况纳入对本级人民政府负有环境保护监督管理职责的部门及其负责人和下级人民政府及其负责人的考核内容,作为对其考核评价的重要依据。考核结果应当向社会公开"。

第六,兜底条款。未来随着生态文明体制改革的发展,会有更多新的制度涌现。环境法典在此处规定兜底条款,为未来可能产生的新的政府生态环境保护职责监督履行措施提供法律依据。需要注意的是,依据依法行政原则,此处所指向的新措施须均有正式规范依据(包括法律法规

---

① 参见陈海嵩:《新〈环境保护法〉中政府环境责任的实施路径——以环保目标责任制与考核评价制度为中心的考察》,载《社会科学家》2017年第8期。

和党内法规)，两者不可偏废。具体可表述为“法律法规、党内法规规定其他方式监督政府履行生态环境保护职责的，依照其规定”。

（四）生态环境保护督察的专门规定

本条是考虑到生态环境保护督察的独特性、重要性而专门设立的条款。生态环境保护督察制度是督促党委以及政府履行生态环境保护主体责任、全面落实生态文明“党政同责”的核心制度。2015年以来，以党中央、国务院的名义对地方党委政府履行环境保护职责的情况进行督察，形成了专业化、规范化、常态化的中央生态环境保护督察制度，对各地党政领导干部形成强大的压力和行为强制，极大地促进了环境法的实施，[①]有效解决了一大批久拖不决的生态环境问题。2019年中办、国办发布的《中央生态环境保护督察工作规定》以党内法规的形式确立了生态环境保护督察制度的基本框架、程序规范、权限规定、责任追究等核心内容，各地完善了相应的工作机构和具体机制，相继制定了有关省级生态环境保护督察实施办法，生态环境保护督察的法治体系不断成熟和完善。必须看到，生态环境保护督察的深入开展和显著成效，体现了党中央以督察为“抓手”强力推荐生态环境领域治理现代化建设的思路和方向。[②]

必须认识到，生态环境保护督察在我国生态环境治理体系中具有重要而独特的地位，是党中央、国务院为加强生态环境保护工作采取的一项重大改革举措和制度创新，是贯彻落实习近平生态文明思想的重要平台与关键举措，[③]其内涵非常丰富，无法被其他条文所完全包含，故需要在环境法典中加以专门规定。该条文属于引致性的原则规定，根据《中央生态环境保护督察工作规定》所确立的“中央—省”二级督察体制，分为两款：第1款规定中央生态环境保护督察及其实施，可表述为“国家实行中央、省级生态环境保护督察制度，设立专职督察机构。中央专职督察机构对省、自治区、直辖市党委和政府、国务院有关部门以及有关中央企业

---

① 参见陈海嵩：《我国环境监管转型的制度逻辑——以环境法实施为中心的考察》，载《法商研究》2019年第5期。

② 参见杨超、曲艳明、孙立彬：《以中央生态环境保护督察推动生态环境领域治理体系现代化建设》，载《环境保护》2021年第12期。

③ 参见李干杰：《依法推动中央生态环境保护督察向纵深发展》，载《人民日报》2019年6月18日，第2版。

等组织开展生态环境保护督察”;第2款规定省级生态环境保护督察及其实施,内容可较为概括,表述为“省级专职督察机构对同级政府有关部门、下级党委和政府、省属国有企业开展生态环境保护督察”。

四、环境法典总则对企业责任与公众参与的构建

(一)激励与约束共存:企业责任与公众参与内容的总体思路

必须认识到,我国传统以政府为主导的管制型环境治理体系,过于强调政府通过行政管制手段对相关主体的环境行为进行严格规制,企业、公众等主体在环境治理体系中一直处于被动地位,难以发挥应有作用。[①]在构建现代环境治理体系的过程中,需要有效地强化企业、公众(包括社会组织和公民个人)的能动作用,凸显其主体地位。这也是环境法典总则中应予重视的重要内容。这里需要注意的是,相较于其他主体(党委政府),企业和公众在环境治理中的定位具有一致性(均存在利用环境资源的行为),因此需要在环境法典中均衡地规定权利与义务,克服目前环境立法在这方面的失衡问题。但就企业和公众自身特征而言,两者也存在本质性的差别:企业的生产经营行为无疑是造成环境污染与生态破坏的主要因素,需要加以严格的法律规制;公众则往往是生态环境损害的受害者,需要赋予充分的权利及救济路径,但其日常生活中也会产生一定的环境污染问题。这些差异可通过类型化的方式体现在环境法典之中,即“企业生态环境治理责任”部分的立法思路是以约束(科以义务)为主,辅以一定的激励;“公众参与生态环境治理”部分的立法思路是以激励(赋予权利)为主,辅以一定的约束。

特别需要强调的是,在以最严格的制度约束企业行为的同时,不能忽视企业在生态环境治理中可以发挥的积极作用。理论上说,目前我国环境法不断强化企业环境违法责任,体现了重罚主义思想,是典型的威慑型环境法,但不可避免具有成本高、对抗性强的缺陷。在治理理论兴起的背景下,越来越重视通过合作来实现环境善治;合作型环境法重视不同主体

---

① 参见秦天宝、段帷帷:《多元共治助推环境治理体系现代化》,载《世界环境》2016年第3期。

之间的合作，利用非强制性机制来促进环境治理。[①] 从法理上分析可知，与环境相关的权利行使主体包括政府、企业、公民等；企业拥有的是环境资源的开发利用权。[②] 基于推进经济社会高质量发展、优化营商环境的"十四五"规划总体要求，环境法典必须克服原有环境立法"重惩罚轻合作"的缺陷，避免对企业负有"环境原罪"的偏见，真正从理念和制度上转向现代环境治理体系所强调的多元共治，真正实现生态环境保护的共建共治共享。

（二）企业生态环境治理责任的基本构造

本部分内容是从总体上对企业在生态环境治理中所承担权利义务的原则性规定，目标是发挥企业在生态环境治理中的特长，实现经济利益和社会利益的均衡[③]。具体构造包括以下几种。

1. 企业的环境资源利用权及其义务。本条主要涉及企业在法律规定范围内开展生产经营活动所必须利用的一定环境资源的权利（分为自然资源利用和环境容量利用两个方面），以及作为治理主体一员所享有的环境共治权利，以及企业在生产经营中所承担的法定义务与社会责任。具体可分为三款：第 1 款对企业的自然资源利用权、环境容量利用权进行宣示；第 2 款对企业参与环境治理的权利进行明确；第 3 款对企业节约资源、保护生态环境、低碳发展的法定义务与社会责任进行规定。

2. 企业环境治理体制。本条主要涉及企业内部的环境管理与合规制度。根据国内外相关实践，需要规范的内容可分为三部分：第 1 款规定鼓励政策与企业环境管理负责人，即宣示"国家鼓励企业自主建立内部环境管理制度，并明确专门负责人员"；第 2 款规定企业环境管理与应急处理机构，对机构组成、分工、任务、预案、预警措施等问题进行规定；第 3 款规定环境监督员，规定有条件的企业建立系统的环境监督员制度。

3. 企业环境治理规则。本条主要涉及企业全过程自我管理、经济措

---

① 参见邓可祝：《重罚主义背景下的合作型环境法：模式、机制与实效》，载《法学评论》2018 年第 2 期。

② 参见汪劲：《进化中的环境法上的权利类型探析——以环境享有权的核心构造为中心》，载《上海大学学报（社会科学版）》2017 年第 2 期。

③ 参见梁甜甜：《多元环境治理体系中政府和企业的主体定位及其功能——以利益均衡为视角》，载《当代法学》2018 年第 5 期。

施等环境自治手段,是对除法定义务外企业所承担的社会责任的规定。具体可分为三款:第1款规定生态设计、清洁生产、废弃物回收和处置等生产者责任延伸规则;第2款规定环境协议、环境监测、环境台账、环境应急等全过程自我管理规则;第3款规定环境信用评价、环境认证与环境自我审计等外部自治规则。

4. 行业的环境自我规制。本条主要涉及特定行业在生态环境保护上的行业自律。企业作为环境治理的自我规制者(industry self – regulation),要求企业在生产经营过程中能够积极顺应社会发展的形势与环境法律法规要求,采用灵活有效的自我管理方式,以弥补政府规制的不足与缺陷。[①] 本条规定可较为概括,即鼓励特定行业(特别是高污染、高排放的重点行业)建立自我规制措施,促进与政府、社会组织在生态环境保护上的合作。

5. 企业环境信息披露。现代社会是信息社会,信息披露是确保环境法实施及有效公众参与的前提,是推动和做实企业环境自治的必备手段,有必要将环境信息披露在环境法典本部分中予以单独规定。根据企业信息披露的不同情况,本条可规定为两款:第1款规定企业应当强制披露与公开的环境信息内容;第2款规定鼓励企业自愿披露其他相关环境信息。

6. 企业环境治理的激励措施。基于激励与约束相容的基本要求,生态环境治理中需要综合灵活地运用财政预算投入,设立基金、补贴、奖励、担保等多种形式,创新生态环境治理的动力机制。[②] 本条可原则性规定国家对于企业推动清洁生产、低碳发展、废弃物减排和回收等内容予以政策、税收等方面的鼓励。

(三)公众参与生态环境治理的基本构造

公众参与无疑是环境治理中不可或缺的重要内容。2014年修改后的《环境保护法》将公众参与相关内容予以汇总,用专章(第五章“信息公开和公众参与”)加以规定,强化并凸显了私主体参与环境治理的重要

---

① 参见谭冰霖:《环境规制的反身法路向》,载《中外法学》2016年第6期。

② 参见詹国彬、陈健鹏:《走向环境治理的多元共治模式:现实挑战与路径选择》,载《政治学研究》2020年第2期。

性,[①]自然需要在环境法典中加以继承并进一步强化。本部分内容主要是在法律上确认公众(包括公民和社会组织)参与环境保护的各项权利及实现方式。包括以下几种。

1. 环境保护公众参与的范围。本条主要是对“公众”范围在法律上加以明确。必须认识到,有权参与的公众在外延上不能漫无边际,不能让公众参与沦为“民主的暴政”。在理论上,公众分为“有利害关系的公众”和“无利害关系的公众”;前者在环境行政程序中享有行政正当程序的相关权利,并且享有实体法上的请求权;在后者中,由法律授权的环保组织才享有正当程序参与权利,但公民个人没有相应权利。[②] 因此本条应基于利害关系标准,区分不同类别的公众并加以相应规定,这是判断公民合法享有环境保护公众参与权利的基本标准。

2. 公众获取环境信息的权利。本条是对环境知情权的规定和确认,可参考《环境保护法》第 53 条、第 54 条规定,表述为“公民、法人和其他组织依法享有获取环境信息的权利;具有环境保护监督管理职责的部门,应当依法公开环境质量、环境监测、突发环境事件以及环境行政许可、行政处罚、排污费的征收和使用情况等信息”。

3. 公众参与环境决策的权利与具体方式。本条是对参与行政决策权的规定和保障,其依据是《宪法》的民主原则和程序基本权,确保程序价值在政府生态环境决策中得到充分体现。[③] 参考《环境保护法》和《环境保护公众参与办法》(2015 年)等法律法规的规定,可表述为“公民、法人和其他组织依法享有参与环境决策的权利;有关部门应当通过征求意见、问卷调查,组织召开座谈会、专家论证会、听证会等方式听取公众对环境保护相关事项或者活动的意见和建议”。

4. 公众的环境保护监督权与具体方式。参考《环境保护法》第 53 条、第 57 条规定,在环境法典中确认公众以举报、检举、控告等方式对环境保护事务进行监督的权利。基于公共利益的告发机制,也是世界各国

① 参见张忠民:《从强调环境执法到提倡环境治理:环境监管模式的转变》,载《中国法律(中英文版)》2014 年第 4 期。

② 参见徐以祥:《公众参与权利的二元性区分——以环境行政公众参与法律规范为分析对象》,载《中南大学学报(社会科学版)》2018 年第 2 期。

③ 参见陈海嵩:《论程序性环境权》,载《华东政法大学学报》2015 年第 1 期。

法律监督领域内的普遍做法,[①]是激发公民监督精神、培育良好社会价值观的重要手段。同时,这也是保障环境法实施的一个重要途径,中央生态环境保护督察中通过群众举报确立问题线索即为例证,必须在环境法典中予以强化,篇幅所限此处不再详述。本条规定第 1 款是对公众监督权的确认,可表述为“公民、法人和其他组织依法享有监督环境保护工作的权利,任何单位和个人不得以任何方式加以阻碍”,第 2 款可继续沿用目前《环境保护法》第 57 条规定的内容。

5. 公众参与的保障与救济。本条是对前述公众参与权利实现予以保障的规定,包括两个方面的主要内容:一是负有生态环境保护职责的各部门对公众参与的支持、保障和配合;二是对前述公众所享有公众参与权利救济途径进行原则性的一般规定,包括行政复议、行政诉讼、公益诉讼等。具体可表述为两款:第 1 款为“负有生态环境保护职责的部门应当建立相应机制,支持和鼓励公民、法人和其他组织参与和监督环境保护事务”;第 2 款为“公民、法人和其他组织享有的公众参与权利受到不法侵害或阻碍的,可以依法申请行政复议或提起行政诉讼;符合条件的社会组织可以依法提起环境公益诉讼”。

五、结论

前文对环境法典总则第二章“生态环境治理体系”的内容进行了立法论上的阐释与分析,当然仍有一些理论属性较深的问题有待后续研究进一步深化。从前文可以看出,总则中本章的规定为环境法典各分则提供了基础性框架。考虑到立法技术的要求,本章中一些内容已经作了“提取公因式”的归纳和概括,就没有必要在分则中重复加以规定,包括:生态环境监管基础性体制、党委生态环境保护职责、公众参与生态环境治理;另外一些内容涉及生态环境保护各个领域的复杂要求,需要在分则中加以具体细化和落实,包括:政府生态环境保护职责、企业生态环境治理责任。这就为生态环境治理相关内容的规则设计提供了基本指引,有助于环境法典编纂工作的顺利推进。

---

① 参见周晓明:《环境公益告发研究》,载《现代法学》2014 年第 2 期。

2.4 环境法典总则编中的基本制度*

环境法典总则编基本制度(以下简称环境法典基本制度),上承总则编一般规定和生态环境治理体系部分,下启分则各编具体制度,外接其他部门法制度,处于整体环境法典规范体系的核心枢纽地位。现有散见于《环境保护法》、各生态环境保护单行法以及各层级法规、规章中的环境法基本制度,因未能全面深刻体现以实现中华民族永续发展为目标的生态文明建设的要求以及制度规范本身存在的逻辑矛盾、价值冲突等问题,面临无法适应新发展阶段、理念、格局下生态文明建设的时代需求的挑战。在法典编纂进程中,必须立足生态文明建设的实践需求,在理论上回答法典基本制度应发挥何种制度功能,运用何种方法保障所构建的基本制度能够实现其功能,进而明确基本制度应当包含何种具体制度以及各种制度间的内在关系,最终结合各种制度的自身特点和制度现状确定环境法典基本制度的规范设计方案。

一、环境法典基本制度的核心功能

基本制度是根据环境法典编纂的任务和目的,在法典基本原则指导下,以保障环境规制目标实现、支撑生态环境保护体制机制运行的基础性制度体系,其确立了各类主体在具体环境规制领域中的基本行为模式及法律后果,①发挥着作为基础性规制措施体系保障可持续发展和核心枢纽协调衔接环境法典内外规范的两大核心制度功能。

---

* 周骁然,西南政法大学副教授。本部分原载于《苏州大学学报(法学版)》2021 年第 4 期,收入本书时有部分修改。

① 参见吕忠梅主编:《环境法学概要》,法律出版社 2016 年版,第 161 - 162 页;汪劲:《环境法学》(第 4 版),北京大学出版社 2018 年版,第 115 页。

(一)保障可持续发展的基础性规制措施体系

无论是从生态文明建设的实践出发,还是立足生态环境领域法治实践,抑或是放眼全球环境治理实践,可持续发展都应当被确立为环境法典编纂的基础概念和逻辑主线。[①] 基本制度作为确立各类主体在具体环境规制领域中的基本行为模式及法律后果的制度体系,其实质上系保障实现可持续发展的基础性规制措施体系,扮演着环境法典规制"工具箱"的角色。为确保环境法典基本制度能够切实发挥其制度功能,需进一步厘清基本制度保障实现可持续发展目标的内在逻辑,为基本制度的构建提供明确的指引。

可持续发展的实现需要统筹兼顾社会可持续、经济可持续和生态环境可持续三个层面的要求。[②] 在基本制度支撑实现可持续发展的过程中,其以法律规范的形式,将基于对生态系统及其规律的科学认知而形成的正当性要求融入其所确立的法律关系之中,[③]进而通过对生态环境利用行为的约束和指引,确保利用行为不超过生态环境的承载边界,实现生态环境利用行为与生态环境间的良性互动,最终实现社会、经济和生态环境的可持续。综上,为确保基本制度能够发挥其基础性规制措施体系的功能,一方面必须确保基本制度规范与科学认知的契合性,另一方面需要保证基本制度规范能够对生态环境利用行为形成有效的约束和指引。

(二)协调衔接环境法典内外规范的核心枢纽

首先,基本制度是在环境法典总则编一般规定条款指导下确立的制度体系,系对一般条款的贯彻与延伸,承载着通过其所建立的基础性规制措施体系,追寻价值指引、实现规制目标、践行规制逻辑的使命。其次,环境法典是现代环境治理体系的法制化表达,总则编生态环境治理体系部

---

① 参见吕忠梅:《发现环境法典的逻辑主线:可持续发展》,载《法律科学(西北政法大学学报)》2022 年第 1 期。

② 参见联合国:《变革我们的世界:2030 年可持续发展议程》,载联合国官网 2016 年 5 月 1 日, https://sustainabledevelopment. un. org/content/documents/94632030% 20Agenda _ Revised% 20Chinese% 20translation. pdf。

③ 参见邓海峰、俞黎芳:《环境法法典化的内在逻辑基础》,载《中国人民大学学报》2019 年第 2 期。

分与基本制度共同构筑了环境法典“治理体系—规制措施”的基本框架，基本制度实质上扮演着支撑生态环境治理体系高效运行的基础性规制“工具箱”的角色。再次，基本制度作为环境法典的基础性规制“工具箱”，在环境法典编纂的过程中，其对于分则各编中具体性、特殊性规制措施的构建发挥着指引作用，而在未来环境法典实施的过程中，抽象的“共同性”“一般性”基本制度规范，能够发挥其“规范储存器”的功能对分则各编规范进行补充，并立足生态系统整体性视角，确立综合性规制措施，协调分则各编不同规范的调整手段和强度，整合分则各编规范，提升环境法典内部规范之间的协同性。① 最后，生态环境问题的应对需要环境法与传统部门法之间通过相互援引、补充和配合的方式实现沟通与协调。② 基本制度作为基础性规制“工具箱”，应当发挥与传统部门法中相关基础性规范的沟通协调功能。

二、构建环境法典基本制度的方法保障

环境法典基本制度在发挥上述功能、保障实现可持续发展的过程中，需要将反映人与生态环境之间互动关系的客观规律的科学认知内化于基本制度规范的基础上，通过对生态环境利用行为引导和约束，实现生态环境利用行为与生态环境的良性互动。这意味着基本制度规范应当兼顾规范的合规律性和可实施性，③需要分别探寻保障规范内容合规律性和可实施性的方法，并且通过方法的协同运用保证基本法律制度规范兼顾合规律性与可实施性的要求。

（一）以“整体观”方法体系保障基本制度规范的合规律性

长期以来，受制于还原主义方法论的影响，④我国生态环境领域相关法律制度体系难以在整体上切实反映生态环境利用行为与生态环境之间

---

① 参见吴凯杰：《论环境法典总则的体系功能与规范配置》，载《法制与社会发展》2021 年第 3 期。

② 参见吕忠梅：《论环境法的沟通与协调机制——以现代环境治理体系为视角》，载《法学论坛》2020 年第 1 期。

③ 参见周骁然：《体系化与科学化：环境法法典化目的的二元塑造》，载《法制与社会发展》2020 年第 6 期。

④ 参见吕忠梅：《新时代环境法学研究思考》，载《中国政法大学学报》2018 年第 4 期。

的客观互动关系,致使现有制度难以回应以可持续发展为内核的生态文明建设实践的挑战。习近平生态文明思想方法论,以“整体观”为要旨涵盖系统性方法、协同性方法以及控制性方法,[①]为保障环境法典基本制度规范的合规律性提供了方法体系上的支撑。首先,应以系统性方法为指导,统筹考量生态环境利用行为与生态环境之间的双向互动关系,以及不同类型生态环境要素和整体生态系统之间的内在关联,形成能够整体涵摄污染控制、自然生态保护以及绿色低碳发展三大领域的基本制度框架。其次,以协同性方法为指导,一是准确定位并协同各类主体在基本制度运行过程中的角色及作用,形成适应以“多元共治”为基本特征的现代环境治理体系的基本制度体系;二是立足生态环境规律,充分考量污染控制、自然生态保护以及绿色低碳发展之间的协同互动关系,形成能够促进三大领域规制实践正向协同互动的基本制度体系。最后,以控制性方法为指导,一是确立并细化在生态文明体制改革实践中不断探索成熟的资源环境承载能力监测预警、生态环境风险管控与修复以及生态保护红线等底线约束性制度;二是改变现有立法“污染防治中心化”的样态,补足并强化现有制度对自然生态保护和绿色低碳发展支撑不足的短板与弱项。

(二)以体系化方法保障基本制度规范的可实施性

我国整体生态环境立法呈现出“复杂化”的样态,大量规范之间存在逻辑矛盾和价值冲突,极大影响了生态环境法律规范在实践中的可实施性。[②] 保障法律规范可实施性的关键在于确保法的安定性,法律体系化是在纷繁复杂的法律规范世界中维系法的安定性的关键路径。在体系化方法的指引下,环境法典将呈现出如下整体架构:在总则编一般规定的指引下,由总则编生态环境治理体系部分和基本制度共同确立形成“治理体系—规制措施”的核心规制框架,由分则各编在污染控制、自然生态保护以及绿色低碳发展三大领域具体贯彻落实规制框架,最终通过生态环境责任分编保障整体规制框架有效运行。

在此架构中,处于基础性枢纽地位、扮演着基础性规制措施“工具

① 参见吕忠梅:《习近平法治思想的生态文明法治理论》,载《中国法学》2021 年第 1 期。

② 参见何江:《为什么环境法需要法典化——基于法律复杂化理论的证成》,载《法制与社会发展》2019 年第 5 期。

箱”角色的基本制度，需要在体系化方法的指引下，切实发挥其协调衔接环境法典内外部规范的功能。首先，全面贯彻和延伸一般规定所确立的规制目标、规制逻辑和规制要求，构建形成横向层面涵摄污染控制、自然生态保护、绿色低碳发展三大领域，纵向层面覆盖“事前预防—事中控制—事后应对”全规制过程的基本制度体系。其次，充分落实生态环境治理体系部分对于基础性规制措施的要求，解决现有规制措施体系，对于企业自主治理以及社会公众参与关注不足的缺陷，[①]构建形成能够充分挖掘企业自主治理潜力并引导社会公众积极参与环境治理、契合生态环境治理体系内在要求的基本制度体系。再次，运用“提取公因式”方法，形成与分则规范在体系上构成“共同—具体”和“一般—特殊”关系的基本制度规范，[②]发挥基本制度对分则各编具体规制措施的指引、补充功能；同时在“整体观”方法体系的支撑下，形成与分则各编构成“整体—部分”关系的基本制度规范，发挥基本制度对分则各编的整合协调功能。最后，准确认识基本制度规范与传统部门法相关制度规范之间的“具体—共同”和“特殊——一般”的体系关系，充分考察基本制度规范相较于相关规范的“具体性”和“特殊性”。

（三）“整体观”方法体系与体系化方法的协同运用

“整体观”方法体系的运用意在确保基本制度的合规律性，体系化方法的运用则意在保障基本制度的可实施性。一方面，科学理性认识只能是一种有限的、相对的理性认识，[③]因科学认知的向前发展必将对法律规范的安定性产生挑战；另一方面，随着环境科学、生态学领域对生态环境的认识经历了从“生态平衡范式”到“新生态学范式”的转变后，人类逐渐认识到生态环境法律制度必须具有动态性和开放性。上述分析，反映了实现法律规范合规律性与可实施性过程中的内在矛盾。上述矛盾需要在生态文明时代共生逻辑的指引下，通过法律与科学之间的紧密合作，[④]在

① 参见张宝：《规制内涵变迁与现代环境法的演进》，载《中国人口·资源与环境》2020 年第 12 期。

② 参见王泽鉴：《民法总则》，北京大学出版社 2009 年版，第 21 页；苏永钦：《体系为纲，总分相宜——从民法典理论看大陆新制定的〈民法总则〉》，载《中国法律评论》2017 年第 3 期。

③ 参见柯坚：《环境法的生态实践理性原理》，中国社会科学出版社 2012 年版，第 65 页。

④ 参见朱明哲：《生态文明时代的共生法哲学》，载《环球法律评论》2019 年第 2 期。

基本制度内部建立“学习机制”予以调和,使最新的科学认知通过“学习机制”有序地反映在法律规范之中的同时,使基本制度具备不断学习和改进的能力,[①]在保证规范内容与结构稳定的同时具备一定的适应性,以适应“新生态学范式”下的生态环境保护的实践需求。

基本制度内“学习机制”的建立应着眼于以下方面:一方面,在各具体类型基本制度中,确立以客观生态环境状况及生态环境利用行为与生态环境之间的互动规律为基础的制度运行机制,使生态环境状况及客观规律内嵌于整体规制过程中;另一方面,将生态环境标准制度确立为基本制度中“学习机制”的核心制度,使对于生态环境状况以及客观规律的科学认知,通过生态环境标准的“转译”融入生态环境法律规范,在保证环境法律规范的开放性和学习能力的同时,最大限度地确保法律规范的稳定性。[②] 并强化生态环境标准制度与其他基本制度之间的衔接,以生态环境标准制度为纽带,使其具备的学习能力全面辐射基本制度体系乃至整体环境法典规范。

三、环境法典基本制度的基本结构

在明确环境法典基本制度的核心功能与支撑其构建的方法后,需要在其核心功能与构建方法的指引下,明确基本制度应当包括哪些具体制度以及各具体制度之间的结构关系。

(一)环境法典基本制度的内容构成

解决基本制度应当包括哪些具体制度的问题,可以从各国环境法典的比较法实践、法典化基本理论以及我国生态环境保护法治实践三个方面予以综合考量。首先,从比较法实践来看,因各国政治体制、社会发展状况以及生态环境基本状况等因素的差异,各国环境法典的法典化模式和程度存在不同,这使得各国已编纂形成的环境法典在基本制度的设计上存在较大差异,但值得注意的是,环境影响评价这一凸显环境法特色的制度在各国环境法典中均被确立于基本制度之中,此外环境许可、环境标

---

① See Daniel A. Farber, *Environmental Protection as a Learning Experience*, 27 Loyola of Los Angeles Las Review 797 (1994).

② 参见周骁然:《环境标准法律制度研究》,中国社会科学出版社 2020 年版,第 124 – 125 页。

准等制度也在各国环境法典中频频现身。[①]

其次,法典化基本理论在分析法典化范围过程中所确立的标准,对基本制度内容构成的确定有着较强的借鉴意义。法典化基本理论主要从消极标准的角度,明确不宜纳入法典的内容。[②] 在环境法法典化的研究中,研究者结合环境法的特点,归纳形成了以下三个方面的消极标准:存在较大争议的法律制度、正在试点改革的法律制度以及牵涉多个部门法内容的法律制度。[③] 上述标准可以进一步细化和归纳为以下三个方面:一是涉及多部门职权衔接、利益冲突明显的制度,[④]二是改革试点进程中尚未形成统一认识的制度,[⑤]三是涉及其他法律领域的高度专业性制度。[⑥] 但消极标准仅能排除无法纳入环境法典的制度,仍需遵循基本制度的核心功能,借助"整体观"方法体系和体系化方法,归纳形成积极性标准。结合前文分析,纳入基本制度范围的具体制度要么能够对分则各编产生整体性的规范整合功能,要么作为"公因式"能够贯穿于分则各编具体规范之中。

最后,应在比较法经验和法典化理论的指引下,围绕生态环境利用行为的全过程规制,全面吸纳实践中形成的传统制度以及生态文明体制改革的试点成果,最终确立环境法典基本制度的内容构成。一是"继受完善型"基本制度,即在实践中已经实现法制化并满足前述标准要求的生态环境标准制度、生态环境规划制度、环境影响评价制度、生态环境许可制度、生态环境监测制度以及环境应急管理制度;二是"改革确认型"基

---

① 参见《法国环境法典(第一至三卷)》,莫菲、刘彤、葛苏聃译,法律出版社 2018 年版,第 6 - 44、90 - 134 页;《意大利环境法典》,李钧、李修琼、蔡洁译,法律出版社 2021 年版,第 9 - 72 页;《瑞典环境法典》,竺效等译,法律出版社 2018 年版,第 15 - 26 页。

② 参见封丽霞:《法典编纂论——一个比较法的视角》,清华大学出版社 2012 年版,第 304 - 305 页。

③ 参见张忠民、冀鹏飞:《习近平法治思想和生态文明思想的自足与互助:以环境法典为中心》,载《重庆大学学报(社会科学版)》2021 年第 5 期。

④ 前述标准中存在较大争议的法律制度几乎无一例外地属于职权关系复杂、利益冲突明显的法律制度,如自然资源资产产权制度。

⑤ 在改革试点中的制度成果可以进一步细分为,已形成统一认识的制度和未能形成统一认识的制度,前者正是需要借助法典编纂进程予以确立的制度类型,如生态保护红线制度等;后者才是为了保证法典体系稳定性应当排除的制度,如生态保护补偿制度。

⑥ 此类制度往往涉及与环境法同样具有"领域法"属性的其他法律领域,如涉及财税法领域的环境保护税制度等。

本制度,即在改革实践中已经达成共识的资源环境承载能力监测预警制度、生态保护红线制度以及生态环境风险管控与修复制度。

(二)环境法典基本制度的内部结构

在依循上述标准确定基本制度的内容构成后,需要进一步明确前述各项制度间的内部结构。一方面,依照"事前预防—事中控制—事后应对"的内在逻辑构建基本制度体系已有理论上的支撑,[①]可将基本制度类型化为事前预防、事中控制和事后应对三大模块。事前预防制度模块着眼于在生态环境利用行为决策前,确定特定时空范围内生态环境保护的规制目标,具体包括资源环境承载能力监测预警制度、生态环境标准制度、生态保护红线制度和生态环境保护规划制度,四者之间形成了从生态环境客观状况、技术要求、底线约束到整体目标的事前预防制度体系。事中控制制度模块着眼于将确定形成的规制目标,分解贯彻于生态环境利用行为的宏观决策到具体实施全过程,具体包括环境影响评价制度、生态环境许可制度和生态环境监测制度,三者之间形成规制目标分解、行为管控约束以及生态环境状况反馈的事中控制制度体系。事后应对制度模块着眼于对生态环境利用行为产生不利后果的应对处理,具体包括生态环境风险管控与修复制度和环境应急管理制度,两者分别回应生态环境利用行为引发的生态环境风险和危险,形成完整的事后应对制度体系。

另一方面,在制度规范设计的过程中,还应切实反映生态环境保护实践对基本制度体系开放性和适应性的要求,构建形成各模块之间相互约束和支撑的网络化动态耦合结构。发挥各制度模块固有的制度功能,通过基本制度相互之间的引导和约束,确保整体规制框架的有序运行和规制目标的实现。同时,挖掘各个模块在各自运行的过程中产生的信息汇集和信息反馈的功能,为各模块运行过程中及时优化和调整规制要求提供信息保障,以切实提高整体基本制度的开放性和适应性,提升整体规制框架的运行效能。故而,在具体制度规范构建的过程中,除了需要明确各基本制度间的衔接条款外,还应当注重强化各基本制度的信息汇集与反

---

① 参见汪劲:《环境法学》,北京大学出版社 2006 年版,第 198 页;吕忠梅主编:《环境法原理》(第 2 版),复旦大学出版社 2017 年版,第 215 页;于文轩、牟桐:《生态文明语境下环境法典的理性基础与法技术构造》,载《湖南师范大学社会科学学报》2020 年第 6 期。

馈机能,并优化各制度中依据反馈信息及时调整具体规制要求的回应机能。

四、环境法典基本制度的规范展开

在具体设计环境法典基本制度规范的过程中,应当在明确具体制度的规范体例的基础上,分别确立各模块中基本制度的规范设计方案。在此需要注意,针对“继受完善型”基本制度应当着力于完善现有制度,以使其满足环境法典对基本制度的要求;针对“改革确认型”基本制度则应当侧重沿袭法制化的逻辑确认并表达改革实践的成果。

(一)环境法典基本制度的规范体例

如前所述,基本制度是整体环境法典的基础性规制措施“工具箱”,故而具体基本制度的设计过程,实质就是界定具体基本制度所规范的规制工具的内涵和适用范围、不同主体在具体规制工具运用过程中的法权关系、具体规制工具涵盖的核心措施和要求以及具体规制工具同其他规制工具的衔接关系。因此,环境法典基本制度规范在体例上,应当由“定义和适用范围条款”、“法权配置条款”、“核心措施条款”及“制度衔接条款”四个类型的规范组成。首先,在“定义和适用范围条款”中,一是应当定义具体基本制度所规范的规制工具,鉴于基本制度的抽象性和概括性,在定义方式上应当优先选择内涵式定义方式以及完全列举的外延式定义方式,尽量避免使用不完全列举的外延式定义方式;二是在适用范围的界定中,原则上应当覆盖分则各编涉及的各个领域,但考虑到部分基本制度的特点,可结合实际情况将适用范围缩限为至少两个分则编所涵摄的具体领域。其次,在“法权配置条款”中,应当明确行政机关的职权配置、企业以及社会主体在制度运行过程中享有和承担的一般性权利和义务。再次,在“核心措施条款”中,应当在各基本制度的功能定位和基本规制逻辑的指引下,有层次地构建核心规制措施体系,并且保证核心规制措施能够适用于该制度所涵摄的分则领域。最后,在“制度衔接条款”中,一方面需要明确各基本制度之间的衔接关系,另一方面需要遵循“具体—共同”“特殊——一般”的逻辑明确基本制度与其他部门法制度的衔接关系。

(二)事前预防制度模块的规范展开

1. 资源环境承载能力监测预警制度

首先,在“定义和适用范围条款”中,明确资源环境承载能力监测预警制度“引导和约束各地严格按照资源环境承载能力谋划经济社会发展”①的核心制度功能。其次,在“法权配置条款”中,充分考虑该制度运行地理空间范围的特点,将制度实施的职责确立为省级以上人民政府。再次,在“核心措施条款”中,一是确立“三层五级”②的预警层级体系;二是依据预警等级的上升和下降,确立兼顾“负向管控”和“正向激励”的管控措施体系;三是依托数据库和一体化信息平台,形成体系化的信息规制措施,充分发挥制度的信息治理功能。最后,在“制度衔接条款”中,依托监测预警制度形成的评价结论,明确其与其他基本制度之间的衔接约束关系。

2. 生态环境标准制度

鉴于现行《生态环境标准管理办法》(2020 年)已对生态环境标准制度进行了较为系统全面的规定,在确立生态环境标准制度时应当在继受完善相关基础性、核心性条款的基础上,重点解决以下问题:一是在“定义和适用范围条款”中,明确生态环境标准制度将涵摄分则各编覆盖的污染控制、自然生态保护和绿色低碳发展三大领域。二是在“核心措施条款”中,在确立纵向生态环境标准体系时,覆盖国家、行业、地方三个层次的生态环境标准;在确立横向生态环境标准体系时,应在现有实践的基础上,归纳形成生态环境治理目标类标准、生态环境风险管控类标准、生态环境利用行为管控类标准、生态环境监测标准、生态环境基础标准以及生态环境管理技术规范六大类标准类型。与此同时,探索建立以权力机关为核心的强制性生态环境标准审查机制,以保证标准内容的合理性。三是在“制度衔接条款”中,明确生态环境标准制度同标准化法律制度间的“具体—共同”“特殊——一般”关系,发挥标准化法律制度的规范补充功能。

---

①　中共中央办公厅、国务院办公厅:《关于建立资源环境承载能力监测预警长效机制的若干意见》,载中国政府网,http://www.gov.cn/zhengce/2017-09/20/content_5226466.htm。

②　中共中央办公厅、国务院办公厅:《关于建立资源环境承载能力监测预警长效机制的若干意见》,载中国政府网,http://www.gov.cn/zhengce/2017-09/20/content_5226466.htm。

3. 生态保护红线制度

首先,在“定义和适用范围条款”中,界定“生态保护红线”和“生态保护红线区”的概念时,明确核心制度功能以及对于相关活动的约束效力。其次,在“法权配置条款”中,一方面,确定划定、审批和调整生态保护红线的职权配置,明确省级人民政府组织划定和调整、国务院自然资源部门审核、国务院审批的职权配置结构;另一方面,明确生态保护红线的监督管理职权,确立生态环境部门统一监督管理、各部门分工负责的职权配置模式。再次,在“核心措施条款”中,一是明确生态保护红线的划定依据和要求;二是明确生态保护红线区的管理措施,确立由生态补偿、生态修复、区域监测、评价考核等组成的管理措施体系;三是建立系统化、多层次的责任体系。最后,在“制度衔接条款”中,明确生态保护红线制度确定的生态保护红线、生态保护红线区对生态环境规划、环境影响评价等其他基本制度的约束,以切实发挥其底线约束功能。

4. 生态环境规划制度

一是在“定义和适用范围条款”中,确立以生态环境保护规划为统领,污染控制规划、生态保护规划、绿色低碳发展规划三大专项规划为支撑,其他各类专项规划为补充的、涵摄分则各编调整范围的“1 + 3 + X”生态环境规划体系结构。二是在“法权配置条款”中,明确跨行政区域的生态环境规划的编制、审批的职权配置,以回应实践中相关流域、区域生态环境规划的编制、审批的实践要求。三是在“核心措施条款”中,首先增加编制要求、编制依据以及公众参与的内容,进一步提升规划内容的科学性与正当性;其次确立规划实施评估与修订机制,解决对规划实施与评估环节关注不足的问题。四是在“制度衔接条款”中,明确生态环境规划相对于国土空间规划的独立地位以及两者之间的交叉互动关系。①

（三）事中控制制度模块的规范展开

1. 环境影响评价制度

鉴于编纂形成环境法典后,将废止现行《环境影响评价法》(2014 年修订),并统筹对《规划环境影响评价条例》(2009 年)、《建设项目环境保

---

① 参见刘贵利、郭健、江河:《国土空间规划体系中的生态环境保护规划研究》,载《环境保护》2019 年第 10 期。

护管理条例》(2017 年修订)以及《环境影响评价公众参与办法》(2018 年)等法规规章进行修订,在构建总则编环境影响评价制度规范时,应当着重围绕环境影响评价制度的核心规范展开,将相关实施规范、具体领域中的适用规范确立于分则各编以及相关行政法规、部门规章之中。因此,环境影响评价制度条款应在继受完善《环境影响评价法》核心条款的同时,重点解决以下问题:一是在“定义及适用范围条款”中,将政府制定的经济、技术政策纳入环境影响评价范围;二是在“核心措施条款”中,将公众健康、绿色低碳发展等因素纳入环境影响评价因素之中;①三是在“制度衔接条款”中,着重优化环境影响评价制度与生态环境许可制度之间的衔接。

2. 生态环境许可制度

一是在“定义和适用范围条款”中,明确生态环境许可制度将涵摄分则各编覆盖的污染控制、自然生态保护和绿色低碳发展三大领域,为强化不同领域间许可的互动配合以及可能建立的“环境—气候综合排放许可制度”②等具体许可制度提供支撑。二是在“法权配置条款”中,确认公众参与重大生态环境许可审核环节的权利。三是在“核心措施条款”中,将市场化规制手段确立为生态环境许可制度的重要组成部分,为未来正式确立排污权交易、碳排放交易等制度提供支撑。四是在“制度衔接条款”中明确生态环境许可制度与环境影响评价制度的关系,明确要求许可证应纳入环评文件以及批复中的相关内容及要求,并且将许可执行情况作为环境影响后评价的重要依据。③

3. 生态环境监测制度

首先,在“定义和适用范围条款”中应当明确生态环境监测制度将涵摄污染控制、自然生态保护和绿色低碳发展三大领域,并且在确定生态环

---

① 参见生态环境部:《关于加强高耗能、高排放建设项目生态环境源头防控的指导意见》,载生态环境部官网 2021 年 5 月 30 日,http://www.mee.gov.cn/xxgk2018/xxgk/xxgk03/202105/t20210531_835511.html。

② 参见生态环境部环境影响评价与排放管理司:《环境影响评价与排污许可领域协同推进碳减排工作方案(征求意见稿)》。

③ 参见国务院办公厅:《控制污染物排放许可制实施方案》,载中国政府网,http://www.gov.cn/xinwen/2016-11/21/content_5135579.htm。

境监测类型时,充分考虑温室气体监测的实践需求[①]。其次,在“职权配置条款”中,强化各部门在建立生态环境监测网络工作中的职责,以充分支撑统筹建立生态环境监测网络的实践工作。再次,在“核心措施条款”中:一是协调统筹公益性、监督性监测与服务性监测,一方面明确行政机关在公益性、监督性监测领域中的职权,并通过政府购买服务等方式有序向社会监测机构开放公益性、监督性监测市场;另一方面在完善监测标准体系和管理规范的基础上,全面开放服务性监测市场。二是强化对于生态环境监测数据的质量保障措施,通过标准技术支撑、监测数据责任体系、监测机构监管措施以及干预监测防治措施等系统性措施,确保监测数据的真实性、准确性,提升生态环境监测数据的质量。三是通过明确生态环境监测信息的发布、统一汇交以及集成共享的要求,提升政府监测数据的公信力,并为其他基本制度的运行提供信息保障。最后,在“制度衔接条款”中,分别明确在执法领域和司法领域对作为执法依据和诉讼证据的监测数据的要求。

(四)事后应对制度模块的规范展开

1. 生态环境风险管控与修复制度

生态环境风险管控与修复制度既是基本原则部分应当确立的风险预防原则的延伸,[②]也是土壤污染风险管控与修复制度的抽象化和一般化,其主要着眼于已受损生态环境空间利用过程的风险规制。[③] 环境法典总则编在确立生态环境风险管控与修复制度的过程中,可以在充分借鉴《土壤污染防治法》第四章第一节的基础上,将相关规范一般化为具有普遍适用性的基本制度。首先,在“定义与适用范围条款”中,一方面明确该制度所调整的活动类型包括风险评估、风险管控、修复、风险管控效果评估、修复效果评估、后期管理等类型;另一方面明确其适用领域应涵盖污染控制、自然生态保护和绿色低碳发展领域。其次,在“法权配置条

---

① 参见柏仇勇、赵岑:《中国生态环境监测40年改革发展与成效》,载《中国环境管理》2019年第4期。

② 参见王小钢:《环境法典风险预防原则条款研究》,载《湖南师范大学社会科学学报》2020年第6期。

③ 参见王夏晖:《我国土壤环境风险管控制度体系构建路径》,载《环境保护》2017年第10期。

款”中,一方面应当明确生态环境部门统一监管、各部门分工负责的监督管理体制;另一方面应当按照“损害担责原则”确立管控与修复活动的责任主体。再次,在“核心措施条款”中,应当确立信息共享机制、风险调查与评估措施、风险管控措施、损害鉴定评估措施、损害修复措施以及管控和修复评价与后期管理措施等核心措施,上述内容应当突破《土壤污染防治法》污染控制的思维,全面涵摄在污染控制、自然生态保护和绿色低碳发展领域中所需考量的要素以及可采取的技术措施与方法。最后,在“制度衔接条款”中,明确其与生态环境标准制度的关联,以及管控与修复评价结论对其他制度的信息反馈机能。

2. 环境应急管理制度

在确立环境应急管理制度的过程中,应重点实现以下两个方面的目标:一是在“定义及适用范围条款”中将自然生态保护和绿色低碳发展两大领域中的突发事件应对纳入环境应急管理制度的调整范畴,以实现对于分则各编的全面统摄。二是《突发事件应对法》(2007 年)虽然将“监测和预警”作为应急管理的有机组成,但由于生态环境监测制度系生态环境保护领域具有独特价值和功能的成熟独立制度类型,为避免重复投入,应采取优化衔接的路径,充分挖掘生态环境监测制度的内在功能,以实现其在信息领域对环境应急管理的支撑。故而,应在生态环境监测制度中将监测预警纳入其制度范围,并且明确其监测预警信息应当作为环境应急管理的支撑,形成两者之间的有序衔接。

五、结论

本部分在厘清环境法典基本制度的核心功能、明确构建基本制度的方法支撑的基础上,描绘了由三大模块、九大制度组成的基本制度框架及规范设计方案。鉴于环境法典基本制度丰富的理论内涵和多样的实践样态,前述方案仅能对构建环境法典基本制度整体思路的确定提供参考,尚不能满足基本制度中各具体规范设计的精细化需求。环境法典基本制度,作为上承总则编一般规定和生态环境治理体系条款,下启分则各编具体制度、具体规范,外接其他部门法制度的“桥梁”,其规范质量直接“锚定”了整体环境法典的立法质量。为确保基本制度具体规范乃至整体环境法典的立法质量,仍须围绕基本制度中的各具体制度展开更加精确、细致的研究,方能不负编纂环境法典的时代使命。

2.5 《生态环境法典专家建议稿(草案)》总则编编纂问题研讨

2.5.1 《生态环境法典专家建议稿(草案)》总则编条旨大纲*

第一章　一般规定

1.【立法目的】

2.【适用范围与生态环境的定义】

3.【环境保护是基本国策】

4.【国家的环境保护义务】

5.【保护优先、自然恢复原则】

6.【预防为主、综合治理原则】

7.【政府主导、公众参与原则】

8.【受益补偿、损害担责原则】

9.【公民环境权】

10.【全体人民的一般环境保护义务】

11.【环境保护的保障引导机制】

12.【环境教育】

13.【环境保护国际合作与交流】

14.【法律冲突时的适用规则】

---

* 本条旨取材于“环境法典编纂研究”课题组起草的《生态环境法典专家建议稿(草案)》(2022 年 8 月 1 日版)。

第二章 生态环境治理体系
第一节 公权力主体与监管体制
15.【生态环境管理体制和环境行政职能配置】
16.【中央和地方环境行政权及其关系】
17.【生态环境资产管理权】
18.【跨区域生态环境治理协调机制与纠纷解决】
19.【政府的生态环境保护职责】
20.【对政府生态环境保护职责的监督】
21.【生态环境保护督察】
22.【生态环境保护综合行政执法、环境监测监察垂直管理】
23.【环境检察权】
24.【环境司法权】
25.【不履行生态环境保护职责的法律责任】
26.【生态环境损害追责的基本要求】
第二节 企业生态环境治理
27.【企业事业单位的一般环境保护义务】
28.【企业环境资源利用权及其义务】
29.【企业事业单位环境保护责任制度】
30.【企业环境治理规则】
31.【环境污染第三方治理】
32.【其他环境第三方服务】
33.【行业环保自我规制】
34.【环境信息披露】
35.【企业环境自治激励举措】
第三节 公众参与生态环境治理
36.【环境治理全民行动体系和社会监督】
37.【公众参与环境事务中公众的范围】
38.【公众获取环境信息的权利】
39.【生态环境信息主动公开】
40.【生态环境信息依申请公开】
41.【公众参与环境决策的权利】
42.【公众参与环境决策的方式】

43.【对公众参与有重大环境影响活动的要求】
44.【对公众参与起草有重大环境影响文件的要求】
45.【公众参与生态环境保护监督的权利】
46.【公众参与环保督察的权利】
47.【公众参与的保障】
48.【公众参与的救济】
49.【社会组织环境公益诉讼制度】

第三章　基本制度

第一节　资源环境承载能力监测预警

50.【资源环境承载能力监测预警的定义】
51.【资源环境承载能力监测预警的管理主体】
52.【资源环境承载能力预警等级的分类标准】
53.【资源环境承载能力监测预警的激励措施】
54.【资源环境承载能力监测预警的约束措施】
55.【资源环境承载能力监测预警设施的建设】
56.【资源环境承载能力的评价和应用】
57.【资源环境承载能力监测预警的协同监督】
58.【资源环境承载能力监测预警的组织保障】

第二节　生态环境规划

59.【生态环境规划的定义】
60.【生态环境治理纳入国民经济和社会发展规划】
61.【国土空间规划体系的构成】
62.【生态环境规划目录清单管理】
63.【生态环境规划的编制要求】
64.【生态环境规划的实施监督】
65.【生态环境规划实施的评估及修订】
66.【生态环境保护规划】

第三节　生态环境标准

67.【生态环境标准的定义】
68.【生态环境标准的类型】
69.【生态环境标准的效力】
70.【生态环境标准的制定主体】

71.【生态环境标准制定的一般规定】
72.【强制性生态环境标准制定的特殊规定】
73.【生态环境标准的实施】
74.【强制性生态环境标准审查要求】
75.【强制性生态环境标准审查程序】
76.【生态环境标准制度与标准化法律制度的衔接】
第四节　生态环境监测
77.【生态环境监测的定义】
78.【生态环境监测的类型】
79.【生态环境监测管理体制】
80.【生态环境监测机构】
81.【生态环境监测市场化及其规制】
82.【生态环境监测网络和监测站(点)的设置】
83.【生态环境监测信息的发布和共享】
84.【生态环境监测数据的质量保障】
85.【生态环境监测数据的效力】
第五节　环境影响评价
86.【环境影响评价的定义与评价原则】
87.【政策环评】
88.【规划环评的适用范围】
89.【规划环评文件的编制】
90.【规划环评公众参与】
91.【规划环评文件的审查】
92.【规划环评效力】
93.【规划环境影响跟踪评价与核查】
94.【建设项目环评分类管理】
95.【建设项目环评文件编制】
96.【建设项目环评公众参与】
97.【建设项目环评的审批权限】
98.【建设项目环评文件审批规则】
99.【项目环评重新报批和重新审核】
100.【建设项目环评的法律效力】

129.【生态环境损害修复阶段主管机关的一般职责】
130.【生态环境损害修复的鉴定评估】
131.【生态环境损害修复方案的确定和通知】
132.【生态环境损害修复措施的执行与调整】
133.【跨区域生态环境损害修复的执行主体】

2.5.2　环境法典编纂的进展与问题*

2021 年环境法典编纂研究进入全国人大的立法计划,标志着环境法典编纂研究已经不再是学者的构想,而是立法机关委托的立法研究项目。实际上,中国法学会环境资源法学研究会从学术角度启动环境法典研究项目的时间更早,2017 年年初就先后在北京大学、清华大学召开了环境法典编纂理论研讨会、小型专家会。后来争取到阿里巴巴基金会的经费支持后,正式启动了环境法典研究项目。

法学家在法典编纂当中的作用至关重要,没有法学家,法典就将失去存在的意义。编纂法典是法学家的使命,法典编纂以后的解释也是法学家的任务,所以法典必须有坚实的理论基础和充分的论证来支撑。环境法典编纂研究不仅需要拿出条文框架,更重要的是探明条文框架背后的理论基础是什么,能够支撑环境立法体系化的理论是什么。

现有研究已在环境法典编纂条件、编纂定位、编纂方式、编纂方法、体系结构等方面取得一定成果,但与编纂高质量法典的要求尚存差距。

对于环境法典编纂,学术界已经达成了很多共识,当然也还有一些分歧,可称之为"大共识"与"小分歧"。大的共识主要表现为四个方面:一是大家都高度赞同启动环境法典编纂,一致认为条件已经成熟;二是高度赞同环境法典编纂要采取适度法典化路径,即有限的法典化;三是高度赞同环境法典编纂应借鉴《民法典》的编纂技术,即在潘德克顿体系基础上创新;四是高度赞同采用国际化语言编纂环境法典。所谓"小分歧",主要反映在一些技术方法上,比如,对适度法典化的"适度"有不同理解、对

---

* 吕忠梅,中国法学会副会长、中国法学会环境资源法学研究会负责人。本部分根据作者在《生态环境法典专家建议稿(草案)》基础理论和总则编专题研讨会(2022 年 1 月 12 日,北京)上的发言整理而成。

借鉴《民法典》的编纂技术方法有不同方案等。这些分歧恰恰是环境法典编纂研究能够不断前行的动力所在。

可以说,第一阶段的环境法典编纂研究还是初步的,距离编纂一部高质量的法典仍有不小差距。目前的研究主要偏重理论阐释和一般规律总结,在与制度实践的结合、对中国特色的凸显、法典编纂落地的技术方法上,还非常薄弱。突出表现为两个问题:一是环境法典编纂的基础理论问题并没有得到真正解决,二是环境法典编纂的技术方法研究基本空白。

总则编既是开篇也是统领,对于法典成败至关重要。总则编在对现行生态环境立法"提取公因式"的基础上加以补充完善,将发挥统领法典分编、指导单行法立法及适用的作用。目前已做的工作是以现行《环境保护法》(2014 年修订)为基础,吸纳具有综合性特征的环境单行法相关内容,以及污染防治单行法、自然资源单行法以及长江保护法等相关法律的总则部分、具有综合性内容的环境行政法规。同时,根据生态文明制度改革的新成果、新要求,在总则编中固化条件成熟的内容。总则编大致应包括三个部分的内容,一是通过一般规定确认生态环境法律秩序;二是构建适应新时代要求的生态环境治理体制;三是建立协调衔接环境法典内外规范的基本制度。

为了实现环境法典的编纂目标,需要确定基础理论与总则编研究的工作要点与重点问题,其包括以下几个部分。

第一部分,关于环境法典编纂研究的工作要点。

环境法典编纂的过程是环境法学的话语体系、理论体系形成的过程。以体系化为目标的法典编纂首先是法学知识的体系化,只有在成熟的环境法学知识体系基础上,才可能编纂成熟的环境法典。因此,从目前的研究工作看,一方面迫切需要扩大理论研究范围、加深理论研究程度,另一方面要针对专家建议稿开展理论研究工作。

当前的环境法典编纂研究需要注意以下几点。一是专家建议稿作为初稿,应秉持"先平移,后剔除"原则,注重对现行立法、体制改革实践的梳理整合,在"先平移"阶段,为内容周全而牺牲精简是对的,由此带来的不同部分之间的重叠、重复、衔接不畅之处也很正常;下一步,要进入"后剔除"阶段,在此阶段需要做进一步整合、凝练,这对理论研究必然会提出更高要求。二是解决理论与实践相结合问题,相关的制度涉及的部门行业众多,如何听取各方面的意见、凝聚共识需要有办法。三是近期诸多法律法规的立改废带来了新情况、新变化,需要吸收和转化,对与生态环境相关的一些法律制度是否纳入、如何纳入需要统筹考虑、综合论证。四是如何将理论研究与对草案的论证与完善进行更加有效的结合,包括研究人员、研究内容、研究方法等。

第二部分,关于环境法典编纂的整体性问题。

涉及整个法典编纂的基础性问题主要包括六个方面。第一,更好地解决环境法典编纂的基础概念、逻辑主线、框架结构、编纂方法等理论问题,并在广泛听取意见建议基础上,凝聚最大共识。第二,对总则、污染控制、自然生态保护、绿色低碳发展、生态环境责任等各编之间的条文进一步整合、完善,以理顺关系、去除重复、减少矛盾、消除冲突。第三,将新制定和修订的湿地保护法、噪声污染防治法、固体废物污染防治法等相关法律,以及已经启动制定或研究的国家公园法、自然保护地法、资源综合利用法等法律的相关内容,在法典草案稿中加以合理安排并充实完善。第四,对"十四五"规划和 2035 远景目标规划纲要确定的生态文明建设目标任务、体制改革新要求以及出台的相关政策进行深入论证,将需要法律固化的内容在法典草案中予以充分考虑。第五,进一步整理相关文献资料、新制定或修订的相关法律法规政策、理论研究成果,及时对法条说明、立法理由、参考立法例进行充实和完善。第六,及时跟踪社会经济发展过程中出现的生态环境保护问题,尤其是"双碳"目标实现、国际气候变化和生物多样性公约谈判、世界环境公约谈判、国际人权领域斗争等可能带来的新问题展开前瞻性研究,在法典中作出回应,为构建"地球生命共同体"、丰富国际斗争工具箱提供法律方案。

第三部分,关于环境法典总体框架和基础理论问题。

环境法典编纂的总体框架和基础理论问题主要包括八个方面。一是环境法典编纂的方法论。二是基本法和法典编纂的比较研究。基本法的优势和法典编纂的劣势是相对应的,需要在法典编纂的过程中吸收基本法模式的优势部分,让法典编纂更加完善。三是生态法典编纂国家的经验借鉴。在国际上有生态法典和环境法典两种类型,这两种类型采用不完全相同的思路和编纂方法,那么到底生态法典和环境法典之间的联系与区别是什么?如果要编纂一部生态环境法典,对于如何处理生态法典和环境法典编纂之间的关系,需要理顺关系并且吸纳有益经验。四是大陆法系国家法典编纂的经验借鉴。现在可以看到,法典编纂虽然是大陆法系国家的传统以及成熟的编纂经验,但在环境法典编纂上有很大不同。现在,德国法典历经十几年未出台并几乎被判了死刑,法国法典采取不同于民法典的编纂方式,意大利法典名不副实,大陆法系国家的法典编纂都走了一些不平常的道路。如何避免出现大陆法系国家环境法典编纂中出现的一些问题,需要深入研究。五是环境法典的框架及内容构想。六是各编之间相关制度如何衔接。七是环境法典与《民法典》及其他法律之间的有机衔接。比如,《民法典》的绿色条款涉及从总则到分编,把眼光只放在侵权责任编是有问题的,其实物权编、合同编、人格权编都留下了与环境法典衔接的接口,如何实现与《民法典》的全面衔接是一个非常大的理论问题。八是环境法典编纂如何归纳理论创新、制度创新和实践创新。

第四部分,关于环境法典总则编的问题。

环境法典总则编的问题主要包括十一个方面。一是宪法依据、立法宗旨及如何表述;二是生态环境的概念以及调整范围是什么;三是基本原则到底应该如何表述;四是构建什么样的环境治理体系;五是环境权应该如何规定以及如何表述;六是建立什么样的监管体制;七是基本制度如何展开;八是构建什么样的环境标准体系;九是环境影响评价制度以及传统的主要环境保护制度应该如何改造升级,才能成为适应现代环境治理体系的基本制度;十是环境风险评估制度如何建立;十一是总则和分编相关制度的关系处理的原则是什么。

这些都是需要我们认真研究、深入认证,并且拿出合理方案的问题。只有解决好了这些问题,才能使总则乃至整个法典专家建议稿从目前的"汇编"进入"编纂"程度。

2.5.3 总则编中的立法宗旨表述*

首先,在讨论环境法典的立法宗旨时,有必要回顾历史,分析以往不同版本的环境保护法是如何规定立法宗旨的。从 1979 年《环境保护法(试行)》,到 1989 年《环境保护法》,再到 2014 年修订的《环境保护法》,

---

* 王建学,天津大学法学院教授。本部分根据作者在《生态环境法典专家建议稿(草案)》基础理论和总则编专题研讨会(2022 年 1 月 12 日,北京)上的发言整理而成。

共有三个不同版本的立法宗旨条款。三个版本的共性是都出现在第1条,主要区别在于:1979年写了立法依据和立法任务(目的),共分为两条,且在依据中直接援引宪法条款,并在任务部分将宪法表述予以细化。从1989年开始,只有立法目的,没有立法依据。2014年的修订延续这一做法,并在此基础上修改了目的表述,比如生活环境和生态环境合称为环境,公众健康改为人体健康,写入生态文明等。

其次,基于环境保护法的内容,笔者认为环境法典的立法宗旨应当与宪法内容相衔接。一是宪法的环境条款构成环境法典立法宗旨的规范基础,二是环境法典立法宗旨在完整意义上应当包括立法依据和立法目的(或任务)两部分。在此基础上,在表述环境法典立法宗旨时,就必须完整准确地理解《宪法》中的环境条款。那么《宪法》中规定了什么内容呢?关于2018年《宪法》的环境条款,目前学界已经有较多成果。从条文上看共三部分:一是序言里的科学发展观、新发展理念、生态文明等;二是《宪法》第9条的自然资源保护条款;三是《宪法》第26条的专门环保条款。此外,还有隐含的环境人权等内容。因此,《宪法》里的环境条款是比较完整的。

最后,以宪法基础来看环境法典的立法宗旨表述。目前的《生态环境法典专家建议稿(草案)》中,其立法宗旨条款,同前述不同版本的环境保护法一样安排在第1条,位于总则编中。这种定位很好,但在表述上存在一定的不足。据此提出以下两点建议:其一,目前的立法宗旨只有立法目的,没有立法依据,应写明"根据宪法制定本法";其二,总体上立法目的的表述,要结合《宪法》条款特别是《宪法》序言和第26条,综合不同版本环境保护法的优点,还要吸收党和国家的最高理念表述。

2.5.4　总则编中的基本原则规定*

对于总则编中的基本原则,本书从三方面论述,一是我国《环境保护法》的原则;二是德国、法国、瑞典、爱沙尼亚环境法典的原则;三是我国环境法典的原则及其表述。

---

* 王小钢,天津大学法学院教授。本部分根据作者在《生态环境法典专家建议稿(草案)》基础理论和总则编专题研讨会(2022年1月12日,北京)上的发言整理而成。

我国《环境保护法》的原则包括第 4 条规定的可持续发展原则，规定国家采取各种有利于环境保护的经济、技术政策和措施，经济社会发展与环境保护相协调；第 5 条规定的保护优先、预防为主、综合治理、公众参与、损害担责的原则。

德国、法国、瑞典、爱沙尼亚环境法典的原则。德国环境法典专家委员会草案的原则，规定在总则第一章的一般规定中。第一项是环境责任和环境意识原则，第二项是可持续发展原则，第三项是风险预防原则，第四项是污染者付费原则，第五项是合作原则，第六项是保护整体环境原则，第七项是衡量和填补原则。第七项原则有利于解释和适用我国环境保护的保护优先原则，即在严重和永久性的生态损害的情形下，环境保护应当被赋予优先的地位，当然这个优先并不是绝对的优先，当发生其他非常重要或者压倒一切的公共利益时，是允许造成严重或者永久性的生态损害的。此时，同时需要填补原则，若造成永久性损害需要给予金钱补偿；若造成严重、非永久性的损害，需要进行实物的修复。第八项原则是所有权和环境利用权原则，所有权原则规定了所有权的社会功能或者是所有权的生态功能，即对所有权的行使施加环境保护的限制。环境利用权指的是环境使用权、环境享用权、环境进入权。

《法国环境法典》的原则，规定在第一编一般原则的第 110 - 1 条：第一项是风险预防原则，第二项是损害预防与矫正原则，第三项是污染者付费原则，第四项是有权获得、获取环境信息原则，第五项是参与原则，第六项是生态团结原则。生态团结原则指生态系统生物和环境（包括人工的自然环境）之间的互动作用，即强调系统性或是整体性。第七项是可持续利用原则，第八项是环境与农林水之间的互补性原则，第九项是不退化原则。不退化原则要求政府在当下的科学知识水平下，不断地采取措施，持续性地改善环境法律、法规所规定的环境保护水平，即环境质量。

《瑞典环境法典》的原则，规定在第一编总则第二章注意义务一般原则下，此规定以损害预防，尤其是风险预防为基础。第一项是证明责任原则，第二项是获取知识原则，第三项是损害预防和风险预防，第四项是最佳可得技术原则，第五项是合理选址原则，第六项是资源管理和生态循环原则，第七项是产品选择原则，第八项是比例原则。比例原则强调损害预防和风险预防原则应结合成本收益分析实施。第九项是污染者付费原则,第十项是危险活动防止原则。

《爱沙尼亚环境法典》总则的原则,在第二章环境保护的原则和主要义务的第一节环境保护的原则中作了规定。第一项是高水平和综合协同保护环境原则,高水平是指对环境进行严格保护,综合协同保护是指环境要素保护之间的综合协同,如保护地表水和地下水、土壤之间的协同保护。第二项是一体化原则,第三项是损害预防原则,第四项是风险预防原则,第五项是使用者付费原则,第六项是节约使用自然资源原则。

以上四个国家环境法典的共同原则,包括可持续发展原则、污染者付费原则、损害预防原则、风险预防原则以及公众参与原则。相较之下,我国《环境保护法》还规定了保护优先原则和综合治理原则,但对风险预防原则未作规定。

以上四国环境法典还规定有一些特殊原则。比如德国,有保护整体环境原则、衡量和填补原则、所有权和环境利用权原则;法国有不退化原则;瑞典有对于损害预防措施和风险预防措施的成本收益合理性要求的原则;爱沙尼亚有高水平和综合协同保护环境的原则。

笔者认为,在《环境保护法》可持续发展、保护优先、预防为主、综合治理、公众参与、损害预防、损害担责原则的基础上,我国环境法典可以增设两个原则,一是风险预防原则,二是不退化原则。不退化原则在《法国环境法典》有规定。我国环境法典中的风险预防原则,可作如下规定:当初步的科学证据显示某项人类活动存在可能导致社会无法接受的环境损害之风险时,即使在缺乏充分确实科学证据的情况下,国家机关包括立法机关和执法机关,甚至是司法机关均应当采取适当的措施以避免或降低环境风险。社会无法接受的环境损害至少包括三种情况,第一种是威胁到公民生命,或者是公众健康;第二种是严重和不可逆转的生态环境损害;第三种是对后代人造成不可逆转的重大环境损害。重大环境损害既包括人身、财产损害,也包括生态损害,适当的措施包括禁止开展存在重大环境风险的活动,或者是施加最佳可得技术要求,或者是设置安全边界以及采取其他合理可行的防范措施。

2.5.5 总则编中的环境权规定*

在环境法法典化的关键历史时刻,需要认真对待环境权这个议题,下面主要从以下三方面论述环境权议题。

(一)环境权的位阶:宪法环境权与法定环境权

环境权的成文法源主要包括宪法和一般法律,由此可以区分出作为宪法基本权利的环境权(宪法环境权)和一般法律权利的环境权(法定环境权)。

从各国具体情况来看,有以下几种情形:(1)有的国家既存在宪法环境权,也存在法定环境权,如南非、俄罗斯、法国、肯尼亚等。(2)有的国家只有法定环境权,没有宪法环境权,比如中亚的哈萨克斯坦,东欧的爱沙尼亚,非洲的赞比亚、坦桑尼亚等。《哈萨克斯坦宪法》第31条规定了国家环保义务,第37条、第38条规定了公民保护历史文化遗产和自然环境的义务,并无环境权的规定。2007年《哈萨克斯坦生态法典》第一篇总则第二章"自然人、社会团体和地方自治机关的权利和义务"的第13条第1款规定了自然人的12项权利,涵盖实体性环境权、环境程序性权利和救济权等。(3)有的国家既无宪法环境权,也没有法定环境权,如瑞典。

(二)环境法典、环境基本法中的环境权立法模式

环顾各国环境法典和环境基本法中的环境权条款,有的规定非常简单,可以称之为简约模式,比如1998年《南非环境管理法》仅在序言中提及了环境权,未作进一步规定。有的国家有相对系统的规定,称之为环境权立法的完整模式,以肯尼亚和爱沙尼亚两国为例作出说明。

1999年《肯尼亚环境管理与协作法》第二章总则第3条规定了"享有清洁和健康环境的权利",共有5款:第1款是对健康环境权的一般规定,第2款是对环境权的补充性规定,第3-5款是对环境权救济的规定。第

---

* 吴卫星,南京大学法学院教授。本部分根据作者在《生态环境法典专家建议稿(草案)》基础理论和总则编专题研讨会(2022年1月12日,北京)上的发言整理。

3 条 A 项是获取信息(access to information)的规定。

2011 年《爱沙尼亚环境法典》总则第四章环境权利分为两节,第一节规定了"满足健康和福祉需求的环境权和环境程序权",其中第 23 条规定了"满足健康和福祉需求的环境权",分成 5 款:第 1 款规定每个人都有权期望与其直接相关的环境能够满足健康和福祉的需求,第 5 款规定为维护本条第 1 款规定的权利,可以要求(请求)行政当局保护环境并采取合理措施,确保环境符合健康和福祉的需要。第 24 – 29 条规定了环境信息公开、公众参与行政决策,第 30 条规定了诉诸司法的权利,如果一个人的权利包括满足健康和福祉需要的环境权受到侵犯,可依《行政程序法》规定之程序向行政机关提出行政复议或者根据《行政法院程序法》规定的程序向行政法院提起诉讼。第 31 条是关于环境非政府组织的规定。从总体上看,《爱沙尼亚环境法典》总则有关于环境权的最完备规定,而且其设计打造的环境权具有主观公权力的属性,具备可司法性,值得关注。

(三)环境法典是否应该规定环境权

关于我国环境法典是否应该规定环境权,笔者认为应当,理由如下。

第一,就国内角度而言,环境权入典是生态文明建设的内在要求。党的十九大报告指出,我国社会主要矛盾已经转化为人民日益增长的美好生活需要和不平衡不充分的发展之间的矛盾,这种美好生活需要涵盖了经济、政治、文化、社会和生态环境等诸多方面。人的需要是新型权利产生的客观基础,人民对美好生活环境和生态环境的需要是立法应当确认环境权的基本动因。

第二,就国际角度而言,环境权入典是我国开展人权外交的需要。2021 年 10 月 8 日,联合国人权理事会通过了第 48/13 号决议,承认享有清洁、健康和可持续环境的权利是一项普遍的人权。笔者认为,联合国大会在未来几年内很有可能通过类似的环境人权决议。人权理事会第 48/13 号决议所支持的是一项独立的环境权,而不是"派生性"或者"衍生性"的环境权,而从我国有关政策和文件来看,环境权也有独立成型的趋势。例如,我国按照人权理事会"普遍定期审议"(universal periodical review)机制的要求,于 2009 年、2013 年和 2018 年向人权理事会提交了三轮国家人权报告,三份报告关于环境保护或者环境权利的表述有所变化。在前两轮报告中并未出现环境权或者环境权利这一名词,只是在经济社会文化权利项下的“健康权”中加入环境保护的有关内容。2018 年的国家人权报告则有所变化,在“经济、社会和文化权利”项下将“卫生健康权、生态环境与人权”并列在一起,从而将环境保护内容从健康权中分离出来,“生态环境与人权”的表述在向环境权独立成型的权利发展道路上迈进了一步。我国 2021 年 9 月发布的《国家人权行动计划(2021—2025 年)》将“环境权利”从“经济、社会和文化权利”类别下分离出来,在“经济、社会和文化权利”“公民权利和政治权利”之后将“环境权利”单列为一类人权,可见其在 2018 年的国家人权报告基础上将环境权的独立化又向前推进了一步。

综上,笔者认为在环境法典总则中应当加入环境权条款。环境法典中的许多管理性规定可能随着岁月流逝、情势变更而面临修改或者删除的命运,而环境权条款将会长存。在环境法典中写入环境权条款并决心透过具体制度予以保障,这将是馈赠给未来世代最好的礼物!

2.5.6 总则编中的公法与私法规范关系处理*

环境法中公法和私法关系的处理,此命题实质上包含两个方面:规范层面和治理层面。总体来看,规范秩序和治理秩序,在很多时候并不是统一的,而呈现出交错状态。以下从四个方面进行论述。

第一,背景方面。把握本命题的一个基本面是立足于治理体系和治理效能。公私互动是当前法律场景中一个非常显著的现象,尤其是在环境法领域。对此,应形成一种新的法解释理论,或者是法律规范形成的方案,最终以能够实现有效治理的法律规范体系表达出来。但在实践中甚至在理论研究中,对于在治理过程中出现的新经验、新问题、新法律关系,似乎还未形成体系性的解释方案,以至于没有办法在规范层面上、在法典的编纂过程中,将公私融合的秩序表达出来。在此背景下,应不断完善环境法规范体系,即在以命令控制为主体的公法机制上,发展出与治理实践以及私主体的利益和知识体系相适应的、开放式的、反思性的模式。

---

* 杜辉,重庆大学法学院教授。本部分根据作者在《生态环境法典专家建议稿(草案)》基础理论和总则编专题研讨会(2022 年 1 月 12 日,北京)上的发言整理。

第二,基本任务方面,即形成公私融合的秩序。长远来看,此种秩序的规范表达,即法律的规范形态以及构成要素是什么?在此规范形态下,最关键之处在于如何在规范上寻找公私互动,或者是公法规范与私法规范之间的制度连接点。不仅是设定一些具体的规则,而且是要寻找规则与规则的连接点,才能真正将此规则拓展开来。总体来讲,环境法体系化的一个基本目标是“动态结构 + 弹性规范”的体系,但这种体系的动态性、弹性可能很大程度上会削弱规范的传统属性。从强调法律的管理和裁判功能角度来看,此种体系可能和过去的公法特质的规则导向有一定差异。环境法体系在功能上,应该是向混合调控功能转变的。这是基本定位。在此定位之下,调整公法机制和私法机制时,实质上有很多着力点。本书主要从规范层面这一着力点探讨,但可能还包括责任的、行为的、利益的、主体的、工具的等更丰富的着力点。在规范的角度,传统公法体系中的相应主体的责任就要进行再分配,或者是重新配置,要给私主体或是私法规范留足适用的空间,来充实私法规范的补强性功能,尤其是要把握公法规范和私法规范之间的衔接和协调。

第三,规范这一着力点方面。法律规范包括公法与私法两个维度。以财产权或是行为责任为主要内容的私法规范,在环境治理体系之中越来越重要,为借助私法机制解决环境纠纷提供了坚实的基础。甚至可以说,环境民事公益诉讼与生态环境损害赔偿诉讼等以私法机制发展起来的司法规则,事实上也发挥着治理的功能,是一种面向治理的司法。公法维度上的开放性也在不断增强,不管是从工具还是从规范的表达层面,有越来越多的和过去强约束的公法机制差异比较明显的手段正在发挥重要作用。比如放松管制或者是信息性工具的不断应用,覆盖到了所有可能的行为。这意味着,公法和私法在环境治理中分别塑造了两条主线:一个是以权利为核心的,以权利调处为主要机制的私法路线;另一个是以风险或行为规制为主要内容的公法建制路线。在这种两条线索之下,公法突出强制功能,要求分配公正、政府主导,也要满足依法行政的要求。而在私法维度,以私法的自治功能来凸显权利的保护,在相关利益的彰显或者是表达方面,主体要对等并以意思自治的方式来展开。同时,在实践中,实质上政府机制和市场机制都在扩展,公法机制和私法机制都在扩张。在此背景下,很多原本属于公法管制的一些领域逐渐要依赖私法的自治功能。比如放松管制或者解除管制,是以契约等私法机制替代管制工具。

原本属于私法自治范畴的事项承载着越来越多的公法要求,或者私法上的行为往往还需以公法管制的结果作为生效或者是变更的要件,有时可能还是构成性要件。在此背景下,公法的强制和私法的自治在生态环境治理之中形成了一种相互借力和相互工具化的交错形态。此形态有两种表现方式:一是公法与私法的合力,二是在适用过程中可能会相互转换。但同时应注意的是,合力或者相互转换是有风险的。在复杂性治理的背景下,公法行为和私法行为,或是公法规范和私法规范的双重扩张,可能会导致私法层面上的意思自治或契约自由等私法价值受到干扰或者是限制,这种限制可能超越现行私法体系的忍受限度。在公法的侧面,可能会使依法行政的模糊性增强,因为应借助很多合意性的规则和工具来完成治理的任务,应避免侵害权利的风险或者行政秩序垄断的风险。这是在公法与私法规范交错背景之下,必须避免的重要陷阱。

第四,如何避免前述陷阱方面。有两个重要的关键词:利益区分和治理权的配置。

首先是利益区分方面,过去经常遇到的一个理论难题是环境公共利益概念界定和内容表达一般比较空洞,未在规范面找到扎实的落脚点,这个概念仅是用来表达公益应当受到保护。但同时应当注意,从制度改革和实施的双重视角来看,当前面临的治理任务与规范建构任务,应当保持同步。利益结构的区分和塑造是一个基本前提,甚至是环境法体系化在方法上应要完成的第一步任务,同时也是环境法和其他法律相互援引、相互补充、相互配合的一个规范基点。在此意义上,如何把公共利益实体化,或者如何将私人利益与环境公共利益进行分配和协调?一个基本方向是,确立公私利益的区分机制并明确公私利益区分的基本方式、编码性的规则。

其次是治理权方面,通过权利和权力的结构塑造来推进治理权的精准配置。当前要打造的多元共治体系,在规范上实质上是公私结合的规范形态。在此意义上,在不同的治理任务或是治理场景中,把握公私主体互动的类型,明确私法主体或是私主体在治理场景中的不同地位以及由此形成的新型法律关系;界定公私主体采用的不同工具,厘清公法规范拓展的幅度和私法机制发挥作用的空间。

最后是环境法的体系化,在公私融合的背景下、在治理权的配置上,其实质上是实现权力在中央和地方、在不同职能部门这两条线上的相互协调或融合,尤其要发展私法关系,或是私主体、私权利介入的法律机制。同时,还应注重公权力和依法行政的主线,创新相互合作和退出的法律机制。通过权利和权力关系的再编排、再界定,建构由政府市场和社会共享治权、共担责任和惠益分享的合作治理的机制。这是下一步在公私交融秩序下推进环境法体系化的一个着力点。

2.5.7　总则编中的环境标准体系构建*

关于我国环境法典中环境标准体系的构建问题,本书分三个部分论述:第一,标准与法律的关系;第二,比较各国法典中标准进入法典的模式;第三,中国的模式。

第一,标准与法律的关系。在环境法学之内,涉及的主要是环境标准与环境法律之间的关系问题。就广义上而言,标准与法律的相同之处在于两者都属于规范系统。根据凯尔森的定义,规范是指某事应当是或者应当发生,尤其是某人应当以特定方式来行为,法律和标准在此意义上都是规范。环境标准中比较特殊的是环境质量标准,其是用来界定环境应当是怎样的。环境权和环境人权,其最终落脚点实质上是环境质量的改善,而改善到什么地步和什么程度,由环境质量标准来界定,因此环境质量标准属于状态标准。而环境标准中的污染物排放标准实质上属于行为标准,一家企业排放某种污染物,比如二氧化硫,浓度或者总量是多少,是由排放标准来界定的。

标准与法律的相异之处,包括制定的程序、效力的根源、规范的对象、规范的内容、违反的后果等。在环境法典的编纂过程中,要考虑标准与法律的关系。法学界对标准与法律关系的看法存在法律本位的倾向,习惯用法律来解释标准的效力问题;而标准学界对标准的理解,尚未达到法学界对法律的理解的深度,多是从实际操作层面来理解。有关标准与法律关系的争议在短期内难以消除,其根源之一是学界对法律概念的讨论较为充分,相较而言对技术标准概念的讨论目前仍处于初级阶段,国内外的文献较少。研究标准与法律的关系需要先研究技术标准本身的属性,但

---

* 陈伟,华东政法大学法学院刑事法学院教授。本部分根据作者在《生态环境法典专家建议稿(草案)》基础理论和总则编专题研讨会(2022 年 1 月 12 日,北京)上的发言整理。

目前还不具备条件,需进一步研究。因此,环境法典中的环境标准制度构建不宜考虑太多基础理论层面的问题,该问题短期内无法达成共识,合适的做法是延续现有立法规范,从实证法层面进行研究,包括比较法和国内法的现有规定。

第二,就比较法上的标准而言,各国的模式都有不同。法国模式,在总则中没有对标准制定与功能进行总体性的规定,只有分则中有相应条款,对涉及环境要素的标准进行了单独规定。法国的环境法典编纂是形式编纂,没有在总则中提取公因式,而分则中涉及不同环境要素的条款的规定也不一样,没有形成统一。意大利模式,其实不是环境法典,更像是环境法律规范的汇编,因此也没有在法律文本中正式对环境标准作出规定,但其特别之处在于采用附件的形式将有关条款需要适用的标准列在正文之后。瑞典模式,是实质编纂,所以在总则中专章规定环境标准,这与我国目前的草案比较接近。瑞典模式下的编纂者已经认识到环境标准特别是环境质量标准对环境保护目标的重要性。菲律宾模式,其整部法典其实就是关于环境质量标准和怎么达到环境质量标准的规定,特别是第一编和第二编的空气和水。菲律宾深受美国环境法影响,基本上是借鉴了美国清洁空气法的规范方式。德国模式,技术规范规定在总则第一章第三节的第三小节,有三个条款,在分则中没有直接规定。我国环境法典编纂可以考虑借鉴《德国环境法典(草案)》第 33 条,这一条款是对技术规范的规定,其规定制定环境标准应符合先进技术水平,实践对此也应予以推定。德国的环境法典草案显然是经过深思熟虑的。美国没有环境法典,但是在清洁空气法当中规定了环境质量标准,整部法律围绕着环境质量标准展开。

第三,中国的模式,相对比较法上的模式而言,有后发优势。1979 年开始《环境保护法(试行)》到现在已经 40 多年,目前学界对采用适度法典化的模式已达成共识。环境保护法当中已经有环境标准的规定,此外还有标准化法、生态环境标准管理办法等对环境标准的制定和适用有详细的规定,当前在环境法典中规定环境标准的前提条件应该说是最成熟的。

总体模式包括在总则中采用提取公因式的方式,与瑞典的实质编纂类似,对标准的种类、制定、审查、修改、效力等进行规定。可以借鉴《德国环境法典(草案)》第 33 条,进行总体性的原则性规定,详细的规定则留给标准化法和部门规章,需要注意衔接问题。

在分则当中,以尊重现有单行法的规定为原则进行整合。现有单行法规定可以作为公因式的,将其提取到总则里,与总则规定有内在矛盾的予以修改。不宜在法律中直接规定污染物的种类和限制,不宜采用美国模式,也不宜以附件的形式规定标准,因当前阶段我国有些标准限值需要修改完善,标准的具体内容变动可能性较大,而且已有标准化法的详细规定,不宜直接在环境法典中出现标准的数值和总量。

现有的《生态环境法典专家建议稿(草案)》总体上是合理的。总则中专门规定生态环境标准制度,具体细节还需后续完善,包括是否需要更精确地和其他法律衔接,甚至在责任里面和司法责任的衔接,还需进一步研究。

2.5.8　总则编中的环境影响评价制度规定*

本部分主要讨论环境影响评价制度在环境法典中应如何体现。

现有环评规范大致可分为两类:一类是以《环境影响评价法》(2018 年修订)、《规划环境影响评价条例》(2009 年)、《建设项目环境保护管理条例》(2017 年修订)等为核心的专门性规范体系;另一类是其他立法中涉及环评的规范体系,又可细分为特别性规范、指引性规范。指引性规范,即很多立法中规定的"依法进行环评",从而将法律适用指引到环评法。比如《海岛保护法》(2009 年)、《石油天然气管道保护法》(2010 年)、《军事设施保护法》(2021 年修订)、《航道法》(2016 年修正)、《水污染防治法》(2017 年修正)、《大气污染防治法》、《海洋环境保护法》(2017 年修正)、《土壤污染防治法》(2018 年)、《固体废物污染环境防治法》(2020 年修订)、《港口法》(2018 年修正)、《噪声污染防治法》(2021 年)等均是如此。特别性规范,即在其他立法中针对特定领域的环评进行特别规定,比如《清洁生产促进法》《气象法》《防沙治沙法》《野生动物保护法》中涉及环评的规定。这总体上构成了我国既有的环评法律规范的实然形态。

---

* 王社坤,西北大学法学院教授。本部分根据作者在《生态环境法典专家建议稿(草案)》基础理论和总则编专题研讨会(2022 年 1 月 12 日,北京)上的发言整理。

以实然状态为基础编纂环境法典,有以下三个问题需要解决:第一,如何处理既有规范之间的关系。已经确认的基础是,《环境影响评价法》可能在法典颁布之后被废止。但考虑到篇幅,不可能将所有环评法条文都规定在法典中,需要根据立法权限划分进行取舍。在法典中确立环评制度的基本框架,同时对《规划环境影响评价条例》《建设项目环境保护管理条例》的一些规定进行同步修改,形成配套体系。如果环境法典没有将《环境影响评价法》的条文纳进去,而条例又没有,则可能需要对条例进行同步补充。第二,关注生态文明改革和环评的关系。在环评领域,一方面应固化既有改革成果,另一方面应为未来的改革预留空间,比如政策环评的推进、规划环评的强化、项目环评的优化、环评审批简化、环评效力延伸、环评与其他制度的衔接等。第三,法典应对既有环评法律规范体系进行系统梳理,那么怎么做才能体系化?通常是以环评流程的技术过程描述。如果从法律上描述,可以从环评权利义务责任的法律话语体系展开,把评价义务作为主线,形成体系化的再造。比如,关于评价对象、评价内容、评价文件的编制、技术机构等都是在设定义务。这是谁的义务?什么样的义务?如何去履行他的义务?既有规范里面涉及项目环评的审批、规划环评的审查、公众参与等,都是对于既有评价义务的监督机制。实践中,正进一步推动的改革,比如建设期和运营期中环评结论与批复意见的作用、拘束力是什么,实质上是对评价义务的法律效力范围问题。另外,这种评价是一种预评价,是预测性的,可能会受制于技术限制,因此其并不准确,对此应如何处理呢?必须有对于义务的补正机制,即后评价、跟踪评价。最后,还应有对违反环评义务的责任机制安排。

综上,环境法典对环评制度的规定应当包括以下条文:【评价对象的确定】【评价内容的要求】【评价文件的编制】【战略环评文件的审查】【项目环评文件的审批】【环评公众参与】【环评的拘束力】【后评价/跟踪评价】【环评与环境分区管控、三同时、许可、总量等的衔接】【违反环评义务的法律责任】。柬埔寨生态环境法典专家建议稿将环评单独作为一章,从战略到项目环评总共规定了将近 100 条。我国环境法典编纂有篇幅限制,不可能规定那么多,但至少应明确义务、主体、内容、履行方式、监督机制以及违反义务等,形成一个明细的环评法律制度框架。

2.5.9 总则编中的风险规制*

风险与风险规制是一个新问题,也是一个老问题。风险是指发生损害的可能性。现代意义上的风险,往往与科学技术息息相关。科学技术性也是环境法的一项重要特征。需要注意的是,“科学”与“技术”是存在区别的:“科学”旨在发现世界的运行规律,“技术”是在此基础上改造世界的方法和手段。现代社会中,技术与风险密切相关;在环境法的视角下,现代技术的研发应用也是产生生态环境风险的重要原因之一。由此,就形成了预防原则和风险预防原则。二者之间既有关联性,又有区别:预防原则提出的社会背景是工业社会,预防的对象是损害;风险预防原则的提出背景是风险社会,预防的对象是具有高度不确定性的风险。

在环境法的视野下,风险有三种类型:现代科技风险、生态风险、环境健康风险。根据风险社会理论,还包括制度风险。从环境法的视角看,风险规制的内容主要包括风险评估、风险管理、风险沟通。目前的研究更多地关注风险评估和风险管理,在风险沟通方面涉及的不多。可喜的是,我们目前形成的《生态环境法典专家建议稿(草案)》文本中,有不少涉及风险沟通的内容。

在实体法层面,《土壤污染防治法》《核安全法》《生物安全法》以及应对气候变化法、预防性环境公益诉讼等领域显著地体现了风险预防原则。其中,《土壤污染防治法》中有 125 处“风险”;而“防范和应对生物安全风险”则被作为《生物安全法》的目的明确规定。

在目前形成的《生态环境法典专家建议稿(草案)》文本中,风险规制的法律框架由三个方面构成:在法律原则的层面,风险预防原则被列明为基本原则之一;在监管职责的层面,将生态环境风险防控规定为政府的重要职责;在企业责任的层面,对生态环境风险防范的自我管理机制作出了明确规定。

在制度安排上,体现为四个方面:一是风险调查。法典中要求开展生态环境风险状况调查活动,编制生态环境风险状况调查报告,报告的主要

---

* 于文轩,中国政法大学民商经济法学院教授。本部分根据作者在《生态环境法典专家建议稿(草案)》基础理论和总则编专题研讨会(2022 年 1 月 12 日,北京)上的发言整理。

内容包括生态环境基本信息、污染类型、污染来源、污染物含量、其他必要信息等。二是风险评估。法典中要求实施生态环境风险评估活动，编制生态环境风险评估报告。报告的主要内容包括主要污染物状况、生态环境污染范围、环境安全风险、公众健康风险或者生态风险、风险管控、修复的目标和基本要求等。三是风险管理。法典中要求建立和完善生态环境风险管控制度，发生环境风险事故后信息通报、采取应急措施。四是支持措施，主要包括信息共享和资金保障两个方面。

2.5.10 总则编中有关环境健康风险评估的标准与方法*

关于对环境健康风险评估标准与方法的思考和认识，以下分三方面进行叙述。

首先是关于环境与健康在关注什么的问题。世界卫生组织（WHO）对环境健康有一个定义：环境与健康主要关注物理性、化学性和生物性等外在因素，以及其他的行为因素对健康的影响，通过调查、监测、评估和控制影响人体健康的潜在环境危险因素，达到创造有益健康的环境和预防疾病的目的。需要注意的是，这里的环境因素并不包括社会的、文化的遗传因素，以及其他与环境无关的行为因素。自人类诞生以来，环境与健康的问题一直存在。从中华人民共和国成立初期到20世纪七八十年代我们主要面临的是脏乱差等环境卫生的问题，疾病的形式主要应对的是传染病、寄生虫病、地方病等问题。随着城市化、工业化的发展，环境与健康问题也发生了变化，由传统性环境健康问题过渡到现代性环境健康问题。2005年起，我国发生了多起环境健康事件。这些事件既包括突发性的污染事件，也包括空气、水、土壤各个环境介质的事件，还包括重金属的事件、2020年提出的新污染物的问题。

其次是当前我国环境与健康问题的主要特点。例如，多介质、多途径、多污染物的复合暴露问题突出。另外，传统型和现代型问题并重，而且区域和成效的差异比较显著。随着其他因素的改善，环境污染已经成为影响健康的主要公共因素。过去十年间，随着环境质量的逐年改善，空

---

* 段小丽，北京科技大学能源与环境工程学院教授。本部分根据作者在《生态环境法典专家建议稿（草案）》基础理论和总则编专题研讨会（2022年1月12日，北京）上的发言整理。

气污染已经成为影响健康的第三位,遇险因素降为第五位。但是,全球疾病负担有项研究预测,未来随着老龄化等因素的加剧,即使在环境质量持续改善的情况下,环境污染仍然将是我国人群期望寿命降低的主要危险因素。由此可见,改善环境质量,提升全民健康状况确实非常重要。面对我国目前的这些环境健康问题,当前的环境管理制度很难解决诸如以下的问题:如何科学合理地设定环境基准标准的限制,如何识别环境污染的优先次序,如何能够实现多介质的协同控制和协同的风险防范,如何才能防患于未然,如何能够权衡污染防治的经济投入和收益之间的关系,这急需一个新的制度,也就是环境健康风险管理制度。环境健康风险管理制度是基于环境健康风险评估的科学基础,能够对环境健康所造成的影响进行预测和评价,并且权衡经济投入之间关系的一项制度。基于保护对象和目标,该制度能够适应我国环境健康问题的需求。我国《环境保护法》也提出了国家要建立健全环境与健康的监测调查和风险评估的制度。我国现已开展的环境健康重点工作也提出了迫切需要环境健康风险的评估与管理制度。

最后是什么是环境健康风险评估。环境健康风险评估包括危害鉴定、暴露评估、剂量反应评价及风险表征四个步骤。可以利用流行病学研究中关于污染物毒性的一些定量和定性的数据,通过对实际场景中污染物的人群暴露水平的定性和定量的评价,来预测未来风险的概率以及不确定性,为环境健康风险管理提供决策基础,这是环境健康风险管理科学的基础。国际上尤其是以美国为代表的国家,在环境管理中已经构建了非常完备的环境健康风险评估体系,也为环境健康风险管理提供了非常好的科技支撑。我国目前也有非常完备的生态环境标准体系,从 2017 年开始,环境与健康标准正式纳入了生态环境保护标准体系之中。我国的卫生标准体系中,环境与健康标准也是其中非常重要的标准。当前我国已初步构建了环境与健康标准体系,包括调查类、评估类、信息类等,而且已经发布了生态环境风险评估的技术总纲。此总纲下面包括暴露评估的、调查的、信息的,还有基准的以及各个环境污染介质的,包括污染场地的、大气污染的以及化学污染化学物质的风险评估体系,已初步形成了一些标准,也初步构建了关于环境健康风险评估所需要的数据。比如中国人群暴露参数手册,其提供了比较完善的关于我国人群暴露特征的数据,还有关于国家污染物环境风险名录,以及关于污染物的一些毒性数据。

但是当前仍然存在较大不足,一是体系尚不完善。无论是数量上还是质量上,都远远不能满足当前执行法律法规和环境健康风险管理的需求。二是定位和思路尚不明确,尤其是与现行环境保护和环境卫生标准体系的衔接还缺乏顶层设计,重视程度还不够。三是科学基础有待进一步提升,由于环境健康风险评估是一个对科学性和规范性均要求非常高的技术,而我国目前在此方面的科学研究基础尚不足。

在以上背景下,笔者提出三点建议:一是要高度重视环境健康风险评估技术与标准体系的构建,做好执行法律法规和环境风险管理的基础性和支撑性工作,以此促进和完善环境风险管理制度。二是要做好顶层设计,以保护人体健康为出发点,统筹协调环境健康风险管理各个环节,促进污染物的多介质、多途径协同控制,提高环境与健康管理体系的兼容性和衔接性。三是要加强基础研究和能力建设,注重基础学科的研究,夯实基础构建,以此为构建环境健康的风险评估和管理体系提供重要的技术支撑。

污染控制篇

3.1 污染控制编的立法重点与规范构造*

当前关于环境法典体例应采取“总则—分编”模式已成共识，虽然学者关于环境法典分则各分编的构成及命名有一些分歧或不同表述。① 但环境法典应当包括独立的污染控制编已几无争议。基于此，本书将探究环境法典逻辑主线及其在污染控制编的具体贯彻与规范表达。

一、可持续发展逻辑主线下污染控制的观念更新与制度需求

（一）环境法法典化之争的分歧与实质

当前主张法典化的学者从环境法法典化的理论基础、逻辑结构、具体路径和框架设计等方面展开了多维度讨论。对于环境法法典化必要性的证成包括两个层面：第一，从法典化基础理论的推导与演绎层面证成。② 第二，从环境法治特殊性和中国法治时代性的层面证成。③

环境法法典化之争的实质为，是否认可法典化是解决当前分散立法的环境法律规范产生的诸多问题、实现环境法律规则体系化的可能和有效的方案？主张环境法法典化本质上是借助环境法典编纂技术，在确立

---

* 刘超，华侨大学法学院教授，中南财经政法大学博士研究生合作导师，教育立法研究基地（教育部政策法规司—华侨大学共建）研究员。本部分原载于《法律科学》2022 年第 3 期，收入本书时有部分修改。

① 比如，张梓太教授认为，环境法典分则编应当由污染防治法、自然资源法、生态保护法、区域自然人文环境养护法、环境资源综合管理与调控法等五个部分构成。参见张梓太：《论我国环境法法典化的基本路径与模式》，载《现代法学》2008 年第 4 期；中国法学会环境资源法学研究会主持的环境法典编纂研究项目将环境法典的体例结构划分为总则编、污染控制编、自然生态保护编、绿色低碳发展编、生态环境责任编。

② 参见封丽霞：《法典编纂论——一个比较法的视角》，清华大学出版社 2012 年版，第 229－250 页。

③ 参见王灿发、陈世寅：《中国环境法法典化的证成与构想》，载《中国人民大学学报》2019 年第 2 期。

“意义脉络”的基础上,全面梳理、检视、整合既有的法律制度,并契合时代发展进行制度创新,借此解决当前环境法律规范存在的体系化不足的问题。而反对或者质疑论者则认为环境法的碎片化内生于其为适应“变化无常”的生态环境而产生的“不断反思的能力”和与时俱进的动态性,环境法法典化不但无益于解决环境法规范内部冲突,反而加剧了制度僵化。

(二)环境法实质法典化应确立可持续发展为逻辑主线

1.环境法实质法典化以确立逻辑主线为前提

日本学者穗积陈重将法典按照“编制体裁”划分为沿革体的法典、编年体的法典、韵府体的法典和论理体的法典四种。[①] 在此描述性类型划分基础上,更有类型化意义的划分是将法典编纂模式划分为实质法典化和形式法典化两种编纂模式。[②] 实质法典化模式旨在通过创制一套互相耦合的规则来系统化地革新法律秩序;形式法典化模式是对现行法律规范进行汇集、重述和整合,而不做实质性变更。这两种模式在当前的环境法典编纂中均有所体现。《瑞典环境法典》和《德国环境法典(草案)》属于实质法典化模式,《法国环境法典》与《意大利环境法典》属于形式法典化模式。[③]《法国环境法典》和《意大利环境法典》均为以“法典”为名进行的单行法规汇编,导致“法典”概念表述上的不一致、适用的混乱,制约了法规的整体效果与现实意义。我国在环境法典编纂过程中应当引以为戒,摒弃形式化法典编纂模式,选择实质化法典编纂模式。《德国环境法典》的曲折立法经历表明,环境法的实质化法典编纂模式毫无疑问比简单的形式主义的汇编模式要求更高、难度更大,[④]但《德国环境法典》坚持的环境法典“简化和协调统一”目标也昭示了真正的“环境法典”的发展方向和路径。《瑞典环境法典》选择实质编纂模式,在整体上采取“总

---

① 参见[日]穗积陈重:《法典论》,李求轶译,商务印书馆2014年版,第53-66页。

② 参见邓海峰、俞黎芳:《环境法法典化的内在逻辑基础》,载《中国人民大学学报》2019年第2期。

③ 参见李艳芳、田时雨:《比较法视野中的我国环境法法典化》,载《中国人民大学学报》2019年第2期。

④ 《德国环境法典》两次编纂失败虽各有原因,也折射了环境法实质法典化对高超和成熟的立法技术提出了更高的要求。施理:《德国环境法法典化立法实践及启示》,载《德国研究》2020年第4期。

则—分编”结构，引入可持续发展等环境治理新理念，在汇集整合诸多已有立法基础上进行环境法庭制度、法律责任制度、保险制度等方面的革新，使其成为“世界上第一部具有实质编纂意义的环境法典”①。

实质化法典编纂模式，要求“环境法典”在立法形式上摒弃简单地汇集、重述以及按照一定的体例与逻辑来编排现有单行环境法律规范的做法，对现有环境法律规范进行系统化、逻辑性的整理，并综合考量先进环境立法理念和当下环境治理需求进行规则创新，形成一个逻辑严密的有序结构。环境法典实质编纂既追求结构的体系化（形式意义），也追求价值的体系化（实质意义）；内在价值体系的统一性，要通过外在规范体系之间的协调性得以实现。② 这要求环境法典编纂追求体系融贯性，“一个法律体系内各部分间的融贯性程度越高，这个体系就相应地越好”③。因此，环境法典实质编纂的核心在于系统收集、整理、提炼、扬弃、修改、补充和创新现有环境法律规范以形成具有融贯性的新的体系化的法律文件，而实现其体系融贯性的前提是确立环境法典的逻辑主线，即“规则体系化必然要遵守一定的逻辑准则”④。

2. 可持续发展作为环境法典逻辑主线之证成

可持续发展已成为环境法的原则与价值。可持续发展概念自诞生、演进和完善以来，得到越来越多的关注，并被广泛接受，且深刻地影响了环境法的理念与制度：第一，可持续发展观取代传统发展伦理观成为环境法的伦理基础；⑤第二，可持续发展成为环境法的认识论和方法论，支持了环境法观念更新、环境法基础理论创新，并推动了一系列环境法制度创新；⑥第三，可持续发展成为环境法的立法目的和价值目标；第四，可持续发展已经成为国际环境法的基本原则，并影响到国内环境法的制定。⑦

---

① 竺效、田时雨：《瑞典环境法典化的特点及启示》，载《中国人大》2017 年第 15 期。

② 参见刘超：《自然保护地体系结构化的法治路径与规范要义》，载《中国地质大学学报（社会科学版）》2020 年第 3 期。

③ 雷磊：《融贯性与法律体系的建构——兼论当代中国法律体系的融贯化》，载《法学家》2012 年第 2 期。

④ 尹田：《民法典总则与民法典立法体系模式》，载《法学研究》2006 年第 6 期。

⑤ 参见蔡守秋、万劲波、刘澄：《环境法的伦理基础：可持续发展观——兼论“人与自然和谐共处”的思想》，载《武汉大学学报（社会科学版）》2001 年第 4 期。

⑥ 参见吕忠梅：《论可持续发展与环境法的更新》，载《科技与法律》2005 年第 2 期。

⑦ 参见王曦：《论国际环境法的可持续发展原则》，载《法学评论》1998 年第 3 期。

可持续发展作为环境法典逻辑主线的经验启示。世界上已经颁布或者在制定进程中的环境法典,大多将“可持续发展”确立为逻辑主线。《瑞典环境法典》是环境法典实质编纂的典范,其以可持续发展作为逻辑主线展开制度设计,开篇即规定可持续发展作为立法宗旨,第1条规定“本法典的目的在于促进可持续发展,以确保当代与未来时代有一个良好的环境”①。“法典根据这个宗旨来确定基本原则、基本制度,决定法律的适用范围,分配法律责任,建立法律救济机制,形成了一个体现可持续发展精神的法律体系。”②采纳形式编纂模式的《法国环境法典》固然在体系化方面存在不足,但其并非对现有环境法律规范进行简单汇集与排列,而是以可持续发展为逻辑主线确立了“立法目的—基本原则—管理制度”的规则体系。

(三)可持续发展价值下污染控制的观念更新与制度需求

在环境法典“总则—分编”的立法体例下,作为环境法典基础概念的可持续发展成为分则各编编纂的价值指引,在各分编中通过外在的规范体系得以贯彻,借此实现制度体系化。可持续发展包括经济、社会和环境三个维度,并且这三个维度有机统一,共同实现当代人和后代人拥有良好生活品质的目标。③ 从可持续发展价值体系审视,环境污染控制应当遵循以下理念。

1. 可持续发展系统理论下污染控制与自然资源保护的整体观。科技进步导致开发利用自然资源的能力提升,人类以过度开垦土地、乱砍滥伐森林等违背生态规律、打破生态系统平衡的方式耗竭资源,产生了资源保护的需求。但传统以自然资源物权制度实现资源保护的思路与措施,以实现自然资源对人类的经济价值为目标,以最终促进经济发展为旨趣。物质或能量的“排放”本身是人类利用自然资源的一种方式,长期被视为生产生活的必要手段,当现代工业生产中的人为合成化学物质进入自然界,超过了环境纳污能力、自净能力,造成难以逆转和修复的损害时,任意

---

① 《瑞典环境法典》,竺效等译,法律出版社2018年版,第3页。

② 李挚萍:《可持续发展原则基石上的环境法法典化——瑞典〈环境法典〉评析》,载《学术研究》2006年第12期。

③ 参见[荷]埃琳娜·卡瓦尼亚罗、[荷]乔治·柯里尔:《可持续发展导论:社会·组织·领导力》,江波、陈海云、吴赟译,同济大学出版社2018年版,第1页。

排放污染、有害的物质或能量引起的环境质量下降的行为及其引发的现象被命名为“环境污染”，借此建构出亟待应对的“环境问题”。这就使污染控制以保护环境为目标，保护自然资源以促进发展为目标，由此也影响了环境资源领域分立立法。可持续发展观历史性地将发展和环境保护联系在一起。“在1990年之前，这两个领域基本没有交集，经济发展的计划常常带来不必要的环境保护，环保措施也很少考虑对当地经济的影响。”[①]将促进发展和环境保护联系在一起，认为二者可以彼此强化，即通过社会系统（社会公平发展）统合经济系统（自然资源利用）和环境系统（环境保护）。

2. 可持续发展空间维度下环境要素之间的联系观。随着经济社会的发展，几乎所有社会的经济发展均受到自然资源承载力的约束，这促使最新演进的“可持续发展”概念从“以经济、社会目标为中心”向“以环境为中心”的转变。[②] 这彰显了可持续发展的空间维度，即“环境”的自然属性、区域、规模、结构会影响人类与生物物理环境的互动关系。而当前通过污染控制立法实现的环境保护，以各具体环境要素为立法对象，制定了《大气污染防治法》《水污染防治法》《海洋环境保护法》《噪声污染防治法》《固体废物污染环境防治法》《土壤污染防治法》等大量单行的“环境要素污染防治法”。各环境要素在生态系统“内部空间”有机联系、影响甚至决定环境质量的特性，要求污染防治在理念与制度上重视环境要素之间形成的空间结构。[③]

3. 可持续发展“以人为本”理念下保障人类健康的价值观。可持续发展“既满足当代人的需求，又不损害后代人满足其自身需求的能力”，旨在追求“经济—社会—环境”三个子系统的协调促进，以实现人全面发展的终极目标。可持续发展观作为一种新的发展观，本质在于从经济增长转向对人的发展的促进，“可持续发展核心以围绕人的全面发展而制

---

① [美]詹姆斯·萨尔兹曼、[美]巴顿·汤普森：《美国环境法》（第4版），徐卓然、胡慕云译，北京大学出版社2016年版，第26页。

② 参见张晓玲：《可持续发展理论：概念演变、维度与展望》，载《中国科学院院刊》2018年第1期。

③ 参见刘超：《习近平法治思想的生态文明法治理论之法理创新》，载《法学论坛》2021年第2期。

定，其中人的基本生存需求和生存空间的不断被满足，是一切发展的基石”[①]。在可持续发展“以人为本”理念下的污染控制，“防治污染和其他公害”只是手段，防治污染导致的人类健康损害才应是法律追求的核心价值目标。

二、我国现行污染防治单行法之审视与检讨

(一)污染防治法与自然资源法之间的割裂

可持续发展系统理论下污染控制与资源保护的整体观，要求在制度设计中注重污染控制法和自然资源法的内在关联。污染防治法保护的“环境要素”与资源保护法中的“自然资源”事实上呈现“一体两面”的形态，“两法调整对象既共同栖生于不可拆分的同一生态要素，又各自追寻不同的法益保护效果”[②]。这客观上要求污染控制和资源保护的制度设计之间存在协调互补关系。但是，就现实中的环境立法来看，污染防治与资源保护立法存在较为严重的割裂现象，其中关于“水”的分立立法最为典型。《水污染防治法》和《水法》的分立导致了立法对象上的区隔、管理体制上的抵牾和具体法律制度上的冲突。

(二)污染防治分散立法引致“污染逃逸”与规制过剩

可持续发展空间维度要求污染防治立法注重环境要素之间的联系性，但我国当前的污染防治单行法主要以各具体环境要素为立法对象分别立法。这些污染防治单行法分散制定、各自独立、交错修改，引致一系列立法冲突和法律实施问题。

1. 立法依据的多元性，我国现行污染防治单行法主要是以环境要素作为立法对象分散立法，但也有针对环境难以降解或不能降解的有毒有害物质进行的立法，形成“环境要素污染防治法”和“有毒有害物质污染防治法”两种类型，这种立法依据的多元性，客观上使两类污染防治法在制度设计与适用中存在交叉。

2. 污染防治法律体系难以体现环境要素之间的联系性。针对不同环

---

① 牛文元:《可持续发展理论的内涵认知——纪念联合国里约环发大会20周年》，载《中国人口·资源与环境》2012年第2期。

② 邓海峰:《环境法与自然资源法关系新探》，载《清华法学》2018年第5期。

境要素的性质、功能、生态规律的分别立法，难以尊重和彰显各环境要素之间内在联系、相互依存的自然规律，不能因应物质和能量在各环境要素之间传递与转换时所提出的环境污染综合防治需求。

3. 还原论下的污染防治立法导致规制不足和“剩余污染逃逸”。实际上，即使比照《环境保护法》第 2 条列举的环境要素，我国当前也主要针对大气、水、海洋、土壤这几类最为重要的环境要素制定专门的污染防治单行法，即使这几部单行法均有效实施，也会导致未纳入立法对象的环境要素污染发生逃逸。

4. 分散监管导致的规制过剩。分散立法模式下的监管应采取分散管理模式和分业体制。这种分领域的规制权限分配可以体现专业性，但同时也分割了整体环境污染的规制任务。[①] 在分业体制下，往往倾向于从部门利益考虑，在对本部门职责范围内风险的“最后一成”或“最后一公里”耗费大量社会资源，难以从环境整体上考虑执法问题。[②]

（三）污染控制目标“见物不见人”

可持续发展观赋予“人的全面发展”以全新内涵，将人外在于自然的发展转换为“人在自然中”的发展，要求人类接受对自然资源环境的“需求—限制”规律的约束，这本应是污染防治法制度设计与实施应当秉持的价值理念。但是，从现代环境法产生的历史背景考察，其从产生之初便带有浓厚的应急色彩，存在“先天不足”，“缺乏全局统筹，资源也未得到有效配置，更缺乏有效的执行”[③]，在立法理念上也“矫枉过正”，一反传统法律部门秉持的“人类中心主义”，而呈现“见物不见人”的特性，主要体现为以下几个方面：(1)“污染控制”理念的偏差。环境污染的损害后果并不止于环境本身，所有的环境污染最终将作用于人，当大气、水体、土壤等环境介质受到损害之后，环境介质会通过多种途径迁移转化导致对人体健康的损害。但是，当前的污染防治单行法存在“污染控制”理念的偏差，“主要围绕‘达标排放’与‘总量控制’开展工作，主要以环境标准为核

---

① 参见典型如《水污染防治法》第 9 条规定的水污染防治统一管理与分部门管理相结合的监督管理体制。

② 参见刘超：《环境风险行政规制的断裂与统合》，载《法学评论》2013 年第 3 期。

③ ［美］理查德·拉撒路斯：《环境法的形成》，庄汉译，中国社会科学出版社 2017 年版，第 73 页。

心进行静态规制,面对环境与健康问题的累积性及复合性特点,不能全面提示健康风险。这与以保障人群健康为核心的工作要求存在差距"[①]。(2)公众健康保障制度的粗疏。环境污染一旦发生往往会造成不特定多数公众的健康损害,2014 年修订的《环境保护法》将"保障公众健康"作为立法目的,并概括规定了环境健康制度。随后修订的污染防治单行法虽然均在立法目的中新增了"保障公众健康"的内容,但除了《土壤污染防治法》以外,均未结合具体环境要素及特定有毒有害物质污染控制的特殊规律与需求将该制度具体化。(3)环境风险管控标准制度的缺失。现行污染控制重"环境"而轻"人"的理念偏差、公众健康保障立法目的条款的制度化不足,症结在于环境风险管控标准的缺失。

三、可持续发展理念下环境法典污染控制编的规范构造

(一)调整范围上强化污染控制法与自然生态保护法的关联

可持续发展系统理论秉持促进发展与环境保护的整体观,要求强化以保护环境资源生态功能为目的的污染控制法与以配置环境资源经济功能为目的的自然生态保护法的内在关联。理论上有两种路径:

1. 实质整合路径。从自然规律出发,从环境整体性角度回归环境和资源是同一客观实在性的"一体两面"的本源关系,打破自然资源生态保护与污染控制二元立法的区隔,在环境法典中不再划分污染控制编和自然生态保护编,而是以生态利益整体保护为线索展开制度设计。[②]

2. 适度衔接路径。以当前实质上形成的污染控制与自然生态保护分别立法为基础,在环境法典污染控制编和自然生态保护编的编纂过程中,注重两编的区别与衔接。在我国已制定多部污染防治单行法且已经据此设置执法机构、配置生态环境管理事权的背景下,适度衔接路径比较务实且能兼顾理想与现实。

具体而言,在环境法典分编将污染控制编和自然生态保护编分置的前提下,建议从以下几个方面实现环境法典中污染控制与自然生态保护的衔接:

---

① 吕忠梅:《控制环境与健康风险 推进"健康中国"建设》,载《环境保护》2016 年第 24 期。

② 参见邓海峰、俞黎芳:《环境法法典化的内在逻辑基础》,载《中国人民大学学报》2019 年第 2 期。

(1)制度功能划分。在环境法典编纂中,首先认识并尊重两编法律规范的内容适度交叉是基于污染控制与自然资源、生态保护内在关联的必然结果。其次,适度区分其制度功能,即相互呈现的“一般—特殊”的制度关系。污染控制编规定的污染控制制度是一般制度,自然生态保护编针对具体类型的生态要素、生态区域的特殊需求规定的污染控制制度是特殊制度,应遵循一般内容不规定、非必要不规定的原则。

(2)管理体制的协同性。为解决生态环境事权配置过于分散的弊端,2018 年国务院机构改革后,生态环境部统一履行生态保护和环境污染防治职责,自然资源部统一履行资源保护和开发、利用、监督以及国土空间用途管制职责。这在一定程度上解决了我国长期以来在生态环境监管方面条块分割过细的体制性问题,在污染控制和自然生态保护各自领域内实现了生态保护与资源用益管理体制的统一,应当将其吸纳和固化在环境法典中。

(3)消弭具体制度的冲突。以《水污染防治法》与《水法》对饮用水水源区内设置排污口这一违法行为的不同法律责任规定为代表,现实中单行法之间规定存在冲突属于立法技术层面的问题,亟待在环境法典编纂过程中系统梳理相关规定,消弭具体的制度冲突。

(二)制度体系上实现从“环境要素”向“整体环境”的转型

为解决还原主义方法论下只见“环境要素”不见“环境”、只重视局部忽视整体的顽疾,首先需要选择科学合理的体例结构,建议从以下几个方面展开。

1. 制定污染控制编第一章“基本规定”。第一章“基本规定”要充分使用“提取公因式”的立法技术,归纳和抽取在污染控制各领域普遍适用的法律规范,包括主要规定调整范围、污染控制原则、监管机构与职责、环境健康制度等污染控制基本制度的“一般规定”,以及“污染防治规划”“污染控制领域基准与标准”“排污许可与重点污染物总量控制”“环境保护税”等重要制度群。

2. 增设新污染风险管控的专门规定。现行污染防治单行法主要针对重要环境要素和污染物展开专门立法,立法思路和制度体系上的封闭性和不周延性,导致确已存在但尚未被纳入立法调整对象的新污染物未能得到有效控制。这一问题,通过整合现行的污染防治法的路径难以应对,是污染控制编亟待创设规则的立法领域。控制新污染物的立法路径可以从以下几个方面展开：

(1)在污染控制编的“一般规定”的严重污染环境的工艺、设备和产品淘汰制度中规定淘汰、限制、减少化学品的内容,为实现我国当前重视新污染物治理、强化风险防控、严守生态环境底线提供法律依据和解释空间。

(2)规定“其他新型污染防治”的兜底性规定,为光污染、振动污染、热污染等未被专项立法的污染控制提供依据。

(3)创设专门的新污染物控制制度,具体包括在有毒有害化学物质控制制度体系中规定新污染物控制制度、规定新污染物环境风险管控的监管机构及其分工制度、规定新污染物环境风险管控的一般要求、规定各类新污染物的管控措施、规定含有特定新污染物的废物的管控制度。

3. 制定“行政法律后果”专章。针对当前的各污染防治单行法在“法律责任”一章的规定同质性强、重复性高的弊端,在研究和把握污染控制法律责任“家族特征”的基础上,充分运用好“提取公因式”立法技术,将环境民事责任、环境刑事责任以及环境公益诉讼与生态环境损害赔偿等专门性质的环境法律责任,纳入环境法典的生态环境责任编中。同时,在污染控制编的最后一章中规定专门“行政法律后果”,在该章的第一节“一般规定”中使用“提取公因式”立法技术,抽取普遍适用于所有污染控制领域的一般行政法律责任制度,其余各节内容分别对应前述重要环境要素、重点污染物质防治的行政法律责任制度。

(三)法律价值上实现从“环境”到“人”的拓展

1. 增设污染控制风险预防原则。风险预防原则不同于我国《环境保护法》第5条规定的预防为主原则,具有更强的风险防范性,并且突出了科学不确定性在发生环境污染和生态破坏中的关键性。[①] 通过风险预防原则的指引及相应的环境健康制度解释适用,可实现对生态环境风险和公众健康风险的预防。

2. 在第一章“基本规定”之“一般规定”中,体系化规定环境健康制

---

① 参见孙佑海、朱炳成:《美国环境健康风险评估法律制度研究》,载《吉首大学学报(社会科学版)》2018年第1期。

度。在制度性质上,环境健康制度应当定位为污染控制编的一项基础制度,规定于第一章"基本规定"的"一般规定"中,赋予其适用于整个污染控制领域的统摄效力。在制度内容上,应当在《环境保护法》第39条、《土壤污染防治法》第20条概括规定的基础上,修改完善为:"国家建立、健全环境与健康监测、调查和风险评估制度。国家建立、健全新污染物监测、筛查、评估和管控制度,强化新污染物环境风险管控。国家鼓励和组织开展环境质量对公众健康影响的研究,采取措施预防环境健康风险、完善环境健康信息系统、检测和评估环境健康影响、促进环境健康教育、控制和救治与环境污染有关的疾病。"

3. 规定生态环境风险管控标准制度。建议污染控制编借鉴土壤污染风险管控标准制度并提升其制度层次,在其第一章"基本规定"中规定生态环境风险管控标准制度。通过"生态环境风险管控标准制度"具体内容的体系化构建,发挥其风险筛查和分类功能。具体建议条文如下:

环境污染风险管控标准是污染控制领域的风险管控类标准。为保护生态环境,保障公众健康,推进环境污染风险筛查与分类管理,维护生态环境安全,控制生态环境中的有害物质和因素,应制定环境污染风险管控标准。环境污染风险管控标准是开展环境污染风险管理的技术依据。环境污染风险管控标准包括土壤污染风险管控标准以及法律法规规定的其他环境污染风险管控标准。

制定环境污染风险管控标准,应当根据环境污染状况、公众健康风险、环境污染风险、环境背景值和生态环境基准研究成果等因素,区分不同保护对象和用途功能,科学合理确定风险管控要求。

环境污染管控标准应当包括下列内容:(1)功能分类;(2)控制项目及风险管控值规定;(3)监测要求;(4)风险管控值使用规则;(5)标准实施与监督等。

实施土壤污染风险管控标准,应当按照土地用途分类管理,管控风险,实现安全利用。

四、结论

环境法法典化是解决我国当前数量众多的环境单行法分散、交叉、重叠、不周延等问题的有效方案。实质编纂环境法典以甄选具有统摄和指引功能的逻辑主线为前提,从环境法的价值理念、理论基础的演进历史和比较法角度综合考量,可持续发展是环境法法典化最合适的逻辑主线,其应当被贯彻落实于环境法典的结构展开和制度设计中。在可持续发展理论关于“自然—经济—社会”的结构关系及其整体观、联系观、方法论和“以人为中心”价值论的审视下,作为污染控制编立法基础的污染防治单行法,存在与自然生态保护法割裂、分散立法引致“污染逃逸”与规制过剩、污染控制目标“见物不见人”等弊端。针对这些不足,污染控制编在编纂过程中应当通过具体制度设计,在调整范围上强化污染控制与自然资源保护的关联,制度体系上实现从“环境要素”向“整体环境”的转型,法律价值上实现从“环境”到“人”的拓展。

3.2 污染控制编污染控制空间制度的构建*

在“总则—分编”的体系结构下，基于污染防治法是环境法的“原型”，环境法典应当包括独立的污染控制编已成共识。针对重要环境要素展开单项立法形成的污染防治法律体系，已经累迭演进数十年，塑造了当前的污染防治法治秩序，成为环境法典污染控制编编纂不可分割的制度背景，编纂污染控制编便是“戴着镣铐跳舞”，在尊重现有的数量庞大的污染防治单行法形成的法律机制、配置的事权结构、塑造的法治秩序的基础上，探索前行。编纂污染控制编，需要以现行污染防治法为基础进行科学整理，同时也需要针对污染防治领域出现的新情况、新问题进行制度创新，这两条路径既并行展开，同时又紧密联系，现行污染防治单行法体系存在的不足，是污染控制编制度创新的重点。因此，本书将在梳理与检讨现行污染防治法制度逻辑与立法不足的基础上，探究污染控制编编纂立法创新的逻辑与构造。

一、污染控制编适度法典化的本质与焦点

顾名思义，环境法典编纂应该既“编”又“纂”，“编”是将已有的环境保护、污染防治、自然生态保护、资源能源等环境法律和制度加以整合，进行科学化、体系化整理，“纂”则需要结合我国生态文明建设实践中出现的各种新情况、新问题确立新制度，以实现建设“美丽中国”、保障中华民族永续发展的国家目标。① 当前学界赞成环境法典编纂的观点，大都主张环境法典编纂的“适度化”模式，即在立法理念上选择了环境法典的实

---

* 刘超，华侨大学法学院教授，中南财经政法大学博士研究生合作导师，教育立法研究基地（教育部政策法规司——华侨大学共建）研究员。本部分原载于《法学论坛》2022 年第 2 期，收入本书时有部分修改。

① 参见吕忠梅：《中国环境立法法典化模式选择及其展开》，载《东方法学》2021 年第 6 期。

质化编纂价值,在认识论上追求环境法律规范体系化合理方式以实现其体系效益,在方法论上预期解决的是现行单行法进入环境法典的程度与路径选择的问题。具体到环境法典污染控制编,长期以来,我国以《环境保护法》为统领的环境法律体系注重污染防治、当前的污染防治单行法体系相对成熟,这一立法现状使得环境法典污染控制编的“适度法典化”,本质上需要解决以下几个层次的问题。

(一)污染控制编中“编”与“纂”的关系

“编”与“纂”这两条路径是对环境法典编纂的整体要求和一般规律,具体到每一编,则“编”与“纂”部分的比例、需求与路径存在差异。基于长期以来污染防治处于环境保护的“核心地带”、有丰富的单行法基础,污染控制编主体内容是科学整理现行污染防治单行法,则归纳污染防治领域出现的新情况、新问题提出的新的规则需求而制定新制度的比例相对较小。

(二)污染控制编与单行法的关系

如果将环境法典“适度化”模式定位为一种动态的、开放的法典实质编纂模式,则重在处理好法典与单行法的关系。编纂污染控制编以丰富的污染防治单行法为基础,立法重点在于处理既有法律规范之间的重复、交叉和不协调关系,需要以可持续发展为逻辑主线,逻辑周延地整理现行污染防治单行法,因此,污染控制编一旦颁布实施,则大部分污染防治单行法同时废止。

(三)污染控制编“纂”的特殊性

实质化编纂环境法典的一个重要任务是归纳并表达新情况、新问题提出的规则需求,这是“纂”的重心。在我国当前生态文明建设战略下,各编归纳与凝练体制改革的制度需求方面存在一些共性规律,但在归纳不同领域的特殊问题法律应对措施时亦具有殊异性。具体到污染控制编,我国当前在“打好污染防治攻坚战”过程中面临生态环境保护的结构性、根源性、趋势性压力,以及重点区域、重点行业污染问题和实现碳达峰、碳中和的任务艰巨，[①]是编纂污染控制编亟待创新的立法重点领域。污染控制编的这些规则创新，既要遵循"法典学"的原则与方法，[②]也要从污染控制的内生规律与规则需求的角度出发，探析与归纳污染控制编编纂工作中需要针对我国当前的污染控制面临的新情况、新问题确立的新制度。

二、现行污染防治单行法治理规则的梳理与检讨

总体而言，现代环境法经历一个从"问题应对"到"规则治理"的发展历程。我国现行的污染防治法律体系以应对具体环境问题、保护具体环境要素为立法目的，导致污染防治法的立法及其实施呈现分隔立法、体系缺失等问题。环境法属于与外部性高度相关的法律类别，通过规制人类活动来限制威胁公共卫生和生物多样性等不良生态影响。[③] 因此，环境法要具备环境管理适应性，能创新性地整合和完善相关规范以适应环境问题的复杂性与生态系统的牵连性。[④] 环境污染存在于时刻处于物质循环和能量流动的复杂生态系统中，这是污染治理制度设计的背景。其超越了局部性而具有的牵连性、全球性特征，[⑤]要求污染控制立法及环境污染治理要注重环境要素之间的关联性。以此角度审视，现行污染防治单行法存在的特征及其弊端可以归纳为以下几个方面。

（一）污染防治对象的分散性

当前污染防治单行法规制环境污染的基本思路是，根据环境要素的划分进行分散立法，针对不同环境要素设定环境标准、规定具体制度。各单行法历次修订方向也以契合不同要素的自然属性和契合特殊需求为目

---

① 关于当前"深入打好污染防治攻坚战"面临的问题与任务的表述，参见 2021 年 11 月 2 日发布的《中共中央、国务院关于深入打好污染防治攻坚战的意见》。

② "法典学"的概念及其内涵的分析，参见苏永钦：《只恐双溪舴艋舟，载不动许多愁——从法典学的角度评价和展望中国大陆的民法典》，载郭春镇主编：《厦门大学法律评论》（第 32 辑），厦门大学出版社 2021 年版。

③ 参见［美］理查德·拉撒路斯：《环境法的形成》，庄汉译，中国社会科学出版社 2017 年版，第 2 页。

④ 参见邓海峰、俞黎芳：《环境法法典化的内在逻辑基础》，载《中国人民大学学报》2019 年第 2 期。

⑤ 参见［荷］埃琳娜·卡瓦尼亚罗、［荷］乔治·柯里尔：《可持续发展导论：社会·组织·领导力》，江波、陈海云、吴赟译，同济大学出版社 2018 年版，第 29－32 页。

标。细致梳理,现行的污染防治单行法可以进一步分为两大类型:(1)针对大气、水、生物等环境要素分别进行的立法,可以称之为“环境要素污染防治法”,包括针对水环境要素的《水污染防治法》、针对大气环境要素的《大气污染防治法》、针对土壤环境要素的《土壤污染防治法》;(2)针对污染物质分别进行的立法,可以称之为“重点污染物防治法”,包括针对噪声的《噪声污染防治法》、针对固体废物的《固体废物污染环境防治法》、针对性放射性污染的《放射性污染防治法》。与这些单行立法相配套的还有多部环境行政法规、环境行政规章以及污染物排放标准,形成一个庞大的污染防治规范体系,成为环境法典污染控制编编纂需要面对与处理的立法基础。

现行污染防治法律体系分别针对具体环境要素与重点污染物类型进行分散立法,背后的立法思维是遵循法学方法上的还原论,①即将作为高层次现象的“环境问题”降解为作为低层次现象的“环境污染”,进而将整体意义上的“环境污染”分解为各种环境要素遭受的污染,针对具体环境要素的污染防治分别立法,以应对整体意义上的“环境问题”,具有高度分散性。从逻辑和实践来看,这种立法思路以单一环境要素污染为规制对象,针对大气、水、土壤等重要环境要素制定污染防治制度、针对主要污染物设置标准,忽略了环境要素在相互联系与相互作用的基础上形成的整体效应。对某一具体环境要素的污染,均会因为环境要素的整体效应,从单一环境要素遭受污染的个体效应中溢出,而造成对其他环境要素和整体环境的影响。

(二)污染防治制度实施的断裂性

污染防治立法需要执法机构来具体实施,立法思路的还原论及立法对象的分散性,决定了生态环境执法机构的多元性,形成环境污染防治中的分业体制。虽然我国污染防治事权配置总体上从分散管理趋向统一监管方向推进改革的措施均直接指向并预期矫正污染防治事权配置分散、条块分割过细、多头多层重复执法等弊端,但从法制现状与执法实践考察角度来看,因为机构改革“三定方案”毕竟不是法律,对于推进职责与职

---

① 对环境法中还原论方法的法理基础、制度逻辑及其立法适用的具体论述,参见吕忠梅:《寻找长江流域立法的新法理——以方法论为视角》,载《政法论丛》2018年第6期。

能调整的效力有限，欲最大限度地减少监管实践中职能交叉、多头监管的现象，还应当尽快以法律规范的形式落实行政法治对于监管体制的要求。①

现实的复杂性在于，生态环境立法修改滞后于当前的生态文明体制改革和生态环境执法体制改革。生态环境执法机构及污染控制职责改革朝向集中事权、统一监管方向实质迈进，但作为执法依据的污染防治单行法依然规定的是集中管理与分散管理相结合的监管体制，国务院机构改革未将大气、水以及土壤污染防治职责的整合与监管事权的统一、生态环境保护综合行政执法改革、省以下环保机构监测监察执法垂直管理制度改革等精神与政策措施等纳入现行污染防治单行法。污染防治法的规定与生态环境执法体制改革的内容不一致、变革不同步，进一步引发的新问题是，组建生态环境部统一履行生态保护和环境污染防治职责的改革，以及组建生态环境保护综合执法队伍等生态环境保护综合行政执法的改革，由于污染防治法在制度供给上的滞后，实质上是“新瓶装旧酒”，即生态保护和环境污染防治职责在整体上和形式上均归属于新组建的生态环境部，但污染防治“各自为政”的现象并未从根本上被矫正，而需转入生态环境部内设机构之间的职责分割状态，形成“一司一法律”。这一问题，即使通过陆续修改污染防治单行法也很难从实质上矫正，而需从执法体制上提出编纂环境法典，以统一规定生态环境执法机构、配置生态保护和环境污染防治事权。

（三）污染防治单行法的不完备性

现行污染防治单行法体系在立法的不完备性，可以从以下几个方面归纳：(1)法条重复。我国当前将整体生态环境分割为具体环境要素进行分别立法、由不同职能部门行使执法权，但不同环境要素的保护与管控具有一些共性需求，生态环境的整体性、污染防治的规律性和制度工具的趋同性，使得指向污染防治的多部单行法难以避免地存在重复性，导致大量立法成本的浪费，也增加了执法成本。(2)条文矛盾。各单行法制定的时间不同、单行法与最新的国家生态文明体制改革目标调适响应不同

① 参见马怀德、孔祥稳：《中国行政法治四十年：成就、经验与展望》，载《法学》2018 年第 9 期。

步、污染防治立法的部门委托立法模式伴生的公共权力部门化等因素,均导致多部污染防治单行法在立法表达上的不一致、矛盾甚至冲突。(3)立法空白。预期通过规制多个单一环境要素污染以达至整体生态环境保护的立法思路下的污染防治立法,基于立法资源的有限性,必须优先选定一些频繁发生、迫在眉睫的污染类型作为立法对象,围绕污染“核心地带”展开特定专门立法,[①]但即使如此,土壤作为基本环境要素,也是迟至2018年才制定专门《土壤污染防治法》,光污染、振动污染和热污染等非传统污染类型,以及光化学污染等新型污染,尚处于污染防治的立法空白地带。

三、创设污染控制编污染控制空间制度的需求与理据

污染控制编的制度创新不是简单基于“法典学”的理论指导、法条体系的逻辑推导,更是准确识别与捕获动态迁移转化的环境污染的需要。如何归纳并表述污染防治中针对单一环境要素与重要污染物展开立法导致的污染防治规制对象上的结构性疏漏?笔者认为,可以用“环境空间”这一概念予以指称。所谓“环境空间”,是由水、土壤、大气等具体环境要素交织所形成的一种关联状态与立体结构,表征多种环境要素之间形成的静态秩序与动态关系。[②]“环境空间”作为污染控制法律制度的独立的保护对象,是污染控制编应对现行针对单项环境要素展开规制立法存在的缺陷的突破口。在污染控制编为环境空间提供专门的法律制度,需要制定污染控制空间制度。所谓污染控制空间制度,是指在污染控制编制定的以多个自然因素相互作用形成的特定领域空间作为调整对象的专门制度。在污染控制编创设污染控制空间制度,有现实需求与法理依据。

(一)现实需求:环境污染的多介质传输与空间转移

污染控制编制定污染控制空间制度的正当性和必要性是基于环境立法应追求适应性管理,根本上源于环境污染的发生机理。这首先是因为环境要素之间的划分并不是绝对的、完全区隔的,而是存在紧密联系,具

① “当规制者所关注的是削减同特定物质的接触时,当风险关乎健康时,当风险相当小或不确定时,规制者通常会使用围绕‘核心地带’展开的特定规制体系”,参见[美]史蒂芬·布雷耶:《打破恶性循环——政府如何有效规制风险》,宋华琳译,法律出版社2009年版,第1页。

② 参见刘超:《完善环境空间治理规则》,载《人民日报》2020年7月27日,第5版。

有相互依存性的,这表现为:第一,环境诸要素之间的关联性是基于环境诸要素之间存在物质流通、能量传递、形态转换;第二,环境诸要素在地球演化史中依次形成,但一些环境要素孕育着其他要素;第三,一种新的环境要素的形成,均会给整体环境带来影响。因此,环境要素之间的划分仅是在物理形态上的、外显形式呈现的,各种环境要素存在生物、生境与化学要素间的关联性,这使得对于一种环境要素的污染,会基于污染物质与能量在环境要素之间的循环、传递、转换而影响其他环境要素,形成环境污染的空间转移与分布。以单一环境要素污染为规制对象的单行法,在制度设计中难以因应环境要素之间的内在关联性与相互依存性。与此同时,环境污染具有的超越单一环境要素的空间转移与分布的特性,不仅源于环境要素之间的相互依存性产生的整体环境效应,还源于污染物本身具有的在不同环境介质间迁移扩散的特性。

(二)法理依据:作为环境立法对象的领域空间

自20世纪90年代中期以来,法律理论中发生了空间转向,矫正空间分析被置于法律理论之外的片面性,法律与空间的相互依赖和相互影响的关系开始得到较为体系化的研究。[①]"空间"具有多义性和多层次性,空间既可以成为法律的内容,又可以成为法律存在和实现的场所,前者称为领域空间,后者称为场所空间。[②] 场所空间表征了法律是一种空间性的存在,领域空间则指称的是法律内容,领域空间的法律化指的是作为一种物理性存在的空间经由人类的改造获得主观意义并进而成为法律文本的过程和事实,[③]因此,领域空间的研究对于拓展立法论研究具有积极意义,其界定与拓展需要通过立法予以固化与表达。在法学空间转向的背景下,作为一个重要分支,从环境法学空间转向的角度考察,需要审视是否有物理存在的空间,可以且必须作为法律规范内容需要,进入环境法典污染控制编。某一个或者某一类领域环境空间是否应成为环境污染控制编的调整内容,既取决于该环境空间的物理属性,也是立法者在多种情势

---

① 对20世纪90年代后法律理论中空间转向的体系化梳理与评析,参见[以色列]伊沙依·布兰克、[以色列]艾希·罗森—兹维:《法律理论中的空间转向》,杨静哲译,载《西部法学评论》2020年第1期。

② 参见朱垭梁:《法律的空间意象性》,法律出版社2017年版,第73-75页。

③ 参见朱垭梁:《法律的空间意象性》,法律出版社2017年版,第75页。

下综合衡量与选择的结果。

进一步探究法律上空间的生成机制可以发现,特定法律部门中的法律空间是由该法律在物理空间的基础上塑造或者建构的,作为污染控制法调整对象的环境空间的界定,取决于污染控制法依立法目的,预期限制或者禁止某些环境污染行为,因此,人们(立法者)赋予纯粹客观的物理空间以何种意义、预期其承载何种功能,是将其法定化为特定领域空间的关键。事实上,我国现行的环境法律体系中存在多个领域空间,可以归纳为以下几种类型:(1)“总体”意义上的环境空间,即《环境保护法》及多部单行法中使用的“环境”这一概念表征的空间。事实上,“环境”是由自然因素相互作用形成的“空间”,环境法典在定义“环境”这一基本概念法律定义时,应当在列举环境要素的同时,在概括其本质特征时进行丰富与拓展。(2)依据生态系统自然规律界定的特定领域空间。比如,各类已经进入立法成为法定“空间”或正在立法进程中的生态区域,包括具有“显著生态功能”的湿地,按照自然生态系统的生态价值划分的国家公园、自然保护区、自然公园等三类自然保护地。(3)依据“生态—社会”系统划定的流域空间。典型如《长江保护法》立法界定的“长江流域”,融自然流域与社会流域于一体。(4)依据污染行为或者致害行为的性质进行的空间界定。典型如“工业聚集区”“畜禽散养密集区”等,这些空间并非本质界定的“环境”空间,不具有独立立法价值。

通过梳理现行环境法律体系中的领域空间及其立法思路,可知环境法典各编规定的环境空间的治理制度,均应以保障生态系统的生态价值、保护环境为立法目的。污染控制编创设的污染控制空间制度也应以保障生态系统的生态价值、保障环境质量为宗旨,而非以规制污染行为为立法目的,如此才能创设污染控制编中的“环境空间”。在立法重点上,环境法典中创设特定的污染控制空间制度,应以归纳该特定环境空间保护与管控提出的法律制度需求为立法重心。

四、构建污染控制编污染控制空间制度的架构与路径

污染控制编的污染控制空间制度的创新,既要回应当前我国在污染防治攻坚战中出现的新问题,也要为矫正现行的污染防治法律制度内生缺陷提供制度供给。以此问题意识为导向,污染控制编的污染控制空间制度创新包括以下三个层次。

（一）在一般规定中增设污染控制空间制度

污染控制编增设污染控制空间制度的旨趣在于，因应针对单一环境要素污染行为具有的整体环境效应，制定相应的规则体系。因此，需要在以污染控制编主体内容为环境要素类型根据进而分章编纂污染控制法律制度的基础上，在一般规定中增设环境污染空间法律制度。具体立法路径包括以下几个层次：(1)在“总则编”之“一般规定”完善“生态环境”的定义，建议界定为：“本法所称生态环境，是指影响人类生存和发展的各种天然的和经过人工改造的自然因素的总体及其构成的自然空间，包括大气、水、海洋、土地、矿藏、森林、草原、湿地、野生生物、自然遗迹、人文遗迹、自然保护区、风景名胜区、城市和乡村等。”(2)在“总则编”之“一般规定”关于法典适用范围的规定中，增加关于适用于“自然空间”的规定，《法国环境法典》在“总则”中关于“自然空间”的规定可资借鉴，[①]可以在立法适用范围条款中明确增列“自然空间”。(3)在“污染控制编”之“一般规定”关于“环境污染”的定义中，明确自然空间作为环境污染的对象，建议条文为：“本法所称环境污染，是指在生产和生活中向自然环境排放的物质或能量，其种类、数量、浓度、速度等超过环境自净能力，引起自然环境和自然空间的化学、物理、生物等方面特性的改变，危害公众健康或者破坏生态环境的现象。”

（二）完善现行环境要素污染控制制度体系

环境要素之间的紧密依存性、环境污染多介质传输与空间转移性，导致有些污染处于单一环境要素污染防治法规制对象的缝隙地带，污染控制编创设的空间法律制度应当以识别与捕获现行污染防治单行法未能规制的跨要素污染为重点。在形式上完善污染控制空间管控法律制度的实质目的，是捕获并规制分要素展开污染控制的制度体系下逃逸的环境污染，这一定程度上可以通过针对现行的污染防治的分散性（针对具体环境要素展开）、封闭性（重要环境要素作为立法对象）规定，增设关联性、

---

① 《法国环境法典》“第一编总则”第 L110－1 条为：“1. 陆地和海洋的自然空间、自然资源和自然环境，遗迹，昼夜景观，空气质量，生物及生物多样性属于全民族共同的遗产。该遗产产生生态系统服务和使用价值……”参见《法国环境法典》（第一至三卷），莫菲、刘彤、葛苏聃译，法律出版社 2018 年版，第 3 页。

开放性和兜底性规定实现。在污染控制编增设的这些制度的立法思路如下。

1. 创设专门的新污染物控制制度。具体包括:第一,在体例结构和制度安排上,基于《新污染物治理行动方案》(国务院办公厅,2022 年 5 月 4 日)对"有毒有害化学物质的生产和使用是新污染物的主要来源"的界定,[①]新污染物的控制制度可以纳入有毒有害化学物质控制制度体系,规定于"有毒有害化学物质与新污染物的环境风险管控"专章;第二,规定新污染物环境风险管控的监管机构及其分工制度;第三,规定新污染物环境风险管控的一般要求;第四,规定各类新污染物的管控措施,以禁止或者限制特定新污染物的生产、销售、使用、进出口;第五,规定含有特定新污染物的废物的管控制度。

2. 设计兜底性规定,"本法未明确规定的其他污染对人体健康、生态环境或自然空间造成不利影响的,负有环境保护监督管理职责的部门应当及时制定相应的防治规范"。增设这些规定之于环境污染空间管控的制度意义表现为:第一,新增规定矫正仅列举重要环境要素或者污染物类型予以规制形成污染控制制度的封闭性,增加对未尽列举的环境污染类型的规制条款,为通过法律解释规制各种环境污染类型提供法律依据与制度空间;第二,通过增设此条款,明确环境污染规制标准不仅在于考察污染行为对于生态环境(被分解为主要环境要素)造成的不利影响,也拓展至判断是否对自然空间造成不利影响,使得环境空间实质成为污染控制制度的保护对象。

(三)创设专门的环境污染控制空间法律制度

创设专门的污染控制空间制度,是在污染控制编进行专门的以"环境空间"为立法对象的法律制度设计。构建该专项制度的基点是划定"环境污染控制空间",即跨越了单一环境要素而较为频繁发生环境污染纠纷的特定区域,其核心在于这是一种重要类型的环境管控单元,在该区域会规律性地发生多种环境要素的污染损害。可参考的立法例是正处于修订程序中的《意大利环境法典》对于"污染场所"的界定,该法典将"污染场所"("污染地")作为一个污染防治的独立的立法对象,在划定的区

---

① 参见国务院办公厅 2022 年 5 月 4 日印发的《新污染物治理行动方案》。

域或领土上包括不同的环境基质,[①]这本质属于"污染控制空间制度"的专门法律制度设计。

《土壤污染防治法》的相关规定可以为污染控制编增设专门的污染控制空间制度提供制度基础和重要参考。但是,在我国现行污染防治单行法针对单一环境要素进行立法的整体思路下,《土壤污染防治法》的相关规定依然服务于"防治土壤污染"的立法目的,其"风险管控和修复"一章在制度适用范围的创新是基于对"土壤污染风险"的界定;另外,对各种土壤用途"地块"以及"污染地块"的规定,均指向"土壤"这一种环境要素的风险管控与修复。因此,可以说《土壤污染防治法》的规定一定程度上超越了单一环境要素污染防治的制度理念,但还不能说其规定了综合多种环境要素的空间法律制度。而本书建议增设的污染控制空间制度,则是指以综合多种环境要素形成的特定区域作为立法对象的空间法律制度。

污染控制编关于"污染控制空间制度"的具体制度设计,可以包括以下四个层面:(1)以保障自然空间环境质量为目标,结合全国主体功能区规划中资源环境承载能力指标体系,规定划定为污染控制空间的环境标准,辅以设定污染浓度阈值来体现;(2)结合前述各章关于重要环境要素的污染控制法律制度的引致性规定,规定构成该空间环境要素的安全利用方案;(3)规定该空间内污染来源的风险管控措施以及污染行为管控制度;(4)若该区域遭受严重污染损害,可将其宣布为"环境危害区",[②]管理机构应当对该空间中环境要素与自然资源的使用采取限制措施或实施准入程序。

---

① 正在修订程序中的《意大利环境法典》"第四部分废弃物管理和污染场所改造的规定"之"第五章污染地改良"第240条"定义":"1.为实施本章规定,作如下定义:(1)地点:在地理学上定义并划定的区域或部分领土,存在于不同的环境基质(土壤、回填材料、底土和地下水)内并包含当前可能存在的建筑和植被结构……"参见《意大利环境法典》,李钧、李修琼、蔡洁译/校,法律出版社2021年版,第311页。

② 可资参考的立法例是《瑞典环境法典》界定的"环境危害区",界定"环境危害区",不再着眼于环境要素,而是综合从污染行为对人体健康或者环境的危险性、程度、扩散的可能性以及周边环境的脆弱性等角度的综合考量。参见《瑞典环境法典》,竺效等译,法律出版社2018年版,第47-48页。

五、结论

相对比于环境法典其他各分编,污染控制编的编纂有更丰富、坚实的单行法基础,我国从20世纪70年代至今累迭演进的污染防治单行法的规则结构和制度体系,成为当下污染控制编编纂必须尊重并依凭的立法基础。但以单一环境要素和重要污染物作为立法对象分别展开的污染防治制度体系,其确立的污染防治分散监管体制历经单行法的渐次颁布与数次修订,自我循环、不断固化,使得污染控制编的编纂“负重前行”。针对当前的污染防治分散立法难以完全契合生态系统的整体性引致的内生困境,务实的选择不是推倒重来,而是增设超越单一环境要素污染防治的污染控制空间制度,包括从在一般规定中增设污染控制空间制度、完善现行环境要素污染控制制度体系和创设专门的污染控制空间制度这三个维度同步推进。唯其如此,方能在污染控制编编纂中针对性使用“提取公因式”立法技术、发挥体系效益,实现污染控制编的立体立法,为我国生态文明建设中的系列体制改革目标提供坚实法治保障。

3.3 环境法典污染控制编的制度实现
——以预防理念为视角*

污染控制编是传统"小环境法"的主体,有着较为丰富和成熟的单行法基础,但其间的交叉、重叠与冲突也最为严重。为增进法典编纂的体系性与协调性,梳理各污染控制单行法的相互关系并发现其制度构造的内在逻辑,就显得尤为必要。在这个层层"提取公因式"的过程中,基于基本原则的统率和指导作用,作为环境法"帝王原则"的预防原则[①]能够为环境法典污染控制编的编纂提供一个有益的分析工具。

基于语义的包容性,汉语中的"预防"既可以指向对损害的预防,也可以指向对风险的预防,但这两种理念所对应的社会背景、制度体系和规制工具却截然不同。前者产生于传统法秩序之下,以事实认定、客观经验和事理法则为基础,通过对预测性因果关系的考察,认定损害发生具有相当的可能性时才能采取以命令与控制为主导的规制措施;后者产生于风险社会的背景之下,强调面对难以通过经验法则进行预知的风险,应建立以风险评估、沟通和管理为核心的规制框架。[②] 由此延伸的问题是,以预防理念作为环境法典污染控制编的逻辑主线,应当如何在两种性质不同的制度体系下"提取公因式"?在风险社会背景下,传统基于危害防止理念、以命令与控制为核心的制度安排能否有效回应风险规制的要求?能否有效提升公众健康的保障水平?如果不能,污染控制编在编纂过程中又需要作出何种回应?本书尝试对这些问题进行讨论,以期对污染控制编的起草工作有所裨益。

---

* 张宝,中南财经政法大学法学院教授。本部分原载于《法学论坛》2022 年第 2 期,收入本书时有部分修改。

① 参见张宝:《环境规制的法律构造》,北京大学出版社 2018 年版,第 200 – 204 页。

② 参见张宝:《从危害防止到风险预防:环境治理的风险转身与制度调适》,载《法学论坛》2020 年第 1 期。

一、预防理念的传统内涵及其制度构造

(一)"预防"的传统内涵

环境问题成为一个社会问题进而被作为国家的一项基本任务,是沿用传统行政法上的危害防止手段对污染进行预防和控制。危害防止,主要指向对确定性损害的阻止和对可预知危险的防御,在我国环境法上常被称为损害预防。这里的危险并不是指当前情势和未来损害后果之间的一种因果关联,而是对此关联的判断,关键的问题就是如何确定危险的存在。如果设想一个认知确定性程度的序列,则因果关联的判断就会在"不能排除"与"完全确定"两个端点之间游移。对于危害防止理念下的规制机构而言,其对于危险状态的判断以及危险防御措施的采取,至少要满足以下几种条件。

第一,危险必须是具体而现实的,即危险若不加以阻止就可能造成损害的一种状态;或者说,在顺利进行下,因物之状况或人的行为,极有可能对公共安全与公共秩序造成损害的一种情况。①

第二,规制机构需要对危险是否存在承担举证责任。这一举证责任既包括对某一类行为或状态需要从法律上进行否定性评价来举证,也包括对个案中某一具体行为或状态是否需要采取预防、阻止或排除的措施而承担举证义务。但是,规制机构只需证明某类行为或某一行为有"足够证据"引发损害的发生,无须像侵权法中那样证明该行为会造成特定人直接、具体的损害。②

第三,规制行为需受行政法治原理的约束。命令与控制机制本质上是一种侵害行政和公权力行政。基于依法治国理念,各种规制措施必须遵守一定的界限和原则,方能克服对规制合法性的质疑。这些界限与原则,在英美法中主要表现为正当法律程序和最小侵害原则的限制,③在欧陆法上则主要表现为要受到法律保留与比例原则等基本原则的约束。④

---

① 参见刘莘:《公共安全与秩序行政法》,载《江苏社会科学》2004 年第 6 期。

② See Richard J. Pierce, *Causation in Government Regulation and Toxic Torts*, 76 Wash. U. Law Quarterly 1307 (1998).

③ See Gug M. Struve, *The Less - Restrictive - Alternative Principle and Economic Due Process*, 80 Harvard Law Review 1463 (1967).

④ 参见黄学贤:《行政法中的法律保留原则研究》,载《中国法学》2004 年第 5 期。

依危(险)(实)害(预)防(阻)止为基础建构的污染控制体系，一方面，先由立法机关针对各种环境介质(大气、水、土壤)和污染物质或能量(固体废物、辐射、噪声等)进行个别立法，形成一套庞大且繁复的污染控制法律体系；另一方面，主管环保事务的专责机关也陆续设立，并被授予广泛的规制权力，试图通过严密的规制措施来预防和阻止环境危害的发生。经过几十年的发展，我国业已形成了以《环境保护法》为统领、以对环境介质污染以及物质和能量排放行为的控制为重心、以核心管理制度之具体化为辅助的污染防治法律体系，构成了当下我国进行环境污染控制的核心手段。从各立法中广泛运用的“防治”概念以及具体“防治手段”看，其建构的基础正是危害防止理念，侧重于对确定性损害的阻止、矫正以及可预知危险的预防。

(二)危害防止理念支配下污染控制的法制度构造

在危害防止理念下，尽管产业自由仍是法律保障的重心，但以清洁、健康的环境诉求为核心的公民环境权亦被作为新兴的基本人权，并成为国家规制产业排放行为的权利本源。设定禁止、限制性义务，并大量采取“违法—制裁”手段的规制模式，通常被称为第一代环境规制或环境法。[①] 这种规制模式亦为我国环境立法所沿用。

尽管各领域的立法所规定的规制措施有所差别，但也遵循一些共通的框架，即基本上都是对不同污染源规定相应的容许排放量，并通过强制行为人遵守该排放标准来预防和阻止环境危害的发生。这些具体的规制措施依其过程包含作为控制基础的污染物排放标准、作为准入机制的环评审批和排污许可、作为过程控制的监督检查以及作为实施保障的行政惩戒措施，这一过程可以概括为“订立命令和标准—准予污染排放—督查守法状况—实施行政制裁”的“四阶构造”。这一框架，构成了当前污染控制立法的基本流程，尽管各立法在形式上并非按此流程简单排列，但相关制度大体上都可以归入此框架之内。

“四阶构造”依然建立在“危害”的概念之上。根据科学研究所积累的“经验法则”，如果某种行为或者物质对生态环境或人体健康弊大于

---

① See A. Dan. Tarlock, *Environmental Law: Then and Now*, 32 Washington University Journal of Law & Policy 1 (2010).

利,必须加以禁止,此时则需通过法律设定禁止性规范来禁止此类行为的实施和物质的排放。如《水污染防治法》规定了禁止事项,这些规范构成了对相对人行为自由的绝对限制,一旦相对人予以违反,则将面临严厉的民事、行政乃至刑事制裁。

更多的法律则着眼于设定限制性规范。原因在于,环境问题涉及广泛的利益冲突,由于环境侵害的时空大尺度性,这种利益冲突也同样具有时空大尺度性。且不说环境问题引发的代际冲突,仅在同一时空横切面上,环境问题也具有引发不同利益团体冲突的先天特性,在决策过程中往往必须作出利益衡量或轻重缓急的排序。因而,在经过利益衡量难以对某种行为或物质进行绝对禁止时,就只能退而求其次划定一个底线,作为产业排放自由的底线,这同时也是人体健康保障的底线。

二、预防的内涵延展及其制度需求

(一)风险社会下“预防”的内涵延展

以命令与控制为内核的传统法秩序,要求规制机构在采取公权力规制手段前,需要以事实认定、客观经验以及事理法则为基础,通过对预测性因果关系的考察,认定损害发生具有相当的可能性时方可加以规制。[①]某种物质或者行为的有害性没有被证明之前,规制机构不得对其加以限制。这种模式,在相当长的时期内对于保障公民的基本权利和自由、促进社会的繁荣与进步具有重要意义。但在风险勃兴的社会背景下,这一模式开始受到极大挑战,不仅层出不穷的新化学物质的危害性无法通过“经验法则”予以归纳;更大尺度的环境问题,如气候变化、转基因作物等议题,时至今日仍面临科学上的激烈争议。如何应对不确定性风险及其对既有法律秩序的冲击,成为法学需要直面的重大课题。

在法学层面,风险通常是与危险相对应的概念,二者以损害发生的盖然性高低作为区分标准。相对于已经发生的实际损害以及可以用“经验法则”加以预测的危险,风险更多是与科学不确定性联系在一起的。[②] 这种不确定性大体上可以归纳为三种形态:一是某种损害虽然迫在眉睫或

---

① 参见陈春生:《行政法学之学理与体系》,台北,三民书局1996年版,第183页。

② 参见曹明德、马腾:《风险社会中生态环境法律体系的变迁》,载《国外社会科学》2021年第3期。

者已然发生,但构成该项损害的原因却属未知,即行为与损害之间在科学上尚未建立任何的关联;二是损害尚未发生,科学界对因果关联性和损害发生可能性的认知虽逐渐增加,但由于损害发生的时空尺度较为庞大,损害发生还存在较大不确定性;三是科技迅速发展导致新事物、新物质的不断涌现,由于出现时间较短,这些新事物或者新物质是否会导致危害发生,在当下尚无法做出肯定的判断。

严格来说,上述三种涉及不确定性的情形中,第一种并不能归为风险的范畴。第一种情形下虽然存在不确定性,但这种不确定性是加害行为的不确定,而非对于损害是否发生的不确定,也即囿于认知的局限,在短期内尚未找出造成损害的真正原因。一旦找出原因,对于上述情形的应对,就会进入危害防止的范畴,需要采用命令与控制的手段,对造成损害的行为或者物质进行控制。故而,风险关联的不确定性实际上指向了后两种情形,即科学上虽存有争议,但不能排除未来损害发生的可能性(证据不充分);或者由于属于新生事物,尚难以判断其是否具有危害性(危害不确定)。但这种不确定并不等同于纯粹的臆测,而是必须具有科学上的合理怀疑。对于这种不确定风险,如果放任不管,也许事后被证明不会造成显著危害,但也有可能会导致不可逆损害的发生,从而危及人们对清洁、健康环境所享有的基本人权;而如果沿用传统的命令与控制手段,又可能会扼杀或束缚科技创新,催生吞噬产业自由和社会进步的“环境利维坦”。

由此,风险应对实际上就是在自由与安全之间如何进行利益权衡的问题,也即在行为是否造成损害、是否发生缺乏科学确定证据时,究竟是按照传统循证决策思路最大限度地尊重产业自由,还是基于风险预防的理念对产业活动进行限制进而保障人体健康和生态安全。一旦选择后者,意味着就要突破传统证据法则,允许规制机构在缺乏充分的科学证据时对潜在风险源进行规制,即便事后证明不采取规制措施也不会造成显著危害或者规制措施耗费了不必要的成本。正是在风险应对的背景下,预防的理念开始由传统的危害防止向上游推进,进一步涵盖了对不确定风险的预防,寄望于通过国家积极的干预,不断提升公民环境权的保障水平。

(二)风险预防理念下污染控制的法制度转向

风险预防是正在发展中的概念,因而风险预防的制度框架也并不具有一个通行的版本,目前被广泛接受的是以"风险评估—风险沟通—风险管理"为核心环节的风险分析框架。[①]

风险评估是风险管理的科学基础和依据。风险评估是一个科学过程,目的是识别风险的范围与程度,这一过程实际上就是规制机构进行举证的过程,其虽然不必获得结论性证据,但必须显示充足的科学指征以作为采取预防措施的依据。

风险沟通则是风险管理的重要支撑。鉴于风险管理本质上是专家和官僚系统代替公众决定将何种风险划定为无须规制的剩余风险的过程,充分、有效的风险沟通对于补正风险管理的正当性、增进风险决策的可接受性、降低规制机构的决策责任等就显得至关重要。

风险管理是在风险评估和沟通的基础上决定应当采取何种预防性措施。风险管理并非完全依据风险评估的结果,而是在风险评估的基础上,权衡经济、社会、法律、政治、技术等多种因素作出相应决策。由于风险的范围和程度是一个渐变频谱,根据风险的不确定性程度及其影响,预防性措施也将有所区别。

相较于危害防止下的命令与控制手段,风险预防措施具有以下几方面的显著不同:第一,法律保留原则的放宽。由于风险的不确定性,无法通过立法预先设定行为模式和法律后果,立法者只能预先设定风险预防的基本框架,从而给规制机构留下了大量的裁量空间与判断余地。第二,举证责任的倒置。预防原则隐含了如果不能证明一项活动无害于环境和人体健康,基于损害的严重或不可逆性,过度保护比保护不足更为合适。因此,行为人需要证明其活动的(相对)无害性方能从事该项活动。[②] 第三,风险裁量的合法性控制。风险预防在提高环境和人体健康保障水平

---

① See S. C. MacDiarmid & H. J. Pharo, *Risk Analysis: Assessment, Management and Communication*, 2 Revue Scientifique Et Technique 397 (2003).

② See Cranor, C. F., *Asymmetric Information, the Precautionary Principle and Burdens of Proof in Environmental Health Protections*, in Carolyn Raffensperger and Joel Tickner eds., Protecting Public Health and the Environment: Implementing the Precautionary Principle, Island Press, 1999, p. 74 – 79.

的同时,也增加了不当侵害公民基本权利和自由的可能,如何通过有效的裁量控制机制减少"风险规制(措施带来)的风险",是风险预防的重要议题。对此,比例原则和正当程序原则仍然发挥着关键作用。[①]

(三)预防内涵的整合与污染控制编的制度逻辑

尽管危险防御与风险规制在适用对象、规制手段等方面存在差异,但二者在规范形式上存在趋同性,这种趋同性仍然围绕适用对象和规制手段展开。在适用对象上,危险与风险的区分实际上建立在盖然性高低的基础上,但盖然性高低并不存在一个泾渭分明的边界,随着时间推进和科技发展,此前一些证据不充分或者危害不确定的领域将逐渐变得确定,使得不确定风险逐渐向可预知危险转化。这使得危险防御和风险预防在很多具体场合难以辨别。在规制手段上,尽管命令与控制手段是危险防御的重心,但随着社会变迁,危险防御亦经历了由以命令与控制为主的"管制之法"到强调发挥经济诱因的"激励之法",再到主张多元共治的"治理之法"的演进过程。[②] "治理之法"核心,是强调超越自上而下的命令与控制,强调公私合作和社会自我规制,强调公众参与,这与风险规制中注重运用柔性规制和风险沟通的做法在形式上具有高度相似性。

危险防御与风险预防在适用对象和规制手段上的趋同,以及"预防"概念在中文语境下的语义包容性,为构建统一的预防原则提供了契机。鉴于法律原则具有向上归纳和向下演绎的结构性功能,[③]以预防原则为统率,以可持续发展为主线,以损害阻止、危险防御和风险预防为核心,就可以提取出污染控制编的"公因式",并以此为基础架构污染控制编的具体制度。

具体而言,在总体制度安排上,污染控制编可以采取"总—分"的结构安排,以预防原则为统率,以命令与控制"四阶构造"为主线,以激励性规制手段和风险沟通机制为辅助,构建"基本规定 + 污染控制专章 + 行政制裁"的制度框架。其中"基本规定"主要规定污染控制编的调整范

---

① 参见王贵松:《风险行政的预防原则》,载《比较法研究》2021 年第 1 期。

② 参见张宝:《规制内涵变迁与现代环境法的演进》,载《中国人口 · 资源与环境》2020 年第 12 期。

③ 参见王江:《环境法"损害担责原则"的解读与反思——以法律原则的结构性功能为主线》,载《法学评论》2018 年第 3 期。

围、基本原则、监管体制、共通制度等一般规则,“污染控制专章”则对各种污染类型的特殊机制进行规范,“行政制裁”则对各污染防治单行法规定的罚则以及相应的行政命令、行政强制的规定加以规范。至于风险预防的内容,在污染控制编主要涉及人体健康保障问题,[①]可以在“基本规定”部分设置一般条款,并在风险意味浓厚的污染控制专章中进行具体规范。

三、预防理念在污染控制编的制度实现

“基本规定”作为污染控制编的“小总则”,主要规定污染控制的基本原则和共同制度。在确立预防原则作为环境法典以及污染控制编“帝王原则”地位的基础上,分别建立起危险防御和风险预防的制度体系。

(一)危险防御在污染控制编的贯彻与落实

预防在危害防止理念中有两重体现,一是具体预防,即直接规定预防性措施针对具体危险的预防;二是一般预防,主要指通过严格执法和行政惩戒达到对潜在违法者的吓阻和威慑。本书所讨论的预防,主要指向具体、专门的预防性制度,而不包括针对实际损害的控制与矫正措施。质言之,尽管法典仍以“污染控制编”为名,但其实际上已经由狭义、被动的“后果控制”转向广义、主动的危险防御和风险预防。

危险防御在污染控制编的体现主要集中在“基本规定”部分。原因在于,从各污染防治单行法看,预防各类污染的制度手段主要包括环境标准、环境规划、环境影响评价等。环境影响评价宜规定在环境法典的总则编,规划与标准制度虽也不局限于污染控制领域,但由于污染控制领域的规划与标准有其特殊性,依然需要专门作出规定。因而,标准与规划制度实际上构成了污染控制编“基本规定”部分的基础性制度,并与总量控制

---

① 环境问题引发的风险包括了人体健康风险和生态风险,人体健康风险主要是污染物对于公众健康的不利影响,生态风险则关注人类行为对于生态系统的不利影响。污染控制编主要侧重于对人体健康风险的预防,对于生态风险的预防则主要是由环境法典自然生态保护编完成的。但从体系上来说,二者都是风险预防关注的对象,也正因如此,风险预防不仅仅是污染控制编的基本原则和理念,而是整部法典所应奉行的“帝王原则”。参见自然生态保护编的编纂思路,参见巩固:《环境法典自然生态保护编构想》,载《法律科学(西北政法大学学报)》2022年第1期。

与排污许可等过程性控制制度以及环境保护税等激励性规章制度构成了“基本规定”的主体内容。

作为命令与控制最基础的手段，传统的环境标准制度主要指向具有确定危害性的污染类型，通过对这些已经在科学上证明有害于环境或者人体健康的物质与能量设定质量标准和排放标准，预防和减少对环境和人体健康的危害。但目前的环境标准体系已开始蕴含了风险预防的理念，不仅标准制定要建立在以风险为内核的环境基准[①]的基础之上，同时还在质量标准和排放标准的基础上增加了风险管控标准，体现了环境法不断提升人体健康保障水平的价值追求。这种变化，理应为污染控制编所确认，污染控制编可以在“基本规定”部分专节建立以环境基准为基础，以环境质量标准、风险管控标准、污染物排放标准为主要类型，以国家标准和地方标准为基本层级的污染控制标准体系，并明确标准的规范效力、制定修订程序以及不同标准之间的衔接机制等。鉴于标准制定和修改是一种高度专业化和技术化的规则制定过程，行政机关享有高度的裁量权，为防止标准制定与修改偏离法治轨道，污染控制编尤为需要对标准制定和修改的程序进行明确的授权与约束。

污染控制规划制度同样是落实预防原则的重要途径。污染防治规划主要涉及与国民经济与社会发展规划、国土空间规划、生态环境保护规划的衔接问题，同时也涉及专门污染防治规划的编制以及执行问题，污染控制编应当对此予以规范。同时，对于一些具有流动性、扩散性的污染类型，如水污染、大气污染，同样需要在污染控制编的“基本规定”部分作出特殊规定，建立流域或跨区域统一规划制度。

（二）风险预防在污染控制编的贯彻与落实

近年来，随着环境风险的日益增大并受到国际层面风险预防理念的影响，我国环境立法中也逐渐开始出现体现风险预防理念的条文，初步建立了涵盖“风险评估—风险沟通—风险管理”的风险规制框架。

在污染控制编编纂过程中，亦应贯彻和落实风险预防的理念，以切实保障人体健康。除前节所述对危害防止中的预防性制度进行“风险化改

---

① 参见董正爱、袁明：《环境健康风险视域下环境标准的理性反思与规范》，载《北京理工大学学报（社会科学版）》2021 年第 1 期。

造”之外，宜将《环境保护法》第39条的规定加以充实后规定在“基本规定”部分的“一般规定”中，明确建立环境健康风险调查、监测、评估和防控制度，作为风险预防的“一般条款”，同时对于风险调查、监测和评估的程序加以规定，具体预防性措施则在污染控制编相应部分加以具体化。如前所述，由于风险的不确定程度不同，风险预防的实现路径相应地也就可以分为实体为主和程序为主两种类型。

以实体控制为主的风险预防路径主要存在于风险不确定性相对较低的场合，如土壤污染和有毒有害物质污染可能引发的人群健康风险。此时风险预防的实现路径与危害防止下的命令与控制手段在形式上较为类似，亦是通过订立命令与标准、实施管控措施、督查守法状况、施以行政制裁加以实现。但在污染控制编，风险管控标准已在“基本规定”中规定，行政制裁另有集中规定，具体管控措施则可以通过专章加以实现。

以程序控制为主的风险预防路径主要适用于新化学物质等不确定等级较高的风险类型。由于知识和信息的有限性，就难以通过前述实体控制为主的手段加以规制，需要从正当程序的角度着手，建立新化学物质申报、登记、排放清单等程序手段，在鼓励科技创新和防范健康风险之间求得平衡。值得注意的是，尽管新化学物质与有毒有害物质的预防重心和规制手段有所不同，但在立法技术上，很难将二者截然分离，可以考虑设置“新化学物质和有毒有害物质污染控制”专章，并在其下设立专节分别加以规范。其中，新化学物质的风险管控手段，可以在《新化学物质环境管理办法》的基础上进行整合取舍。①

四、结论

现行污染控制立法总体上仍是建构于危害防止的基础之上，以总量控制和达标排放为核心。由于许多环境污染物具有累积性、迁移性和转化性，一些有毒有害物质会通过食物链在人体内逐步蓄积而形成健康受害，如果只关注对污染物的过程控制，而不对污染物可能造成的长期的、潜在的不利影响进行预防，尤其是不对“环境污染物—人体健康效应”进行系统考量，就无法达到控制环境污染危害人体健康的后果。因而，污染

① 亦可以考虑在“污染控制专章”的最后一部分“新型污染控制”中囊括新化学物质风险管控和其他新污染类型的控制。

控制法在对确定性损害和可预知危险进行矫正和阻止的同时，还应当建立以环境健康风险预防为核心的风险规制体系，使预防原则不局限于危险防御，而是进一步向上游推进，采取预防性措施和计划性工具，尽可能提前避免环境损害，并使其无由产生。环境法典编纂为此提供了一个契机，要编纂一部体现时代特色、实践特色和未来取向的先进法典，就需要实现由后果控制、过程控制向事前预防的转型，方能实现为中华民族永续发展编纂环境法典的立法目标。

3.4 环境法典污染控制编的行政法律责任*

一、污染控制法中的责任规则及其入典路径

就环境法典编纂特别是污染控制编的法律责任规则设计而言，需要对现行污染控制法律的责任规则进行分类、总结，进而将其作为基础材料在环境法典编纂中加以运用。在加重对环境违法行为的惩罚已成社会共同呼声的背景下，法律责任规则也是污染控制法律制定和修改中的关注重点，其体系化不仅需要体现在形式上，更要有实质内涵和逻辑支撑。

（一）污染控制法律的责任规则类型

现行污染控制法律制度不仅体现在污染控制单行法中，[①]《环境保护法》以及《环境影响评价法》等环境法律也都有规定。污染控制法的法律责任规则相对较多，基本上包括各种类型的法律责任，主要限于民事、行政、刑事等传统法律责任方式，其中行政处罚是最重要的责任追究方式。

行政法律责任是污染控制领域法律责任的最主要类型。控制污染行为主要涉及政府和经营者两类主体。其中政府即人民政府及其生态环境等相关主管部门是环境污染管理者，享有环境管理职权、承担环境管理职责，该职责实质上是政府法定的环境保护义务，若其违反，应当承担相应的责任，包括继续履行职责等，[②]但主要是对"直接负责的主管人员和其

---

* 刘长兴，华南理工大学法学院教授、环境法研究中心研究员。本部分原载于《法学论坛》2022 年第 2 期，收入本书时有部分修改。

① 截至 2021 年年底，我国现行有效的污染控制单行法包括《水污染防治法》《大气污染防治法》《土壤污染防治法》《固体废物污染环境防治法》《噪声污染防治法》《放射性污染防治法》，这些污染控制法以及《环境保护法》（2014 年修订）等法律中的污染控制法律责任是本书分析的重点。

② 参见夏云娇、尚将：《环境行政公益诉讼判决方式的检视及其完善》，载《南京工业大学学报（社会科学版）》2021 年第 3 期。

他直接责任人员”的行政处分，如《固体废物污染环境防治法》第101条的规定。“企业事业单位和其他生产经营者”是环境污染行为的直接实施者，排放污染物应当符合排放标准等法律强制性规范，并按照规定办理环境影响评价文件审批、排污许可等以符合政府管理的要求，否则应当承担罚款等行政处罚责任。通观污染控制法律的法律责任规则，主要内容即为企业等经营者的行政处罚责任规定，可见行政处罚是最重要的污染控制法律责任方式。另外，公民环境法律义务是环境法领域的一个后起问题，其生成条件已经基本具备，[①]但上升为明确的法律责任尚需时日，因此公民除非以个体工商户等经营者身份出现，或者作为违法经营者的直接责任人员，否则一般不承担污染的法律责任。总之，现行污染控制法律中的法律责任规定主要是对政府工作人员的行政处分规则和对经营者的行政处罚规定。其中行政处罚规定的内容庞杂、形式多样，将在下文重点分析。

民事和刑事法律责任在污染控制法律中都有规定。其中民事法律责任的规定主要是引致条款，同时也有规定直接明确了民事责任规则，如《环境保护法》第65条规定环境影响评价机构等违法“应当与造成环境污染和生态破坏的其他责任者承担连带责任”。关于生态环境损害赔偿责任的规定，主要有《海洋环境保护法》第89条规定的行使海洋环境监督管理权的部门有权代表国家对责任者提出损害赔偿要求等。而关于刑事责任的规定都是采用引致条款，维护了我国刑事统一立法的模式，如《水污染防治法》第101条的规定。尽管环境立法与刑事立法仍需要进一步协调，从规则上为刑法适用提供更加充分和准确的法律依据，[②]但目前立法模式下刑事责任规则仍要规定在刑法中，环境法典可在生态环境责任编保留引致条款。

（二）作为污染违法主要责任方式的行政处罚

行政处罚是指享有行政处罚权的行政机关依照法定的权限和程序对违反行政管理秩序的公民、法人或者其他组织给予行政制裁的行政行为，

---

① 参见张璐：《公民环境法律义务的法理与实践——以垃圾分类投放为研究样本》，载《中国政法大学学报》2021年第3期。

② 参见刘佳奇：《论环境立法与刑事立法的协调——以环境立法中刑事法律规范的“裁判化”为视角》，载《暨南学报（哲学社会科学版）》2021年第6期。

具有法定性、制裁性、行政性、具体性、处分性和不利性等特征。[①] 很大程度上是基于这一基本认识,污染控制法律已经针对环境污染违法行为规定了大量的行政处罚规则,而且种类上不限于《行政处罚法》(2021 年修订)规定的典型行政处罚,特别是对照 2021 年修订的《行政处罚法》来看,污染控制领域自由创设的处罚方式较多,有些可以归属于典型行政处罚方式的变化或者具体化形式,有些则属于创设的"其他行政处罚"。

财产罚是污染控制法律中最常用的行政处罚方式,包括罚款、没收违法所得、没收非法财物。对于违法排污或者违反环境行政管理要求可能造成污染后果的行为,原则上都可以科以罚款,污染控制法律责任条文大部分包括罚款处罚;没收违法所得和没收非法财物处罚的运用相对较少,主要针对违反污染控制法律且有违法所得或者经营无法达到污染排放标准的产品的行为,如《大气污染防治法》第 109 条和第 110 条的规定。

行为罚,即能力罚,在污染控制法律责任中占有重要地位。《行政处罚法》规定了"暂扣许可证件、降低资质等级、吊销许可证件"和"限制开展生产经营活动、责令停产停业、责令关闭、限制从业"两类行为罚处罚方式,归并了相关的行为罚具体方式。污染控制法律中也大量运用行为罚,但是具体处罚方式与《行政处罚法》的规定并不一致,其原因一方面是污染控制法律制定时间不一且大部分制定较早,而《行政处罚法》制定和修订在后;另一方面是环境污染违法的情形更多、更复杂,也需要针对性的行为罚方式来加以纠正。从现行污染控制法律的具体规定来看,责令停产整治(如《水污染防治法》第 82 条)、责令限期采取治理措施(如《水污染防治法》第 85 条)、责令消除污染(《固体废物污染环境防治法》第 117 条)等责任方式都有运用,其中有部分是典型行政处罚方式的变种,如责令停产整治等实质上属于限制开展生产经营活动;但是责令限期采取治理措施、责令消除污染等很难归入《行政处罚法》规定的典型行政处罚种类,属于污染控制领域的法律责任方式创新。

声誉罚和自由罚在污染控制法律中也有运用。声誉罚的典型方式是警告和通报批评。通报批评在污染控制法律中还未有规定,但《环境保护法》第 62 条针对重点排污单位不如实公开环境信息的行为,规定了责令公开和罚款处罚,并要求"予以公告",具有声誉罚的属性。自由罚,即

---

① 参见应松年主编:《行政处罚法教程》,法律出版社 2012 年版,第 1 - 11 页。

行政拘留，是针对严重污染违法行为的处罚措施，由公安机关实施，在《水污染防治法》等法律中有直接规定，或者采用引致条款指示由公安机关处罚，如《大气污染防治法》第98条的规定。

同时值得注意的是，环境行政处罚的边界并不十分清晰，特别是行政处罚与行政命令之间还存在交叉和错位，[①]环境行政诉讼中对行政处罚案件范围的不同认识[②]也反映了行政处罚责任的规定还存在一定的混乱和模糊之处。责令停止违法行为、责令改正是污染控制法律中常见的纠正违法手段，与责令停产停业等行政处罚具有相似性，[③]但由于停止违法行为、改正违法行为或者状态是违法者的当然义务，责令停止违法行为或者责令改正并未增加违法者的义务，并非制裁性的不利后果，而是主要发挥补救性功能，因此性质上应当属于行政命令。[④] 但责令停止违法行为和责令改正作为政府对违法污染行为进行控制的首要措施，往往与行政处罚同时进行，甚至需要先于行政处罚，实践中也是环境行政执法的重要内容，故在规则设计上需要与行政处罚统筹考虑。

从责任主体看，双罚制在污染控制法律中亦有采用，即对违法的企业事业单位等经营者进行处罚的同时，对其直接负责的主管人员和其他直接责任人员进行处罚，如《水污染防治法》第94条的规定。

（三）现行污染控制法律责任规则的特点与入典分析

纵观现行污染控制法律责任规则，可以发现以下特点：一是法律责任形式多样，甚至多种责任及其他性质法律措施被混杂规定，给法律责任的辨识和适用带来一定困难，实践中也有不少环境行政执法争议因此而起。二是法律责任规定的体系化不足，表现在性质相同的责任表达方式的不一致，不同性质的责任或措施反而采用相似的表达，责任的类型划分不明确、相互关系不清晰。而且不少概念的抽象性不够、过于直观而无法反映

---

① 参见代海军：《行政命令与行政处罚的事实错位与逻辑矫正》，载沈岿主编：《行政法论丛》（第27卷），法律出版社2021年版。

② 参见刘长兴：《环境行政案件类型化的法理与方法》，载《法治社会》2021年第2期。

③ 2021年《行政处罚法》修订过程中，一审稿曾将“责令停止行为”作为行政处罚方式加以规定，二审时删除，反映了行政处罚界定上的争议。参见袁雪石：《中华人民共和国行政处罚法释义》，中国法制出版社2021年版，第58－59页。

④ 参见胡静：《我国环境行政命令实施的困境及出路》，载《华中科技大学学报（社会科学版）》2021年第1期。

责任规则设计的内在逻辑。三是部分法律责任规则的合理性存疑。如罚款数额的确定仍存在不少问题,[①]定额罚款规则的弊端日益显露;没收违法所得、没收非法财物责任的设计仍存在对象范围界定等方面的困难;责令停产停业、责令关闭等责任的适用情形仍难以妥当把握,认为其过于严厉和过于宽松的指责同时存在,这些呈现的问题也正是环境法典制定过程中需要重点解决的。

环境法体系化的逻辑主线应当是以风险行政法理论为支撑的环境行政权的界定和规范,[②]环境法典对于污染控制法律责任的规定应当考虑几个层次的问题。一是法律责任的范围,即哪些责任作为法律责任进行规定。党政同责以及生态环境保护问责制、政府环境质量责任[③]等是生态环境保护督察背景下进行责任追究的重要方式,但考虑其政治属性、程序特殊性等因素,未必能够全部纳入法律责任制度,[④]其中的一般规定应当在环境法典的总则中规定,具体追责措施如行政处分、行政处罚等应当纳入法律责任体系统一考虑。二是共通性法律责任的筛选,即哪些法律责任应当规定在生态环境责任编。行政处分、民事责任、生态环境损害赔偿责任等在环境保护领域具有更多共通性的法律责任应当纳入生态环境责任编。三是污染控制编法律责任的编排以及具体规则的设计思路,应当规定在污染控制编的法律责任要与污染控制具体规则对应起来,以规则的针对性来确定其具体定位和内容。

这些问题的解决不是简单的形式判断问题,需要考察污染控制中的违法类型、针对违法需要设置的法律责任,特别是行政法律责任规则,进而根据责任规则的特征、共通性、针对性等要素作出判断。

二、污染控制中的行政违法类型与责任配置

(一)环境污染违法的性质和类型

污染环境的行为并不必然违法,社会经济发展应当也必须容许一定

---

① 参见徐以祥、梁忠:《论环境罚款数额的确定》,载《法学评论》2014 年第 6 期。

② 参见刘长兴:《论环境法法典化的边界》,载《甘肃社会科学》2020 年第 1 期。

③ 参见吕霞:《我国〈环境保护法〉中的政府环境质量责任及其强化》,载《法学论坛》2020 年第 5 期。

④ 参见朱军、杜群:《党内法规视域下生态环境保护法律责任与政治责任的功能协同》,载《理论月刊》2021 年第 10 期。

的污染存在。而超出一定限度的污染被界定为违法,要么因其侵犯了他人的合法权益,为民事违法;要么违背了公共利益保护的要求,体现为违反环境行政管理秩序,为行政违法。[①] 行政权的特征决定了其在实现环境公共利益上具有优先性,[②]环境行政制度应当是污染控制的主要制度,2021 年全国人大常委会立法工作计划也将环境法典编纂定位为“行政立法领域的法典编纂”,[③]因此就环境法典污染控制编的制度设计而言,环境污染违法限于行政违法,表现为违反环境行政秩序要求的污染行为或者相关行为。

污染控制法律制度的直接目标在于防治污染,环境法典污染控制编“以控制环境污染、保障人群健康,促进社会可持续为目标”[④],其实现需要通过一系列的环境污染控制措施和标准,通常还需要相应的行政强制措施以及行政制裁来保障,以建立和维护环境行政管理秩序。转换角度来看,环境污染违法就是违反或者破坏环境行政管理秩序、导致或者可能导致环境污染的行为,在性质上属于行政违法。

环境污染违法的类型主要可以按照主体的不同进行划分,包括环境行政管理主体的违法和行政相对人的违法。环境行政管理秩序的建立需要明确环境污染政府管理的职权和职责,表现为环境行政权的种类、内容、边界应当清晰,该权力的不当行使包括不作为违法,[⑤]其应当承担相应的法律责任主要是对直接责任人员的行政处分。行政相对人违法是环

---

① 严重民事违法和行政违法可能构成犯罪,但基于前文已经述及的理由,本书不讨论刑事责任问题。从环境犯罪的行政犯定位来看,环境刑事责任在某种意义上附属于环境行政责任。参见于文轩、冯瀚元:《基于生态文明理念的环境犯罪行政从属性研究》,载《南京工业大学学报(社会科学版)》2021 年第 4 期。而刑法也可以被认为是民法的助法,参见徐国栋:《〈民法典〉之后刑法分则如何再法典化》,载《苏州大学学报(法学版)》2021 年第 1 期。

② 参见陈海嵩:《生态环境治理现代化中的国家权力分工——宪法解释的视角》,载《政法论丛》2021 年第 5 期。

③ 参见全国人大常委会:《全国人大常委会 2021 年度立法工作计划》,载中国人大网 2021 年 4 月 21 日,http://www.npc.gov.cn/npc/c30834/202104/1968af4c85c246069ef3e8ab36f58d0c.shtml。其中明确提出“研究启动环境法典、教育法典、行政基本法典等条件成熟的行政立法领域的法典编纂工作”。

④ 吕忠梅:《中国环境法典的编纂条件及基本定位》,载《当代法学》2021 年第 6 期。

⑤ 环境行政不作为是环境行政领域违法的重要表现形式,不少严重环境污染都与环境行政不作为违法有关。但是行政不作为违法的判断相对困难,环境行政不作为违法需要综合判定。参见刘卫先、张帆:《环境行政公益诉讼中行政主管机关不作为违法及其裁判的实证研究》,载《苏州大学学报(法学版)》2020 年第 2 期。

境污染违法的更常见情形,即违反环境污染管理要求直接导致或者可能间接导致环境污染的行为,前者如违反排污标准排放污染物,后者如伪造环境监测数据等。就环境污染控制目标而言,重点要对违法排放污染行为进行约束,但是环境行政规制应当确立的预防原则[①]要求将管理阶段提前,即对实际排污行为发生之前的准备、关联行为进行控制,因此可能导致环境污染的行为违反相应环境管理要求的,也属于环境污染违法,应当承担相应的法律责任。

(二)污染控制领域的行政法律责任

法律责任是针对违法行为设置的不利法律后果,是保障法律实施、维护法律秩序的关键机制,一般认为具有惩罚、补偿和预防三项基本功能。[②] 污染控制领域的行政法律责任以遏制和惩罚环境污染违法行为为直接目标,责任类型和方式应基于所针对的环境污染违法进行合理选择和配置。

针对环境污染行政管理过程中的行政主体违法,行政主体直接负责的主管人员和其他直接责任人员应当受到行政处分。现行污染控制法中都有行政处分的规定,而行政处分的设定主要基于行政职权行使的违法性,在不同行政管理领域对于职权依法行使的判定具有统一性,从程序上也适用内部行政处理程序,因此都是采用引致性规定,但其与环境行政管理具体规则的对应性并不高,环境立法上可不作为重点。另外,行政主体违法的外部责任因环境污染导致重大环境损害时的政府补偿责任也有必要考虑,[③]但其衡量因素主要是损害后果,同样无须与污染管理的具体规则完全对应。

针对行政相对人违法设置的法律责任是污染控制领域法律责任制度的重点。不管理论预设还是实践操作,都将行政处罚作为保障环境法实施的基本手段,或者说行政处罚是污染控制领域法律制裁的最重要方式,也是需要考虑污染违法的具体情形和特征而有必要进行的针对性设计的法律责任。在现行污染防治法律中,行政相对人违法的行政处罚条款也

---

① 参见[日]黑川哲志:《环境行政的法理与方法》,肖军译,中国法制出版社 2008 年版,第 13 - 14 页。

② 参见刘彦辉:《民事责任与刑事责任功能之比较》,载《求是学刊》2010 年第 2 期。

③ 参见刘长兴:《论环境损害的政府补偿责任》,载《学术研究》2017 年第 1 期。

是法律责任制度的主体内容。而且,行政相对人违法的认定应当与污染管理制度中的具体规则高度对应,以贯彻行政处罚法定原则[①],确保当事人权利不被侵犯,并准确划定行政处罚权行使的边界。

因此从整体上看,污染控制领域的法律责任规则需要按照主体类型进行不同的配置,行政主体违法的责任规则更具有统一性故在一定程度上脱离污染管理制度的具体规则,而行政相对人违法的责任则需要针对具体的污染违法行为进行具体的责任规则设计。基于此,环境法典污染控制编的法律责任设计重点是针对行政相对人违法的行政法律责任规则。

(三)行政法律责任的结构优化及配置原则

行政相对人违法的行政法律责任主要是行政处罚,其他新型的责任方式仍存在争议,将在下文探讨,在此主要将已有行政处罚规则的问题编入污染控制编的基本思路中。行政处罚的要素可以归纳为“不利益性”、“违法性”和“报应性”,[②]其中违法性应主要依据行政管理的具体规则判断,而不利益性和报应性需要反映在具体处罚规则的设置中,即行政处罚的种类和处罚程度。

《行政处罚法》第 9 条规定的行政处罚种类包括典型的行政处罚方式,并且允许法律、行政法规创设其他行政处罚方式。对照该条规定,整合现行污染控制法的行政处罚方式,特别是对行为罚的具体方式进行合并和提升,以保持对不同污染行为的处罚具有一定的可比性,是污染控制法合理配置行政处罚的关键。同时适当运用新型行政处罚方式的设置权,创设符合污染违法行为特点和污染控制需要的行政处罚方式,是优化污染控制领域行政处罚规则的重要途径。

环境法典污染控制编的行政处罚规则应在整合既有行政处罚方式的基础上进行结构性优化,总体需要解决以下几个方面的问题。一是适当

---

① 参见应松年主编:《行政处罚法教程》,法律出版社 2012 年版,第 46－50 页。

② 参见熊樟林:《行政处罚的概念构造 新〈行政处罚法〉第 2 条解释》,载《中外法学》2021 年第 5 期。

统一行为罚的表达方式，并且协调剥夺资格罚与限制能力罚之间的关系。[①] 将污染控制法律中规定的种类众多的行为罚尽可能归入“暂扣许可证件、降低资质等级、吊销许可证件”以及“限制开展生产经营活动、责令停产停业、责令关闭、限制从业”等《行政处罚法》(2021 年修正)规定的处罚方式中，并且尽量统一表达方式；同时结合排污许可证管理等实际需要，区分并合理配置直接剥夺资格与直接限制能力的处罚，如严重违反排污许可证排污的，暂扣或者吊销排污许可证是更合理的处罚措施，但现行法律更多运用责令停产停业的处罚方式，两种处理对企业经营的影响可能相同但也可能存在较大差别，应当区别对待。二是合理运用财产罚的不同方式来体现对污染违法行为的经济制裁。针对环境保护领域“违法成本低”等现实问题，应当减少对罚款特别是定额罚款的依赖，适当运用比例罚款、没收违法所得等处罚方式；并且对“违法所得”进行更明确的界定，合理强化财产罚的威慑力。[②] 三是整合自由罚和声誉罚规则，按照相对统一的标准设置行政拘留和警告、通报批评的处罚规则。行政拘留作为最严厉的环境行政处罚方式，其适用标准应在治安管理处罚法的框架下进行统一，且仅针对严重违反环境管理秩序的行为。警告是针对轻微违法的处罚，可对其设置相对统一的适用标准，具体适用交由行政机关决定。通报批评的规范化程度相对较低，应当综合考虑违法程度和社会影响等因素合理设定。四是协调行政处罚与制止行政违法行为的关系。行政处罚多关注对违法行为的制裁，对违法行为的制止，特别是对制止与处罚的关系考虑较少，因此有学者提出要建立行政处罚中违法行为制止制度。[③] 污染控制法中行政处罚规则的设置应当协调处罚与制止关系，综合运用责令停止违法行为、责令改正与行政处罚措施，共同实现维护环境管理秩序的目标。

---

① 一般认为，行为罚又称资格罚、能力罚，剥夺资格与限制能力往往同时存在，因此理论上未必进行严格区分。参见姜明安：《行政法》，北京大学出版社 2017 年版，第 349 页。但是，从《行政处罚法》的规定看，第 9 条第 3 项规定的“暂扣许可证件、降低资质等级、吊销许可证件”是直接剥夺资格的处罚方式，第 4 项规定的“限制开展生产经营活动、责令停产停业、责令关闭、限制从业”是直接限制能力的处罚方式，二者仍存在明显的区别。

② 参见谭冰霖：《行政罚款设定的威慑逻辑及其体系化》，载《环球法律评论》2021 年第 2 期。

③ 参见关保英：《行政处罚中行政相对人违法行为制止研究》，载《现代法学》2016 年第 6 期。

更进一步来讲,污染控制编的行政处罚规则设置应当针对前述问题结合行政处罚法的基本原则展开,综合考虑以下因素:一是贯彻环境法的基本原则。针对污染违法行为设置行政处罚要从根本上符合环境正义的要求,考虑"绝大多数人认为是合情合理的环境正义原理"[1],基于环境正义等原则展开。二是注重科学合理性。环境法典的实质理性关注自由、正义等基本价值,要求所有的规则都必须基于充分的理由,[2]行政处罚是对相对人权利或者利益的直接限制或者剥夺,更应当注重处罚方式、处罚程度的科学合理设置。比例原则作为行政法的基本原则,[3]在行政处罚的设定中也应当严格遵循,从处罚方式选择到罚款数额确定等都应当符合比例原则的要求。三是提升规则的明确性和确定性。行政处罚规则应当足够明确,以便实践中可以直接作为实施处罚的操作依据,限制行政自由裁量权以防止处罚随意导致的社会不公以及当事人的预期不稳定。研究表明,提高环境行政处罚的确定性、典型性都有助于提高环境规制威慑力。[4] 四是重点体现预防原则。推动环境法由危害防止向风险预防的转身,需要优化各种环境规制工具的衔接适用,健全各种规范类型之间的协同机制,[5]包括行政处罚的设定应充分考虑预防环境污染的需要,在受处罚行为的选择上注重预防性效果。五是进行合理创新。环境污染是一个复杂的过程,环境管理秩序的维持需要针对各种行为进行控制以及处罚,应当根据需要创新行政处罚规则。例如,在主体方面,将治污企业也纳入政府规制结构[6]是创新污染治理模式的需要,治污企业违法也应当进行处罚;对于罚款数额的计算,承认行政罚款的补偿性、[7]将罚款数额与公

---

① [美]彼得·S. 温茨:《环境正义论》,朱丹琼、宋玉波译,世纪出版集团、上海人民出版社2007年版,第26页。

② 参见于文轩、牟桐:《生态文明语境下环境法典的理性基础与法技术构造》,载《湖南师范大学社会科学学报》2020年第6期。

③ 周佳宥:《行政法基本原则》,台北,三民书局股份有限公司2016年版,第104-108页。

④ 参见王云、李延喜、马壮:《环境行政处罚能以儆效尤吗?——同伴影响视角下环境规制的威慑效应研究》,载《管理科学学报》2020年第1期。

⑤ 参见张宝:《规制内涵变迁与现代环境法的演进》,载《中国人口·资源与环境》2020年第12期。

⑥ 参见唐绍均:《论环境污染第三方治理的制度梗阻与激励规制》,载《政法论丛》2021年第5期。

⑦ 参见刘长兴:《论行政罚款的补偿性——基于环境违法事件的视角》,载《行政法学研究》2020年第2期。

共利益损失联系起来,有助于行政罚款功能的全面发挥。

三、环境法典污染控制编的行政法律责任规则设计

污染控制法律的责任规则在环境法典中的安排不仅要考虑其本身的体系性等因素,也要适应环境法典的结构安排,以及与其他法律如《行政处罚法》的协调。基于上述对现行污染控制法责任规则的分析,以及针对污染违法行为的责任配置思路,在此提出环境法典污染控制编行政法律责任规则设计的基本方案。

(一)污染控制编行政法律责任规则的编排

环境法典是环境法体系化的结果和外在表现,其结构安排需要考虑多种因素,前已述及,在设置独立生态环境责任编的同时,污染控制法的部分责任规定仍应当放在污染控制编,以对应具体的义务规定,进一步需要考虑的是哪些法律责任规则以及以何种方式安排在污染控制编。

污染控制领域的法律责任难以都纳入环境法典,特别是环境侵权责任的基本规定已纳入《民法典》,环境刑事责任还在《刑法》中规定,环境法典仅可对环境侵权责任作补充和细化规定。而且,在环境法典单独设置生态环境责任编的体例下,有关环境行政法律责任的基本规定应当纳入生态环境责任编,包括总则编规定的基本法律制度对应的法律责任,以及可以作出相对统一规定的涉及其他各编的法律责任,后者主要是行政处分规则,以及可以作出概括性规定的警告处罚、行政处罚代履行规则等。环境侵权责任、生态环境损害赔偿责任的具体规定与污染控制、生态破坏都有关联而且共通性更强,也应当规定在生态环境责任编。

那么,应当放在污染控制编的法律责任规则就是与污染控制具体规则密切联系、需要对应规定的行政处罚等规则,即直接针对污染违法行为的行政处罚以及类似行政处罚的新型制裁方式。体例上,在污染控制的基本法律制度之后,设计污染控制编的"行政法律责任"专章,对违反行政管理要求的污染行为及相关行为设置针对性的行政处罚等措施。

(二)主要的行政法律责任规则设计

污染控制编的行政处罚规则可依据《行政处罚法》的基本规定进行具体设计,主要处罚方式应当包括《行政处罚法》第9条规定的典型行政

处罚种类,并结合污染控制的实际需要进行适当配置。

第一,对于轻微的污染违法行为设置通报批评的处罚。作为《行政处罚法》(2021 年修订)新增的处罚方式,通报批评实质上统括了“公开谴责”“列入失信名单”“公布违法事实”等所有发生名誉减损和社会评价降低的行政处罚行为。[①] 污染控制编应针对产生一定社会负面影响的污染违法行为设置通报批评处罚,以降低违法者声誉的方式遏制违法现象。警告主要针对轻微违法,可以不必针对具体违法情形进行专门规定,生态环境责任编规定适用警告处罚的一般标准即可。

第二,根据污染违法行为的损害后果或者可能造成损害后果的情况设置罚款等财产罚。罚款要结合污染违法行为的主观恶性、污染后果等,分不同情形运用定额罚款、与损害后果或者违法所得关联的比例或者倍数罚款等模式设计具体规则,以提升罚款处罚的威慑力和合理性。没收违法所得除涵盖违法行为直接获得的利益之外,应当考虑将因违法而节约的治污成本等纳入没收范围。没收非法财物在污染违法案件中需要慎重确定非法财物的范围,生产设备等应当根据与违法排污行为的关联程度、用途等进行判断,针对恶性违法可以适当扩大没收非法财物的范围。

第三,根据预防污染的实际需要,对可能继续造成污染的主体设置行为罚。在实施许可包括其他审批管理的领域,要着重针对许可证或其他资格进行暂扣、吊销处罚,剥夺资格能够限制非法生产或者排污等行为的,不应运用责令停产等限制能力处罚方式。限制能力处罚规则应当总结现行诸多限制能力类的处罚方式,结合环境污染过程控制思路,设计针对不同行为阶段的限制能力规则,并且增强处罚方式的相对统一性。

第四,针对严重的污染违法行为以及对抗污染执法等行为可以设置自由罚。污染控制编应当在吸收现有污染控制法的行政拘留处罚规则的基础上,针对严重的污染违法行为明确行政拘留的适用情形。同时,以拒绝进入现场等方式拒不接受政府监督检查的,以及在接受环境保护监督检查时弄虚作假的行为,在性质和违法形态上相对统一,可以在生态环境责任编统一规定行政拘留等责任。

第五,针对新型污染的行政法律责任要根据污染的危害性进行适当配置。从实践情况看,光污染、热污染等新型污染之所以较其他污染引起

---

① 参见朱芒:《作为行政处罚一般种类的“通报批评”》,载《中国法学》2021 年第 2 期。

的关注较少，主要是由于其危害性较轻而且难以明确，因此责任配置上应当更多运用民事途径，相应污染者的行政法律责任也应当相对较轻，但仍然遵从过罚相当等比例原则设计责任规则。针对新型污染特点的创新责任规则还需要进一步探讨。

（三）新型行政法律责任的运用与规则创新

行政法律责任方式要与违法情形相适应，《行政处罚法》规定法律、行政法规可以设置新的行政处罚种类，可以预见，随着新型行政违法行为的出现，行政处罚的类型会继续增多。[①] 污染控制编也应当在典型行政处罚方式之外根据实际需要设置新的行政处罚对污染违法行为进行制裁，从现行规定包括地方立法的规定来看，相对特殊的责令限期采取治理措施等处罚方式可以总结后在污染控制编适当加以运用，另外责令修复生态环境、限制特定物质使用等可以作为新的行政法律责任方式进行规定。

限期治理是1989年《环境保护法》规定的一项有争议的制度，[②]未在现行《环境保护法》中保留，但"限期采取治理措施"仍保留在《水污染防治法》等法律的责任规则中，表明其仍有实践意义。限期治理并未直接限制违法者的生产经营能力，但对其科以采取治理措施的义务，是增加义务的不利后果而具备行政处罚的特征。[③] 虽然从纠正违法的意义上与责令改正具有相似性，但责令限期采取治理措施不仅仅限于改正违法行为，还可能包括对已造成污染的治理，因此宜作为特殊处罚方式保留，而且对于部分污染违法行为仍是适当的责任方式。

生态环境修复是实现环境保护目标的重要方式，已有多种法律途径可以追究生态环境修复责任，[④]现行污染控制法中也有责令消除污染的规定，并且可以与责令限期采取治理措施相区分。从新增违法者义务的

---

① 参见袁雪石：《中华人民共和国行政处罚法释义》，中国法制出版社2021年版，第61页。

② 参见黄锡生、夏梓耀：《论限期治理制度——以〈环境保护法〉修改为进路》，载《河北法学》2014年第2期。

③ 参见胡建淼：《论"行政处罚"概念的法律定位 兼评〈行政处罚法〉关于"行政处罚"的定义》，载《中外法学》2021年第4期。

④ 参见胡静、崔梦钰：《二元诉讼模式下生态环境修复责任履行的可行性研究》，载《中国地质大学学报（社会科学版）》2019年第6期。

意义上,责令修复生态环境可以作为新的处罚方式,通过行政管理途径推动生态环境修复的有效开展。另外,出于防止污染的目的限制特定物质使用等,也可以作为新的处罚方式适当运用,其效果上类似于限制开展生产经营活动但重在加强对特定物质的管控,有利于以较小的限制达到控制污染的目的。

总之,污染控制编的法律责任规则设计应注重对典型行政处罚方式的合理运用,并且根据污染违法的特征设置特殊和新型行政制裁方式。针对污染违法中经营者的单位主管人员起关键作用的情形,需要在处罚违法经营者的同时设置单位主管人员的责任,通过双罚制的规范运用[①]来提升处罚的威慑力。在行政法律责任规则表述上,应当与污染违法行为直接对应,明确特定违法行为的法律后果。

“恢复社会秩序”是法典编纂的重要目的,[②]环境法典污染控制编的基本目的是建立和维护环境污染排放的基本秩序,具体的行政处罚措施是对违反秩序行为的直接和针对性制裁,对于实现秩序目标意义重大,应当与污染控制基本规则对应起来作为“行政法律责任”专章编入污染控制编。同时,生态环境责任编以及其他法律中的法律责任规则也具有保障污染控制法实施的作用,污染控制编的法律责任规则要从法律责任体系化的角度进行合理筛选和设计,并与其他法律责任规则相互协调和衔接。

---

① 参见谭冰霖:《单位行政违法双罚制的规范建构》,载《法学》2020年第8期。

② 参见[日]穗积陈重:《法典论》,李求轶译,商务印书馆2014年版,第28页。

3.5 《生态环境法典专家建议稿(草案)》污染控制编编纂问题研讨

3.5.1 《生态环境法典专家建议稿(草案)》污染控制编条旨大纲*

第一章　一般规定

第一节　基本规定

1.【污染控制编调整范围】

2.【环境污染定义】

3.【污染控制法律原则】

4.【政府污染防治监督管理职责】

5.【环境污染防治监督管理机构】

6.【企事业单位污染防治的一般义务】

7.【污染防治目标责任制和考核评价制度】

8.【环境健康风险防控制度】

9.【严重污染环境的工艺、设备和产品淘汰制度】

10.【农业面源污染防治制度】

11.【环境保护公共设施建设制度】

第二节　污染防治规划

12.【污染防治工作纳入国民经济和社会发展规划、生态环境保护规划】

13.【国土空间规划的环境影响评价】

14.【污染防治规划】

---

* 本条旨取材于"环境法典编纂研究"课题组起草的《生态环境法典专家建议稿(草案)》(2022年8月1日版)。

44.【征税对象】
45.【税目、税额】
46.【计税依据】
47.【大气、水的污染当量数计算方法】
48.【大气、水的应税污染物项目数】
49.【排放量和分贝数的计算方法和顺序】
50.【应纳税额的计算方法】
51.【税收减免】
52.【征税机关】
53.【部门的信息共享和工作配合机制】
54.【纳税义务发生时间】
55.【纳税申报地】
56.【纳税期限的计算】
57.【纳税申报时间】
58.【纳税申报材料审核】
59.【违法追究法律依据】
60.【用语定义】

第二章　水污染防治

61.【向水体排污的排污口设置】
62.【水环境质量监测和水污染物排放监测】
63.【重要江河湖泊流域的水环境监测】
64.【有毒有害水污染物名录】
65.【禁止排放油类等废液】
66.【限制排放含热废水】
67.【限制排放含病原体污水】
68.【防止固体废弃物污染水体】
69.【禁止逃避监管行为】
70.【防渗漏监测】
71.【地下水污染防治措施】
72.【工业水污染综合防治措施】
73.【工业污水集中处理】
74.【城镇污水集中处理】

75.【污水处理相关主体义务】
76.【农村污水集中处理】
77.【化肥、农药污染防治】
78.【防止畜禽养殖场、养殖小区污染水环境】
79.【防止水产养殖污染水环境】
80.【防止农田灌溉污染水环境】
81.【船舶污染防治】
82.【饮用水水源保护】
83.【取水口和出水口水质检测】
84.【特殊水体保护区】

第三章 海洋环境污染防治

85.【效力范围】
86.【海上污染应急计划】
87.【海洋污染事故通报和处理】
88.【沿海城市排海污水整治】
89.【入海河流污染防治】
90.【入海排污口设置】
91.【陆源污染物排放要求】
92.【陆源污染物排放许可】
93.【重点海域排污总量控制】
94.【废液、废水的禁排、限制及控制】
95.【含病原体废水排放要求】
96.【含有机物和营养物质废水排放】
97.【含热废水排放】
98.【沿海农药、化肥、植物生长调节剂的施用】
99.【岸滩固废的弃置、堆放和处理】
100.【禁止转移危险废物】
101.【大气海洋环境污染控制】
102.【海岸工程建设防污总体要求】
103.【严重污染的海岸工程项目新建限制】
104.【海岸工程建设自然保护总体要求】
105.【海洋工程建设项目材料使用的限制】

106.【海洋工程建设项目作业要求】
107.【编制和审批溢油应急计划】
108.【海洋工程含油污物的排放与回收】
109.【海洋工程的工业垃圾处理】
110.【海上试油的要求】
111.【废弃物倾倒审批】
112.【倾废标准和程序制定】
113.【选划海洋倾倒区】
114.【海洋倾倒区使用管理】
115.【倾倒要求】
116.【倾倒记录和报告】
117.【倾倒费的缴纳】
118.【海上废弃物处置】
119.【船舶及相关作业总体要求】
120.【船舶证书和记录】
121.【船舶配置要求】
122.【船舶守法要求】
123.【船舶油污损害风险承担】
124.【污货载运申报】
125.【有毒有害货物作业要求】
126.【设施设置、应急计划与设备器材配置】
127.【船舶及有关作业监管报批】
128.【针对海难事故的强制措施与必要措施】
129.【海上污染监视与报告】

第四章　大气污染防治

130.【大气排放的联防联控】
131.【大气污染防治重点区域的划定】
132.【重点区域大气污染联合防治行动计划】
133.【重点区域大气污染防治的基本要求】
134.【大气污染防治重点区域规划环评会商】
135.【大气污染防治重点区域环境监测和信息共享】
136.【大气污染防治重点区域协同执法】

137.【煤炭和石油焦的大气污染防治】

138.【高污染燃料禁燃区】

139.【锅炉大气污染防治】

140.【控制燃煤污染】

141.【重工业大气污染防治】

142.【挥发性有机物污染防治】

143.【工业涂装企业大气污染防治】

144.【有机溶剂泄漏的防治,油气回收装置规范】

145.【粉尘和气态污染物排放控制】

146.【可燃性气体回收利用】

147.【从源头减少机动车船排放污染】

148.【机动车船、非道路移动机械及其燃料、辅助用剂环保达标】

149.【新生产的机动车、非道路移动机械排放监管】

150.【在用机动车排放定期检验和监督抽测】

151.【机动车排放检验机构环保要求】

152.【机动车企业信息公开义务,维修单位合规义务】

153.【非道路移动机械大气污染物排放监督检查】

154.【环保驾驶】

155.【机动车和非道路移动机械的环保召回】

156.【重型柴油车、非道路移动机械污染控制装置规范】

157.【机动车船和非道路移动机械的报废】

158.【禁止使用高排放非道路移动机械的区域,船舶大气污染物排放控制区】

159.【船舶排放检验】

160.【船舶燃油和岸基供电】

161.【民用航空器大气污染防治】

162.【地方各级政府及职能部门扬尘污染防治职责】

163.【建设单位、施工单位扬尘污染防治】

164.【运输、装卸物料和公共场所扬尘污染防治】

165.【裸露地面扬尘污染防治】

166.【料堆及其场所的扬尘污染防治】

167.【农业大气污染控制】

168.【禁烧秸秆等烟尘物质】
169.【有毒有害大气污染物风险管理】
170.【持久性有机污染物控制】
171.【恶臭气体和烟花爆竹污染防治】
172.【餐饮和露天烧烤油烟排放控制】
173.【绿色祭祀和火葬】
174.【服装干洗和机动车维修的废气污染防治】
175.【建立重污染天气监测预警体系的职责】
176.【重污染天气应急预案】
177.【重污染天气预报和预警】
178.【重污染天气应急响应、评估和突发大气污染环境事件处置】

第五章　土壤污染防治

179.【土壤污染状况普查和详查】
180.【土壤环境监测制度】
181.【农用地地块重点监测】
182.【建设用地地块重点监测】
183.【有毒有害物质经营单位义务】
184.【土壤有毒有害物质名录、土壤污染重点监管单位名录】
185.【拆除设施的土壤污染防治】
186.【矿产资源开发防治土壤污染】
187.【鼓励使用新技术、新材料】
188.【特殊设施的土壤污染防治】
189.【农业投入品的管理、引导、鼓励】
190.【农业投入品废弃物的回收处理】
191.【向农用地排放污水、污泥的管理规定】
192.【未污染土壤和未利用地保护】
193.【敏感单位的保护】
194.【土壤资源保护和合理利用】
195.【进口土壤的检验检疫】
196.【土壤污染责任的承担主体】
197.【中间责任和终局责任】
198.【按份责任和连带责任】

230.【工业固体废物委托处理】
231.【工业固体废物清洁生产审核与无害化处置】
232.【单位终止或变更时污染防治义务的承担】
233.【生活垃圾分类管理的政府职责】
234.【生活垃圾减量与回收利用】
235.【生活垃圾分类投放与处理收费】
236.【生活垃圾分类收集、运输和处理以及厨余垃圾的特别规定】
237.【生活垃圾处理设施、场所】
238.【危险废物名录】
239.【危险废物集中处置设施、场所】
240.【危险废物产生单位的污染防治义务】
241.【危险废物收集、贮存、运输、利用和处置单位的污染防治义务】
242.【危险废物转移的特别规定】
243.【医疗废物管理】
244.【建筑垃圾管理的政府职责】
245.【施工单位的建筑垃圾污染防治义务】
246.【农业固体废物管理】
247.【废弃电器电子产品管理】
248.【产品和包装物管理】
249.【一次性制品管制】
250.【污泥处理】
251.【用语含义】
252.【液体废物污染防治】

第七章　噪声污染防治

253.【噪声污染防治的政府职责与适用范围】
254.【声环境标准与声环境功能区】
255.【产品噪声限值】
256.【噪声敏感建筑物集中区域与噪声防护距离】
257.【噪声污染防治的共通性措施】
258.【工业企业选址管理】
259.【工业噪声排放的许可控制与重点管理】
260.【工业噪声排放监测】

261.【建设施工噪声污染防治的一般规定】
262.【夜间建筑施工的管制】
263.【交通线路建设与运行中的噪声污染防治义务】
264.【声响装置相关的噪声控制措施】
265.【航空噪声污染防治】
266.【交通噪声污染综合治理】
267.【经营性社会生活噪声控制】
268.【公共场所噪声控制】
269.【房地产销售及住宅共有设备噪声控制】
270.【室内生活噪声控制】
271.【社会生活噪声控制中的社会共治】
272.【术语解释】

第八章　放射性污染防治
273.【放射性污染防治方针】
274.【放射性污染监督检查】
275.【放射性污染防治资格与资质管理】
276.【放射性物质和含放射源射线装置运输】
277.【放射性标识和警示说明】
278.【核设施选址审批】
279.【核设施安全许可】
280.【核设施分阶段环评】
281.【核设施放射性污染防治设施竣工验收】
282.【进口核设施标准】
283.【核设施规划限制区】
284.【核设施周围环境和流出物监测】
285.【核设施安全保卫】
286.【核事故应急】
287.【核设施退役及退役费用】
288.【核设施的信息公开和公众参与】
289.【核技术利用许可与登记管理】
290.【核技术利用环评和放射性同位素备案】
291.【放射工作场所辐射防护设施竣工验收】

292.【放射性同位素存放要求】

293.【核技术利用单位的放射性废物和废旧放射源处置】

294.【放射源安全保卫】

295.【铀(钍)矿环评】

296.【铀(钍)矿竣工验收】

297.【铀(钍)矿流出物和周围环境监测】

298.【尾矿处置】

299.【铀(钍)矿退役计划】

300.【放射性废物减量化要求】

301.【放射性核素排放量的申请和报告】

302.【放射性废液排放控制】

303.【放射性废物处置】

304.【放射性废物进出口禁止】

305.【涉军放射性污染防治特别规定】

306.【劳动者职业病责任特别规定】

307.【术语解释 】

第九章　有毒有害化学物质与新污染物的环境风险管控

308.【有毒有害化学物质与新污染物环境风险管控的原则】

309.【有毒有害化学物质与新污染物环境风险管控的监管部门及其职责分工】

310.【现有化学物质名录更新及常用、非常用化学物质的识别】

311.【常用化学物质的环境风险级别鉴定】

312.【高优先级化学物质环境风险评估】

313.【高风险化学物质的环境风险管控】

314.【新化学物质与现有化学物质“重大新用途”的环境风险管控】

315.【有毒有害化学物质进出口登记】

316.【有毒有害化学物质释放与转移报告】

317.【有毒有害化学物质生产、销售、储存、使用企事业单位的违法行为与环境风险披露义务】

318.【有毒有害化学物质生产、销售、储存、使用企事业单位的安全管理风险评估义务】

319.【新污染物环境风险管控的一般规定】

320.【针对各类新污染物的环境风险管控】

321.【针对含特定新污染物的废物的环境风险管控】

第十章 行政法律后果

第一节 一般规定

322.【违反光污染、热污染、电磁辐射污染、振动污染防治的行政法律责任】

323.【违反严重污染环境的工艺、设备和产品淘汰制度的行政法律责任】

324.【无证排污的行政法律责任】

325.【违法排污的行政法律责任】

326.【违反排污许可管理要求的行政法律责任】

327.【较轻的违反排污许可管理要求的行政法律责任】

328.【隐瞒或以虚假材料申请排污许可证的法律责任】

329.【以欺骗、贿赂等不当手段取得排污许可证的行政法律责任】

330.【涂改、伪造、变造、转让排污许可证的行政法律责任】

331.【违反环境税征收规定的行政法律责任】

332.【行政拘留】

333.【按日连续处罚】

334.【造成污染事故的行政法律责任】

335.【监管失职的行政法律责任】

第二节 水污染防治行政法律责任

336.【违反水污染监测规定的行政法律责任】

337.【违反排污口设置规定的行政法律责任】

338.【违反禁止性规定的行政法律责任】

339.【违反船舶防污要求的行政法律责任】

340.【违反饮用水源保护规定的行政法律责任】

第三节 海洋环境污染防治行政法律责任

341.【违反排污类禁止性规定的行政法律责任】

342.【违反有关申报、报告规定的行政法律责任】

343.【违反涉及危险废物、有毒有害物质规定的行政法律责任】

344.【违反涉海项目、工程规定的行政法律责任】

345.【违反海洋废弃物相关规定的行政法律责任】

346.【违反船舶、平台相关活动规定的行政法律责任】

第四节 大气污染防治行政法律责任

347.【涉及不符合标准的能源、挥发性有机物、有机溶剂等违法行为的行政法律责任】

348.【不合规处置大气污染物的行政法律责任】

349.【生产、进口、销售未达标的机动车船、非道路移动机械的行政法律责任】

350.【生产、销售、维修机动车船、非道路移动机械过程中弄虚作假、不公开信息的行政法律责任】

351.【不合规使用机动车船、非道路移动机械的行政法律责任】

352.【建筑、施工中违法行为的行政法律责任】

353.【违法排放扬尘等的行政法律责任】

354.【在人口集中区、日常生活中违法排放大气污染物的行政法律责任】

第五节 土壤污染防治行政法律责任

355.【行政机关的行政法律责任】

356.【重点监管单位未履行义务的行政法律责任】

357.【向农用地违法排污的行政法律责任】

358.【农业投入品违法行为的行政法律责任】

359.【违法用于土地复垦的行政法律责任】

360.【第三方服务机构的行政法律责任】

361.【风险管控和修复活动违法的行政法律责任】

362.【未按规定实施后期管理的行政法律责任】

363.【违反检查规定的行政法律责任】

364.【对常见的不履行土壤污染风险管控和修复义务行为的行政法律责任】

365.【违反备案规定的行政法律责任】

第六节 固体废物污染环境防治行政法律责任

366.【违反固体废物一般规定和工业固体废物管理规定的行政法律责任】

367.【违反生活垃圾管理规定的行政法律责任】

368.【违反危险废物管理规定的行政法律责任】

3.5.2　污染控制编内容取舍需要注意的几个问题*

首先,关于本编的定位问题,本质上是"污染防治编"。理由如下:

一是从内涵来看,"污染防治"包括预防和综合治理,我国环境立法一向高度重视预防。"污染控制"仅仅是治理的一个方面,旨在通过限制特定污染物的排放、使其不超过一定限度,从而减少对环境的不利影响。二是从立法目的的角度出发,"防治"包括预防和治理,而"控制"只是治理的一种方式。当前我国环境法典面对的历史背景不仅需要治理已有环境污染,减少生产生活可能对环境造成的不利影响,更是需要采用有效措施预防环境污染。三是从生态环境部的职责来看,尽管有污染防治和污染控制两方面的职责,但范围不一样。环境污染防治的监督管理职责范围非常广,包括预防和治理。环境污染控制的职责,主要是陆地和海洋各类污染物排放总量控制、排污许可证制度等,范围比较窄。四是从域外立法来看,日本在立法上是分开规定的,对污染用的是"防止",对限制排放数量超过一定限度用的是"规制",即"控制"。虽然美国法用"控制"比较多,但将《联邦水污染控制法》的名称改为《清洁水法》表明并不一定要用"控制"来命名。从立法背景上看,美国上述以"控制法"命名的单行立法,普遍出台于1950年至1970年前后,需要解决的是集中爆发的环境污染风险事故以及联邦层面缺少相应的环境单行立法等问题,故通过立法的方式,规定如环境标准、排污许可等环境管理制度实现对污染的控制。欧盟1996年颁布的综合污染预防和控制指令,实际上也强调污染的预防和控制,所以它的具体规定也是体现了预防和控制的原则。

其次,编纂"污染控制编"的首要准备工作在于污染防治立法和实践经验的总结。一是要学习借鉴《民法典》编纂的成功经验。《民法典》编纂时确立了五个基本原则。其中,第三个基本原则是"坚持立足国情和实际",全面总结我国改革开放40多年来民事立法和实践经验,以法典化方式巩固、确认和发展民事法治建设成果,以实践需求指引立法方向,提高民事法律制度的针对性、有效性、适应性,发挥法治的引领、规范、保

* 罗丽,北京理工大学法学院教授。本部分根据作者在《生态环境法典专家建议稿(草案)》污染控制编专题研讨会(2022年4月23日,北京)的发言整理。

障作用。环境法典的编纂既是贯彻习近平生态文明思想的重要体现，也是为解决经济发展与环境保护的关系问题提供的“中国思路”与“中国方案”。因此，应当充分领会、学习并借鉴《民法典》编纂的成功经验，立足我国环境问题及立法需求，总结我国环境立法的实践经验与不足，推进环境法典的编纂。二是既要全面梳理污染防治立法规范，提炼我国关于污染防治立法的立法习惯、成功经验，同时也要全面梳理污染防治执法的实践经验，在此基础上，提炼出适用于“污染控制编”整编的基本原则、基本制度。以 2007 年 7 月 12 日至 2022 年 4 月 19 日为样本期间，对生态环境部曝光公布的行政处理、执法信息、通报进行统计，主要处理方式有挂牌督办、环保督察、环保约谈、监督帮扶、行政公函、通报等，对于这些执法过程中惯常使用的、非常有效的处理方法，是否需要把它融合贯彻或者提炼到环境法典的相关部分中，应当进一步深入研究。

就第一章“基本规定”的具体问题而言，应当注意“第一节 一般规定”的 11 个条款在本编中处于什么地位，是不是起到了统领的作用，是否存在没有提炼到的内容。“一般规定”中的“严重污染环境的工艺、设备和产品淘汰制度”“农业面源污染防治制度”“环境保护公共设施建设制度”与“第二节 污染防治规划”“第三节 污染控制领域基准与标准”“第四节 排污许可与重点污染物总量控制”“第五节 环境保护税”等规定之间是什么关系？在实践中发挥重要作用的一些新制度是否增加进来？比如生态环境保护督察、区域协同治理、减污降碳协同增效、“三线一单”生态环境分区管制，以及陆海统筹等制度，是不是也应该将在实践中运用取得成功经验的相关制度提炼到污染防治编进行法典化？这些问题值得进一步探讨。

再次，应当如何理解“提取公因式”，即如何处理《环境保护法》与污染防治单行法、规章等之间的关系问题。

“提取公因式”是环境法典编纂时用到的一个非常重要的技术，但环境法典的编纂不是简单地提取公因式，环境法典的编纂要立足于当下的环境法体系。我国污染防治单项法的立法是从总向分的立法过程，都是严格依据《环境保护法》的规定，结合各污染防治单行法在环境保护防治污染方面的特色所进行的细化。因此，很多情况下“公因式”不用提取，而是反过来，“公因式”实际上就概括规定在《环境保护法》中。同时，“提取公因式”时也还要注意到各污染防治单行法都有其立法特色和特定调整范围。以污染控制编第五章“土壤污染防治”为例来说明课题组编纂本编的方法,例如,关于“土壤状况普查和详查”的规定中,目前稿件中提到是每5年至少组织开展一次全国土壤污染状况普查,但是,我国《土壤污染防治法》(2018年)和《全国污染源普查条例》(2019年修订)中规定的都是每10年一次,本编修改为5年是否具备现实可能性?又如,关于“土壤有毒有害物质名录”“土壤污染重点监管单位名录”的条旨规定,在《土壤污染防治法》中是分为了两条规定,“污染控制编”将其整合为一个条款。但是,这是两项独立的制度,由于监管对象不同,是否列入名录的评估方法和主管部门等都存在差异,因此,是否可以将其分设为两条内容,值得进一步推敲。在“提取公因式”时,我们还要考虑将已经出台的相关配套规章、规定纳入法典中来。比如,鉴于2020年7月3日农业农村部、工业和信息化部、生态环境部、国家市场监督管理总局发布的《农用薄膜管理办法》已经明确规定了农用薄膜的生产、销售、使用、回收、再利用及其监督管理等,因此,污染控制编关于“农业投入品的管理、引导、鼓励”的规定中提到加强农用薄膜使用控制,是否可以结合上述规定进行进一步提炼?还有关于“土壤污染责任的承担主体”的规定,目前已经出台的两个认定办法也应一并考虑其中。

最后,适度法典化对污染控制编具有非常重要的意义。

环境法典通过后,污染控制编涉及的单行法都要废止,这更要求污染控制编在“提取公因式”时要涵盖方方面面的内容。如果“提取公因式”时没有顾及一些制度,在单行法废止情况下,环境法典就不能调整这些漏洞。所以,对于污染控制编编纂而言,适度法典化的意义非常重要。

3.5.3　污染控制编立法中的一般制度与特殊规定*

首先,关于“流域污染防治规划”的问题。在环境法典中应当保留《水污染防治法》第16条关于流域污染防治规划的规定。因为《水污染防治法》第16条关于流域污染防治规划的规定突出了流域污染防治的整体性,体现了流域生态环境整体保护的治理思路。虽然目前有观点认

---

* 朱晓勤,厦门大学法学院副院长、教授。本部分根据作者在《生态环境法典专家建议稿(草案)》污染控制编专题研讨会(2022年4月23日,北京)的发言整理。

为,《长江保护法》《黄河保护法(草案)》中并没有明确的有关流域污染防治规划的专门规定,这似乎反映出一种立法倾向。但需要注意,《长江保护法》第18条第3款规定:“长江流域水资源规划、生态环境保护规划等依照有关法律、行政法规的规定编制。”按照“生态环境”的语义来讲,这里的生态环境保护规划应当是概括性的,是包括污染防治规划的。因此,《长江保护法》并非没有关于流域污染防治规划的专门规定,制定环境法典时应当保留这个规定。

其次,关于“重点污染物总量控制与排污许可”制度。有必要把重点污染物总量控制与排污许可制度这两种制度拆开来各自成立一节。理由在于:

一是二者的功能不同。重点污染物总量控制是在一定的环境质量要求下,政府管理部门采取措施将排入控制区域的某种污染物总量控制在一定数量之内,其核心在于确定某种污染物的排放总量,主要发挥着一种类似于红线的功能;而排污许可制度是排污单位和个人使用环境容量的权限,所要解决的是环保中的“搭便车”和外部性问题,调整的是私人主体之间在利用环境容量上的关系问题。从效果上来讲,前者试图为地方政府设定一种行政职责,而后者可以理解为是排污主体的一项经济权利。

二是二者的法律后果不同。某个地区排污超过重点污染物总量控制指标的,其政府负责人会被约谈,该地区也会受到区域限批的限制;而违反排污许可规定,超出权利限度的私主体要承担相应的法律责任,且主要与按日计罚等责任挂钩。从逻辑关系上来看,重点污染物总量虽然可以作为颁发排污许可的根据,但就排污许可维护私人间环境容量公平使用的这一属性而言,重点污染物总量的设定并不必然是排污许可的逻辑前提。从主体区分来看,在环境法律规范中明确地区分主体具有非常重要的现实意义。把以地方政府为主体的重点污染物总量控制制度和以生产企业为主体的排污许可制度分开规定,对于明确各自的权利义务关系而言,是非常便利的。

三是应注意不要遗漏排污权交易的规定。目前能看到本小节的条旨中尚无关于排污权交易的规定。在第一章第四节中有关于“污染物总量控制指标交易”的条款,鉴于这一条款位于重点污染物总量控制制度条款之中,所以不确定其中是否涉及排污权交易的问题。由于实践中排污权交易已经是一项相当成熟的措施,有利于降低污染控制的成本,因此,排污权交易应当写入这一部分。这也从另外一个侧面说明了,把主体不同的重点污染物总量控制制度和排污许可制度放在同一个小节中会显得比较混乱。

再次,关于“地下水污染防治”的问题。地下水污染防治规则究竟应当放在水污染防治章中还是土壤污染防治章中？地下水污染防治无论是环境要素本身,还是其污染防治措施,都具有非常明显的交叉性。其中既有地表水与地下水互通的问题,也有污染土壤侵害地下水的问题,还有海水入侵的问题。2021 年 10 月 21 日国务院发布的《地下水管理条例》第五章有专门针对地下水污染防治的相关规定可以参考。另外,从污染防治的管理实践来看,地下水污染物与土壤污染物有很明显的相关性,如果一定要把地下水污染防治规则放在专门章节中予以规定,实务部门的建议是放在“土壤污染防治”这一章当中作出规定,这种意见有一定的参考价值。

最后,关于“海洋环境污染防治”的问题。一是如何理顺条文的内部次序,尤其是涉及防治陆源污染物对海洋环境的污染损害相关条文的顺序。现行《海洋环境保护法》的条文排序大致遵循了三个原则。第一个原则是按照陆源污染物造成海洋环境污染的流程,即陆地向海洋;第二个原则是按照防治陆源污染的主体,即先行政管理机关后企事业单位;第三个原则是按照所规范的内容,即从一般到特殊。根据这样的立法原则,“海洋环境污染防治”章的这几个条款可以做这样的顺序调整,即按照“沿海城市排海污水整治”“入海河流污染防治”“入海排污口设置”“陆源污染物排放要求”“陆源污染物排放许可”的顺序进行调整。二是如何体现陆海统筹。现行海洋环境保护法比较突出的一个问题就是陆海割裂、陆海分离,造成了很多现实问题。党的十九大报告明确提出陆海统筹的理念,这应当在环境法典的编纂中,具体到污染控制编中有所体现。因此,为了在“海洋环境污染防治”章中体现陆海统筹的要求,建议加入“流域—近海”污染物总量控制制度的规定,将入海排污口、海洋污染源纳入排污许可管理,形成入海排污口分类管理制度、海洋污染源控制制度、入海排污许可管理制度的有效衔接,实现对陆域、流域、海域固定污染源的“一证式”管理。2022 年 1 月 29 日国务院办公厅发布的《关于加强入河入海排污口监督管理工作的实施意见》,要求实现“受纳水体—排污口—排污通道—排污单位”的全过程监督管理。这些新要求对于相关条款的编写亦有重要指导作用。

3.5.4 污染控制编编纂——从立法协调实际问题角度出发*

首先,从排污许可核发主体问题,看环境法典中实施主体权限规定。2004 年开始起草排污许可条例时遇到一个问题,即 2000 年修订的《大气污染防治法》与 2000 年发布的《水污染防治法实施细则》(已失效)对排污许可主体规定不一致,前者规定的是地方政府,后者规定的是原地方环保部门。因核发主体不同,无法出台统一的排污许可管理条例,只能先修改《水污染防治法》《大气污染防治法》等上位法。与此类似,近年环保垂改也带来了执法资格问题,2016 年环保垂改后,原县级环保局变成原市级环保局的派出分局,根据执法主体资格的规定,原基层环保部门没有执法权。因此,现在的解决办法是在土壤、固废、环评、排污许可等有关法律法规修订时,逐一把原来法律法规中"县级(以上)人民政府生态环境(环境保护)部门"中的"人民政府"去掉。上述问题带来的教训是,不要对法律制度的实施主体规定太具体,否则法律法规要随着体制改革频繁修改,影响立法稳定性和严肃性。目前我国生态环境保护体制尚未十分完善,有关改革还可能继续,环境法典立法需要避免上述问题。

目前,《生态环境法典专家建议稿(草案)》仍然规定了很多具体的实施程序和主体方面的内容,如果以后有部门职责权限的变更,把很多操作性的规定都写入法典,会对法典稳定性造成影响。建议参考国外的立法例,尽量不涉及部门职责分工、法律制度实施主体,将具体实施交给单行法、条例、规章等。因为我们的立法体系是多元的、多层次的,一个法典不必解决大部分的问题。在国外的立法例中,日本、韩国在单行法通过后,会就操作性问题制定实施细则。虽然我国法律逐步完善后,多数不再制定法律的实施细则,但允许就专门问题制定条例或规章。此外,要谨慎提炼下位法规定,具体问题具体分析,不要把规章及以下具体可操作的规定都放进法典里面。

其次,从总量控制制度与排污许可制度的纠缠,看环境法典中的制度

---

* 王彬,生态环境部环境与经济政策研究中心正高级工程师。本部分根据作者在《生态环境法典专家建议稿(草案)》污染控制编专题研讨会(2022 年 4 月 23 日,北京)的发言整理。

衔接问题。排污许可制度与总量控制制度的关系可以分为三个阶段。

第一阶段,排污许可包含总量控制。最早进行环境立法时,我国对排污许可制度的理解与国际上一致,认为其是一个涵盖范围比较大的环境监管制度,其中包括总量控制。1989 年修改《环境保护法》是一个转折,排污许可开始与总量控制发生关系。当时推行排污许可制度比较困难,很多人反对排污许可,认为“所有单位排放所有污染物,都要领取排污许可证,没必要,难做到”,尽量缩小排污许可的适用范围。当时在少数总量控制试点企业的排污许可证中规定允许该企业排放污水的总量指标,有人因此建议“在总结总量控制试点经验以后,再考虑是否作法律规定”。还有人建议,排污许可证制度的范围,应限于在重点保护水体排污的重点企业。最后的结果是排污许可和总量控制都没有规定,只保留排污单位“必须依照国务院环境保护行政主管部门的规定申报登记”,以便“当时有些城市进行的排放污水总量控制的试点仍可进行”,而申报登记弱化了排污许可的许可性质。

第二阶段,用排污许可落实总量控制指标。1996 年第四次全国环境保护会议认为,历史的经验告诉我们,为了确保环境的安全,必须实行污染物排放的总量控制,并对不同地区、不同行业提出不同的要求。因此,我国的总量控制就与国外不一样,国外称为容量总量控制,是依据环境容量计算允许排放总量,是针对具体企业的。从第四次全国环境保护会议到 2007 年发布的节能减排方案中可以看出,我国的总量控制是国家宏观环境行政管理的工具,指标是自上而下层层分解出来的。因此,1996 年排污许可制度开始依附于总量控制制度,用排污许可制度落实总量控制指标,但是当时因为总量控制和排污许可的路径不同而没有开展下去。1996 年《水污染防治法修正案(草案)》规定:“在实行水污染物排放总量控制的区域,排污单位必须按照规定领取排放水污染物许可证,并按照许可证的规定排放水污染物。”有人认为“允许企业进行生产,就应当允许企业排污”,直到 2000 年《大气污染防治法》修订才规定排污许可,形成了用排污许可落实总量控制指标的格局,但是始终无法真正落实。

第三阶段,排污许可成为基本制度。2008 年 1 月原国家环保总局公布了参照深圳等地经验起草的《排污许可证管理条例(征求意见稿)》,准备全面推行排污许可证,之后修改的《水污染防治法》也体现了全面而有重点地实施排污许可的思想,但是这个征求意见稿在部长专题会被否决,会议认为排污许可就是用来落实总量控制指标的。2013 年 11 月 15 日中国共产党第十八届中央委员会第三次全体会议通过的《中共中央关于全面深化改革若干重大问题的决定》提出完善污染物排放许可制,实行企事业单位污染物排放总量控制制度。2015 年 9 月 21 日中共中央、国务院发布的《生态文明体制改革总体方案》要求"完善污染物排放许可制。尽快在全国范围建立统一公平、覆盖所有固定污染源的企业排放许可制"。新的政策要求淡化总量控制,在企业层面进行总量控制,先进行排污许可、达标排放,然后再推行总量控制。经过上述发展背景,排污许可被中央定位成污染控制的基本制度。

排污许可制度与很多制度都有衔接的问题。在《排污许可管理条例》(2021 年)出台前,排污许可制度与环境影响评价制度的衔接长期存在争议,现在基本解决了,条例明确核发排污许可以环评为条件。与排污申报衔接的问题也基本解决,2010 年后,只有极少数法律法规保留排污申报规定,如《海洋环境保护法》保留排放陆源污染物申报。与竣工验收关系待解决,《建设项目环境保护管理条例》将申请主管部门验收,改为按照主管部门规定的标准和程序"自主验收",未经验收或者验收不合格的,建设项目不得投产或者使用。

同时,排污许可制度与总量控制制度的衔接也存在诸多问题。一是观念错位。排污许可本是"依法、精准、科学治污"的制度载体,管理部门将其视为加强监管权威的"行政审批",受到抵触、抵制。二是宏观决策与微观管理缺乏转换。高层从全局出发决定实施地区、行业总量控制,工作层没有将区域、行业总量控制分解到企业总量控制的可操作途径,加上缺乏可靠的监测数据,总量控制以结构减排(淘汰落后产能)、工程减排为主,不用排污许可落实总量控制指标。三是国际经验未能结合国情阐释和改造。一些经济学者认为"排污许可证"等于"可交易许可证"等于"总量控制载体",一些法学学者认识到了国外排污许可的核心地位和全面实施,未阐明实施背景和条件就提出改造以适用中国国情的立法建议。因此,建议将第一章第四节"排污许可与重点污染物总量控制"中的总量控制融入排污许可中,不能把总量控制作为独立的制度。

最后,以"生态环境法典"作为"专家建议稿"的名称,从"环境法典"到"生态环境法典",需要评估全局影响提出解决方案。以"生态环境法典"为名称具有宪法依据、顺应生态文明体制改革形势、契合"天人合一"

的传统生态文化等优势。但这一字面上简单的改动涉及面很大,需要进行充分评估,解决很多具体问题。至于"生态环境"组合的逻辑不用纠结,有一个文本表述的经验可供参考。在《生态环境损害赔偿制度改革试点方案》(已失效)中,原来草案规定了"行政协商"制度,意在既要发挥行政主导作用提高效率,又避免行政干预过度,但很多人认为"行政"和"协商"两个词放一起是矛盾的,经过讨论后最终使用了"磋商"一词,之后该制度不断完善。很多学者研究阐释,制度的表述都是结合实际问题而不是字面逻辑。生态环境部组建后,大量工作从"环境保护"全面转到"生态环境保护",如"环境标准"到"生态环境标准"、"环境保护规划"到"生态环境保护规划"、"环境监测"到"生态环境监测",相关立法也在推进,但是也面临较多具体问题。以监测为例,"环境监测条例"自 2007 年起草经历了很多年,改为"生态环境监测条例"后又经历了很久,因为"生态环境监测"与水文监测、水土保持监测、自然资源调查监测、森林资源调查监测、草原资源监测、海洋预警监测等相关概念的关系没理顺,字面上可能涉及所有环境、资源要素,尚未形成一致认识。因此,需要梳理改革话语,进行法学转化,将生态环境质量、生态环境状况、生态环境安全等改革话语转化为立法表达。

3.5.5　污染控制编中土壤污染防治制度的定位和创新*

首先,要明确土壤污染防治制度的应然定位。这里所说的"定位",建立在如何处理事前预防和事后治理之间的关系视角下。

一是污染控制编涵盖的内容可以类型化。一类是污染源控制法,主要解决废弃物污染防治的问题,比如《水污染防治法》《大气污染防治法》《固体废物污染环境防治法》,当然也包括能量的污染,譬如《噪声污染防治法》等。还有一类,在整个体系中没有得到清晰的反映,就是风险源控制法。风险源的概念和污染源的概念是不一样的,因为风险源主要指物质或者产品,这一点和废弃物有所不同。据了解,风险预防原则最开始是源于对风险源的控制,而不是对污染源的控制,污染源和风险源具有不同

---

* 胡静,中国政法大学环境资源法研究所教授。本部分根据作者在《生态环境法典专家建议稿(草案)》污染控制编专题研讨会(2022 年 4 月 23 日,北京)的发言整理。

的管理思路。虽然现在可能发生了变迁,但不管如何,最终所有的污染物都是进入土壤。

二是不同类型立法在监管措施上侧重不同。污染源控制法和风险源控制法侧重预防,土壤污染防治侧重治理。污水灌溉,固体废物如工业固体废物、垃圾等的堆放和处理、利用,污水排放等都属于污染源排放废弃物,可能造成土壤污染。工厂化学物质的跑冒滴漏,还有肥料、农药的使用,虽不是排放废弃物的行为,但这些物质属于风险源,也会导致土壤污染。风险源和污染源概念的区别问题,在法典当中需要体现得更多一些,更明显一些。大气的沉降,污染物沉降到地面上,也是土壤污染的一部分,几乎所有的污染物都会进入土壤。因此,土壤污染防治和大气、水及固体废物的污染防治不一样。考虑到污染源控制法和风险源控制法侧重预防,土壤污染防治侧重治理,土壤污染防治在污染控制编的顺序应是放在"固体废物污染环境防治"章之后,而不应放在其前。

其次,要确定土壤污染防治法的名称和内容。土壤污染防治法,不能说具有完全排除预防的功能,但是它的重心一定是在事后治理,这一点可以通过不同国家和地区与土壤污染防治有关的法律名称和内容来加以验证。韩国法的名称为《土壤环境保护法》(Soil Environment Conservation Act),加拿大联邦层面没有土壤方面的立法,但卑诗省和阿尔伯特省的法规名称(法律名称)是相同的——《土壤保护法》(Soil Conservation Act),斯里兰卡、澳大利亚联邦和两个州也是用这样一个词——conservation。在德国用的是 Soil Protection Act,没有使用 conservation 这个词,但是它下面的一个法令,其实用的是污染地块、污染场地(contaminated sites)这样的词。日本比较特殊,专门为农用地制定了法律——Act to Prevent Soil Contamination on Agricultural Land,用的词汇是 prevent,强调预防。日本《农用地污染保护法》是 1970 年制定的,比美国 1980 年制定的《超级基金法》早很多,这个现象其实很值得研究。此外日本还有另外一部涉及土壤保护的法律,被称为《土壤污染对策法》(Soil Contamination Countermeasures Act)。英国在《环境法》中单设一部分,名称是"污染的土壤和被废弃的矿"(contaminated land and abandoned mines)。我国台湾地区叫"土壤与地下水污染整治法","整治"是事后治理的概念。基本上这些法律的名称和内容是一致的,在日本农用地保护中比较强调预防,其他国家和地区的立法或在法律名称中有污染场地的概念,或在内容中强调事后治理。

我国现行《土壤污染防治法》在起草过程中非常强调预防,在预防和治理关系的处理上以预防为主,最重要的体现是在第三章"预防与保护"。但是《土壤污染防治法》第三章总体上的可操作性不强,体现在"应当采取有效措施,防治土壤污染""国家或行政机关鼓励和支持……""加强对……监管"等措辞和表述上。唯一具有可操作性的是重点监管单位名录,重点监管单位有五项义务:第一,严格控制有毒有害物质排放,并按年度向生态环境部门报告排放情况。第二,建立土壤污染隐患排查制度,保证持续有效防止有毒有害物质渗漏、流失、扬散。第三,制定、实施自行监测方案,并将监测数据报生态环境部门。第四,土壤污染重点监管单位拆除设施、设备或者建筑物、构筑物的,应当制定包括应急措施在内的土壤污染防治工作方案,报地方人民政府生态环境、工业和信息化部门备案并实施。第五,土壤污染重点监管单位生产经营用地的用途变更或者在其土地使用权收回、转让前,应当由土地使用权人按照规定进行土壤污染状况调查。土壤污染状况调查报告应当作为不动产登记资料送交地方人民政府不动产登记机构,并报地方人民政府生态环境部门备案。前三项义务其实是在排污许可证当中载明的,意味着这一部分其实可以进入污染源控制法。第五项,土地使用权人在进行土地用途变更和权属变更的时候要进行调查,以厘清前后土地使用权人的责任份额。虽然《土壤污染防治法》在风险管控和修复方面规定得特别全面,但缺乏了中间责任和终局责任、按份责任和连带责任等条款,使得治理部分显得比较薄弱。

最后,污染控制编中土壤污染防治章应当有所创新。

第一,对污染预防,法典可以作一些相对更精细化的处理:一是可以将污染预防措施分散到污染源控制法、风险源控制法中,将与土壤污染密切相连的预防措施放到污染控制编的土壤污染防治章。二是制定农用地的污染预防措施体系,并将其置于土壤污染防治章中,因为农业污染是风险源控制中的薄弱之处。三是对污染源控制法和风险源控制法的规定进行拾遗补阙。

其二,在治理措施上,结合现行《土壤污染防治法》,应对于事后治理部分增设两个条文。

一是中间责任和终局责任。条文分为两款,第 1 款"土壤污染责任人暂时无法认定的,生态环境部门可以决定由土地使用权人按照国务院生态环境部门的有关规定实施土壤污染风险评估、风险管控、修复、修复效果评估、后期管理等活动”。第 2 款“土壤污染责任人被认定后，能证明无过错的土地使用权人有权就实施上述活动的费用向土壤污染责任人追偿；不能证明无过错的土地使用权人有权就已经承担的费用中超过应承担的责任份额的部分向土壤污染责任人追偿”。第 2 款前半部分是不真正连带责任，第 2 款后半部分是真正连带责任。这样可以把中间责任和终局责任分清楚，现行的法律中没有这一部分，是很大的缺憾。

二是按份责任和连带责任。条文是“多个土壤污染责任人或土地使用权人承担风险管控或修复责任的，应当承担连带责任，能够证明自己责任大小的除外”。多个土壤污染责任人或者土地使用权人承担风险管控或修复责任的，以连带责任为原则，如果土壤污染责任人或者土地使用权人能够证明自己的责任大小，则承担按份责任，这样就和前面重点监管单位土地权属发生变更时的调查衔接起来。取得和转让土地使用权时的土壤污染状况调查报告可以提供证据证明土地使用权人对于土壤污染的“贡献”，有利于认定责任份额，从而解除连带责任，变成按份责任。至于这个条文到底是管理性规定，还是纯粹效力性规定，可作进一步讨论。

3.5.6 污染控制编有毒有害化学物质和新污染物的立法思路*

首先，关于新污染物的概述。新污染物是近年才比较热门的一个话题，2021 年 10 月生态环境部公开的《新污染物治理行动方案（征求意见稿）》将新污染物定义为新近发现或被关注，对生态环境或人体健康存在风险，尚未纳入管理或者现有管理措施不足以有效防控其风险的污染物。现在环境管理中比较公认的新污染物来源主要是有毒有害化学物质，另外还包括微塑料、抗生素、内分泌干扰物等。由于大部分的新污染物都源于有毒有害物质，所以我们就把对新污染物的环境风险管控和对有毒有害化学物质的环境风险管控进行一体化处理，这一章就叫“有毒有害化学物质与新污染物的环境风险管控”。

---

* 严厚福，北京师范大学法学院副教授。本部分根据作者在《生态环境法典专家建议稿（草案）》污染控制编专题研讨会（2022 年 4 月 23 日，北京）的发言整理。

其次,对新污染物的立法主要参考立法例。对新污染物和有毒有害化学物质的环境风险管控,国内立法不够健全,目前对于有毒有害化学物质的环境风险管控,主要集中在有毒有害化学物质的进出口管理,还有新化学物质的环境登记方面。2019 年 1 月生态环境部对起草的《化学物质环境风险评估与管控条例(征求意见稿)》公开征求意见,但也只是征求意见,没有正式出台。起草这部分内容主要参考了 2016 年 6 月美国新修订的《弗兰克劳滕伯格 21 世纪化学物质安全法》(Frank R. Lautenberg Chemical Safety for the 21st Century Act,以下简称"Lautenberg 法"),这部法律是对 1976 年《美国联邦有毒物质控制法》(Toxic Substances Control Act,TSCA)的一个重大修改,也是美国 1990 年以来首次通过的重要环境保护法规,它的立法理念非常值得我们参考和借鉴。

"Lautenberg 法"对现有化学物质的环境风险管控分为三个阶段。第一阶段是优先级别确定,第二阶段是风险评估,第三阶段是风险管理。在进行风险优先级别确定之前还有一个特别的程序,称为化学物质的"名录重置程序"(inventory reset process),来区分在市场上"活跃"(active)和"不活跃"(inactive)的化学物质。因为在 TSCA 下,美国的化学品名录里大概有 85000 种化学物质,但美国联邦环境保护署(Environmental Protection Agency,EPA)很难知道哪些化学物质仍在被使用,哪些早已被废弃不用了。把所有这些化学物质"眉毛胡子一把抓"全部进行环境风险管控显然工作量过于巨大。所以"Lautenberg 法"就规定了"名录重置程序",要求这些化学物质的制造商和加工商向 EPA 报告过去 10 年中哪些是在市场上活跃的化学物质,哪些是不活跃的化学物质。EPA 只对在市场上活跃的化学物质进行管理。确定了在市场上活跃的化学物质之后,EPA 根据规则来确定这些化学物质到底是属于高优先级的还是低优先级的,在确定优先级时,EPA 有个时间限制,如果在规定的期限内不能认定它是低优先级的,那么就推定它为高优先级的。一旦被确定或推定是高优先级,就要对其进行风险评估。风险评估也有两种结果,一种是化学物质对环境存在不合理的风险,另一种是不存在不合理的风险。如果发现存在不合理的风险,那么就要进行风险管理。EPA 可以采取的风险管理手段包括贴警示标签、使用限制、逐步淘汰以及彻底禁用。此外,"Lautenberg 法"对新化学物质的风险管控也比当年的 TSCA 要严格得多。TSCA 实行的是"不能证明有风险就视为没有风险"的原则,而

“Lautenberg 法”却是反过来的,类似于谨慎原则,“不能确定没有风险就要进行管制”。因此,TSCA 中大概只有 20% 的新化学物质是要被管控的,而在“Lautenberg 法”中大概只有 20% 的化学物质是不需要被管控的,可以认为“Lautenberg 法”非常好地贯彻了风险预防原则。本编起草过程中也主要参考了“Lautenberg 法”的规定,把对化学物质的环境风险管控也分为对现有化学物质和新化学物质的管控。

再次,有毒有害化学物质和新污染物环境风险管控的立法思路如下。

一是针对现有有毒有害化学物质环境风险管控的立法思路,应当先筛查并且区分优先级。所谓筛查,就是在 45,000 种中国化学品名录中筛查出在市场中比较常用的化学物质,这个制度我国目前是没有的。筛查完之后要把化学物质进行分类,到底是高优先级还是低优先级,同样也可以借鉴美国的推定:“如果不能认定是低优先级的,那就推定为高优先级的。”在风险评估方面,对高优先级的化学物质开展风险评估,评估的结果分为存在不合理的风险和不存在不合理的风险。这种风险,主要是针对生态环境和人体健康的,不需要考虑经济方面的因素。如果一旦认定高优先级别的化学物质存在不合理的环境风险,就要把这些高风险的化学物质列入优先控制的化学物质名录,并且进行风险管控。风险管控的方式目前有贴警示标签、限制用途、强制要求进行清洁生产审核、严格限制使用范围、限制产品中的含量、逐步淘汰以及禁用等。

二是在新化学物质或者现有化学物质“重大新用途”环境风险管控的立法思路上,对于新化学物质的管控,制造商或进口商要进行申报,生态环境主管部门进行审查评估,评估之后同样按照谨慎原则,如果确定不太可能造成不合理的环境风险,就允许制造或进口;如果有证据证明存在不合理的环境风险,或者现有证据不能证明不存在不合理的环境风险,那么就要进行管控,可能不准生产或者限定特定的用途。对现有化学物质“重大新用途”环境风险管控,在美国“Lautenberg 法”中与对新化学物质的管控是一样的,因为新化学物质在申报时都会申报用途,如果后来新化学物质变成现有化学物质,但是又被发现新的用途时,则按照与新化学物质同样的流程来管理。

三是针对新污染物环境风险管控的立法思路与有毒有害化学物质的风险管控是一体化的。一方面,仍然应当调查、监测、筛选,针对列入《优先控制化学品名录》的化学物质以及其他潜在的新污染物开展调查、监测,筛选出应当重点关注的新污染物。另一方面,对重点关注的新污染物进行环境风险评估,评估程序、标准也可以参照有毒有害化学物质的相关规定。如果发现存在不合理的环境风险,就要根据环境风险评估的结果发布《重点管控新污染物清单》,并且为每一类新污染物分别制定环境风险管控措施,或者修改排放标准,同时要更新有毒有害水/大气/土壤污染物的名录。

最后,有毒有害化学物质环境风险管控的重要制度。风险管控属于比较前置的程序,后面还需要一些配套制度,其中最重要的就是有毒有害化学物质释放与转移报告制度。2012 年原环境保护部曾经公布的《危险化学品环境管理登记办法(试行)》建立了类似的有毒有害化学物质释放与转移报告制度,但还没来得及发挥作用就被废止了。世界各国的实践都表明,有毒有害化学物质释放与转移报告制度建立了之后,有毒有害化学物质的排放量大幅度减少。因此,我国也有必要建立这种已经被证明为行之有效的制度。

3.5.7 污染控制编排污许可与危废名录等制度编纂问题*

第一,危废名录制度。2020 年《固体废物污染环境防治法》修改后有一个重大的变化,对危废名录提出了新要求——动态调整。从行政监管的角度来讲这是一个比较好的制度,在危废的监管中贯彻的是预防原则,重点监管具有危险特性的固废,但实际上我国对危险废物的识别还处于一个发展的过程当中,现行危废名录中的多种物质界定较为模糊和宽泛。因此,从科学管理的角度来讲,动态调整是一个比较好的制度,有利于精细化管理。但是,2016 年 12 月 23 日公布的最高人民法院、最高人民检察院《关于办理环境污染刑事案件适用法律若干问题的解释》对《刑法》第 338 条污染环境罪中关于有毒有害物质的认定,首先就是列入危险废物名录的物质,也就是说司法解释确定了危废名录的法律地位,它不仅是一个行政监管制度,还上升到了刑法的责任层面。所以,这会引发另一方面的问题,动态调整与刑法的罪刑法定和法律的稳定性都有冲突,会带来

---

* 文黎照,北京金诚同达律师事务所高级合伙人。本部分根据作者在《生态环境法典专家建议稿(草案)》污染控制编专题研讨会(2022 年 4 月 23 日,北京)的发言整理。

一系列的后果。倘若一年调整一次或者两次，会对执法、司法、守法各个环节都带来非常大的潜在不利后果，也可能对于一些人来讲，一只脚就已经在监狱的门槛里了，只是自己还不知道。就这个问题稍微扩展举例，比如，现行危险废物名录里面规定，危险化学品申报废弃或者实际废弃后就是危险废物，而危险化学品的识别又有另一套法律规范，如《危险化学品安全管理条例》《危险化学品名录》《危险化学品目录实施指南》。实践中，在非法倾倒的固废中测出来有少量的 ppm 级别的危险化学品物质，就被认定为是危险废物。事实上，如果根据危险化学品的鉴定规范来看，对于混合物，只有质量比或者体积比达到 70% 左右，或者是符合“2828 原则”才属于危险化学品。由于生态环境领域的危废鉴别和危险化学品的识别是分割的，而生态环境领域的工作人员因不懂这些规则，造成其作出的鉴定意见错误。在此建议，如果名录要动态调整，一定要严格限制法律程序。此外还建议在设计条款时，要与刑法体系衔接，与危险化学品的识别衔接。

第二，排污许可制度。排污许可一证式改革始于 2017 年，目前水和大气领域已经推行完毕，固废许可的核发技术规范已经出台，新噪声法也纳入了排污许可的规定。《排污许可管理条例》规定，无证排放或者超过许可排放浓度的法律责任是处以 20 万元以上 100 万元以下的罚款。但《水污染防治法》《大气污染防治法》《固体废物污染环境防治法》规定，无证排放或者超标排放，处以 10 万元以上 100 万元以下的罚款。这就带来一个问题，从立法层面看，制度设计比较完美，超标排放和超许可浓度排放是分开的。但事实上，就实践中的排污许可证和排污许可证发放的技术规范来看，实际发放的许可浓度多是根据排放标准规定的，在实操中许可浓度等于排放标准，所以存在实践与立法相脱节的客观现实，虽然立法层面来看这是很清晰的制度，但实务中的困扰却非常大。在法律适用的时候，无证排污、超标排放、超许可浓度排放或者逃避监管的违法行为，是适用上位法还是适用条例？建议在法典化的时候，可以考虑把超标和超许可浓度区别开来，这样执行时也更清晰明了。

第三，查封、扣押制度。在实践中，查封、扣押被认为是遏制违法行为的有效措施，但查封、扣押不是行政处罚的类型，而是行政强制措施。《环境保护法》规定查封、扣押的对象是设施和设备，《行政强制法》（2011 年）规定查封、扣押的对象是场所、设施或者财物，《大气污染防治法》《土壤污染防治法》规定的查封、扣押对象是设施、设备、物品,基本上与《行政强制法》保持一致。然而,《固体废物污染环境防治法》规定可以查封、扣押的对象是固体废物及设施、设备、场所、工具、物品,《噪声污染防治法》规定查封、扣押的对象是场所、设施、设备、工具和物品。不同的单行法对查封、扣押的对象规定得不一致,给实操中带来很多问题和困惑,建议法典化时进行统一协调和衔接。

3.5.8　污染控制编的法律责任构造*

污染控制编的法律责任设计问题可以从环境法律责任的体系定位、基本内容和体系化构造三个方面进行分析。

首先,关于环境法律责任的体系定位问题。《生态环境法典专家建议稿(草案)》的结构中,已经确定了单独设置生态环境法律责任编,并在污染控制编也设置法律责任规则。在此框架下,对污染控制编的法律责任规则设计要考虑两方面的体系定位问题。一是应当考虑污染控制法中的责任定位,这实质上是在环境法体系化视角下如何看待环境法律责任制度的问题。现行污染控制或者污染防治法中,都设有法律责任专章,另外《环境保护法》《环境影响评价法》中的污染控制制度也有对应的责任规则。从性质上看,这些法律责任包括了民事、行政、刑事等传统法律责任,还有最近立法中强调的生态环境修复责任,以及理论上强调的专门环境法律责任。这些责任在污染控制编中的编排,需要首先考虑污染控制编要规定哪些制度,然后设置对应的责任。二是要考虑环境法律责任体系中污染控制责任的定位。在生态环境法律责任独立成编的体例下,还要考虑共通性规则进入责任编的问题。法律责任的共通性规定要与对应具体制度的针对性规定进行区分,总的思路是涉及环境法律责任的共通性规定,要放入生态环境责任编,与污染防治制度直接相关的放入污染控制编。这种区分的可能及具体标准还需要进一步研究,总体来说,民事、刑事责任,包括生态环境修复责任,更多的是共通性规定。但是行政责任,特别是行政处罚责任,更多的是与污染控制编的规则相关,这些是污

---

* 刘长兴,华南理工大学法学院教授。本部分根据作者在《生态环境法典专家建议稿(草案)》污染控制编专题研讨会(2022年4月23日,北京)的发言整理。

染控制编法律责任部分的重点。

其次,污染控制编法律责任的基本内容,如果主要限于行政处罚责任,那么要考虑的重点问题是行政处罚方式的运用问题,具体的规则设计还需要进一步研究。此外,要考虑污染控制单行法中规定的行政处分是否进入污染控制编,这涉及环境法典与《公职人员政务处分法》(2020年)之间的关系。原则上应当主要适用《公职人员政务处分法》的规定,哪些情形需要在环境法典中进行特别规定可以进一步研究。

最后,在体系构造方面,污染控制编法律责任具体条文的编排设计中,需要考虑外部关系和内部关系两个方面的问题。一是外部关系。外部关系是环境法典中的责任规则与其他法律规定的关系,也包括污染控制编的法律责任与其他编的法律责任关系。简单来说,目前相对一致的观点是,刑事责任统一放在刑法典中,但是要考虑环境法典中会涉及哪些有关刑事责任的规定,以及如何衔接。政府责任、民事责任主要规定在生态环境责任编,不排除个别规则规定在污染控制编,比如,特殊污染情形的连带责任。行政处分是行政管理的统一问题,应该规定在生态环境责任编。行政处罚要进行详细区分,共通性责任放入生态环境责任编,比如,很多情形之下都会用到警告,可以考虑对警告处罚设立统一的规则,即笼统地规定"出现轻微的违法时适用警告"。而对于责令停止、罚款,这些规则要对应具体的规则作出明确和量化,应当将其归入污染控制编中。环境法典规则的设计还要考虑与行政法规、地方性法规的分工,包括责任规则在环境法典中应当规定到何种详细程度,留给行政法规和地方性法规的空间有多大等都需要具体分析。二是内部关系。在污染控制编内部构造问题上,目前的方案是在污染控制编中设置行政法律责任专章,这种方式也是污染防治单行法所采取的。但是从制度的对应性来讲,需要考虑的是有没有可能将其分散到各章节中,比如,在水污染防治章后面设置法律责任节,把水污染防治法律责任放在一起,这样与具体规则对应性更强。另外,对于环境法律责任规范的具体构造也需要研究,其基本结构是一个违法情形对应一个责任结果,这种对应性看起来大致上是可行的,但是在行政命令与行政处罚之间,不同责任形式之间存在争议的时候,还需要有更加详细的研究,最终体现在具体制度与法律责任的对应上。

3.5.9　污染控制编行政处罚等条款不同设定方式——从执法层面优缺点考察*

从之前的立法实践经验来看,部分法律条文,包括法律责任设定方式的改变,会影响到整个执法的进展。换言之,有的法律条文修改之后更好用,在实践当中使用更频繁,但是有的法律责任条款的设定方式在修改之后却用得更少,这会造成案件增加或者减少的状况。

声誉罚中的警告设定方式比较少,现行立法中规定得越来越少,实践中执法人员也尽量回避警告的适用。建议法典编纂中尽可能地少采用这种方式。通报批评在法律条款里面也有,但是用得不是特别多,毕竟按照行政处罚操作方式,与执法成本不匹配。

其他几个方面,比如"停产整顿"等,需要统一执法的语言。现行法分别表述为"停产整治""停产整顿""停产停业""停业、关闭""停止生产"等,需要统一立法语言。此外,"关闭"这种方式操作起来比较麻烦,目前法律上有三种设定方式,最常见的是"报经有批准权的人民政府批准,责令关闭",这种情况在执行过程中存在矛盾,即最终决定书上盖人民政府的公章还是职能部门的公章是存在矛盾和冲突的。之前全国人大常委会法工委征求过生态环境部门的意见,生态环境部门有过回复,但是没有进一步确认,所以在执行中存在一些问题。对于"报请人民政府关闭"这种设定方式,在实践中没有太大争议;"由人民政府关闭"这种设定方式也没有争议;"报经有批准权人民政府批准"是因为"关闭"牵涉很多行政许可,不是一个职能部门能够独立完成的,所以建议由政府来作出决定。因此环境法典与现行法相比可以作出一些改变。

"许可证"在《排污许可管理条例》等不同法律中既有表述不同的问题,也有一些不衔接的问题。《环境保护法》第63条第2项规定,违反法律规定,未取得排污许可证排放污染物,被"责令停止排污",拒不执行的要进行行政拘留。但是《排污许可管理条例》的相关条文中并没有"责令停止排污"这种方式,实践中这条基本上也很少用到,用得最多的是《环

---

* 曹晓凡,河北环境工程学院副教授。本部分根据作者在《生态环境法典专家建议稿(草案)》污染控制编专题研讨会(2022年4月23日,北京)的发言整理。

境保护法》第63条第3项。

目前来说,罚款有七种设定方式。第一种是固定数值式。这种方式不会导致裁量差异,但是比较僵化,不会考虑其他因素。第二种是固定倍率式,优点也是不会造成同案不同罚的情况,但是计算直接损失等是一件很麻烦的事情。第三种是数值数距式,比如《大气污染防治法》第99条。数值数距式运用比较多,优点是有充分的裁量空间,缺点是造成同案不同罚,而且裁量空间过大,一些相关法律里面不仅是十倍甚至更多,对当事人的影响巨大。相对来说,数值数距式比较合理,但也容易受物价变化的影响。此外,《大气污染防治法》第99条中规定"责令改正或者限制生产、停产整治",是一种选择的关系,但是"责令改正"又是《行政处罚法》中明确要求的,从条文上导致"限制生产、停产整治"没有适用的空间。第四种是倍率数距式。倍率数距有很多种基数,比如,所收费用、货值金额、直接损失、所需处置费用、代为处置费用、违法所得、总投资额等。它的优点是会去除物价的影响,缺点是需要确定基数如何计算,在现实中的影响巨大,在确定罚款数额非常麻烦的情况下,执法人员倾向于回避这种方式。比较典型的就是总投资额的确定,曾经有一段时间没有明确它的计算方法,导致一些案件处理结果五花八门,后来确定之后仍然还是有一些未决的问题,生态环境部和发改委有过指导意见,但是没有完全解决如何计算的问题。第五种是数值封顶式,这样的条款不太多,不同法律的选择不一样,有的是有底线的,有的则没有。在没有底线的情况下,会出现一些特别低的罚款,导致一些社会反响不太好的行政处罚案件出现。第六种是倍率封顶式。第七种是概括式,只规定罚款不规定罚款数额,在以前的《环境噪声污染防治法》(已废止)中有所规定。

对于行政拘留问题,在执法的过程当中,不同的法律理念对行政拘留的理解有很大差距。对于待定处罚部门的问题,很多地方都在法律施行后很长一段时间仍未确定一个部门,导致法律条文没有适用的机会,因此要尽量减少这样的规定,尽可能明确相关的部门。对于查封、扣押的问题,单行法中的规定不一致,法典应当作出相对统一的规定。

3.5.10 污染控制编的行政处罚种类*

“生态环境行政处罚的种类”是一个相对具体的问题。

首先,生态环境部作为环境行政执法机构,侧重操作。换言之,执法机关和执法人员按照法定的种类进行行政执法。现行《环境行政处罚办法》是根据2009年修正的《行政处罚法》于2010年修订的。2021年《行政处罚法》进行了大规模的修订,其中一个非常重大的变化就是对行政处罚下了定义,并且对行政处罚的种类进行了修改。生态环境部修改《环境行政处罚办法》时注重与《行政处罚法》的衔接,强调按照《行政处罚法》来规定环境行政处罚的种类。这就既涉及与《行政处罚法》的衔接,也涉及环境法律、行政法规中规定的环境行政处罚种类,在《行政处罚法》中没有规定的,能不能作为独立的行政处罚类型?这是一个比较关键的问题。

其次,新修订的《行政处罚法》中一个非常重要的规定是给行政处罚下了定义,其中最重要的是,规定行政处罚是“以减损权益或者增加义务的方法予以惩戒的行为”,强调国家采取实质主义的立场,着眼于概念所表现出来的法规范效果的实质方面。换言之,行政处罚是不是处罚,关键要看是不是减损了相对人的权益,或者增加了相对人的义务,如果减损了相对人的权益或者增加了相对人的义务,就构成行政处罚。按照《行政处罚法》对行政处罚种类的规定,行政处罚包括六大类,2021年修订的《行政处罚法》保留了旧法的一些规定,也增加了很多新的行政处罚种类。其中可能有一些是环境法里面也规定的,环境法中还有一些处罚种类是《行政处罚法》中没有涉及的。

《行政处罚法》规定的行政处罚种类的第六项就是法律行政法规规定的其他行政处罚。通过梳理生态环境部执法所涉及的法律、行政法规,主要的法律有十几部,行政法规也有十多部。根据国家机构改革和行政执法体制改革的要求,生态环境也是国家综合行政执法的一个重要类型。2020年3月,生态环境部印发《生态环境保护综合行政执法事项指导目

---

* 李艳芳,中国人民大学法学院教授。本部分根据作者在《生态环境法典专家建议稿(草案)》污染控制编专题研讨会(2022年4月23日,北京)的发言整理。

录(2020年版)》(环人事〔2020〕14号),清晰地列举了生态环境行政处罚和行政强制的相关法条,涵盖污染防治类法律、自然保护区条例、风景名胜区条例、野生动物保护法、森林法、水法、海岛保护法等规范的执法。

再次,环境立法中的行政处罚与《行政处罚法》的规定还是有比较大的差异。比如,在名誉罚部分,环境法当中涉及把违法信息记入信誉档案,纳入黑名单。这一点《行政处罚法》并没有规定,但是环境法律规范涉及这两项制度。在财产罚部分,《行政处罚法》的规定主要是罚款,而环境法中还有按日计罚、收缴非法财物的规定。在资格罚部分,环境法中规定一定期限内不受理许可申请、取消资质等级等处罚种类,这在《行政处罚法》中也没有规定。在行为罚部分,责令停产整治、禁止从业,这与《行政处罚法》也不一样。

那么,如何看待环境立法中的行政处罚种类和《行政处罚法》的差异?对此可以把它归结为三类,第一类是部分生态环境行政处罚与《行政处罚法》中列举的处罚种类采用了类似但不完全一致的名称。例如,《行政处罚法》中的"限制开展生产经营活动"与环境保护立法中的"限制生产"。第二类是部分生态环境行政处罚并未被《行政处罚法》第9条所列举,如《土壤污染防治法》中规定的"禁止从业"。第三类是环境保护立法中所规定的一些为行政相对人带来不利后果的行政措施并未被明确规定为行政处罚,如"公布违法信息""违法信息记入信用档案""一定期限内不受理许可申请"等。上述差异的核心问题在于,环境保护立法中的部分行政措施是否应当被明确规定为行政处罚。实践中也有不同的看法,实践部门在执法过程中也遇到很多环境法规定的行政措施性质不明确的问题,是处罚还是不是处罚,是行政命令还是行政处罚,这在适用上存在困难。

有争议的环境行政措施可以分成为八类。第一类是限制生产、停产整治措施,这是环境法的特别规定,属于行政处罚。第二类是公布违法信息行为。常态化的信息公开行为不属于行政处罚,而是一种行政事实行为。对违法信息予以公告或通报的行为,实质上属于"通报批评","通报批评"是行政处罚的一个种类,可以涵盖"予以公告"和"予以通报"。第三类是负面信息记入信用档案的行为,不构成行政处罚,也属于行政事实行为。第四类是向相对人施加负面标签的行为,基本上被认为构成行政处罚。但在现行《行政处罚法》《环境保护法》等法律中并未规定的情况下,不宜由部门规章直接规定。第五类是一定期限内不受理许可申请。《行政处罚法(草案)》将其规定为一种处罚类型,但是在最终公布的《行政处罚法》并没有规定。从整体上看,这个规定属于资格罚,也构成行政处罚。第六类是责令拆除。“责令拆除”在理论上不属于行政处罚,而是“责令改正”在特别行政领域、特定情形下的具体化。第七类是责令停止某项行为类措施。这种类型比较复杂,需要具体问题具体分析。如果属于全面停止相对人的业务,应当属于行政处罚,如果是部分地停止相关业务,则属于责令改正的范畴。第八类是按日连续处罚。按日计罚的性质依然是罚款,“按日计罚”是对这段时间内罚款数额的计算方式,构成行政处罚。

最后,现行的《环境行政处罚办法》是2010年制定的,需要结合《行政处罚法》(2021年修订)、《环境保护法》(2014年修订),以及各单行法的修改内容进行修订。建议在第一项警告部分增加“通报批评”;第二项财产罚应当增加“按日连续处罚”“没收和收缴违法财物”;第三项资格罚可以加上“降低或取消资质等级”“一定期限内不得申请行政许可”;第四项行为罚部分增加“限制开展生产经营活动”“责令停产整治”“限制从业”“禁止从业”。

生态环境法典编纂辑丛

中国环境法典编纂要论

下卷

主　编　汪　劲

副主编　刘　超　巩　固　张忠民
　　　　竺　效　吴凯杰

法律出版社
LAW PRESS · CHINA
北京

目　　录

自然生态保护篇

绿色低碳发展篇

生态环境责任篇

自然生态保护篇

4.1 环境法典自然生态保护编的构建[*]

在经济、社会、环境这三个可持续发展所涉及的核心要素中,环境最具根本意义和基础地位。按照联合国“世界环境与发展委员会”的经典定义,可持续发展是指“既满足当代人的需要,又不对后世子孙满足其需要的能力构成威胁的发展”[①]。这里的“需要”和“威胁”都是自然方面的,指向经济、社会发展的物理空间和基础条件。

“地球行星边界”(planetary boundaries)理论认为,可持续发展揭示的是“经济社会发展的物理规模受到地球约束”这一朴素真理,追求的是“自然资本约束边界内的社会经济繁荣”,或者说“在地球物理极限内追求经济社会繁荣”。[②] 由此,为各种经济、社会活动施加生态约束和环境限制,确保经济、社会发展不损害适宜人类生存的环境质量和生态状况,使经济社会繁荣与自然资源充足、生态环境健康相得益彰,为当代人和后代人的生存发展保持健康良好的生态根基,就成为可持续发展的重要内容和根本保障,是环境法制建设尤其生态环境法典编纂所需承担的重要任务和目标。可持续发展对自然生态保护立法提出了何种要求,我国现行法存在哪些不足,生态环境法典应如何妥善应对,本书在此略作探讨。

一、可持续发展与自然生态保护:观念变化与制度变迁

在生态危机日益加剧的21世纪,以生态系统为基础的环境资源综合管理、一体保护是相关法制建设的核心特征和发展方向,为各国环境法典

---

* 巩固,北京大学法学院研究员。本部分原载于《法律科学》2022年第1期,收入本书时有部分修改。

① 参见世界环境与发展委员会:《我们共同的未来》,王之佳等译,吉林人民出版社1997年版,第52页。

② 参见诸大建:《用国际可持续发展研究的新成果和通用语言解读生态文明》,载《中国环境管理》2019年第3期。

所确认和保障。

(一)传统法秩序中的自然:从环境、资源二分到环境资源一体

自然是人类的生存家园、生产对象和物质资料来源,人与自然的关系在根本上取决于社会需求和生产力。生产力越发达,人对自然的影响越大,认知和需求就越多,进行立法调整的可能性和必要性也越大,自然的法律“身份”越多,相关法律制度的内容和体系也越丰富。

近代以来,随着工业革命带来的生产力飞跃、“资本主义精神”的广泛传播和制度化构建,人与自然的关系发生了翻天覆地的变化。一方面,科技进步使人类利用自然的能力大为增强,各种之前无法或不便利用的自然物质(如化石能源)获得大规模开发和广泛利用,造成自然物质稀缺,并产生不当竞争,刺激法律对其作出调整。另一方面,在以利润最大化为指归的资本主义精神及相应生产、消费方式的驱动和科技理性主义的“祛魅”下,自然曾经具有的神秘色彩和伦理意义渐趋消退,将之视为纯粹商品或原料、以物用价值为尺度进行衡量、由个人基于利润绝对支配的观念渐居主导地位,由此催生了经济学意义上的“资源”概念以及从财富、商品等经济价值角度界定自然的“资源观”。[①] 一些经济效益明显、数量质量稀缺、利用竞争激烈的自然物质开始进入立法者视野,获得单独调整和保护。而那些不具备物权化特性的自然物质,如空气、水体、荒野、沙漠、海洋、湿地、沼泽等,因其“藏污纳垢”的自然属性和社会需要,被冠以“环境”之名,定位于排污之所,以安放、容纳各种难降解的污染物质为主要功能,仅在确有必要时才通过对相关排污活动的管制加以一定保护。

然而,自20世纪中叶以来,随着生产力进一步发展和地球环境资源过度耗损导致生态危机的加剧,对自然的“环境”“资源”二分以及相应制度体系已越来越不适应实践的需要,面临变革挑战。一方面,现代科技的极大发展使人类的影响遍布世界,甚至连气候也被打上深刻的人类活动烙印,受到法律保护。另一方面,不仅环境污染是多数资源面临的首要威胁,而且资源的耗竭和退化也是现代环境问题的重要表现和主要类型,解

---

① 在近代以来的经济学中,“资源”与财富、价值、生产、流通、分配、消费、商品、市场等始终紧密关联。参见王利华:《“资源”作为一个历史的概念》,载《中国历史地理论丛》2018年第4期。

决该问题成为现代环境保护的应有之义和重要内容。对此,唯有破除对“资源”与“环境”的区分,打通资源利用与污染防治的区隔,从生态系统整体高度通盘考虑、统筹安排、综合管理、一体保护,才能全面平衡开发与保护,协调资源与环境,实现真正意义上的可持续发展。

(二)可持续发展的理念变革与制度要求:环境资源一体化

1. 认识基础:环境资源辩证统一的整体自然观

第一,环境即资源。良好的环境质量本身为稀缺“资源”,需要珍视,值得保护,这是现代环保的基本信条。习近平总书记指出,“生态环境没有替代品,用之不觉,失之难存”,[①]表达的正是这一思想。第二,资源即环境。任何自然资源都不是孤立存在的,而是从属于外部环境,发挥环境功能,产生环境影响,具有环境意义。第三,环境、资源普遍存在。一切自然存在物,包括地球本身,都既是资源,又构成环境。第四,资源、环境相对存在,关系多重。同一自然物,其在法秩序中是作为“资源”还是“环境”,是相对而言的,不同“身份”对应不同的法律关系,适用不同的法律规范。[②]

2. 价值目标:生态整体保护

环境污染和资源的耗竭、退化虽然表现形式不一,但问题根源相同,都是人类活动违背生态规律,打破系统平衡的结果。无论向环境排污,还是开发利用自然资源,都应考量生态系统整体状况,在其所能承受的范围和幅度内进行,以对生态系统整体的保护为前提。

3. 法理基础:自然财富公有共享

生态环境不可分割的整体性、相关利益及影响的公共性决定了其只可公有,不能私有;生态环境应服务于受其影响的大多数人的共同利益,而非极少数人的私利。正因如此,古往今来,生态环境及其要素在法秩序中多被纳入公有范畴。

4. 治理理念:环境资源融合互鉴

一方面,资源开发利用应当考虑环境影响,遵守生态约束,受到相应

---

① 《习近平谈治国理政》(第 3 卷),外文出版社 2020 年版,第 363 页。

② 譬如,一片林木,既是森林,又可能是濒危物种,还可能是生态防护工程、生态红线、国家公园的一部分,并因其碳汇功能参与全球气候变化应对,从而具有多重“身份”,受到不同法律的调整。

管制。另一方面,传统资源法所赖以为基的经济学原理和以产权为核心、以市场为手段的各种激励性举措也将在以污染防治为核心的传统环保领域得到充分适用,从而弥补管制的局限,解决单纯环保内生动力不足的问题,使保护与发展、公益与私益平衡协调、相得益彰。

5. 制度理想:基于生态系统的环境资源综合管理

生态环境的整体性保护要求相关制度"从要素分治到综合治理",[①]采用"生态系统方法"。其实施要点可归纳为六大原则:一是系统思维;二是因地制宜;三是区域管理;四是公众参与;五是科学决策;六是动态适应。[②]

二、我国自然保护法的根本症结与完善方向

(一)现状与问题:分要素多头治理

第一,污染防治与资源保护孤立隔绝。二者具体目标不同,内容、调整手段不一,相对独立本无可厚非,但二者作为同一体系内范围交叉重叠、根本目标同一的两大分支,应该是同一框架下分工合作、协调互补的关系,而非孤立隔绝、各管一摊。但由于对环境和资源作实体性区别的观念根深蒂固,再加上长期以来"环保"与"资源"对峙分立的部门体制和"部门立法"的立法模式,两类立法被划入不同阵营,受到不同对待。

第二,自然资源法狭窄局限。现行资源法仅针对那些经济价值突出、可"物化"的经济类资源,[③]准确来说实为"经济资源"法。在价值目标和制度内容上,重开发利用、轻保护保育。在管护对象和目标上,多着眼于资源个体,以数量(如林木蓄积量、蓄水量、草原面积等)为主要指标,缺乏对周边环境、生态系统的整体考量。

第三,污染防治法片面单薄。一方面,污染防治的保护对象被假定为

---

① 参见吴凯杰:《论环境法体系中的保护地法:价值定位与立法表达》,新时代环境资源法新发展——自然保护地法律问题研究"中国法学会环境资源法学研究会 2019 年年会",2019 年 10 月于海口。

② 参见巩固:《"生态系统方法"与海洋环境保护法创新——以渤海治理为例》,载《中国海洋法学评论》2010 年第 1 期。

③ 目前我国进行单行立法的自然资源主要有水、土地、森林、草原、野生动物、渔业资源、海域、海岛、矿产资源和煤炭。

脱离具体时空、没有系统关联的单个环境要素，[①]相关制度设计（如排污标准）仅着眼各要素在一般情形下的通常状态，不考虑其他关联要素及其相互作用的实际影响。另一方面，在“环境”法律身份不明、主体归属不清的情况下，相关制度举措只能被视为国家基于公共安全而不得不管制公民自由的秩序行政，而非基于公众需要合理处置公共财产的产权行使。这既极大限制了相关立法的启动条件、作用范围和可用工具，使制度体系呈“命令—控制”为主的浓厚管制色彩，又使得一些必要的激励性制度、市场化手段缺乏法律依据和法理根基。

第四，交叉性问题重叠争议。近年来，随着“大环保”观念和生态化思潮的扩展，我国污染防治法中涉及资源保护，自然资源法中规定污染防治的情况开始出现。但由于相关条款并非一体考量、统筹安排的产物，而是不同立法者各自扩张的结果，导致诸多重叠重复或模糊争议之处，并非真正意义上的融合。

第五，区域性立法力有不逮。最适合运用生态系统方法的区域性立法，如保护地、特殊区域、流域立法在我国总体尚处于探索阶段，存在立法层级低、法律数量少的缺陷。

（二）方向与目标：面向生态整体保护的系统治理

1. 旨在一体保护的“五统一”

一是统一规划。构建统一、科学的国土空间规划体系，推动经济社会发展，城乡、土地利用，生态环境保护等规划“多规合一”，使各类环境、资源要素、区域得到统筹考虑和统一安排。

二是统一信息。对自然生态要素和空间进行统一确权登记，加强统计监测和信息共享，建立覆盖所有资源环境要素的天地水陆海一体化监测网络体系和质量预报预警评价评估机制，为监管、决策提供准确、完整的信息。

三是统一监管。整合不同领域、不同部门、不同层次的监管力量，建立权威统一的环境资源执法体制，实行城乡统一监管和执法，建立区域、流域执法联动机制、协作机制和风险预警防控体系，分工配合，形成合力。

四是统一问责。强化地方党委、政府对生态环境“负总责”，建立健

① 如《水污染防治法》仅针对“水”，《大气污染防治法》仅针对“气”。

全地方政府生态环境质量负责制和考核评价机制，实行地方党委和政府领导成员生态文明建设一岗双责制。探索能够全面反映生态环境整体情况的自然资源资产负债表、生态文明综合评价指标体系和生态文明建设目标评价考核体系，对党政领导干部实行自然资源资产和环境责任离任审计、自然资源资产和生态环境损害责任追究，建立健全生态环境保护督察制度。

五是统一修复。完善生态环境保护修复制度，按照山水林田湖系统治理的要求完善资金使用办法，安排修复治理工作，坚持以自然恢复为主，生物措施和其他措施相结合，分区分类开展受损自然生态系统修复工作。

2. 基于生态系统的区域管理

生态系统的区域综合管理是破除碎片化、实现整体保护的有力抓手。为此，要改革传统环境资源管理体制，分领域、分层次实现不同程度的区域制度整合，主要涉及三方面制度：一是以国家公园为主体的自然保护地体系；二是流域、海域、湖泊、湿地等特殊区域的综合性管理体制；三是一般行政区域内的环境资源协调管理。

3. 资源利用管控与生态产品开发

一方面，要强化传统资源开发的生态环境约束，通过数量、质量、强度、效率、功能等方面控制，确保相关活动“不能超出当地水土资源承载能力和环境容量”。[①] 为此，须科学划定并严守生态保护红线、环境质量底线、资源利用上限，对各类生态要素、空间实行总量控制、占补平衡和用途管制，建立重要资源节约利用制度和资源环境承载能力监测预警机制。另一方面，创造新型资源的价值实现机制和利益分配机制，通过制度创设使各种非传统资源的生态要素、空间、服务等“资源化”“财产化”，借用相关财产手段实现环境资源外部成本、收益的内部化。

4. 惠益分享与公众参与

在此方面，需建立健全两类制度机制。

一是全民惠益分享机制。通过立法确认重要生态要素、空间、系统、服务等“生态产品”的“全民所有”法律地位，结合具体类型和情形，明确和细化国家应当保障公众享有的环境资源权益的范围、类型和内容，提供

---

① 参见中共中央、国务院《生态文明体制改革总体方案》，2015 年 9 月发布。

具体制度保障;通过公平合理的环境资源财税制度、多样化的生态补偿手段、优质的公共服务平衡生态成本与收益,为少数民族地区、经济落后地区的发展提供倾斜支持和基本保障。

二是信息公开和公众参与机制。及时准确披露各类环境资源生态信息,扩大公开范围,保障公众知情权;建立健全许可、立项、实施、后评价等环节公众参与机制,扩大公众参与决策范围,增强公众参与程度;支持、引导环保组织健康有序发展,发挥社会组织、志愿者的积极作用;提高公众满意度、公众获得感在生态文明、环保绩效相关评价考核机制中的权重。

三、适度的一体与综合:生态环境法典自然生态保护编构想

(一)名称与范围

就法典本身的名称和范围来说,首先可以明确的是,仅统合污染防治相关立法、作为狭义"环境保护"法汇编的"环境保护法典"断不可行。既防治污染又保护资源,并尽量打通二者区隔作统筹处理,是生态文明体制改革背景下生态环境法典的当然选择。为此,在名称上,应避免使用有广义、狭义并且长期被用于狭义层面、具有特定指向的"环境"和"生态"概念,而应当采用内涵外延最宽广、具有汉语表达的独特优势,且为宪法及诸多法律文件所普遍使用的"生态环境"概念。① 如此,不仅能够清楚表明法典在范围、对象、内容上的广泛性,而且也为内部各具体部分在狭义层面使用"生态""环境"概念,更精准地指代相关制度举措提供方便,避免不必要的混乱。②

在生态环境法典内部,对污染防治与生态保护作区别对待、分编处理仍有必要。毕竟,在现代工业社会,环境污染量大、面广,是生态环境的首要威胁和突出问题,其产生原因、作用机理和防治举措具有明显特色,相关规则自成体系且数量庞大,可以也应当单独成编。由于污染防治编以防治污染为核心,只能依污染介质、问题类型或来源划分体系结构,设计条文内容,较难细致考虑不同要素、空间的特殊需求。故对后者来说,污

① 参见巩固:《"生态环境"宪法概念解析》,载《吉首大学学报(社会科学版)》2019 年第 5 期。

② 譬如,如果法典本身命名为"生态法典"或"生态保护法典",则其内部再出现以"生态"命名的编或相应章节(如"生态保护"编),就会出现逻辑和概念的混乱;"环境"亦然。

染防治编中的污染防治条款多为针对一般情形的一般规定,那些对特殊要素、空间进行特别保护的特殊规范,仍以在生态保护编为宜。就此而言,两编存在一般与特殊的关系。

这也意味着,生态保护编并非绝对不存在污染防治类规范,但该编毕竟不以防治污染为核心,其中的污染类规范不仅量少,而且从属于要素保护、区域治理,服务于生态整体保护这一核心目的。又因为其保护对象皆为自然物质,在生态系统中存在,依生态规律运行。故该编可以“自然生态保护”命名,凸显“自然”和“生态”两大特性;避免使用内涵、外延都更狭窄的“资源”概念,明确对传统上不属于资源范畴的自然物质和生态空间的保护。

在调整范围方面,自然生态保护编须妥善处理与自然资源单行法的关系。现行自然资源法具有重利用、轻保护的特点,存在大量有关确权、交易、收益分配、产业发展等纯经济内容的利用性条款。从保护与利用的密切关联和辩证关系来说,将此类条款纳入法典,与保护性规范一体考虑、统筹安排,具有积极意义。但从生态环境法典的“适度法典化”定位来看,这些内容暂不宜纳入。一来法典的核心任务在于推进生态文明建设,加强环境保护,一般利用性条款与之目的不同、旨趣不一,价值立场紧张,纳入这些内容不利于法典规范的内在统一,甚至会冲淡法典的保护法色彩。二来现行法中存在明显不足,需要查缺补漏,主要是完善加强保护性规范。

另外,利用性规范数量众多,规定细致,不易精简,纳入会导致法典体量过大,并使得该编与其他编比例失衡。综合这些来看,自然生态保护编主要以统合现行资源法中的保护性规范为宜,多数利用性规范可暂保持原样,保留在单行法中。对于法典编纂工作来说,如此处理也可减轻不太必要的内容和任务,充分贯彻“适度”法典化。

不过,这并不意味着自然生态保护编不能规定任何利用性规范,前述讨论主要是针对以经济类资源的经济性利用为主的现行法而言的。对于大量可归于“生态产品”范畴的“非传统资源”,情况又另当别论。一来对这些“资源”的利用具有直接环保功能,相关制度(如碳汇交易、生态补偿)本身就是被作为环保举措创制和推行的,与法典目的一致;二来更重要的是,对这些新兴“资源”的“利用”,现行法缺乏系统规定,相关实践多作为改革举措依政策文件曲折探索,也迫切需要法典提供坚定支持和系统保障。对生态环境法典来说，规定这些体现整体自然观和绿色发展理念的制度创新，既是服务改革实践、回应社会需求所必需，也是体现和贯彻生态文明时代特征的创新亮点所在。

对于已有及制定中的“生态保护法”，尤其是自然保护地、区域、流域相关立法，如已有的《长江保护法》《黄河保护法》《湿地保护法》和制定中的“国家公园法”“自然保护地法”等，法典在范围上应当全部纳入。但在内容和功能上并不完全取代，而应提炼一般规则，确立基本框架，进行扩展提升，着重衔接呼应，形成一般法与特别法的对应关系，法典着重发挥基础性作用，单行法着重具体化工作。

（二）目标与方法

在污染防治单独成编的情况下，自然生态保护编对应现行生态保护法和自然资源法中的保护性规范，内容上占据传统环境法的“大半壁江山”，[①]并且是最具开放性和发展前景的部分，地位十分显要。该编的核心目标和功能，不应局限于一般汇编式法典追求的形式意义大于实质的体系化，而应有更高目标和更大作为，即通过法典编纂的破旧立新、连横合纵，实现传统自然资源法与生态保护法的融合与再造——构建真正契合生态系统完整性的自然保护法体系，实现再多单行法也难实现的整体保护，使相关法律规范发挥“森林大于林木之和”的整体效应。[②] 为此，自然生态保护编应根据不同领域法律、政策、实践的实际情况作相应处理，区别三类情形，适用不同方法，制定不同规范，发挥不同功能。

第一，对于单行法中内容具体、实践成熟、争议较少、对象单一、共性较大的具体制度，如针对各类具体生态要素的利用管控条款，法典应尽量全面吸收，予以精简合并，消除矛盾、冲突；查缺补漏，弥补空白、不足；理顺适用关系，消除模糊、争议；并可把实践成熟但仅在某特定领域规定的具体规则抽象为一般规范，上升为一般制度，扩大其适用范围。

---

① 学界一般认为，环境法分污染防治法、自然资源法和生态保护法三部分，其中后两者常被合称为自然保护法。参见汪劲：《环境法学》（第4版），北京大学出版社2018年版，第231页。

② 这也是环境法典区别于一般法典的特别之处，因为环境法的调整对象之间存在客观的、实在的规律性关联。

第二,对于国家重要政策文件有明确要求、实践领域作为改革举措有较多探索、基本具备普遍实施的现实可行性,但现行法缺乏明确依据或仅有原则性规定的制度,又可分两种情形。对于规则具有普遍性、具体内容在各领域差别不大的制度,如相关生态要素、区域、产品的调查统计监测评估及相关信息整合、共享机制,法典应作出具体规定,创建完整制度,为实践提供直接依据。对于规则具有差异性且体量庞大,需要结合具体情形作特别规定的内容,如生态补偿、不同类型的保护地管理等,法典应作框架性规定,明确价值目标、规定制度要点,为实践提供框架性指引,把具体内容留给单行法填充,并通过授权性或转引性规定明确与法典的关系,建立有效联结。此时,法典条款主要起到为制度创新确立框架、指引并规范具体立法的作用。

第三,对于单行法未作规定、重要政策文件提及、尚未经实践充分检验的前瞻性理念,或实施条件较高、尚难普遍推行的制度,如碳汇、自然资源资产离任审计、生态保护惠益分享等,法典应作出原则性规定,为有条件、有意愿的地方、领域和部门开展实践探索提供合法依据,为单行法、下位法根据实际情况完善具体规则留下充分空间。此时,法典条款主要起到为制度创新和具体探索奠定合法性基础的作用。

(三)体系与层次

无论是生态系统的复杂性、环境法律体系的复杂性,还是环境治理相关事务的复杂性,都决定了相关立法的复杂性。自然生态保护编要在该领域立法的最顶层处理这些问题,必然是一个多层、多元的复合体系,须合理设置章节,着重处理好以下五大关系。

第一,要素保护与区域保护。从保护对象角度,自然生态主要可分为要素、区域和系统三个层次。除系统作为整体性存在主要通过对不同部分的调整获得间接保护外,要素和区域都可以也应当成为法律的直接保护对象,设置专门制度加以保护,从而成为自然生态保护编的独立章节并形塑其基本架构。

实际上,传统自然资源法实为要素保护法,只是范围较窄,仅限其中具有明显经济价值、可直接商品化的部分;传统生态保护法主要为生态区域法,但范围也较窄,仅限于少数独特性明显、为保护特定物种而设的区域。由于二者范围皆窄,实践交集不多,相关法律规范呈并列、独立关系。

但在可持续发展的现代自然观下,一切自然物质皆为生态要素,均有保护价值;一切生态区域都有自身特性,皆须特别保护。故自然生态保护编不仅同时着眼于这两类保护对象,分章作出规定,分别提供相应规则,形成不同制度体系;还要扩大各自范围,通过设置面向一般情形的"基本规定"确立要素保护和区域保护的基本规定,弥补以往单行法规定仅针对具体情形,挂一漏万的不足,并须妥善处理二者的适用关系。

在法律保护的要素和区域均范围广泛、普遍存在的情况下,要素法与区域法构成一般与特殊的关系,前者针对自然要素在通常情况下的一般保护需求作规定,而后者在此基础上结合不同区域特点针对其特殊保护需求施加特别限制或提出特殊要求。二者密切衔接、层层递进,而非各自规定、各行其是,从而避免了可能的重叠和争议,在适用上也更加便捷。当然,这对立法者提出了更高要求,其在制定区域保护相关规则时须首先考虑已有的要素法规则,通过对其查缺补漏构建自己的特别规范。这种立法阶段的统筹处理为一体保护所必须,也是法典编纂的优势所在。

第二,一般保护与多样性保护。就价值目标而言,传统自然资源法主要着眼单项资源的数量或者说"产量",传统生态保护法主要着眼于区域内少数被特别保护的物种或自然状态,对生态系统整体的安全、稳定尤其多样性缺乏关注。随着物种灭绝、外来物种入侵、转基因技术滥用等问题日益严重,对生物安全、物种与基因多样性的保护日渐迫切,成为生态保护法的重要内容,且其对象、目标、手段均较特殊,规范相对独特。因此,自然保护编也应当将之纳入调整范围,作专章规定,确立独立地位,提供系统保护。

第三,防损减害与改善提升。从实践功能看,传统自然保护法主要以防害为目标,发挥防止损害、禁止破坏等消极功能,对已然损害的修复、既有状态的改善、生态功能的提升等积极功能缺乏规定。随着生态文明建设要求的提升,改善性内容也需要加强,单独成章。

第四,治理规则与基础制度。自然生态保护主要通过对相关开发利用活动的管控来实现,故其核心内容为治理规则。但自然保护的对象是自然,相关决策的正确性、管控的有效性以准确、全面、系统的自然认识为前提,离不开科学完备的信息制度的支持;其涉及主体众多、事项繁杂、区域广阔,必须统筹协调、科学规划、合理区划。这些为治理规则有效实施所不可或缺的基础性制度,独特性明显,意义重大且数量众多,法典也宜分别作专章规定。

第五,管控禁限与支持激励。保护法的基本手段是以管控、禁限为主要内容的管制,但单一管制成本高,代价大,动力不足。如何通过产权、市场、财税等经济手段提供支持激励,实现正面引导,对自然保护至关重要,且其正是绿色发展的题中之意,也应单独成章。

基于以上考虑,结合现行已有的主要立法,建议自然生态保护编在体系结构上分为十一章,以最大限度地容纳上述思考:第一章一般规定,第二章自然生态保护规划,第三章自然生态保护区划,第四章自然生态保护信息,第五章生态要素利用管控与保护改善,第六章物种与遗传多样性保护,第七章生态区域保护,第八章自然保护地的保护与管理,第九章自然生态退化防治与改善,第十章生态保护补偿,第十一章行政法律责任。

除第一章与其他九章构成本编内的总则与分则关系外,后面九章分别体现和协调这五大关系:第二、三、四章分别着眼于规划、区划和信息,为自然生态保护的基础性制度,与其后六章构成基础制度与治理规则的关系。第五章着眼于生态要素,第六、七章着眼于不同类型的生态区域,三者构成要素保护与区域保护的关系,其规范的特殊性程度依次提升。第六章针对多样性保护,与第五、七、八章构成多样性保护与一般保护的关系。第九章着眼于大尺度的生态系统和更高程度的预防,可弥补生态系统整体保护制度不足的弊端;其中的改善部分主要为既定生态状况的提升,与前面第五、六、七、八章构成防损减害与改善提升的关系。第十章着眼于保护资金与惠益分享,着重支持激励,与前面各章构成管控禁限与支持激励的关系。第十一章为前面各章的行为规范设定相应法律责任,以保障执行实施。总体来看,由此形成的将是一个内容多样、关系多元、协调互补、层次分明的法律制度体系,复杂而不凌乱、多样而内在有序,一如现实中的自然生态系统。

四、结论

可持续发展的环境要求对环境、资源实行以生态系统为基础的一体保护和综合管理,这对以环境、资源二分为基础,且深具分要素多头治理特征的我国现行法来说,提出了巨大挑战,需要根本性变革。对此,如仅靠以往单行法立改废的老路,几乎是一个不可能完成的任务。幸运的是,已提上立法日程的生态环境法典编纂为这一貌似翻新、实则再造的浩大工程提供了难得便利和宝贵契机。充分利用这一有利时机,妥善安排相关立法,打造真正契合可持续发展理念的自然生态保护编,实现真正意义上的“山水林田湖草沙统筹治理”,意义重大,机不可失。

4.2 陆海统筹在自然生态保护编编纂中的实现*

统筹陆海自然生态保护,既需要从全局出发,将海洋生态保护纳入自然生态保护的总体制度框架体系,对陆海自然生态实施整体性统一保护,也需要重视海洋自然生态的特殊性。我国目前有关海洋生态保护的法律规定存在诸多不足,无法满足统筹保护陆海自然生态的需要,这在一定程度上增强了我国自然生态保护法体系化与法典化的必要性。自然生态保护编在构建我国自然生态保护整体性制度框架体系,将海洋自然生态纳入其保护范围的基础上,设专节保护海域和海岛两种特殊的海洋生态要素,而且有必要设专节保护海岸带这种特殊的海洋生态区域。

一、陆海统筹及其对自然生态保护的要求

陆海统筹的内容具有丰富性与综合性。一般而言,陆海统筹是指在陆地和海洋两大自然系统之间建立包含经济发展、资源利用、环境保护、生态安全、国家安全等全部领域的综合协调关系。统筹陆海生态环境保护既是我国生态文明建设与海洋强国战略的核心内容之一,也是其重要基础和前提。

统筹陆海生态环境保护,总体而言,就是基于陆海生态系统的整体性与系统性,打通陆地与海洋两个支系统,实施"从山顶到海洋"的"陆海一盘棋"生态环境保护策略,建立陆海一体化的海洋生态环境保护治理体系,形成陆海联动、统筹协调的海洋生态环境治理格局。在我国长期以来生态环境保护领域实行陆海分离的治理格局与制度设置背景下,生态环境治理体系的现代化与相关法律制度的完善也主要集中在陆域生态环境保护领域。所以,要统筹陆海生态环境保护,重心应该在完善我国有关海

---

* 刘卫先,中国海洋大学法学院、海洋发展研究院教授。本部分原载于《东方法学》2022 年第 3 期,收入本书时有部分修改。

洋生态环境保护的法律制度，提升我国海洋生态环境保护治理体系与治理能力的现代化水平上。

统筹陆海生态环境保护需要在污染防治、自然生态保护和绿色低碳发展三个领域共同发力，但这三个领域在管理事项、治理思路、具体制度等方面都存在区别，导致陆海统筹对它们的具体要求也存有差异。具体到自然生态保护领域，陆海统筹的要求应当主要包括以下三个方面：

第一，从全局出发，以陆海自然生态的共性为基础，将海洋生态保护纳入自然生态保护的总体制度框架体系，对陆海自然生态实施整体性统一保护，协调陆海自然生态保护的矛盾。

第二，重视海洋生态保护的特殊性，健全海洋生态保护的特殊制度。统筹陆海生态保护需要强调相对独立的海洋自然生态的特殊性，强化海洋生态保护的特殊措施。在对海洋生态系统实施整体保护的前提下，要根据不同海洋生态要素的特殊性实施差异化保护。

第三，在具体保护措施上，对陆海自然生态进行类型化处理，针对不同的自然生态类型施行不同的保护措施和相应的特殊制度，协调好自然生态保护与资源开发利用之间的矛盾。对于不同的自然生态要素，其经济价值的利用方式和生态价值的体现方式具有差异性。自然生态保护首先要对不同的自然生态要素进行经济价值利用管控和生态价值保护改善。此外，在有些情况下，由于生态系统的整体性，对自然生态要素的单独保护难以确保生态系统的健康良好状态，必须对构成相对独立生态系统的区域实行整体性特殊保护。所以，有必要从生态要素和生态区域的类型区分以及不同生态要素和不同生态区域的亚类型区分出发，对陆海自然生态实施具体保护。

二、我国现有海洋生态保护相关法律规定及其问题

目前，我国海洋生态保护的相关规定分散于《海洋环境保护法》《海岛保护法》《渔业法》《野生动物保护法》等法律，《自然保护区条例》、《野生植物保护条例》、《渔业法实施细则》(2020 年修订)、《水生野生动物保护实施条例》(2013 年修订)等行政法规，《海洋特别保护区管理办法》(2010 年)、《海岸线保护与利用管理办法》(原国家海洋局，2017 年)、《围填海管控办法》(原国家海洋局、国家发展和改革委员会、原国土资源部，2017 年)、《关于加强滨海湿地管理与保护工作的指导意见》(原国家

海洋局,2016 年)、《关于全面建立实施海洋生态红线制度的意见》(原国家海洋局,2016 年)、《国家海洋局海洋生态文明建设实施方案(2015—2020 年)》等部门规章、规范性文件以及大量的相关地方性法律法规、规范性文件之中。此外,国务院的一些政策性文件,如《全国海洋主体功能区规划》(2015 年)、《关于全国海洋功能区划(2011—2020 年)的批复》(2012 年)、《关于促进海洋渔业持续健康发展的若干意见》(2013 年)、《关于加强滨海湿地保护严格管控围填海的通知》(2018 年)等,也对海洋生态保护起作用。

综观这些规范性文件及其相关内容,不难发现,我国海洋生态保护相关法律制度的体系化不足,具体包括以下几个方面的问题:

第一,总体而言,我国自然生态保护的综合性制度框架体系尚未形成,难以将陆地自然生态保护和海洋自然生态保护统筹纳入统一制度框架体系之中,相关制度矛盾仍然存在。

尽管我国目前已经制定了相应的法律、法规、部门规章以及地方性法规等对土地、森林、草原、水、野生动植物、海域、海岛、湿地等重要自然生态要素实施保护,但这些规范性文件都是以单行规范性文件的形式颁布实施,对各种自然生态要素实施分割管理,难以满足自然生态系统的整体性要求。而且各规范性文件之间缺乏足够的协调性,进而使不同自然生态要素的管理制度之间可能存在冲突。

尽管 2018 年的国务院机构改革在一定程度上可以减少不同自然生态要素管理之间的冲突,但由于自然生态要素的多样性与系统性,导致其保护不可避免地需要不同部门之间的协调与配合。理顺自然生态保护管理体制仍然是健全自然生态保护制度的一项重要内容,需要自然生态保护综合性法律对其加以明确规定。

尽管我国相关法律法规在野生动植物、湿地、自然保护区的保护方面实现了陆海一体化,使同一个规范性法律文件同时保护陆地和海洋的自然生态要素,但这仅仅局限于少数几种自然生态要素,绝大多数自然生态要素的保护并没有实现陆海一体化的系统保护。

第二,现有法律在海洋生态要素的利用管控与保护改善方面存在不足。《海洋环境保护法》第 20 条只是笼统地规定要对"红树林"、"珊瑚礁"和"海岛"三种具有"典型性""代表性"的海洋生态要素进行保护,但对这三种海洋生态要素的利用如何进行管控和实施哪些具体的保护措施,《海洋环境保护法》并没有作出明确规定。

在现实中,对红树林和珊瑚礁的保护主要通过一些地方性法律法规来实现。海岛保护的相关内容主要体现在《海岛保护法》中。《海岛保护法》以单行法的形式对海岛保护作了较为详细的规定,但是,《海岛保护法》将海岛分为有居民海岛、无居民海岛和特殊用途海岛并不是根据海岛保护标准和需要进行的分类,不利于海岛保护的精细化管理。并且,《海岛保护法》并没有对海岛保护的分区管控进行明确规定,不利于海岛保护。《海岛保护法》作为专门保护海岛这一海洋生态要素的法律,应当纳入范围更广的海洋生态要素保护法乃至自然生态要素保护法和自然保护法,并与后者的内容相协调,使相关制度体系化。

海域作为一种具有普遍意义的海洋自然生态要素,虽然《海洋环境保护法》没有明确规定对其进行保护,但《海域使用管理法》规定了对其进行保护的相关内容。尽管如此,《海域使用管理法》的主要目的是"维护国家海域所有权和海域使用权人的合法权益",其对海域保护的规定大多都是间接的原则性规定,这些规定对海域保护只起到辅助性作用。《海域使用管理法》对海域的直接保护主要通过"海洋功能区划"的作用来实现。但是,有关海域的分级分类管理与分区管控、海域使用禁限等更精细的海域使用管控和促使海域生态改善与生态效益更好发挥的相关制度,《海域使用管理法》并没有规定。

海洋生物多样性作为一种重要的海洋生态要素,相关法律规定并不全面。《海洋环境保护法》第三章第 25 条仅对"引进海洋动植物物种"作出简单抽象规定。《野生动物保护法》、《野生植物保护条例》和《水生野生动物保护实施条例》仅保护珍稀、濒危的野生动植物。《渔业法》仅保护渔业资源。因此,非珍稀、非濒危而又不属于渔业资源的海洋生物就落入法律保护的空白地带,不利于海洋生物多样性的保护。

第三,现有法律在海洋生态区域保护方面的规定存在不足。《海洋环境保护法》对"海洋自然保护区"和"海洋特别保护区"作出明确规定,《自然保护区条例》和《海洋特别保护区管理办法》对二者分别作出细化规定。但是,我国目前已经进行以国家公园为主体的自然保护地体系改革和相关的制度构建,海洋自然保护区和特别保护区作为我国自然保护地体系的一个有机组成部分,其制度建设毫无疑问也应被纳入我国自然保护地体系制度的整体构建之中。海岸带作为陆海衔接和过渡地带,是一种极其重要的海洋生态区域,也是陆海统筹的关键区域,我国目前没有法律明确对其进行保护。有关海岸带的利用管理和保护主要由沿海各地的地方性立法进行碎片化调整,亟需国家立法对其进行体系化整合。

总之,我国目前有关海洋自然生态保护的法律规定仍存在诸多不足,无法满足统筹保护陆海自然生态的需要,这也在一定程度上增强了我国自然生态保护法体系化与法典化的必要性与现实紧迫性。

三、自然生态保护编对海洋生态保护的制度安排

自然生态保护编作为我国环境法典的一编,应当将统筹保护陆海自然生态这一理念与指导思想落实到具体的法律规范与条文中。基于此,不仅要构建我国自然生态保护的整体性制度框架体系,将海洋自然生态纳入其保护范围,而且要设立海洋自然生态保护的特殊制度。笔者在此仅对自然生态保护编中有关海洋生态要素利用管控与保护改善的特殊制度加以论述。鉴于自然生态保护编与相关单行法并行的体例,有关海洋生态要素利用管控与保护改善的特殊规定在相关现行法规定的基础上,对其进行概括、整理、扩展、补充等体系化处理之后拟订。

自然生态保护编设专章对各种自然生态要素的利用管控和保护改善加以规定。海洋自然生态要素的利用管控与保护改善作为该章的独立一节,主要对海域和海岛两种独特的海洋自然生态要素的利用管控和保护改善进行规定。这一方面既便于消除"海域"和"海岛"两部保护单行法中的重叠与冲突内容,对二者统筹考虑,也利于消除"海域""海岛"保护单行法与森林、草原、水、矿产资源单行法之间可能存在的冲突、重叠内容,对所有自然生态要素保护进行统筹协调;另一方面也体现了"海域""海岛"在利用管控和保护改善方面的特殊性,最终实现陆、海生态的统筹保护。而海洋生物多样性的保护可以纳入自然生态保护编的"生物多样性规划""生物多样性调查""野生动物利用管控与保护改善""物种与基因多样性保护"等章节加以调整,不必设专节进行规定。

(一)海洋生态要素管护的政府职责

管护海洋生态要素首先要明确管护主体及其职责。目前,我国相关规范性法律文件对海洋生态要素管护主体及其职责的规定不尽相同。因此,自然生态保护编对海洋生态要素管护主体及其职责的规定应当在综

合现有相关法律规定,并结合国务院相关部门的“三定方案”和海洋生态要素整体性特征的基础上进行,消除各单行法规定的重叠、冲突,填补其缺漏。

由于海洋生态要素的管护与海洋自然资源的开发利用密不可分,其中涉及多个行业和多个行政主管部门之间的交叉重叠乃至冲突。所以,建立统一的海洋生态要素管护体制,有必要摆脱具体行政主管部门的行业限制,从职能更加综合的政府入手,强调中央人民政府和地方各级人民政府在海洋生态系统整体性保护中的职责。当然,政府可以通过在相关行政主管部门之间建立协调机制的方式具体落实其管护职责。基于此,一方面,自然生态保护编应当明确规定国务院和沿海地方各级人民政府应当采取有效措施保护海洋生态要素;另一方面,应当明确规定国务院和沿海地方各级人民政府的自然资源部门、农业农村部门、生态环境部门等相关部门在其职责范围内具体负责海洋生态要素的监督管理工作。

(二)海域的利用管控与保护改善

该部分内容是海域这一海洋生态要素之利用管控与保护改善方面的特殊性规定,既体现了海域与陆地生态要素在利用管控与保护改善方面的不同,也体现了海域与其他海洋生态要素(包括海岛)在利用管控与保护改善方面的区别。同时,也是对现有法律关于海域利用管控与保护改善之规定的整合、补充与体系化,以将陆海统筹具体落实到海域的利用管控与保护改善中。

第一,海域使用的分级分类管理。对海域使用进行分级分类管理是海域使用管理精细化的重要措施。《海域使用管理法》没有明确规定海域分级分类管理制度,只是在第 25 条对海域使用权最高期限的规定中间接对海域使用的类型作了简单规定。为了加强海域使用的管理,原国家海洋局于 2008 年制定了《海域使用分类体系》,第 4.1.1 条按用途将海域使用类型分成两级体系,共包括 9 个一级类和 30 个二级类。

但是,在现实中,海域使用究竟应该分成几级类型,以及每一级海域使用又包括哪些更次级的海域使用类型,可以再进一步研究确定。因此,自然生态保护编可以对海域使用的分级分类管理作原则性规定,明确将海域使用分级分类管理制度确定下来,至于海域使用分级分类管理的具体内容,可以由行政法规或部门规章加以明确。

第二，海域使用的分区管控。海域使用分区管控是将海域根据其生态功能划分为不同的区域，施行不同的管控要求，以保障海域生态的健康良好状态。《海域使用管理法》没有直接规定海域使用的分区管控，而是通过海洋功能区划制度间接实现海域使用的分区管控。《海域使用管理法》第4条概括性地规定了海洋功能区划，要求海域使用要符合海洋功能区划，并在第二章对海洋功能区划的制定、审批、修改等作出规定。《全国海洋主体功能区规划》按主体功能将海洋划分为优化开发区域、重点开发区域、限制开发区域和禁止开发区域。《全国海洋功能区划（2011—2020年）》按海洋功能将海洋分为农渔业区、港口航运区、工业与城镇用海区、矿产与能源区、旅游休闲娱乐区、海洋保护区、特殊利用区和保留区。不同的区域应当遵守不同的管控要求。在现实中，沿海各省都根据本省的海洋资源利用和生态环境保护情况制定了本省的"海洋功能区划"。所以，自然生态保护编应当明确规定海域使用的分区管控制度，但不宜对海域分区的具体方案作统一规定，应授权沿海省级人民政府根据实际情况进行制定。

第三，海域使用的管控禁限。管控禁限是对海域使用的一般性禁止要求。《海域使用管理法》第24条和第28条分别要求海域使用权人不得从事海洋基础测绘和不得改变海域用途，除非依法经过批准。《渔业法》第30条规定了禁渔期和禁渔区制度，禁止在规定的海域和规定的期间进行捕捞。《海洋环境保护法》最新修订的草案中也明确规定沿海省级人民政府可以在重点海域采取特殊的更严格的管控措施，其中包括禁止新增和扩大养殖规模，禁止或限制捕捞。因此，自然生态保护编关于海域使用管控禁限的规定需要将现有相关禁止性规定加以概括、合并，以达到体系化目的。

第四，海域使用的配套保护。海域保护的辅助性制度尽管不直接保护海域，但是它有利于提高海域使用效率，促进海域保护。自然生态保护编应当基于《海域使用管理法》的海域保护配套规定，并有效吸纳中央政策和地方立法中关于海域使用权立体分层设置的规定，对海域使用的配套保护作综合性规定，明确规定国家实行海域立体分层使用制度、有偿使用制度、登记制度，建立海域使用统计和信息管理制度，对海域使用状况实施监视、监测，依法发布海域使用信息。

第五，海域的生态功能保障和生态效益发挥。海域具有气候调节、生命支持、安全保障等多种生态功能和效益,法律必须采取有效措施保障海域的生态功能,发挥其生态效益。海域生态功能的保障和生态效益的发挥以海域生态系统的健康平衡为基础,故相关法律措施可以从保障海域生态健康着手保障海域的生态功能,发挥其生态效益。自然生态保护编应当将《海域使用管理法》和《海洋环境保护法》及其修订的相关内容归纳整合,对海域生态功能保障和生态效益发挥作出以下两点规定:其一,沿海县级以上人民政府应当落实国土空间开发保护要求,合理规划海域自然资源保护利用结构和布局,制定海域保护发展目标,加强海洋物种多样性保护,维持生态系统平衡,提升海洋生态系统质量和稳定性。国家加强海域资源保护,发挥海洋调节气候、改善环境、维护生物多样性和提供海产品等多种功能。其二,国家在重点海洋生态功能区、生态环境敏感区和脆弱区等海域划定生态保护红线,实行严格保护;红树林、珊瑚礁、海草床、滨海湿地等具有重要生态功能或者重要生态价值的区域应当划入生态保护红线,提升其固碳能力,增加海域生态系统的碳汇量。

第六,海域利用与保护的基础设施建设。海域的利用与保护在特定情况下都需要进行相应的基础设施建设,但这种基础设施建设应当受到法律的规制,符合法定的条件。海域利用与保护的基础设施建设不仅应当以必要为前提,而且应当采取有效措施预防可能造成的海域生态损害。《海域使用管理法》和《海洋环境保护法》没有专门针对海域利用与保护的基础设施建设进行规定。自然生态保护编应当对海域利用与保护的基础设施建设创设原则性规定,要求此类基础设施建设以必要为前提,进行相应的生态影响评价,并对其进行全过程管理,以防止其可能造成海域生态损害。

第七,海域生态承载力的修复与恢复。保护与修复整治并重,是我国建设海洋生态文明、实现海洋强国战略目标的重要内容之一。对海域生态承载力的损害也应当进行必要的修复。海域生态修复规制的关键在于明确海域生态修复的责任主体、修复应遵循的基本原则、修复的过程监管与结果验收等方面的内容。

《海域使用管理法》没有关于海域生态修复的规定。《海洋环境保护法》第 20 条第 2 款高度概括地规定了"对具有重要经济、社会价值的已遭到破坏的海洋生态,应当进行整治和恢复",至于如何进行整治和恢复,该法并没有进一步规定。《海洋环境保护法》修订草案对海洋生态修复作了进一步细化规定,明确了修复原则、责任主体、监管主体等内容。所以,自然生态保护编对海域生态承载力修复与恢复的规制应当在现有法律规定的基础上,吸纳相关的政策与实践经验,对修复原则、责任主体、修复标准、监管与验收等内容作出系统的原则性规定。

(三)海岛的利用管控与保护改善

海域之利用管控与保护改善的内容并行不悖,海岛的利用管控与保护改善也有其独特性。该部分内容和海域之利用管控与保护改善内容相对应,在对现有法律相关内容进行整合、补充与体系化的基础上,具体规定海岛之利用管控与保护改善的特殊内容,以实现陆海统筹的要求。

第一,海岛的分级分类管理。海岛的分级分类管理是我国《海岛保护法》的一项重要内容,分散规定在《海岛保护法》中。《海岛保护法》第9条第2款中规定了“海岛分类保护的原则”,第10条第3款中规定了“省级”海岛保护规划“应当规定海岛分类保护的具体措施”。并且,《海岛保护法》第三章将海岛分为有居民海岛、无居民海岛和特殊用途海岛三类,分别进行保护。《全国海岛保护规划》从国家层面上明确规定海岛分类保护,即“严格保护特殊用途海岛”、“加强有居民海岛生态保护”和“适度利用无居民海岛”。在实践中,我国对海岛分级分类保护已经实现,只是各地对海岛分级分类的具体内容规定不一致。所以,自然生态保护编应当对海岛分级分类管理作原则性规定,具体的分级分类内容可以授权国务院和沿海省级人民政府根据具体情况确定。

第二,海岛利用的分区管控。对于允许开发利用的岛屿,应当对其进行分区管控,以更好地保护海岛生态。《海岛保护法》没有从总体上规定海岛利用的分区管控。《全国海岛保护规划》《福建省海岛保护规划》《浙江省海岛保护规划》《山东省海岛保护规划》等沿海地方海岛保护规划都从大区域尺度对海岛实施分区保护,且分区标准不统一。因此,从有效管控海岛开发利用的目的出发,自然生态保护编应当对海岛利用的分区管控作原则性规定,可以采取《全国主体功能区规划》和《全国海洋主体功能区规划》的分区标准,明确规定将海岛及其周边海域划定为重点开发、优化开发、限制开发和禁止开发的区域,实施分区管控。

第三,海岛利用的管控禁限。海岛利用管控禁限的范围较广,而且针对不同类型的海岛以及同一类型海岛的不同分区都存在不同的禁限要求。《海岛保护法》也对海岛利用的管控禁限作了大量规定。《海洋环境保护法》第 26 条也作了相应的规定。所以,自然生态保护编对海岛利用管控禁限的规定应当在总结归纳现有规定的基础上进行,宜采取“原则规定”加“具体列举”的方式加以规定。

第四,海岛利用的配套保护。《海岛保护法》第 14 条、第 15 条分别规定了海岛的统计调查制度和管理信息系统,第 21 条规定了海岛保护专项资金,第 31 条规定了无居民海岛的有偿使用。这些规定都可以在一定程度上促进海岛的保护。自然生态保护编应当对《海岛保护法》现有的配套性保护措施加以合并整理,以实现配套保护制度的体系化。

第五,海岛的生态功能保障与生态效益发挥。保障海岛生态功能,发挥海岛生态效益,以海岛生态系统的健康平衡为前提,必要时应维持海岛的原生状态,《海岛保护法》第 16 条、第 17 条、第 19 条、第 24 条第 3 款、第 27 条、第 28 条对此作了相应的规定。自然生态保护编应当对《海岛保护法》的这些分散规定进行合并归纳,对海岛的植被、物种、自然景观、历史人文遗迹、自然海岸线等进行保护,以实现体系化目的。

第六,海岛利用与保护的基础设施建设。海岛利用与保护必须进行一定的基础设施建设,《海岛保护法》第 17 条、第 20 条、第 22 条、第 24 条对此作了相应的规定。自然生态保护编应在《海岛保护法》现有规定的基础上,对海岛利用与保护的基础设施建设作统一原则性规定,要求相关基础设施建设和海岛利用与保护相适应,为海岛利用与保护所必须,且应当依法进行。

第七,海岛生态系统的修复与恢复。《海岛保护法》第 25 条第 2 款规定了因工程建设所致海岛生态破坏,应当由谁负责修复;第 27 条第 2 款规定了《海岛保护法》实施前因“在有居民海岛建设的填海连岛工程,对海岛及其周边海域生态系统造成严重破坏”的,应当如何修复。自然生态保护编应当对《海岛保护法》的这两款规定进行整合,对海岛生态系统的修复作出明确规定。由于海岛生态系统的破坏主要是由人为不合理开发利用造成的,对其进行必要的修复首先应当遵守损害担责原则,由破坏者修复;如果破坏者无力修复,应当由县级人民政府自然资源部门组织修复,费用由破坏者承担;如果由于时间久远或破坏者已经灭失等原因找不到具体责任人,则应当由省级人民政府自然资源部门会同有关部门统一制定修复方案,经省级人民政府批准后实施修复。

四、结论

自然生态保护编不仅要对海域、海岛这两种独特的海洋生态要素的利用管控和保护改善设专节进行规定，还应当对滨海湿地、海岸带、海洋自然保护地和区域海这四种海洋生态区域进行明确保护。其中滨海湿地的保护可以直接纳入自然生态保护编“湿地保护”内容，这也是我国《湿地保护法》采取的模式；海洋自然保护地可以直接纳入自然生态保护编“自然保护地的保护与管理”中，构建统一的自然保护地体系，以体现和落实我国自然保护地体系制度改革的要求。

海岸带地处陆海交接与过渡地带，是陆海统筹保护海洋生态系统的关键区域。保护海岸带，关键在于对其进行综合管理、分类保护，确保自然岸线的保有率。因此，自然生态保护编有必要在“生态区域保护”中设专节规定海岸带保护，主要规定海岸带综合管理体制、海岸带分类保护、自然岸线保有率目标责任制等海岸带特殊保护内容。

区域海是地理位置上封闭或半封闭的具有相应生态整体性和生态独立性的特殊海洋区域。对区域海进行特殊保护是世界各国的普遍做法，我国环境法典的编纂也应当为区域海保护立法埋下一个伏笔，在自然生态保护编的“其他生态区域保护”中作一个概括性规定。将这些海洋生态要素和区域纳入相应的自然生态要素和区域保护章节，与陆域生态要素和区域一同保护，在客观上有利于立法者统筹考虑陆、海生态要素和区域各自的特点及其关联性，是陆海“统筹立法”的必然要求和具体体现。

总之，自然生态的陆海一体化保护是一项复杂的系统工程，不仅需要建构统一的自然生态保护制度体系，将陆域生态和海洋生态同等纳入其保护范围，而且需要针对海洋生态保护的特殊性制定特殊的保护制度。

4.3 自然生态保护编中的生态区域保护制度*

生态区域保护法又称自然地域保护法、特殊区域保护法等，[①]是指对特定区域施加特别保护的法律规范的总称。相较于污染防治法等传统生态环境法律领域，生态区域保护法的起步较晚、立法基础较为薄弱，但近年来在重大国家政策指引下发展迅速。

作为新兴的环境法领域，生态区域保护法的法典化存在诸多问题：第一，在内容范围方面，自然保护区、国家公园等自然保护地法律制度是生态区域保护法的核心内容，但是否在环境法典中纳入流域、湿地等区域保护法？此外，如何处理与生态要素保护、生物多样性保护等关联法律领域交叉的内容？第二，在外部协调方面，生态区域保护法近年来发展迅速，许多法律刚刚制定或正在酝酿出台，如《长江保护法》、《湿地保护法》、《黄河保护法》、"国家公园法"等，法典编纂如何处理法典与新兴单行法之间的关系？第三，在逻辑结构方面，生态区域保护法的内容广泛且分散，如何运用体系化方法提炼逻辑主线、安排逻辑顺序、形成逻辑结构？

解决上述问题的关键在于明确生态区域保护法在环境法体系中的定位与法典化需求。现有研究不乏对自然保护地、流域保护等个别生态区域保护领域立法的讨论，[②]但尚缺乏在法典编纂背景下对生态区域保护立法的整体思考。本书将首先在生态文明体制改革的背景下，探讨生态区域保护法的体系定位与基本构造，进而分析现行立法模式存在的问题，

---

* 吴凯杰，北京大学法学院助理教授。本部分原载于《东方法学》2021 年第 6 期，收入本书时有部分修改。

① 参见汪劲：《环境法学》（第 4 版），北京大学出版社 2018 年版，第 235 页。

② 相关的代表性文献，参见吕忠梅：《以国家公园为主体的自然保护地体系立法思考》，载《生物多样性》2019 年第 2 期；汪劲、吴凯杰：《〈国家公园法〉的功能定位及其立法意义——以中国自然保护地法律体系的构建为背景》，载《湖南师范大学社会科学学报》2020 年第 3 期；吕忠梅等：《长江流域立法研究》，法律出版社 2021 年版；陈晓景：《黄淮流域生态系统管理法律制度研究》，河南人民出版社 2010 年版。

识别生态区域保护法的法典化需求，最后尝试提出内容范围、外部协调、逻辑结构、重点制度等方面的法典化路径。

一、生态区域保护法的体系定位与基本构造

明确生态区域保护法的体系定位与基本构造是探讨其法典化需求与路径的前提。目前生态区域保护法在环境法体系中的定位正在发生转变，其作为自然生态保护法的功能定位日益清晰，逐渐形成“一般生态区域法＋特殊生态区域法”的基本构造。

（一）生态区域保护法在环境法体系中的定位转变

在污染防治法与资源保护法的传统二分框架下，生态区域保护法是在两类法律的“夹缝中”逐渐生长出来的环境法“第三分支”，长期以来依附于自然资源立法。在实践中，自然保护区、风景名胜区等生态区域保护制度在法律层面上仅有原则性规定，具体规则主要存在于《自然保护区条例》、《风景名胜区条例》（2016 年修订）等行政法规之中，森林公园等更是只有《森林公园管理办法》（2016 年修改）等部门规章。由于效力位阶过低，生态区域保护立法的严格保护规定在与自然资源法的有关规定存在不一致时，难以得到落实。[①] 据此，生态区域保护法本质上还是传统自然资源保护法的“补充”，缺乏真正独立的立法目标与法律原则。

在生态文明体制改革的背景下，生态区域保护法正在从资源保护法的附属部分转变为自然生态保护法的核心部分。在宪法与环境基本法层面上，2018 年修正宪法时在序言中加入的生态文明条款，以及 2014 年《环境保护法》修改时在立法目的条款中加入的“推进生态文明建设”“可持续发展”内容，正在引领环境法体系的规范重心发生由生活环境向生态环境、由资源保护向生态保护、由要素个体到生态整体的扩展与提升。[②] 在国家政策层面上，《生态文明体制改革总体方案》等生态文明政策提出“山水林田湖是一个生命共同体”等生态保护优先、系统治理理念，直接引领了生态区域保护法的定位转变。尤其是在自然保护地领域，

① 参见王灿发：《自然保护区亟待高位阶立法保护》，载《环境保护》2011 年第 4 期。

② 参见巩固：《“生态环境”宪法概念解析》，载《吉首大学学报（社会科学版）》2019 年第 5 期。

中央相继印发《建立国家公园体制总体方案》(以下简称《国家公园总体方案》)、《关于建立以国家公园为主体的自然保护地体系的指导意见》(以下简称《国家公园指导意见》)等重大政策文件,使得自然保护地的定位、功能和目标发生了深刻的变化。

与实践发展相适应,学者们已普遍认可生态区域保护法作为自然生态保护法的体系定位。有学者认为,自然生态保护法或者生态区域保护法是指为了维护生态平衡和生态安全,对具有重要生态功能的人工环境或者自然生态加以保护而颁布的法律规范的总称,包括我国已颁布的《海岛保护法》《自然保护区条例》等生态区域保护法律和行政法规。[①]也有学者认为,生态区域保护法的"生态"是与生物有关的各种相互关系的总和,目的在于增进生态系统的服务功能,保障公众生态利益,包括自然保护区、风景名胜区等方面的生态区域保护法。[②] 还有学者认为生态区域保护立法所确立的保护对象,应当包括自然区域和生物多样性的保护,其中自然区域包括自然保护区、风景名胜区、国家森林公园、河流湖泊、自然文化遗迹等。[③]

生态区域保护法的自然生态保护法定位也是各国环境法的普遍做法,构成外国环境法典自然生态保护法部分的重要内容。《法国环境法典》第三卷以"自然空间"为名规定各类生态区域的保护制度,包括海岸带(第二编"海岸带"),国家公园、自然保护区、大区自然公园、海洋保护区、群落生境保护区与具有国际重要性的湿地(第三编"公园和保护区"),遗迹(第四编"遗迹")以及景观(第五编"景观")等。[④]《瑞典环境法典》则在第二编"自然保护"的第七章"区域保护"中规定国家公园、自然保护区、自然遗迹、动植物栖息地保护区域、野生动物和植物禁猎禁伐区、沿岸保护区、环境保护区、水域保护区、特别保护区和特别保留区等各类生态区域保护制度。[⑤]《德国环境法典(草案)》的历次版本也都在分

① 参见李艳芳:《论生态文明建设与环境法的独立部门法地位》,载《清华法学》2018 年第 5 期。

② 参见黄锡生、史玉成:《中国环境法律体系的架构与完善》,载《当代法学》2014 年第 1 期。

③ 参见王灿发:《环境法的辉煌 、挑战及前瞻》,载《政法论坛》2010 年第 3 期。

④ 参见《法国环境法典(第一至三卷)》,莫菲、刘彤、葛苏聃译,法律出版社 2018 年版,第 284 页。

⑤ 参见《瑞典环境法典》,竺效等译,法律出版社 2018 年版,第 27 页。

则的“自然保护”章中设专节规定生态区域保护制度,包括群落生境的保护、特殊场地的保护、欧洲意义上的保护区等。①

(二)生态区域保护法作为自然生态保护法的功能定位

作为自然生态保护法的核心部分,生态区域保护法的定位可从调整目标、调整对象、调整方式三个方面来予以界定。

生态区域保护法与自然生态保护法的其他组成部分都具有调整目标上的生态性。生态区域保护法的调整目标是保护生态环境的生态价值,不同于污染防治法对人类健康保护的强调,也不同于资源保护法对资源经济价值的重视。生态区域保护法所保护的生态价值包括生态系统的服务功能与生物多样性,如 2021 年颁布的《湿地保护法》第 1 条将“维护湿地生态功能及生物多样性”作为立法目的。生物多样性的概念内涵有广义与狭义之分,狭义的生物多样性包括物种与遗传层次上的生物多样性,广义的生物多样性还包括生态系统层次上的生物多样性。联合国《生物多样性公约》第 2 条采广义用法,将“生物多样性”定义为“所有来源的形形色色生物体,这些来源除其他外,包括陆地、海洋和其他水生生态系统及其所构成的生态综合体;这包括物种内部、物种之间和生态系统的多样性”。在此意义上,自然生态保护法是生物多样性保护领域有关法律规范的总称,内部以遗传、物种、生态系统三个层次的生物多样性为划分标准,其中生态区域保护法旨在保护生态系统层次上的生物多样性。②

生态区域保护法与其他自然生态保护法的关键区别在于调整对象与调整方式。一方面,生态区域保护法具有调整对象上的区域性。生态区域保护法的调整对象是影响区域生态环境的所有环境利用行为的整体,而非影响特定环境要素的个别环境利用行为。由于调整目标的生态性,生态区域保护法的调整对象包括针对区域内所有生态要素的环境利用行为,而非仅包括对自然资源的开发利用行为;包括所有影响区域生态环境的环境利用行为,而非仅包括影响人类生活环境的环境利用行为。2020 年制定的《长江保护法》将调整对象聚焦于长江流域,即为体现生态区域

---

① See Christiane True, *Germany – the Drafting of an Environmental Law Code* (*UGB*), 18 European Energy and Environmental Law Review 89 (2009).

② 参见王灿发:《论生态文明建设法律保障体系的构建》,载《中国法学》2014 年第 3 期。

保护法区域性的典例。《水法》《水污染防治法》《防洪法》《水土保持法》等水环境保护相关法律受限于“线性”视野，分别着眼于特定环境利用行为或特定生态环境问题，规范之间缺乏协调与协同，难以适应长江流域生态系统整体性保护的需要，因此必须“在原有的‘直线’上截取流域这个‘横切面’，进行专门立法，形成‘非线性’立法与‘线性’立法相互补充的立体式立法格局”①。

由于调整对象上的区域性，生态区域保护法主要保护生态系统层次上的生物多样性。根据《国家公园指导意见》等自然保护地政策文件，建立自然保护地的主要目的之一是对生物多样性进行系统性保护，其中国家公园“以保护具有国家代表性的自然生态系统为主要目的”，“是生物多样性最富集的部分”，要“确保国家公园在保护最珍贵、最重要生物多样性集中分布区中的主导地位”。现行生态区域保护立法也不乏生物多样性的系统性保护制度，如《长江保护法》第8、27、59条对水生生物的栖息地保护作了重点规定，第41条要求“建立长江流域水生生物完整性指数评价体系，组织开展长江流域水生生物完整性评价，并将结果作为评估长江流域生态系统总体状况的重要依据”。遗传与物种层次上的生物多样性则主要由遗产资源获取与惠益分享、转基因生物安全、外来物种入侵防治等方面的法律加以保护。

另一方面，生态区域保护法具有调整方式上的综合性。与调整对象的区域性相适应，生态区域保护法采用整体主义方法论对影响区域生态环境的各类环境利用行为进行综合调整，超越局限于特定环境要素、特定污染来源或特定产业领域的狭隘视野，充分考虑各类环境利用行为的相互联系及其对生态环境的整体影响。② 同样以《长江保护法》为例，在长江流域环境保护上，我国长期以来秉持还原主义的立法方法论，颁布实施了多部涉水法律，③但分散性的立法模式忽视了各类环境污染、生态破坏行为的内在联系，导致现行法律“不仅不能解决这些问题，而且在某种程

---

① 吕忠梅：《寻找长江流域立法的新法理——以方法论为视角》，载《政法论丛》2018年第6期。

② 参见吴凯杰：《环境法体系中的自然保护地立法》，载《法学研究》2020年第3期。

③ 参见吕忠梅等：《长江流域立法研究》，法律出版社2021年版，第26页。

度上是导致这些问题的‘根源’”[①]。为此,《长江保护法》转向综合性的调整方式,强调“长江流域的系统性、联系性和完整性特征”[②],在该法第3条中明确表达为“系统治理”这一法律原则。系统治理原则正在获得更多生态区域保护相关立法的认可,2021年4月制定的《乡村振兴促进法》第4条要求“统筹山水林田湖草沙系统治理”,2021年颁布的《湿地保护法》也在第3条规定了系统治理原则。

(三)生态区域保护法的“一般生态区域+特殊生态区域”构造

为实现功能定位,生态区域保护法需要具有相应的内部构造。生态区域保护法中的“生态区域”主要包括一般生态区域和特殊生态区域两类。其中,一般生态区域是指具有自然属性、以提供生态服务或生态产品为主体功能的国土空间,包括森林、草原、湿地、河流、湖泊、滩涂、岸线、海洋、荒地、荒漠、戈壁、冰川、高山冻原、无居民海岛等。目前《长江保护法》《海洋环境保护法》《海岛保护法》等现行法律已规定了长江流域、海洋、无居民海岛等生态区域的保护措施,立法机关新近制定《湿地保护法》《黄河保护法》等一般生态区域保护的专项法律。此外,2017年原国土资源部印发的《自然生态空间用途管制办法(试行)》采用“自然生态空间”的概念表述,规定了适用于各类一般生态区域的用途管制制度。

在一般生态区域之外,现有研究已普遍认同特殊生态区域的存在,使用了“特定区域环境”“特殊区域”等不同表述方式。[③] 在各类特殊生态区域之中,自然保护地最为典型,是指由各级政府依法划定或确认,对重要的自然生态系统、自然遗迹、自然景观及其所承载的自然资源、生态功能和文化价值实施长期保护的陆域或海域,按生态价值和保护强度高低依次划分为国家公园、自然保护区和自然公园。[④]在自然保护地之外,还有多种类型的其他特殊生态区域,如2019年《森林法》第47条第1句中

---

① 吕忠梅:《寻找长江流域立法的新法理——以方法论为视角》,载《政法论丛》2018年第6期。

② 吕忠梅:《关于制定〈长江保护法〉的法理思考》,载《东方法学》2020年第2期。

③ 参见周珂等主编:《环境与资源保护法》(第4版),中国人民大学出版社2019年版,第320页;胡德胜主编:《环境与资源保护法学》(第2版),西安交通大学出版社2017年版,第409页。

④ 参见刘超:《“自然保护地”法律概念之析义与梳正》,载《暨南学报(哲学社会科学版)》2020年第10期。

规定“国家根据生态保护的需要，将森林生态区位重要或者生态状况脆弱，以发挥生态效益为主要目的的林地和林地上的森林划定为公益林”。划定公益林的对象是“林地和林地上的森林”，而非仅为“森林”本身，体现了公益林的特殊生态区域属性。

一般生态区域保护法与特殊生态区域保护法在保护对象上存在重叠，但相较于一般生态区域保护法，特殊生态区域保护法具有如下特点：

第一，保护对象的生态价值更高或者生态环境更脆弱。如《国家公园指导意见》明确自然保护地的保护对象是“重要的自然生态系统、自然遗迹、自然景观及其所承载的自然资源、生态功能和文化价值”，国家公园更是“我国自然生态系统中最重要、自然景观最独特、自然遗产最精华、生物多样性最富集的部分”。

第二，保护力度更强。如《国家公园指导意见》《国家公园总体方案》要求“严格保护”自然保护地，国家公园则需“最严格保护”。

第三，保护方式的创新更多。特殊生态区域一般有法定的划定程序和标准。如现行的《自然保护区条例》、《国家级自然保护区调整管理规定》（国务院，2013 年）等法规规章对各类自然保护区设立、调整的条件与程序及其功能分区作了具体规定。特殊生态区域还有专门的管理机构，如《自然保护区条例》要求设立自然保护区管理机构负责具体的管理工作，《国家公园指导意见》也明确要求“统一管理自然保护地”，目前试点的国家公园均已设立专门的管理机构。

二、生态区域保护法的法典化需求

生态区域保护法的实然现状与其应然的功能定位尚存差距，需要通过立法来补充完善。在立法模式的选择上，目前的分散性立法模式难以克服生态区域保护法在内容全面性、逻辑自洽性、价值一致性等方面的立法碎片化问题，需要转向法典编纂模式来获取体系化效益。生态区域保护法的法典化应致力于解决立法碎片化问题，并满足已获改革共识的制度革新需求。[①]

---

① 参见吕忠梅：《环境法典编纂：实践需求与理论供给》，载《甘肃社会科学》2020 年第 1 期。

（一）生态区域保护法的立法需求

我国虽不乏生态区域保护方面的法规、部门规章等规范性文件，但长期以来法律缺位的问题十分突出，尤其是在生态文明体制改革的背景下，现行生态区域保护法与其应然的功能定位存在较大差距，主要表现在以下方面：

第一，大部分生态区域的保护尚缺乏国家层面的专门法律依据。在一般生态区域保护法方面，目前仅有《长江保护法》《海岛保护法》等，大量的流域、湿地、湖泊、岸线等重要生态系统依然缺乏专门立法。至于特殊生态区域保护法，更是法律阙如。国家层面仅有《自然保护区条例》《风景名胜区条例》《森林公园管理办法》等行政法规与部门规章。在自然保护地体系改革和国家公园体制试点的背景下，部分国家公园试点地区已出台国家公园地方性法规，如《三江源国家公园条例》《武夷山国家公园条例（试行）》《神农架国家公园保护条例》《海南热带雨林国家公园条例（试行）》等。这些国家公园地方性法规的内容大多简单重复，受制于地方立法权限而未能对管理体制等关键问题作出探索创新，反而可能徒增法律复杂性而降低实施效率，亟需通过国家层面立法来纠正与统一。①

第二，已有的生态区域保护规定散见于多部法律，相互之间缺乏协调。在一般生态区域保护法方面，虽有《水法》《水污染防治法》《防洪法》《水土保持法》等涉水法律涵盖流域保护的多个方面，但未能从流域生态系统整体出发来协调有关法律规定，导致水资源保护与水污染防治、水体与其他流域环境要素、流域环境保护与经济社会发展之间的割裂。②在特殊生态区域保护法方面，现行的自然保护地行政法规因位阶低而无法实现保护目标。以自然保护区为例，由于自然保护区内的土地、森林、草原等自然要素都有专门的自然资源立法进行调整，《自然保护区条例》因位阶低而无法与《草原法》《水法》等自然资源法律有效衔接，难以实现

① 参见秦天宝、刘彤彤：《国家公园立法中"一园一法"模式之迷思与化解》，载《中国地质大学学报（社会科学版）》2019 年第 6 期。

② 参见陈晓景：《黄淮流域生态系统管理法律制度研究》，河南人民出版社 2010 年版，第 95 页。

自然保护区的管理目标。[①]

第三,已有生态区域保护法的调整目标、对象、方式等不符合作为自然生态保护法的功能定位,难以实现对生物多样性的系统性保护。以自然保护地法为例,在调整目标方面,目前的《自然保护区条例》等自然保护地法规未能摆脱自然资源法的羁绊,在价值层面上依然着眼于特定资源要素、以资源经济价值保护为本位,“在资源的保护中折射出生态环境的保护”,未能凸显对自然保护地生态功能及其生物多样性的优先保护。[②] 在调整对象方面,现行自然保护地法规未能按照生态系统的边界确定自然保护地的范围,导致许多影响自然保护地生态环境的行为被排除在法律视野之外。在调整方式方面,现行自然保护地法规在机构设置、管理依据、事权配置等方面存在严重的“碎片化”问题,未能对影响自然保护地生态环境的各类环境利用行为进行有效的统一管理与总体控制。[③]

在生物多样性保护的重要性日益凸显的当下,生态区域保护法的立法需求尤其突出。生物多样性保护应着眼于生态系统本身的运行规律,重在保护生物所处的区域生态系统,不仅应当分别对遗传、物种、生态系统等层次进行全方位保护,而且应当基于生态系统内部的紧密关联性,对不同层次的生物多样性进行整体性、系统性保护。[④] 在此理念指引下,2010 年 9 月国务院常务会议审议通过的《中国生物多样性保护战略与行动计划(2011—2030 年)》明确要求“坚持以就地保护为主”,并提出“统筹实施和完善全国自然保护区规划”“加强生物多样性保护优先区域的保护”“开展自然保护区规范化建设,提高自然保护区管理质量”等生态区域保护方面的优先行动。此后,2021 年 3 月第十三届全国人民代表大会第四次会议批准的《国民经济和社会发展第十四个五年规划和 2035 年远景目标纲要》在“构建自然保护地体系”一节中,要求“实施生物多样性

---

① 参见杜群等:《中国国家公园立法研究》,中国环境出版集团 2018 年版,第 38 页。

② 参见杜群等:《中国国家公园立法研究》,中国环境出版集团 2018 年版,第 38 页。

③ 参见吕忠梅:《自然保护地立法基本构想及其展开》,载《甘肃政法大学学报》2021 年第 3 期。

④ 参见秦天宝:《生物多样性保护需要整体性法律规制》,载《中国环境管理》2021 年第 4 期;段帷帷:《系统性生物多样性保护法律体系的定位与构建》,载《中国环境管理》2021 年第 4 期。

保护重大工程,构筑生物多样性保护网络,加强国家重点保护和珍稀濒危野生动植物及其栖息地的保护修复,加强外来物种管控”,可见完善生态区域保护立法对生物多样性保护的重要意义。

(二)生态区域保护分散立法模式的碎片化问题

存在立法需求不能直接证成法典编纂的必要性,还需进一步分析目前立法模式存在的问题。[①] 目前立法机关计划采用分散立法模式,正在陆续制定《湿地保护法》《黄河保护法》等专项生态区域保护法律。分散立法模式虽然能够在一定程度上满足生态区域保护领域的立法需求,但生态区域保护法律体系会面临难以克服的碎片化问题。[②]

第一,在内容完备性方面,现行立法难以全面适用于各类生态保护区域。在“用最严密法治保护生态环境”的生态文明建设理念下,[③]内容完备性是环境法律体系的必备要件。如果生态区域保护法不能覆盖其调整对象的基本方面,就不具有体系上的完备性。[④]

在流域保护方面,我国已制定《长江保护法》,不乏为适应流域整体的自然、经济、社会特征而作出的法律制度创新。继续采用“一条河流一部法律”的立法模式固然能够提升法律对流域个性问题的回应,但同时也存在对流域共性问题关照不足的弊端,为此不乏主张制定流域保护基本法的声音。[⑤] 在自然保护地方面,目前“国家公园法”的立法进展较快,可能先行出台,但通过制定“自然保护地法”提供自然保护地领域的一般规则也有其必要性,目前有关部门正在考虑如何协同两者“基本法与特别法”的关系。[⑥] 即使流域保护基本法与自然保护地法都能得到制定,它

---

① 参见王灿发、陈世寅:《中国环境法法典化的证成与构想》,载《中国人民大学学报》2019年第2期。

② 正如全国人民代表大会原环境与资源保护委员会法案室主任翟勇所言,现行生态保护法律“虽然从某一个侧面对我国的生态系统保护具有重要的意义和作用,但是针对我国如此巨大的生态系统,却没有一部系统、完整的法律进行相关规范”。参见翟勇:《我国生态环境法治能力建设进程》,载《环境与可持续发展》2020年第1期。

③ 参见习近平:《推动我国生态文明建设迈上新台阶》,载《求是》2019年第3期。

④ 参见徐以祥:《论我国环境法律的体系化》,载《现代法学》2019年第3期。

⑤ 参见杜群:《应考虑〈长江保护法〉在法体系中的适配与协调性》,载《北京航空航天大学学报(社会科学版)》2019年第6期。

⑥ 参见汪劲:《论〈国家公园法〉与〈自然保护地法〉的关系》,载《政法论丛》2020年第5期。

们也只是生态区域保护领域的特别法，不能直接适用于其他一般生态区域与特殊生态区域的保护。

第二，在逻辑自洽性方面，相同概念、规范、制度重复出现在不同立法中且相互冲突。逻辑自洽性也是法律体系的基本要求，法律体系内部的逻辑冲突会折损其法律效力，让法律实施者无所适从。[①] 我国的特殊生态保护区域类型众多，各类区域交叉重叠的现象比较普遍，由于各类区域具有不同的法律依据，且缺乏必要的协调衔接，因而法律适用上的冲突难以避免。[②]

在特殊生态保护区域与生态保护红线的相互关系方面，目前立法尚未明确且存在相互矛盾冲突之处。如《长江保护法》第 27 条第 3 款规定："严格限制在长江流域生态保护红线、自然保护地、水生生物重要栖息地水域实施航道整治工程……"认为生态保护红线、自然保护地与水生生物重要栖息地属于并列关系。但是，原环境保护部和国家发展和改革委员会 2017 年 5 月颁布的《生态保护红线划定指南》"7.2　校验划定范围"则将许多类型的自然保护地、生物栖息地纳入生态保护红线的范畴。

第三，在价值一致性方面，调整相似问题的不同立法缺乏价值协调。生态区域保护法应追求生态保护优先、系统治理等共同的立法价值，否则生态区域保护法作为自然生态保护法的定位将无从实现。价值一致性问题在特殊生态区域保护法中尤为突出。在自然保护地之外，还有类型众多、分布广泛的其他特殊生态保护区域，包括公益林、基本草原、野生动植物保护区域、流域航行禁限区与禁止采砂区、水土流失重点预防区和重点治理区、沙化土地封禁保护区等，分别规定在《森林法》《草原法》《野生动物保护法》《野生植物保护条例》《长江保护法》《水土保持法》《防沙治沙法》等不同法律法规之中。

对于这些特殊生态保护区域，现行立法在划定主体、权限、对象、标准、程序等方面的规定详尽程度不一，未能体现它们作为生态区域保护法的制度共性。如公益林的划定早在 2001 年就通过原国家林业局发布的

---

① 参见吴凯杰：《论环境法典总则的体系功能与规范配置》，载《法制与社会发展》2021 年第 3 期。

② 参见吕忠梅：《自然保护地立法基本构想及其展开》，载《甘肃政法大学学报》2021 年第 3 期。

《国家公益林认定办法(暂行)》实施,此后一直是由部门规章对公益林的划定与管理作出规定,直到2019年《森林法》修订时才首次在法律层面上规定了公益林的划定对象与方式。在分散立法模式下,各类特殊生态保护区域的立法由不同部门主导,部门利益法律化的天然倾向难以避免,因此生态区域保护法内部的价值一致性难以实现。①

(三)生态区域保护法典编纂模式的体系化效益

扭转碎片化发展趋势、构建协调统一的环境法体系是瑞典、法国、德国等各国编纂环境法典的共同动因。② 通过将生态区域保护法纳入环境法典,可以全面提升内容完备性、价值一致性、逻辑自洽性等方面的体系效益。

首先,在内容完备性方面,环境法典编纂可以运用提取公因式法抽象提炼对生态区域保护法中的近似条文,形成适用范围更为广泛的基础性规范,弥补单行法挂一漏万之不足。③ 在生态区域保护法的基础性规范层面上,可以统一规定规划、监测评估、资金机制、生态补偿等共同性制度,全面适用于流域等一般生态区域以及自然保护地等特殊生态区域。在特殊生态区域保护法层面上,如何划定自然保护地等各类特殊生态区域应当是核心内容,但目前分散性立法模式的制度供给不足,未能提供适用于各类特殊生态保护区域的一般性规定。特殊生态保护区域的划定制度包括划定权限、对象、标准、程序以及划定后的调整等关键要素,应当在环境法典中予以统一规定,为实践提供必要的指引与约束。

其次,在逻辑自洽性方面,提取基础性规范可以减少对同一事项的重复规定,从而降低发生逻辑冲突的可能性。例如,为破解特殊生态保护区域的交叉重叠、法律冲突问题,可以在基础性规范层面上明确区域类型及其相互关系,进而在个别性规范层面上具体规定各类区域的保护与管理方式。又如,在特殊生态保护区域与生态保护红线的关系上,可在基础性

---

① 参见吕忠梅:《将环境法典编撰纳入十三届全国人大立法计划》,载《前进论坛》2017年第4期。

② See Froukje Maria Platjouw, *Environmental Law and the Ecosystem Approach: Maintaining Ecological Integrity through Consistency in Law*, New York: Routledge, 2016, p. 112.

③ 参见吴凯杰:《论环境法典总则的体系功能与规范配置》,载《法制与社会发展》2021年第3期。

规范层面上对生态保护红线进行定义，明确其为在原有特殊生态保护区域制度基础上加强保护力度并进行统一管理的制度，与原有制度并行不悖。[①] 换言之，生态保护红线与原有的各类特殊生态保护区域之间是一种交叉重叠关系，原有特殊生态保护区域中生态功能最为重要、最具生态保护价值、需要严格保护的区域被划入生态保护红线范围。

最后，在价值一致性方面，环境法典的生态区域保护一般规则可以通过其体系强制效力来实现整体的价值一致性。[②] 如在划定对象和标准方面，一般规则可以从生态功能重要性、生态状况脆弱性等维度来界定划定对象，并要求划定标准考虑生态系统边界而非行政区域边界，以实现优先保护生态整体性的目标。又如，在划定后的调整方面，一般规则可以确立特殊生态保护区域划定后"只能增加、不能减少"以及"寻找替代区域、不减损整体生态服务功能"的原则，并明确可以对区域范围进行调整的实体条件，如区域确已丧失生态服务功能等，以及调整程序，包括论证与审批、信息公开与公众参与等。[③] 在一般规则的基础上，环境法典可以为特定的生态区域类型建立特别规则，但必须基于其在保护价值、保护强度等方面的特殊性，否则不能随意偏离一般规则。

三、生态区域保护法的法典化路径

为了充分实现法典编纂的体系化效益，生态区域保护法的法典化需要采取适当的路径，合理确定应纳入的法律规范内容范围、协调与相关单行法的外部关联、安排内部的逻辑主线与结构，以及设计集中体现法典模式优势的特色制度。

（一）环境法典生态区域保护法的内容范围

为充分发挥法典编纂的体系化效益，环境法典应当全面纳入现行立

---

① 参见莫张勤：《生态保护红线在环境法律制度中的融合与创新》，载《生态环境学报》2018 年第 3 期。

② 对于体系强制效力的具体阐述，参见吴凯杰：《论环境法典总则的体系功能与规范配置》，载《法制与社会发展》2021 年第 3 期；王轶：《民法原理与民法学方法》，法律出版社 2009 年版，第 14 页。

③ 参见王社坤、王彬：《生态保护红线的立法保障：问题与路径》，载《吉首大学学报（社会科学版）》2019 年第 5 期。

法中的生态区域保护法规范。目前许多直接创设权利义务的生态区域保护法规范尚存于行政法规甚至部门规章之中,不仅引发碎片化问题且有违宪法法律保留原则,应当考虑将此类法律规范纳入法典编纂的范围之中。据此,在一般生态区域保护法方面,主要包括《长江保护法》《海岛保护法》等相关立法中的生态区域保护规范。在特殊生态区域保护法方面,主要纳入《自然保护区条例》《风景名胜区条例》《森林公园管理办法》等自然保护地法规规章,以及《森林法》《草原法》《野生动物保护法》《水土保持法》《防沙治沙法》《野生植物保护条例》等相关法律法规中的特殊生态区域保护法律规范。

由于生态区域保护法尚在发展之中,法典编纂不仅要考虑前述静态意义上的内容完备性,还要具备动态意义上的内容完备性。环境法典应在全面纳入、整合现行生态区域保护法规范的基础上,根据国家政策文件要求与立法动向,以及最新的理论研究成果,对内容范围进行适度的开拓与创新。比如自然保护地领域,目前已有《国家公园总体方案》《国家公园指导意见》等政策文件对自然保护地体系改革作出安排,其中包括许多具体的政策要求与制度设计,需要考虑在法典编纂中予以确认与落实。此外,我国已制定或拟制定《湿地保护法》、《黄河保护法》、“国家公园法”等生态区域保护法律,反映了不断拓展的社会共识,也应当被纳入法典编纂的内容范围。

另外,生态区域保护法与环境法典自然生态保护编的其他部分存在交叉性内容,需要辨析它们在调整目标、对象、方式等方面的差异,从而明确各自在内容范围上的分工。

首先,森林、草原、水体等生态要素保护法与生态区域保护法息息相关,生态区域承载着生态要素,保护生态要素也是在保护生态区域。两者的核心区别在于调整目标,后者是在前者基础上的“二次调整法”,旨在对生态区域范围内的生态要素进行更加严格、系统的保护。

其次,外来物种入侵防治、生物技术安全管理、遗传资源保护等物种和基因多样性保护法,与生态区域保护法的目标都包括保护生物多样性。但两者在调整对象上存在差异,前者调整直接影响特定物种的行为,主要保护物种与遗传层次上的生物多样性;而后者通过调整影响生物生存环境的行为来间接地保护生物多样性,主要保护生态系统层次上的生物多样性。[1]

最后,自然退化与自然灾害防治法也与生态区域保护法存在关联。两者的调整对象都在生态系统层面上,差异在于调整方式,前者直接面向水土流失、土地荒漠化等生态威胁,通过对有关生态系统采取"亡羊补牢式"的补救性措施等来守护生态安全底线,而后者则更加注重采取"未雨绸缪式"的预防性措施来保护与改善重要的生态系统。[2]

(二)环境法典生态区域保护法的外部协调

环境法典固然应当追求内容完备性,但考虑到现实条件的约束,将所有相关单行法都纳入法典之中并不切实可行。[3] 即使是在深受萨维尼"法典完备性"思想影响的德国,也因环境问题的变动性、编纂时间的紧迫性等因素而最终接受了法典与单行法并存的现实,转向分阶段编纂模式。[4] 不同于污染防治法等传统环境法领域,我国的生态区域保护法尚缺乏成熟的现行法律依据,因而必然需要考虑如何妥当处理法典与生态区域保护单行法之间的外部协调关系。

纵观各国环境法典处理外部协调关系的方式,大致可分为以法国为代表的"汇编型形式编纂"模式和以瑞典为代表的"框架性实质编纂"模式。

《法国环境法典》是汇编型形式编纂模式的代表,内容具体且体量较大,将与生态区域保护相关的所有法律规定纳入其中。[5] 生态区域保护相关规定集中于第三卷"自然空间"下的各编之中,具体包括分类设立与一般规定、整治与管理、特别规定、共同规定、刑事规定等内容,并在必要时援引其他法典和公约,如《城市规划法典》《地方政府总法典》《森林法典》《刑法典》《联合国海洋权利公约》等。

《瑞典环境法典》则采用框架性实质编纂模式,注重体系结构且较为

---

① 参见王灿发:《论生态文明建设法律保障体系的构建》,载《中国法学》2014 年第 3 期。

② 参见王灿发:《论生态文明建设法律保障体系的构建》,载《中国法学》2014 年第 3 期。

③ 参见王灿发、陈世寅:《中国环境法法典化的证成与构想》,载《中国人民大学学报》2019 年第 2 期。

④ 参见施理:《德国环境法法典化立法实践及启示》,载《德国研究》2020 年第 4 期。

⑤ 参见彭峰:《法典化的迷思——法国环境法之考察》,上海社会科学院出版社 2010 年版,第 41 页;莫菲:《法国环境法典化的历程及启示》,载《中国人大》2018 年第 3 期。

精简抽象,主要授权有关政府部门制定具体规则。[①] 第二编"自然保护"第七章"区域保护"各节的条文数较少。例如,"国家公园"节下仅有2条,分别授权中央政府指定国家公园,以及授权中央政府或其指定的机构发布维护和管理国家公园的相关规则;"自然保护区"节下有5条,前4条均为关于自然保护区的建立、管理机构、豁免权授予的授权性条款,第5条为关于自然保护区规划的要求;"文化保护区""自然遗迹""动植物栖息地保护区域"等节下则都只有1条,在描述该法律概念的定义之后即进行授权或转引,并未详细展开针对该类区域保护与管理的规则。

对我国而言,《瑞典环境法典》的"框架性实质编纂"模式更加契合当下的需要,符合"适度法典化"的编纂思路。一方面,适用于各类生态保护区域的授权性条款满足了内容全面性的基本要求,为生态保护区域确定了基本规则,能够提升法典编纂的体系化效益;另一方面,授权性条款的运用为具体规则的形成留下了充分的灵活空间,允许立法机关与有关部门开展研究论证,在条件成熟、共识达成时再行补充立法。[②] 至于如何确定授权的具体范围与程度,则需从现有立法基础、理论支撑水平、政治可行性等方面具体分析。

以自然保护地法为例,在《国家公园总体方案》《国家公园指导意见》等政策文件的指引下,目前的立法基础较好、理论支撑水平较高、政治可行性较强,应当将已形成的共识纳入环境法典。考虑到法典开放性的需要,环境法典应着重规定自然保护地法的共性规范,包括基本概念、基本原则、基本制度等,法典外可视情形考虑是否继续施行"国家公园法"等特别法。对于不宜或难以整体纳入法典的具体制度细节与技术性规范,法典主要作出衔接性规定,提出原则性要求,授权国务院及其有关部门制定行政法规与规章。

(三)环境法典生态区域保护法的逻辑结构

理想的法典逻辑结构应当在确保内容完备性、逻辑自洽性、价值一致性等体系效益的前提下,保持法典体系的简洁性。生态区域保护法的法

---

① 参见竺效、田时雨:《瑞典环境法典化的特点及启示》,载《中国人大》2017年第15期。

② 参见吕忠梅、窦海阳:《民法典"绿色化"与环境法典的调适》,载《中外法学》2018年第4期。

典表达遵循“基本规定、规划、区划、监测评估、保护与管理、资金机制、法律责任”的逻辑结构，并始终贯彻优先保护生态整体性的价值追求。为增进简洁性，基本规定（包括立法目的、法律原则、管理体制等）、规划、监测评估、资金机制、法律责任等与其他自然生态保护法有共性的内容可“提取公因式”，分别置于环境法典自然生态保护编的相应章节，区划、保护与管理制度则需单独成章。[①]

法典专设“自然生态保护区划”一章，对各类生态保护区域的设立与划定环节作出规定。本章分为“基本规定”“自然保护地的设立”“其他保护区域的划定”。第一节“基本规定”首先明确“生态保护区域”的定义和范围，体现调整目标的生态性与调整对象的区域性。在此基础上，本节对生态保护区划与其他区划制度的关系作出安排，明确交叉重叠区域适用更加严格的保护规定，并且规定生态保护区划对开发建设活动的规范效力。第二节“自然保护地的设立”规定自然保护地的设立制度，包括总体发展规划、分类分级、设立条件、设立程序、功能分区、范围与分区调整等方面，确保具有保护价值的自然保护地获得相应强度的法律保护。第三节“其他保护区域的划定”规定自然保护地之外的其他各类生态保护区划，包括森林、草原、野生动植物等生态要素保护区域，以及流域保护区域、湿地保护区域、水土流失重点防治区域、沙化土地封禁保护区等。

生态区域保护法的保护与管理制度则按照不同类型分别呈现，一般生态区域、自然保护地的保护与管理规范分别独立成章。

“一般生态区域的保护与管理”章共3节，遵循从一般到特别的逻辑顺序。第一节为适用于各类一般生态区域的基本规定，包括保护对象以及总量控制、跨区协调等基本制度，旨在根据生态系统的承载力对各类环境利用行为进行总体控制，并且针对生态区域保护涉及的多方主体建立协调机制。[②] 本节不仅适用于流域、湿地等已有专门规定的一般生态保护区域，也可为其他同样重要但立法条件尚不具备的生态保护区域提供基本保护。第二节为流域保护与管理规定，根据流域特性提供适用于流域保护的特殊性制度，主要包括流域保护对象、分区管控、生态要素保护、

---

① 对环境法典自然生态保护编逻辑结构的整体介绍，参见巩固：《山水林田湖草沙统筹治理的法制需求与法典表达》，载《东方法学》2022年第1期。

② 参见徐祥民：《环境质量目标主义：关于环境法直接规制目标的思考》，载《中国法学》2015年第6期。

水生生物完整性保护等。第三节为湿地保护与管理规定,根据湿地特性提供适用于湿地保护的特殊性制度,主要包括湿地保护对象以及分类管理、生物多样性保护、合理利用等制度。

"自然保护地的保护与管理"章共3节。第一节为适用于各类自然保护地的基本规定。其中根据优先保护生态整体性理念规定自然保护地保护制度是根本与重点,包括勘界立标、确权登记、权属管理、分区管控、外围管理、应急机制等。在此基础上,也需要适当发挥自然保护地的科研、游憩、文化等功能,建立增进人与自然和谐相处的法律制度,包括自然教育、生态游憩、特许经营、社区发展等。[①] 第二节为国家公园的保护与管理规定,主要根据国家公园的特殊性规定保护对象、权属管理、管控保护、特许经营等制度,体现国家公园在自然生态系统重要性和代表性、管理目标严格性、管理事权完整性等方面的"主体"地位。[②] 第三节为其他自然保护地的保护与管理规定,明确自然保护区、自然公园的保护对象与管控保护要求,并与其他自然遗迹、人文遗迹的保护与管理规定相衔接。至于自然保护地之外其他特殊生态区域的保护与管理规范,则根据相应的生态要素,分别纳入生态要素保护的相关章节。

(四)环境法典生态区域保护法的重点制度

法典编纂重在突破分散立法模式的局限,克服碎片化问题,获取体系化效益,其重点制度也应当在单行立法力所不及之处发力。

一方面,法典应重点规定单行法不宜规定的基础性制度,从而提升法典体系内容的全面性,同时避免分散立法可能导致的价值与逻辑冲突。以生态保护区划制度为例,目前各类特殊生态保护区域的划定尚缺乏必要的统一规则,需要通过法典编纂来高效地表达。其中,自然保护地的设立制度具有丰富的法律法规及政策文件、他国经验以及学理研究作为基础。据此,"自然生态保护区划"章可通过专设第二节具体规定自然保护地的设立制度,并在第一节"基本规定"明确其他特殊生态保护区域的划定"参照"适用第二节的有关规定。第二节可依据《国家公园指导意见》

---

① 参见潘佳:《国家公园法是否应当确认游憩功能》,载《政治与法律》2020年第1期。

② 参见吕忠梅:《自然保护地立法基本构想及其展开》,载《甘肃政法大学学报》2021年第3期。

《国家公园总体方案》等生态文明体制改革政策文件，参考目前“国家公园法”“自然保护地法”等自然保护地立法的进展，重点对自然保护地设立的主体与权限、对象、标准、程序等核心内容作出规定，确保对特定自然生态空间的生态整体性进行优先保护的目标能够得以有效实现。鉴于自然保护地的典型性，其他特殊生态保护区域的划定除了适用第三节的专门规定以及其他单行法律的有关规定之外，还应当参照适用自然保护地设立的有关规定。

另一方面，法典编纂应超越部门立法的狭隘视野，实现生态区域保护法的制度创新。以自然保护地的分类分级制度为例，目前自然保护地类型众多，缺乏统一的分类分级标准，导致实践中交叉重叠的问题十分突出。由于各类自然保护地由不同部门设立与管理，有关部门受自身利益驱使，难以在各自牵头起草的单行立法中落实自然保护地体系的整体改革构想，因而需要通过法典编纂来实现突破。为此，“自然生态保护区划”章可按保护价值和保护力度高低，依次将自然保护地分为国家公园、自然保护区、自然公园三类，其中自然公园包括风景名胜区、森林公园、海洋公园、湿地公园、荒漠公园、草原公园、地质公园、冰川公园等。在上述分类的基础上，国家公园属于国家级自然保护地，自然保护区与自然公园则可进一步分为国家级与地方级。

再以自然保护地的分区管控制度为例。现行《自然保护区条例》《风景名胜区条例》等自然保护地法规规章虽已建立分区管控制度，但功能分区名称多样且缺乏统一的管控规则。根据《国家公园指导意见》对自然保护地分区管控的改革要求，“自然生态保护区划”章可明确国家公园、自然保护区分为核心保护区和一般控制区两个功能分区，自然公园全域为一般控制区。作为例外，自然生态过程具有季节性变化规律的国家公园和自然保护区，可以进行季节性分区。在此基础上，“自然保护地的保护与管理”章可规定不同功能分区的管控措施：核心保护区一般禁止人为活动，除非是与监管执法、生态修复、居民生产生活、国家特殊战略等相关的必要活动；一般控制区则是限制人为活动，一般禁止开发性、生产性建设活动，可在核心保护区允许活动的基础上增加教育、游憩、科研等活动。

四、结论

作为环境法典的重要组成部分,生态区域保护法的法典化需求与路径首先取决于其功能定位与基本构造。目前生态区域保护法作为自然生态保护法的体系定位日益清晰,具有调整目标的生态性、调整对象的区域性与调整方式的综合性,并在逐渐形成“一般生态区域法 + 特殊生态区域法”的基本构造。生态区域保护法的实然现状与其应然定位尚存差距,亟需通过立法来补充完善,但目前的分散性立法模式难以克服立法碎片化问题,需要转向法典编纂模式来获取内容全面性、逻辑自洽性、价值一致性等方面的体系化效益。为了充分实现法典编纂的体系化效益,生态区域保护法的法典化需要合理确定应纳入的法律规范内容范围,与相关单行法的外部协调、内部的逻辑主线与结构,以及集中体现法典模式优势的特色制度。

4.4 自然生态保护编中的生态保护补偿制度*

作为《环境保护法》的关键制度和“两山理论”的主要实现路径,生态保护补偿纳入环境立法领域的专门法典实属必然。生态保护补偿的法典化就是要按照理性化和系统化的方式,将相应条款合理融入法典的相关编章。但是,如火如荼展开的生态保护补偿法学研究鲜有基于法典背景的体系化考量。为此,本书将直面生态保护补偿的入典诉求,就生态保护补偿入典中的关键问题逐一讨论。

一、生态保护补偿的法典化需求

(一)法典是尊重自然生态保护基础制度的最高形式

2019 年习近平总书记在中央财经委员会第五次会议上强调全面建立生态补偿制度,党的十九届四中全会进一步要求落实生态补偿制度,我国《环境保护法》第 31 条巩固了“生态保护补偿”作为基础性的自然保护制度之地位。遗憾的是,生态保护补偿这一基础性制度在现实中没能获得应有的法律地位。我国尚未颁布生态保护补偿专门性国家立法,生态保护补偿制度亦缺乏系统性、衔接性和稳定性,[①]尽管“生态保护补偿条例”正在制定中,但生态保护补偿早已纳入基本制度并作为生态文明体系的重要组成,其理应被赋予法典化内涵。法典化的生态保护补偿制度是充分夯实顶层依据,稳定生态保护补偿作为自然生态保护基础制度的根本遵循。生态保护补偿制度融入法典是实现环境法律体系的内在一致性、清晰性、可预见性的必经之路。[②]

---

* 潘佳,北京物资学院法学院副教授。本部分原载于《法学》2022 年第 4 期,收入本书时有部分修改。

① 参见吕忠梅:《中国环境法典的编纂条件及基本定位》,载《当代法学》2021 年第 6 期。

② 参见石佳友:《民法典的法律渊源体系——以〈民法总则〉第 10 条为例》,载《中国人民大学学报》2017 年第 4 期。

(二)新时代提出了生态保护补偿法典化的新诉求

把生态保护补偿融入法典,充分契合新时代的法治诉求。生态保护补偿的法典化是对新的环境立法思想和法律价值观的确认过程。[①] 环境立法的专门法典肩负起通过生态保护补偿制度入典来全面助力生态文明制度体系建设的重任。生态保护补偿制度的法典化是有效巩固新时代实践经验,尽现中国制度成就的伟大创举。我国生态保护补偿机制已经积累了相对成熟的经验,随着生态保护补偿向更高层次迈进,将相关制度成果尽快巩固在法典这一彰显生态文明建设新高度的集大成体系,尤为迫切。生态保护补偿制度的法典化将为政府机制、市场机制与社会机制的协调发展提供最坚强的后盾。我国生态保护补偿的法典化有利于为各国提供顶层中国智慧和中国方案。

二、生态保护补偿编纂入典的体系逻辑

(一)生态保护补偿宜安放于环境法典之自然生态保护编

目前,中国法学会环境资源法学研究会组织专家共同编纂的《生态环境法典专家建议稿(草案)》(本篇以下简称《生态环境建议稿》)已经成型。生态保护补偿既是独立的法律制度,亦是助力实现各领域自然生态保护目标的经济性保障制度,为此,将生态保护补偿置于环境法典自然生态保护编较为滞后的位置,即位于最后一章行政法律责任之前最为妥当。

1. 面向自然生态保护的经济激励制度定位

生态保护补偿旨在实现自然生态保护的经济性激励制度,由激励目标、方式和对象构成。生态保护补偿制度是国家治理体系和治理能力现代化的关键体现,根本面向为改善自然生态环境,直接目标是引导生态受益者尽义务,保障生态保护者权益进而激励可持续的生态保护行为。生态保护补偿的激励方式为经济激励,含财政转移支付、政府专项资金、市场交易等形式。生态保护补偿的激励对象是生态保护者,其通过合理的资金支付,在生态保护者、受益者之间达到分配正义,实现环境目标。生

① 参见夏凌:《欧洲环境法的法典化运动及其启示》,载《欧洲研究》2008 年第 6 期。

态保护补偿的具体制度类型多样,存在个性化差异,但依然无法改变其作为一种激励自然生态保护的整体经济制度。

2. 运用资金制度助力自然生态保护的功能实践

基于制度史考察,生态保护补偿普遍呈现出运用资金机制助推自然生态保护的发展脉络。从这个角度看,生态保护补偿作为一种资金保障机制,可安放于本编较后的位置。

我国生态保护补偿肇始于20世纪50年代退耕还林实践。1999年国家层面开始统筹大规模的退耕还林(草)政策工程。2000年以后,国家相继实施了退牧还草、休耕和草原生态保护补助奖励政策、新一轮"三北"防护林和公益林政策、退耕还湿政策、禁牧制度、野生动植物补偿、自然保护区补偿等,补偿的资金逐渐覆盖到所有自然生态要素或区域。2018年以后,生态保护补偿开始向市场化、综合性补偿延伸。包含水环境和水资源的流域补偿在我国出现较晚。2008年《水污染防治法》首次规定水环境补偿并一直沿用到现行的《水污染防治法》。之后,渭河、新安江、九洲江、汀江等流域先后确定了流域补偿政策框架并签订补偿资金协议。2018年以后,国家层面相继出台了支持长江、黄河、洞庭湖与鄱阳湖的水环境生态保护补偿经济政策。当前的流域补偿已肩负起水环境改善和水量均衡分配的双重功能。

3. 融合资金与自然生态保护规范的法源体系

国内外生态保护补偿主要立法和实践,皆从资金视角对不同领域的自然生态保护予以规范。在国家层面,我国的生态保护补偿实现草原、森林、耕地、长江流域、水环境、野生动物、海洋、渔业、自然保护区、风景名胜区等多个自然生态和区域有法可依,在多部法律或者法规中均规定了专门领域的生态保护补偿制度。在地方层面,除了海南、苏州、无锡制定了专门地方性法规外,几乎所有的省份均颁布了落实生态保护补偿的具体意见。国外的生态保护补偿主要基于"市场化的生态系统服务付费"(payment for ecosystem services)或保护地役权(conservation easement)的方式展开,与我国的生态保护补偿制度诉求趋同,均运用资金方式激励自然生态保护。不同于我国特殊的自然资源公有制国情,国外尚不存在国家主导的大规模生态保护补偿政策实践,没有专门立法的社会基础。在已颁布环境专门法典的国家中,尚无该类制度入典的立法例。

(二)生态保护补偿章的内部逻辑

生态保护补偿编纂入典的关键,是确定哪些条文写入"生态保护补偿"一章。各编内部章节的划分应采用同一划分标准。① 对此,按照基本规定、重要生态要素补偿、重要生态区域补偿、政府间横向补偿和纵横结合补偿、市场化与社会化补偿五节予以展开。

基本规定对生态保护补偿各领域的普遍性关键要素作出总体规范。重要生态要素补偿针对森林、草原、湿地、荒漠、渔业、耕地等多个自然要素进行自上而下的补偿资金支付。重要生态区域补偿是针对自然保护区等重要生态区域展开的自上而下的补偿资金支付。政府间横向补偿和纵横结合补偿主要涉及不同区域、流域政府间补偿资金横向转移或国家支持地方或上级支持下级开展流域、区域补偿时的资金支付。市场化与社会化补偿是激励自然生态产品市场化和社会主体参与的交易机制。

内部制度设计兼顾国家统筹与地方自主探索。上述几种补偿多强调国务院及其主管部门引导、协调、建立各领域补偿制度和标准,在协议补偿条文中明确地方政府的贯彻落实和协议签订义务。鉴于法的安定性不是法律必须实现的唯一价值,还需要满足合目的性和正义,②生态保护补偿的发展仍需为地方自主探索预留空间,为此,有必要引导地方政府自主协商谈判建立生态保护补偿。内部制度展开亦坚持政府主导和多元市场主体参与相结合。生态保护补偿制度需要厘清政府在引导市场化补偿建立和搭建市场参与平台方面的职责,还应激励各类主体积极融入市场化补偿交易,激发社会主体参与。

(三)生态保护补偿章与法典其他编章之衔接

法典体系的科学化首先是内部法教义学的科学化,③追求法典的逻辑自洽性与价值一致性。④ 按照该要求,生态保护补偿制度要处理好与法典其他编章之关联,涉及自然生态保护编的一般规定章、环境法典总则

---

① 参见朱炳成:《形式理性关照下我国环境法典的结构设计》,载《甘肃社会科学》2020 年第 1 期。

② 参见[德]G. 拉德布鲁赫:《法哲学》,王朴译,法律出版社 2005 年版,第 128 页。

③ 参见雷磊:《法教义学能为立法贡献什么?》,载《现代法学》2018 年第 2 期。

④ 参见王利明:《中国民事立法体系化之路径》,载《法学研究》2008 年第 6 期。

编及生态保护补偿有关的法律责任。

1. 明示环境法典总则编中的生态保护补偿抽象规定

环境法典总则编专门设定统领性和全局性的基本制度和基本原则。[①] 总则具有足够的抽象性以满足对各分则的整合功能,[②]进而覆盖自然生态保护编中的生态保护补偿制度。根据《生态环境建议稿》,总则编一般规定中指出"国家建立、健全生态保护补偿制度。国家加大对生态保护地区的财政转移支付力度。有关地方人民政府应当落实生态保护补偿资金,确保其用于生态保护补偿。国家指导受益地区和生态保护地区人民政府通过协商或者按照市场规则进行生态保护补偿"。结合目的与文义解释,生态保护补偿的总则编规定,对于凸显该制度的重要性和直接指导分编展开功效明显。

2. 筛选自然生态保护编总则章中的生态保护补偿涵摄条款

在自然生态保护编总则规定自然生态保护相关涵摄条款,是环境法典生态保护补偿制度体系完备的必要条件。《生态环境建议稿》规定了"生态保护投入机制",目的是建立以财政为主、社会共同参与的多元化生态保护投入机制。该规定能够较好地指导各类生态保护补偿制度的实施。在笔者看来,不妨再规定一款"国家建立、健全生态保护补偿资金机制",以彰显该制度的重要性。因该款位于自然生态保护编的投入机制条款,不存在与其他编章的不相融问题。

3. 理顺生态保护补偿法律责任配置安排

环境法典法律责任有两种编排技术:一种是将自然生态等单编责任放在本编内部,另一种是把所有分编法律责任都在法典最后单独设置。本研究青睐前者,这样能够凸显违法行为所受法律制裁的后果与各编对不同行为模式和法律义务的对应性,维护环境法典各编在制裁规则方面的关联性和一致性。[③] 为体现法典提取公因式和集约化的效益,生态保护补偿共同规定为一条法律责任,分设两款:一个是对违反生态保护补偿

---

① 参见张梓太:《论我国环境法法典化的基本路径与模式》,载《现代法学》2008 年第 4 期。

② 参见李艳芳、田时雨:《比较法视野中的我国环境法法典化》,载《中国人民大学学报》2019 年第 2 期。

③ 参见汪劲:《论中国环境法典框架体系的构建和创新——以中国民法典框架体系为鉴》,载《当代法学》2021 年第 6 期。

管理规定相对人的行政责任;另一个是对违反生态保护补偿与税费管理规定的公权力主体之行政处分。

综上,环境法典总则编生态保护补偿抽象规定、自然生态保护编总则章生态保护补偿涵摄条款、自然生态保护编中的生态保护补偿章以及行政法律责任,共同构成了完整的法典体系,形成了一个内在的阶层秩序。①

(四)环境法典之生态保护补偿制度与单项立法的关联

生态保护补偿的法典融入,需要明晰不同法律的衔接和配合。② 我国环境法典应采用法典与其他单行法共存的模式。③

法典中的制度展开应当对彰显生态保护补偿最重要任务和最本质功能的精华内容充分整合,对基础性、关键性范畴进行分类归纳。较之"生态保护补偿条例",法典的调整范围更集中,且能够指导和涵摄"生态保护补偿条例"整体制度展开,可以视为对专门行政法规的公因式提取。

生态保护补偿的法典化,通过整合专门行政法规和单项生态保护补偿法律规定的核心理念、共性制度,塑造具备普遍包容性和综合调控性的基础制度框架,使环境管制从分散走向协调一致。④ 法典化仍有必要保留更为具体的生态保护补偿行政法规以及具体领域规范,实现一般引导和可操作相结合,高位阶立法与灵活的政策相结合,国家立法和地方立法相统一的目的。通过适时修改法典以外的规范性文件,避免生态保护补偿实践发展导致的法典滞后与僵化。

生态保护补偿的法典化,既要对各单项法中普遍未明确的关键性问题予以规定,又要通过高度概括的条文最大限度地抽象表达出主要条款。理想的生态保护补偿规范系统是:以环境法典中的生态保护补偿制度为指导,以"生态保护补偿条例"为重要支撑,以部门规章为补充,以地方性

---

① 参见[德]卡尔·拉伦茨:《法学方法论》,陈爱娥译,商务印书馆2003年版,第349页。

② 参见全国人大常委会法制工作委员会组织编写:《中国特色社会主义法律体系学习读本》,新华出版社2011年版,第98页。

③ 参见张梓太:《论我国环境法法典化的基本路径与模式》,载《现代法学》2008年第4期。

④ 参见吕忠梅、窦海阳:《民法典"绿色化"与环境法典的调适》,载《中外法学》2018年第4期。

专门法规与地方政府规章为依托。[①] 未来，只有建构多元、互补的生态保护补偿规则体系，才能保障生态保护补偿机制的有效运行。[②]

三、生态保护补偿具体制度的法典化表达

生态保护补偿集中规定于自然生态保护编“生态保护补偿”章，涵盖基本规定、重要生态要素补偿、重要生态区域补偿、政府间横向补偿和纵横结合补偿、市场化与社会化补偿五节。

（一）基本规定

一般条款的意义在于应对法典规制技术的不足。[③] 生态保护补偿的一般规定作为基本规定，着重对所有领域的生态保护补偿特性进行揭示，指引具体制度展开和定分止争。本节条文主要涉及争议较大的概念问题、原则、与其他规定的适用关系。

生态保护补偿作为一种激励性资金制度，整体上宜从资金视角进行抽象解读。概念的任务之一是揭示生态保护补偿主体和受偿主体，指示生态受益者要把资金最终给付给真正的生态保护者。因补偿领域众多且补偿标准不一，概念列举出决定补偿标准设定的基础因素：生态保护成本、发展机会成本和生态服务价值。

生态保护补偿的一般规定作为基本原则，起到价值引领的作用，是指导生态保护补偿活动开展和法律实施的根本准则。基本原则有助于促进内部条文解释的统一，协调相关制度的稳定性和开放性，补充法律漏洞和规范自由裁量权。具体而言，生态保护补偿坚持政府主导与各方参与相结合，责任落实与鼓励探索相协调，分类补偿与综合补偿相统筹的原则。

生态保护补偿纳入法典后，仍需保留其他有关法律、法规的规定，只有明晰和相关立法的适用关系，才便于学法、执法或司法适用。本研究建议，法典有关生态保护补偿的规定与其他法律、法规冲突时，适用法典；不

---

① 预期的生态保护补偿制度体系没有纳入专门法律中的生态保护补偿规定，理由在于，自然生态保护编主要是整合现行法律中的自然保护、生物多样性保护等法律制度。参见吕忠梅：《中国环境法典的编纂条件及基本定位》，载《当代法学》2021 年第 6 期。

② 参见王清军：《法政策学视角下的生态保护补偿立法问题研究》，载《法学评论》2018 年第 4 期。

③ 参见卢谌：《〈德国民法典〉的规制技术、语言和体系》，载《德国研究》2008 年第 3 期。

涉及冲突规定的，适用其他法律、法规。

（二）重要生态要素补偿

我国通过自上而下的财政转移支付，已经在森林、草原、湿地、荒漠、海洋、水流、渔业资源、耕地等重要生态要素以零散的法规或政策形式实施了单项生态保护补偿制度。在纵向的要素补偿领域，有必要确立重要生态要素的补偿制度。

重要生态要素补偿制度的法典化配置有多方面理由支撑。首先，国家建立健全生态保护补偿制度，是党中央和国务院多次的会议要求，也是环境基本法上的制度体现。其次，重要生态要素补偿中的财权和事权不一致以及界分不清晰问题一直存在，亟待解决。再次，法典不应过细，宜授权生态保护补偿有关部门制定可操作的补偿办法。复次，确立常态化的补偿实施效果监督和结果评估机制，有助于科学评判生态保护补偿的实效。最后，协议补偿是重要生态要素补偿落地的关键支撑，国家和社会的终极目标是个人的福祉和尊严作为。[①] 只有依托协议突出个体利益的调节，[②]发挥“对个体利益设置一般性保护规范”效能，[③]才能实现生态保护者预期。鉴于区域发展权的整体性剥夺，最终会体现在个体、组织等财产权限制，[④]完备的协议制度必然可以承担起充分保障财产权的重任。

结合以上诉求，重要生态要素补偿一节包括5个条文：重要生态要素补偿制度建立的国家义务；重要生态要素补偿支出责任划分；重要生态要素补偿办法的授权制定；重要生态要素补偿实施效果监督评估；重要生态要素补偿协议。

（三）重要生态区域补偿

我国在重点生态功能区、自然保护地等重要区域长期开展了卓有成

---

① 参见王利明：《民法的人文关怀》，载《中国社会科学》2011年第4期。

② 参见杜群、车东晟：《新时代生态补偿权利的生成及其实现——以环境资源开发利用限制为分析进路》，载《法制与社会发展》2019年第2期。

③ 参见李世刚：《法律行为内容评判的个案审查比对方法——兼谈民法典格式条款效力规范的解释》，载《法学研究》2021年第5期。

④ 参见潘佳：《流域生态保护补偿的本质：民事财产权关系》，载《中国地质大学学报（社会科学版）》2017年第3期。

效的重要生态区域补偿实践。在重要生态区域补偿领域，有必要确立重要生态区域的补偿制度。

重要生态区域补偿制度的法典化构建具备多元化需求。首先，要求国家建立健全生态保护补偿制度，是党中央、国务院的多次会议要求，也是环境基本法上的制度要求，有必要通过确立国家义务来夯实并助推重要生态区域补偿制度实践。其次，重要生态区域补偿中的财权和事权不一致和界分不清晰问题也很突出，有待解决。再次，有必要强调中央财政支持的重要生态区域补偿政策，考虑不同区域的生态状况差异，避免补偿操作中的"一刀切"。复次，重要生态功能区生态保护补偿的实施，应当保证资金的杠杆效果提升生态效益。为此，法典需确立常态化的补偿实施效果监督和结果评估机制。最后，出于国家生态安全考虑，应突出对重要区域的中央、省级转移支付。为保证支付科学性，需考虑生态产品价值核算结果。

按照前述要求，重要生态区域补偿一节包括 5 条：重要生态区域补偿制度建立的国家义务；重要生态区域补偿支出责任划分；重要生态区域差异化补偿机制的实施；重要生态区域补偿实施效果监督评估；重点生态功能区补偿力度的强化。

（四）政府间横向补偿和纵横结合补偿

多年以来，我国不同区域、流域地方政府依托横向转移支付或不同区域、流域政府在国家、上级政府的纵向转移支付支持下开展了丰富多彩的政府间横向补偿和纵横结合补偿实践。在政府间横向补偿和纵横结合补偿领域，必然要设立相应的补偿制度。

横向补偿制度不同于上下级政府间的纵向补偿，横向补偿是以资金奖惩为激励模式，由跨行政区政府基于文件规定或跨行政区政府间自主开展区域生态保护补偿活动。纵横结合补偿一方面强调国家或上级政府的干预，另一方面发挥了不同区域、流域政府之间的权义规范与激励约束，而且，国家或上级政府的作用本质上仍在激励不同区域、流域间的政府行为。为破解行政区域分割与区域生态保护整体之间的矛盾，法典需要及时提炼横向治理经验，落实跨区域各方的义务、权利和责任，使不同群体在利益分化的格局中仍能各得其所又和谐相处。[①]

只有存在某种内在的严格秩序和逻辑结构,才能被称为真正的法典。[②] 以此为遵循,政府间横向补偿和纵横结合补偿的法典化愿景是:明确国家有关部门和省级政府在国家重要水域有建立生态保护补偿机制的义务,规定跨省和省内跨界水域纵横补偿机制的建立,体现地方政府在一些重要的流域、区域有建立生态保护补偿的义务,鼓励地方建立流域、区域生态保护补偿,明晰政府间生态保护补偿开展的主要依据和考虑因素,形成规范的横向补偿和纵横结合补偿制度。

政府间横向补偿和纵横结合补偿制度的建立理由包括六方面。其一,对于国家重要水域,因涉及政府众多且关涉国土安全,国家层面联合省级政府应当统筹建立生态保护补偿机制。其二,跨省和省域内跨界的流域补偿,省级及省以下地方政府存在自身协调的困难,需要依托国家、上级政府介入。其三,各级政府对本区域生态环境质量负责是《环境保护法》的要求,在重要区域强制建立生态保护补偿机制,有助于落实补偿责任进而保护环境。其四,大尺度生态保护补偿的实施只有通过地方政府间补偿制度的完善,才能落到实处。流域和区域政府有开展高于法定环境质量标准的补偿诉求,应当鼓励该层面的协商,这也是考虑到地方政府能够更好地提供公共物品和服务。[③] 生态保护补偿的区域间合作,还包括其他领域,宜鼓励多元方式。其五,推动生态产品价值核算结果在生态保护补偿的应用,是有效开展政府间补偿的科学依据。其六,政府间流域、区域补偿主要通过经济法上的政府间协作协议展开,法典是巩固实践经验的最佳选择,还要防止政府以补偿协议约定免除承担的区域环境质量达标义务。

根据上述要求,政府间横向补偿和纵横结合补偿一节包括 6 条:国家重要水域纵横补偿机制的建立;跨省界和省内跨界水域纵横补偿机制的建立;特殊流域和区域地方政府补偿机制的建立;地方政府横向补偿机制建立的鼓励;开展政府间生态保护补偿的考量因素;横向补偿和纵横结合补偿协议。

---

① 参见张文显:《法治与国家治理现代化》,载《中国法学》2014 年第 4 期。

② 参见王利明:《民法典体系研究》(第 2 版),中国人民大学出版社 2012 年版,第 8 页。

③ 参见舒旻:《论生态补偿资金的来源与构成》,载《南京工业大学学报(社会科学版)》2015 年第 1 期。

(五)市场化与社会化补偿

推动与促进市场化与社会化补偿,是生态保护补偿发展的重要目标之一。生态保护需要政府与市场共同作用,[①]需要多元社会主体共同努力。然而,该层面的补偿机制仍面临两方面难题:一是各类政策文件中的市场化领域过于宽泛,试图囊括所有生态保护的市场化方式,使得生态保护补偿不堪重负,市场化方向不再明朗;二是生态保护补偿的交易实践多为政府参与的局部实践,统一、多元主体参与的全国市场推进任重道远。

在此背景下,市场化与社会化补偿的法典化愿景是理性框定市场化领域,凸显国家在统一国内市场方面的平台搭建和促进功能,顺应现代环境治理体系主张的多元共治模式,[②]充分调动公众参与进而提升生态保护补偿效果。市场化与社会化补偿一节规定涵盖 4 个要点:第一,国家有义务建立统一的资源使用权交易国内市场。第二,国家有义务健全统一的绿色产品发展体系,完善绿色经济政策。第三,国家推动建立健全生态产品价值实现的科学形式。第四,生态保护补偿坚持政府主导和社会参与相结合,鼓励参与社会化生态保护补偿。

依照以上逻辑,市场化与社会化补偿一节包括 4 个条文:资源使用权市场化交易机制的建立;绿色体系的健全;生态产品价值实现形式的完善;社会化补偿。

四、结论

生态保护补偿的法典化是迎合生态文明时代立法系统化的必然选择。于目的论层面,生态保护补偿的法典化融入将夯实其作为自然保护的基础制度地位,回应新时代生态保护补偿入典的新诉求。于方法论层面,对生态保护补偿制度进行法典配置,需要兼顾内外部逻辑。于规范论层面,生态保护补偿的法典化图景是:构筑适度、严谨、完整的制度体系,实现内部一般规定与具体规定的协同配合。按此目标,生态保护补偿的主要制度构造涵盖基本规定、重要生态要素补偿、重要生态区域补偿、政府间横向补偿和纵横结合补偿、市场化与社会化补偿 5 节具体内容。

---

① 参见吕忠梅、窦海阳:《民法典"绿色化"与环境法典的调适》,载《中外法学》2018 年第 4 期。

② 参见秦天宝、段帷帷:《我国环境治理体系的新发展——从单维治理到多元共治》,载《中国生态文明》2015 年第 4 期。

4.5 《生态环境法典专家建议稿(草案)》自然生态保护编编纂问题研讨

4.5.1 《生态环境法典专家建议稿(草案)》自然生态保护编条旨大纲*

第一章　一般规定

第一节　基本规定

1.【自然生态保护管理目标】

2.【自然生态保护概念界定】

3.【生态系统综合管理】

4.【重要自然生态全民所有】

第二节　管理体制

5.【自然生态保护管理体制一般规定】

6.【生态要素保护管理体制】

7.【生态区域保护管理体制】

8.【自然保护地管理体制】

9.【生物多样性保护管理体制】

10.【自然生态退化防治管理体制】

11.【生态修复管理体制】

第三节　共建共享

12.【生态保护投入机制】

13.【生态效益全民共享】

14.【生态效益的社会服务】

---

* 本条旨取材于“环境法典编纂研究”课题组起草的《生态环境法典专家建议稿(草案)》(2022年8月1日版)。

15.【生态效益分享的公众参与】
16.【自然生态保护民族地方特别规定】

第二章 自然生态保护规划

第一节 基本规定

17.【自然生态保护工作纳入国民经济和社会发展规划】
18.【国土空间规划的自然生态影响评价】
19.【自然资源保护和利用规划的编制与审批】
20.【自然资源保护和利用专项规划的编制】
21.【自然生态保护规划之间的协调及其整合】
22.【自然生态保护目标责任制和考核评价】
23.【自然生态保护规划实施的人大监督】

第二节 生态区域规划

24.【生态区域规划体系的构成】
25.【生态区域发展规划的编制与审批】
26.【生态区域国土空间规划的编制与审批】
27.【生态区域专项规划的编制与审批】

第三节 自然保护地规划

28.【自然保护地规划的体系】
29.【自然保护地发展规划的编制与审批】
30.【自然保护地总体与专项规划的编制与审批】
31.【自然保护地规划的公布与实施评估】

第四节 生物多样性保护规划

32.【生物多样性保护规划的体系】
33.【生物多样性保护总体规划的编制与审批】
34.【生物多样性保护专项规划的编制与审批】

第五节 自然生态退化防治规划

35.【自然生态退化防治规划的体系】
36.【自然生态退化防治专项规划的编制与审批】

第六节 生态修复规划

37.【生态修复规划】
38.【生态修复规划的编制】
39.【生态修复规划与生态修复工程】

第三章 生态保护区域划定
第一节 基本规定
40.【生态保护区域的概念与类型】
41.【生态保护区域划定的一般程序】
42.【生态保护区域划定的保护原则】
43.【生态保护区域划定的衔接规则】
第二节 生态保护红线的划定
44.【生态保护红线的划定范围】
45.【生态保护红线的划定程序】
46.【生态保护红线的调整】
第三节 自然保护地的设立
47.【自然保护地分类分级】
48.【自然保护地设立的申请与审批】
49.【自然保护地社会影响评价】
50.【自然保护地设立前权利协商】
51.【自然保护地管控分区】
52.【自然保护地范围与管控分区的调整】
第四节 其他生态保护区域的划定
53.【公益林的划定】
54.【基本草原的划定】
55.【湿地保护区域的划定】
56.【水体保护区域的划定】
57.【物种保护区域的划定】
58.【流域保护区域的划定】
59.【自然生态退化区域的划定】

第四章 自然生态保护信息
第一节 生态要素调查统计监测评估
60.【生态要素调查统计监测】
61.【生态要素信息共享与监测预警】
62.【生态要素评价评估】
63.【自然生态退化监测评估】
第二节 生物多样性调查监测评估

64.【生物多样性本底调查】
65.【生物遗传资源数据库与信息系统】
66.【外来物种入侵调查监测评估预警】
67.【外来入侵物种的信息共享与交流】
第三节 自然保护地调查监测评估
68.【自然保护地确权登记基本信息】
69.【自然保护地监测评估】
70.【自然保护地生态风险调查评估】
71.【自然保护地数据库和信息管理系统建设】
第四节 生态产品调查监测与价值评价
72.【生态产品确权登记】
73.【生态产品信息普查】
74.【生态产品价值评估】
75.【碳减排和碳增汇监测体系建设】

第五章 生态要素利用管控与保护改善
第一节 基本规定
76.【生态要素利用管控的理念和目标】
77.【生态要素利用的环保约束】
78.【生态要素管护的政府职责】
79.【分级分类保护管理】
80.【分区管控与保护】
81.【环境影响评价中的自然生态考量】
82.【配套保护举措与“三同时”】
83.【生态要素管护保育专项资金】
84.【管理目标责任考核与自然资源资产离任审计】
第二节 水的利用管控与保护改善
85.【水利用保护的政府职责】
86.【水利用的分区管控】
87.【取水许可及其环境限制】
88.【水利用的管控禁限】
89.【水利用的配套保护】
90.【水的生态功能保障与生态效益发挥】

91.【水工程设施建设】
92.【水的补给与恢复】
第三节　林草利用管控与保护改善
93.【林草管护政府职责】
94.【林草规划】
95.【林草调查监测】
96.【林草类自然保护地的设立】
97.【林草防火】
98.【林草有害生物防治】
99.【林草占用管控】
100.【林草生态修复治理】
101.【林草碳汇】
102.【野生植物保护的一般规定】
103.【公益林和天然林一体化管护】
104.【林木采伐管控】
105.【造林绿化】
106.【基本草原保护】
107.【草原利用管控】
第四节　野生动物的利用管控与保护改善
108.【野生动物利用管控与保护改善的政府职责】
109.【野生动物调查监测评估】
110.【野生动物的分级分类管护】
111.【野生动物保护名录的制定与调整】
112.【野生动物的分区分期管护】
113.【野生动物猎捕管理】
114.【野生动物灭杀、调控】
115.【野生动物人工繁育许可管控】
116.【人工繁育野生动物分类管理】
117.【野生动物经营利用管控】
118.【野生动物食用禁则】
119.【野生动物进出口管理】
120.【野生动物疫病防控】

260.【水土保持重点工程建设】
261.【重点区域的水土流失治理】
262.【饮用水水源保护区的水土流失治理】
263.【陡坡地水土保持措施】
264.【水土保持治理的鼓励措施】
265.【政府治理沙化土地的义务】
266.【公益性、群众性和营利性治沙活动】

第十章　生态保护补偿
第一节　基本规定
267.【生态保护补偿的概念】
268.【生态保护补偿的原则】
269.【本法与其他规定的适用关系】
第二节　重要生态要素补偿
270.【重要生态要素补偿制度建立的国家义务】
271.【重要生态要素补偿支出责任划分】
272.【重要生态要素补偿办法的授权制定】
273.【重要生态要素补偿实施效果监督评估】
274.【重要生态要素补偿协议】
第三节　重要生态区域补偿
275.【重要生态区域补偿制度建立的国家义务】
276.【重要生态区域补偿支出责任划分】
277.【重要生态区域差异化补偿机制的实施】
278.【重要生态区域补偿实施效果监督评估】
279.【重点生态功能区补偿力度的强化】
第四节　政府间横向补偿和纵横结合补偿
280.【国家重要水域纵横补偿机制的建立】
281.【跨省界和省内跨界水域纵横补偿机制的建立】
282.【特殊流域和区域地方政府补偿机制的建立】
283.【地方政府横向补偿机制建立的鼓励】
284.【开展政府间生态保护补偿的考量因素】
285.【横向补偿和纵横结合补偿协议】
第五节　市场化与社会化补偿

317.【违反生态保护补偿规定的法律责任】

4.5.2 自然生态保护编中的国土空间规划与生态保护红线制度*

在编纂自然生态保护编时,需要注意以下两个问题。第一个问题:国土空间规划与资源利用、生态保护相关专项规划之间的关系,特别是在国土空间规划立法在即的背景下,环境法典有没有必要作出规定以及如何作出规定?第二个问题:生态保护红线属于规划还是区划?环境法典是否需要对其作出专门规定?如果需要,生态保护红线的内容应当置于法典的哪个部分?

第一,需要明确环境法典的法律性质。从分类的层面来看,尽管环境法学界主张环境法是独立的法律部门,但在全国人大常委会对法律体系的分类中,环境法归属于行政法的大类之下。在全国人大常委会2021年度的立法工作计划中,将环境法典归入行政立法领域,即"启动生态环境法典、教育法典、行政基本法典等条件成熟的行政立法领域的法典编纂研究工作"。因此,启动环境法典编纂研究工作的同时,必须时刻谨记民事法律是私法,以调整横向法律关系为特色,而环境法在大多情形下调整纵向的公法关系。环境法典需要在坚持基本准则的前提下,以法典的方式将污染防治、生态保护等法律规范统合起来。

第二,关于国土空间规划的概念。国土空间规划是国家空间发展的指南,是可持续发展的空间蓝图,是各类开发建设保护活动的基本依据,其概念是指对一定区域国土空间开发保护在空间和时间上作出的安排,它兼具空间与时间的双重属性,必须清醒地认识到时间属性在国土空间规划体系中的重要性,而不能认为国土空间规划就是一张静止不动的地图。

第三,关于生态保护红线的概念。生态保护红线是属于规划还是区划?事实上,它既不是规划也不是区划,而是隐含着最严格生态保护要求的空间。生态保护红线一旦划定,红线中的空间就是要严格保护的区域。

---

* 孙佑海,天津大学法学院院长、教授。本部分根据作者在《生态环境法典专家建议稿(草案)》污染控制编专题研讨会(2022年4月23日,北京)上的发言整理。

另外,当前法典草稿还涉及总体规划与专项规划的问题。以生物多样性保护规划为例,可以分为生物多样性保护总体规划与生物多样性保护专项规划。在国土空间规划体系内,总体规划应当是对国土空间作出的全局安排,在总体规划的框架下,再分设交通、水利、环境保护等专项规划。

第四,国土空间规划是否有必要在环境法典中专门规定?尤其是在当前国家计划制定国土空间规划法的现实情形下,环境法典还是否需要对其进行专门规定?答案应当是肯定的:

理由一,在环境法典中规定国土空间规划的内容和国土空间规划专项立法并不矛盾。因为环境法典编纂的意义之一就是尽可能全面系统地规定生态环境领域的各项事宜,国土空间规划在其中扮演着重要的角色。只有通过科学合理的规划,才能从根本上避免环境污染和生态破坏。

理由二,我国立法强调法律之间不矛盾不冲突,但没有说不能交叉。在很多情况下,一个法律规定的事项难以避免与相关法律之间的交叉,所以,应强调法律之间要做好衔接工作。在环境法典中规定有关国土空间规划的内容,就属于法律之间的有机衔接。

理由三,环境法典应当保持一定的动态性、开放性,其中的内容是需要跟随实践不断更新发展的。

理由四,关于编纂环境法典具体内容的讨论,只要在理论上、逻辑上能够自洽即可。学者在学理研究层面提出的专家建议应尽可能地全面,将取舍工作交由立法机关进行。

理由五,涉及总体规划和专项规划的关系问题。环境保护领域相关规划条款的设计,应当置于国土空间规划体系之下。诸如环境保护、水利、交通特别是自然保护区、生物多样性保护等细分领域的规划,是相对于总体规划而言的专项规划,必须在结构设置时加以区分。

第五,关于生态保护红线实际上的类型,主要包括三个方面:一是重要生态功能区的保护红线,重要生态功能区是指生态系统十分重要,关系全国或较大范围内的区域安全,以提供生态系统服务为主的国土空间;二是生态脆弱区、敏感区的保护红线,指生态系统结构稳定较差,容易受到外界的干扰发生退化,而且系统自我修复能力较弱、自然恢复时间比较长的生态空间;三是生物多样性保育的红线,生物多样性的保育区是指对维护生物多样性、保护生态平衡具有重要作用的生物资源集中的分布区。

第六,是一些相对独立的重要问题。其一,法典编纂涉及环境法典与国土空间规划法的衔接问题,但实际上在国土空间规划法之上还有一部更为宏观的国土空间开发保护法,如何处理好几部法律之间的关系,仍需要进一步讨论。其二,空间规划的人大监督问题应统一规定并后置。其三,法典草稿中涉及自然生态保护区域与自然保护地,这两个概念还需要进一步明确。其四,环境法典自然生态保护编中的自然生态保护规划部分,不仅需要将当前的碎片规划加以统合,还要处理好与立法进程中的"国土空间规划法""国土空间开发保护法"等重要法律的关系,做到统筹协调、整体谋划,切实推动环境保护事业,促进中国特色社会主义法律体系的协调统一。

4.5.3　自然生态保护编中的生态要素利用管控与保护改善*

首先,生态要素利用管控与保护改善的总体框架结构包括7个部分,第一部分是起总则作用的一般规定,后面六个部分分别针对水、林草、野生动物、海域海岛、土地、湿地等常见的六类生态要素的利用管控以及保护改善的相关问题进行了规定。

其次,关于生态要素利用管控与保护改善部分的编纂思路,具体可以概括为两点:

一是以保护为核心的适度法典化。关于法典化的基本路径,现在的基本共识是"适度"。如何适度,通过什么方法进行适度,各个编的标准存在差异。就生态要素利用这一部分内容来讲,适度的标准,即法律规范本身的目标导向是以保护为核心还是以经济价值利用为核心。例如,权利的确权登记、交易、产业发展等这类以利用为核心的规范,并不纳入环境法典范围。而涉及对利用的管控,比如对量、方式的控制等以生态价值保护为目的的利用管控,就应当将其纳入法典。同时,一些不怎么强调经

* 王社坤,西北大学法学院教授。本部分根据作者在《生态环境法典专家建议稿(草案)》污染控制编专题研讨会(2022年4月23日,北京)上的发言整理。

济利用、更多偏向于生态保护类的规范，比如对野生动物、植物的保护，也应当纳入法典编纂的范围。因此适度的标准是以保护为核心。

二是以实践为导向的继承与发展。纳入法典编纂范围的现行法律规范，主要涉及一些保护性的规范。于是在法典和现行大量的诸如《水法》《森林法》《草原法》等单行法之间，可能会形成一般法和特别法的关系。现行法典的条文主要是对一些涉及自然资源、生态要素的单行法里的保护性规范的一种提取、归纳和总结。而对于一些特定领域，如野生植物保护、森林防火，它们则属于特别法的范畴，受限于篇幅，法典的规定不会太过详细，因此主要是规定制度框架。在法典生效之后，相应的行政法规可能会继续实施，法典的规定就构成了上位法依据，这是处理现行法律规定和法典规定的一个思路。此外，根据生态文明体制改革的进展，以及在各个要素利用控制领域里的实践需求，法典内容也要对改革成果进行确认，对实践需求进行回应。

最后，关于生态要素利用管控与保护改善的主要内容如下：

第一部分是一般规定，它构成了生态要素利用管控与保护改善这一章的小总则。其主要特色在于将“两山”理论、生命共同体理论作为生态要素控制的理念加以固化、法定化。同时它还纳入了生态要素利用管控的一些基本方法，如分类、分级、分区管控等。

第二部分是关于水的利用管控和保护改善。其主要是基于对现行《水法》《水土保持法》《防洪法》等涉水法律中的保护性规范的提取。与现行法相比，其内容比较突出的特点是体现了对改革与实践的确认，即将一些改革成果用具体条文的方式予以确认。例如，规定水功能区划的职权统一，回应对于最严格水资源管理制度的企业需求，以及规定在生态环境用水的利用过程中，要保障最基本的生态环境用水量等。

第三部分是关于林草利用管控与保护改善。这部分主要以《森林法》和《草原法》为基础，提取其中的保护性规范。2018 年政府机构改革之后，成立了国家林业和草原局（以下简称林草局）。林草局成立之后，实践中出现林草一体化的趋势。无论是从机构、制度，还是从生态系统治理的整体性来看，都在强调对森林和草原保护管理的一体化。从政府的职责规划、调查监测、防火、灾害防治、占用管控、生态修复、碳汇等方面对林和草的保护管理作了统一性的要求。

在野生植物保护方面，现在仅有条例作为直接的规范依据。在法律层面，只有《草原法》和《森林法》里面存在个别原则性、宣示性条款，且对于野生植物也没有作更细化的规定。本次在法典编纂中，对《野生植物保护条例》的内容作了提炼，构成了野生植物保护的框架，但同时规定具体的管理行为仍然适用条例。

在森林保护方面，实践中逐渐强调要把天然林纳入公益林进行一体化管护，实现天然林与公益林的管理并轨。根据此种实践需求，法典作出了回应，即规定逐步把天然林纳入公益林中，实施一体化管护。关于草原保护，编纂小组把基本农田保护制度扩张适用到草原管理与保护中，进一步充实了草原的相关规定。同时针对目前实践中承包经营所带来的草原利用碎片化现象，提出通过联户经营来实现整体化利用的方式。

第四部分是关于野生动物保护的内容。首先，强调对水生、陆生野生动物的统一管理保护；其次，强调对于非重点野生动物的保护，以及对野生动物栖息地的保护；最后，还明确规定了对于动物种群调控的规范，并对禁食野生动物等规范作了一些分类、分级的优化调整。

第五部分是关于海岛海域保护的规定，内容介绍见本书“4.2 陆海统筹在自然生态保护编编纂中的实现”一节。

第六部分是关于土地利用管控的内容，主要涉及建设用地、农用地、矿区矿山用地等内容。这些规定回应了国土空间规划改革的实践进展，将国土空间规划中涉土的约束性指标，除了常见的建设用地总量指标之外，比如耕地保有量、可能占用的总量指标等硬性的约束性指标予以法定化。同时也更强调在国土空间规划之下对空间和用途管制规范的确认。在现行法的基础上，补充明确了对农用地利用中的生态保护要求，并针对矿山地质环境的恢复治理制定规范，而非强调矿产资源开发利用的管理。

第七部分关于湿地保护的内容主要是根据现行立法，将原有立法中较为分散的保护性规范进行提炼整合，突出湿地严格保护的理念。所谓的严格保护，体现在立法条文中，如湿地保护的对象和原则，并没有纳入现行法中的合理利用原则，而是强调习近平总书记讲话里提到的对于湿地的严格保护，湿地作为一种生态要素，应该对其利用做谋划。

4.5.4 自然生态保护编中的家养与野生动物保护*

第一,环境法典应当将“水生、陆生野生动物”分别保护、分别规定。野生动物概念是一个大的集合,还有一个小的概念集合是养殖动物。野生动物指自由生存繁衍的动物,包括生活在原生境的、由人类引入到新栖息地的以及进入人居环境的动物。养殖动物包括人们养殖的传统家畜家禽、伴侣动物、正在驯化的野生动物、被人类捕捉暂养的野生动物。此类动物需要人类提供食物、饮水和栖息场所。野化的家养动物(feral animals)包括逃逸、被人类遗弃或放归于自然生境的养殖动物。这三个概念实际上是镶嵌的概念,而且构成概念的元素是可以运动、变化的。动物的遗传、生理、生化、繁殖、行为等千差万别。

陆生野生动物与水生野生动物也存在着非常大的差异。陆生野生动物包括在陆地完成生活史主要部分的动物类群,包括哺乳动物、鸟类(涉禽和水禽)、爬行动物和两栖动物。水生野生动物指在水体中完成生活史的动物,包括水生哺乳动物(水兽)、水生爬行动物、硬骨鱼类、软骨鱼类和水生无脊椎动物。另外,很多水生野生动物,比如鱼类,还具有一个特点,即可食用性。主要作为肉用的水生野生动物,已经被联合国世界粮农组织(FAO)定义为食物生物多样性(biodiversity as foods)的一部分。因此对主要作为肉用的水生野生动物的保护,应当采取与陆生野生动物不同的途径。

对于水生野生动物的保护应落实生态系统保护,施行流域重点水域禁捕退捕,加强水生生物资源保护,逐步恢复水生野生动物生境,恢复水生野生鱼类种群资源,提高江河湖泊水生生物完整性指数,稳步提升江河湖泊的生态功能。因此,应将“水生、陆生野生动物”分别定义、分别规定、分别保护,而不是依照当前法典的思路将“水生、陆生野生动物”一起保护、一并规定。

第二,环境法典有必要规定“家养动物”、“水产资源”和有关驯养繁

---

* 蒋志刚,中国科学院动物研究所二级研究员、中国科学院大学岗位教授。本部分根据作者在《生态环境法典专家建议稿(草案)》污染控制编专题研讨会(2022 年 4 月 23 日,北京)上的发言整理。

殖等“利用性”的内容。动物与其他的生态要素不一样,在遗传、生理、生化、繁殖、行为等方面千差万别。家养动物是人工饲养、人工驯化、人工照料的动物,其数量远远多于野生动物。以野骆驼为例,在我国野生的野骆驼数量仅有600峰,全部生活在罗布泊地区。而与之相对的是,我国养殖双峰驼的数量达到了32万多峰,其数量比野生原种数量多500倍以上。在当前时代背景下的环境法典立法,需要更妥善地处理人与家养动物的关系,因为人工饲养的动物处于人类的管理照料之下,其饲养繁殖涉及动物的福利。如何保证这些动物能够获得清洁的饮水、充足的食物、免受环境胁迫、没有痛苦、能自由表达天性,应当是环境法典编纂中一个不应回避的问题。

4.5.5 自然生态保护编中的“三水合一”制度*

“三水合一”,即水资源、水环境、水生态的关系问题。该问题从《环境保护法》颁行以来一直备受关注。从实践角度出发,要妥善解决“三水合一”的问题,环境法典编纂必须处理好以下几组关系:

在涉水领域,法典编纂要处理的第一组是外部关系,包含两个层面的内容。

第一个层面是法典与实践的关系问题,即如何更好地将实践成果体现在法典中。从《长江保护法》到最近的《黄河保护法》,这些涉水的法律在理念思路等方面有很大变化。而这些变化在环境法典中如何体现,涉及如何把自党的十八大以来,国家关于治水的系列决策部署和政策要求转化为法律语言的问题。近年来,国家提出了长江经济带发展战略、黄河流域生态保护和高质量发展战略。这些重大国家战略都表明治水以流域为基本单元,与传统上以单个生态要素作为基本对象来进行管理的做法相比有很大变化。流域性是涉水方面立法最大的一个特点,水的流域性特点非常鲜明。

除了流域立法,关于特殊区域的立法,比如湿地、黑土地、国家公园、自然保护地和青藏高原地区,与传统的环境单行法相比,又是一个不同的

---

* 唐忠辉,水利部政策法规司政策处处长。本部分根据作者在《生态环境法典专家建议稿(草案)》污染控制编专题研讨会(2022年4月23日,北京)上的发言整理。

维度。因此,需要将实践中的立法动向及成果,在法典化工作中体现出来。另外,法典将生态要素管控的部分分成了要素管控和区域管控,但要素管控更多类似于传统环境保护单行法的思维,不一定符合当下立法趋势。生态保护需要系统化、整体化,如流域、区域、海域这几个概念就能比较好地体现系统化思维。因此在法典的框架设计、结构选择上,还需要更好地贯彻系统化思维,而不是将传统的生态要素立法简单叠加在法典当中。

第二个层面是法典与现行法律的关系问题。这是与实践相对应的理论问题。在现实中,生态保护单行法很多,基本上做到了每个生态要素都拥有单独立法。法典在涉水方面的基本制度、具体制度,很多都是对现行法律的整合与提取,即对现行法律提取公因式,作为整个涉水法律的通用性规定。这种思路符合法典化的理论追求,但如何确定提取公因式的具体方法和结果,目前还有很多工作要做。比如以水生态保护为例,在提取公因式时,水资源、水生态、水环境与生态保护里的公因式有很大区别。

另外,近年在涉水方面新的制度规定应当在法典中予以体现。比如《长江保护法》中有关流域水工程的统一调度问题,尽管这一制度属于工程管理制度,但它是为整个流域生态保护服务的,对水资源、水生态保护都非常重要,属于比较重要的综合性制度,法典应当对此类重要制度加以吸纳。关于生态用水保障,在《黄河保护法》中,比较充分地体现了综合调度和生态调度相关的各方面内容,如对泥沙、水资源、水生生物等方面的综合性考虑。虽然从主管部门的角度来看,是以水资源作为依托来进行调度的,但是其内容已经体现出多功能、综合性的生态调度,契合法典体系化的目标,同样应当予以吸纳。

在涉水领域,法典编纂要处理的第二组关系就是内部关系,也包含两个层面的内容。

第一个层面是内部章节之间一般性规定与特殊性规定的关系。一般性规定能够对特殊的领域以及有立法空白的领域起到指导作用。比如民法基本原则的一些规定,即使没有具体的法律规范,也能通过一般规定起到对这一领域的规范作用。

第二个层面的内容是具体制度之间的逻辑关系。从实务角度来讲,对水管理遵循从源头、水的分配、取水、用水再到排水这样一条全过程管理的逻辑主线。如果制度设计能够与实践管理更好地契合,那么法典规定的针对性、适用性就会更强。

4.5.6　自然生态保护编中的物种和基因多样性保护制度*

在整个环境法典的总则和几个分编当中,污染防治编主要以编为主、以纂为辅,因为它自身的规范体系相对成熟。绿色发展编可能正好相反,以纂为主,以编为辅,因为现行的以气候变化、低碳发展为内容的规范性文件不是很多,需要创设更多新的条款。而自然生态保护编,则正好是处于两者之间——既有很多现行规范,同时又要考虑到很多政策性文件及未来发展的趋势,全编的功能定位、具体的章节结构和制度设计都要统筹安排。

自然生态保护编涉及资源的问题,主要是资源利用的管控问题。从内容的整体性方面来讲,至少涉及“环境、资源和生态”三位一体里的资源面向和传统的生态面向。这就关乎一个核心问题,即如何理解生态保护或自然生态保护。实际上,生物多样性保护应该等同于自然生态保护,不应该把生物多样性保护作为一个狭义的概念,或一个小的、在自然生态保护下的一个概念来理解。换言之,生物多样性保护就是自然保护、就是生态保护。其中可能的原因,是“生物多样性”一词作为一个科学概念,并没有完全规范化。生物多样性到底指什么,它的内涵和外延,不同的人可以有不同的理解,但现在至少可以确定一个基本认知,即生物多样性更多强调的是一种状态。只有多样化的基因、物种和生态系统,才是一个稳定的、平衡的、安全的状态。

顺着这样的思路可以看到,“生物多样性”与“生态安全”的概念非常接近。生物多样性其实是一种状态或一种结果,与之对应的则是要采取一些措施来防止危险或者风险的发生,达到基因、物种和生态系统稳定的、平衡的、安全的状态。在这个意义上,生物多样性保护就等同于自然生态保护,也是对基因、物种和生态系统的保护。如果一定要限缩生物多样性保护的范畴,把它视为局限在生态保护中的要素的一个组成部分,就会带来逻辑上的困扰和障碍。

---

* 秦天宝,武汉大学环境法研究所教授、所长。本部分根据作者在《生态环境法典专家建议稿(草案)》污染控制编专题研讨会(2022年4月23日,北京)上的发言整理。

在这样的共识之下，生物多样性可以分为基因、物种和生态系统的多样性。其中物种多样性承上启下，既包含了基因多样性，又构成生态系统多样性的基础。具体而言，物种这个层面涉及两个问题，一个是现有物种的保护问题，另一个是外来物种入侵的问题。

而在生态系统方面，假定湿地属于传统的生态系统，就会引发一个新的问题，即湿地保护是否属于生态区域保护的范畴。事实上，法典需要将其界定为区域性生态保护，因为如长江、黄河、青藏高原、国家公园等生态区域，都跨越了多个生态系统；大江大河、大空间、大区域的生态保护问题，也都应该在生态系统这个层面去考量。如果理清了以上逻辑，就会发现，包括涉水问题、森林问题、草原问题等很多问题在内的争议，都可以将它作为生态区域来对待。

再回头看基因层面，这也涉及两个问题。一是遗传资源的获取和利益分享的问题。由于自然生态保护编仅关注资源保护和开发利用过程中的问题，因此利益分享这一部分，在本编中可谈亦可不谈。二是转基因生物安全问题。生物技术的研发、管控、监督等内容，远远超出了环境资源或者自然生态的范畴，应当由《生物安全法》等单行法予以调整。如果仅从生态安全或者生态资源的角度考量，只要把其中与资源利用管制和生态保护或者系统保护相关的内容抽离出来即可，不需要涵盖方方面面的内容。例如，《生物安全法》是跨领域的，对转基因生物安全、外来物种入侵等都有所规定。从自然生态保护编的编纂立场出发，就转基因生物安全部分，只需规定转基因生物及其技术研发对生态环境造成的损害即可，而外来物种入侵的问题已经在物种层面进行了规定，不需要再在基因多样性的层面上加以规定。

4.5.7　自然生态保护编中的基础概念和自然保护地管理制度*

第一，对法典条文中经常出现的名词，应当注意其区别和联系。比

* 张希武，北京师范大学生命科学学院研究员、国家公园研究院副院长。本部分根据作者在《生态环境法典专家建议稿（草案）》污染控制编专题研讨会（2022 年 4 月 23 日，北京）上的发言整理。

如,法典当中经常出现生态、环境、自然资源等词语,虽然密切相关,但是各自都有不同的内涵。特别是这些词组合起来,如生态资源、环境资源、自然生态、自然环境、自然资源等,也都有特定含义,需要进行区分。

以生态环境这一概念为例,它是指由生态关系组成的一种环境的简称,是人类及和人类密切相关的、影响人类生活和生产活动的各种自然力量或作用的总和。再如环境资源这一概念,是指影响人类生存和发展的各种天然的和经过人工改造的自然因素的总和,包括大气、水、海洋、土地、矿藏、森林、草原、野生动物、自然遗迹、人类遗迹、自然保护区、城市和乡村等。另外还有生态资源、自然环境等。这些概念同时涉及生态问题、环境问题和资源问题,必须予以清晰的区分和界定,避免其在法典各部分的使用过程中产生交叉和冲突。

第二,应当准确地把握生态区域的概念。目前,生态区域在法律法规和规范性文件中尚未出现。因此其是否应该成为一个生态环境保护领域的专门术语,就有赖于法典加以明确。但在当前的法典草案中,生态区域保护主要还是指区域性的生态保护,涉及生态功能区、生态红线、自然保护地和禁止开发区等概念,包括自然保护地、海岸线、水源涵养地、流域等。如此看来,生态区域并非一个全新的,和其他区域不重叠的概念,而是指各类区域在生态领域的总和。另外,生态区域这个概念与国土空间规划中的生态空间的概念比较接近,因为生态区域不光是平面的,也包括立体的。因此在具体的保护实践当中,应当考虑如何界定生态区域范围,如何处理其与生态空间的关系和相应管理制度、执法体系的建设等问题。

第三,把生物多样性保护列入要素保护的范围中更加合适。生态系统可以分成森林、草原、湿地、荒漠等多种类型。物种和遗传资源,也应该列入要素保护的范围内。建议按照《国家公园指导意见》、《野生动物保护法》和《野生植物保护条例》等相关内容,在要素的章节中进行系统的归纳。

第四,自然保护地的保护与管理部分内容应当进一步扩充。首先,应当参考《国家公园指导意见》的规定,明确自然保护地的概念或定义。其次,应当明确自然保护地的分类标准,即国家公园、自然保护区及自然公园要如何有机地统属在自然保护地这一大体系下。再次,自然保护地进行分区管理等原则性的管理规定也应当明确。最后,应确定对风景名胜区是否予以单列,因为自然资源部和林草局曾发文明确,目前在自然保护地整合优化的过程中，暂不把风景名胜区列入整合优化中。

第五，关于国家公园分区管理的规定要符合党和国家的最新要求。目前谈到的严格保护区、生态保育区、科教游憩区、传统利用区等区域分类方式，都是按照几年前的旧标准来分的。根据《国家公园指导意见》的规定，国家公园内部的区域分类应当分为两个，即核心保护区和一般控制区。

4.5.8 自然生态保护编中的保护地制度与相关制度的协调*

首先，环境法典和自然保护地领域立法的衔接顺位问题，这与法典体例的选择直接相关。

目前，法典体例选择有两种模式可采。一是采取民法典的模式，也就是全面法典化。如果选择这个模式，自然生态保护专项法应当纳入法典当中，作为法典的内容。二是有限法典化或适度法典化，采取法典和单行法并行的模式。这种模式在创立之初就考虑到法典无法容纳所有规范，法典化必然会伴随出现解法典化的现象。那么在环境法典编纂的过程中，应当采取何种模式？目前存在两种合理方案。

一是理想方案，也就是自然保护地规范的法典化。在国家公园自然保护地立法的过程中，尽可能把实体性的法律规范纳入自然生态保护编，但法典化是否能够成功，还要取决于国家公园和自然保护地立法的国家意志以及管理现状。二是可以尽可能减少解法典化的趋势现实方案，即退守基本法，将这一编的法典编纂，转变为一种框架法和基本法的体例。目前，《环境保护法》比较欠缺在自然生态保护领域的实体法规范，所以即便采取退守基本法的体例，也存在很大的实体法成文法化的空间，创新意义重大。同时，退守基本法，一方面在实体法上给予国家公园和自然保护地一个明确的法律体系定位；另一方面可以在基本法中，对自然保护地体系以及自然生态空间体系等区划之间的层次性、效力性关系，以及自然保护地监督管理的责任和权利，进行原则性的规定。

---

* 杜群，北京航空航天大学法学院教授。本部分根据作者在《生态环境法典专家建议稿（草案）》污染控制编专题研讨会（2022 年 4 月 23 日，北京）上的发言整理。

其次,在国家公园和保护地方面,法典应着力解决的重大问题。

一是法典化体例的选择。如果在具体的制度内容选取当中,仅仅选择性地平移部分关键项,这可能是对原有的单行法的一种肢解。这种做法有可能兼顾了专题领域主题的全面性、整体性,但却会导致内容的碎片化。这样平移的拟制方法,将很多内容悬挂于法典之外,在留存单独条例和单行法规的情况下,关键条款仍然会重复地出现于单行法中。

二是避免内容的交叉和重叠。比如以生态保护区和生态要素作为两个编纂的逻辑线索,但是生态保护区和生态要素两者本身就是重叠的。

三是如何优化和整合自然资源方面的保护规范。在自然生态保护立法的补缺方面,应关注生态系统类型保护和生态系统要素保护的内容。此外,应当注意到自然资源利用的管控目的和价值,与生态系统保护、自然生态系统保护的目的和价值并不相同。因此要如何实现保护性条款的优化整合,对于自然生态保护编而言非常重要。

建议法典编纂考虑两方面的进路。一是把实体法真正做实,结合实务需求和实践经验全面、系统地作出详尽规定;二是选择框架法路径,将实体性的问题留给专门法或部门规章,法典只在外部性结构之间或者是最基本的价值、监督管理以及法律责任等问题上作出规定,并与实体规范做好衔接。

四是生态保护监督管理体制。现有的保护和管控的措施,不能代替统一监督管理,仍需要有实质性的法律条款。这个问题在《环境保护法》中同样没有得到应有的重视,建议借法典化的契机加以补强。

最后,区域流域保护和保护地保护的关系和立法处理。

前者为地理区域性的概念,后者为规制性、政策性的概念。在立法过程中应当以规制性的区域概念为主线,首先区分保护地体系,其次区分保护地体系内部之间的关系,最后区分外部之间和地理性区域性的关系。

关于保护地体系本身,建议系统梳理政策和已有规范,不要过度追求理论和术语创新。制度设计要围绕已有的政策性、规制性区域结构展开,如自然保护地、生态保护红线和自然生态空间等。全国主体功能区则涉及禁止开发区、限制开发区、优化开发区、重点开发区,这些都和自然生态,尤其是与自然保护地、生态保护红线和自然生态空间紧密相关。

4.5.9　自然生态保护编中的生态环境修复制度*

在创设条文之前,需要确定“生态环境修复”这项工作的性质。生态环境修复包括污染的修复和自然生态的修复,其主要内容应当是对受到损害或自然退化的环境清除致害物质与致害因素,消除和减缓对环境不利影响的持续和扩散,消除或减缓环境的有害变化,实现恢复甚至提升受损害区域生态系统功能和价值的目标。正因如此,生态环境修复工作事实上非常庞杂——有些以“修复”的形式出现,有些以“改善”“整治”“治理”等形式在很多规定或政府组织的活动中出现,属于一个非常广泛的概念。

关于生态环境修复在法律当中的性质定位。首先,应当将其界定为一种法律义务,它是保护和改善生态环境的义务之一。环境保护的基本任务是保护和改善环境,这种对环境的保护和改善责任会延伸到生态环境修复领域,从而使其成为一项法律义务。同时它也是一项法律措施,是保护和改善环境的重要措施。它在责任制裁的体系当中,是一项制裁违法行为、救济环境损害的重要手段。

对于生态环境修复措施,需要采取类型化分析的方式来确定。作为公法义务的生态环境修复,依赖行政机制来启动,其具体措施会体现为行政规划、行政组织、行政命令、行政委托、行政强制等。而作为私法义务的生态环境修复,一方面包括因侵权致损引发的生态环境修复义务;另一方面,在其他民事活动当中,有些主体之间会因约定而产生生态环境修复义务。例如,土地承包经营权的转移可以以完成相应生产经营活动后,承担一定的生态环境修复义务为条件,这就是通过私法上的约定来启动生态环境修复义务的途径。

关于生态环境修复的具体类型,主要包括以下几个大类:一是小型的污染场地或者自然破坏的地块的修复,包括土壤修复当中建设用地的修复、污染场地修复等。二是以特定生态要素为主的生态系统的修复,比如森林生态系统修复、草原生态系统修复和湿地生态系统修复等。三是更

---

* 李挚萍,中山大学法学院教授。本部分根据作者在《生态环境法典专家建议稿(草案)》污染控制编专题研讨会(2022 年 4 月 23 日,北京)上的发言整理。

大范围的生态环境的综合保护和修复,比如水环境的综合整治、自然保护地的整体修复。

至于生态环境修复制度的法律地位,应当将其作为我国生态环境保护领域的基本制度加以确定。根据对国外环境保护立法的研究,生态环境修复制度在很多国家或地区不仅是一项基本制度,同时还是一项基本原则。在当前的环境法典草案中,总则部分、污染控制编和自然生态保护编都规定了生态环境修复制度,也侧面反映了这一制度作为基本制度的合理性。用好生态环境修复这一制度工具来恢复环境质量、提升生态水平,不仅是改善环境质量的方法,也是生态文明建设的目标,更是保护公民环境权的要求。因此,生态环境修复应当是一项基本制度。但同时,应该将生态环境修复制度放在环境保护的综合治理、系统修复的总体框架下考虑,和其他制度有机衔接。要将修复活动融入开发建设的全过程,打造边开发边修复、边建设边修复的生态友好模式,不能将生态修复作为末端治理。

那么,生态环境修复制度在环境法典中应当如何构建?

首先,在总则中,需要确定生态修复制度所要遵循的原则、恢复的义务、责任的分配、管理主体、权责分配以及程序上的一般规定等内容。

其次,关于生态修复的模式选择,应当是"以自然恢复为主,自然恢复与人工恢复相结合"。在党的十八大以来党和国家的一系列政策文件里,都提到了生态修复应当以自然恢复为主的方针。而在《长江保护法》《湿地保护法》《森林法》等环境保护单行法的法律文本中,也已明确提出"自然恢复为主,自然恢复与人工恢复相结合"。因此,应当将"以自然恢复为主,自然恢复与人工恢复相结合"作为最基本的生态修复领域的原则加以确定。在此基础上,应当着力解决主导力量投入、对自然的干扰、技术依赖等问题,克服纯自然恢复过程缓慢,风险难以规避等问题,实现自然恢复和人工恢复的有机结合。

4.5.10　自然生态保护编中的生态保护补偿和惠益分享*

第一部分是关于生态保护补偿的内容。

---

* 王清军,华中师范大学法学院教授、应用法学和法治社会研究院负责人。本部分根据作者在《生态环境法典专家建议稿(草案)》污染控制编专题研讨会(2022年4月23日,北京)上的发言整理。

国家的生态保护补偿立法正在进行中,整体思路与法典编纂工作是契合的。当下生态补偿领域的立法工作重点是:其一,针对重要生态要素的分类补偿制度建构;其二,针对重要生态区域的综合补偿制度建构;其三,面向流域区域的横向生态补偿制度建构;其四,市场化、社会化生态补偿的制度建构。在以上制度构建时,除了要注重逻辑上的对接和结构功能上的互补之外,还应注意到在物种和基因多样性保护中,并没有生态保护补偿的内容,反而与惠益分享息息相关。因此,可以考虑将物种和基因多样性保护与生态保护惠益分享这两部分加以整合。

首先,关于生态保护补偿制度及其定位问题。与这一概念相关的政策话语很多,导致其伸缩性很强。如果仅仅强调对生态保护行为及结果的补偿,可以将生态保护补偿制度视为一种具体措施。但如果把它看作一种资金机制或者生态安全保障机制,那么其地位就应该是分编总则部分的一般规定,应当由一般条款加以规定。如果系统地考虑生态保护补偿的最终目的,则其最终目的在于促进区域协调发展以及绿色发展转型,在这一立场下将其置于总则编也是可以的。

其次,当前的法典草案已经基本囊括了目前生态保护补偿条例立法的最新进展。但对于如何协调的问题,比如怎样将天然林和公益林保护制度中,所涉及的公益林补偿问题与生态保护补偿进行协调衔接,需要从整体层面综合考量。

再次,在具体条文方面,生态保护补偿的概念争议很大。有一种方法是采用单独条文列明其概念,并且提出生态补偿标准,包括生态保护成本、发展机会成本和生态服务价值等。但是,上述三个标准并不能与公平补偿画等号。结合党中央国务院有关文件精神,生态补偿实际上采用了两套标准体系:分类补偿采用的是一种生态保护成本;而综合补偿采用的是财政能力和基本服务的均等化的判断依据,实际上已经偏离了生态保护补偿的概念界定范畴。因此,无论是分类补偿还是综合补偿,实际上贯彻的是合理补偿的补偿标准指导原则。所以,在生态补偿概念界定中,不一定非要对“补偿标准”作出明确规定。

复次,关于横向补偿制度涉及的范围问题。目前来看,更多指跨行政区流域。除了跨行政区流域之外,跨行政区的单个生态要素也可能会涉及横向补偿,比如《森林法》《湿地保护法》中都提出的单个生态要素的生态保护地区与生态保护受益地区。对于跨行政区固体废弃物的处置,很多的地方性法规条文中已经出现。在生态保护补偿立法过程中,上海等人口密集地区面临着固体废弃物大量生产但土地面积严重受限的问题,探索城市化地区和城郊土地相对宽裕地区之间的横向补偿协议规定,也应当是法典立法的探索方向之一。

最后,关于生态的市场化补偿问题,法典应当采取简写的立法模式。需要注意不能将不同市场机制下的补偿工具混在一起。第一类诸如碳排放权、取水权等具有明确数量的权利交易工具,和第二类诸如绿色产品、绿色金融等消解矛盾的制度工具,应当分别由法典单独预留条款加以规制。此外,社会化补偿也应当提纲挈领式地纳入法典条文,如此则能够对整个政府补偿、市场化补偿和社会化补偿进行体系化的安排。

第二部分是关于惠益分享的内容。

在法典编纂过程中,有没有必要使用生态保护惠益分享来代替惠益分享?惠益分享是一个规范的学术概念,理论界对惠益分享制度的基本范畴,包括主体、对象、原则、内容、形式,形成了一个内涵明确、外延清晰的法规范畴体系。因此在法典中采用“惠益分享”这一表述即可,没有必要创造一个平行又重叠、容易引发误解的新概念。

有关惠益分享的具体问题,一是“惠益分享”中的“惠益”概念。目前在整个环境法或者生物多样性法律中,“惠益”建构的是一个具体法律关系,并且是倾向于建立一种具有民事性质的法律关系。

二是“惠益分享”中的“分享”概念。现在经常谈及的分享是指经济意义上的分享,或社会意义上的分享,更强调一种对私人财物剩余价值的商品化或社会化。这一行为的实质是将原属于自己的东西授予别人来共同使用,而自己所拿出的东西又具有一定的社会价值或经济价值。

三是规范意义上的惠益分享。现在很多地方性法规(包括国务院行政法规征求意见稿)中对规范意义上的惠益分享概念都有明确解释。生态保护是具有一定泛化的中性概念,它与经济利益、生态利益和文化利益同时关联。要想将适用情境如此广泛的生态保护和特定化、权属明确的惠益分享结合在一起,有一定的难度,因为这需要重构话语体系。

四是惠益分享原则的落实。各种类型的生态惠益,应当遵循不同的实施原则。对于国有生态惠益,优先“共同分享(共享)”,不排斥分享;对于集体所有的生态惠益,优先社区分享,不排斥共享;私人所有的生态惠益,优先独享,不排斥分享/共享。以上各种类型的生态惠益在分享过程中,还可能杂糅着有偿/无偿、时间/空间、直接/间接等不确定性因素。总之,仅从所有权性质上对生态环境惠益做出分享或者共享判定,在规范研究层面上的意义不是很大。因此,制度意义上的"生态保护惠益分享"存在价值游离、功能不清、内容抽象等诸多不确定性,始终无法建构起一种对称性的法律关系,确立制度独特价值功能并进行制度建构的难度很大。建议在生物多样性保护部分对惠益分享的有关内容进行专门规定,包括惠益分享协议、惠益分享基金等。

绿色低碳发展篇

5.1 绿色低碳发展编对可持续发展理念的体系回应与制度落实*

在适度法典化的定位下，环境法典内部的篇章结构安排尤为重要。其中，对于总则、污染防治、生态保护、法律责任等四个分编的争论不大，最多是在具体的名称、内容的侧重和条款间的逻辑关系等方面存在一些分歧，但在设置这几个板块上，学界基本达成了共识。但作为一部新时代的、贯彻落实习近平生态文明思想和习近平法治思想的、以可持续发展为己任的集大成者，环境法典如何回应气候变化、碳达峰碳中和目标、能源开发利用等新问题？是交由未来的能源基本法或者相关单行法律予以规定，还是将其散落地安排在其他分编之中？抑或是专门设置一个分编概括性地予以调整？如何进行规范的安排和制度设计？欲回答这些问题，必须准确地把握可持续发展的精准内涵，认准当前国家发展的目标，厘清环境法的立法现状，在此基础上，探究这部分板块内容以何种形式纳入环境法典，以及如何纳入环境法典。

一、绿色低碳发展编为何纳入环境法典：三大需求层次使然

绿色低碳发展是指以采取清洁生产、循环利用、优化消费等手段，重点对能源开发利用等领域进行减排从而达到促进社会生产可持续发展为目标的一种理念。理论上说，“低碳发展”业已有了一定的绿色成分，是一种以低耗能、低污染、低排放为特征的可持续发展模式。①

---

* 张忠民，中南财经政法大学法学院教授。本部分原载于《法律科学(西北政法大学学报)》2022 年第 1 期，收入本书时有部分修改。

① 参见厉以宁等：《低碳发展作为宏观经济目标的理论探讨——基于中国情形》，载《管理世界》2017 年第 6 期。

(一)可持续发展的整体性需求

可持续发展理论自诞生以来,一直都强调整体性的视域和方法:一是经济、社会与生态的整体性,主要目的是人类自身的更好生存和发展,关涉人类赖以生存和发展的诸多要素。因为可持续发展是生态、经济、社会三个系统的综合发展,其中生态持续是基础,经济持续是条件,社会持续是目的。[①] 二是国际与国内的整体性,主要目的是人类命运共同体的构建,涉及国内责任和国际责任。因为可持续发展是破解当前全球性问题的"金钥匙",同构建人类命运共同体目标相近、理念相通,都将造福全人类、惠及全世界。[②] 绿色低碳发展编契合上述两个整体性要求:一来它以生产、流通、消费的社会发展活动为作用对象,通过清洁生产、绿色流通、低碳消费等基本方式,解决经济的可持续发展问题;在这点上,其区别于污染防治编的社会可持续和生态保护编的生态可持续。二来它面向全球环境治理、气候变化应对、国际能源交流与合作等领域,相较于污染防治编和生态保护编的本土属性,最具国际视野。因此,可持续发展的整体性,要求环境法典将绿色低碳发展内容纳入其调整范围。

(二)国家发展目标的需求

《中华人民共和国国民经济和社会发展第十四个五年规划和2035年远景目标纲要》提出了2035年国家发展的目标,其中对于生态环保的表述是:广泛形成绿色生产生活方式,碳排放达峰后稳中有降,生态环境根本好转,美丽中国建设目标基本实现。从环境法的体系构成上来看,以保护人体健康为己任、预防和控制人类不当排放行为的污染防治板块以及以维护生态平衡为己任、促进人与自然和谐的生态保护板块,与美丽中国建设的分目标直接关联,与"双碳"目标实现的分目标间接关涉。第一,"双碳"目标的实现需要以美丽中国建设为基础。实现碳达峰碳中和是一场广泛而深刻的经济社会系统性变革,需要把碳达峰碳中和纳入生态

---

① 参见陈泉生、张梓太:《宪法与行政法的生态化》,法律出版社2001年版,第146页。

② 参见习近平:《坚持可持续发展共创繁荣美好世界——在第二十三届圣彼得堡国际经济论坛全会上的致辞》,载《人民日报》2019年6月8日,第2版。

文明建设整体布局。[①] 绿色低碳发展编内含的绿色发展，是构建高质量现代化经济体系的必然要求，目的是改变传统的“大量生产、大量消耗、大量排放”的生产模式和消费模式，使资源、生产、消费等要素相匹配相适应，实现经济社会发展和生态环境保护协调统一、人与自然和谐共处。[②] 第二，美丽中国建设需要以“双碳”目标的实现为途径和支撑。建设美丽中国，须用严格的法律制度保护生态环境，加快建立有效约束开发行为和促进绿色发展、循环发展、低碳发展的生态文明法律制度。[③]

（三）改进立法现状的需求

早在2010年年底，由宪法、法律、行政法规、地方性法规等多个层次法律规范构成的中国特色社会主义法律体系已经形成，国家经济建设、政治建设、文化建设、社会建设以及生态文明建设的各个方面已实现有法可依。[④] 近年来，随着生态文明建设的日益推进，我国相继修订了《环境保护法》等法律，这些法律对于“五位一体”的布局发挥了重要作用，然其依然有提升的空间。其一，现有生态文明建设法律呈“碎片化”现象，造成不同法律法规之间交叉、冲突。我们面对的已不再是法律的缺失，而是各个位阶法律之间的相互协调配套，以及如何避免各种法律规范之间的冲突重复以及交叉重叠。[⑤] 其二，现有的生态文明法律体系及其制度设计与绿色低碳发展的要求不适应。当前的低碳发展主要表现为政策推动，低碳领域的法律体系和法律制度基本为空白。[⑥] 其三，制定综合性与系统性的法律，方能统筹污染防治、生态保护和绿色低碳发展，否则可能以偏概全。因此，现有生态文明建设立法亟需系统性整合，尤其需要面向绿色低碳发展进行改良乃至革命性的制度设计。

---

① 参见习近平：《推动平台经济规范健康持续发展 把碳达峰碳中和纳入生态文明建设整体布局》，载新华网，http://www.xinhuanet.com//mrdx/2021-03/16/c_139813420.htm。

② 参见《习近平谈治国理政》（第3卷），外文出版社2020年版，第367页。

③ 参见《中共中央关于全面推进依法治国若干重大问题的决定》，载《人民日报》2014年10月29日，第1版。

④ 参见中华人民共和国国务院新闻办公室：《中国特色社会主义法律体系》，载《人民日报》2011年10月28日，第14版。

⑤ 参见柴荣：《中国传统生态环境法文化及当代价值研究》，载《中国法学》2021年第3期。

⑥ 参见杨解君：《面向低碳的法律调整和协同：基于应然的分析与现实的检讨》，载《法学评论》2014年第2期。

二、绿色低碳发展编纳入环境法典的基础：理论与实践双准备

（一）环境法理论的嬗变

1. 环境法作用领域和体系构成的变迁

环境法内部体系构成从最早的以控制污染法为主，到后来的自然资源法和生态保护法凸显，再到近期的气候变化等国际环境法日益受到重视，作用领域一直都在拓展。因此，环境法的作用领域和规制重心，不仅包括以污染控制为主要表征的狭义环境保护，而且要包括以资源利用和生态保护为主要体现的广义环境保护。在日益强调环境、资源、能源的一体化保护，淡化不同法律部门的界分，重视领域法学思维和方法的今天，有意义的争论不是法律边界在哪里，而是如何在保持各自惯性与特质的同时又能良性互动。换言之，环境法在强调环境保护的同时应妥当回应能源开发利用等一系列经济发展、产业结构调整、国际能源合作等新问题。

2. 环境法价值功能和运作机理的演化

环境法价值功能的发挥主要体现在对于可持续发展理念阐释的不断精进，环境法运作机理演化主要体现在从点到面再到体的作用场域的拓展以及由被动抑负到主动增益的逻辑转变之上。法律的使命在于“通过经验来发现并通过理性来发展调整关系和安排行为的各种方式，使其在最小的阻力和浪费的情况下给以整个利益方案以最大的效果”。① 中国的环境法治建设始终坚持结合中国实际、解决中国问题、合理借鉴发达国家经验提出中国对策的思路，逐步形成了“统筹五个文明建设、保障生态安全、促进经济社会可持续发展”的立法理念。② 运作机理上亦是如此。20世纪中叶，各国解决环境问题的战略主要是末端控制，而自20世纪90年代以来，源头控制及全程控制原则已受到许多国家的重视。③ 这种由点到面再及体的扩展，使得环境法的运作机理呈现出“重视全方位之预防、关注多元主体之互助、促进多种方式之整合、强调科技成果之运用、回

---

① 参见［美］罗·庞德：《通过法律的社会控制法律的任务》，沈宗灵、董世忠译，商务印书馆1984年版，第71页。

② 参见吕忠梅、吴一冉：《中国环境法治七十年：从历史走向未来》，载《中国法律评论》2019年第5期。

③ 参见吕忠梅等编著：《环境资源法学》，科学出版社2004年版，第61页。

应变迁社会之需求”等五大特点。[①] 绿色低碳发展编正是因应了这种演化。

(二)环境法实践的发展

1. 污染控制等传统实践范畴日益精深

我国环境法的实践,在立法、执法和司法上都日益精深,分别向精细化、多元化和专门化发展。第一,以污染控制法为例,环境立法精细化发展主要体现如下:首先,环境要素全覆盖。立法逐渐形成了以要素保护为重心和主线的环境法律规范体系,涵盖了大气、水、土壤污染等内容。其次,污染的类型化和判断标准日益科学。目前污染控制范围不仅包括实质型污染,还包括拟制型污染。[②] 最后,污染治理理念和方式都发生了革命性转变。如污染治理理念更为科学,从最初的强调事后治理到预防思想逐步确立为法律原则,再到近些年来由预防原则向风险预防原则的转向。[③] 第二,环境执法上多元化的发展主要体现为行政机关执法的工具不断丰富和参与执法的主体越来越多。第三,在环境司法专门化的发展主要体现在:一方面,我们逐步构筑了日益完备和专门化的环境审判机构、环境审判程序、环境审判机制、环境审判队伍和环境审判理论。[④] 另一方面,我们力求每个环境案件都能接受专业化审判。最高人民法院发布的《环境资源案件类型与统计规范(试行)》提出了新的规范化的案由类型。

2. 绿色低碳发展等新兴实践方兴未艾

第一,法律规范体系不断发展并基本成形。目前这个体系大致由《可再生能源法》《循环经济促进法》等法律法规组成。第二,相对碎片和单一的零散举措,有赖于通过政策或者法律上升为正式制度。比如制定循环经济技术和产品名录、进行循环经济统计评价、推行再生产产品标识

---

① 参见钭晓东:《论生态文明背景下环境法功能运行之趋势与模式》,载《浙江学刊》2009年第4期。

② 参见张宝:《环境侵权的解释论》,中国政法大学出版社2016年版,第87页。

③ 参见于文轩:《生态文明语境下风险预防原则的变迁与适用》,载《吉林大学社会科学学报》2019年第5期。

④ 参见张忠民:《环境司法专门化发展的实证检视:以环境审判机构和环境审判机制为中心》,载《中国法学》2016年第6期。

认证等,均可以通过立法上升到制度层面。[①] 第三,处在能源基本法地位的“能源法”业已被纳入立法议程,以此来整合分散化的能源立法。事实上,这也是国际通行的做法。比如,韩国2010年公布实施的《绿色增长基本法》综合吸收了韩国《能源基本法》、《可持续发展基本法》和《气候变化对策基本法》等内容,成为指导韩国社会经济结构划时代变革的“泛绿色化”立法。[②] 为了降低温室气体排放量,欧盟先后通过了《气候能源2020包裹法案》《气候能源2030包裹法案》,据中期报告显示,前者的落实情况较为乐观。[③] 总之,须用动态发展的眼光看待环境法理论的嬗变和实践的发展,这也就意味着环境法的作用领域、体系构成、价值功能和运作机理以及环境法立法、执法和司法的实践都会随着时代变迁而发生当然的调适与变革。

三、绿色低碳发展编如何纳入环境法典:制度构建及其理由

(一)绿色低碳发展编制度构建的整体布局

1. 布局理念上的原则与规律

所谓绿色低碳发展,是指以使用清洁的能源和原料,采用先进的工艺技术与设备、改善管理、综合利用等措施,在生产、流通和消费等过程中,降低消耗、减少损失、制止浪费,实现减量化、再利用和资源化。由此,也就决定了绿色低碳发展编的四个特征:从作用对象看,主要是清洁的能源和部分的资源性原料;从作用方式看,主要包括了科学的工艺技术、改善管理和综合利用等措施;从作用领域看,涵盖了生产、流通和消费等过程;从作用目的看,是为了降耗、减损、止费,实现减量化、再利用和资源化。从外围视角观察本编,须坚持如下两个原则:其一,尊重和凸显本编特质,保持相对独立性。本编聚焦在能源及其开发利用等行为环节,须囊括绿色低碳产品和绿色低碳技术,从而设置相应的清洁生产、绿色流通和绿色消费、绿色能源等制度体系。其二,强调沟通与协调、保持适度开放性。

首先,从某种程度上说,污染防治编、自然生态保护编、绿色低碳发展

---

① 参见邓小云:《论我国的低碳法治建设》,载《学术交流》2015年第2期。

② 参见中国国际经济交流中心课题组:《中国实施绿色发展的公共政策研究》,中国经济出版社2013年版,第146－147页。

③ 参见彭峰、闫立东:《环境与发展:理想主义抑或现实主义?——以法国〈推动绿色增长之能源转型法令〉为例》,载《上海大学学报(社会科学版)》2015年第3期。

编分别代表了中国环境法的历史发展脉络,其作用重心从以往的污染控制为主,到当下的强调生态保护,再到未来的重视绿色发展,反映了环境保护逐渐“加码”和“升级”的过程。其次,绿色低碳发展编所涉及循环利用、碳排放等制度,与污染控制编中的绿色采购和消费制度以及自然生态保护编中的生态补偿、林业碳汇等制度关联较大。最后,三个分编在环境保护规划制度上有衔接,与环境保护税费等手段的采用也有不少关联性。

从内部视角看,本编呈现如下规律:第一,遵循能源开发利用的相关流程,尽可能囊括其与环境保护相关联的部分。因此,须从战略和规划的制定入手,设定相应的标准体系和评价指标体系,规定相关的权利与义务;具体以清洁生产、绿色流通、绿色消费等重点环节为抓手,在能源的高质发展和节约利用上发力,实现国际合作和应对气候变化。第二,符合原材料减量化、再利用和资源化的内在要求。对于清洁生产,必须确定其技术、工艺、设备和产品的导向目录,通过信息系统和技术咨询服务体系、清洁能源开发、绿色物流等措施,重点支撑原材料的减量化;强调工业、农业等诸多领域的再利用和资源化。

2. 布局方法上的基本与例外

本编制度的布局方法需遵循如下步骤:第一步,最大化地列举能源立法所关涉的制度群落。根据能源勘探开发、加工转换、仓储运输、供应服务和贸易规制的全流程,找到可能关涉的相关制度,然后提炼出制度的核心要素与关键概念。第二步,遴选出制度中与环境保护密切关联、制度的要素和概念中与生态属性高度相关的部分。第三步,抽象概括出最后筛选出来的制度群落之核心要义,利用北大法宝为本次环境法典立法所开发的专门数据库,详细铺陈出现有数据库中所有的关联性条文,包括法律、法规等多种效力位阶的规范。第四步,在消化吸收关联性条文后,撰写符合本编制度布局理念的条文,然后进行具体安排;在布局方法上,以“先总后分再总、先国内后国际、先既定后未定”为基本遵循,以“分解‘双碳’目标”为例外。

详言之,所谓“先总后分再总”,是先用“一般规定”作为本编的“小总则”,对于绿色低碳发展的界定、战略规划、管理体制、根本制度、基本原则等作出总括性规定;然后按照生产、流通、消费等具体环节,设计相应的制度体系;再设计绿色能源资源调查、可再生能源开发利用总量目标等绿色能源发展措施以及节能审查全流程控制等节约能源措施,作为总揽性质的绿色发展能源领域保障。所谓“先国内后国际”,是先确立国内法上主要的制度,再确定国际法上的相关内容。所谓“先既定后未定”,是先把现行《节约能源法》《可再生能源法》等法律中相对成熟的制度予以确立;然后再确立那些未被现行法律所规定但应纳入绿色低碳发展编的制度;最后根据前文述及的布局理念进行统筹编排。所谓以“分解‘双碳’目标”为例外,则是指本编在贯彻落实碳达峰碳中和的目标上,不仅设计气候变化应对专章,还将其散落体现在其他章节诸多条文设计中。

3. 布局效果上的柔性与刚性

相对于污染防治编和自然生态保护编,绿色低碳发展编对社会主体的要求更高,强调的是促进经济和社会正面效益的增进,这种要求高于传统的环境保护义务:一是绿色低碳发展将人看作是“绿色生态人”,要求人在克服负外部性的基础上,还要承担更多义务与责任,从而对环境效益等社会公共利益有所增加。二是绿色低碳发展则从社会生产全流程入手,兼顾国内国外,强调在降耗止费的同时,还须实现再利用和资源化。三是绿色低碳发展追求的是尽量“不污”,并尽力“变废为宝”。基于此,该编的制度布局,肯定会呈现柔性为主、刚性为辅的局面。必须说明的是,绿色生活方式等方面的这些柔性条款,给公民提供的是一种“软约束”,虽然其不具有强制实施的法律效力,但是对于改变人的理念、影响人的行为,进而解决环境问题还是具有较大的法律效果。[1]

(二)绿色低碳发展编制度构建的具体安排

1. 一般规定

一般规定作为小总则,是本编各个分章的高度抽象和概括,是可以普遍适用于分章的一般性规范,解决的是绿色低碳发展的内涵与外延、适用对象、管理体制、相关政策与规划、主要机制与制度构成、核心权利与义务、方法与路径等问题。因此,本部分由绿色低碳发展的定义、战略方针、规划、管理体制、义务、标准体系、评价指标体系、考核机制、碳排放标准、节能机制、创新管理等条款组成。其中,建议增设“绿色低碳发展是国家经济社会发展的一项重大战略,应当遵循统筹规划、合理布局、政府推动、

---

① Daniel Bodansky, *The Art and Craft of International Environmental Law*, Harvard University Press, 2010, p. 253.

市场引导、共同参与的方针”的条款，以上升到国家战略层面予以考量；建议规定“国务院标准化主管部门会同国务院发展改革和生态环境等有关部门制定与完善清洁生产、绿色流通、碳排放等国家标准、行业标准，建立健全绿色低碳发展标准体系”的条款，强化标准的核心地位；增加表述“国家实行温室气体排放总量和强度双控制度。国务院发展改革部门会同国务院生态环境等有关部门共同确定温室气体排放总量和强度控制指标及其分配。省、自治区、直辖市人民政府应当按照国务院下达的总量和强度控制指标，控制本行政区域的温室气体排放总量和强度。温室气体排放单位在执行国家和地方温室气体排放标准的同时，应当遵守分解落实到本单位的温室气体排放总量和强度控制指标”，以全面贯彻“双碳”目标；建议规定为“各级人民政府发展改革部门和生态环境等有关部门应注重管理手段创新，通过行政合同、行政规划、行政指导、行政调解等方式，实施绿色低碳发展管理”，以凸显柔性管理。

2. 清洁生产、绿色流通、绿色消费

清洁生产、绿色流通和绿色消费构成了绿色低碳发展的重点领域和关键环节，是分章部分的核心制度。首先，本编关于清洁生产的定义、规划、产品导向目录、技术改造中的清洁生产措施、产品包装、监测和审核等制度，基本上可以沿用已有的法律规定。其次，应新增绿色产业链和供应链的规定，建议表述为“国家优化产业布局，构建绿色产业链，推动产业园区循环化发展，加强产业链和供应链的绿色监管，推动绿色产业链与绿色供应链协同发展。国家鼓励企业建立以资源节约、环境友好为导向的涵盖采购、制造、包装、运输、营销和废弃产品回收处理等环节的供应链管理体系。国家鼓励行业协会通过制定规范、咨询服务、行业自律等方式提高行业供应链绿色化水平”。最后，鉴于农业生产的基础性地位，建议调整农业清洁生产的已有规定，不妨表述为“地方各级人民政府引导农业生产者科学使用化肥、农药、农用薄膜和饲料添加剂等农业生产资料，鼓励采用节水、节肥、节药、节能等先进的种植养殖技术，实现农产品的优质、高产、无害和农业生产废物的减量化和资源化”。

绿色流通章节包括绿色物流、循环利用两个小节。其中，绿色流通由绿色物流体系、流通减耗要求、绿色快递物流包装、绿色运输、绿色仓储组成。循环利用包括再制造——一般性规定、生产者延伸责任、产业废物交换信息系统、废物回收体系、循环利用国家标准、农业领域的循环利用、林草领域的循环利用、采矿业的循环利用等条文。需要强调的是:第一,建议规定“国家支持绿色物流新技术、新设备和新材料的研发和应用推广,支持流通企业合理规划和实施运输、储存、装卸、搬运、包装、流通加工、配送、信息处理等物流活动,建立绿色物流体系”。第二,建立强制回收和自愿回收相结合,覆盖工业、农业、林草、建筑废物、生活垃圾等领域的全线循环利用网络。对此,可调整和完善《循环经济促进法》相应制度。其中,对于较为成熟的制度内容,大可沿用原有规定,比如《循环经济法》第15条第1款对强制回收机制的规定,要求将“生产列入强制回收名录的产品或者包装物的企业,必须对废弃的产品或者包装物负责回收;对其中可以利用的,由各该生产企业负责利用;对因不具备技术经济条件而不适合利用的,由各该生产企业负责无害化处置”。

绿色消费章节包括绿色低碳产品的认证与标识、推广、信息公示、绿色采购和办公、一次性消费品限制、绿色消费市场建设、激励机制、税收、碳普惠等条款,并着重建议规定“国家推进建立绿色低碳产品认证与标识体系,统一制定认证实施规则和认证标识,并发布认证标识使用管理办法。国家市场监督管理部门会同相关部门组织开展绿色低碳产品认证,发布绿色低碳产品认证目录、评价标准清单等相关依据。绿色低碳产品的生产者可以根据自愿原则,向经国家市场监督管理部门认可的从事绿色低碳产品认证的机构提出绿色低碳产品认证申请。认证机构对列入统一的绿色低碳产品认证目录的产品,依据绿色低碳产品评价标准清单中的标准,按照绿色低碳产品认证规则开展认证活动。经认证合格后,申请者取得绿色低碳产品认证证书和标识”等内容。与此同时,政府有义务和责任引导全社会兴起绿色消费的风气,故建议规定“县级以上各级人民政府应当建立绿色消费激励机制,实行消费领域价格调节制度,创新消费金融体系,完善绿色信贷、绿色保险等制度,构筑社会信用支持体系,通过信用评级与信息共享促进绿色消费”。

3. 绿色能源、气候变化应对、绿色低碳发展国际合作

绿色能源由绿色能源资源调查、可再生能源开发利用总量目标、可再生能源开发利用规划、可再生能源消纳能力建设与保障机制、能源结构转型政策支持、节能审查全流程控制、能源需求侧管理等内容组成。第一,对于可再生能源开发利用总量目标,建议规定为“国家将可再生能源的开发利用列为能源发展的优先领域,通过制定可再生能源开发利用总量

目标和采取相应措施，推动可再生能源市场的建立和发展。国务院能源主管部门根据全国能源需求与可再生能源资源实际状况，制定全国可再生能源开发利用中长期总量目标，报国务院批准后执行，并予公布。国务院能源主管部门根据前款规定的总量目标和省、自治区、直辖市经济发展与可再生能源资源实际状况，会同省、自治区、直辖市人民政府确定各行政区域可再生能源开发利用中长期目标，并予公布”。第二，对于绿色能源发展保障，建议规定为“国家加强对绿色能源发展工作的资金投入，鼓励社会资本参与发展绿色能源投资，促进发展绿色投资多元化。国务院及其有关部门制定有利于发展绿色能源的产业政策、技术开发和推广政策、财政税收政策，引导金融机构增加对绿色能源产业发展的信贷支持”。第三，对于节能审查全流程控制，建议规定为“国家推行用能预算管理，强化固定资产投资项目节能审查，对项目用能和碳排放情况进行综合评价，从源头推进节能降碳。节能审查机关应加强节能审查信息的统计分析，强化事中事后监管，对节能审查意见落实情况进行监督检查”。

气候变化应对由适应气候变化、减缓气候变化、碳汇能力建设、碳排放配额、碳排放交易、碳排放监管、受控消耗臭氧层物质管理等条文内容组成。对于碳汇能力建设，建议规定为“国家采取措施提升生态碳汇能力，发挥森林、草原、湿地、海洋和海岸、土壤、农田和城市绿化地带等的固碳作用，提升生态系统碳汇增量。国家鼓励和支持企业事业单位开展碳汇项目的开发，减少碳排放”。对于碳排放配额，建议规定为“国家建立碳排放配额市场调节和抵消机制，实行免费分配和有偿分配相结合的碳排放配额初始分配政策，单位、机构和个人可以依法转让碳排放配额。国家鼓励和支持重点排放单位、机构和个人自愿注销其所持有的碳排放配额”。对于碳排放权交易的条文设定则积极吸收现有政策文件的内容规定。

绿色低碳发展国际合作则由国际合作原则、国际合作主体、绿色能源国际合作、绿色产品国际贸易、绿色金融国际合作、基础设施国际合作、科技交流国际合作、教育培训国际合作等条款组成。这个章节，重中之重是强调多元主体共同参与国家合作，以多维举措推动国内“双碳”目标的实现，因此建议规定为“国家应当推动绿色低碳发展领域的国际合作，引导和支持企业、科研机构、行业协会、个人等参与应对气候变化的国际合作”。

四、结论

可持续发展要求经济、生态和社会,以及国际和国内整体发展的可持续,国家发展目标要求建设美丽中国的同时,还要实现"双碳"目标,现有生态文明建设立法需要面向绿色低碳发展进行系统性的整合,这些都决定了编纂新时代的环境法典必须囊括绿色低碳发展的内容。应从如下几个方面建构绿色低碳发展编的制度群落:第一,在布局理念上,须尊重和凸显本编特质;保持相对独立性,同时强调与相关分编的沟通和协调,保持适度开放性;遵循能源开发利用相关流程的规律,符合原材料减量化、再利用和资源化的内在要求。第二,在布局方法上,以"先总后分再总、先国内后国际、先既定后未定"为基本遵循,以"分解'双碳'目标"为例外。第三,在布局效果上,坚持柔性为主、刚性为辅的原则。第四,在具体制度设计上,安排一般规定、清洁生产、绿色流通、绿色消费、绿色能源、气候变化应对、绿色低碳发展国际合作等章节,尽量尊重已有立法,强化绿色低碳发展战略和标准、绿色物流、碳普惠制度、可再生能源开发利用总量目标、碳排放权交易、碳汇能力建设等新型制度立法。

5.2 绿色低碳发展编的编纂逻辑与规范表达*

法典编纂至少需要三个重要阶段的论证:一是探究其编纂的政治、社会、法律等条件是否具备;二是妥善安排其篇章结构;三是科学设计每个篇章体系性的制度安排。目前,对于环境法典的研究和探索而言,前两个阶段基本上已经完成。学界主流观点认为:环境法典的编纂条件已经基本成熟;应当采取适度法典化的立法模式进行编纂;可持续发展作为环境法典的基础性概念和逻辑起点是妥帖和理性的;在环境法典的篇章结构安排上,大致可以设置污染控制编、自然生态保护编和绿色低碳发展编。

其中,将绿色低碳发展的内容独立成编,意义更是重大:其一,从内容设计上,充分回应了可持续发展的整体性、国家发展目标和立法现状等需求。其二,从形式安排上,与污染控制编、自然生态保护编构成了完整的版块和逻辑链条,分别针对和表征了可持续发展的三重维度。其三,从整体意蕴上,不仅超越了传统的污染控制和自然生态保护二分的结构,使其具备鲜明的时代烙印,还体现了人与自然和谐共生的现代化精神,是对走生产发展、生活富裕、生态良好的文明发展道路的再强调和再坚定,使其具有典型的中国色彩。当环境法典编纂进入第三阶段,理应在适度法典化的基础上,找寻和凝练出每个篇章的编纂逻辑,并试图进行规范的表达。具体到绿色低碳发展编,则需要重点解决如下三个问题:一是法典的总体编纂逻辑与该分编的具体编纂逻辑的衔接问题,具言之,如果可持续发展作为环境法典的总体逻辑,那么绿色低碳发展编的内部具体逻辑是什么?这个具体逻辑与总体逻辑是什么关系?二是该分编与其他几个分编的关系是什么?本编因何放在最后而非开头?特别是基于法典编纂的形式理性要求,对于某些环境要素、部分权利主体、个别环境行为等,存不

---

* 张忠民,中南财经政法大学法学院教授。本部分原载于《政法论坛》2022 年第 2 期,收入本书时有部分修改。

存在一些共性的规范表达?这些共性在几个分编中又如何予以具体的体现?三是该分编的特性是什么?价值何在?尤其是在百年未有之大变局的国际形势下,绿色低碳发展编又能贡献什么中国智慧、提供什么中国方案?

一、环境法典绿色低碳发展编编纂的逻辑指向

安排环境法典的绿色低碳发展编,必须遵循和服从环境法典编纂的总体逻辑,因此,该分编编纂的逻辑指向首先就是细化可持续发展,将其确定在某个领域和范畴,也即经济的可持续,然后再从观念立场和适用对象上予以详细阐释。

(一)作为法典编纂逻辑的可持续发展须在绿色低碳发展编细化

可持续发展作为环境法典的逻辑主线,须在各个分编予以始终贯彻。第一,适度法典化是环境法典的基本立场。鉴于环境问题综合且多变的特性,环境法典如何与其他环境法渊源进行有机衔接,对法典保持开放性至关重要。由此,在特定的时代背景下,须适时动态调整法典化的程度,为新型环境治理问题和环境法治改革留足空间,以便及时应对当下风险社会中复杂多变的环境治理问题。[①] 第二,始终贯彻可持续发展并在各个分编予以细化是保持法典内在和谐性的必然要求。环境法典将可持续发展确立为总的逻辑主线,从国际视野看,根源于可持续发展的国际属性,因为可持续发展是破解当前全球性问题的"金钥匙",同构建人类命运共同体目标相近、理念相通,最容易被全世界所接受;从国内视野看,根源于可持续发展的本质属性,因为它是一种兼顾环境、经济和社会多种效益的综合性发展模式。[②] 因此,作为旨在凝聚生态文明法治最大共识的新时代的环境法典,必须统筹国际、国内的要求,从社会、环境和经济等多重维度考虑。第三,各个分编对于可持续发展的具体细化回应并发展了适度法典化。可持续发展自提出并逐渐达成共识以来,其内涵不断丰富和发展,在不同的时空和视域中对其进行与时俱进的分析,可以统摄社

① 参见张忠民、冀鹏飞:《习近平法治思想和生态文明思想的自足与互助:以环境法典为中心》,载《重庆大学学报(社会科学版)》2021 年第 5 期。

② 参见陈泉生、张梓太:《宪法与行政法的生态化》,法律出版社 2001 年版,第 147 页。

会、环境和经济等范畴中的核心要义并保持一定的开放性,便于凝聚更多的共识、增加更多适用的场域。

(二)经济的可持续须在观念立场上发生从局部到整体的转变

绿色低碳发展编重点体现了经济的可持续,它与污染控制编和自然生态保护编共同诠释了可持续发展在社会、环境和经济上的三个主要面向,是最终实现人的可持续发展之三大支柱。实现经济的可持续,须在观念立场上坚持从局部到整体的转变。归根结底,这是由环境法价值追求的优化和调整范围的拓展所决定的。所谓环境法的价值,是指价值主体与作为价值客体的环境法之间的需要与满足关系,简言之,是指环境法能促进主体的何种价值需要。[①] 中国环境法的发展史,就是一个从污染防治到公众健康维护、从发展优先到保护优先、从对环境资源的单一保护到五个文明建设统筹协调的价值取向之根本转变的历史。因此,环境法价值追求的优化必然要求在观念立场上更加强调系统论,从整体的视域把握经济的可持续。与此同时,根植于价值目标的优化,环境法的调整范围也在逐步拓展,越发强调生态系统的整体性。从各国立法实践与发展看,环境法的立法目的已逐渐从“污染控制目的”拓展至“资源利用与生态保护目的”,进一步强调对生态系统结构完整性的认识与功能维护。晚近日益凸显的绿色发展和谐价值观,则更是要求重视资源、环境、生态等资本在经济发展中的永续利用,追求经济发展的包容性和可持续性。[②]

(三)经济的可持续须表现为适用对象上从单一到多元系统演化

绿色低碳发展编所强调的经济可持续,意味着其适用对象正在从单一的环境要素到多元的环境要素及其支撑的经济系统发生演化,这种演化充分体现在环境法的作用机理和体系构成的变迁之上。环境法调整人们在开发利用、保护和改善环境过程中产生的各种社会关系,[③]这些社会关系的调整机制突出表现为综合治理的原则,也即要求环境法超越仅仅关注单个环境要素或环境行为的局部视野,采用关注不同环境行为之间

---

① 参见吕忠梅:《环境法新视野》,中国政法大学出版社 2019 年版,第 53 页。

② 参见杨解君:《论中国绿色发展的法律布局》,载《法学评论》2016 年第 4 期。

③ 参见吕忠梅主编:《环境法原理》,复旦大学出版社 2017 年版,第 26 页。

的互动关系及其整体影响的整体性视野。环境法的作用机理,从单向度地强调环境监管主体对于企业等行政相对人“命令—服从”式的环境管理、侧重城市的空间、偏好工业的领域,向多维度地追求多元主体“各司其职—共同参与”式的环境治理、顾及农村的空间、关爱农业的领域发生着转向。这个巨大的转向还体现在环境法构成体系的变迁上。现代意义上的环境法是由最初的污染控制法发展起来的,当时并不包括生态保护等其他相关的内容。① 后来,环境保护目标发生了生态化的转向,不再仅仅追求被动的污染控制、单个环境要素的恢复和保护、环境不法行为的救济,而是往整体系统、国际视野上迈进。一方面,从保护环境要素转向保护生态系统;另一方面,从地域生态环境保护转向全球生态系统保护。② 在人类面临生态危机和新的环境问题不断出现的时代背景下,环境法体系也处于不断发展、丰富和完善之中,循环经济、低碳经济及应对气候变化、节能减排的法治正在不断推进。

因此,可持续发展作为环境法典编纂的总体逻辑,为绿色低碳发展编提供了具体的逻辑指引。绿色低碳发展编对于经济可持续发展的聚焦,根源在于可持续发展至少涵盖了社会、环境、经济等三重要素,缺一不可。而绿色低碳发展编对于经济可持续发展的展开,则须把握两个指向:一是在观念立场上坚持整体主义,系统思索经济构成的诸多要素,并且将经济与社会、环境等一并考量;二是在适用对象上强调多元主义,不再局限于单一、具体的环境要素,而是瞄向多元的环境要素和抽象的经济系统。

二、环境法典绿色低碳发展编编纂的逻辑表征

当厘清绿色低碳发展编的逻辑指向后,接踵而来的便是具体的逻辑表征,也即在整体主义和多元主义的理念下,本编到底呈现何种具体的逻辑?这个问题的回答不仅决定了本编的篇章布局和制度构成等实质内容,而且决定了立法技术和规范定性等形式要件。

(一)效益目标上从损害的填平到经济正向效益的增进

绿色低碳发展编强调经济可持续发展的整体主义和多元主义,这意

① 参见吕忠梅主编:《环境法导论》,北京大学出版社2010年版,第34页。

② 参见罗艺:《生态文明建设视域下环境法的生态化转向》,载《甘肃政法学院学报》2017年第4期。

味着本编的效益目标更高——追求正向效益的增进而不仅仅是损害的填平。第一,这由经济发展的不同阶段所决定并与之相吻合。如果说污染控制所体现的“先污染后治理”或者“边污染边治理”等现象代表的是经济发展的初级阶段,那么绿色低碳发展则是经济发展的高级阶段,是中国经济力求的新常态。此时,须贯彻新的发展理念,经济发展由高速增长转向高质量发展阶段,重在转变发展方式,优化经济结构,转换增长动力,深化供给侧结构性改革,提高全要素生产率。[①] 第二,这与环境法的发展趋势和转型变革相契合。这些年来,环境法呈现从一代转向二代的发展趋势,在这一过程中,其价值目标在关注环境公平的“当下”和结构性广度意义的同时,拓展了环境公平价值据以发展的未来维度,从代内关怀转向代际关怀,实践功能从被动抑负转向主动增益。由此环境法出现了综合性的变革,也即要求综合性的环境法的实施效果也是综合性的,既有利于污染防治,同时也有利于资源与生态环境的保护。第三,这是作为环境法典核心概念之一的公民环境权之保护和张扬。所谓公民环境权,是指公民享有的在健康、舒适和优美的环境中生存和发展的权利,它是一项新型的基本的人权。[②] 一般说来,人权的内容和体系日益丰富,随着法律的完备而越发得到更为严密的保护和张扬。健康、舒适和优美的环境展示了三层位阶,分别大致对应了公民环境权保护的三个层次:一是立足于传统污染防治,追求人体健康;二是侧重于自然生态保护,强调环境舒适;三是迈向绿色低碳发展,追逐生态优美。三大层次的加总,才能追求和实现完整的人的可持续发展,故绿色低碳发展编追求正向效益的增进与公民环境权保护的新发展一脉相承。

(二)作用领域上从单一的环节到能源开发利用全流程

传统的环境法并非不作用于能源的某个产品、领域等,只不过将能源作为资源的一部分、资源作为环境的一部分予以看待。此时,环境法的规制是在强调资源的利用,尽管也在强调环境的保护,但其试图在环境侵权行为与财产权概念之间建立一种平衡,在财产权概念之下注重资源的利

① 参见何建坤:《新时代应对气候变化和低碳发展长期战略的新思考》,载《武汉大学学报(哲学社会科学版)》2018 年第 4 期。

② 参见吕忠梅:《沟通与协调之途:公民环境权的民法保护》,法律出版社 2021 年版,第 24 页。

用效率。[1] 后来,环境法越发关注能源开发利用的全流程,能源法调整范围的发展,也已逐渐拓展到能源的勘探与开发、加工与转换、仓储和运输、供应和服务、贸易和规制等诸多领域。[2] 再后来,绿色发展、低碳经济等名词应运而生。尤其是党的十八大以来,我国促进绿色发展和低碳经济的政策创新不断加快,各类政策工具得到较快发展,政策目标从单纯控制污染排放向控制污染排放和促进经济转型并重的方向转变,政策控制的领域开始从生产领域向消费领域延伸,绿色生产方式和生活方式正加快形成。[3] 近期出台的《中华人民共和国国民经济和社会发展第十四个五年规划和2035年远景目标纲要》,强调构建以国内大循环为主体、国内国际双循环相互促进的新发展格局,指出完善能源消费总量和强度双控制度,加快发展方式绿色转型,这些更是要求绿色低碳发展的作用领域须覆盖能源开发利用的全流程。

(三)运作机理上从事后治、事中控到事先防的相统一

某种程度上,绿色低碳发展编代表了环境法典在运作机理上的创新。传统的污染控制基本上以事后的救济为主,即当环境损害现实发生方才启动;后来兴起的生态保护则开始关注事中的控制,即当有危险的可能性就触发启动机制;晚近也开始逐渐强调事先的预防,即当有不确定性风险的存在时就可能运转起来。相比较而言,绿色低碳发展与风险的预防的关联最为密切,因为它的本质是通过使用清洁的能源和原料,采用先进的工艺技术与设备、改善管理、综合利用等措施,在生产、流通和消费等过程中,降低消耗、减少损失、制止浪费,实现减量化、再利用和资源化,形成有利于加快节约资源和保护环境的产业结构、生产方式、生活方式、空间格局,从而加强生态文明建设,实现经济社会可持续发展。当然,必须认识到绿色低碳发展是一个系统工程,与污染控制和自然生态保护关系密切,所以它的运作机理理应是事先预防、事中控制和事后救济的有机统一。这就意味着,本编必然囊括许可、评估、信息公开等事先预防的安排,标

---

① 参见鄢德奎:《中国环境法的形成及其体系化建构》,载《重庆大学学报(社会科学版)》2020年第6期。

② 参见张忠民:《能源契约论》,中国社会科学出版社2013年版,第2页。

③ 参见王海芹、高世楫:《我国绿色发展萌芽、起步与政策演进:若干阶段性特征观察》,载《改革》2016年第3期。

准、考核、指标等事中控制的内容,以及激励、保障、责任等事后救济的设计。

总之,概括出这些逻辑表征可以充分回答如下三个问题:第一,本编应当放在污染控制编和自然生态保护编之后,而非第一编,因为其效益目标坚持从损害的填平到经济正向效益的增进,是“正的增加”。第二,本编对于公民个人、企业集体等市场主体提出了更高的要求,这点远高于污染控制编和自然生态保护编。因此,在社会演变的过程中,理应暂时采取以鼓励性为主的方式,辅之以义务性和责任性的规定,如此方能逐步延伸、推广开来。第三,本编与污染控制编和自然生态保护编密切关联,一来因为生态、环境、资源、能源等概念存在交叉和重叠,这就意味着它们的作用基点有共通之处;二来因为三编规制的皆是广义的环境行为(污染防控行为、自然生态保护行为、绿色低碳发展行为),只不过在流程的前中后段的分布、调控力度的强弱、主要目标的追求等方面存在一些差异,所以肯定有一些共性的成分。

三、环境法典绿色低碳发展编规范的共性表达

遵循上述的逻辑指引和逻辑表征,绿色低碳发展编在规范表达上存在共性:一来,它们虽然覆盖了经济运行的诸多环节和能源开发利用的全过程,但总有能源产品、领域、流程等方面的“公因数”可以提取,从而构成一般规定;二来,绿色低碳发展涉及污染防控和自然生态保护的行为与内容,所以本编会有一些条款与污染控制编和自然生态保护编相衔接。

(一)本编规范共性表达的集中承载体

在大陆法系,安排哪些规范作为一般规定,主要基于如下两个缘由:一是,一般规定是所有分则章节的抽象表述,并非某一分则的概括。二是,放在任何一个分则章节中都不合适的内容,也可以放到一般规定中。至于在确定所有规范的时候,是先一般规定再具体规定,还是先具体规定再一般规定,并无定数。事实上,往往是两者结合着来,并由本编的逻辑主线和核心概念所决定。绿色低碳发展编的核心概念是绿色低碳发展,其涵盖了循环发展和低碳发展的基本内涵,可以看作绿色、循环、低碳发

展简单形象的代名词,[①]它包含了生产、流通和消费等过程,涉及清洁能源和原料、先进工艺技术与设备、管理与综合利用等措施,关乎产业结构、生产方式、生活方式、空间格局等诸多领域,所以要把这些因素所关涉的一般性的法律规则固化下来。

1. 一般规定的编排

由此,一般规定理应包括如下内容:第一,绿色低碳发展的界定。这是最为抽象的概括,不仅解决了认知的问题,更是划定了本编适用的边界。第二,绿色低碳发展的定位,也即将其在国家战略、国家目标、国家义务、国家责任抑或方针政策等诸多定位中,找准坐标系,如此才能引出"政策的法律化"路径,从而解决其法律效力的判断。第三,绿色低碳发展的规划。规划是促进低碳发展科学有序进行的前提和基础,是对低碳发展进行评价、监测、监督的依据,[②]是最为一般的准则。第四,绿色低碳发展中最为核心、最为基础性的权利和义务。权利和义务是法律规范到法律关系再到法律责任的具有逻辑联系的各个环节的构成要素。[③] 因此,权利和义务是最为普适的一般性规定。需要特别说明的是,本编对于社会中的多元主体都提出了更高的要求,因此,在规范的设计上表现为一种绿色低碳发展的义务而非权利,这种表述的方式有"义务先定论"的意蕴,但并不意味着抛却了权利本位。第五,绿色低碳发展的标准。标准是决策、实施、评估、考核等环节的重要依据。作为一般性规定的绿色低碳发展标准,必须包括标准体系、温室气体排放标准、绿色低碳发展评价指标体系、绿色低碳产品认证目录、绿色低碳产品技术推广目录等内容;其中,对于产品认证和技术推广实行的目录制度是广义的标准的延伸拓展,是绿色低碳发展的重要抓手,可以普遍适用于生产、流通、消费等诸多环节。第六,绿色低碳发展的运作机制,也即主要运用哪些制度将其联结起来,从而确保绿色低碳发展在产业结构调整、生产生活方式重塑等领域有效运作。由此,理应包括节能机制、正向的激励机制、事后的考核机制、创新的管理机制等内容。第七,公众参与、信息公开、宣传教育等环境保护

---

① 参见杨春平、罗峻:《推动绿色循环低碳发展　加快国民经济绿色化进程》,载《环境保护》2015年第11期。

② 参见孙佑海等:《可持续发展法治保障研究》,中国社会科学出版社2015年版,第913页。

③ 参见张文显主编:《法理学》,高等教育出版社、北京大学出版社2011年版,第92页。

领域最受欢迎的工具箱。第八,国际交流与合作。绿色低碳发展因应了国家碳达峰碳中和的目标,是国内应对全球气候变化的重要法制举措,所以不可以忽视其国际属性。

2. 一般规定的要旨

在绿色低碳发展编的“小总则”设计中,建议对于上述编排的主要部分作如下的规定:第一,关于定位。绿色低碳发展是国家经济社会发展的一项重大战略,应当遵循统筹规划、合理布局、政府推动、市场导向、共同参与的方针。第二,关于规划。国务院和县级以上地方人民政府应当将绿色低碳发展工作纳入国民经济和社会发展规划、年度计划以及环境保护、产业发展、科学技术、区域开发等规划。第三,关于义务。国务院有关部门和地方各级人民政府应当采取有利于清洁生产、绿色流通、绿色消费等措施,促进绿色低碳发展。企业事业单位和其他生产经营者应当通过优先使用清洁能源,采取先进的技术等措施,降低资源消耗,减少废物的产生量和排放量,提高废物的再利用和资源化水平。个人应当增强绿色低碳发展意识,采取低碳、节俭的生活方式,自觉履行绿色低碳发展义务。第四,关于管理体制。国务院发展改革部门负责组织协调、监督管理全国的绿色低碳发展工作。国务院生态环境等有关主管部门,按照各自的职责,负责有关的绿色低碳发展监督管理工作。第五,关于标准体系和指标体系。国务院标准化主管部门会同国务院发展改革和生态环境等有关部门制定与完善清洁生产、绿色流通、温室气体排放等国家标准、行业标准,建立健全绿色低碳发展标准体系。国务院发展改革部门会同国务院统计、生态环境等有关部门建立和完善绿色低碳发展评价指标体系。第六,关于目录制度。国家对绿色低碳产品实行认证标识管理,具体产品实行目录管理。国家实行绿色低碳技术推广目录制度。第七,关于创新管理。各级人民政府发展改革部门和生态环境等有关部门应注重管理手段创新,通过行政合同、行政规划、行政指导、行政调解等方式,实施绿色低碳发展管理。

(二)与其他分编规范共性的主要体现

前已述及,绿色低碳发展编与污染控制编、自然生态保护编存在诸多共性,本质原因在于广义环境行为的延续性。深究起来,绿色低碳发展编与污染控制编的共性还突出体现在制度属性上的科技色彩以及义务主体上以企业为主体,而其与自然生态保护编的共性则主要体现在来源基础上的政策性以及实施主体上以政府为主导。

1. 与污染控制编

绿色低碳发展编科技属性强烈,这点与污染控制编高度类似。绿色发展与生态文明建设的关键首先是绿色科技创新,要有清洁生产技术,并找到越来越多的清洁能源。① 从本编重要内容之一的气候变化应对来看,更是如此。从学科分类看,气候变化问题具有典型的学科交叉特性,与环境工程、气象学、土地管理、自然资源管理等自然科学技术具有紧密关联。② 气候变化存在三类不同的风险:排放风险、直接风险、系统性风险。③ 风险的存在根源于科学的不确定性,也即它客观存在,但囿于科学水平的限制而无法被准确地预测和发现。④ 这就更加需要科技的发展和作用,这些在污染控制编亦是如此。大气质量的优劣、大气污染对人体健康、生态环境损害程度的判断,则完全需要以科学为基础的空气质量标准、环境基准以及损害评价技术指南等环境标准和技术规范。与此同时,两个分编的义务主体大都集中在企业。作为经济运行的主体,企业对碳减排和可持续发展有着义不容辞的责任。⑤

具体在规范的表达上,至少有如下的条款可能需要衔接:第一,绿色低碳发展编中的绿色低碳采购、绿色低碳办公、绿色低碳出行、一次性消费品限制等可能与污染防治编中的绿色采购和消费制度有关联,建议本编中有所侧重,从绿色低碳消费的角度予以规定。第二,绿色低碳发展编中的工业废物、工业废水、余热余压、建筑废物、生活垃圾、废旧电池、废塑料制品等循环利用的条款可能与工业污水、固体废物污染环境防治等内容有关联,建议本编中对于回收利用增加总括性的一般规定。

---

① 参见卢风:《绿色发展与生态文明建设的关键和根本》,载《中国地质大学学报(社会科学版)》2017年第1期。

② 参见李玉梅:《我国气候变化法立法刍议》,载《政法论坛》2015年第1期。

③ 参见中国国家气候变化专家委员会、英国气候变化委员会:《中—英合作气候变化风险评估——气候风险指标研究》,中国环境出版集团2019年版,第7页。

④ 参见王明远、金峰:《科学不确定性背景下的环境正义——基于转基因生物安全问题的讨论》,载《中国社会科学》2017年第1期。

⑤ 参见周键、刘阳:《制度嵌入、绿色技术创新与创业企业碳减排》,载《中国人口·资源与环境》2021年第6期。

2. 与自然生态保护编

绿色低碳发展编与自然生态保护编的重要来源之一便是政策。我国的《清洁生产促进法》和《循环经济促进法》等环境立法，即是由清洁生产政策、循环经济政策等转化而来的“政策型立法”。[①] 如若付诸实施，还需要“政策的法律化”予以推进，这点与自然生态保护编很是类似。我国现行关于自然保护地的规则体系，主要是由中央宏观政策体系和部分地方试点立法构成。[②] 与此同时，这两个分编在实施上也都是以政府为主导的。绿色低碳发展编对于社会主体科以更为严格的环保义务，理应由公权主体作出表率并强调其监管、规制等主导性作用，在对于能源监管生态目标维度的追寻上扮演更为精准的角色，这点与自然生态保护法也很类似，因为后者最为重要的作用载体是土地，而其主要手段则是通过政府对指定地域一定的开发行为予以控制，规定限制土地所有者权限、私权及其调整措施、损失补偿及收买土地等措施从而实现自然生态保护的目的。[③]

具体在规范的表达上，至少有如下的条款可能需要衔接：第一，绿色低碳发展编中的诸多内容都与自然生态保护编中的林业草原碳汇、碳减排和碳增汇等密切关联，建议前者强调碳排放权交易和碳普惠制度的建立健全，以此与后者相区别。第二，本编中农业清洁生产、农业领域和林草领域的循环利用等与自然生态保护编中的生产要素的利用管控与保护改善的部分内容关联度大，建议前者侧重清洁生产的规划与指南的确定、循环利用的强制性标准的建立与基地的建设，从更为普适的角度构筑清洁生产和循环利用机制。

四、环境法典绿色低碳发展编规范的特性表达

绿色低碳发展编是中国环境法典在新时代所做的新创设，是向国人和世界展示中国环境法制的亮丽名片。最为重要的是，它体现了我们依托环境法制实现可持续发展的中国智慧，提供了从环境法典的角度实现碳达峰碳中和的中国方案，提出了通过环境法制构建人类命运共同体的时代倡议。

---

① 参见刘超：《生态空间管制的环境法律表达》，载《法学杂志》2014 年第 5 期。

② 参见刘超：《自然保护地体系结构化的法治路径与规范要义》，载《中国地质大学学报(社会科学版)》2020 年第 3 期。

③ 参见汪劲：《环境法学》，北京大学出版社 2018 年版，第 228 页。

(一)相较于其他分编规范的特性展示

绿色低碳发展编规范的特性展示主要体现在两个方面:一是内容上,作用的基点、覆盖的领域等与另外两编不同;二是形式上,立法的技术、条款的性格与另外两编迥异。

1. 全流程的经济闭环

绿色低碳发展编涵盖了清洁生产、绿色流通、绿色低碳消费、绿色能源、气候变化应对、绿色低碳发展国际合作、行政法律责任等章节,对于既有的清洁生产法、循环经济促进法、可再生能源法、节约能源法等立法进行了优化和整合。其作用的基点是能源,具言之,主要是能源的开发利用等全流程中与环境保护密切关联的节点,覆盖到了生产、流通和消费等诸多环节,力争实现"从摇篮到坟墓"全流程的经济闭环。这点不同于污染控制编,该编作用的基点是不同的环境要素,覆盖的领域是不同的污染类型;也不同于自然生态保护编,该编的作用基点是不同的生态要素,覆盖的领域是自然生态保护中的重要举措。

在全流程的经济闭环中,立足中国国情,本编在绿色流通章节中特别强调了绿色物流,包括了绿色快递物流包装、绿色运输和绿色仓储 3 个主要条款,建议规定为:快递物流服务提供者和寄件人应当优先使用可降解、可重复利用的环保包装材料。国家鼓励快递物流服务提供者采取措施回收包装材料,实现包装材料的减量化和再利用。国家鼓励开发、生产和推广绿色物流运输工具,加强绿色物流运输工具的配套服务设施建设,实行老旧物流运输工具的报废、更新制度。国家鼓励和支持在物流园区、大型仓储设施应用绿色建筑材料、节能技术与装备,推进能源合同管理等节能管理模式。

2. 倡导性的规范指引

绿色低碳发展编对于社会主体提出了更为严苛的要求,这些绿色的生活和消费方式近乎属于更高的道德性规范,属于"软约束",它虽然不具有强制实施的法律效力,但是它们对于改变人的理念、影响人的行为,进而解决环境问题还是具有法律效果的。[①] 必须说明的是,按理说法律

---

① Daniel Bodansky, *The Art and Craft of International Environmental Law*, Harvard University Press, 2010, p. 253.

应当最大化地为人们的自由创设行动的空间和保障的措施,因何在此处予以适度地限制呢?归根结底,这是由环境权的复合属性所决定的。如欲保障人们享有在健康、舒适和优美的环境中生存和发展的权利,必然建立在多数人一定程度的不自由之上,否则可能会出现集体无理性情形,最终损害所有人环境权的享有和行使。事实上,倡导性的规范指引相较于强制性的义务规定,可能更能起到"四两拨千斤"的妙用,因为采取多样化、弹性化的环境管制方式对于协调经济发展和建构低碳社会的矛盾,实现经济效益和社会效益的双赢至关重要。①

本编的规范基本上都是倡导性的指引,在用语上多采用"鼓励、支持、表彰、奖励、引导"等词语,慎用"应当、禁止、不得"等词语。此外,考虑到法律指引功能的发挥,结合已有的立法规定,对于违反信息公开、违反强制性清洁生产审核、违反强制回收要求、违反绿色低碳消费、违反碳排放权交易相关规定、违反温室气体排放报告相关规定、违反清洁能源经营相关规定等情形,科以相关单位和个人以行政法律责任。需要强调的是,普通公民个人暂不作为上述情形的责任主体予以追究法律责任,行政机关工作人员、相关单位责任人员除外。

(二)本编规范的中国特性与时代意蕴

法的"各种特殊规定性与一个民族或者一个时代的特殊性相关联,共同构成一个整体"②。绿色低碳发展编正是如此,它深具中国特性和时代意蕴,是在环境法典中对于碳达峰碳中和目标的集中追求,并在全球范围内再次重申构建人类命运共同体的倡议。

1. 碳达峰碳中和的中国方案

2020 年 9 月 22 日,习近平主席在第七十五届联合国大会一般性辩论上提出:"中国将提高国家自主贡献力度,采取更加有力的政策和措施,二氧化碳排放力争于 2030 年前达到峰值,努力争取 2060 年前实现碳中和。"并于同年 12 月 12 日在气候雄心峰会上进一步宣布:"到 2030 年,中国单位国内生产总值二氧化碳排放将比 2005 年下降 65% 以上。"碳达

---

① 参见庄汉:《论构建"低碳社会"的环境法治进路》,载《武汉大学学报(哲学社会科学版)》2010 年第 5 期。

② 参见[德]黑格尔:《法哲学原理》,杨东柱、尹建军、王哲编译,北京出版社 2007 年版,第 2-3 页。

峰碳中和的庄严承诺,是我国积极参与全球环境与气候治理的表现,体现了负责任大国的担当。“双碳”目标的实现并非一蹴而就,须进行从国际承诺往国内政策到国内法律再到行动方案等多重的转化和落实;还需要全社会的共同参与;完备的绿色低碳法律规范体系的形成、良好运作还需要与党内法规体系、社会规范体系、道德规范体系协同推进。[①] 法治作为规则之治、制度之治和程序之治,不可或缺。在气候变化立法、能源法等暂未出台的情况下,作为综合性系统性回应气候变化、能源开发利用的环境法典之绿色低碳发展编,理应担起重任,在“双碳”目标的分解、低碳经济的建立、绿色发展的促进等诸多方面提供实质性的制度安排。

从绿色能源发展上看,有必要强调如下的条款建议:第一,绿色能源资源调查,国务院能源主管部门负责组织和协调全国绿色能源资源的调查,并会同国务院有关部门组织制定资源调查的技术规范。国务院有关部门在各自的职责范围内负责相关绿色能源资源的调查,调查结果报国务院能源主管部门汇总。第二,可再生能源开发利用总量目标,国家将可再生能源的开发利用列为能源发展的优先领域,通过制定可再生能源开发利用总量目标和采取相应措施,推动可再生能源市场的建立和发展,同时,国务院能源主管部门需要根据全国能源需求与可再生能源资源实际状况,制定全国可再生能源开发利用中长期总量目标,报国务院批准后执行,并予公布。国务院能源主管部门则可根据前款规定的总量目标和省、自治区、直辖市经济发展与可再生能源资源实际状况,会同省、自治区、直辖市人民政府确定各行政区域可再生能源开发利用中长期目标,并予公布。第三,绿色能源发展保障,国家加强对绿色能源发展工作的资金投入,鼓励社会资本参与发展绿色能源投资,促进发展绿色能源投资多元化,并可通过国务院及其有关部门制定的发展绿色能源的产业政策、技术开发和推广政策、财政税收政策,引导金融机构增加对绿色能源产业发展的信贷支持。[②] 第四,节能技术产品扶持政策。国家对生产、使用列入节能推广目录的需要支持的节能技术、节能产品,实行税收优惠等扶持政策。国家通过财政补贴,支持节能产品的推广和使用。

---

① 参见杨解君:《实现碳中和的多元化路径》,载《南京工业大学学报(社会科学版)》2021年第2期。

② 参见张忠民:《环境法典绿色低碳发展编对可持续发展理念的体系回应与制度落实》,载《法律科学(西北政法大学学报)》2022年第1期。

2. 人类命运共同体构建倡议

2015 年 9 月 28 日，习近平主席在第七十届联合国大会一般性辩论时发表了《携手构建合作共赢新伙伴，同心打造人类命运共同体》的讲话；2017 年 1 月 18 日，习近平主席在联合国日内瓦总部又发表了《共同构建人类命运共同体》的演讲。这些无不在强调同为地球村村民，全人类应该命运与共、携手前行，共同应对气候变化等全球性环境问题。绿色低碳发展编聚焦气候变化，最能体现人类命运共同体构建的倡议：一来，共谋全球生态文明建设，共建清洁美丽世界，共求绿色低碳发展，是中国和世界各国人民的共同追求。二来，气候变化法律制度体系应当是一种应对气候变化的国家集体行动规则，若没有这样一种应对气候变化的国家集体行动规则以及全球的通力合作，应对全球气候变化只能是一种空谈。①

本编专门设置了气候变化应对和绿色低碳发展国际合作两个章节。在气候变化应对章节规定重点有适应气候变化、减缓气候变化、碳汇能力建设、碳排放权交易等条款；绿色低碳发展国际合作一章则具体涵盖了国际合作原则、国际合作主体、绿色能源国际合作、绿色产品国际贸易、绿色金融国际合作、基础设施国际合作、科技交流国际合作、教育培训类国际合作、清洁生产国际合作、绿色流通国际合作等条款。比如关于国际合作主体，建议重视多元主体的参与，表述为"国家应当推动绿色低碳发展领域的国际合作，引导和支持企业、科研机构、行业协会、个人等参与应对气候变化的国际合作"。

五、结论

绿色低碳发展编应当承继和细化环境法典的编纂逻辑，将可持续发展落实和聚焦在经济的可持续之上，与污染控制编和自然生态保护编一道，共同促进经济、社会和环境的可持续。因此，在本编编纂逻辑的指向上有两个特点：一是经济的可持续体现在观念立场上从局部到整体的转变；二是经济的可持续在适用对象上从单一的环境要素到多元的环境要素及其支撑的经济系统发生演化。在编纂逻辑的表征上则有三个趋势：

---

① 参见陈贻健：《气候正义论——气候变化法律中的正义原理和制度构建》，中国政法大学出版社 2014 年版，第 258 页。

其一,效益目标从损害的填平到经济正向效益的增进;其二,作用领域上从单一的环节到能源开发利用全流程;其三,运作机理上从事后治、事中控到事先防的相统一。

循此逻辑,绿色低碳发展编须编排一般规定作为本编的“小总则”,集中承载本编规范表达的共性,大致安排绿色低碳发展的界定、定位、规划、管理体制、义务、标准、运作机制、公众参与、国际合作等内容。绿色低碳发展编与污染防治编的共性,主要体现在制度属性上的科技色彩和义务主体集中在企业两个方面,两者在绿色采购、固体废物处置等方面存在衔接。绿色低碳发展编与自然生态保护编的共性主要表现为来源基础上的政策性以及实施主体上的政府主导性,两者在林业草原碳汇、农业清洁生产等方面存在衔接。相较于其他分编,绿色低碳发展编的规范表达特性十足,不仅涵盖了生产、流通、消费等全流程的经济闭环,而且通过倡导性的规范指引,对社会主体的环保义务作了适度的提升。更为重要的是,它具有鲜明的中国特性与时代意蕴,提供了从环境法典的角度实现碳达峰碳中和的中国方案,提出了通过环境法制构建人类命运共同体的时代倡议。

5.3 绿色低碳发展编中的绿色低碳能源促进机制*

能源资源的开发利用和能源产业的发展,不仅对生态环境具有显著影响,而且也是影响"双碳"目标实现的重要因素之一。因此,适应生态文明建设内在要求的绿色低碳能源促进机制,是实现绿色低碳发展的必要前提;作为环境法律体系化中最重要的环境法典,也必须对能源开发利用和能源产业发展的生态环境影响给予足够的关注。在编纂环境法典的过程中,与污染控制、自然生态保护等方面密切相关的能源法律内容的体例编排和文本呈现,是必须解决的问题。这既需要厘清将能源法相关内容纳入环境法典的内在逻辑,又需要借鉴有关国家的成熟经验,从而为环境法典编纂提供支持。

一、环境法典视角下的能源法规范

将能源法中对生态环境保护,特别是对于实现绿色低碳发展具有重要相关性的内容纳入环境法典,是基于法治手段实现绿色低碳发展的必然要求。以何种标准在环境法典的绿色低碳发展编中吸纳能源法规范,就成为一个前提性问题。

(一)绿色低碳能源促进机制之于环境法典的意义

由于能源法在内容和制度建构的理路上既与污染控制和自然生态保护法存在显著区别,又与这两者之间存在千丝万缕的联系,因而处理好其与环境法典之间的内洽性问题就尤为重要。

能源资源的开发利用既是推动人类文明发展的必要活动,也是工业

---

* 于文轩,中国政法大学民商经济法学院教授。本部分原载于《政法论坛》2022 年第 2 期,收入本书时有部分修改。

革命以来产生越发严峻的现代意义上的环境污染和生态破坏问题的重要成因。能源资源在很多情境下同时属于生态要素,因而其开发利用与生态环境保护和经济社会可持续发展之间的张力是内生性的。也正因如此,环境法对能源开发利用影响的关注由来已久。现有的能源立法也从不同层面、不同侧面、不同角度对生态环境保护作出了相应的制度安排,这些法律规定构成了绿色低碳能源促进机制的核心内容。概言之,绿色低碳能源促进机制是指为了应对能源开发利用和能源产业发展对生态环境产生的负面影响而在法律层面就可再生能源促进、能源效率管理、应对气候变化等方面作出的规定。

在积极推进"双碳"目标的背景下,由于环境法典的"绿色低碳发展编"旨在基于法治手段实现减碳乃至零碳,因而从立法目的角度讲,绿色低碳能源促进机制理应成为环境法典的必要组成部分,即环境法典适应碳达峰碳中和目标的要求,不但要关注作为传统内容的污染防控和自然生态保护,而且基于可持续发展的内在要求,还要特别关注社会经济发展路径的低碳化。绿色低碳能源促进机制对于践行低碳发展路径具有极为重要的意义,因而成为这一编中不可或缺的内容。

(二)适度法典化对能源法规范的要求

吸纳绿色低碳能源促进机制方面的内容,并不意味着环境法典应当完全覆盖能源法的内容。为此,就需要遵循适度法典化的要求,依据适当的标准将能源法的相关内容纳入环境法典,这一标准可从如下四方面展开。

第一,以环境法典的目的为指引。无论是污染控制、自然生态保护方面的内容,还是绿色低碳发展方面的内容,在纳入环境法典的过程中均需要与环境法典的目标相适应。目前基本达成共识的环境法典的目标包括防治污染和其他公害、保护和改善生态环境、保障公众健康、维护生态安全、促进绿色低碳发展等几个方面。因此,纳入绿色低碳发展编的能源法规范应当与污染防治和生态保护的要求相关,同时还应当排除与上述目标不同的内容。

第二,与低碳路径具有相关性。能源法治与社会经济发展具有天然的关联性。自人类社会进入工业化阶段以来,高碳发展的模式在为人类社会创造日益丰富的物质财富的同时,也成为人类社会目前面临生态危机的主要原因。在此背景下,基于低碳路径的低碳经济,便成为推进生态文明建设的必经之途。低碳经济,即以对碳基能源的低消耗、对清洁能源和可再生能源的充分利用以及对碳中和等降碳技术的密集使用为特征的可持续发展模式。[①] 环境法典应围绕"低碳"这一核心线索规定能源法的相关内容。

第三,具有成熟的法律基础。无论是在我国还是其他国家,能源法均具有较强的政策性特征。作为环境法律体系化最高表现形式的环境法典,在接纳能源法这一显著特征时,亦应坚持适度法典化进路的基本原则,将相对稳定的法律制度和法律措施纳入法典,而具有高度政策性和变动性的内容,则不宜纳入,或者应以科学的立法技术,使其以适当的形式概括性地融入环境法典中。

第四,侧重能源资源的低碳利用。在编纂环境法典的过程中,应当特别注意"绿色低碳发展编"与"污染控制编"、"自然生态保护编"之间的衔接关系。从物质属性看,很多能源品种既具有生态属性,也具有资源属性。譬如,森林既是一种生态系统,又是一种碳汇。[②] 从立法技术讲,对于具有多重属性的能源品种,在"污染控制编"和"自然生态保护编"应着重关注其生态属性侧面,而在"绿色低碳发展编"则应关注其资源属性侧面,围绕能源资源(品种)的开发利用,依照绿色低碳发展的要求进行制度设计。

二、以绿色低碳发展为中心的能源法治基础

可再生能源促进、能源效率管理和应对气候变化不仅是绿色低碳发展的最核心能源法律制度,也在一些国家的环境法典中有诸多体现。这些国家在这些方面的有益经验,对我国环境法典中"绿色低碳发展编"的科学编纂具有借鉴意义。

(一)环境法典中的绿色低碳能源促进法律规范

绿色低碳能源促进机制的内容在一些国家的环境法典中多有体现。

---

① 参见于文轩:《面向低碳经济的能源法制研究》,中国社会科学出版社 2018 年版,第 3 页。

② 除森林碳汇外,碳汇还包括耕地碳汇、草原碳汇、海洋碳汇等。

《瑞典环境法典》将促进能源再利用的规定直接纳入法典目的条款,[①]开篇即明确了促进可持续发展的立法目的,并要求确保"材料、原材料和能源的再利用、循环利用以及其他管理模式得到鼓励,以期建立和维持自然循环"。在"一般原则"中,该法也规定能源节约和优先使用可再生能源,要求"从事某项活动或采取某种措施的人员,应当节约原材料和能源,并尽可能实现再利用和循环利用。可再生能源应当得到优先使用"。相关内容在土地与水域管理方面的内容中也有涉及。[②]

《法国环境法典》要求国家每年发布污染物质排放清单和能源消耗清单,制定大区气候、空气与能源纲要草案,其中需要考虑温室气体排放清单、能源平衡、可再生能源潜力和能源回收潜力评估、提高能源效率评估等因素,并要求制订大区能源效率计划。该法第四章"国家预防空气污染和合理利用能源的技术措施"中要求防止和减少空气污染,并要求合理利用能源的措施必须有助于实现空气质量标准;以减少能源消耗、限制污染物质排放源为目标,确定政令适用范围;同时还规定了促进能源效率和节约能源方面的具体内容。涉及应对气候变化的内容主要规定在第九章"温室效应"部分。[③]

绿色低碳能源促进机制在其他国家的环境法典中也有规定。《意大利环境法典》主要在第五部分"空气保护和大气减排"中规定了能源效率管理和气候减排的相关内容,针对向大气产生污染物排放的设备设定排放限值,并就燃料的使用条件、促使燃料利用率最大化作出了规定。[④] 在《菲律宾环境法典》中,相关内容规定在自然资源管理与保护部分,[⑤]其第五章"能源开发"规定了能源开发政策、能源开发措施以及能源开发的安全措施三方面内容。[⑥]

---

① 参见李艳芳、田时雨:《比较法视野中的我国环境法法典化》,载《中国人民大学学报》2019 年第 2 期。

② 《瑞典环境法典》第一编第一章第 1 条、第二章第 5 条、第三章第 8 条、第三章第 10 条,参见《瑞典环境法典》,竺效等译,法律出版社 2018 年版,第 3、6、9 页。

③ 《法国环境法典》第 L221 – L224 条,参见《法国环境法典(第一至三卷)》,莫菲、刘彤、葛苏聃译,法律出版社 2018 年版,第 236 – 238、240 – 241、243 – 244、248 – 249 页。

④ 《意大利环境法典》第 291、294 条,参见李钧:《一步之遥:意大利环境"法规"与"法典"的距离》,载《中国人大》2018 年第 1 期。

⑤ 参见岳小花:《菲律宾的环境法典化及启示》,载《中国人大》2018 年第 9 期。

⑥ 《菲律宾环境保护法典》第 36 – 38 条,参见《菲律宾环境保护法典》,岳小花译,法律出版社 2020 年版,第 25 页。

(二)可再生能源促进机制

在典型国家有关绿色低碳发展的立法中,关于可再生能源促进的主要内容包括可再生能源发展规划、绿电促进措施、资金支持机制等方面。

促进可再生能源利用,是欧盟能源政策的重要目标之一。欧盟委员会《2030年气候与能源政策框架》规定,到2030年,欧盟将在1990年的基础上减排至少40%,这是一项具有约束力的目标。① 在欧盟,促进可再生能源利用的措施分为两大类:一类是支持计划,如长期保护性电价、绿色证书、招标制度和税收优惠等;②另一类是温室气体排放配额交易计划(EU-TS)。③

德国关于可再生能源促进的措施较为典型。德国积极发展风电和可再生能源技术,以固定上网电价为核心,长期稳定扶持政策,提高电力系统的灵活度以应对可再生能源的波动性,着重电网优化措施。④ 德国通过总量目标的方式推动可再生能源的开发利用,⑤其2021年《可再生能源法》(EEG-2021)将2030年的可再生能源的总量目标由50%提高到65%,规定到2038年关闭所有燃煤发电厂,2050年生产和使用的所有能源都不再排放温室气体。⑥

其他国家在促进可再生能源方面也有诸多举措。美国2005年《能源政策法》就能源开发利用规划作出了规定,其中涉及绿色低碳发展的内容主要包括氢能开发利用、能源基础设施建设、电力标准、可再生燃料等

---

① 参见2018年12月11日《欧洲议会和理事会关于促进可再生能源使用的(EU)第2018/2001号指令》[DIRECTIVE(EU)2018/2001 OF THE EUROPEAN PARLIAMENT AND OF THE COUNCIL of 11 December 2018 on the promotion of the use of energy from renewable sources]。

② 参见杨解君主编:《欧洲能源法概论》,世界图书出版广东有限公司2012年版,第103-104页。

③ 2003年,欧盟颁布了关于建立温室气体排放权交易体系的2003/87/EC指令,为EU-ETS的实施提供了法律基础。参见李艳芳、张忠利:《欧盟温室气体排放法律规制及其特点》,载《中国地质大学学报(社会科学版)》2014年第5期。

④ 参见朱彤、王蕾:《国家能源转型:德、美实践与中国选择》,浙江大学出版社2015年版,第125-137页。

⑤ 参见曹治国:《德国分布式能源立法及其启示》,载《清华法治论衡》(第24辑),清华大学出版社2015年版。

⑥ 参见王永杰、王若男:《德国〈可再生能源法〉(EEG-2021)的最新进展及对我国的启示》,载《中外能源》2021年第6期。

方面。加拿大为确保清洁技术获得足够的资金支持,设立了清洁能源基金,为最新的气候计划提供了超过15亿美元的资金支持,主要用于清洁能源的开发。①

(三)能源效率管理制度

提高能源开发利用效率,是推进绿色低碳发展的重要途径。综观各国实践,关于能源效率管理的目标、标准、标识、政策支持等方面的法律机制,是开展能源效率管理的重要依据。

在能源效率目标方面,以欧盟为例,其《能源联盟与气候行动治理条例》(EU2018/1999)②是关于能源效率目标制度的基本法,其中规定了减碳、可再生能源、能源效率、能源安全、国际能源市场以及研究、创新与竞争力等方面的内容。根据该条例,成员方应以2020年一次能源消费和最终能源消费的绝对水平以及2030年一次能源消费和最终能源消费的绝对水平计算其能源效率提升情况。

能源效率标准以美国的"能源之星"制度为典型。该制度是一项确认并推广节能产品和建筑的自愿计划,通过对达到最高节能标准的产品和建筑采用自愿贴标签标明或其他方式来降低能源消耗,实现能源高效利用,减少环境污染。③"能源之星"适用范围从最初的计算机设备,先后延伸至办公设备、家用设备、商业领域等,且至今仍在不断扩大,甚至附带新功能或新结构的产品也涵盖其中。④

日本实行的能源效率"领跑者"制度,是其《节约能源法》确立的典型的能源效率标识制度,旨在刺激技术进步和提升能效水平。⑤"领跑者"的确立要求厂家生产的商品均须超过现有商品的同类产品中节能性最好

---

① *Clean Fuels - Fueling the Future* ,Canada. ca(October 29,2021), https://www. nrcan. gc. ca/our - natural - resources/energy - sources - distribution/clean - fuels - fueling - the - future/23735.

② 该条例于2021年7月29日作了修订。

③ 美国2005年《能源政策法》第131条。

④ 参见何俐娟、董建朋、余靖:《美国能源之星标准的影响及有效介入启示》,载《标准科学》2020年第9期。另见"能源之星"网站关于该制度适用范围的说明,*List of ENERGY STAR Energy Efficient Products*,energy star,https://www. energystar. gov/products/products_list,最后访问时间:2022年1月27日。

⑤ 参见于文轩、冯瀚元:《"双碳"目标下能效"领跑者"制度的完善路径》,载《行政管理改革》2021年第10期。

的产品。[1] 在实施这一制度的领域中,依照当时最先进水平和对技术进步的合理预测制定的节能指导性标准,在5年之后则会转变为强制性标准,达不到该标准的产品即被禁止销售,同时出台新的指导性标准。[2] 我国目前对部分用能产品实行能源效率"领跑者"制度。

在政策支持方面,欧盟以国家援助的形式促进对能源效率的投资,以实现《能源效率指令》的目标。为此,欧盟出台了《关于豁免标准的解释》,其中涵盖了可以适用国家援助的七个领域,具体包括:高效热电联产投资援助;促进可再生能源的投资援助;促进可再生能源发电的业务援助;在小规模设施中推广可再生能源的业务援助;降低环境税;促进节能区域暖气和降温的投资援助;能源基础设施投资援助。[3]

(四)应对气候变化相关法律规范

为有效应对气候变化,一些国家制定了专门立法。英国2008年《气候变化法》是世界上第一部应对气候变化的专门立法,该法明确了碳减排的中期和长期目标,建立了气候变化风险评估制度和碳预算制度,设立了气候变化委员会(Committee on Climate Change)并明确其职责和权限,确立了碳排放交易体系。美国2006年《加利福尼亚州全球变暖解决方案法》明确了该州温室气体减排目标,规定了温室气体排放强制报告制度,并建立了基于市场的履约机制。此外,美国九个东海岸州为了建立碳排放交易市场,还形成了区域温室气体行动计划(Regional Greenhouse Gas Initiative)。[4] 2021年6月,欧洲理事会正式通过《欧洲气候法》,设定了远期气候治理目标,建立了完备的评估监督机制,并规定了健全的公众参与机制。

还有国家在环境法典中就应对气候变化作出了规定。《法国环境法典》中涉及应对气候变化的内容主要规定在第二卷第二编第九章"温室

---

① 参见陈海嵩:《日本的节能立法及制度体系》,载《节能与环保》2010年第1期。

② 参见赵爽:《能源变革与法律制度创新研究》,厦门大学出版社2012年版,第142页。

③ 参见2008年8月9日《欧洲委员会(EC)关于宣布适用〈条约〉第87、88条符合共同市场要求的特定援助类别的第800/2008号条例》[COMMISSION REGULATION (EC) No. 800/2008 of 6 August 2008 declaring certain categories of aid compatible with the common market in application of Articles 87 and 88 of the Treaty]。

④ Joseph P. Tomain & Richard D. Cudahy, *Energy Law*, West, 2011, p. 542 – 543.

效应”之中，主要内容包括：设置国家气候变暖效应观察站；明确温室气体排放配额，并需要按要求取得温室气体排放许可；建立温室气体排放量表，制定领土气候—空气—能源计划；搜寻适合二氧化碳地质储存的地下结构；二氧化碳运输和储存管理等。此外，该法典还规定了国家低碳发展战略，要求国家、地方政府及其各自的公共机构在制定对温室气体排放有重大影响的计划和规划文件时应考虑低碳战略，并规定国家温室气体排放总量的上限。①

三、绿色低碳能源促进机制在环境法典中的法技术安排

我国编纂环境法典应采用适度法典化的模式。② 在此模式下，围绕绿色低碳发展的能源法规范的内容应采用适当的体例进行编排，并根据不同的情况，从相关方面作出概括性或者具有可操作性的规定。

（一）基于适度法典化要求的体例编排

适度法典化模式要求法典文本采用“总—分”式框架结构，法典与相关领域的单行法并行实施。③ 在目前开展的环境法典编纂中，对这一编纂模式已基本达成共识，并已基本形成总则编、污染控制编、自然生态保护编、绿色低碳发展编、生态环境责任编的五编体例。从文本结构看，与绿色低碳发展相关的能源法规范应主要规定在绿色低碳发展编。同时，由于能源法规范与其他编的内容存在不同程度的关联性，因而在相关篇章的内容中也应有所体现。

从体例编排的角度看，典型国家的环境法典均以开放而审慎的态度处理与能源法规范之间的关系。法国、意大利、瑞典、菲律宾等国家的环境法典均包含了与绿色低碳发展相关的能源法规范。《法国环境法典》专门规定了能源利用条款和应对气候变化条款；《意大利环境法典》在关

---

① 《法国环境法典》第 L221 – L224、L229 条，参见《法国环境法典（第一至三卷）》，莫菲、刘彤、葛苏聃译，法律出版社 2018 年版，第 236 – 238、240 – 241、243 – 244、248 – 249、268 – 270 页。

② 关于编纂环境法典采用适度法典化模式的原因，参见吕忠梅：《环境法典编纂：实践需求与理论供给》，载《甘肃社会科学》2020 年第 1 期。

③ 参见于文轩、牟桐：《生态文明语境下环境法典的理性基础与法技术构造》，载《湖南师范大学社会科学学报》2020 年第 6 期。

于"燃料"的规定中包含关于能源利用和能源效率的事项;能源法规范在《瑞典环境法典》中表现出更高的融合度,该法将促进能源再利用的规定直接列入法典目的条款,节约能源与可再生能源的优先使用也出现在一般原则中,并且在土地与水域管理的内容中也有相关规定。[①] 这些内容并非这些国家法律体系中关于能源和应对气候变化的全部内容,而是将与生态环境保护相关的内容纳入其中。环境法典中这些方面的内容大多基于法典目标而"撷取",由此形成了环境法典与相关领域的专门立法各有分工又有机衔接的协作模式。

我国环境法典编纂可以有选择地借鉴这些国家的经验。"撷取"的标准,就是上述吸收能源法规范的四方面条件:符合环境法典的目的;与低碳路径具有相关性;具有成熟的法律基础;侧重能源资源的低碳利用。"总则编"可主要从基本原则的角度体现绿色低碳能源促进机制的要求,同时在基本制度层面纳入绿色低碳发展的考虑;"污染控制编"可从预防能源开发利用产生污染的角度纳入相关内容;"自然生态保护编"可从生态系统功能保护的整体主义视角作出规定;"绿色低碳发展编"作为规定绿色低碳能源促进机制的"主阵地",从各主要方面作出较为详细的规定。

在《生态环境法典专家建议稿(草案)》的总则编,一方面,可在立法目的条款中明确可持续发展原则,为绿色低碳能源促进机制提供基本遵循,使得能源资源开发利用及其法律规制,在可持续发展原则的代际公平、代内公平、资源与环境的可持续利用、环境与发展的一体化四个方面均有显著体现。[②] 在篇章结构上,这一原则主要体现在总则编的制度安排以及诸分则编中与绿色低碳发展衔接的内容之中。另一方面,环境法上的一些基本法律制度与能源产业的绿色低碳发展密切相关,这一相关性应尽可能地体现在环境法典之中。

在《生态环境法典专家建议稿(草案)》的污染控制编,与能源开发利用相关的内容主要体现为对各能源品种的开发利用活动可能引起的环境污染的预防以及引发环境污染之后的控制。这一方面体现为相关活动对

① 参见李艳芳、田时雨:《比较法视野中的我国环境法法典化》,载《中国人民大学学报》2019 年第 2 期。

② 参见于文轩:《面向低碳经济的能源法制研究》,中国社会科学出版社 2018 年版,第 32 - 35 页。

水、大气、土壤等生态要素的影响,另一方面也可能体现为向生态环境排放固体废物、噪声等污染物,从而造成环境污染。因能源开发利用产生的新型的生态环境问题,在环境法典中也应当予以充分的关注。在体例安排上,污染控制编中关于能源开发利用的内容可以融入相应的条款中,不宜单列条款作出规定。

《生态环境法典专家建议稿(草案)》的自然生态保护编侧重对能源品种或其赋存的生态环境作为一种生态要素或者碳汇的生态属性的保护,绿色低碳发展编则更应侧重其作为资源的可持续利用。尽管森林、草原、土壤、海洋等领域的生态保护可以创造碳汇,但从立法目的的角度讲,创造碳汇是生态保护的效果(而非主要目标),基于推动绿色低碳发展主旨的制度和措施与应对气候变化的目标更为契合,因而应将应对气候变化主要规定于"绿色低碳发展编"。

(二)以低碳路径为中心的制度建构

环境法典的绿色低碳发展编还应从可再生能源促进、能源效率管理、应对气候变化等方面展开,在绿色低碳能源促进机制方面作出规定。

在可再生能源促进方面,应从可再生能源开发利用和可再生能源发展保障两个方面作出规定。在可再生能源开发利用方面,鼓励和支持清洁、高效地发展可再生能源;建立可再生能源消纳综合监管机制,加强可再生能源生产与供应的安全保障,健全可再生能源市场机制,促进可再生能源的高效利用;特别地,应支持农村地区的可再生能源开发利用,结合农村资源条件和用能习惯,因地制宜推广利用可再生能源。在可再生能源发展保障方面,应保障可再生能源发展工作的资金投入,鼓励社会资本参与发展可再生能源投资,促进发展可再生能源投资多元化,并制定有利于发展可再生能源的产业政策、技术开发和推广政策、财政税收政策,鼓励对可再生能源产业发展的信贷支持。

加强能源效率管理对推进绿色低碳发展至关重要。因此,应特别关注节能技术产品扶持政策、能源需求侧管理和能源效率"领跑者"制度。在我国,能源效率管理主要体现为节能管理。[①] 环境法典可以循此惯例,规定对生产、使用列入节能推广目录的节能技术、节能产品,实行税收优

---

① 因此,我国《节约能源法》事实上也是目前开展能源效率管理的基本法律依据。

惠等扶持政策;国家通过财政补贴,支持节能产品的推广和使用。在能源需求侧管理方面,可通过财税、价格等政策,加强能源利用和工业领域的需求侧管理,提高能源利用效率。在能源效率"领跑者"制度方面,可以借鉴日本经验,同时考虑我国能源效率管理的实际需要和最新进展,扩大该制度的适用范围,从而为能源效率管理的有效实施提供长效机制。[①]

在应对气候变化方面,可主要从适应和减缓两个方面作出规定。在"适应"方面,环境法典可以规定,国家制定适应气候变化的战略、政策和规划,建立气候变化风险评估与信息共享机制,完善监测预警机制和灾害应急机制,鼓励开展适应气候变化的科学研究和技术开发,预防和减轻气候变化的不利影响,提高适应气候变化的能力;同时要求将适应气候变化纳入行业发展战略和规划,采取有针对性的措施,提高适应气候变化的能力。在"减缓"方面,可以明确要求采取优化产业结构和能源结构、发展清洁能源和可再生能源、节约能源和提高能源效率的措施,制定减缓气候变化的战略、规划和行动目标,完善温室气体排放总量控制、报告核查、碳汇和现场检查制度,控制能源消费总量和温室气体排放,强化气候变化减缓与污染防治、生态保护、能源节约协同增效;同时要求将减缓气候变化纳入行业发展战略、规划,并根据国家控制温室气体排放行动目标,制定行业控制温室气体排放方案,采取有效措施控制温室气体排放。

此外,环境法典还应根据生态文明法治建设的新发展,吸收生态文明法治建设的最新成果。环境法典可以规定,碳排放权交易实行市场主导和政府引导相结合,坚持诚信、公开、公平、公正的原则;根据国家国民经济和社会发展规划确定的碳排放强度控制目标,确定国家和地方碳排放配额的总量和分配方法,加强对碳排放配额分配、温室气体排放报告与核查的监督管理。关于受控消耗臭氧层物质管理,环境法典可以参照《消耗臭氧层物质管理条例》(2018 年修订)作出原则性规定,即国家通过清单管理的方式,逐步削减并淘汰受控消耗臭氧层物质,保护臭氧层,减缓气候变化;国家分用途管控受控消耗臭氧层物质的生产、销售、使用和进出口等活动。

---

① 参见于文轩、冯瀚元:《"双碳"目标下能效"领跑者"制度的完善路径》,载《行政管理改革》2021 年第 10 期。

四、结论

作为一个法律领域的能源法,无论在理念基础还是法律制度层面,均与污染防治法和生态保护法存在显著差异;但不可忽视的是,三者之间又具有不可分割的关联性。这种区别与联系,是环境法典编纂需要特别关注的问题。按照前述四方面的标准,将能源法中与绿色低碳发展的内容纳入环境法典,回应了新时代生态文明建设的内在要求。

需要明确的是,环境法典的这种开放性的安排,并非意味着能源法的内容在整体上应纳入生态环境法治的范畴,而是展现了二者在绿色低碳发展方面相融的领域。在遵循环境法典既定理念、目标和原则的前提下,对能源法的内容给予关照,也恰恰反映了能源法以及基于适度法典化模式的环境法典的回应型法的特征。

5.4　绿色低碳发展编中的循环利用机制*

一、环境法典循环利用机制的体系理念

(一)循环利用机制“入典”的体系效益

体系效益是法典化的孜孜追求,什么是环境法典的体系效益,又该如何审视循环利用机制“入典”的体系效益。

第一,法典化体系效益的理论主要源自民法学研究,并在我国民法典编纂的实践中得到诸多的呈现。依照苏永钦教授的观点,法典化的体系效益主要包括“储法、找法、用法、立法以及法学教育”。① 法典学视野下的体系效益追求,同样受到了环境法学者的关切,并认为环境法典的体系效益是“通过对法典的范围划界、内在体例与外部衔接的探讨,来实现确定性、稳定性与开放性三个维度上的适度法典化”②。

第二,民法典体系效益的思考为环境法典的编纂提供了参考性的方向。鉴于已有环境法学者从环境法典体系效益的视角进行了探索,本书不再赘述,而是选取重归民法典体系效益的构成框架,审视循环利用机制“入典”的体系效益。

第一,储法、找法以及用法。长久以来我国的环境立法承载着环境问题法律回应的使命担当,依对策法学的研究范式形成了立法分立的基本格局。就循环利用机制“入典”而言,法典化的体系效益无疑将使得其“储法、找法以及用法”获益。在“储法”和“找法”层面,循环利用机制增加了环境法典这一法源,环境法典的基本理念以及各编,尤其是总则编,

---

* 曹宇,内蒙古大学法学院副教授。本部分原载于《政法论坛》2022 年第 2 期,收入本书时有部分修改。

① 参见苏永钦:《寻找新民法》,北京大学出版社 2012 年版,第 74 – 77 页。

② 李艳芳、田时雨:《比较法视野中的我国环境法法典化》,载《中国人民大学学报》2019 年第 2 期。

绿色低碳发展编将不仅发挥规范存储的功能,更将从法律解释方面提供“用法”的指引。

第二,立法。环境法典的立法目的、基本原则、核心制度等体系效益将辐射到循环利用机制,并进一步穿透至相关环境单行法的修订以及起草。循环利用机制的“入典”将为《循环经济促进法》的“再生”提供时代助力,进而促动循环利用相关立法的进一步完善。与之对应,《循环经济促进法》的修订以及“资源综合利用法”的研究也将反向作用于环境法典的编纂工作,为环境法典尤其是绿色低碳发展编的内容构成注入更多的立法资源。

第三,法学教育。循环利用机制的“入典”将顺利地搭乘环境法典的“便车”,纳入环境资源法学的教学研究,从学科建设和法学教育的层面获得重要性“升级”。此外,环境法典编纂成功将引发的整个社会的学习热忱以及教育意义,可从民法典的编纂效果窥得一二。这点也正是环境法典编纂对于法学教育的放大效益。

(二)循环利用机制“入典”的基本设想

1. 循环利用机制“入典”的条件基础

第一,循环利用机制与环境法典的理念契合。可持续发展作为破解当前全球性问题的“金钥匙”[①],是中国环境法典编纂的基础概念和逻辑主线,更是中国生态文明建设的内在需求和必然结果,可以为环境法典编纂提供统一的、根本的精神指引和原则性规范。[②] 对于建设“美丽中国”国家目标以及可持续发展等宏大目标的实现,循环利用机制是重要的制度抓手。

第二,循环利用机制纳入环境法典的实证法基础。循环利用机制的“入典”,不仅可以得到《循环经济促进法》在实施过程中成熟制度的支持,同时也将获得该法再修订以及相关理论研究成果的支撑。循环利用机制的“入典”与《循环经济促进法》的修订形成双向互动,共同促进我国绿色低碳法治的发展。

---

① 习近平:《坚持可持续发展共创繁荣美好世界》,载《人民日报》2019年6月8日,第2版。

② 参见吕忠梅:《发现环境法典的逻辑主线:可持续发展》,载《法律科学(西北政法大学学报)》2022年第1期。

2. 循环利用机制的"入典"标准及形式

接着循环利用机制纳入环境法典的条件基础，此处则进一步聚焦至"入典"在操作性层面的处理，一是从排除标准的角度考虑循环利用机制不宜纳入环境法典的标准，二是正向考虑宜纳入的制度群落和以何种方式置于环境法典之中。

有学者对法典化问题进行了有益的探索，提出了存在较大争议的法律制度、正在试点改革的法律制度以及牵涉多个部门法内容的法律制度不宜纳入环境法典。[①] 无论如何理解和把握环境法典内容构成的排除标准，不确定性都是重要的影响因子。

不确定性与环境法典编纂追求的稳定性不兼容，直接影响环境法典调整范围的确定以及体例结构的稳定。具体到循环利用机制以何种方式"入典"，则面临循环利用实践不断发展与《循环经济促进法》修订在即的双重冲击。以循环利用为重要内容的绿色低碳发展实践迅速崛起，人类新的资源利用模式仍然处于不断探索之中，要求制度体系保持对未来新问题的应对。因此，环境法典对此不宜过分精细地规定，避免超前立法对循环利用实践的不当限制，抑或立法迟滞引发的制度过时。综上，循环利用机制"入典"应考虑以稳为主。

尽管面对实践发展与立法修订两个重要变量，但循环利用应立足新时代，将立法实践、司法实务以及学术研究形成的立法理念、调整工具以及制度搭建等方面的共识纳入环境法典。但入典之路并非简单地将循环利用机制的成熟制度群落"打包"置于其中，如此处理更多的是"编"的体现。法典编纂的体系性要求循环利用机制制度群落依据统一的编纂逻辑分置于环境法典的各处，并从编、章、节等层面加以体现。

3. "循环利用"的名称选取及其理由

第一，为什么选取"循环利用"的表达。无论是加快生态文明体制改革，建设美丽中国，还是推进绿色发展，"循环利用"都是党和国家重视的制度抓手。可见，"循环利用"契合环境法典编纂的目的价值与逻辑主线，有利于汲取《循环经济促进法》奠定的理念基础以及广泛影响。"循环利用"的表述意将调整范围明确为物质资源循环利用的范畴，蕴含通

---

① 参见张忠民、冀鹏飞：《习近平法治思想和生态文明思想的自足与互助：以环境法典为中心》，载《重庆大学学报（社会科学版）》2021年第5期。

过“减量化、再利用、资源化”等方式“提高资源利用效率”的内容。①

第二,为什么没有采用“循环经济”的表达。“循环经济”与“循环利用”不可相互代替。“循环经济的概念定义不清,很难构筑符合法律特征的行为体系,导致《循环经济促进法》在立法理论上存在缺陷与不足。”②“循环利用”的表述不仅仅是文题一致的考虑,更是试图通过法律关系的视角规范市场主体的权利、义务以及监管主体的权力、责任。因此“循环利用”试从调整范围进行明确和限缩,排除循环经济相关产业的内容,从而克服《循环经济促进法》在法理证成上的自洽不能与立法技术上的规范不能。

第三,为什么没有采用“综合利用”的表达。“综合利用”的表述设计具有其合理性。当前,资源综合利用的相关立法以及研究工作正处于初步的论证阶段,“综合利用”的表达暂时缺乏“循环利用”的影响力的优势以及实证法基础。此外,采用“循环利用”并不妨碍环境法典对于将来“资源综合利用法”的导入,可以通过衔接条款或者扩张解释为“资源综合利用法”或者新创设的资源综合利用制度预设互动的空间。

(三)循环利用机制“入典”的体系构成

循环利用机制“入典”的位置安排存在“一纵一横”两条观察的轴线。所谓“纵轴”,涵盖环境法典、绿色低碳发展编、绿色物流、循环利用等,直接表现为“典”“编”“章”“节”四级层次编排。③“纵轴”在形式意义上主要呈现出从宏观到微观,从法典到具体机制的观察视角。实质意义上则内含了循环利用机制置于环境法典绿色低碳发展编绿色物流章的体系考量。

所谓“横轴”,是从“循环利用”的视角观察其与总则、污染控制、自然生态保护、绿色低碳发展以及法律责任各编之间的互动关系。循环利用机制的“入典”为其打通了获益于环境法典体系效应的通道。这种体系效益具体表现为循环利用机制在“典内”的“上下左右”关系以及基于此

---

① 参见《循环经济促进法》第1、2条的规定。

② 翟勇:《循环经济与循环经济立法研究》,载《上海政法学院学报(法治论丛)》2017年第6期。

③ 参见张忠民:《环境法典绿色低碳发展编对可持续发展理念的体系回应与制度落实》,载《法律科学(西北政法大学学报)》2022年第1期。

种关系的通达而形成的循环利用机制的立法理念更新与规则扩容。

1. 循环利用机制的绿色低碳发展编定位

第一，循环利用机制为什么置于“绿色低碳发展编”。绿色低碳发展编的逻辑性与实践性，要求循环利用机制的实质性纳入。其一，无论是绿色低碳发展还是循环经济都存在共同的目标指向，即可持续发展。绿色低碳发展编在环境法典可持续发展的逻辑框架下，集中关注经济的可持续。而循环经济的立法目标正是可持续发展。[①] 二者目标指向的一致性，决定了循环利用机制在环境法典中的位置。“循环利用”对于经济可持续的逻辑契合性显然优于污染控制编的社会可持续和自然生态保护编的生态可持续。其二，长期以来的循环经济发展实践，使得循环利用机制的纳入能够显著地增加绿色低碳发展编的实践性。缺乏循环利用机制的绿色低碳发展编，无法支撑起“绿色流通”一章的内容构成，无法联动清洁生产与绿色消费，无法回答十多年来循环利用实践的缺席，更难以实现绿色低碳发展的立法目的以及价值追求。

第二，循环利用机制为什么置于“绿色流通”一章。当解决了循环利用机制纳入“绿色低碳发展编”的问题之后，紧接着需要面对置于该编何处的问题。能源及其开发利用的生产、流通、消费等环节是绿色低碳发展编布局的关键线索，并据此构建了“清洁生产”“绿色流通”“绿色消费”等不同的“章”。[②] 循环利用则属于“绿色流通”章的重要一节，是该部分的重要制度构成。需要说明的是，依据《循环经济促进法》第 2 条第 1 款，“循环经济是指在生产、流通和消费等过程中进行的减量化、再利用、资源化活动的总称”，可以说循环利用从适用的范围上覆盖了生产、流通以及消费全过程。尽管如此，“减量化、再利用、资源化”的循环利用重点突出其动态的利用过程。就功能意义而言，循环利用具有上承清洁生产，下启绿色消费的蕴意。此外，对于清洁生产的内容构成，显然从《清洁生产促进法》的名称选取上也可以发现端倪。因此，循环利用机制归位于“绿色流通”环节既符合生产、流通以及消费的划分思路，又兼顾了当前实证法的规则属性。

---

① 参见《循环经济促进法》第 1 条的规定。

② 参见张忠民：《环境法典绿色低碳发展编对可持续发展理念的体系回应与制度落实》，载《法律科学（西北政法大学学报）》2022 年第 1 期。

2. 循环利用机制与其他各编的关系诠释

循环利用机制纳入环境法典绿色低碳发展编,将受惠于法典化的体系效益,并与各编发生理念价值、规则适用等方面的反应。

第一,循环利用机制与总则编。在环境法典编纂"总分"结构的框架内,作为"公因式"的环境法典总则,其"功能在于确立环境保护的基本原则和一般性规则,统领环境法典各分编内容并指导环境单行法律的立法和适用"①。

一方面,绿色低碳发展编循环利用机制的设计理念以及制度构成要遵从总则编阐释的环境法典的精神内核与基本理念。总则编对于环境法典各分编的体系强制效力,②要求循环利用机制的制度群落以及规则设置不得随意偏离总则编确立的一般性规范。另一方面,环境法典总则编的体系效力将外溢至循环利用单行法的完善。

第二,循环利用机制与污染控制编、自然生态保护编。从循环利用的视角,更适宜观察绿色低碳发展编与污染控制编、自然生态保护编的关系(另有专文论述),此处聚焦于循环利用机制略作说明。循环利用的本质特征决定了其与污染控制编、自然生态保护编的关系互动。循环利用"减量化、再利用、资源化"的本质特征充分地体现了可持续发展理念之下资源利用与环境保护之间的关系。

第三,循环利用机制与法律责任编。环境法律责任的复合性以及多法源性决定了环境法典法律责任编的架构思路。绿色低碳发展编法律责任设计奉行"柔性为主、刚性为辅"的基本原则,最典型的体现是倡导性的、鼓励性的条款居多,往往缺乏直接针对性的明确的法律负面评价等责任条款。③ 如此,循环利用的法律责任没有在环境法典法律责任编集中设置,少有的法律责任规定与制度构成一并置于具体的章节。

---

① 汪劲:《论中国环境法典框架体系的构建和创新——以中国民法典框架体系为鉴》,载《当代法学》2021 年第 6 期。

② 参见吴凯杰:《论环境法典总则的体系功能与规范配置》,载《法制与社会发展》2021 年第 3 期。

③ 参见张忠民:《环境法典绿色低碳发展编对可持续发展理念的体系回应与制度落实》,载《法律科学(西北政法大学学报)》2022 年第 1 期。

二、环境法典循环利用机制的典内制度构成

（一）理念重置：生态文明与可持续发展的融合

尽管我国的循环利用机制经过长时间的实践，但总体效果不够明显，资源循环利用仍处于不成熟阶段，甚至低水平的资源循环利用成为生态文明建设的较大牵制[①]，这从侧面折射出《循环经济促进法》的实施窘境。2014年《环境保护法》将生态文明写入立法目的当中，《水污染防治法》《土壤污染防治法》《固体废物污染环境防治法》等环境单行法的制定与修改陆续完成了生态文明建设纳入立法目的的动作。可惜的是，“生态文明建设”尚未纳入《循环经济促进法》的立法目的条款。但无论该法的修订如何回应，环境法典的编纂均将完成循环利用机制相关立法的理念重置，以生态文明为治理工具，以可持续发展为价值目标。[②] 环境法典立法目的条款应明确宣示生态文明的立法价值，确认以社会、经济、生态环境“三位一体”的可持续发展为最终目的的生态环境法律秩序。[③] 如此，环境法典立法目的的体系效应将统摄全部循环利用法律制度，而非简单地限定于《循环经济促进法》。“入典”的“循环利用”不再单纯地以“循环经济”的逻辑考虑制度安排，而是以资源高效利用为出发点，通过绿色低碳发展的视角重新审视、布置循环利用机制的制度群落。

（二）规则重组：基于“绿色低碳发展编”一般规定的观察

当前绿色低碳发展法治保有一定数量的单行法，但距离高质量的立法以及实施尚有很大的空间。立法“碎片化”引发的规则重复、功能冲突、衔接不足等症状进一步引发相关法律适用困难，整体效力削弱以及法律实施效果减损。环境法典的编纂无疑是对此种症状的重要解决方案，从立法以及学术研究方面促进绿色低碳发展法治建设迈入新时代。

第一，什么是绿色低碳发展编的“一般规定”，为什么要从这个角度

---

① 参见王敏晰、马宇等：《生态文明建设与资源循环利用耦合关系》，载《资源科学》2021年第3期。

② 参见吕忠梅：《发现环境法典的逻辑主线：可持续发展》，载《法律科学（西北政法大学学报）》2022年第1期。

③ 参见丁霖：《论法律秩序视角下环境法典总则一般规定的构建》，载《苏州大学学报（法学版）》2021年第4期。

观察循环利用机制的制度群落。在环境法典的体系结构中,总则编作为“公因式”承载着统领各分编的功能。各分编的设计布局也遵从此理,将难以融入环境法典总则但又对某一编具有一般指导意义的内容进行适度抽象,形成该编的“一般规定”。因此,在环境法典“总则”之外的具体分编,也存在该编的“总则”,即一般规定。

第二,什么是绿色低碳发展,如何认定绿色低碳发展。绿色低碳发展的界定以及识别决定了其制度体系的实践性程度,决定了生产、流通以及消费各阶段践行绿色低碳发展的深度。“一般规定”应围绕不同的目标预设和承载功能从宏观、中观以及微观三个维度对绿色低碳发展进行界定和识别。

其一,宏观层面,明确绿色低碳发展的定义。尽管从立法层面界定绿色低碳发展并非易事,但其重大的立法价值以及突出的方法论意义提出了概念界定的需求。抛开具体的表述不论,绿色低碳发展概念的核心内涵指向了资源利用效率的提升。

其二,中观层面,架构绿色低碳发展的标准体系。如果说概念的界定更多的是在指导意义上,那么标准体系的构建则追求实践性和可操作性。“一般规定”至少应考虑规定绿色低碳发展标准体系和评价指标体系。但在具体条文设计方面,应集中明确各个标准体系建设的主体,细致性的体系建设内容以及规范并非环境法典的任务。

其三,微观层面,规定绿色低碳发展的产品认证目录以及技术推广目录。目录管理是绿色低碳发展获取税收、财政以及金融等支持措施的制度基础。因此,“一般规定”应考虑规定产品认证以及技术推广两个目录,统合清洁生产、绿色流通以及绿色消费等众多单行法中的目录管理尝试,消除重复规定的弊端。但在具体的条文设计方面,主要明确目录管理的制定主体,详细的规范交由单行法以及配套规定完成。

第三,绿色低碳发展的义务主体以及责任承担。“利权责”的合理配置是绿色低碳发展编由“虚”入“实”的关键之路。广义而言,绿色低碳发展是社会全体的义务。具体到立法层面,政府与企业是绿色低碳发展最为重要的义务主体,应考虑从宏观层面明确二者具有绿色低碳发展的义务。具体的权利义务配置则可考虑:对于政府而言,首先,应从管理体制的层面规定发展改革部门是绿色低碳发展的监督主体,生态环境部门等有关主管部门按照各自职责开展监督管理工作。其次,从考核机制层面规定上级人民政府要对下级人民政府实施绿色低碳发展目标的完成情况进行考核,考核结果作为地方政府及其负责人综合考核评价的重要内容。对于企业而言,总体上突出规定国家对于企业从事绿色低碳发展的激励机制,但具体的内容构成可采用授权立法的方式交由国务院或者相关部门完成。

(三)制度升级:固定与拓展

我国循环利用机制的相关立法正处于"深水区"以及迅速发展的循环利用实践,使得现阶段环境法典对于循环利用机制系统整合的空间受限,仅在固定与拓展两个方面能够有所作为。

第一,总体而言,环境法典不同的编、章已经就具备稳定性的循环利用制度群落给出体系性的位置安排。例如,涉及循环利用的发展规划、管理体制、标准体系、产品认证目录以及技术推广目录等内容在绿色低碳发展编的框架体系内得到固定。对《循环经济促进法》实施以来逐渐形成共识的生产者责任延伸制度、强制回收制度以及信息化管理等具体板块,因属于无法纳入"一般规定"的特殊制度,可考虑将其规定至"循环利用"这一节。

第二,拓展循环利用的标准之治。我国通过标准治理经济社会实践的起步较早,1988 年就制定了《标准化法》(2017 年修订)。循环利用的标准治理得到了应有的重视,国家陆续制定了数量可观的涉及循环经济行业、产品以及产业园区的标准。但实施过程中,"由于缺少科学的废弃物循环利用标准,一些所谓的废弃物循环利用行为导致了巨大的资源和能源浪费,所产生的负面影响往往大于正面效应"①。《循环经济促进法》以近乎"点名"的方式规定了工业废物、工业废水、余热余压、建筑废物、生活垃圾、废电器电子产品、废塑料制品、农业领域、林草领域等方面的循环利用,但因缺乏制度抓手以及法律责任而效果不佳。

《标准化法》"维护生态环境安全"的立法目的为循环利用标准之治的升级奠定了法律基础。环境法典应明确规定循环利用国家标准的义务,从而搭建循环利用治理能力和治理体系现代化的"基础设施",进而

---

① 参见王毅、程多威:《关于修订循环经济促进法的几点思考》,载《中国人大》2018 年第 1 期。

通过合理配置强制性标准与推荐性标准,形成“软硬兼施”的约束体系。一方面,明确规定违反强制性国家标准的法律责任。民事责任部分在《标准化法》的基础之上,考虑增设公益诉讼制度。行政责任与刑事责任则引致到其他法律法规。另一方面,以立法的方式明确生产、销售、进口产品或者提供服务符合推荐性标准的,应优先获得税收减免、财政、金融等制度激励。

(四)法律责任:“虚”与“实”之间的徘徊

法律责任的合理设置是其实施的重要保障,是将法律文本转变为治理效能的关键因素。法律责任不合理导致的立法教训在国内外环境立法中均有呈现。

第一,规定循环利用的义务主体以及责任承担。《循环经济促进法》实施过程中制度措施缺乏法律责任支撑,“促进”的实际效果进入瓶颈期。循环利用机制“入典”需正视这一教训,增设相关制度之“实”,促进制度规范从政策属性向法律属性的转变。相较于政府的责任设置,当前环境法典对于企业循环利用的责任规定可能不够“解渴”。诚然,法律责任是循环利用“脱虚入实”的关键,但其完善无法通过环境法典的编纂“一揽子”解决,仍需等待循环利用实践摸索的成熟以及相关立法修订的完善。细分领域循环利用的法律效果增强,依然需要通过条例和规章具体落实,从而形成纵向分层、横向协同的制度体系。①

第二,激励措施的误区澄清以及配套制度跟进。无论何种立法模式,激励措施对于绿色低碳发展的促动均是考虑的重点。因此,法律责任应作广义理解,不仅仅包括传统意义之上的民事责任、行政责任以及刑事责任,还应包括无法获得制度激励而导致的“不利益”,如预算投入、税费减免、金融支持、补贴奖励、基金扶持以及优先采购等。② 此类激励措施的实施更多地依赖政策驱动,限于立法权限以及规则稳定等原因,法律层面

---

① 参见任树本:《循环经济促进法修订应立足解决问题》,载《环境经济》2017 年第 3 期。

② 参见詹国彬、陈健鹏:《走向环境治理的多元共治模式:现实挑战与路径选择》,载《政治学研究》2020 年第 2 期。

通常仅作原则性规定,无法就激励措施进行精细化、精确化的规定。[1] 配套制度的跟进不足会导致激励措施无法实质性地发挥作用。环境法典抑或环境单行法仅从宏观上规定激励措施并未不当,配套制度的完善才是努力的重点。

三、环境法典循环利用机制的典外构成及衔接

(一)循环利用机制典外构成的体系思考

就发生学而言,我国环境法治的兴起是针对环境问题日益严重的积极回应,问题导向及其应对的立法策略,使得环境立法呈现“碎片化”的体系缺憾。对此,环境法典编纂可谓是对症的“药方”。但并不意味着,环境法典编纂就能“包治百病”,从而封闭了其他法律渊源。“适度法典化”是循环利用机制“入典”的总体性要求。“适度”的理解以及把握直接决定着循环利用机制“入典”的边界划定以及其在环境法典的最终呈现。“适度法典化”可理解为制度体系建构逻辑中的“适度”体系化与“适度”开放性,并以此为原则指导制度体系在静态铺设与动态运转中的具体设计。[2] 就体系化与开放性的关系而言,适度法典化“通过放弃绝对的严密性与确定性,实现了相对的开放性和可操作性”[3]。如此,“适度”与“新变”影响因子的双重叠加决定了循环利用机制典外制度的更多存在。“适度法典化是一种渐进式的环境法典编纂方案”[4]。环境单行法依然承载重要的制度供给功能,其“存在与完善也为法典功能的发挥起到补充作用”[5]。

---

① 全国人大环资委就人大代表提出的《循环经济促进法》修订议案征求了国务院有关部门意见。其中,财政部、国家税务总局提出在《循环经济促进法》中不宜直接规定有关税收优惠政策及适用标准、不宜明确奖补标准。参见朱宁宁:《全国人大环资委:正积极开展资源综合利用立法研究》,载中国人大网 2020 年 4 月 14 日,http://www. npc. gov. cn/npc/c30834/202004/5cbca865062146129694e39c39a684b7. shtml。

② 参见张忠民、赵珂:《环境法典的制度体系逻辑与表达》,载《湖南师范大学社会科学学报》2020 年第 6 期。

③ 吕忠梅:《环境法典编纂:实践需求与理论供给》,载《甘肃社会科学》2020 年第 1 期。

④ 于文轩、牟桐:《生态文明语境下环境法典的理性基础与法技术构造》,载《湖南师范大学社会科学学报》2020 年第 6 期。

⑤ 吕忠梅、窦海阳:《民法典“绿色化”与环境法典的调适》,载《中外法学》2018 年第 4 期。

(二)循环利用机制衔接条款的特殊考虑

环境法典与典外体系的沟通往往需要衔接条款的立法技术支撑。其一,适度开放性的要求反映到环境法典集中地表现为转介条款、引致条款等衔接条款的设计及安排。既要考虑衔接条款管道作用如何发挥,又要考虑以何种形式设计衔接条款。其二,循环利用机制衔接条款的特殊设置以及理由则是本部分的重点。

1. 不宜设置“循环利用”的定义条款

诚如前文所述,环境法典无疑需要就“绿色低碳发展”的概念界定进行立法回应,这也是绿色低碳发展编立法理念以及制度铺设的内在要求。绿色低碳发展关于资源高效利用的内核应属其概念界定的重要方面。对于“循环利用”节而言,不宜再就其概念进行提取和规定。绿色低碳发展作为上位概念,其核心构成包含了循环利用的蕴意,再单独通过立法界定循环利用的概念,一是必要性不足,二是立法难度过大。此外,关乎循环利用、综合利用的立法以及修法工作也使得其处于待定阶段,缺乏法典化稳定性的要求。当前《循环经济促进法》的实质性修订已经得到立法机关与学术研究的共同关注。与此同时,专门的资源综合利用立法研究论证已纳入第十三届全国人大常委会的立法规划。2021 年国家发展改革委环资司先后召开资源综合利用立法工作会议与资源综合利用法草案(建议稿)起草工作研讨会。“两法”的立法以及研究工作无法回避《循环经济促进法》与“资源综合利用法”关系之辨。有观点认为,《循环经济促进法》应先改名“资源综合利用法”,从而更准确地反映当前《循环经济促进法》的核心功能,更好地体现立法原则和指导思想。① 全国人大的立法规划以及主管机关的后续跟进显然是在《循环经济促进法》之外“另起炉灶”。如上关系的理清在“两法”修订以及制定中相互交错,但无论是《循环经济促进法》还是“资源综合利用法”均指向“高效利用资源”的共同追求。因此,环境法典对此不宜设置定义条款,但方法论意义之上不妨碍从绿色低碳发展以及高效利用资源的角度进行法律的解释论作业。

① 参见郭延军:《立法是促进循环经济还是规范物质资源综合利用——以修订我国〈循环经济促进法〉为视角》,载《政治与法律》2017 年第 8 期;再协:《张天任:从〈循环经济促进法〉到〈资源综合利用法〉实现经济社会发展与环境保护的“双赢”》,载《中国资源综合利用》2018 年第 9 期。

2. 循环利用机制衔接条款的特殊性

环境法典外部的衔接主要包括法典与环境单行法的关系、法典与其他部门法的关系。[①] 循环利用机制的衔接条款是在通盘考虑法典整体衔接的基础之上的特殊处理。

第一，解释论作业层面的衔接条款。如何发挥衔接条款的管道作用，沟通既有的以及将来的循环利用规范体系，是循环利用机制典外制度构成以及衔接的重点。仅从《循环经济促进法》的立法文本观察，其衔接条款属于常规操作。值得注意的是，该法专门规定了工业废物、工业废水、余热余压、建筑废物、生活垃圾、废电器电子产品、废塑料制品、农业领域、林草领域等方面的循环利用。仅从条文设计结构而言，其并非转介、引致等衔接条款，条文的风格偏向以倡导为主，法律责任跟进缺失或者实施效果不足。但从解释论层面理解，这些条款联通了对应法律体系与《循环经济促进法》之间的关系。对于环境法典而言，此类条款直接或者修订后纳入也均具有链接的通道作用。

第二，标准法律体系的特定衔接。循环利用的标准之治强化了其与《标准化法》《标准化法实施条例》等法律法规的联动。更深层次的是，这种联动效应进一步扩展至具体的循环利用标准。违反循环利用强制性标准的法律责任以及完成循环利用推荐性标准的激励措施是特定衔接的考虑重点。

循环利用的实践发展决定了相关制度创新的巨大空间。环境法典通过衔接条款的设置或者解释，可以扩大循环利用机制的典外制度构成。从着眼未来发展的视角，循环利用制度群落的完善更加依赖以单行法为框架的外部法源体系的持续供给，从而形成环境法典循环利用机制的自动更新。

四、结论

从循环利用机制“入典”这一切口可以窥见，环境法典编纂是一项繁复浩大的工程。本书选取循环利用这一具体的法律机制，尝试特定领域制度群落“入典”的证成方案，从微观层面检视或者验证环境法典的体系

---

① 参见李艳芳、田时雨：《比较法视野中的我国环境法法典化》，载《中国人民大学学报》2019 年第 2 期。

效应。“法典的编纂并不是目的,它是一种法律体系完善方式的高级选项。”[①]“大陆法学的真正创新在于体系容量的扩大与法学方法的创新。”[②]这也正是环境法典编纂的学术追求与努力方向。

---

① 竺效:《环境法典编纂结构模式之比较研究》,载《当代法学》2021年第6期。

② 章程:《民法学的地平线——继受民法学与公私法的接轨》,北京大学出版社2021年版,第25页。

5.5 《生态环境法典专家建议稿(草案)》绿色低碳发展编编纂问题研讨

5.5.1 《生态环境法典专家建议稿(草案)》绿色低碳发展编条旨大纲*

第一章　一般规定

1.【绿色低碳发展的定义】

2.【绿色低碳发展战略方针】

3.【绿色低碳发展规划】

4.【绿色低碳发展管理体制】

5.【绿色低碳发展义务】

6.【绿色低碳发展标准体系】

7.【温室气体排放标准】

8.【温室气体排放总量和强度双控制度】

9.【绿色低碳发展评价指标体系】

10.【绿色低碳发展考核机制】

11.【绿色低碳产品认证标识】

12.【绿色低碳技术推广目录】

13.【节能机制】

14.【创新管理】

15.【财政支持机制】

16.【激励机制】

17.【宣传教育】

---

* 本条旨取材于"环境法典编纂研究"课题组起草的《生态环境法典专家建议稿(草案)》(2022年8月1日版)。

18.【信息公开】
19.【国际交流与合作】

第二章　清洁生产
20.【清洁生产的定义】
21.【绿色产业链和供应链】
22.【清洁生产推行规划】
23.【清洁生产技术、工艺、设备和产品导向目录】
24.【清洁生产指南】
25.【农业清洁生产】
26.【特殊企业清洁生产要求】
27.【产品和包装物的设计】
28.【清洁生产监测制度】
29.【清洁生产审核制度】
30.【重点行业的清洁生产改造】
31.【清洁生产协议制度】
32.【环境管理体系认证制度】

第三章　绿色流通
第一节　绿色物流
33.【流通减耗要求】
34.【绿色物流体系】
35.【绿色快递物流包装】
36.【绿色运输】
37.【绿色仓储】
第二节　循环利用
38.【再制造——一般性规定】
39.【生产者延伸责任】
40.【强制回收机制】
41.【废物回收体系】
42.【产业废物交换信息系统】
43.【循环利用国家标准】
44.【农业领域的循环利用】

45.【林草领域的循环利用】
46.【采矿业的循环利用】
47.【工业废物的循环利用】
48.【工业废水的循环利用】
49.【余热余压的循环利用】
50.【建筑废物的循环利用】
51.【废旧电池的循环利用】
52.【废塑料制品的循环利用】
53.【生活垃圾的循环利用】
54.【新兴再生资源加工利用】

第四章　绿色消费

55.【绿色低碳消费模式和生活方式】
56.【绿色低碳产品的认证与标识】
57.【绿色低碳产品推广】
58.【绿色低碳产品信息公示与信用制度】
59.【绿色低碳采购】
60.【绿色低碳办公】
61.【绿色低碳出行】
62.【绿色食品消费】
63.【绿色低碳建筑】
64.【绿色低碳基础设施】
65.【绿色低碳电力消费】
66.【绿色低碳文旅消费】
67.【一次性消费品限制】
68.【绿色低碳消费市场建设】
69.【绿色低碳消费统计与报告】
70.【绿色低碳消费激励】
71.【绿色低碳消费税收】
72.【碳普惠制度】
73.【宣传教育和舆论监督】

第五章　绿色能源
第一节　可再生能源发展
74.【可再生能源资源调查】
75.【可再生能源开发利用总量目标】
76.【可再生能源开发利用规划】
77.【农村可再生能源发展规划】
78.【可再生能源产业指导目录和标准化】
79.【可再生能源消纳能力建设与保障机制】
80.【可再生能源发展保障】
第二节　节约能源
81.【工业节能政策支持】
82.【节能审查全流程控制】
83.【建筑物节能管理】
84.【"三高"产品、设备淘汰制度】
85.【能源需求侧管理】

第六章　气候变化应对
86.【适应气候变化】
87.【碳汇能力建设】
88.【减缓气候变化】
89.【碳排放配额】
90.【碳排放权交易】
91.【碳排放监管】
92.【受控消耗臭氧层物质管理】
93.【绿色低碳流通机制】
94.【绿色低碳发展信用机制】

第七章　绿色低碳发展国际合作
95.【国际合作原则】
96.【国际合作主体】
97.【绿色能源国际合作】
98.【绿色产品国际贸易】
99.【绿色金融国际合作】

100.【基础设施国际合作】
101.【科技交流国际合作】
102.【教育培训国际合作】
103.【清洁生产国际合作】
104.【绿色流通国际合作】

第八章 行政法律责任

105.【行政机关不履行职责的行政法律责任】
106.【违反信息公开的行政法律责任】
107.【违反强制性清洁生产审核的行政法律责任】
108.【违反强制回收要求的行政法律责任】
109.【违反绿色低碳消费的行政法律责任】
110.【违反碳排放权交易相关规定的行政法律责任】
111.【违反温室气体排放报告相关规定的行政法律责任】

5.5.2 绿色低碳发展编的功能定位与内容取舍*

将绿色低碳发展编纳入《生态环境法典专家建议稿(草案)》,一个重要的考虑是中国的生态文明建设的新要求,就是绿色发展要与以污染防治为中心的环境保护脱钩,这是一个非常重要的转变。不是把环境保护局限于污染防治,而是要促进国家的绿色低碳发展转型,这是非常大的时代性变化。

法典编纂是国家转型的标志,是对中国未来发展的重新界定。在这个意义上,环境法典编纂应致力于完成国家转型目标,促进社会生产方式和生活方式的现代化转型,是绿色低碳发展编的意义所在。至于以绿色低碳发展命名的理由,目前有政策依据,如《"十四五"生态环境保护规划》及一些国家政策性文件。

"绿色民法典"是学者的一种比喻,讲的是《民法典》中有环境保护的内容,用绿色来比喻其一点底色或者一抹亮色;而"绿色发展"是国家战

* 吕忠梅,中国法学会副会长、中国法学会环境资源法学研究会会长。本部分根据作者在《生态环境法典专家建议稿(草案)》绿色低碳发展编专题研讨会(2022 年 4 月 17 日,北京)上的发言整理。

略,其含义是经济社会发展向人与自然和谐共生的转型。《民法典》中的“绿色”与国家战略意义上的绿色低碳发展层面的“绿色”不是一个层次的问题,二者不会出现冲突。但绿色低碳发展内涵及其本质依旧需要在法典编纂的过程中认真研究并且界定清楚。

将哪些内容纳入绿色低碳发展编,也涉及环境法典编纂的整体性考虑,因为环境法典编纂毕竟要分编,各编的侧重点有所不同。以气候变化为例,气候变化不仅有减缓的问题,也有适应的问题,但适应显然不完全是“绿色低碳发展编”的内容。所以,需要梳理环境法典的整体逻辑,做到既有分工又有贯通,能够对一些问题做出适当的回应。

绿色低碳发展编是开创性的一编,缺乏先例,编纂难度非常大。这一编的逻辑主线、主要内容都还需要深入论证。另外,这一编既涉及能源法和气候应对法,也涉及一些已经启动的修法和立法,比如《循环经济促进法》的修订,已经启动制定的“资源综合利用法”,还涉及受到国际高度关注的履约问题。因此,这一编难度最大也最复杂,取舍也最难。

同时,以下几个问题需要妥善处理:第一,环境法典是一个整体,任何一编都不会包括所有问题,因此,要在环境法典编纂整体思路下考虑绿色低碳发展编面临的问题。第二,绿色低碳发展编要有清晰的逻辑主线、核心概念、规范类型,通过基础理论研究才能支撑其内容,只有明晰了这些问题,此编和彼编的界限、法典和单行立法之间的关系才能理清。第三,绿色低碳发展编的编纂要考虑新的形势需要或者国家发展战略的需要、国际谈判的需要及环境法法理发展的需要。环境法典编纂采取了开放性结构,在这样的结构下,更应该聚焦作为普通法的法典和将要保留的作为特别法的单行法关系的处理,这就需要进一步聚焦制度研究,使这一编更加合理,也能更好地适应未来国家战略发展、更好地适应未来可能发生的变化。

5.5.3　绿色低碳发展编的结构设置与编纂思路*

首先,绿色低碳发展必须作为单编在环境法典中予以呈现。当前制

---

* 柯坚,武汉大学法学院教授。本部分根据作者在《生态环境法典专家建议稿(草案)》绿色低碳发展编专题研讨会(2022 年 4 月 17 日,北京)上的发言整理。

定环境法典，不能就保护谈保护，不能将其仅仅封闭在环境行政、环境监管的范围内，而要予以扩大并和社会的主流发展相结合。实践中已存在类似立法先例，比如《长江保护法》采取“3＋1”模式，即污染防治、自然资源合理开发利用和生态保护加绿色发展；《乡村振兴促进法》中也存在绿色发展的相关表述。绿色发展问题必须出现在相关决策、规划中。

其次，当前亟须建立分析绿色低碳发展这一问题的思路。从价值引领角度出发，从环境法典的功能出发去分析问题，可以有效避免界定环境法领域一些基石概念的复杂性和困难性，这一思路对于绿色低碳发展编的编纂特别重要。在环境法典编纂过程中，环境法学者试图和民商法学者遵循一样的思路，强调界定概念。概念从法教义学角度来看固然非常重要，但由于环境法的概念很难获得规范性表达，仅仅单一地以概念为基础进行自下而上的构建是不可取的。《宪法》第 26 条明确规定国家保护生活环境和生态环境，如果用生态环境这个概念就忽视了对生活环境的保护，由此可能会造成概念风险。

从双向互动的意义上讲，可以将法典的编纂过程类比为建筑的构建过程，比如金字塔的构建。传统法的思维认为，概念就是金字塔的塔座，它既是教义学的基础也是整个建筑牢固的基础。除此之外，建筑的构建也一定要规范化，这样才能使建筑牢靠。但在环境法典编纂过程中还存在一个概念，即“顶石”概念，这个概念对当下中国环境法的发展具有很强的解释力。顶石就是金字塔的顶端，顶石和基石之间形成逻辑线，从顶石自上而下以及从基石自下而上形成一种双向循环的复合，才能够建构起金字塔的完整结构。

顶石就是国家战略。中国环境法有一个重要的特征，即它面向的是国家战略，具体表现为国家试图通过环境法、环境法典发挥保护生态的杠杆作用，实现国家的战略安全。而其中最核心的内容就为产业发展的转型、产业布局的优化以及国土空间的安全性。绿色低碳发展编的内容必须涉及国家的具体规划。当前有学者认为需要制定专门的绿色发展战略，然而这一观点是不现实的。需要厘清的是，战略背后是“双碳”、乡村振兴、适度城镇化发展、长江黄河保护等方面内容，从源头上解决战略实施所导致的潜在问题是非常重要且亟须解决的任务。

明晰基石概念确实非常重要，但也非常困难。而对于具体条款的设置，需要注意以下几点：

第一,从结构的设置来说,本编背后应该是国家的发展战略、国家国土空间重新配置的战略。而清洁生产、循环利用、绿色消费等背后则是国家的产业结构、产业布局、城乡发展、乡村振兴、“双碳”目标,及长江黄河流域保护与发展等一些重大的问题,对此应当详细罗列。

第二,要建立绿色发展的评估机制,不能不谈评估只讲发展。同时评估还必须产生一定的法律效益,比如考虑对国家政策制定、对地方政府责任等的影响。

第三,条文应与《民法典》绿色条款相呼应。《民法典》作为私法,并不强调公法上所谓的社会性功能。但环境法上的绿色发展必须具有基于公法的着力和公法的制度安排,其中包括导向性、刺激性以及强制性规范等,这些都非常重要。

5.5.4　绿色低碳发展编的关系厘定与内容编排*

第一,关于《生态环境法典专家建议稿(草案)》中的法律关系。从民事责任、行政责任、刑事责任三大法律责任类型划分上讲,环境资源保护法实际上是领域法,也即大部分属于国家管理环境和资源这个领域法学的一部分。类比教育法学界也在制定教育法典,教育法典的制定实际上就是教育领域里面所有法律法规的制定的问题,大部分也是国家行政管理主体和行政相对人应该履行的义务之间的关系。所以从法律关系的定位而言,最主要的是行政法律关系。

第二,关于绿色低碳发展编的目录。按照经济学的划分,生产、流通、消费将整个社会生产行为的过程都涵盖了,且在生产过程和消费过程中都可能有循环利用的问题,所以其中的逻辑对应关系,应进行梳理。

第三,关于气候变化应对的实质。气候变化应对的实质也是环境资源问题,所有的气候变化应对,最后都要落实到怎么保护环境、减少污染、节约资源、少排放少浪费等方面。因此,归结起来还是保护环境和节约资源这两方面的问题,气候变化是人为原因造成的,那么规范了这两方面的行为,气候变化也就得到了缓解和控制。《民法典》是将各个生效的民事

---

* 黄锡生,重庆大学法学院教授。本部分根据作者在《生态环境法典专家建议稿(草案)》绿色低碳发展编专题研讨会(2022 年 4 月 17 日,北京)上的发言整理。

法律整合到了一起,《生态环境法典专家建议稿(草案)》也应该将《循环经济促进法》《清洁生产促进法》等纳入进去。

5.5.5 绿色低碳发展编中的可持续发展问题*

首先是"绿色低碳发展"的概念。国际国内关于"绿色低碳发展"概念的认识和理解不同,国内常称为"绿色低碳循环发展",而国际上简称为"低碳发展"或"绿色低碳发展"或"可持续发展"。该概念在环境法典中的含义及其国际国内范畴的厘清十分重要。可持续发展既是社会问题,又是技术问题,而很多社会问题都是通过技术进步解决的。因为可持续发展的一个本质是从资源依赖走向技术依赖的发展转型过程,所以在很大程度上,可持续发展既是一个人文科学问题,也是一个自然科学问题,甚至是一个社会科学问题。因此,在编纂相关条款的时候,如何处理技术创新问题需要统筹考虑以上方面,如在编纂环境法典时需要认真对待气候变化问题的自然科学和社会科学的属性。

其次是环境问题。可持续发展三原则是公平性、可持续性和共同性。绿色低碳发展编应当包含这些内容,因为可持续发展指的就是全球共同的进步、共同的富裕,比如能源可持续发展就是能源的普遍服务问题,这是共同性和可持续性重要的内容之一,也是国内当今热点的共同富裕问题。共同富裕是可持续发展的一个基本内涵,没有共同富裕就不是可持续发展,上述内容都需要在法典中予以体现。

最后是环境法典的问题。环境法典很多内容都超越了环境问题的范畴,或者说是新时代或新条件下的环境问题。比如,联合国要求全世界所有国家都要提交一份关于低排放发展的国家发展战略。我国提交的是《中国本世纪中叶长期温室气体低排放发展战略》,目标为至 21 世纪中叶(2050—2075 年)实现"碳中和"目标。其本身目标是为环境,也即把发展装进环境保护的"笼子"中,或者给发展划定一条环境"生态红线",此"生态红线"是指到 2050 年或者 2075 年,人为排放的温室气体与大自然吸收的温室气体相平衡。"碳中和"目标超越了传统环境问题的概念;

---

* 李俊峰,红杉碳中和研究院院长。本部分根据作者在《生态环境法典专家建议稿(草案)》绿色低碳发展编专题研讨会(2022 年 4 月 17 日,北京)上的发言整理。

具体而言,温室气体包括二氧化碳,二氧化碳在中国不算污染气体,但在全球范围内却是非常重要的减排控制对象之一。因此中国提出了“2030年前,二氧化碳排放达峰并稳中有降,2060 年实现碳中和”的战略目标,但是这也催生了包括能源转型在内叠加的新问题。

能源的低碳转型实质为使用非化石能源取代化石能源,但全球范围内使用可再生能源或者非化石能源争议不断,所以环境法典需要容纳的能源条目数量可观,需要把起草中的“能源法”,及《节约能源法》《可再生能源法》中的精髓纳入环境法典当中,包括中央制定的有关碳达峰、碳中和的政策和文件。这些虽然可能不属于传统环境问题,但是从可持续发展观的角度来看,也应该属于生态环境保护的重要内容之一。

因此,法典的设计与制定不同于之前的立法思路,需要对此认真分析、加以研究。

5.5.6　绿色低碳发展编的基本概念及外部关系*

第一,法律价值的认知问题。法律价值不仅要强调关注法律或者实在法(实定法)的工具性价值,而且还应该尽可能地追求通过法律的工具性价值以实现法的正义价值。

第二,基本概念问题,也是方法的问题。概念问题和法典编纂的方法和方法论是密切相关的。首先,对于基本概念要有比较清楚的认知。如谈到《环境保护法》,就要提到《宪法》第 26 条中的“生态环境”和“生活环境”这两个概念。但是,根据现有文献,包括提出这两个概念的专家已经承认了“生态环境”“生活环境”这两个概念并非十分科学。所以,在编纂环境法典的时候可以于形式上在意,但是在实质上又不能在意这两个概念;否则,可能就会出现问题,即不能真正实现法的正义价值。其次,是环境法典的名称问题。这涉及对“环境”这个词的认知,当然也涉及对环境法的认知。

通说认为,环境法或者现代环境法,衍生于西方发达国家的发展逻辑或者脉络。在西方的环境法“environment”前面有一个定冠词“the”;

---

* 胡德胜,重庆大学法学院教授。本部分根据作者在《生态环境法典专家建议稿(草案)》绿色低碳发展编专题研讨会(2022 年 4 月 17 日,北京)上的发言整理。

“the”指的是客观存在的环境，也就是自然环境。如果没有注意到environment前面的定冠词，那么在理解西方法律包括法律理论的时候就会存在一些偏差。关于“环境”的看法或定义，需要注意早期环境法（特别在西方的）和当代环境法之间存在科学层面认知的演变问题。以美国为例，20世纪六七十年代的环境法律中，强调更多的是处于客观状态的、自然的被称为环境因素或环境要素的事物。进入20世纪90年代，特别是进入21世纪以后，美国环境立法更强调一种基于生态学或者生态系统意义上的环境。如在澳大利亚联邦和各州（地区）21世纪以来制定的环境政策法律文件中，对于“可持续发展”，不是简单使用“sustainable development”，基本上使用的都是“ecological sustainable development”；就像我国的“生态环境”一样，在“环境”前加了“生态”。所以当代“环境”的内涵已经演变为基于生态系统的理念、基于生态学的“环境”，以致基于生态学或者生态规律谈可持续发展。因此，环境法典编纂要基于生态系统的可持续发展的理念，尤其是绿色低碳发展编，更要围绕生态系统的整体观来谈，不能基于具体环境要素或者自然资源的角度进行割裂式、碎片化的研究，这也涉及方法论的问题。

第三，概念认知的错误或者不当问题。首先，国内学者很少有人注意到，三类权利在英文上的表达，right in、right of 和 right to。由于对这三类权利的认知混同，实际上导致了学术上的很多无益或者有害争论，也导致了立法思维逻辑上的混乱。就像国内学者经常讨论的“环境权”，就是把 right in the environment、right of the environment 和 right to the environment 三类权利混同了，所以很多问题在逻辑上根本解释不清楚。建议在进行环境法典编纂的时候，一定要注意这三类不同权利的区别。其次，需要注意法律规则、法律规范、法律原则之间的区别。在传统的法学理论下，强调没有制裁性的救济就没有权利、就不存在法律，即某人的权利受到侵犯时，要有对侵犯者的制裁措施，从而让权利人得到救济；某人违反了法律或者不履行法律义务要受到制裁。严格意义上，一条完整的法律规范需要涵盖制裁和救济，但是在实在法中，它通常由两条或者两条以上的法律规则构成，一些法律规则往往还体现的是原则性的规定，所以要注意到规则、规范、原则之间的区别。绿色低碳发展编也应体现软法的激励性规则的运用，不能固守传统法学理论中 no remedy no law 或者 no remedy no right 之类的狭隘、过时的法学理论。

第四,需要注意和其他部门法或者未来将要出台的法律之间的关系,否则环境法典不容易通过,并且可能会遭到从事其他部门法研究的学者的反对。对于绿色低碳发展编而言,它涉及生活生产的方方面面,特别是在很多方面同时涉及了三类权利。因此,对于中国这样一个处于不断快速发展的国家来说,很多社会利益会出现重大调整,从而导致环境法典的编纂过程面临着很大的不确定性。法国的很多学者曾主张制定能源法典,后来法国也出台了一部 Code de l'énergie,但是该法典现在已经是千疮百孔。原因在于能源法,特别是与绿色低碳发展编有关的绿色发展部分,它的政策性非常强,并且需要根据科学技术的发展适时地进行调整。建议绿色低碳发展编在编纂过程中可以借鉴《法国能源法典》。

5.5.7　绿色低碳发展编中的绿色能源制度*

第一,绿色低碳发展编中把能源单独作为一章是非常有必要的,因为90%的碳排放都和能源有关,所以谈绿色发展一定要谈能源。关于能源的表述,“要建立一个清洁低碳、安全高效的能源体系”,一般要用到“清洁”“低碳”“安全”“高效”这 4 个形容词,那么建议本编第五章的名称可以从“绿色能源”调整为“清洁能源”。因为实际上,现在包括在将来很长的时期以内,国家发展是离不开传统能源的,所以现在谈到能源的时候要关注能源的安全问题。既然想保障能源安全,就不能光指望绿色能源来提供这样一种保障,所以从这个角度考虑将“绿色能源”改成“清洁能源”。

第二,将“保障能源的安全供应”作为绿色能源的基本原则。能源转型、“双碳”发展、“双碳”目标、能源的绿色转型等,实际上都要以保障能源安全为实施前提。能源安全是实现“双碳”目标的基础,因此,要遵循习近平总书记所讲的,把能源的饭碗先端在自己手里,先保证碗里有饭吃,坚持先立后破。因此,建议增加保障能源安全供应的条款,并将其作为一个基本的原则来考虑。

---

* 展曙光,北京鑫诺律所“碳中和与能源法治研究中心”主任。本部分根据作者在《生态环境法典专家建议稿(草案)》绿色低碳发展编专题研讨会(2022 年 4 月 17 日,北京)上的发言整理。

第三,煤炭的清洁化利用问题。传统能源到清洁能源的转变实际上是清洁化利用的问题,传统能源在清洁化利用之后可以作为能源将来的基本保障。因此,可以把传统能源的清洁化利用作为本编的一个条款,并在此基础上进行能源的清洁化发展,即传统能源的清洁化利用。

第四,能源的体系性问题。能源实际上是一个既包括传统能源,也包括绿色能源、可再生能源的体系。因此,可以把建设清洁的能源体系作为一个重点并表述进来。

第五,能源的利用效率问题。现在的能源不仅强调绿色低碳,还强调安全、高效。整体来看,我国的能源利用效率偏低。因此,《中共中央、国务院关于完整准确全面贯彻新发展理念做好碳达峰碳中和工作的意见》中提出要提高能源的利用效率。能源利用效率对于实现"双碳"目标是非常关键的,可以考虑在本编中制定一个关于提高能源的利用效率的条款。

第六,能源的市场化问题。在我国,能源市场目前存在的一个很大的问题是垄断,包括电网,油气,在目前我国所有行业当中没有被打破垄断的,能源领域应是其中之一。能源领域面临着市场化改革的问题,环境法典对此应有所尝试或者至少可以提炼出一些原则,比如能源领域应该坚持市场化改革。相当于用市场进行调节、调剂,让市场来发挥作用。同时可以将自然垄断性行业、自然垄断性环节和竞争性业务环节分开,这样才能促进能源领域更进一步地走向市场化。

第七,气候变化部分中关于碳的相关问题。首先,建议把碳汇的有关内容写进气候变化应对一章。其次,关于碳税的问题。现在欧盟已经在推出碳税了,我国大概率也会建立碳税的相关制度,因此法典条文应当体现碳税的相关内容。

5.5.8 绿色低碳发展编中的气候变化应对与国际合作机制*

第一,适度法典化的编纂模式要求绿色低碳发展编在内容安排上遵

---

* 于文轩,中国政法大学民商经济法学院教授。本部分根据作者在《生态环境法典专家建议稿(草案)》绿色低碳发展编专题研讨会(2022 年 4 月 17 日,北京)上的发言整理。

循环境法典的目标和理路,对这些领域的法律制度内容有选择地作出规定,而非纳入能源和气候变化领域所有的内容。例如,能源安全并非环境法典所能解决的问题,能源市场化改革的制度实现也是能源法学界目前都尚在探索、并无定论的问题,这些内容置于环境法典中并不适当。关于能源效率管理的内容,在现有条文中已有规定。

第二,在环境法典中设置气候变化应对和国际合作两章。目前需要进一步加强环境法典编纂与相关立法进程的衔接。在气候变化应对部分,《生态环境法典专家建议稿(草案)》已作出了关于适应气候变化的规定,其中包含了碳汇、能力建设等方面的内容。碳税问题较为复杂,超出了环境法典中气候变化应对的范畴。

第三,关于应对气候变化在绿色低碳发展编中的体现方式。事实上,绿色低碳发展编的大部分内容都涉及应对气候变化。专门的气候变化应对章主要按照事项作出规定,其中涉及国际合作方面的内容则置于《生态环境法典专家建议稿(草案)》第七章单独作出规定。

5.5.9　绿色低碳发展编中的气候变化应对制度*

首先,绿色低碳发展编的设置很有必要,也很有特色。目前国外已经出台的法典中很少会专门设定一编来谈低碳问题,而现在的《生态环境法典专家建议稿(草案)》已经起草好了绿色低碳发展编的条文内容,这是非常有意义的事情。

其次,目前绿色低碳发展编的条文内容要进一步弄清楚这一编的内核和外延,确定该编的内在逻辑展开。

最后,绿色低碳发展编涉及了应对气候变化的问题,对此意义非常,但我国学者谈论应对气候变化的问题时,基本上把重点放在减排方面。当然,把重点放在减排方面亦有合理之处,但未来如果要编纂环境法典,基于我国的国情,还有另外一点要充分关注,即怎样通过环境法典的编纂促进我国对气候变化的适应性能力建设。这点是非常重要的,因为这一点可能涉及我国未来气候变化应对的方向性问题。

---

* 张梓太,复旦大学法学院教授。本部分根据作者在《生态环境法典专家建议稿(草案)》绿色低碳发展编专题研讨会(2022 年 4 月 17 日,北京)上的发言整理。

生态环境责任篇

6.1　生态环境责任编的构建和安排*

在研究编纂环境法典以前，既往生态环境法律规范因调整各领域环境利用行为综合运用多种法律手段形成了分布广泛的特定社会关系。例如，环境法典编纂的法源主要分布在环境保护（污染防治）、自然资源与自然保护和有关能源与循环经济（清洁生产）促进等[①]领域的法律法规和党中央国务院有关政策之中，同时与之密切相关的生态环境责任制度更存在于国家行政、刑事和民事基本法律之中，以至于生态环境法律关系具有以公法关系为主、私法关系为辅的多重牵连性、法源广泛性和政策补充性的特点。这种状态也决定了复杂的环境法律责任零散且庞杂地分布于各类生态行政以及相关单行法律、行政法规、部门规章和司法解释等规范性文件中。

鉴于此，以下拟结合组织中国环境资源法学研究会课题组开展《生态环境法典专家建议稿（草案）》编纂研究的实践，对生态环境法典编纂所涉各编各类环境利用行为模式对应的法律后果，即有关行政责任、刑事责任、民事责任等责任形式和有关环境法律责任追究机制进行分类梳理，分析环境法法典化对构筑生态环境责任制度体系的理论和实践需求，就生态环境法典编纂中生态环境责任制度的合理设置提出可供选择的体系化方案。

---

* 汪劲，北京大学法学院教授；吕爽，北京大学法学院博士研究生。本部分原载于《中国法律评论》2022年第2期，收入本书时有部分修改。

① 为避免本书所称“环境保护（污染防治）、自然资源与自然保护和有关能源与循环经济（清洁生产）促进等”广义生态环境行政领域的概念与习惯上将生态环境主管部门统一负责实施“环境监管”的称谓相混淆，本书以下将“环境保护（污染防治）、自然资源与自然保护和有关能源与循环经济（清洁生产）促进等”领域的行政活动统称为“生态行政”。

一、环境法法典化对生态责任制度设置的要求

(一)生态环境责任制度的总体定位及其必要性

从作为生态环境法典法源的各生态行政类单行法律的制度类型和实施手段看,它们均呈现强烈公法规制色彩,有关生态行政监管成为环境法律实施的主要内容,以致2021年全国人大常委会立法工作计划将生态环境法典编纂定位在狭义的“行政立法领域的法典编纂”。本书采用生态环境责任制度的概念试图体现环境法律责任的全面性和综合性。这也要求生态环境责任制度在设置与安排时,不仅要关注以防治污染和自然保护为中心的行为模式和法律后果,而且还要遵循全方位多维度的生态环境法典编纂理念,将“预防—管控—修复—赔偿—制裁”等手段和方法贯穿于人与环境和谐共生所涉的各个领域。

生态环境法典设置生态环境责任制度的必要性则体现在如下几个方面:

首先,生态环境责任制度设置是适应生态文明建设的必然要求。在生态文明建设的背景下,环境法律责任内容发生了巨大变化。例如,在环境纠纷处理非诉纠纷解决机制与诉讼纠纷解决机制并举,行政处罚与行政处分共同推进,检察机关也被赋予了生态行政领域的政府纠偏以及公益诉讼职能;在环境与资源审判方面,环境民事公益诉讼和环境行政公益诉讼发展迅速,诉讼程序与证据规则不断完善,环境资源审判庭建设稳步前进,环境资源审判专业化程度逐步提高。生态环境法律责任内容与责任追究机制等发生的变化一方面适应了生态行政领域发展的新要求,另一方面也为生态环境法治事业有序发展提供了重要制度保障,因此生态环境法典编纂必须要重视生态环境责任制度的设置与安排。

其次,生态环境责任制度设置可以保证生态环境法典法律规范体系的完备性。生态环境法典编纂中纳入环境法律责任规范与法典各个分编中的具体制度配套是具有立法意义的:既体现了法律规范本身的完整性,还保持了环境法律规范在适用层面的一致性。一个完整的法律规范,一般要有行为模式和法律后果两个部分构成,不能缺少其中的任何一个部

分。[①] 周旺生教授也指出，立法本身也是对个人和组织在国家生活和社会生活中的义务或责任的法定制度性确定，立法中制度性建设的内容同样需要有责任与之配套。[②]

最后，生态环境责任制度设置可以增强生态环境法典实施的可操作性，为生态行政执法、环境纠纷解决和环境司法过程中的法律适用、解释提供便利。生态环境法典编纂中纳入生态环境责任制度能够更好地调整企事业单位的行为方式，合理开展生产经营活动，引导人们遵守生态环境保护法律规范，从而可以更有效地遏制污染环境和破坏生态的行为。

（二）生态环境责任制度的功能与作用

生态环境责任制度在生态环境法典中主要发挥着“法律责任适用法”的功能，也即在生态环境责任制度规范设置中需要贯彻“明确的指引＋合理的补充”原则。

第一，发挥便利找法功能。目前许多的环境法律责任散落在生态行政的单行法律、行政规范和其他法律文件中，根据既有法律实践情况，生态环境法典尚无法将所有的环境法律责任都整合到法典中加以规定，因此生态环境责任制度的一大重要功能就是与各类环境法律责任承担密切相关的法律规范相衔接与协调适用，避免重复与混乱。

第二，发挥便利用法功能。在生态环境法典中设置相应法律责任规范的主要目的在于为环境执法、环境司法和环境守法（包括企事业单位和公民个人履行环境资源保护等义务）提供重要的指引。

第三，发挥便利释法功能。生态环境法典中的生态环境责任制度内容与法典各个编章具体条款紧密相连，其内容是对法典条款具体法律行为模式对应法律后果的具体阐释，并非完全独立于法典具体规定而存在，从而提升法典生态环境责任制度设置的针对性和可操作性。

（三）法典化对生态环境责任制度设置的要求

环境法律责任整合纳入生态环境法典不应当是简单地采用“规范汇编”形式，而应当是在分析厘清各类环境法律责任的特点和性质的基础

---

① 参见沈宗灵主编：《法理学》，北京大学出版社2009年版，第256页。

② 参见周旺生：《立法学》，法律出版社2009年版，第49页。

上,选择适用合理的方法加以编纂和安排,凸显生态环境法典生态环境责任制度的重要地位和适用价值。总体而言,生态环境法典中的生态环境责任制度设置应当遵循以下的方法:

第一,要符合法典“适度化”编纂的理念。限于中国环境法体系的广义性和法源的广泛性,在生态环境法典的形式化编纂和实质化编纂的取舍之间,适度法典化已经成为绝大多数环境法学者们的共识。生态环境责任制度的内容设置,也面临着同样的取舍问题,我们必须有所为有所不为。

坚持以法律责任是违反第一性义务的后果作为内容取舍的主要标准,一方面以“综合性”为指导思想,以求为各分编提供一般化、背景化的法律责任条款;另一方面以“特别性”为指导思想,尽力处理好法典与其他部门法的关系,综合利用立法技术,或准用“转致”,或总结扩充,并积极吸纳司法实践和各类环境保护规范中行之有效环境法律责任的主要和特别条款。

第二,要注重与国家基本法律规范衔接。“法典之间的衔接一定程度上反映了法典的开放性。”①如上所述,现阶段生态环境法典编纂还无法将所有与生态行政的法律规范(包括环境法律责任)全部整合纳入其中,因此需要保证生态环境法典具有一定的开放性,也即要加强法典与其他国家基本法律之间的规范衔接。

具体而言,在生态环境责任制度的衔接规定中,应当主要关注与《刑法》有关环境资源保护犯罪规定的衔接、与《民法典》环境侵权与生态损害赔偿责任有关规定的衔接、与国家诉讼法律尤其是涉及公益诉讼和生态损害赔偿诉讼问题的衔接。

第三,要遵循分类编纂的思路。生态环境法典的生态环境责任制度设计都需要考虑不同类型环境法律责任的特点和性质,并通过分类编纂的方式,将责任内容分布到具体的法典编章之中。

遵循分类编纂原则主要应有如下要求:一是需要合理解决总则与分则中环境法律责任内容配置问题;二是解决好行政责任、刑事责任和民事责任的分类编纂问题。此外,还需要注意环境违法行为的模式与法律后果之间的对应关系,同一类别的责任应当作出类型化规定,避免条文重

---

① 于飞:《民法典的开放性及其妥当实现》,载《中国法律评论》2015年第4期。

复，进一步提升找法、释法的便利性。

第四，吸收借鉴法典编纂的成功经验。一是我国民法典编纂提供的成功经验借鉴。我国《民法典》的成功编纂也为环境法典编纂提供了重要的经验。在设置法律责任方面，我国民法典编纂的创新点之一是将“民事责任”在总则编专章作出规定，同时专门创设“侵权责任编”规定了相对完善的侵权责任制度。[①] 环境法典关于生态环境责任制度的设置也可以借鉴民法典编纂中的“一般”与“特殊”相结合的模式，把具有共通性的规范上升为一般规则，具体领域的法律责任规范则单独成文，以突出其特殊性。二是比较法视野下的环境法典编纂经验借鉴。世界上已经颁布施行环境法典的国家主要有瑞典、法国、意大利、菲律宾和爱沙尼亚等。其中瑞典采用了框架性编纂加授权立法的实质编纂模式，环境法典与单行环境保护法律规范并行。[②]

从域外环境法典关于法律责任的设置与编纂中我们可以总结出以下特点：首先，将环境法律责任纳入环境法典使之独立成为其重要组成部分是主流的做法；其次，域外环境法典中的法律责任主要内容包括环境刑事责任及处罚、环境行政处罚和生态环境损害赔偿；再次，关于法律责任的设置模式主要是按环境领域划分并采用单独设置法律责任的模式；最后，国外环境法典关于法律责任及纠纷解决有关的诉讼机制并非完全独立，也大量运用了衔接条款，从而更好地应对法律适用方面的问题。

因此，在比较环境法典编纂经验的视角下，采用双重体系调整是比较合适的。正如李艳芳教授等指出的那样，环境法典编纂一方面要注重生态环境法典的整体逻辑，将部分共性法律责任内容统一规定；另一方面要根据分编特殊情形设立具体的环境法律责任承担规定。[③]

二、生态环境责任制度的内容与结构

生态环境责任制度应当贯穿生态环境法典每个编章，同时单独成编的生态环境责任编应当发挥其重要的追究民事责任机制的“法律责任适

---

① 参见王晨：《关于〈中华人民共和国民法典（草案）〉的说明》，载中国人大网2020年5月22日，http://www.npc.gov.cn/npc/c35178/202005/9fed629352914c26abe10bedef1ed060.shtml。

② 参见竺效、田时雨：《瑞典环境法典化的特点及启示》，载《中国人大》2017年第15期。

③ 参见李艳芳、田时雨：《比较法视野中的我国环境法法典化》，载《中国人民大学学报》2019年第2期。

用法”功能,为具体法律适用以及追责程序衔接问题提供重要的指引。以下本书将分别论述生态环境法典有关行政责任、刑事责任和民事责任及相关诉讼程序编纂入典的内容范围和结构设置。

(一)生态环境行政责任的内容

生态环境行政责任应当成为生态环境法典生态环境责任制度的主体内容。在现行有效的环境保护单行法律中,针对不同环境保护要素安排了不同种类的行政责任内容,因此本部分内容主要将围绕以下几个问题开展:环境法典中设置的行政责任应当包含的主要内容有哪些,如何在生态环境行政责任规范中适用“提取公因式”规则以及如何安排生态环境行政责任具体规范的问题。

在各类环境保护基本法和单行法律中可以看到,生态环境行政责任主要集中在四种类型:责令的行为,主要是指行政命令的行为,主要包括责令限期治理和责令改正;行政处罚,其内容主要包括责令停产停业、吊销相应资质许可、行政罚款、针对情节严重情形的行政拘留等;行政处分,[①]主要针对相关人员滥用职权、玩忽职守等作出规定;此外还有部分行政强制的内容也在环境保护法律法规中有所体现。

在污染防治法领域的法律中还进一步明确了按日连续处罚制度。生态保护领域的行政处罚内容并不涉及按日连续处罚制度的适用,但在责令的行为中多了一些“恢复性治理”的行政命令要求,如在《森林法》中规定了“恢复植被”或者“补种”的行政命令,[②]在行政处罚制度中还设计具体不同的处罚模式;又如《水土保持法》和《水法》中还规定了行政处罚的滞纳金机制。[③] 相较于污染防治和自然生态保护领域的行政责任,绿色低碳发展编的行政责任更集中在责令的行为和行政处罚的规定中,从具体的内容上看,法律责任条款明显少于其他法律,而且更倾向于采用“先礼后兵”的行政处罚模式,也即一般是在行政命令(责令行为)之后再根据具体情形作出决定,而关于行政处罚的规定则集中在行政性罚款的规

---

① 值得注意的是,行政处分和政务处分并非包含的关系,二者是并存且互补的。但鉴于长期以来,环境行政责任中仍主要是以传统的行政处分条款为主,政务处分的条款为辅,为了行文方便,本节将政务处分条款附带在行政处分中一并说明。

② 参见《森林法》第74、81条的规定。

③ 参见《水土保持法》第57条、《水法》第70条的规定。

定上。鉴于本领域所涉及的行政管制以企业为主要对象,因此从罚款的数额上看,一般也高于其他领域的行政罚款数额。

在生态环境行政责任设置安排中"提取公因式"的问题和生态环境行政责任的内容安排方面,生态环境行政责任的设置与安排可以借鉴"潘德克顿体系"[①]的方法,参照我国民法典编纂中关于民事责任设置的模式,即在生态环境责任编中总体设立一般性规定的同时,又将具体领域的行政责任规范纳入各个分编之中。

此外,生态环境法典总则编规定的环境保护共通性行政法律制度可以考虑在生态环境责任编中作出规定,该编也应规定环境法典各编行政法律责任适用的统领性规则及其与行政处罚法等单行法律的适用关系。[②]

(二)生态环境刑事责任的内容

基于我国刑法传统和当前环境刑事犯罪法律适用的现状,生态环境刑事责任在环境法典编纂中不具有单独规定的余地,只适宜采用转致衔接规定或者在不破坏刑法统一性的前提下,将生态环境刑事责任追究和责任承担以及与生态环境行政责任衔接的内容作出原则性规定。从域外环境法典编纂经验中可以看到,在生态环境法典中设置环境行政刑法(也称"环境附属刑法")在追究生态环境刑事责任过程中,具有高效便利、针对性强等特点。鉴于此,我们同时建议改革现有刑事法律制度,在环境法典编纂和未来相关单行法律中引入针对破坏社会管理秩序犯罪的环境行政刑法条文。

按照统一性原理,我国有关危害环境犯罪的规定由《刑法》在其第六章"妨害社会管理秩序罪"第六节"破坏环境资源保护罪"中作出规定,在这一罪名下既包括了污染环境的犯罪,也包括了破坏自然资源的犯罪。[③]

---

① 潘德克顿体系的重要特征,就是将民事法律关系的共通事项通过提取公因式的方法将它们整理成为"总则";将民事主体的权利及其民事法律行为按照由内至外(由生至死)的顺序将它们分门别类作为各编的规定。参见陈华彬:《潘德克吞体系的形成与发展》,载《上海师范大学学报(哲学社会科学版)》2007 年第 4 期。

② 参见吕忠梅:《环境法典编纂的基本问题》,载《荆楚法学》2022 年第 1 期。

③ 参见《中华人民共和国刑法修正案(十一)》,载中国人大网 2020 年 12 月 26 日,http://www.npc.gov.cn/npc/c30834/202012/850abff47854495e9871997bf64803b6.shtml。

结合《环境保护法》等环境保护单行法律中的相关规定,与环境资源保护相关的刑事责任往往还囊括了环境保护监督管理人员滥用职权、玩忽职守、徇私舞弊等犯罪类型。

为了保持生态环境法典与刑法内容的体系性和连贯性:一方面,在完善环境资源犯罪的相关立法时,需要刑法根据生态环境保护的需要以及相关领域的实践发展,进一步明确环境利益的刑法法益化保护的内容,并及时增删完善相关的法律条文和刑事处罚规则,以保证环境资源刑事法律规制的时效性和科学性,当生态环境法典和刑法规定存在“差序”的情况时,应坚持以刑法为中心,并由刑法典及时加以跟进;另一方面,环境法典应尽量避免设立具体的刑事责任承担规则,关于刑事责任的规定不宜过细,可采用兜底“转致”条款或者规定生态环境刑事责任承担原则来协调两部法典之间的法律适用问题。

我国当前在环境与资源保护领域的法律执法实践中充斥着大量的行政处罚,其中还包括了适用违反治安管理规定的行政拘留等强制措施。针对行政与刑事违法之间,由于没有过渡性的“行政刑法”,导致实践中存在难以处理违反行政规范值得刑事处罚,但适用刑法规定又不尽合理的情形。例如,马戏团无证运输野生动物案中反映的问题。[①] 我国的刑法学者对“行政刑法”一般理论已经有了较为深入的研究。[②] 因此环境行政刑法条文未来在“行政刑法”理论和制度形成条件成熟后,适时纳入生态环境法典是具有重要意义的。

(三)生态环境民事责任的内容

生态环境民事责任的内容除了污染环境、破坏生态造成他人损害的侵权责任内容以外,还应当囊括《民法典》规定的生态环境修复与赔偿责任的内容,而“绿色条款”[③]所涵盖的内容也应当纳入生态环境责任编民

---

① 参见简爱:《我国行政犯定罪模式之反思》,载《政治与法律》2018 年第 11 期。

② 在行政刑法研究方面,具有代表性的学术专著和论文包括刘艳红、周佑勇:《行政刑法的一般理论》(第 2 版),北京大学出版社 2020 年版;田宏杰:《知识转型与教义坚守:行政刑法几个基本问题研究》,载《政法论坛》2018 年第 6 期;李晓明:《行政刑法新论》(第 2 版),法律出版社 2019 年版;张明楷:《行政刑法辨析》,载《中国社会科学》1995 年第 3 期等。

③ “绿色条款”所涵摄的内容在物权、合同、债权和人格权等领域都有所体现,如在物权保护方面,可将行使物权过程中产生的环境损害、相邻关系和地役权中的生态环境保护民事责任内容纳入生态环境法典。

事责任部分。

在生态环境侵权赔偿责任方面，首先，可以规定衔接性和指引性适用规则，即将一般民事责任的承担指向《民法典》环境侵权责任相关条款的适用。其次，对《民法典》尚未纳入但在党中央国务院有关环境保护政策和单行法律、行政法规和部门规章、司法解释等文件中作出了环境侵权适用性规定的内容中选择经过实践证明行之有效的规则创新性地纳入本编，包括但不限于环境侵权责任的特殊性归责原则（免责事由和因果关系判断等规则）；环境影响评价机构，环境监测机构以及从事环境监测设备和防止污染设施维护、运营的机构连带责任；环境损害的司法鉴定；惩罚性赔偿适用情形、数额以及限额等内容。采用衔接规范与扩充相结合的模式，与学者们提出的生态环境侵权类型多元化特点相契合，既需要传统的侵权损害论继续发挥作用，也需要通过构建生态修复论解决保护"生态系统完整性"。[①]

在生态环境损害修复、赔偿责任方面，具体内容包括对生态损害修复赔偿责任的本体、生态环境损害修复、赔偿责任的归责原则、举证责任和惩罚性赔偿等内容作出规定，并创新生态环境损害强制责任保险、生态环境共同基金等制度，实现潜在生态环境损害的风险分摊。鉴于《民法典》中对生态环境损害修复与赔偿责任的修复形式和赔偿范围等内容已经作出了原则性规定，因此在生态环境法典中要对此规定加以衔接，避免造成法律适用上的混乱。

总体来说，生态环境法典中有关生态环境责任制度中的民事责任规定，一方面应当以衔接和协调《民法典》中的规范为主，扩充解释新设规范为辅；另一方面可以根据近年来的环境与资源和循环经济促进法律实践，在生态环境法典中扩充吸收一些不便在《民法典》中规定的具体民事责任承担规则，以此形成两部法典之间的相互补充，并保证相关法律适用的顺畅性。

（四）生态环境责任纠纷解决机制的内容

生态环境法典中设置安排生态环境责任纠纷解决机制旨在解决中国

---

① 参见吕忠梅、窦海阳：《以"生态恢复论"重构环境侵权救济体系》，载《中国社会科学》2020 年第 2 期。

的环境司法实践中经常会出现同一环境违法行为需要叠加和区分适用行政责任、刑事责任和生态环境损害额赔偿责任等问题[①],这也是生态环境责任制度中的重要一环。总体而言,生态环境责任纠纷解决机制应当包含非诉纠纷解决与诉讼纠纷解决两种机制。

综合学者的观点,生态环境责任纠纷非诉解决机制一般包括生态环境责任纠纷的协商解决、生态环境责任纠纷的人民调解以及生态环境责任纠纷的行政调解和环境仲裁等。[②] 生态环境责任纠纷诉讼解决机制主要包括:环境审判组织;环境诉讼管辖、审理规则;统一的环境证据收集与保存规则;生态行政执法和环境刑事司法的衔接规则;生态环境损害赔偿磋商协议的司法确认;生态环境损害赔偿诉讼;环境公益诉讼(行政、民事);诉讼相关的衔接规定;诉讼时效等内容。与此同时,本部分还应当对生态环境损害磋商协议的效力加以明确规定,并将生态环境损害赔偿诉讼与关联诉讼(环境民事公益诉讼、环境行政公益诉讼等)衔接规则的内容也纳入其中。

在生态环境责任纠纷非诉纠纷解决与诉讼纠纷解决两种机制以外,生态环境损害修复与赔偿的监督与执行也是纠纷解决的重要内容之一,因此生态环境法典也有必要对此加以规定。生态环境责任纠纷解决机制应当主要包括以下内容:生态环境损害预防、修复、索赔的检察督促和公众监督,生态环境民事私益、公益诉讼以及生态环境损害赔偿诉讼案件的执行规定等。

(五)关于生态环境责任编的结构安排

结合前文对生态环境责任制度内容范围的论述,本书认为生态环境法典生态环境责任编的具体框架结构可作如下安排:

第一,一般规定。生态环境行政责任的一般规定,主要内容包括生态环境责任的概念,生态环境行政责任、刑事责任、民事责任以及纠纷解决机制的概括性条款,司法机构专门化以及生态环境行政责任与刑事责任的衔接条款等内容。

---

① 参见张新宝、庄超:《扩张与强化:环境侵权责任的综合适用》,载《中国社会科学》2014年第3期。

② 参见吕忠梅等:《环境损害赔偿法的理论与实践》,中国政法大学出版社2013年版,第346页。

第二,生态环境行政责任。生态环境行政责任主要包括总则编基本制度部分配套的生态环境行政责任内容以及生态环境行政处罚、生态环境行政处分和生态环境行政强制等内容。本部分重点内容将聚焦在生态环境行政处罚制度上,主要包括具有普适性的“按日连续处罚”制度[①]、生态环境服务专门人员和机构的行政责任和行政处罚的程序性规定等。

第三,生态环境刑事责任。在设立生态环境刑事责任专门章节的情况下,其内容主要包括生态环境刑事责任的承担依据、危害后果、主观要素和承担方式等内容,以上的内容是对生态环境刑事责任承担的原则性规定,不会破坏刑法的统一性。

第四,生态环境民事责任。生态环境民事责任部分包括三个方面的内容:一般规定,因污染环境、破坏生态造成他人环境损害的民事责任和造成生态环境损害的民事责任。其中一般规定部分应纳入“绿色条款”的内容并对生态环境民事责任的归责原则、免责事由、惩罚性赔偿和共同侵权等作出原则性规定;后两个方面则分别针对造成他人和生态环境本身的损害内容作出相应的民事责任承担制度安排。

第五,生态环境责任纠纷解决机制。本部分主要包括非诉纠纷解决机制、诉讼纠纷解决机制和生态环境损害修复与赔偿的监督与执行。前面章节所规定的内容指向的是环境法典生态环境责任制度的实体法律责任,而本部分解决的是生态环境责任的追究程序以及衔接问题。本部分的内容充分结合了环境司法实践的最新状况,并整合吸收了最高人民法院司法解释中关于环境诉讼的程序规则、证据规定等内容,对国家基本法律中各类诉讼规则加以衔接。本部分所遵循的逻辑结构主要是依照环境纠纷的性质与特点加以安排,从非诉到诉讼再到监督与执行较为全面地涵盖了生态环境责任纠纷解决机制的全过程。

三、结论

生态环境责任制度是生态环境法典框架体系中的重要组成部分,对生态环境法律责任的安排并非所有传统法上的三大责任都全盘纳入,而是通过设立生态环境责任编在合理取舍生态环境损害修复(赔偿)的公

① 尽管“按日连续处罚”制度目前主要适用于污染防治领域,但该制度在自然保护和低碳发展领域仍具有进一步适用的空间,因此将其作为普适性责任条款。

法和私法责任的基础上配置适用规则,确保法典中生态环境责任制度体系的完整性和法典规则的可操作性。

生态环境行政责任在现行生态行政法律规范中占据了绝对的主导地位,在各个生态环境领域的长期行政执法过程中也形成了较为完善的行政处罚和行政处分体系,因此在编纂生态环境法典的过程中可以通过提取公因式等编纂方法将其整理纳入。

然而,生态环境法典框架体系对刑事责任和民事责任制度的设计则没有这么简单。鉴于我国长期以来一直有着维持刑法统一性的传统和《民法典》有关民事责任制度一体化的要求,生态环境刑事责任的内容目前更适宜采用"转致"或者规定生态环境刑事责任承担原则;生态环境民事责任在设置上一方面应注重与《民法典》的规定衔接和协调,另一方面则可以根据近年来生态行政法律实践,在《民法典》"绿色原则"的精神指导下,在生态环境法典编纂中吸收并创新一些不便在《民法典》中规定的具体生态环境民事责任承担规则。

此外,在生态环境纠纷解决机制和诉讼程序设置方面应注重与既有诉讼法律之间的衔接,保留环境纠纷解决机制的特殊规定的同时,不宜设置过多细致的诉讼规则条款。

生态环境法典中的生态环境责任编应当充分凸显追究民事责任机制的"法律责任适用法"的功能,具体包含一般规定、生态环境行政责任、生态环境刑事责任、生态环境民事责任和生态环境责任纠纷解决机制五个部分的内容。

6.2 生态环境责任编的编纂思路[*]

一、生态环境责任编设置模式的比较法借鉴

比较《瑞典环境法典》《法国环境法典》《意大利环境法典》《哥伦比亚可再生资源和环境保护法典》《哈萨克斯坦共和国生态法典》《德国环境法典:专家委员会草案》《柬埔寨环境与自然资源法典(草案)》《独立国家联合体成员国生态法典示范法》8 部域外环境法典或法典草案(以下概称域外环境法典)法律责任条款的编纂模式,①可见域外环境法典的法律责任条款编纂主要分为两种基本模式。

(一)"纯粹分散"模式

"纯粹分散"模式即环境法典将法律责任条款分散于法典各部分、各编、各章或各节规定,甚至可能出现零散条款不成章节的存在,需要指出,虽然个别章节有关法律责任条款的相对集中编排也时有存在,但是这种相对集中编排的任一一处在法律责任规范整体条款的数量占比不会超过

---

* 竺效,中国人民大学法学院教授。本部分原载于《中国法律评论》2022 年第 2 期,收入本书时有部分修改。

① 除正文所列 8 部外,已发现的环境法典还有《菲律宾环境法典》《爱沙尼亚环境法典总则》。但考虑到菲律宾环境保护法典体系由多部法典构成,如《菲律宾环境法典》《菲律宾水法典》《菲律宾森林改革法典》《菲律宾卫生法典》《菲律宾渔业法典》等,本书仅对《菲律宾环境法典》进行分析研究,而初步梳理发现《菲律宾环境法典》中并未规定法律责任条款(参见《菲律宾环境保护法典》,岳小花译,法律出版社 2020 年版)。而《爱沙尼亚环境法典总则》(General Part of the Environmental Code Act)仅为总则部分,并非完整的法典,且总则部分第五章 1"国家的监督管理"以及第五章 2"法律责任"两章虽涉及法律责任,但多为责任追究体制机制的程序性条款,仅第 62 条"沿岸或者河堤道路的非法关闭和设置障碍"规定了行政责任的实体性条款(《爱沙尼亚环境法典总则》英语原版参见 https://www.ecolex.org/details/legislation/general-part-of-the-environmental-code-act-2011-lex-faoc178392/)。因此,本书不将前述两部环境法典列为比较研究的主要分析对象。参见《独联体生态示范法典·爱沙尼亚环境法典(总则)》,刘洪岩、马鑫、张忠利译,法律出版社 2022 年版。

一半。法国、德国、哥伦比亚环境法典(或草案)的法律责任条款编排属于此种类型。

(二)"集中为主、分散补充"模式

"集中为主、分散补充"模式即在环境法典设立独立的编(或章),集中规定法律责任,同时在其他章节也有"零星"的分散的法律责任条款。意大利、瑞典、哈萨克斯坦、柬埔寨、独联体等域外环境法典的法律责任条款采取了此种编纂模式。

此外,虽然理论上还有一种"纯粹集中"的模式,即环境法典将法律责任条款集中于某一位置进行统一规定,可以采用有关法律责任的专编、专章,或连续编排的若干编、章,但本书比较研究的前述8个环境法典(草案)文本中并未发现此种立法技术路径。

从以上域外环境法典法律责任编纂外部结构的比较分析可知,环境法典结构采取环境要素主导模式或以环境要素为分编结构模式的,其法律责任条款多为分散规定,而采取"过程主导模式"以及混合模式中以过程为主轴的环境法典法律责任条款多采取"集中为主、分散补充"的模式。① 另外,比较发现,本书所考察的8部环境法典(含草案)或是将法律责任集中规定到法典的某处,或是根据各法典的章节划分将法律责任分别集中规定在各部分(编、章、节)之末尾。并且,域外环境法典中作为集中规定辅助的"分散补充"之相对"非集中"的法律责任条款类型包括民事责任、行政责任和刑事责任,尤以行政责任条款居多。据此,笔者认为,我国环境法典单设"生态环境责任"一编相对集中规定因破坏生态或污染环境行为引发的法律责任,较为符合国际上的立法趋势;并且,将行政法律责任条款分解到法典各部分是比较常见的做法,可以为我国环境法典法律责任的体系化设计提供经验借鉴。

---

① 笔者曾对域外环境法典编纂结构模式进行文本研究,大致归纳为3种类型:过程主导模式(瑞典、哈萨克斯坦、独联体)、要素主导模式(法国、哥伦比亚、菲律宾)和过程为主要素为辅的混合模式(意大利、德国、柬埔寨)。参见竺效:《环境法典编纂结构模式之比较研究》,载《当代法学》2021年第6期。

二、生态环境责任编的外延范围及其编纂思路

(一)生态环境责任编抽象一般规定与分则编具体规定相结合的行政责任

由上文分析可知,域外环境法典对于行政法律责任规范体系化的模式多采取分散于各编的立法技术。建议我国环境法典行政法律责任规范编纂可以采用“分—总”的整体技术方案,即由各分则编在各部分规定行为主体违反生态环境保护的第一性法律义务所应承担的行政法律责任,当然可在每编中采用分编①、专章②、专节相对集中编排行政法律责任(此即为“分”),同时在生态环境责任编安排行政法律责任的统领性规定以提高环境法典整体立法效率(此即为“总”)。

当然,也许会遇到针对总则编所规定的行为义务是否也需单独规定行政法律责任的探讨。笔者认为,环境法典总则编是该法典的总纲,就立法技术而言,纳入总则编的规定,原则上应是各分则编具有共性的规则之“提取公因式”,就算不是共性规则,至少也应是两个分则编均有涉及,但所涉各编分别规定会降低立法效率,故而在总则编予以统一规定。因而,从逻辑结构推知,除倡导性、宣示性的规范外,凡是总则编规定行为主体的生态环境保护的第一性义务必然可以且应当通过各分则编具体化。而一旦采用前述行政法律责任“分—总”编纂的技术线路,其中对“分”的立法技术的严格贯彻必然出现——在各分则编明文规定行为人违反生态环境保护的具体的第一性法律义务后的具体行政法律责任(除非立法者有意不予规定)。因而,从理论上讲,不存在总则编所规定的第一性法律义务出现非立法者主观原因而导致的第二性法律义务缺位。

不过,生态环境责任编对环境行政法律责任作出统筹规定,确实是后续需要深入探讨的立法理论和立法技术命题。对此,笔者尚且无法以专题展开研究,但初步建议至少需要从三个方面规定,以填补各分则编行政

---

① 例如,吕忠梅教授牵头于 2021 年 7 月提议的《环境法典(专家建议稿)》设计第二编为“污染控制编”,其中第四分编为“行政法律责任”,包括“一般规定”“重点污染防治行政法律责任”“其他污染防治行政法律责任”三章。

② 例如,吕忠梅教授牵头于 2021 年 7 月提议的《环境法典(专家建议稿)》设计第三编为“自然生态保护编”,其中第十一章“行政法律责任”则专章规定了该编所涉的具体行政法律责任。

法律责任规定之不足。

第一,明确环境行政处罚权力的行使主体。一方面,应承接现行《环境保护法》对法定委托处罚权的规定,保障生态环境综合执法机构的执法权限;另一方面,也需回应在生态环境执法垂直改革背景下,区县一级生态环境分局的执法权实践受限等问题。

第二,明确规定特殊的行政责任承担方式以及责任认定的特殊规则。行政责任在生态环境保护领域具有一定的特殊性,其将承担环境污染、生态破坏外部成本内部化的重任,也是通过法律的威慑迫使生态环境利用者承担更多环境成本的重要手段。因此,生态环境责任编的行政责任部分还需要对责令改正与连续违法认定等特殊的规则,以及按日连续处罚、限制生产、停产整治等特殊的责任承担方式作出概括性的一般规定。

第三,规定推动实现行政责任落实的保障机制。行政责任的明确仅为责任追究的前提,而责任的落实才能真正实现行政责任追究之目的。因此,生态环境责任编还可以就保障落实行政责任的相关制度进行规定。例如,《行政强制法》未能涵盖的行政强制措施、行政强制执行等在生态环境保护领域的适用主体、情形、程序等特殊性规则。

(二)对环境违约责任、侵权责任等民事责任特殊规则的细化集中规定

生态环境保护领域民事责任具有一定的特殊性,尤其是合同责任,环境法典应对其予以立法调整。此外,虽然我国《民法典》已对环境侵权民事责任进行了较为全面系统的规定,未来的环境法典原则上可以采用引致条款,但对于一些特殊性规则尚需在环境法典予以规定,从而实现两个法典的衔接。

1.环境法典须回应绿色合同责任的特殊问题

当前,生态环境保护领域出现诸多新型合同,对传统契约责任规范体系提出挑战。在《民法典》编纂过程中,学者们就曾提出将各类绿色合同作为有名合同纳入合同编。事实上,不少绿色合同法律责任问题涉及公法和私法交叉而引发立法技术革新课题。笔者认为,仅依据《民法典》现有规定和合同法一般原理尚不能解决此类法律责任问题,期望未来的环境法典可以对此类绿色合同责任的特殊问题作出规定。

2. 环境法典应细化环境侵权责任的特殊规则

《民法典》对因破坏生态或污染环境而引发的侵权（以下简称环境侵权）责任进行了较为完备的规定，但环境法典仍有进一步补充、细化环境侵权特殊责任规则的空间。笔者以下试举两例。

第一，关于环境侵权免责事由。《民法典》第一编第八章“民事责任”规定了不可抗力、紧急避险、紧急救助人、过失相抵、受害人故意等一般免责事由，同时第 1178 条规定：“本法和其他法律对不承担责任或者减轻责任的情形另有规定的，依照其规定。”随后，该法典第 1237 条、第 1239 条、第 1243 条又分别规定民用核设施或者核材料致害责任的免责事由，占有或使用高度危险物致害责任的免责事由，以及高度危险场所安全保障责任的免责事由。而现行部分环境单行法对环境侵权责任的免责事由规定不尽一致。例如，《海洋环境保护法》第 91 条规定的免责事由仅在“经过及时采取合理措施，仍然不能避免对海洋环境造成污染损害的”情况下才能适用，具体免责事由包括战争，及不可抗拒的自然灾害以及负责灯塔或者其他助航设备的主管部门，在执行职责时的疏忽，或者其他过失行为。《水污染防治法》第 96 条第 2、3、4 款分别规定了不可抗力作为一般免责事由，受害人故意的全部免责和受害人重大过失的减轻责任，以及加害人不得以第三人造成损害作为免责事由，但可以向第三人追偿。虽然《民法典》第 1233 条“因第三人的过错污染环境、破坏生态的，被侵权人可以向侵权人请求赔偿，也可以向第三人请求赔偿。侵权人赔偿后，有权向第三人追偿”的有关规定，已统一第三人致害时的免责事由规则，但环境法典全面涵盖污染防治法已是基本共识，一旦伴随环境法典的实施而使各污染防治单行法失效，关于免责事由的种类、免责抗辩的适用条件、减免环境侵权责任的规则细分，则均应纳入环境法典编纂的研究范围。若加上其他领域的免责事由，则更可能提升生态环境责任编立法难度等级。例如，《核安全法》第 90 条第 1 款仅规定“战争、武装冲突、暴乱等”为免责事由，显然与前述海洋环境污染领域的抗辩事由种类存在交叉。此外，可以在环境司法领域推测，最高人民法院《关于审理环境侵权责任纠纷案件适用法律若干问题的解释》第 1 条第 3 款的规定将可能在环境法典制定后修改为：侵权人不承担责任或者减轻责任的情形，适用环境法典的规定;环境法典没有规定的,适用民法典的规定。[①] 因此,环境法典的生态环境责任编若无法明确免责事由的统一规范,未来仅依靠《民法典》的相关规定,恐难以支撑环境司法的必要需求。

第二,关于环境服务机构的环境侵权连带责任。由环境服务机构作为提供相关环境技术服务的第三方机构参与环境影响评价、企业环境监测、环境污染第三方治理模式的机制,是我国生态环境治理现代化建设的重要一环。但从实际运行情况分析,部分环境服务机构并没有真正起到预防和遏制环境污染、生态破坏的作用,甚至与污染企业恶意串通,有损我国生态环境保护事业的发展。对此,除了应严格追究环境服务机构及相关人员的行政法律责任外,[②]还要辅之以民事赔偿责任。只有行政责任和民事责任并举,才能威慑环境服务机构严格守法,真正发挥多元治理机制的应有作用。2014 年修订的《环境保护法》新增第 65 条规定"环境影响评价机构、环境监测机构以及从事环境监测设备和防治污染设施维护、运营的机构,在有关环境服务活动中弄虚作假,对造成的环境污染和生态破坏负有责任的,除依照有关法律法规规定予以处罚外,还应当与造成环境污染和生态破坏的其他责任者承担连带责任"。可以预见,一旦环境法典制定并通过后,《环境保护法》大概率同步失效,因此生态环境责任编需要设计专门条款规定环境服务机构的环境侵权连带责任。

(三)集中规定生态环境本身损害的修复、赔偿等救济责任

生态环境本身损害指人为的活动已经造成或者可能造成人类生存和

---

① 最高人民法院《关于审理环境侵权责任纠纷案件适用法律若干问题的解释》(法释〔2020〕17 号)第 1 条第 3 款的现有规定为:"侵权人不承担责任或者减轻责任的情形,适用海洋环境保护法、水污染防治法、大气污染防治法等环境保护单行法的规定;相关环境保护单行法没有规定的,适用民法典的规定。"

② 例如,《环境影响评价法》第 32 条第 2 款规定:"接受委托编制建设项目环境影响报告书、环境影响报告表的技术单位违反国家有关环境影响评价标准和技术规范等规定,致使其编制的建设项目环境影响报告书、环境影响报告表存在基础资料明显不实,内容存在重大缺陷、遗漏或者虚假,环境影响评价结论不正确或者不合理等严重质量问题的,由设区的市级以上人民政府生态环境主管部门对技术单位处所收费用三倍以上五倍以下的罚款;情节严重的,禁止从事环境影响报告书、环境影响报告表编制工作;有违法所得的,没收违法所得。"第 3 款规定:"编制单位有本条第一款、第二款规定的违法行为的,编制主持人和主要编制人员五年内禁止从事环境影响报告书、环境影响报告表编制工作;构成犯罪的,依法追究刑事责任,并终身禁止从事环境影响报告书、环境影响报告表编制工作。"

发展所必须依赖生态(或环境)的任何组成部分或者其任何多个部分相互作用而构成整体的物理、化学、生物性能的任何重大退化。[①] 我国《民法典》"侵权责任编"对环境污染和生态破坏责任进行了专章规定,该章第1234条和第1235条规定"生态环境损害"的修复责任和赔偿责任,该两条规定为生态(环境)本身损害的民事责任追究提供了实体规则依据。[②]

但《民法典》第1234条和第1235条所救济的损害与生态环境本身的损害之间究竟是交叉关系、包含关系,还是等同关系,进而基于两者的相互关系判明并考虑环境法典是否需要涉及生态环境本身损害的救济责任规则,取决于对生态环境本身损害的立法界定。截至目前,学界关于生态环境本身损害的通说认为,其是一种区别于传统人身、财产和精神损害的新型损害,但学术界对其名称、含义、范围等尚未形成统一认识,且国内外学说或国外实然法的措辞表述也不乏使用"生态损害"(ecological damage)、"纯生态损害"(pure ecological damage)、"环境本身的损害"(damage to the environment per se)、"环境损害"(environmental damage)、"纯环境损害"(pure environmental damage)、"环境损伤"(impairment of the environment)、"自然资源损害"(natural resource damage, NRD)等词语表达生态(环境或自然资源)本身所遭受的损害之全部或部分的含义。[③] 近年来,随着"生态环境损害赔偿"改革试点的开展,也有以"生态环境损害"指向包含生态环境本身损害的某种"复合损害"。如吕忠梅教授认为:"生态环境损害作为法律事实,表现为环境法权利和环境法益受损而产生的一种不利益状态。"[④]"生态环境损害所涉权益是私益与公益两种不同性质权益的'复合'。"[⑤]也有认为"生态环境损害"等同于生态环境本身损害的。如徐以祥教授认为,生态环境损害可界定为生态环境本身的损害,是一种对公共利益的损害,并将生态环境损害与因生态环境损害

---

① 参见竺效:《生态损害的社会化填补法理研究》,中国政法大学出版社2007年版,第60页。

② 参见竺效:《民法典为环境公益损害救济提供实体法依据》,载《光明日报》2020年6月5日,第11版。

③ 参见竺效:《生态损害的社会化填补法理研究》,中国政法大学出版社2007年版,第50-59页。

④ 吕忠梅:《"生态环境损害赔偿"的法律辨析》,载《法学论坛》2017年第3期。

⑤ 吕忠梅:《论环境侵权纠纷的复合性》,载《人民法院报》2014年11月12日,第8版。

而导致的其他人人身、财产、生态等私人利益的损害进行了区分。[①] 但主流观点认为,生态环境本身的损害涉及环境公共利益,用传统侵权责任法进行救济存在困境。生态环境损害与环境侵权的本质不同,环境侵权侵害人身、财产等私益,生态环境损害是对环境公共利益的破坏,所涉及的是公法问题,只不过在有的情形下公共利益与私人利益有一定的交叉;生态环境损害责任与环境侵权责任的目标也不同,设定环境侵权责任的目的是为救济以环境为媒介导致的人身、财产损害,而设定生态环境损害责任的目的是救济对地球生态环境本身造成的损害,与具体的人身与财产权利损害没有直接联系。[②]

因为传统环境侵权责任属于民事责任,民事责任又以民事权利(权益)为前提。环境公共利益显然不属于民事权利(权益),若将生态环境本身损害的预防、损害扩大、赔偿、修复等救济责任归为民事责任,恐会造成侵权责任法乃至民法内部体系的混乱。正如赵悦等学者所主张:"采用'生态环境损害'这一概念,不仅没有拓展环境侵权相关法律制度的适用范围,反倒构成了对环境侵权制度的不当限定,甚至偏离了民事侵权立法的基本价值和路径,致使侵权法对于环境私益和公益救济本末倒置。"[③]因此,笔者主张,应将生态环境自身损害的责任看作一种独立的法律责任,其专门为维护环境公共利益而存在,与以维护私益为直接目的的传统环境侵权责任相区分,应将其纳入环境法典生态环境责任编的范围,予以集中统一规定。

此外,国内环境民事公益诉讼司法和生态环境损害赔偿改革实践也将对生态环境本身损害责任作为一种独立的法律责任提出需求。最高人民法院《关于审理环境民事公益诉讼案件适用法律若干问题的解释》(法释〔2020〕20 号,以下简称《环境民事公益诉讼司法解释》)所规定的环境

---

① 参见徐以祥:《论生态环境损害的行政命令救济》,载《政治与法律》2019 年第 9 期。

② 参见孙佑海、王倩:《民法典侵权责任编的绿色规制限度研究——"公私划分"视野下对生态环境损害责任纳入民法典的异见》,载《甘肃政法学院学报》2019 年第 5 期。类似观点可见刘超:《论"绿色原则"在民法典侵权责任编的制度展开》,载《法律科学(西北政法大学学报)》2018 年第 6 期;浙江省湖州市中级人民法院与中国人民大学法学院联合课题组:《生态环境损害赔偿诉讼的目的、比较优势与立法需求》,载《法律适用》2020 年第 4 期。

③ 赵悦、刘尉:《〈民法典·侵权责任编(草案)〉"一审稿"生态环境公益损害民事救济途径辨析》,载《南京工业大学学报(社会科学版)》2019 年第 3 期。

民事公益诉讼所救济的实体公益(实体性损害)就是生态环境本身的损害。[①] 长期以来,该类环境案件的审理实践对生态环境本身损害的赔偿责任、修复责任等的构成要件的实体规范之迫切需求,已经揭示了实体法空白、不完整所牵出的立法课题。《民法典》第1234条和第1235条出台前,司法实务中实际上一直属于准用侵权责任规则的实践状态,但仅依靠《民法典》这两条规定似乎无法供给生态环境本身损害救济所需完整的实体和程序规则。例如,《环境民事公益诉讼司法解释》第18条规定:"对污染环境、破坏生态,已经损害社会公共利益或者具有损害社会公共利益重大风险的行为,原告可以请求被告承担停止侵害、排除妨碍、消除危险、修复生态环境、赔偿损失、赔礼道歉等民事责任。"而"绿孔雀民事公益诉讼案"已经证明生态环境本身损害风险的预防性公益诉讼具有实践可能性和重大价值,[②]但生态环境本身损害风险排除责任的构成要件规则,尚需环境法典予以明确。

同样,无论是2015年《生态环境损害赔偿制度改革试点方案》,还是后续的2017年《生态环境损害赔偿制度改革方案》,抑或2019年配套制定的最高人民法院《关于审理生态环境损害赔偿案件的若干规定(试行)》(法释〔2019〕8号,已于2020年修改),都将作为所有人的求偿主体的环境侵权损害[③]与其所有物的生态服务公共利益损害[④]予以一体救济,并将之称为"生态环境损害赔偿"。现有实践已对"生态环境损害赔偿"之责任构成要件规则,及该类特别指向的赔偿责任的构成要件规则与环境私益侵权赔偿责任构成要件规则、环境民事公益诉讼所救济的生态(环境)本身损害的赔偿责任之构成要件规则之间的衔接规则,以及完整的程序规则,提出了立法需求,而《民法典》尚无法满足这一需求,司法解释恐也难在未明确立法规定的前提下以常规的司法解释技术满足。这似乎也都在呼唤环境法典生态环境责任编作出立法调整。

从比较法的角度总结,也可以让我们对生态环境责任编这一部分技术方案更加确信。《法国环境法典》在第一卷专设第六编"预防与救济对

---

① 参见竺效:《论环境民事公益诉讼救济的实体公益》,载《中国人民大学学报》2016年第2期。

② 参见云南省高级人民法院民事判决书,(2020)云民终824号。

③ 例如,自然保护区内植被遭破坏引发的国家所有的财产权的侵权损害。

④ 例如,自然保护区内植被的生态服务价值这一环境公共利益因人为破坏而致损害。

环境造成的部分损害"来规定生态环境本身损害的预防和救济问题。该法典称为"对环境造成的损害",即"可测量的直接或间接的环境破坏"(第 L161－1 条)。其中,第二章第二节的"损害的预防与补救措施"、第二章第四节的"预防与补救措施的费用"、第三章的"对生物多样性损害的补偿"都主要涉及法律责任规范。[①]《意大利环境法典》第六部分专门规定了"环境损害赔偿的规定",其中第二章"预防和环境修复"和第三章"环境损害赔偿"都主要指向生态环境本身的损害,即该法典所称的"环境损害",并以该法典第 300 条将环境损害定义为"一种自然资源或者由其供给的效能所发生的任何直接或间接、重大、可测量的恶化"。[②] 虽然法国、意大利两国环境法典的"外部结构"与本书所建议的我国未来环境法典的生态环境责任编有所不同,但这两个国家环境法典的立法实践足以为我们揭示,应将生态环境本身损害区别于传统环境侵权私益损害,相应的法律责任宜由环境法典予以集中规定。

综上分析,笔者建议,若无法在环境法典集中规定生态环境本身损害的综合预防与救济规则,则法典的生态环境责任编可设专章规定生态环境本身损害的修复与赔偿责任,包括责任的实体性条款(如"不履行生态环境损害风险管控和修复义务的责任"与"生态环境损害赔偿责任"),以及责任实现的程序规则和配套规则(如赔偿资金保障机制,包括强制责任保险、生态环境共同基金和政府财政支持的风险管控与修复基金等)。

(四)探索"独立型附属刑法"在环境法典中的实然法化

除了生态环境责任编采用引致条款规定刑事责任的立法技术选项外,也许还可以探讨其他可能性。我国环境刑事法律责任的立法,是一个从分散到逐步统一的过程。1979 年《刑法》并没有专章或专节规定环境刑事责任,直到 1997 年《刑法》第二编分则第六章"妨害社会管理秩序罪"中专设一节规定"破坏环境资源保护罪"。以 1997 年《刑法》为起点,我国以刑法修正案的形式对环境刑事法律责任不断完善,[③]确立了以《刑

① 参见《法国环境法典(第一至三卷)》,莫菲、刘彤、葛苏聃译,法律出版社 2018 年版,第 90－103 页。

② 参见《意大利环境法典》,李钧等译,法律出版社 2021 年版,第 405－422 页。

③ 参见赵秉志、陈璐:《当代中国环境犯罪刑法立法及其完善研究》,载《现代法学》2011 年第 6 期。

法》为主的单一刑事立法格局,形成了形式统一、内容协调的刑事立法体系。[①] 这种立法模式在环境污染防治的早期起到了有效打击环境犯罪的作用,但环境刑事法律责任的立法也面临着巨大的挑战。一是环境问题复杂多变、环境风险不可确定,导致单一的环境刑事法律责任立法无法应对其复杂性。单一的刑事立法具有一定的滞后性,也不可能避免立法漏洞,[②]而破坏生态、污染环境的犯罪行为是难以预料的,把这些法律责任都规定在《刑法》中是不现实的。二是环境保护的特殊性导致形式统一的生态环境刑事法律责任立法无法作出针对性的制度安排。环境犯罪侵害的法益具有多层次性,其核心是"生态法益"。从我国《刑法》的规定可以看出,"破坏环境资源保护罪"属于"妨害社会管理秩序罪","生态法益"被"强行"整合在"社会法益"之中,[③]而在司法实践中,"生态法益"也不是环境犯罪的核心判断标准。[④] 三是环境法律体系的完善与独立导致刑事立法与环境立法不够协调。生态环境刑事法律责任的立法不仅要符合刑法的原理,也要符合环境法的基础理论和体系化、法典化趋势。这就要求生态环境刑事法律责任与其他刑事法律责任并列,获得一定的独立性。[⑤] 因此,可以借助环境法典的制定,对生态环境领域的刑事法律责任的立法进行探索与完善。以专门领域法典的存在为理由,允许刑事责任规则在刑法之外由环境法典予以例外的集中规定,并不会引发刑事法律规范"纷纷另起炉灶"的尴尬局面,毕竟需要综合性集中规定法律责任并非每部法典的共性需求,如《民法典》就没有这种需求。

在环境法典内单独规定生态环境刑事法律责任,可以起到"独立型附属刑法"[⑥]的作用,体现生态环境刑事法律责任的独立性,避免生态环境刑事法律责任规则体系的适用混乱。比较可见,其他国家在生态环境

---

① 参见刘之雄:《单一法典化的刑法立法模式反思》,载《中南民族大学学报(人文社会科学版)》2009 年第 1 期。

② 参见童德华:《我国刑法立法模式反思》,载《法商研究》2017 年第 6 期。

③ 参见简基松:《论生态法益在刑法法益中的独立地位》,载《中国刑事法杂志》2006 年第 5 期。

④ 参见焦艳鹏:《论生态文明建设中刑法与环境法的协调》,载《重庆大学学报(社会科学版)》2016 年第 3 期。

⑤ 参见苏永生:《环境犯罪的独立性和体系性建构》,载《中国地质大学学报(社会科学版)》2018 年第 5 期。

⑥ 所谓"独立型附属刑法",是指独立于刑法典之外,规定于其他部门法之中的刑事法律责任。参见柳忠卫:《刑法立法模式的刑事政策考察》,载《现代法学》2010 年第 3 期。

刑事法律责任的立法中也运用了“独立型附属刑法”理论。如能采用“独立型附属刑法”的立法模式,我国环境法典的生态环境责任编可以通过设置“刑事责任”专章集中规定各类生态环境犯罪的罪名、罪状及其法定刑,不仅可以让环境法典的刑事法律责任能够与其他类型的法律责任无缝衔接、相互协调,还可以使打击破坏生态、污染环境违法犯罪行为的法律手段更加完整,同时帮助司法机关准确适用法律。[①]

(五)以法律责任追究的程序衔接条款保障生态环境责任切实实现

环境法典对法律责任的体系化,还需要保障法律责任的具体追究程序。在以“风险预防—过程控制—损害救济”为逻辑主线展开的环境法典编纂中,承载“损害救济”功能的生态环境责任编所要解决的主要问题,既包括对以生态环境为媒介受到间接侵害的个体权益进行救济,也包括对受损的生态环境本身进行救济,以此方能实现对社会整体秩序的维护。为了真正实现前述两种救济,生态环境责任编还应当包含两种规则:一种是确定责任分配的实体规则;另一种是规范责任分配过程的程序规则。

建议生态环境责任编规定程序性衔接条款的主要原因有两个。一方面,环境法典不仅仅是行政管理法的综合,它在判断行为是否产生法律后果、承担何种法律责任时也承担着裁判规范之功能,为确保裁判功能的实现,必然要为责任的确定提供实体和程序依据。[②] 另一方面,环境法体系的程序规范和实体规范都承担实施环境法律的功能,通过特殊程序规则的设置,环境法典的目的才能得以充分实现。此外,法典编纂加入实体和程序的衔接条款,对生态环境纠纷的解决机制进行规定,不仅能使环境法典的内容和逻辑更加完整,同时也能借此机会,对实践中已有的环境纠纷解决机制进行整合,使之更趋系统化和体系化,为环境纠纷的解决提供指引,提高法律实践的效率,方便当事人和相关部门适用法律。

---

① 参见程红、牙韩选:《环境犯罪“独立型附属刑法”立法模式之合理证成》,载《广西民族大学学报(哲学社会科学版)》2020年第2期。

② 参见吕忠梅、田时雨:《环境法典编纂何以能——基于比较法的背景观察》,载《苏州大学学报(法学版)》2021年第4期。

三、结论

环境法典生态环境责任编承载着对生态破坏、环境污染行为引发的法律责任及其追究规则体系化之功能。可以借鉴域外环境法典对法律责任体系化的有益立法经验，采用“集中为主、分散补充”的模式，即集中规定行政责任一般性规则、民事责任规则、生态环境损害责任规则、刑事责任规则以及法律责任的追究与衔接规则；同时在法典各分编规定各领域的具体义务后，灵活采用专门的分编、专章、专节或零星条款的编排方式规定各类违法行为的具体行政法律责任。宜区分生态环境领域不同性质类型的法律责任，采取不同的编纂入编方式：生态环境行政责任各分编分别规定与生态环境责任编抽象化一般规定相结合；生态环境民事责任，在与《民法典》引致衔接的基础上，对生态环境违约责任与生态环境侵权责任等特殊规则进行集中的细化规定；在专编集中构建从责任确定到责任实现的生态环境本身损害的修复、赔偿等救济责任的规制；除引致条款保底方案外，可探索“独立型附属刑法”在环境法典中的实然法化。在此基础上，还建议以前述各类法律责任追究所必需的程序衔接性机制的入编保障各类具体的生态环境责任的切实实现。希望本书的抛砖引玉能为我国环境法典法律责任条款的体系化、科学化、高效化编纂，提供一种兼具理论基础、国际经验和可操作性的技术方案。

6.3 生态环境损害责任的体系解释与完善*

我国《民法典》第 1234 条和第 1235 条规定了生态环境损害及其救济，因与民法所秉持的私益认定及救济体系存在一定抵牾而引发了诸多争论。现在法典条文既定，理论研究转向了适用细节的解释，但在观点上仍存诸多差异。与此同时，正在进行的生态环境法典编纂研究，其中也有关于生态环境损害责任的课题。实际上，这两条对生态环境损害及救济规定了什么，在适用中是否需要更为细致的内容，决定了生态环境损害责任在《民法典》基础上未来完善要展开的具体内容，而对这两条在民法体系中的定位，则决定了上述展开的内容可能完善的方向以及空间。基于此，本书先探讨生态环境损害责任在《民法典》中的既有规定，在此基础上再考虑如果可以对生态环境损害责任进行完善，那么如何解释和协调既有规定与在生态环境法典中展开内容的关系，且可以在哪些具体问题上展开。

一、《民法典》第 1234 条和第 1235 条的体系定位

（一）与《民法典》第 1229 条至第 1233 条的关系

在《民法典》体系内，第 1234 条和第 1235 条的定位主要是处理与第 1229 条至第 1233 条的关系。在《民法典》编纂过程中，就是否对生态环境损害进行规定产生了较大争议。一种观点认为侵权救济主要针对民事主体权益的损害，而生态利益无法归类到个人权益范畴，强行纳入会导致体系紊乱。[①] 另一种观点则认为民法应当反映环境恶化的社会特点，对

---

* 窦海阳，中国社会科学院法学研究所副研究员。本部分原载于《中国法律评论》2022 年第 2 期，收入本书时有部分修改。

① 参见张新宝：《侵权责任编起草的主要问题探讨》，载《中国法律评论》2019 年第 1 期；尹志强：《侵权法的地位及与民法典各编关系的协调》，载《华东政法大学学报》2019 年第 2 期。

环境问题的冲击予以回应。[①] 从《民法典》草案的数次变化来看，立法者最终采纳了后一种观点，毕竟对生态环境损害问题的综合处理更有赖于公私法的协同应对。

但是，生态环境损害及救济与民法体系的确存在显著差异，对其如何妥当纳入《民法典》产生了不同的意见：第一种意见认为生态环境损害与传统损害存在重叠，尤其是属于国家所有的环境要素可在民法体系中加以保护，由此可以通过民法对生态环境损害进行间接调整。[②] 第二种意见是将生态环境损害直接纳入民法损害的范畴。[③] 第三种意见是借鉴欧洲议会和欧盟理事会联合发布的《关于预防和补救环境损害的环境责任指令》（第6条第2款c项、第3款和第8条）和《欧洲示范民法典草案》（第6-2:209条），通过将政府或有关主管机关因生态损害而负担的不利益拟制视为侵权法中的损害。[④] 第四种意见是生态环境损害及救济原本不应当由侵权责任编调整，而应设置引致条款，在《民法典》之外专门设立生态环境损害救济制度。[⑤]

《民法典》第1234条、第1235条明确规定了生态环境损害及其具体的救济方式。同时，从《民法典》编纂过程来看，立法机关延续了2017年《生态环境损害赔偿制度改革方案》第3条的思路，即生态环境损害是独立于人身损害、财产损害的第三种损害，在2018年12月23日全国人民代表大会宪法与法律委员会的修改说明中，明确指出要区分“民事主体的人身、财产损害”与“生态环境本身的损害”这两类损害。[⑥] 这属于立法机关的正式解释，能够说明立法者的原意。这种立法者原意也与参与立法的人员的学理解释进行呼应，比如“生态是有别于私益损害的公害，行

---

① 参见马俊驹、舒广：《环境问题对民法的冲击与21世纪民法的回应》，载《中外法学》编辑部、北京大学第22届研究生会编：《中国民法百年回顾与前瞻学术研讨会文集》，法律出版社2003年版；王利明：《民法典的时代特征和编纂步骤》，载《清华法学》2014年第6期。

② 参见李承亮：《侵权责任法视野中的生态损害》，载《现代法学》2010年第1期；张新宝、庄超：《扩张与强化：环境侵权责任的综合适用》，载《中国社会科学》2014年第3期。

③ 参见石佳友：《治理体系的完善与民法典的时代精神》，载《法学研究》2016年第1期。

④ 参见李昊：《对民法典侵权责任编的审视与建言》，载《法治研究》2018年第5期。

⑤ 参见张新宝：《侵权责任编起草的主要问题探讨》，载《中国法律评论》2019年第1期；孙佑海、王倩：《民法典侵权责任编的绿色规制限度研究——“公私划分”视野下对生态环境损害责任纳入民法典的异见》，载《甘肃政法学院学报》2019年第5期。

⑥ 参见2018年12月23日全国人民代表大会宪法和法律委员会《关于〈民法典侵权责任编（草案）〉修改情况的汇报》。

为人因损害生态环境而承担的责任应当是一种有别于私益损害的责任。从民法典侵权责任编第七章规定来看，可以将其分为两大部分：第1229条至第1233条主要是关于侵害私益的侵权责任；第1234条至第1235条是关于侵害公益的侵权责任”[①]。当然，立法条文公布之后的相关解释应当根据具体情形不断修正，并不一定要拘泥于立法者的原意。但是在立法颁行之初，立法者原意更为贴近制度设计的目的与功能，仍属于最佳解释。

由此，第一种和第二种意见并不符合上述立法原意的解释，且第一种意见无法涵盖纯粹的生态环境损害问题，第二种意见对于既有的民法体系冲击过大。《民法典》第1234条、第1235条的规定详细且具体，无法将其解释为引致条款。因此，第四种意见也不能作为这两条的妥当解释。可行的解释是《民法典》在私益损害之外规定生态环境损害，是为了类推适用民法损害及其救济的规则，毕竟在损害的认定、恢复原状的方式、因果关系特殊证明规则等方面的理论和实践中都运用了民法损害救济理论。这种法技术的考虑所基于的背景是理论与实践的共识，即公法对生态环境损害进行救济的缺陷及私法救济的优势。[②] 以这种方式把生态环境损害及其救济纳入民法典体系，既可实现环境修复之制度目的，又可借助侵权法中已有的制度资源，避免“另起炉灶”“叠床架屋式”。[③]

就可以进行类推的规则而言，最为典型的是《民法典》第1230条的特殊举证规则。这里存在一定的争论，有观点认为生态环境诉讼的主体是国家机关，较之普通个人，有较强的举证能力，因此不应适用特殊举证规则。[④] 实际上，由于环境污染和生态破坏事件的复杂性，且在生态环境

---

① 黄薇主编：《中华人民共和国民法典侵权责任编解读》，中国法制出版社2020年版，第240页；王利明：《〈民法典〉中环境污染和生态破坏责任的亮点》，载《广东社会科学》2021年第1期。司法实践中也区分了不同主体主张不同损害后果救济。参见福建省高级人民法院民事判决书，（2015）闽民终字第2060号。

② 对于生态损害公法救济的缺陷以及私法救济的优势，学者多有论述，笔者在此不做展开。参见王利明：《〈民法典〉中环境污染和生态破坏责任的亮点》，载《广东社会科学》2021年第1期；冯洁语：《公私法协动视野下生态环境损害赔偿的理论构成》，载《法学研究》2020年第2期。

③ 参见李昊：《论生态损害的侵权责任构造——以损害拟制条款为进路》，载《南京大学学报（哲学·人文科学·社会科学）》2019年第1期。

④ 参见王利明：《〈民法典〉中环境污染和生态破坏责任的亮点》，载《广东社会科学》2021年第1期。

损害事件中尤甚，国家规定的机关或法律规定的组织就举证能力而言并无太大优势，而且该条的特殊举证规则并非完全倾向于一方，最终仍需要三方配合查清因果关系。因此，适用举证责任推定规则并不影响当事人之间的公平。最高人民法院《关于审理生态环境损害赔偿案件的若干规定（试行）》第6条根据原《侵权责任法》以及最高人民法院《关于审理环境侵权责任纠纷案件适用法律若干问题的解释》的规定，对举证规则作了特殊规定，并且在《民法典》之后的司法解释修正中作了延续，这就意味着因果关系举证的特殊规则同样适用于生态环境损害赔偿诉讼。另外，还有《民法典》第1231条的多人环境侵权在生态环境损害案件中更为典型，也可以适用类推。

对于《民法典》第1232条的惩罚性赔偿能否适用类推，有观点认为生态环境损害救济可以适用惩罚性赔偿，[①]而有的观点则持反对意见。[②]笔者认为，法条中明确规定的有权请求惩罚性赔偿的主体是"被侵权人"，这仅指民事权益受到侵害的民事主体，而不包括国家规定的机关或者法律规定的组织。其理由在于：

第一，从《民法典》编纂过程来看，曾有观点指出将"被侵权人"修改为"法律法规授权的机关或有关组织"。[③] 该观点最终未被采纳。

第二，从"环境污染和生态破坏责任"章的其他条款的描述来看，涉及"国家规定的机关或者法律规定的组织"作为权利主体的第1234条和第1235条都有明确的表述，而"被侵权人"则在《民法典》整个侵权责任编中所指的都是民事权益受到侵害的民事主体。

第三，惩罚性赔偿制度通过超额的赔偿金，可以起到激励受害人积极主张权利的作用，但对于国家规定的机关或者法律规定的组织而言，提起相关诉讼是基于其本身职责或社会存在的公共功能，无须通过超额赔偿金进行激励。另外，国家规定的机关或者法律规定的组织提起的生态环

---

① 参见梁勇、朱烨：《环境侵权惩罚性赔偿构成要件法律适用研究》，载《法律适用》2020年第23期。

② 参见徐以祥：《〈民法典〉中生态环境损害责任的规范解释》，载《法学评论》2021年第2期；王利明：《〈民法典〉中环境污染和生态破坏责任的亮点》，载《广东社会科学》2021年第1期。

③ 参见2019年1月25日《十三届全国人大常委会第七次会议审议民法典侵权责任编草案》（法工办字〔2019〕20号）。

境损害本身的公益诉讼，其赔偿额在很多情况下是巨额的。如果在此基础上再追究惩罚性赔偿，从实践来看没有必要，也没有执行的可能。

（二）《民法典》第1234条和第1235条的转介功能与总则功能

在上述定位基础上，还需要考虑《民法典》第1234条和第1235条在整个法律体系中的作用，即与将来可能产生的相关制度之间的关系。如前所述，《民法典》第1234条和第1235条规定了涉及侵害公益的责任，这类责任大多是由公法规范所调整，但基于实际情况下公法对生态环境损害进行救济的缺陷，使得私法要与公法协同完成环境救济问题。那么，这两条实际上担负着连接《民法典》与公法规范的功能。这种条款在理论中被称为“转介条款”，是实现公私法规范接轨汇流的路径之一，即“概括地转介某个社会伦理或公法规定，对于它在私法领域的具体适用，如何与私法自治的价值适度调和，都还未作成决定。司法者站在公私法汇流的闸口，正要替代立法者去做决定：让公法规范以何种方式，以多大的流量，注入私法”[①]。

这两条所确立的生态环境损害责任的前提在于“违反国家规定”。这个前提能够将立法者在《民法典》编纂当时难以预计未来增长的环境领域法律规范所确立的行为标准延伸至《民法典》，并能对违反此标准的行为施以《民法典》的损害救济请求权。对于立法者而言，通过转介条款，在环境领域确立“国家规定”时可着重于环境保护与社会发展等宏观目标的权衡以及环境领域法律关系的设置，而不必再细究这些“国家规定”在民事个案适用中的妥当与否。而就司法者而言，转介条款是立法者对司法者的“概括授权”[②]，即授权司法者超越“国家规定”项下各类环境规范的立法意图，在个案中具体斟酌违反此类规范所确立的行为标准而造成的损害是否提供民事救济，从而使公私法规范之间得以协调配合。这两条中的“国家规定”作为环境法规范的引入端口，应对生态环境损害责任发生影响，但此种影响能否最终实现取决于司法者基于概括授权而根据私法体系与价值作出的考量。

---

① 苏永钦：《走入新世纪的私法自治》，中国政法大学出版社2002年版，第331页。

② 参见苏永钦：《以公法规范控制私法契约——两岸转介条款的比较与操作建议》，载《人大法律评论》2010年第1期。

另外需指出的是,前述第四种意见曾提出设置引致条款,但《民法典》第1234条和第1235条无法解释为引致条款。这两条所具有的完整规范结构为司法者提供了评价的空间和必要,而司法者评价作用的存在恰恰使得转介条款不同于引致条款。引致条款没有独立的规范内涵,只是单纯引致某一规范供法官适用,而转介条款的适用则需要由司法者根据个案考量构建出具体的控制机制。但是,引致条款在《民法典》与环境类规范之间并非没有使用的空间。在环境法规范的编纂中可以考虑如同目前行政类法律经常会设置的引致条款,比如"违反本法规定,造成损害,依法承担民事责任"。这样可以将环境法领域的规制规则在环境污染与生态破坏行为导致民事主体个人利益损害的责任中做具体考量。

当然,对于生态环境损害救济实现公私法的协同,并非只有转介条款一种路径,还可以考虑通过设立特别私法来实现公私法规范的接轨,实际上此种特别私法规范的形式也大量存在。根据学者研究,特别民法依其功能类型包括补充型、政策型与行政型三种。补充型特别民法是对《民法典》的内容进行补充和细化的特别民法。政策型特别民法是国家为了实现特别的社会政策目的的特别民法。行政型特别民法是通过行政管理私人关系以实现特定行政目的的特别民法。[①] 这三类特别民法在环境领域,尤其是生态环境损害责任的续造中都能起到重要作用。比如补充型特别民法可以为《民法典》第1234条和第1235条增加更为细致的规则。政策型特别民法观照代际公平,注重保护群体利益,在生态环境损害领域可以续造《民法典》难以容纳的社会性救济手段。行政型特别民法为实现保障生态公共利益的特定行政目的,运用管制法框架下的预防方式,可以对行为主体设定行为标准,从而对责任构成产生影响。

对于上述可以适用类推的事项,普通的环境侵权案件与生态环境损害案件之间在适用上并无太大差异,也没有必要作出具体特别的规定。对于生态环境损害的确定、救济方式的适用等问题,民法中的损害赔偿规则也可以在生态环境损害赔偿中类推适用。尽管如此,由于生态环境损害具有较强的专业性、特殊性,较之普通侵权,仅以两个条文的内容难以对司法适用产生可操作的作用。因此,在实践中对于生态环境损害责任更多依仗最高人民法院《关于审理生态环境损害赔偿案件的若干规定

---

① 参见谢鸿飞:《民法典与特别民法关系的建构》,载《中国社会科学》2013年第2期。

(试行)》等司法解释以及环境行政部门颁布的“技术指南”等规范。但是,就司法解释而言,其仅为《民法典》以及其他法律条文的解释,而且该解释多在于诉讼过程相关事项的扩展,而对于条文之外的事项诸如社会性救济则难以涵盖,因此仅依靠司法解释难以达到对生态环境损害救济的圆满效果。而对于环境行政类规范而言,其中对于生态环境损害的确认以及救济方式的具体适用有细致规定,如若对环境类规范进行编纂,那么可以考虑借用此契机将这种环境行政类规范纳入,实现生态环境损害救济制度的细致化。若上述前提可以实现,则需要考虑《民法典》第1234条、第1235条与细化规则之间的关系。笔者认为,基于前述《民法典》与特别民法的关系,续造的规则或属于补充,或属于特别的考虑,可以用一般法与特别法的关系予以对待。《民法典》第1234条与第1235条具有总则功能,在于确立生态环境损害、救济方式等抽象术语以及一般规则,而续造的内容则是围绕既有概念与规则以实现生态环境损害救济的目的而展开。

二、《民法典》中生态环境损害的规定与在生态环境法典中的完善

(一)《民法典》中生态环境损害的规定

构成《民法典》第1234条和第1235条基础的规范要素是生态环境损害。民法中的损害概念主要以“差额说”为基础,即以损害事件为基准对受害人利益状况进行比较而得出的差额。后来的学说会对该理论进行或多或少的修正,但其核心内容即不利益的差额对比并未改变。[①] 这种理论的表达并未出现在法律文本中。生态环境损害概念在《民法典》以及其他法律中也没有界定,但是由于该概念的特殊性,在中央文件以及部委文件中多有界定,比如2017年中共中央办公厅、国务院办公厅印发的《生态环境损害赔偿制度改革方案》将生态环境损害界定为“因污染环境、破坏生态造成大气、地表水、地下水、土壤、森林等环境要素和植物、动物、微生物等生物要素的不利改变,以及上述要素构成的生态系统功能退化”。生态环境部2020年新发布《生态环境损害鉴定评估技术指南总纲和关键环节第1部分:总纲》(GB/T 39791.1—2020)(以下简称《环境评估技术

① 参见李承亮:《损害赔偿与民事责任》,载《法学研究》2009年第3期。

指南》)[①]第3.1条与此一致,只是增加了一类损害样态,即"生态系统的服务减少"。从上述界定来看,生态环境损害可以大致体现出损害概念的不利益前后对比,但是生态环境状态在损害事件前后对比的特殊在于依赖于各种技术性指标和方法,缺少此专业标准难以进行对比。由此,《环境评估技术指南》第5.3条更具体地规定了依技术指标和方法对比确定生态环境损害的多种具体情况。

从这些具体情况来看,评判生态环境损害需要借助基线、环境介质标准等专业标准。生态系统具有一定的纳污能力和自我修复功能,如果环境污染或生态破坏行为没有超过生态系统的自净能力或没有破坏其自我修复功能,不需要加以人为干预。因此,一般通过权威机构发布技术指南或者标准的方式确定基线、环境介质标准,以便于对损害进行观察和测量。比如《环境评估技术指南》第3.5条指出,基线是污染环境或破坏生态未发生时评估区生态环境及其服务功能的状态。[②] 基线是生态环境的原来状态,这种原来状态的判断标准和方法与民法中的"物"不同,它不限于依靠外在形态或简单的物理结构进行判断,更在于依靠对生态系统的平衡性或者整体功能进行判断,具体为通过对环境调查、环境监测收集的各种信息进行科学研究、历史分析后得出的相关数据。基线也与环境介质标准有所不同,不仅要考虑单项环境要素,还要考虑因该要素受损而产生的一系列消极反应,导致生态系统整体状况的损害。这在司法实践中也多有区别,尤其是生态系统自身净化后单项环境要素符合标准的情况。[③]

《民法典》第1235条详细列举了侵权人应当赔偿的5项损失和费用。这些赔偿项目在体系上可以归属于《民法典》"侵权责任编"第二章"损害赔偿"在生态环境侵权中的具体情况,涉及以支付货币等方式进行

---

① 原环境保护部发布的文件中也有此概念,比如《环境损害鉴定评估推荐方法(第Ⅱ版)》第4.5条指出生态环境损害是"由于污染环境或破坏生态行为直接或间接地导致生态环境的物理、化学或生物特性的可观察的或可测量的不利改变,以及提供生态系统服务能力的破坏或损伤"。

② 《环境损害鉴定评估推荐方法(第Ⅱ版)》第4.9条规定:基线是指污染环境或破坏生态行为未发生时,受影响区域内人体健康、财产和生态环境及其生态系统服务的状态。与此相比,目前的《环境评估技术指南》更强调生态环境本身。

③ 参见最高人民法院民事裁定书,(2015)民申字第1366号;江苏省高级人民法院民事判决书,(2014)苏环公民终字第00001号。

对价弥补的金钱赔偿,第1184条关于财产损失赔偿的规定都可以适用。之所以进行详细列举,有的是考虑到司法实践中存在的争议情况以立法的形式予以明确。比如《民法典》第1235条第3项规定的生态环境损害调查、鉴定评估等费用,这在实践中往往会产生是由侵权人承担还是由权利人自行承担的争议,而且与一般侵权损害后果的确定不同,生态环境损害的确定过程包括现场预调查、勘察监测、污染场地调查、风险评估、损害评估费用等环节,每一个环节都需要专业的人员和科学设备,因此会产生较大数额的费用,立法由此明确应当由侵权人承担。还有《民法典》第1235条第5项规定的防止损害的发生和扩大所支出的合理费用。在针对防止污染物扩散迁移、降低环境中污染物浓度等方面,为减轻或消除对公众健康、公私财产和生态环境造成的危害,各级政府与相关单位针对可能或已经发生的突发环境事件而采取的行动和措施所发生的费用,以及开展环境监测、信息公开、现场调查、执行监督等相关工作所支出的费用,此类费用在实践中没有统一的参照数据,也不能机械地照搬先例,因此在司法适用中也属于争议焦点。这类费用在实践中逐渐确立了合理性标准,由法官根据个案的情况进行具体核算,立法基于司法适用经验在条文中予以明确。①

除此之外,详细列举的原因更是考虑到这类侵权下的损害赔偿涉及很多生态环境领域的专业问题。较之普通侵权而言,法官无法以常识经验予以了解,需要以立法方式明确规定以减少司法适用的障碍。比如《民法典》第1235条第1项的生态环境受到损害至修复完成期间服务功能丧失导致的损失。这里的生态环境服务功能就是生态环境领域的特殊名词。《环境评估技术指南》第3.2条对生态服务功能作了界定,即生态系统在维持生命的物质循环和能量转换过程中,为人类与生物提供的各

---

① 在"天乙公司与丹灶镇政府环境侵权案"中,天乙公司主张丹灶镇政府为治污支出的费用已超过了必要、合理的限度。在治理"4·21"污染事故中投入的物力、人力比处理同类的"4·4"事故多出的费用甚剧。法院针对污染事件的具体情况逐一分析了相关费用的支出用途,考察其是否必要、合理;同时对"4·4"事故与"4·21"事故在地段、河流水速、天气情况、附近环境等诸多方面作了细致比较,指出丹灶镇政府所采用的措施得当,相关费用没有超出必要性、合理性标准。参见广东省佛山市南海区人民法院民事判决书,(2009)南民一初字第2543号;广东省佛山市中级人民法院民事判决书,(2010)佛中法民一终字第587号。

种惠益，通常包括供给服务、调节服务、文化服务和支持功能。[①] 一旦生态环境损害事件发生，事件未发生时原本能够由生态系统或环境、自然资源提供的生态服务功能将暂时或永久丧失。如果被损害的生态环境可以通过基础性生态损害修复措施或补充性生态损害修复措施予以修复或恢复到生态损害发生前的水平，则从生态环境损害发生时起到生态服务功能基线水平时止的期间所丧失的功能，可以通过临时的替代措施暂时提供相应的生态系统服务功能，对此因填补损失而产生的费用应当由侵权人承担赔偿。

（二）生态环境法典在技术指标层面对损害确认与量化的完善

从上述现有规定的解释来看，尽管理论上的“差额”可以大概套用到生态环境损害的认识上，但是对于司法适用而言并不实用，而其他类型侵权案件的审判经验也无法用于这类损害的判断。真正对法官有用的是环境领域中与生态环境损害确定相关的技术指标。在环境领域中的一些技术标准和规范性文件，如《环境损害鉴定评估推荐方法（第Ⅱ版）》（2014）、《环境评估技术指南》等，规定了关于生态环境损害的界定指标。由于实践中对生态环境损害的认定都遵守这些标准，因此有观点认为可以考虑将这些评估中的某些内容从单纯的环境技术标准转化为司法解释中的裁判方法。[②] 这种细化的方向是必要的，司法解释也是通常的细化路径。但《关于审理生态环境损害赔偿案件的若干规定（试行）》于2020年年底刚修改完成，同时在目前内容基础上大量增加技术标准也并没有预期。如果对环境法规范进行编纂的路径可行的话，那么考虑通过此路径也可以实现上述需求。具体而言，续造可以包括以下方面：

第一，确立基线等损害事件前后对比的技术指标。如前所述，基线是生态环境损害确定的重要指标，由此可以确定生态系统的前后状况。但基线并非直观事物，也无固定的数值，应选择适当的评价指标和方法调查并予以确定。根据《环境评估技术指南》，基线的确定方法包括：一是历史数据确定。历史数据应对评估区具有较好的时间和空间代表性，且历

---

① 在《环境损害鉴定评估推荐方法（第Ⅱ版）》第4.8条中指出“生态系统服务”是“人类或其他生态系统直接或间接地从生态系统获取的收益。生态系统的物理、化学或生物特性是生态系统服务的基础”。

② 参见陈伟：《生态环境损害额的司法确定》，载《清华法学》2021年第2期。

史数据的采样、检测等数据收集方法与现状调查数据具有可比性。因此，应当优先利用评估区污染环境或破坏生态行为发生前的历史数据确定基线；应对历史数据的变异性进行统计描述，识别数据中的极值或异常值并分析其原因，确定是否剔除极值或异常值。二是对照数据确定。当缺乏评估区的历史数据或历史数据不满足要求时，可以利用未受污染环境或破坏生态行为影响的"对照区域"的历史或现状数据确定基线；应选择一个或多个与评估区具有可比性且未受污染环境或破坏生态行为影响的对照区域，对"对照区域"数据的变异性进行统计描述，识别数据中的极值或异常值并分析其原因确定是否剔除极值或异常值。三是标准基准确定。当利用历史数据或对照数据确定基线不可行时，可参考适用国家或地方环境质量标准或环境基准确定基线；当环境质量标准和环境基准同时存在时，优先适用环境质量标准；当缺乏适用的标准或基准时，可参考国外政府部门或国际组织发布的相关标准或基准。四是专项研究确定。必要时应开展专项研究，按照相关环境基准制定技术指南，推导环境基准作为基线；也可以构建生态环境质量与生物体的毒性效应、种群密度、物种丰度、生物多样性等评价指标之间的剂量—反应关系确定基线。

第二，提供生态环境损害的具体量化指标。生态系统作为一个整体，不仅有具体环境要素的损害，还有整体生态服务功能的损害。那么，对于不同生态环境损害情况，要选择适当的实物量化指标。对环境要素的损害，一般以特征污染物浓度为量化指标，确定评估区环境空气、地表水、沉积物、土壤、地下水、海水等环境介质中特征污染物浓度劣于基线的时间、面积、体积或程度等。对生物要素的损害，一般选择生物的种群特征、群落特征或生态系统特征等指标作为量化指标，确定评估区生物个体发生死亡、疾病、行为异常、肿瘤、遗传突变、生理功能失常或畸形的数量以及生物种群特征、群落特征或生态系统特征劣于基线的时间、面积、生物量或程度等。对于生态服务功能的损害，应明确受损生态服务功能类型，如提供栖息地、食物和其他生物资源、娱乐、地下水补给、防洪等，并根据功能或服务类型选择适合的量化指标，如栖息地面积、受损地表水资源量等，确定评估区生态服务功能劣于基线的时间、服务量或程度等。

第三，《民法典》第 1235 条虽然确立了多种生态环境损害的价值转化项目，但是这 5 个项目较之一般损害而言，法官仍然难以把握。因此，可以在《环境评估技术指南》的基础上，进一步细化生态环境损害价值评价方法。比如,确立生态环境损害的价值量化应遵循的原则,列明不同项目在不同情况下的优先顺位;生态环境修复费用在具体计算上所要求的环境领域技术性较强,也可以对不同的计算方法和顺位作出列明。同时,对于其他的环境领域专有名词也宜作出明确规定,比如前述的生态系统服务功能,这作为特殊的损害对象,较之民法的损害对象,难以为一般人所理解,应当在环境法规范编纂中作出进一步阐明。

三、《民法典》中生态环境修复的规定与在生态环境法典中的完善

(一)《民法典》中生态环境修复的规定

《民法典》第 1234 条规定了生态环境修复责任。这种修复责任在《民法典》编纂过程中存在争议,但在《民法典》的框架下只能作为第 179 条所规定的恢复原状的一种特别形式。但正如学者所指出的,与民法中的"物"之恢复原状不同,生态环境损害及其修复是要从"为恢复人类生活的目的的恒久对策、从恢复包含对家庭影响的被害、从地域的再生等出发来把握",这显然已经超出了传统民法意义上恢复原状的含义。① 这里强调的是,应注意生态环境与普通物在"恢复"上的差别,生态环境修复在很大程度上体现了整体性思维、风险预防和公众参与原则、技术与法律的协同等理念和制度。生态环境损害的修复是专业性的系统工程,《环境评估技术指南》第 3.9 条指出生态环境恢复是采取必要、合理的措施将受损生态环境及其服务功能恢复至基线并补偿期间损害的过程。这既要对单个环境要素的物理、化学、生物特性的不利改变作出应对,更要注重对被破坏的整个生态环境稳定、平衡状态的恢复;既需要依据损害程度、修复的步骤方法及所需的设备等因素,按照科学的方法对损害进行评估,又需要具体的标准以及相应的验收程序。

根据《民法典》第 1234 条,修复的方式包括责任人直接针对受损环境进行修复的方式和责任人在合理期限内不履行修复义务时支付生态环境修复费用的方式。生态环境损害发生后,责任人应当采取有效措施将生态环境修复到损害发生之前的状态和功能。这是由责任人自身以其行为在合理期限内对受损环境进行符合标准的修复。这种方式最为直接,

---

① 参见崔建远:《关于恢复原状、返还财产的辨析》,载《当代法学》2005 年第 1 期。

可以避开对环境修复费用是否必要、合理的判断以及加害人可能产生的异议。因此,很多法院在可能的情况下都会直接判令被告在一定期限内履行环境修复义务,比如清除污染物,恢复土地、水体原有的养殖等功能;在植被破坏地按照受损植被的种类、数量进行补种复绿,并在确定期间内进行养护等。对于修复的具体标准通常会由专门部门予以确定并监督实施。① 这种方式大多适用于生态环境损害不太严重的情况,以直接的劳动行为即可完成修复,无须借助复杂的技术和设备。但是,环境事件在很多情况下涉及面广、后果严重且紧急,对其修复需要专业的人员、技术以及设备,而当事人在绝大多数情况下不具备这种条件,所以对于复杂、紧急或严重的环境事件,不能适用这种方式。对于这些复杂情况,国家规定的机关或者法律规定的组织可以自行或者委托他人进行修复,所需费用由侵权人负担。在这样的情形下,以责任人支付修复生态环境费用的方式代替其修复义务的直接履行,由专业人员在环境资源管理机关主导下进行生态修复。②

(二)生态环境法典在救济方式层面对损害救济责任的完善

1. 修复方案的细化需求

修复是生态环境损害责任首选的救济方式,即将生态环境修复到损害发生之前的状态和功能。判断是否达到损害之前的标准主要是依靠确定损害的技术指标,比如基线,即将受损生态环境要素及其服务功能恢复至基线。但是,生态环境损害修复非常复杂,其落实取决于是否有符合生态修复目标并切实可行的生态环境修复方案。实务中需要在修复之前制定详细明确的修复方案,这是原来理论未细致讨论且民事审判实务难以应对的,于是,就导致了相当多的判决书虽然判决当事人承担生态修复责任,但大多回避了生态修复方案问题。这种判决可能带来一系列问题,没

---

① 比如江苏省无锡市中级人民法院民事判决书,(2013)锡环民终字第1号;江苏省无锡市锡山区人民法院民事判决书,(2009)锡法民初字第1216号;福建省高级人民法院民事判决书,(2015)闽民终字第2060号。

② 比如"镇江市生态环境公益保护协会诉唐某环境污染侵权赔偿纠纷案",江苏省镇江市中级人民法院民事判决书,(2015)镇民公初字第00002号;"常州市环境公益协会与储某、常州市博世尔物资再生利用有限公司等环境污染责任纠纷公益诉讼案",江苏省常州市中级人民法院民事判决书,(2014)常环公民初字第2号。

有具体的生态修复方案,可能出现目标不明、方法不清、后备不足等情况。

修复方案涉及较多环境领域的专业问题,民法理论以及实务需要但无法涵盖,因此亟待编纂环境法规范对此问题作出回应。对此,可以借鉴《环境评估技术指南》对修复方案的制作以及要点作出细致规定。

第一,恢复目标的确定。要根据生态环境损害的类型、范围和程度,选择反映生态环境损害关键特征、易于定量测量评价的指标,明确生态环境恢复目标。比如当损害类型以供给服务为主时,一般采用资源数量、密度等指标;当损害类型以支持服务为主时,一般采用栖息地面积、重要保护物种的种群数量等指标;当损害类型以调节服务为主时,一般采用湿地面积、森林面积等指标。

第二,修复模式的选择。要根据不同损害类型选择贴合的修复模式并确定优先顺位。通常以同等类型和质量为优先,比如在受损区域原位恢复与受损生态环境基线同等类型和质量的生态服务功能,优先于在受损区域原位恢复与受损生态环境基线不同类型但同等价值的生态服务功能。

第三,恢复技术的筛选。结合受损生态环境特征、恢复目标和恢复策略等,从技术成熟度、恢复效果、恢复时间、恢复成本和环境影响等方面比较分析现有的污染清除、环境修复、生态环境恢复技术的优缺点,通过比较分析,提出恢复技术清单。同时,还可以制定备选方案,应同时制定多个备选的基本恢复方案及其相应的补偿性恢复方案,并确定各备选恢复方案组合的恢复目标、恢复策略、恢复技术、恢复规模、工程量、实施时间、预期效果等信息,估计备选恢复方案的实施费用。

第四,恢复方案的比选。采用专家咨询、成本—效果分析、层次分析法等对备选恢复方案进行筛选。对于修复方案的选择与确定涉及法律价值评判的一些考量因素,恢复方案的选择应当综合考虑有效性、合法性、技术可行性等因素。

2. 社会救济资金的需求

对于生态环境损害的救济更为需要的是资金及其筹集与管理。就侵权人而言,往往难以承担生态环境损害救济资金的需求,而且很多情况也并非具体个人的原因,侵权损害论下一对一的损害移转模式难以维系。社会分担无法通过具体的每个人进行直接分担,需要借助承载社会团结的中介组织。从理论讨论和实践适用来看,这类组织在我国主要表现为保险组织和基金组织。由这两类组织运用对环境损害后果的救济资金也分为两种类型:一是环境责任保险,二是环境救济基金。

环境责任保险是投保人向保险人支付一定数额的保险费,当被保险人因从事保险合同约定的业务活动造成环境损害而应当承担责任时,由保险人在约定的责任限额内承担赔偿责任的保险。

环境责任保险作为保险的一种,其保险对象应当符合不确定性原理,因此环境责任保险主要针对环境事故所引发的损害。至于活动积累型环境损害后果,因其污染行为随着不断积累必然会爆发污染事故,事故的发生是非常明确的,只是时间不能确定、损害程度不能确定,不符合不确定性原理,故而不能成为环境责任保险的保险对象。由于环境责任保险具有强制性,如果不分情况全面实行,将会剥夺很多非严重污染企业的选择权,加重了企业的负担,从长远来说也不利于社会经济的发展,反而可能会使其因运行成本太大违反市场机制而遭淘汰。[①] 因此,应当限定环境强制责任保险的适用范围。从目前政策的发展方向来看,存在重大环境风险的高危险性、高污染性物质和相关企业,是实施环境强制责任保险的主要对象。国务院生态环境主管部门应单独或会同有关部门适时制定和调整生态环境高危害风险的物质、工艺、设备目录。另外,基于保险运行的成本和效率,即使是对这些特定的对象,在实行强制责任保险时,也要规定环境强制责任保险适用的限度,不能让全部的损害后果都由强制保险承担。国务院生态环境主管部门应会同国务院保险监督管理机构分类制定根据法律规定负强制投保生态环境责任保险义务的企事业单位或其他经营者的最低保险金额。

环境救济基金用于填补环境责任保险无法提供的救济漏洞,对责任保险限额之外或者不予责任保险领域的损害承担救济。这可以包括两类:一类是生态环境共同基金,宜由政府鼓励同行业、同地区企业共同出资设立;另一类是生态环境损害修复基金,宜由各级人民政府安排必要的政府财政投入,设立全国性、区域性和行业性、领域性生态环境损害风险管控与修复基金,生态环境损害赔偿款应统一纳入各生态环境损害风险管控与修复基金的收入来源。生态环境共同基金作为依法承担生态环境损害赔偿责任的企事业单位或其他经营者承担赔偿责任的替代和保证,

---

① 参见蓝寿荣:《我国环境责任保险立法若干问题释疑》,载《法学论坛》2013 年第 6 期。

其赔偿条件由基金章程确定。责任人对损害承担最终的赔偿责任,但在共同基金已经赔偿的范围内免除赔偿责任。生态环境损害修复基金用于向造成生态环境损害或生态环境损害重大风险的企事业单位或其他经营者以外的实际进行生态环境损害风险管控与修复的主体支付由于管控风险与修复生态环境损害而发生的合理必要的费用。无法确定造成生态环境损害或生态环境损害重大风险的责任人或者存在法定生态环境损害免责事由时,生态环境损害风险管控与修复费用由生态环境损害风险管控与修复基金支付,生态环境损害风险管控与修复基金保留追偿权。

四、结论

《民法典》第1234条和第1235条在民事损害救济体系中引入了生态环境损害及其救济,是实现公法与私法协同应对环境保护的重要一环。但是,由于这种损害及其救济较为特殊,普通民事损害救济体系虽然在因果关系特殊规则等方面可以进行类推适用,但是无法在生态环境损害的确认以及救济上起到实质作用。因此,需要对相关损害及救济环境作进一步细致规定。借助生态环境法典编纂的契机,可以实现生态环境损害救济制度的完善。但是,这种进一步的完善应当将《民法典》以及相关解释的既有规定作为出发点,在《民法典》与细化规则之间以一般法与特别法的关系作出妥当处理。《民法典》第1234条和第1235条具有转介功能和总则功能,在生态环境法典中应当对损害确认中的基线、量化指标等专业技术概念作出细化,并在救济层面对修复方案作出细致规定,同时引入民事损害救济难以涵盖的生态环境救济基金、责任保险等社会化分担机制。

除了生态环境损害责任之外,从目前关于编纂生态环境法典的意见来看,还有一些关于生态环境资源的特殊合同类型,也由此会产生相应的违约责任。这些违约责任虽然都可以笼统地合并为民事类责任,但在具体规范设置上却无法统合处理。因为虽然这类合同有诸多法定事项,但本质上仍属意定,对其违反的责任,宜与《民法典》的处理一致,置于相关特殊合同内容之中,不应与侵权损害责任统合在一起。当然,在总则部分可以通过一般规定的方式列举因合同、侵权所产生的相关责任,以起到体系化的统领作用;同时,在自然生态保护编、绿色低碳发展编中,也可以规定相关物权请求权、违约责任等条款,对相关内容作出具体规定。

6.4 环境刑事责任的跨法典表达及其调适*

一、环境刑事责任跨法典表达的形式、机制与功能

(一)环境刑事责任跨法典表达的基本形式与机制

环境刑事责任跨法典表达的基本形式是:在刑事法律中仅规定或主要规定涉生态环境犯罪的刑事处罚,而将罪状表达的部分或全部引致到生态环境法律规范中。“违反国家规定……”(《刑法》第339条)、“违反保护水产资源法规……”(《刑法》第340条)、“违反土地管理法规……”(《刑法》第342条)等诸如此类的规定已形成了我国生态环境刑事责任设置的基本特点与总特征。现有相关条款中所规定“违反国家规定”“饮用水水源保护区、自然保护地核心保护区等依法确定的重点保护区域”“国家确定的重要江河、湖泊水域”“永久基本农田”等犯罪构成要素均指向刑法以外的生态环境法律、法规或确定具体指代(如江河、湖泊水域、基本农田等)的相关规范。另外,对上述条文中的“非法排放、倾倒、处置”等行为具体内涵的理解也需与相关的生态环境法律(如《固体废物污染环境防治法》)实现关联后加以确定。

而与上述引致到生态环境法律或规范中的犯罪构成要素形成配套的是,污染环境罪的刑罚部分则明确且仅规定在上述《刑法》第338条之中,即“……严重污染环境的,处三年以下有期徒刑或者拘役,并处或者单处罚金;情节严重的,处三年以上七年以下有期徒刑,并处罚金;有下列情形之一的,处七年以上有期徒刑,并处罚金……”这表明,在司法实践中,对污染环境罪的具体判定,需援引《刑法》第338条与相应的生态环境法律、法规或规范两类法律性质的规范方能实现,也即对于污染环境罪

---

* 焦艳鹏,华东政法大学刑事法学院教授。本部分原载于《法学评论》2022年第3期,收入本书时有部分修改。

的刑事责任的设置事实上采取了跨法典、跨法律或跨规范的设置。

上述将环境刑事责任进行跨法典表达的基本机制是:第一,将确定犯罪构成的具体的标准性规范引入生态环境法律规范中,在刑事法律中只保留该罪犯罪构成的外观特征;第二,将对上述生态环境犯罪的刑事处罚的量刑区间保留在刑事法律中;第三,以“情节严重的;情节特别严重的”“数量巨大的;数量特别巨大的”等将前述犯罪的严重程度与不同的量刑区间区分与关联起来,实现对不同性质与严重程度的生态环境犯罪的差异化刑罚配置。

需要注意的是,上述对环境刑事责任的跨法典表达在具体司法实践中尚需相应的司法解释作为配套。如对于前述污染环境罪的司法判定,尚需与最高人民法院、最高人民检察院《关于办理环境污染刑事案件适用法律若干问题的解释》(法释〔2016〕29号)相配套,方能对《刑法》第338条中污染环境罪中的“严重污染环境的”的具体内涵与实践中的类型作出解释。

(二)环境刑事责任跨法典表达的基本功能

第一,保障了实践中对生态环境定罪量刑的严肃性。单一刑法典模式使得在刑事司法实践中寻找法源时确立了以刑法典为主要法源的既有传统。虽然在实践中法官对犯罪行为的确定尚需与司法解释以及行政法等其他法源相关联,但单一刑法典模式保证了社会公众与法官对据以确定犯罪行为并进行刑法裁量的标准建立了统一标尺,有助于对生态环境领域犯罪行为的司法认定与在罪刑法定原则之下对具体犯罪行为的司法裁量,有利于罪责刑相一致原则的贯彻与落实。

第二,较好实现了生态环境违法与犯罪行为的界分。将行政责任尤其是行政处罚规定在生态环境法律规范之中,而将刑事犯罪行为的主干规定在刑法典中,有利于区分行政违法与刑事违法两类不同性质的行为,以及在罪刑法定原则指导下缩小犯罪圈,保持刑法的谦抑性,较好地实现违法行为与犯罪行为的区分,使得司法手段与行政手段在维护和保障生态环境安全与秩序、惩治破坏生态环境的行为方面以比例原则发挥作用,促进治理效果。

第三,促进生态环境犯罪行为司法判定的科学性。将罪状尤其是涉及生态环境标准的技术性规范的相关罪状规定在生态环境法律规范中,有助于促进生态环境犯罪行为司法判定的科学性,如在对污染环境罪的司法判定中,将具有毒害性的危险废物的种类的判断以生态环境法律规范中的相关标准和类别为判断依据,可实现对涉案物质的准确厘定,防止将不具有危险性的物质纳入犯罪考量,可有效促进生态环境犯罪行为司法判定的科学性。

二、环境刑事责任跨法典表达与刑法价值损耗

环境刑事责任的跨法典设置发挥积极作用,但随着生态法益独立性的凸显,其对刑事正义与刑法价值的传达与实践中的价值损害也颇受关注,主要体现在如下三个方面。

(一)拟制的判断标准与实质刑法观的冲突

将环境刑事责任进行跨法典设置尤其是将作为犯罪构成的罪状要素规定在环境资源法律规范中,客观上造成了环境资源技术规范纳入刑事定罪与量刑的现实。在环境技术标准与生态环境所具有的法益不存在明显的二分格局下,[①]前述立法方式鲜有非议,但当作为管理手段的生态环境的技术标准与生态环境利益呈现二分时,含有生态环境技术标准的定罪量刑体系与危害行为所造成的实际侵害可能出现分离,将会对既有的刑事正义观念形成冲击。

例如,我国相关司法解释将超越国家或省级环保标准 3 倍进行重金属排放的行为设置成《刑法》第 338 条"污染环境罪"的入罪标准之一,即当企业向外环境排放的污水中含有的重金属超过了国家或省级环保标准 3 倍时,推定为构成该条的"严重污染环境的",从而构成犯罪。但上述司法解释又规定因污染环境"违法所得或者致使公私财产损失三十万元以上的"也构成"严重污染环境的"情形,也可以因此而构成污染环境罪。但如若同一污染行为虽违反了前述第一项入罪标准(重金属超标 3 倍以上),但通过生态环境损害鉴定发现其造成的公私财产损失低于 30 万元,是否做入罪处理呢?

造成上述司法判定困境的原因在于,将判定标准设置为生态环境法的技术标准,其本质是采用拟制的技术标准代替传统犯罪中对实质损害

---

① 参见陈伟:《生态环境损害额的司法确定》,载《清华法学》2021 年第 2 期。

的判断。这种拟制的判断仅具有方向性意义，而不具有精准性，如排放含有超标重金属污水的行为是污染环境的行为，但这种行为具体造成了多大的侵害（是否达到了犯罪门槛或重罪门槛），在有更精细化测量（如生态环境损害鉴定）方法之下，这种将危害仅作拟制化考量的立法模式是不够科学与精细的。[1]

（二）客观为主对主客观相一致原则的背离

在传统犯罪的司法判定上，主客观相一致原则是必须坚持与秉守的基本原则。但在环境刑事责任采取跨法典设置情形下，实践中出现了以客观为主进行判定的倾向，即在关于生态环境犯罪的判定中，司法机关较为关注该类犯罪构成的客观要素，而对包含认识要素与意志要素的主观要素判定以及主观要素与客观要素相互关系的认识与判断却降低了标准，从而使得该领域出现较为显著的客观归罪现象。如对非法猎捕、杀害珍贵、濒危野生动物犯罪进行司法认定，司法机关较为关注涉案野生动物是否为引入定罪判断的相关生态环境规范中规定的“珍贵、濒危野生动物”，而对从事猎捕、杀害的行为人是否主观上具备对“珍贵、濒危野生动物”的认知能力的司法判定不足；又如对从事排污的一线工人对所排放、倾倒或处置的废物为含传染病病原体的废物、放射性的废物或其他有毒有害物质是否存在认知的司法判断也依然有限，而主要从其客观行为上进行入罪处理。[2]

实践中，环境资源类案件的初查往往由生态环境部门与自然资源部门完成，其对刑法主客观相一致的犯罪判断方法缺乏足够认知，办案中通常关注危害行为与危害结果，而对行为人的主观认识要素与意志要素的认知与考察不足。在现有办案体制下，这些案件被移送后公安机关或检察机关对主观要素的补充侦查义务又一般未得到实质落实，导致实践中的大量案件办理以客观要素为主。

---

① 参见焦艳鹏：《污染环境犯罪的司法效能提升与多元治理机制构建》，载《中州学刊》2021 年第 12 期。

② 参见蒋兰香：《公司污染环境的刑事判决样态、问题与应对——基于 200 个判决的实证分析》，载《时代法学》2021 年第 4 期。

(三)司法解释与环境法律规范的重叠适用

环境资源领域犯罪的具体入罪标准还体现于司法解释。如被司法工作人员高度关注且大量援引的污染环境罪的司法解释、野生动植物犯罪的司法解释、土地资源犯罪的司法解释等。实践中,对环境资源犯罪进行判定时,司法解释与环境资源法律规范往往形成重叠适用。

以污染环境罪的司法判定为例,虽然《刑法》第338条按照"违反国家规定,排放、倾倒或者处置……严重污染环境的,处……"的立法模式进行了规定,但在实践中,司法工作人员往往对个案中"违反国家规定"的具体内容并不做具体考察,而是直接按照《关于办理环境污染刑事案件适用法律若干问题的解释》规定的18种入罪标准择项而选,然后考察具体的个案是否符合该类情形从而判断是否构成污染环境罪,这事实上会造成所需援引的环境法律规范的空置,即司法工作人员事实上是不去查证与比对相应的环境资源法律规范的。

除上述司法解释规定实质的入罪标准外,对于涉及环境法律规范的刑事立法语言的解释,实践中也存在脱离环境法律规范的情形。如对涉及污染环境犯罪的行为是否属于《刑法》第338条中规定的"非法排放、倾倒、处置",司法工作人员在理解时也通常直接与《关于办理环境污染刑事案件适用法律若干问题的解释》中规定的18种入罪情形直接比照,而不再对其规范意义尤其是是否属于环境法律规范中的非法"排放""倾倒""处置"行为进行评价,造成了对环境资源犯罪的判断事实上脱离了环境资源法律规范的现实。

三、环境刑事责任跨法典表达的调适

在法典编纂背景下,可对环境刑事责任的法典表达做如下两方面的调适。

(一)适度在刑法典之外规定环境资源轻罪

是否可以在刑法典之外规定环境资源犯罪,事实上是是否可以在单一刑法典模式之外发展附属刑法的选择问题。附属刑法,是指在非刑法典之外的其他法律中规定刑事责任条款与罪名,附属刑法与刑法典共同构成一国刑事法律的法源的立法模式,[1]上述立法模式在日本等国较为常见。然而,长期以来,我国大部分刑法学者是反对附属刑法立法模式的,其主要是担心此种模式会强化行政机关将违法行为犯罪化,从而造成刑法对社会的过度调控。

一个比较典型的例子是,在《生物安全法》立法过程中,供全国人大常委会审议的《生物安全法》一审审议稿中规定了4种涉及生物安全的罪名与刑罚,但在二审审议稿中被剔除了,这4类犯罪经表达方式修改后又被载入《刑法修正案(十一)》。这表明立法机关对非刑法的其他法律中是否规定犯罪也进行过讨论。当然,也确实有学者提出了希望以附属刑法方式加强对生物安全领域犯罪问题进行惩治的建议。[2]

我们理解部分学者坚持单一刑法典刑事立法模式的立场,但当前的社会情势与1997年《刑法》制定时的情势已发生了重大变化。交通领域、网络领域、生态环境领域、公共卫生领域、大数据与人工智能领域等的细小风险越来越多,为应对风险刑法应做更多调适。[3] 我们也已注意到,诸如将危险驾驶行为的治理模式引入刑法机制一样,社会的精细化治理与文明社会的养成,对超过行政违法但又不具备强烈的主观恶性与社会危害性的行为尝试采取低强度的刑法机制进行调控,从社会成本与社会承受度方面考量,是可以尝试引入的。

因此,笔者建议,基于提升治理体系与治理能力的需要,可以尝试在包括生态环境领域在内的高风险领域引入诸如对危险驾驶的刑事治理模式,即可在非刑法的相关法律中规定具有一定社会危害性但罪刑较轻的"轻罪",如可在交通违法行为中设置一些1年以下的有期徒刑或6个月以下的拘役,并处或者单处罚金等刑事处罚措施。而在生态环境领域,对于违反污染防治、破获生态环境等的轻微犯罪行为也可以采取上述立法方式,从而与刑法典中规定了较为严重的犯罪行为的立法模式形成配合。

---

① 参见于冲:《附属刑法缺位下行政犯空白罪状的功能定位及其要件填补》,载《中国刑事法杂志》2021年第5期。

② 参见焦艳鹏:《总体国家安全观下的生物安全刑法治理》,载《人民论坛·学术前沿》2020年第20期。

③ 参见高铭暄、孙道萃:《总体国家安全观下的中国刑法之路》,载《东南大学学报(哲学社会科学版)》2021年第2期。

(二)环境法典中的刑事责任条款的设置

刑事责任条款如何设置,是环境法典编纂的重要命题。众所周知,先前的环境资源法律均规定“涉及犯罪的依照刑法典的规定进行处罚”的引致条款。如何对待这些旧有的分布于多部法律中的引致条款,是一个涉及环境刑事责任与其他法律责任关系的重大理论问题。如我国《水污染防治法》《大气污染防治法》《固体废物污染环境防治法》《土壤污染防治法》等均规定涉及犯罪须按照刑法相关规定处罚,而与之相对应的仅有《刑法》第 338 条“污染环境罪”一个罪名,因此在环境法典编纂过程中,对水、大气、固体废物、土壤等污染防治领域的犯罪行为的刑事法律责任,可考虑设置统一的引致条款而合并上述分类别的引致条款。

基于反向思维的另外一种处理方式是,可以基于《刑法》第 338 条的规定,在环境法典中设置污染大气罪、污染水体罪、污染土壤罪、固体废物污染环境罪四种罪名的轻罪。诸如上述的轻罪条款可以统一分布在环境法典各编的法律责任模块,如果是将法律责任设置为环境法典的独立编,也可以分布在环境法典的“法律责任编”。总之,可以利用编纂环境法典的时机,建立起与承担行政责任成比例的相应行为类型协同的轻罪体系,从而实现不同法律责任的比例配置,又可实现与刑法典的沟通。

当然,还有一个问题需特别强调:要高度重视刑法总则对环境法典中相关刑事责任设置的统领。我国《刑法》总则第 101 条专门规定:“本法总则适用于其他有刑罚规定的法律,但是其他法律有特别规定的除外。”这表明,我国刑法中关于犯罪与刑罚的基本原理、基本原则、罪刑配置等刑法总则部分的全部规定也是适用于包括环境法典在内的其他具有刑罚的法律。对此,我们应始终不渝地坚持,努力保持生态环境领域的罪刑法定与罪刑均衡。

6.5 生态环境责任编中纠纷解决机制的构建*

一、可持续发展:生态环境责任编中纠纷解决机制的理论遵循

从环境法典生态环境责任编编纂的角度来看,可持续发展亦是生态环境纠纷解决机制设置的理论基础。可持续发展理念不仅决定了应将纠纷解决机制纳入环境法典,而且从理论层面对生态环境纠纷解决机制的内容安排提出了明确要求。

(一)纠纷解决机制设置是对可持续发展理念的实际贯彻

相较一般的民事、行政等领域的纠纷,生态环境纠纷具有特殊性。首先,生态环境纠纷的产生原因复杂,损害的成因往往难以判断。其次,生态环境纠纷的内容多样,既包括人身或财产损害,也包括对生态环境本身的损害。[①] 再次,生态环境纠纷涉及主体广泛,既包括公民、法人,也包括以生态环境部门、自然资源部门等为代表的国家机关。最后,生态环境纠纷的解决方法和过程也较为复杂。从上述特点来看,生态环境纠纷的产生对和谐稳定的社会关系和生态环境都会造成负面影响,纠纷的及时、妥当解决对于构建和谐社会及维持良好的生态环境均具有重要价值,这是将纠纷解决机制纳入环境法典生态环境责任编的重要前提。

就生态环境责任编而言,专家建议稿之所以设置专门的生态环境责任编,既是对《民法典》将侵权责任单独成编经验的借鉴,也是为了建立生态环境损害担责机制以实现对生态环境的全面充分保障,[②]同时也是对法典编纂的逻辑主线——可持续发展理念的事实贯彻。

---

* 吴昂,中国人民大学法学院讲师,博士后。本部分原载于《中国法律评论》2022 年第 2 期,收入本书时有部分修改。

① 参见吕忠梅:《环境友好型社会中的环境纠纷解决机制论纲》,载《中国地质大学学报(社会科学版)》2008 年第 3 期。

② 参见吕忠梅:《中国环境法典的编纂条件及基本定位》,载《当代法学》2021 年第 6 期。

(二)可持续发展理念对纠纷解决机制构建提出了具体要求

在可持续发展理念的统摄下,生态环境责任编中的纠纷解决机制部分需要进一步满足以下几点要求:

第一,为生态环境损害法律责任的追究提供畅通渠道,为生态环境损害的填补提供具体程序支撑,通过合理的责任追究程序设计使生态环境损害能够得到全面且充分的救济,助力实现生态环境的可持续发展。

第二,为受到生态环境问题间接影响的个体提供损害救济渠道,对受损个体利益的填补提供多种可行选择,维护作为社会主体的人的尊严与地位,助力实现人的可持续发展。

第三,通过对具体纠纷解决制度进行合理布局,使生态环境纠纷、个体权益纠纷能够得以妥当解决,实现对社会秩序的修复以维护社会关系的和谐稳定,助力实现社会的可持续发展。

第四,通过对纠纷解决机制的科学规划,使生态环境相关纠纷能够以最高效的方式解决,实现对社会资源的高效利用与节约,达成纠纷解决机制的内部生态平衡与社会治理成效兼顾的良好效果,缓解司法资源与纠纷数量之间的矛盾,[①]助力实现经济的可持续发展。

二、生态环境责任编中纠纷解决机制的三元定位

本书认为,可从三个角度对环境法典中纠纷解决机制进行系统定位,即以回应生态环境纠纷解决中的实际问题为基本面向,以适度法典化理念为指导思路,做好对《生态环境法典专家建议稿(草案)》生态环境责任编各种法律责任的对应承接以辅助法律责任的实现,最终使生态环境纠纷解决机制和谐融入环境法典。

(一)以回应现存问题为基本目标定位

在法典中设置生态环境纠纷解决机制,不能停留于对现有规定的简单汇总,而是针对生态环境纠纷解决存在的一些突出问题进行回应,以体现法典编纂的实质性特征,避免法典沦为纯粹的制度汇编。就当前生态

---

① 参见范愉等:《多元化纠纷解决机制与和谐社会的构建》,经济科学出版社 2011 年版,第 41 页。

纠纷解决实践而言,可将存在的主要问题归纳为两个方面。

第一,具体制度的完善问题。例如,生态环境纠纷的人民调解、行政调解,以及环境行政公益诉讼等非诉和诉讼制度,都有待操作规则的持续供给,以保证相关实践的有序开展。

第二,具体制度尤其是诉讼制度间的协调、衔接问题。例如,环境民事公益诉讼和生态环境损害赔偿诉讼均是以民事诉讼程序为基础构建的私法主导的生态环境损害救济制度。①

根据相关规定,二者在所救济的损害范畴及实现方式上具有较多共通之处,这也导致了环境民事公益诉讼与生态环境损害赔偿诉讼之间的关系协调成为需要厘清的问题。当前司法解释虽然规定了生态环境损害赔偿诉讼在审理上的优先性,但这种安排是否科学尚无定论。

同时,在两诉并行已成现实的情况下,如何实现两诉协调以确保对生态环境损害的全面救济,亦有待相关规则的进一步明晰。不仅如此,这种衔接问题也存在于诉讼制度与诉讼外其他生态环境保护手段之间,如环境行政执法与环境民事公益诉讼之间的优先性地位目前亦有待厘清,以确保对生态环境损害救济的及时和高效。对此,如何在法典编纂过程中对生态环境纠纷解决实践中存在的一些突出问题进行回应,也是设置生态环境纠纷解决机制时应当审慎考量的问题。

(二)以适度法典化为入典程度定位

我国环境法典编纂的理念曾存在实质编纂和形式编纂之争,学者们经过深入讨论基本达成了适度法典化的共识。以适度法典化的理念为指导,法典中生态环境纠纷解决机制的设置不应追求规定的细致完整,而应以生态环境纠纷解决机制的发展现状为基础取舍有度,侧重体系的构建与逻辑的连贯。

在我国生态环境纠纷解决实践中,就诉讼机制而言已构建起了环境侵权诉讼、环境行政诉讼、环境民事公益诉讼、环境行政公益诉讼、生态环境损害赔偿诉讼、环境刑事诉讼等多种诉讼并行的生态环境纠纷诉讼解决机制,基本建成了“预防—填补—监督”多元并轨运行的环境公私益诉

① 参见刘静:《论生态损害救济的模式选择》,载《中国法学》2019 年第 5 期。

讼保障体系。[①] 同时随着《民法典》的实施,诉讼机制所指向的损害救济方式也从传统的一般民事救济转变为以生态环境修复为主的综合救济,具有我国特色的生态环境损害救济体系终于得以建立。[②] 但仍需看到,我国的生态环境纠纷解决诉讼机制仍处更新变化之中。例如,2020 年深圳市出台《深圳经济特区生态环境公益诉讼规定》,明确赋予了生态环境主管部门提起环境民事公益诉讼的资格,细化了《民事诉讼法》第 58 条关于环境民事公益诉讼原告资格的规定。[③]

就非诉机制而言,从实践来看可适用于解决生态环境纠纷的主要包括协商、人民调解、行政调解、行政复议、生态环境损害赔偿磋商等。虽有观点认为仲裁和信访亦可用于生态环境纠纷解决,但《仲裁法》(2017 年修正)并未给生态环境纠纷仲裁提供合法基础,环境信访则处于地位不明、效力不清的尴尬地位,[④]故此处不将此二者列入讨论范围。在上述非诉纠纷解决机制中,协商作为自力救济手段无须法律过多规定,环境行政复议因从属于一般的行政复议制度已有较成熟的规则体系,除此二者外的其他制度都面临着规则缺失、实践经验匮乏的局面。就人民调解而言,虽有不少地方尝试将生态环境纠纷纳入人民调解的工作范畴,但整体来看生态环境纠纷的人民调解尚处起步阶段。就行政调解而言,虽然其较人民调解具有优势应发挥更突出的作用,但其规定基础不完善且存在矛盾,已有规定的可操作性、实用性较差。生态环境损害赔偿磋商虽是生态环境损害赔偿制度的重要内容,但其法律地位目前并未得到明确,同时也缺乏国家层面的统一操作规范。

整体来看,我国已基本建立诉讼与非诉、私益救济与公益救济呈现分

---

① 参见周勇飞、高利红:《多元程序进路下环境公共利益司法体系的整合与型构》,载《郑州大学学报(哲学社会科学版)》2020 年第 5 期。

② 参见吕忠梅、窦海阳:《以"生态恢复论"重构环境侵权救济体系》,载《中国社会科学》2020 年第 2 期。

③ 《深圳经济特区生态环境公益诉讼规定》第 2 条第 2 款规定:"生态环境民事公益诉讼,是指人民检察院、有关行政机关和社会组织为了保护社会公共利益,对污染环境、破坏生态造成实际损害或者存在重大损害风险的行为,向人民法院提起的民事诉讼。"第 2 条第 4 款规定:"本规定所称有关行政机关,是指对生态环境和资源保护等领域负有监督管理职责的行政机关;本规定所称社会组织,是指符合《中华人民共和国环境保护法》第五十八条规定,从事环境保护公益活动的组织。"

④ 参见吕忠梅等:《理想与现实:中国环境侵权纠纷现状及救济机制构建》,法律出版社 2011 年版,第 67 页。

离运行格局的生态环境纠纷多元化解决机制。在此框架下，生态环境纠纷的诉讼解决机制发展更加完善，而非诉纠纷解决机制则面临着缺少规范支撑及实践运用较少的局面，但二者均有着较大的更新变动空间。这种不稳固的发展现状决定了无法将生态环境纠纷解决机制“囫囵吞枣”式地纳入环境法典，否则频繁的变动会侵蚀环境法典的稳定性，损害法典威严。因此，应当在适度法典化的理念指导下，结合不同纠纷解决制度的具体发展情况选择不同的处置方案，最终形成整体上合乎逻辑的框架体系。

（三）以生态环境法律责任实现为主要功能定位

在环境法典中设置纠纷解决机制，必须实现对法典中所规定的法律责任的承接，为纠纷的化解提供渠道，为责任的实现提供保障，否则将导致法典中实体规则与程序规则的割裂。

首先，在生态环境行政法律责任方面，《生态环境法典专家建议稿（草案）》主要规定了环境行政处罚的一般规则，包括行政处罚的实施机关、基本程序、基本种类、简易程序等。对于行政处罚过程中所产生的纠纷，主要通过行政复议和行政诉讼途径解决，因此在纠纷解决机制部分应对此两种纠纷解决方式进行规定。需注意的是，《生态环境法典专家建议稿（草案）》还规定了行政处分的相关内容，但此部分纠纷应通过行政机关内部渠道解决，不属于常规意义上的生态环境纠纷，无须在纠纷解决机制中进行回应。

其次，在侵权责任方面，《生态环境法典专家建议稿（草案）》通过转致条款将环境侵权责任的具体内容引致《民法典》侵权责任编，同时规定了不承担或减轻责任的特殊规则、不存在因果关系的证明标准等一些特殊问题。对此，在纠纷解决机制部分应规定环境侵权诉讼的相关内容以形成对应，同时还应规定协商、调解等针对环境侵权纠纷的非诉纠纷解决制度，实现环境侵权纠纷的多元化解。在对生态环境本身损害的救济上，《生态环境法典专家建议稿（草案）》规定了生态损害修复（赔偿）责任。为确保该责任的充分实现，在纠纷解决机制部分应规定环境民事公益诉讼、生态环境损害赔偿磋商及诉讼，使生态环境损害修复（赔偿）责任的落实有具体的程序依托。

最后，《生态环境法典专家建议稿（草案）》并未对环境刑事责任进行详细规定,仅通过转致条款将刑事责任的适用完全引入刑法。对此,在生态环境纠纷解决机制部分,也可对环境刑事诉讼设置引致条款,形成前后呼应。

三、生态环境责任编中纠纷解决机制的编纂构想

本部分将在前述基础上详细阐述生态环境责任编中纠纷解决机制的具体编纂构想。

(一)生态环境纠纷解决机制的主要内容

结合生态环境纠纷解决实践可见,我国的生态环境纠纷解决机制建立在传统的民事、行政、刑事纠纷解决机制的基础上,并结合生态环境纠纷的特点逐步发展出了特殊规则,但整体并未溢出传统的纠纷解决机制框架。本书认为,为确保法典中生态环境纠纷解决机制的内容全面,该部分仍可沿袭非诉和诉讼的路径划分,从两条路径分别展开规定。非诉部分应规定生态环境纠纷的协商、调解、磋商等方式,以及对调解协议和磋商协议的司法确认规则。诉讼部分则主要规定环境侵权诉讼、环境行政诉讼、环境刑事诉讼、环境民事公益诉讼、生态环境损害赔偿诉讼、环境行政公益诉讼等各种具体诉讼制度。另外,为了回应纠纷解决实践中具体制度间的协调问题,凸显环境法典编纂的实质性,还需在法典中作一部分衔接条款规定,以下对此进行详述。

第一,非诉纠纷解决机制的内部衔接规定。鉴于各种非诉纠纷解决制度是平行关系,内部衔接问题不突出,故仅规定当事人可根据情况自由选择采用即可。但需注意,应明确纠纷解决中私益和公益损害所适用的不同程序,协商和调解仅适用私益纠纷解决,不能介入公益维护领域。

第二,非诉纠纷解决机制与诉讼机制之间的衔接。这里应主要作三种衔接规定:一是经人民调解达成协议的,可以向法院申请司法确认;二是协商或调解不成的,纠纷当事人可以选择提起诉讼;三是生态环境损害赔偿磋商未能达成协议或协议未被法院确认的,行政机关应及时提起生态环境损害赔偿诉讼。

第三,诉讼机制内部的衔接。针对环境侵权诉讼与环境民事公益诉讼,虽然《环境民事公益诉讼司法解释》第29、30、31条对两诉的关系作了规定,但两诉之间仍存一些衔接问题待解。例如,当前规定仅体现了环

境民事公益诉讼对环境侵权诉讼在证据与事实、因果关系判断、责任承担等方面的影响,并未体现环境侵权诉讼对公益诉讼的影响。尤其是私益诉讼审理在先时,其生效裁判能否对后续的公益诉讼产生影响并未有相关规则。面对同一事实,环境民事公私益诉讼的衔接不畅,可能会引发同一问题多次审理、诉讼效率低下、共同争点裁判歧异、公私益相互遮蔽等问题。[①] 对此,法典应规定二者在基础损害事实认定的共通性及生效裁判效力扩张的双向性,逐步实现事实认定阶段的初步融合,打破环境公私益诉讼保护泾渭分明的格局,实现纠纷的一次性解决。[②]

针对环境民事公益诉讼与生态环境损害赔偿诉讼,本书认为,结合现阶段的两诉实践,在肯定生态环境损害赔偿诉讼优先审理规则前提下,为确保公益维护的及时性,首先,应规定已履行过前置程序的环境民事公益诉讼案件不适用生态环境损害赔偿诉讼优先审理规则。这是因为环境民事公益诉讼诉前告知程序的设置,即已体现对行政权优先地位的尊重,但若行政机关怠于行使职权,即表明其放弃优先处置权及审理权。其次,应规定行政机关在环境民事公益诉讼之后提起生态环境损害赔偿诉讼的,不宜优先审理,但可允许其作为共同原告参加到环境民事公益诉讼之中。最后,在环境民事公益诉讼被生态环境损害赔偿诉讼中止时,应规定允许环境民事公益诉讼原告以支持起诉人的身份参加生态环境损害赔偿诉讼,使其对当前诉讼的事实认定、赔偿范围确定有充分了解,避免针对同一事实重复主张,亦可实现生态环境损害赔偿诉讼中的法律监督和公众参与。[③]

针对生态环境损害赔偿磋商/诉讼与环境行政公益诉讼,应明确行政机关以赔偿权利人的身份开展生态环境损害赔偿磋商/诉讼并非其可自由选择的权利,而是其不可放弃亦不可恣意处置的义务。[④] 同时,还应设计有效的监督和督促机制,监督、督促环保行政机关积极主动履行生态环

---

① 参见张旭东:《环境民事公私益诉讼并行审理的困境与出路》,载《中国法学》2018 年第 5 期。

② 参见张旭东:《环境民事公私益诉讼并行审理的困境与出路》,载《中国法学》2018 年第 5 期。

③ 参见徐忠麟、夏虹:《生态环境损害赔偿与环境民事公益诉讼的冲突与协调》,载《江西社会科学》2021 年第 7 期。

④ 参见吕梦醒:《生态环境损害多元救济机制之衔接研究》,载《比较法研究》2021 年第 1 期。

境损害求偿职责。[①] 因此法典中应规定，行政机关不及时开展磋商或提起生态环境损害赔偿诉讼的，检察机关可依法提起环境行政公益诉讼。

第四，环境行政执法与诉讼机制之间的衔接。法典编纂时一方面应细化环境民事公益诉讼的诉前告知程序规则，明确规定行政机关的履职期间，督促行政机关积极履职，尽可能将纠纷解决在前端。同时应规定，行政机关开展生态环境损害赔偿磋商或提起生态环境损害赔偿诉讼，应以穷尽行政救济手段为前提，确保行政权的优先行使。另一方面，设置环境行政执法与环境刑事司法衔接的转致条款，以《环境保护行政执法与刑事司法衔接工作办法》（原环境保护部、公安部、最高人民检察院，2017年）指导环境行政执法与刑事诉讼的衔接。

（二）生态环境纠纷解决机制内容的呈现形式

在我国生态环境纠纷解决机制尚未完全成熟稳固的情况下，应以适度法典化理论为指导，结合不同纠纷解决制度的情况选择不同的处置方案，形成整体上合乎逻辑的框架体系，无须追求内容上的极尽详致。结合我国生态环境纠纷解决机制的发展情况，以及《生态环境法典专家建议稿（草案）》生态环境法律责任部分的规定，本书认为应对各种具体纠纷解决制度分别采取“转致规定”“确认规定”“确认规定＋转致规定”三种处理方式。

1. 转致规定

“转致规定”是指某一具体纠纷解决制度其自身规则已相当完善且实践经验丰富，当前所存问题较少，无须在法典中进行过多规定，仅设置转致条款即可，在最大程度上保证法典的精练。在已有纠纷解决制度中，可适用此方法的是环境刑事诉讼、环境民事侵权诉讼、环境行政诉讼和环境行政复议，此四种纠纷解决制度已有多年实践积累且规则基础完善，基本不会发生重大变化，应在法典中直接设置转致条款而无须进行重复规定。

2. 确认规定

“确认规定”是指某一纠纷解决制度虽归属于生态环境纠纷解决机制，但其并没有明确的法律依据，或虽有依据但缺乏操作规范，实践开展

---

① 参见竺效：《生态损害公益索赔主体机制的构建》，载《法学》2016年第3期。

较少仍处探索阶段,此种情况下应仅在法典中对该制度进行确认而不再进行更多规定,明确其纠纷解决制度的法律地位即可。通过此种方式,一方面可以正式确认该制度的法律地位,为其后续完善提供坚实的合法基础,另一方面也可确保法典的基本稳定,符合适度法典化的指导思想。在目前的纠纷解决制度中,应适用此方案的是环境行政公益诉讼、协商和生态环境纠纷人民调解、行政调解及生态环境损害赔偿磋商。

环境行政公益诉讼作为一项重要诉讼制度,其在生态环境纠纷解决及公共利益维护中应扮演关键角色。与环境民事公益诉讼和生态环境损害赔偿诉讼不同,环境行政公益诉讼在维护环境公益方面采取了不同路径,其直接指向行政机关,在诉讼成本和难度上较其他两种诉讼更具可接受性。正因如此,当下普遍认可的观点是应鼓励环境行政公益诉讼的发展,以督促行政机关及时履职,减少后续环节的成本支出。目前来看,环境行政公益诉讼的规则缺漏是其面临的主要问题。例如,依《行政诉讼法》之规定,仅检察机关有权提起环境行政公益诉讼。但是,将检察机关作为唯一起诉主体可能带来案件线索发现滞后、公众参与机制不畅、选择诉讼等问题。[①] 另外,环境行政公益诉讼的诉前程序也有待完善,未能根据具体环境行政行为的特性合理设定履职期限、履职合格认定标准等规则。[②] 而基于环境行政公益诉讼与其他行政公益诉讼在"社会公共利益"内容方面的差异,环境行政公益诉讼应当形成一些个性化的判断规则及标准。[③] 再者,虽然相关司法解释明确了环境行政公益诉讼不适用调解,可以撤诉,但能否适用和解却暂无相关说明。[④] 可见,环境行政公益诉讼尚处发展初期,还有许多待完善之处,应仅对其进行确认规定,既能巩固其法律地位亦可为后续完善留出空间。

生态环境纠纷的人民调解和行政调解虽然都是历史"悠久"的纠纷解决制度,但这二者不仅实践开展较少,而且具体的规范依据也不充分,

---

① 参见丁国民、贲丹丹:《环境行政公益诉讼提起主体之拓展》,载《东南学术》2021 年第 6 期。

② 参见刘建新:《论检察环境公益诉讼的职能定位及程序优化》,载《中国地质大学学报(社会科学版)》2021 年第 4 期。

③ 参见王清军:《环境行政公益诉讼中行政不作为的审查基准》,载《清华法学》2020 年第 2 期。

④ 参见张式军、赵妮:《环境行政公益诉讼中的和解制度探究》,载《中州学刊》2019 年第 8 期。

尤其是行政调解的法律地位目前仍较模糊。鉴于此二者都是纠纷解决机制的构成部分,也承载着化解纠纷减少诉讼压力的社会期待,故应在法典中进行确认规定,赋予它们明确的法律地位,以利于实践的开展和规则的完善。

生态环境损害赔偿磋商作为重要的改革成果,是我国先行先试的制度创新,从法律基础上尚难寻其合法性。然而,我国生态环境保护领域的一些制度创新都是在通过试点验证可行性与适用性之后,再通过立法赋予其合法性。[①] 因此,应尽可能地将政策文件确立的重大改革目标、重点改革任务和经过实践证明有效的成果经验及时总结提炼,在法典中予以体现。[②] 对于生态环境损害赔偿磋商而言,鉴于其制度价值已经验证,加之其属生态环境损害赔偿磋商诉讼的前置程序,故应在法典中进行确认规定以明确其法律地位巩固改革成果。

除了上述具体制度外,还有一些属于纠纷解决机制的内容也应在法典中予以确认,其中最主要的就是审判组织的专门化,即环境法庭的设立。目前我国各级法院几乎都已设立环境资源审判庭,对于这一重要的环境司法专门化成果应当在本部分作出明确规定。[③] 同时,鉴于检察机关在环境民事公益诉讼、环境行政公益诉讼等诉讼中的重要地位,亦有必要在法典中明确其在生态环境纠纷解决中的地位,以充分发挥其法律监督及公益维护作用。[④]

3. 确认规定 + 转致规定

"确认规定 + 转致规定"方法所适合的是,目前已开展较多实践且已有一定规范基础,但具体规则还有完善更新空间的纠纷解决制度。对这种制度不宜在法典中进行太过细致的规定,在明确它们的法律地位后进行转致规定,并将部分特殊规则在法典中予以体现即可,应适用这种方法的具体制度主要为环境民事公益诉讼和生态环境损害赔偿诉讼。对于这

---

① 参见张春莉:《生态环境损害赔偿诉讼的检视与完善》,载《南京社会科学》2019年第12期。

② 参见吕忠梅:《中国环境法典的编纂条件及基本定位》,载《当代法学》2021年第6期。

③ 参见汪劲:《论中国环境法典框架体系的构建和创新——以中国民法典框架体系为鉴》,载《当代法学》2021年第6期。

④ 参见自正法:《生态环境检察监督的转型面向:法理基础与规范逻辑》,载《政治与法律》2021年第9期。

两种诉讼制度而言,它们毫无疑问是生态环境纠纷解决及公益维护中的核心制度,承载着对生态环境本身损害进行全面救济的社会期望,理应在法典中明确它们的重要法律地位。同时,这两种诉讼都已有专门的司法解释,另外,鉴于环境法典生效后《环境保护法》即被废止,其第58条关于环保组织提起环境民事公益诉讼的规定必然要转移到环境法典中,而最适合放置此条款位置的就是生态环境纠纷解决机制部分。

(三)生态环境纠纷解决机制的内部顺序安排

在生态环境责任编中纠纷解决机制的主要内容和呈现形式确定后,还需对该部分中具体内容的顺序进行合理编排。结合上文对生态环境纠纷解决机制编纂思路的论述,本书认为该部分可作如下顺位安排。

首先,应遵循多元化纠纷解决机制的非诉和诉讼划分,在生态环境纠纷解决机制中分设非诉和诉讼两节,并将非诉纠纷解决机制部分置于前位,以体现多元化纠纷解决机制的建设理念。其次,在生态环境纠纷的非诉解决机制部分,应依次规定协商、人民调解、行政调解、行政复议、生态环境损害赔偿磋商等几种制度,同时将对人民调解协议的司法确认、对生态环境损害赔偿磋商协议的司法确认规定于此节之中。再次,在纠纷诉讼解决机制部分中具体制度的顺位安排上,应依生态环境责任编对各种法律责任规定的顺序,采取环境行政诉讼—环境行政公益诉讼—环境侵权诉讼—环境民事公益诉讼—生态环境损害赔偿诉讼—环境刑事诉讼的顺序依次编排。最后,在诉讼机制部分的前部,应对环境法庭及检察机关的法律地位进行规定;在诉讼机制的后部,应对各种衔接规则进行集中规定,以方便适用并保持整体结构的协调。

四、结论

生态环境纠纷解决机制是生态环境责任编的重要组成部分,纠纷解决机制的加入,不仅能够增强生态环境责任编的逻辑完整性,也有助于生态环境损害救济的达成及法典目的的实现。基于我国的生态环境纠纷解决机制发展现状,不宜对其在法典中进行细致规定,应在适度法典化思路的指导下取舍有当,根据具体制度的实际情况采取不同的处理方式,借助法典编纂消弭各种制度之间的矛盾,最终构建一个功能互补、程序衔接的生态环境纠纷解决机制,使生态环境纠纷能够在现有框架内得到顺利解决，使受损利益能够得到充分全面救济。最后，环境法典编纂是一项长期的宏大事业，《生态环境法典专家建议稿（草案）》的提出是环境法典编纂工作的重要阶段性成果，后续工作应以《生态环境法典专家建议稿（草案）》为基础开展更加具体、细致的研究，着力解决法典编纂中的突出问题，稳步推进我国的环境法典编纂事业。

6.6 《生态环境法典专家建议稿(草案)》生态环境责任编编纂问题研讨

6.6.1 《生态环境法典专家建议稿(草案)》生态环境责任编条旨大纲*

第一章　一般规定

1.【生态环境责任的概念】

2.【生态环境行政责任概括条款】

3.【生态环境民事责任概括条款】

4.【生态环境刑事责任概括条款】

5.【生态环境责任纠纷解决概括条款】

6.【生态环境司法机构专门化】

7.【生态环境行政执法和刑事司法的衔接】

第二章　生态环境行政责任

第一节　生态环境风险预防与损害修复行政法律责任

8.【本节的适用范围】

9.【未评、未批先建的法律责任】

10.【环评文件不符合要求的处罚】

11.【未落实环评文件及审批意见的法律责任】

12.【企业事业单位违反生态环境保护责任制度的行政法律责任】

13.【企业事业单位或其他经营者未履行生态环境损害预防与控制义务的行政法律责任】

14.【企业事业单位或其他经营者未履行生态环境损害修复义务的

---

* 本条旨取材于"环境法典编纂研究"课题组起草的《生态环境法典专家建议稿(草案)》(2022年8月1日版)。

行政法律责任】

15.【企业事业单位或其他经营者未按修复方案实施修复措施的行政法律责任】

16.【环评管理违法的行政处分】

17.【行政机关工作人员生态环境损害预防、控制或修复违法的行政责任】

18.【生态环境服务专业人员及机构的行政责任】

19.【违反生态环境信息公开义务的行政法律责任】

第二节　生态环境行政处罚

20.【生态环境行政处罚的适用】

21.【生态环境行政处罚的实施机关】

22.【委托处罚】

23.【生态环境行政处罚的种类】

24.【限制生产、停产整治、责令关闭条款】

25.【行政拘留】

26.【责令改正与按日计罚条款】

27.【过罚相当原则、一事不二罚、综合执法改革择一重处罚】

28.【法定不予处罚及首违不罚条款】

29.【保障受处罚者的正当程序权利】

30.【生态环境行政处罚程序的一般规定】

31.【生态环境行政处罚简易程序】

32.【生态环境行政处罚普通程序】

33.【案件移送条款】

第三节　生态环境行政处分

34.【生态环境行政处分的适用】

35.【生态环境行政处分的种类】

36.【人民政府及其负有生态环境监督管理职责的部门对本单位和下级工作人员的监督】

37.【监察机关对负有生态环境监督管理职责的部门工作人员的监督】

38.【群众举报】

39.【尽职免责和容错免责】

66.【举证责任分配】
67.【损害事实认定的特殊规则】
68.【生态环境私益侵权与有过失】
69.【环境私益损害惩罚性赔偿金的计算】
70.【恢复原状的适用】
第三节 污染环境、破坏生态造成生态环境损害的民事责任
71.【生态环境损害修复责任、赔偿责任构成】
72.【生态环境损害修复责任、赔偿责任的归责原则】
73.【生态环境损害修复、赔偿的原告举证责任】
74.【生态环境损害修复优先原则】
75.【生态环境损害修复的类型】
76.【生态环境损害的金钱赔付请求权】
77.【生态环境损害的惩罚性赔偿金的计算】
78.【赔礼道歉责任】

第四章 生态环境刑事责任
79.【生态环境刑事责任承担的依据】
80.【承担生态环境刑事责任的危害结果】
81.【承担生态环境刑事责任的主观要素】
82.【生态环境刑事责任与行政责任的关系】
83.【生态环境刑事责任的承担方式】

第五章 生态环境责任纠纷的解决
第一节 生态环境责任纠纷的非诉解决
84.【生态环境责任纠纷的行政处理】
85.【生态环境损害赔偿纠纷的磋商及司法确认】
86.【生态环境责任纠纷的仲裁解决】
第二节 生态环境责任纠纷的诉讼解决
87.【生态环境民事私益诉讼】
88.【生态环境民事公益诉讼】
89.【生态环境行政公益诉讼】
90.【生态环境损害赔偿诉讼】
91.【生态环境民事私益诉讼与生态环境民事公益诉讼、生态环境损

害惩罚赔偿诉讼的衔接】

92.【生态环境损害赔偿诉讼与生态环境民事公益诉讼的衔接】

93.【刑事附带民事公益诉讼】

94.【生态环境诉讼交叉案件和特殊类型案件的程序适用】

95.【生态环境保护禁止令程序规则】

96.【生态环境鉴定与生态环境监测】

97.【生态环境司法的专家支持】

98.【生态环境民事公益诉讼请求的释明】

99.【生态环境修复责任和损害赔偿责任的承担方式】

100.【诉讼时效】

第三节 生态环境损害修复与赔偿的监督与执行

101.【生态环境民事私益案件的执行】

102.【生态环境民事公益诉讼案件的执行】

103.【生态环境损害赔偿诉讼案件的执行】

第六章 附则

104.【核事故责任的法律适用】

105.【生态环境损害的定义】

6.6.2 生态环境责任编的概念界定与类型划分*

设置生态环境责任编的目的，是要把环境法的专门责任独立成编，所以需要明确一个概念，即专门的环境法责任。目前这一编存在以下一些疑问：

第一，生态环境责任编缺乏一般规定，且环境法责任的定义及其涉及的基础性问题未能明确并予以解决，那么这一编将无法独立成编。行政法律责任的重叠问题以及与《民法典》的重叠问题等都来自缺乏界定标准，若不界定专门环境法律责任的范围，生态环境责任编的独立性将会受到质疑。

第二，与刑法、行政法律责任的衔接问题。类似于总则的提取公因

---

* 吕忠梅，清华大学法学院教授。本部分根据作者在《生态环境法典专家建议稿（草案）》生态环境责任编专题研讨会（2022 年 4 月 17 日，北京）上的发言整理。

式,提取行政法律责任的公因式,如按日计罚、停业整顿等,尤其对于界定行政法律责任的范围以及提取行政法律责任的方法,都应当把重心放置在程序而不是责任本身。

第三,环境行政法律责任涉及生态环境综合执法改革。生态环境综合执法改革大致涉及15部法律、22部行政法规、33项规章、248个行政执法事项。除了生态环境部,交通运输部、农业农村部等多个部委职责范围内的行政执法目录都已发布,可以对行政执法的很多内容提取公因式。因此,行政法律责任这一章的内容应当认真讨论。

第四,环境民事法律的请求权和责任应当分开讨论。一是环境民事法律的请求权。例如,合同请求权、物权请求权等请求权的内容可以在生态环境责任编之前的其他编规定,但继续在生态环境责任编规定的必要性需要论证。二是民事法律的责任。生态环境责任的民事部分规定的应当不是私益侵权和公益侵权,而是涉及两类原因行为对环境的侵害,对私益侵权的两类原因行为造成的两种损害后果应当作出不同责任形式的规定。例如,生态破坏造成环境污染的后果,与环境污染造成的生态破坏后果不一样。这恰恰是环境法的特殊性所在,且并非所有的生态破坏都可归于个人的侵权行为,也有一些侵权行为属于环境法特有,而《民法典》包括不了。这就是需要论证专门环境法律责任的原因。

此外,也不应将其称为生态损害赔偿救济,而应当谈其背后的责任。因为环境法典第五编第五章专门有公益诉讼、生态环境损害赔偿诉讼的程序性规定,所以这一章谈的就是生态环境责任。

6.6.3　生态环境责任编行政法律责任的理论拓补*

第一,关于单位环境行政违法中的个人法律责任问题。环境法典草案一共有12个条款规定单位违法的双罚制,即处罚到人。《行政处罚法》修订过程中也提到处罚到人的制度。2019年发布的《行政处罚法(征求意见稿)》第15条专门规定在生态环境、食品药品等领域可以实行一般性双罚制,但2021年颁布的《行政处罚法》并未对该项规定得到采纳

* 谭冰霖,中南财经政法大学"文澜青年学者"。本部分根据作者在《生态环境法典专家建议稿(草案)》生态环境责任编专题研讨会(2022年4月17日,北京)上的发言整理。

和保留。在现行法律体系下，我国大部分行政领域对单位违法仍将单罚制作为基本的处罚方式，双罚制的规定主要集中于生态环境、食品药品、公共安全、税务、金融等领域。双罚制的构成要件在理论上或者规范上有两种做法。一是单一构造，即单位和成员应受处罚行为共享一个构成要件，成员视为单位之组成部分。比如生态环境责任编的 12 个双罚制条款都是采取单一构造模式。二是双重构造，即单位和成员应受处罚行为的成立要件仅部分重合，成员应受处罚行为的成立还须满足其他额外的要件，比如《食品安全法实施条例》（2019 年修订）第 75 条规定的第 1、2、3 项。

“单一构造”模式存在一定的理论缺陷。

一是单一构造不符合《行政处罚法》对固有责任对象的设置。由于《行政处罚法》和《刑法》不同，《刑法》以处罚自然人为原则，《行政处罚法》第 4 条明确地把公民、法人和其他组织作为行政处罚的固有责任对象，法人责任能力和自然人其实是别无二致的。换言之，在行政处罚领域，单位具有独立承担行政责任的地位，这也和《公司法》上有限责任和法人人格否定有异曲同工之妙。因此，以处罚单位为原则，以处罚个人为例外。

二是抵牾“自己行为责任主义”原则。自己行为责任主义是行政处罚法的一条基本原则，即人民仅因自己违法且有责的行为受到处罚，但是“单一构造”把成员的行为内涵在单位整体当中，实际上存在内部矛盾，在否定成员违法主体资格的同时，又令其为单位的违法行为承担责任，在逻辑上存在一定的矛盾。根据包容于单位成员的同一违法行为及其各种要件，分别给予单位和成员两次不同的处罚，涉嫌违反“一事不二罚”的原则。

三是“单一构造”模式忽略对成员，尤其是高管的预防环境违法的行为激励。因此，通过借鉴《食品安全法实施条例》第 75 条和《德国违反秩序法》第 130 条的规定，建议在“本编第一节一般规定”中增设“单位环境行政违法的成员法律责任”，即针对单位行政违法构成要件中的成员责任作出特别规定，从参与决策或者指使决策、疏于管理以及造成重大法益侵害的角度，给予成员额外的构成要件。但成员是基于执行单位内部的规章制度、上级决定命令而导致违法的豁免责任，该思路借鉴于《公务员法》（2018 年修订）第 60 条规定。

第二,关于环境污染的"行为责任"与"状态责任"问题。第十章延续并发展《土壤污染防治法》中关于行为责任和状态责任的规定,主要有4个条款涉及土地使用权人和污染责任人的行为责任和状态责任,这4个条款需要进一步考虑两个问题。

一是"行为责任"人与"状态责任"人的处罚顺序问题。行为责任人与状态责任人究竟先处罚谁,法典草案使用的是"或"字,但对其理解为类似民法的连带责任,还是予以并罚需要进一步明确。可考虑对相应法条进行细化与调整,比如,在法典草案的"对常见的不履行土壤污染风险管控和修复义务行为的行政法律责任"一条中增加一款,即"违反本法规定,能够确定土壤污染责任人的,优先由土壤污染责任人履行修复义务或承担处罚责任;土壤污染责任人不明、逃匿或者已经无法履行义务的,由土地使用权人履行修复义务或承担处罚责任。土地使用权人履行修复义务或承担处罚责任的,有权向土壤污染责任人追偿"。

二是对状态责任人的处罚界限问题。一方面,基于无责任即无处罚的原则,应当先责令改正,拒不改正的才对其处以罚款,而对污染责任人可以直接责令改正,且同时处以罚款,这也是对责任主义原则的贯彻。另一方面,基于比例原则和期待可能性的限制,状态责任人毕竟不是行为责任人,也不是环境污染的肇事者,其承担的责任不是无限的,应当遵循期待可能性的限制。

6.6.4　生态环境责任编行政责任条款编纂需要注意的问题*

第一,行政违法行为的类型化合并。现行法律中对行政法律责任条款规定的数量最多,今后肯定需要考虑合并的问题,故类型化合并采取的方式以及设定的行为类型都需要进一步研究。

第二,界定故意逃避监管的行为。法律责任需要重点解决故意逃避监管的行为,这是维持监管秩序所要重点打击的行为,即恶意逃避监管。现行的行政处罚有部分行政机关行使处罚权时故意逃避监管,对于很多

---

* 徐以祥,西南政法大学生态法学院教授。本部分根据作者在《生态环境法典专家建议稿(草案)》生态环境责任编专题研讨会(2022年4月17日,北京)上的发言整理。

不便处罚的直接用故意逃避监管的方式予以处罚,原因在于此类法律责任较为明确。但实际上很多情况并非故意逃避监管,也被纳入故意逃避监管进行处罚。因此,行政法律责任针对这类行为需要重点界定,并作出统一标准。此外,环境监管的发展方向就是要形成通过自行申报维持行政监管的基本秩序。

第三,环境行政处罚的方式。一是作出罚款数额的立法规定较难。比例式的罚款较为实用,但若一直沿用限定式的罚款将无法适应购买力的变化以及经济社会发展的变化,例如,可能现在觉得100万元的罚款比较严格,但需要考虑未来该项数额的罚款可能不高。当然,如果不设定固定数额也会有问题。比如《瑞典环境法典》设置了相应数额,或者借鉴美国赋予生态环境监管部门进行调整权力的做法,可以更适应社会生活的变化,也不需要应时修改法典。此外,一些处罚方式有必要进一步拓展,如行政双罚制等。二是行政处罚重点对象是行政相对人,若处罚对象是公司,主要负责人和主要责任人员在一些情况下也应当纳入行政处罚范围。但这个范围还可以扩展,特别是对恶意的违法行为。三是如何设计按日计罚的问题。目前主要对违法排污拒不改正的行为进行按日计罚(《安全生产法》也已引入按日计罚),实际上,按日计罚应主要针对下达违法改正命令以后拒不改正的行为,对比较恶劣的违法行为责令改正,且改正期限的设置需要合理,合理改正期内未改,也可再实施按日计罚。因此,按日计罚不仅可以适用于污染防治领域,也可适用于生态保护领域。四是行政违法联动性后果的规定。例如,规定行政相对人违法后在政府采购或贷款的法律后果等方式,以加大相对人实施环境违法行为的成本。

第四,环境行政执法程序和行政强制措施。一是条旨将行政强制措施设定为行政强制,主要内容是查封扣押。地方立法中的行政机关对行政代履行有非常重要的需求。例如,生态保护的违法主体在自然保护区修建建筑,政府要求违法主体停止建设或者恢复原状,若违法主体不恢复则需要运用行政代履行这种行政强制执行的方式。也正是因为行政代履行属于行政强制执行,需要由法律设定,而地方立法欠缺该项权限,所以行政执法工作较难开展。目前,《固体废物污染环境防治法》已规定行政代履行,但在生态保护领域或其他污染防治领域,特别是行政相对人拒绝改正违法行为时,生态环境行政监管部门可以通过行政代履行的方式救济环境公共利益。这种行政代履行作为行政强制执行,亟需立法予以回应。同时,行政查封扣押是行政强制措施,在强制执行方式方面需要更进一步拓展,以赋予生态环境部门更有力的手段。二是执法程序可以考虑合规整改以及行政和解的适用,但该问题还未成熟,仅提出来讨论。虽然已在刑事方面提出将合规整改作为减轻和免除处罚的依据,但如果想在行政执法中整改到位,也需要讨论如何减轻和免除行政处罚,毕竟行政处罚不光是为了处罚,还需要帮助企业走上合法经营的道路。

第五,生态环境行政监管部门违法的法律后果。实际上,《环境保护法》对地方政府或者监管部门的违法行为是否承担法律后果未作规定。例如,限期改正、限期达标等可以考虑将其吸入生态环境责任编,或者在其他编予以确认。另外,公布违法者名单也是对地方政府执法部门很好的督促手段。

第六,环境行政违法和刑事责任的衔接。重点是程序衔接,实体衔接反倒是分编法律责任应当考虑的问题。例如,四川泸州的一个刑事案例引起很大争议,农民抓几个青蛙遂被当作刑事犯罪带走,其中并未经过行政处罚。该案引发行政违法和刑事责任衔接的问题。如果采取行政处罚后发现确实需要承担刑事责任,那么还要考虑先行为的行政手段是否用尽。根据行政救济穷尽原则,如果未行使先行为的行政处罚而直接采取刑事手段,将会对公民和法人造成不公平。

第七,应用环境大数据和电子证据的问题。现阶段,环境执法大多通过自动监测等智能化方式,这面临诸多需要讨论的问题。如通过大数据发现企业违法,但未获取直接违法证据时如何对其进行处罚的问题。为了适应今后环境监管的需要,此方面应当设定一些条款。

6.6.5　生态环境责任编行政责任条款编纂需要明确的问题*

第一,总则编基本制度的相关行政责任规定应当后置。

一是第五编行政责任部分的条目选择了一部分看似是总则内容的行政责任,而总则部分特别是基本制度,有一部分内容是相关主体义务性的

---

* 朱谦,苏州大学王健法学院教授。本部分根据作者在《生态环境法典专家建议稿(草案)》生态环境责任编专题研讨会(2022 年 4 月 17 日,北京)上的发言整理。

规范，如环境影响评价制度。那么，总则编基本制度违反义务的行政责任条款与第五编关于行政责任的规定值得讨论。如总则编的环境影响评价制度包含多条行政处罚的条款。若将总则编违反环境基本制度的行政责任条款放到第五编行政责任，逻辑性似乎不太强。尤其是第五编对行政责任作出的安排，该部分前面有几个条目列举几种典型违法行为的处罚，后面又列举总则基本制度的行政责任，总体上不协调。

二是总则编基本制度涉及的行政法律责任，比如说像环评，应急，生态环境损害的预防、控制和修复等制度，若存在禁止性和义务性规范，应该配置相应的行政责任规范。所以，可考虑采纳其他分编的编纂模式，将行为模式与法律后果规定集中至每一编。如此，不仅使得行政违法行为的行政责任条款在每一编各就各位，而且从法典编纂技术上来说，各编整体上可采纳同一种模式。

三是法典编纂是为了便于行政监管机构、司法机关或者社会公众适用，所以建议尽量将涉及总则基本制度行政责任的条款放置总则编，不宜将总则编行政法律责任条款分割到第五编的环境责任编。

第二，按日计罚、限制生产、停产整治以及行政拘留等实体与程序应当分离。

一是第五编的行政责任有几个条旨列举了按日计罚、限制生产、停产整治和行政拘留，但具体规定的内容模糊。实际上，按日计罚、行政拘留等行政责任条款无论是《环境保护法》还是其他单行污染防治法律都已经适用，且适用范围较为有限，不具有普适性。因此，环境法典应根据需要分别在总则编和各分则编中设定按日计罚、行政拘留条款，便于特别处罚规范与行为规范保持紧密联系。

二是《环境保护法》的责令限制生产、停产整治，应被定性为行为罚的处罚种类，并充分体现提高违法成本的目的，但却被原环境保护部通过制定有关限制生产、停产整治的部门规章定性为行政命令，导致实务界与理论界一直围绕该问题争论，使得环境污染防治法修订时只能在此基础上再增加罚款的处罚。虽然 2021 年公布的《行政处罚法》规定这类行政行为属于行政处罚，但以往环境法体系限制生产、停产整治行为的属性还具有不确定性。因此，法典编纂需要改变原环境保护部对限制生产、停产整治的定性偏差，将其性质定位于行政处罚种类，而且应当不再需要并处罚款。同时，即便责令限制生产、停产整治是行政处罚方式，也需要适用特定的条件,与分编的行为规范保持一致以方便法律适用。此外,这几种行政处罚(包括未列举的责令停业、关闭)相较于其他种类的行政处罚,不仅对行政相对人的权益带来重大影响,而且实施程序也比较复杂,还涉及其他第三方的配合。因此,可以在第五编行政责任部分进行实施程序的规定,将实体内容安排至其他各编。具体实施程序规范内容可以结合原环境保护部等部委配套新环境保护法的规章。

第三,保持生态环境损害救济责任与总则编基本制度内容衔接的一致。

生态环境损害救济责任涉及责任的确定、实现及配套措施,该部分的立法目的与总则编生态环境损害预防、控制与修复的关系和衔接都需予以明确。

6.6.6　生态环境责任编民事责任条款与《民法典》衔接需要注意的问题*

第一,民事责任和生态损害救济责任之间的关系。《民法典》侵权责任编第七章中,从第1229条到第1235条共7个条文,前面5个是私益侵权,后面2个即第1234、1235条是公益侵权,且生态环境损害责任(环境公益侵权)有一部分条款的适用和私益侵权一致。虽然第七章规定二元结构的公益和私益,但有些条款既可以适用公益侵权也可以适用私益侵权,这就是所谓的"二元耦合结构"。在承认二元耦合结构的前提之下,引发诸多问题:

一是若分别规定第二章、第三章,如何安排耦合的或者共同适用的条款问题。《生态环境法典专家建议稿(草案)》似乎并未安排相应的条款作出解释。因此,可以不用再另辟一章规定共通的条款。比较合理的做法应该是在第三章生态环境损害救济责任中增加一个条款,把该项问题规定清楚。若第三章没有特别规定,那公益侵权可适用第二章规定。

二是以惩罚性赔偿为例,惩罚性赔偿在各界引发较大争论。但司法解释出台后明确它既适用于生态损害赔偿,也适用于公益侵权,可以理解

---

* 陈伟,华东政法大学刑事法学院教授。本部分根据作者在《生态环境法典专家建议稿(草案)》生态环境责任编专题研讨会(2022年4月17日,北京)上的发言整理。

为其是适用公益侵权和私益侵权的通用条款。另外,环境服务机构的连带责任也仅仅只对私益侵权而言,例如,环评监测或者第三方处理机构都有可能对生态损害承担责任,这些问题都需要予以重视。

第二,《民法典》在第七编第七章规定环境污染与生态破坏责任,就是环境污染和生态破坏两种原因行为都可以适用《民法典》这一章的规定。但不管从科学还是常识上看,环境污染和生态破坏都是两种不同的行为,这两种行为是否可以完全适用共同规定,值得商榷。可考虑把生态破坏的行为进一步类型化、独立化,根据实践或者科学上的客观特征创设一些条款,使这些条款单独适用于生态破坏行为。

实际上,《民法典》规定两大类、四小类环境侵权,就是私益中的环境污染和生态破坏侵权,公益中的环境污染和生态破坏侵权。举例而言,在因果关系的认定中,滥伐性砍树是生态破坏,但砍树还有一种生态破坏是潜在的、间接的,即通过环境污染或者生态破坏导致的生态破坏。一片水域被污染,这里的一种珍稀物种数量下降或者灭绝,如绿孔雀案,需要讨论在上游建水坝对它的栖息地是否产生影响,并且这种影响是否足以导致这种物种的灭绝或者种群数量减少,该种情况的因果关系是不明确的。所以和砍树这种直接的生态破坏相比,第二种类型实际上不能完全和环境污染等同。因此,这是一个目前立法并未完全解决的问题,希望能够通过环境法典编纂予以解决。

第三,生态环境司法鉴定应以司法为中心。在很多情况下无法以合理的成本取得鉴定意见,或者根本就没有明确的方法对事实进行鉴定,但又必须对其作出结论,此时不一定必须通过鉴定意见或评估报告的模式,应该设置司法酌定的模式或者司法认定的模式。目前,公益诉讼相关的司法解释已明确规定,法院可以根据这些通用方法直接进行认定,将会大大提高司法效率。若法典编纂的条文没有相关规定的话,可以考虑增加。

6.6.7 生态环境责任编刑事责任条款的规则功能*

在环境法典设置刑事责任条款,并不是罗列式地规定罪名。其功能

---

* 焦艳鹏,华东政法大学刑事法学院教授。本部分根据作者在《生态环境法典专家建议稿(草案)》生态环境责任编专题研讨会(2022 年 4 月 17 日,北京)上的发言整理。

在于:第一,增进司法实践准确判定生态环境犯罪。第二,从技术路径来说,环境法典为避免与刑法典产生冲突而不规定具体的罪名,只是规定一些促进与刑法典实现关联解释的连接性条款。第三,从价值上来说,不必担心这些条款冲击刑法典的地位,反之,若规定连接性条款,恰恰可以促进刑法典整体法秩序功能的发挥,把生态主义理念引入刑事司法的具体判断,促进个案正义。与此同时也存在一些可供探讨的问题:

第一,生态环境领域以刑法典为单一法援的立法模式具有弊端。具体体现为,在个案中法官不能整体理解法律、适用法律,而只是援引刑法条款及相关的司法解释,没有在生态环境法律中找法,造成部分生态环境刑事案件的审判引起较大争议。例如,深圳的鹦鹉案中,法官便没有识别其中的生态法益。驯养的野生动物和在野外生境当中生存的野生动物,具有不同的刑法意义。造成这种情况出现的原因之一在于,当前未实现环境法和刑法的连接,从而影响个案正义。因此,从技术层面上,解决生态环境法律和刑法典的连接的问题确有必要。

第二,引致条款的问题。拟制条款只是在形式上与刑法建立连接,但犯罪判断都还是依据刑法典,故仍需要实质性地解决问题。比如《刑法》第338条,检察院和法院并不详细查看具体违反了哪项规定,而事实上该项规定在污染防治法就有相关法源。生态保护类的法律也存在类似情况。对此,《刑法》也作过解释,即违反国家规定,其实指的是全国性的法律以及行政法规,是指向生态环境法律法源的,但实践中司法机关不愿意(找法)的主要原因还是拟制条款仅具有形式意义。通过梳理环境保护法的一些拟制条款,基本表述都一样。但《土地管理法》比较特殊,其每一个条文对于每一种类型化的事实都特别强调构成犯罪的法律责任,当然它可能是不同类别的犯罪,不一定在《刑法》第六章第六节中。基于此种考虑,环境法典编纂过程中设置一些连接性的条文是有必要的,既有利于司法机关找法,也有利于司法机关正确理解生态环境领域犯罪判断的特殊性,而且并不会跟既有的《刑法》总则和《刑法》分则中的犯罪判断产生冲突。

6.6.8 生态环境责任编刑事责任条款与纠纷解决衔接需要注意的问题*

第一,关于刑事责任和纠纷解决两个部分,刑事责任部分必须有充分的思想准备,若将这一部分写入环境法典将会面临非常大的阻力,可以说,说服刑法学界可能是比我们写哪几条更重要的问题。因此,环境法典编纂过程中需要做充分的论证工作。

第二,纠纷解决机制分为非诉纠纷解决机制和诉讼纠纷解决机制,但总体上还未有真正结合生态环境专门责任的专门纠纷解决机制。实际上,从诉讼解决这个角度来讲,从2014年成立环保法庭至今,环境司法的专门化经历了非常充足的实践探索。例如,三审合一、案件管辖、证据规则的确定、责任承担方式、判决的执行方式等。环境法典应该把带有规律性的,并且司法实践已经非常成熟的东西吸收进来,并对纠纷解决机制进行系统化梳理,形成真正的中国绿色审判。

第三,关于公益诉讼与生态损害赔偿诉讼的关系问题,刑事附带民事公益诉讼的规则和普通的刑事附带民事诉讼规则是否要有区分的问题,行刑对接、刑民对接、诉讼和非诉讼的对接等一系列探索机制的建立问题等,需要在纠纷解决机制部分对这些问题是否吸纳及其理由进行论证、选择,我们要对这些经过近10年司法实践的问题在法典中作出明确的回答。

6.6.9 生态环境责任编生态环境损害赔偿制度构建需要统一的问题**

第一,应对生态环境损害预防控制修复的主管部门作统一表述。

一是从国内立法的角度。《民法典》对主管部门统一表述为"国家规定的机关",最高人民法院《关于审理环境民事公益诉讼案件适用法律若

* 吕忠梅,清华大学法学院教授。本部分根据作者在《生态环境法典专家建议稿(草案)》生态环境责任编专题研讨会(2022年4月17日,北京)上的发言整理。

** 於方,生态环境部环境规划院首席科学家。本部分根据作者在《生态环境法典专家建议稿(草案)》生态环境责任编专题研讨会(2022年4月17日,北京)上的发言整理。

干问题的解释》(2015 年,已被修改)将其表述为“负有环境保护监督管理职责的部门及其他机关”,最高人民法院《关于审理生态环境损害赔偿案件的若干规定(试行)》(2020 年修正)则表述为“负有相关环境资源保护监督管理职责的部门”。因此,可以发现生态环境损害预防控制修复主管部门的统一表述和相关行政主管部门的设立及其职责变化相关联。根据 2018 年国务院机构改革方案的内容,新成立了自然资源部,原环境保护部更名为生态环境部,意味着自然资源和生态环境部门同时都具有对生态环境和相关自然资源的监管和保护责任,故可认为 2016 年制定民事公益诉讼司法解释时,国务院机构暂未进行改革,所以该司法解释对主管部门的定义采用“负有环境保护监督管理职责的部门及其他机关”的表述。而 2020 年印发生态环境损害赔偿案件有关的司法解释采用“负有相关环境资源保护监督管理职责的部门”的表述,2020 年生态环境部联合 10 个单位印发的《关于推进生态环境损害赔偿制度改革若干问题的意见》都沿用最高人民法院的司法解释,采用“负有相关环境资源保护监督管理职责的部门”的表述。

二是从域外立法的角度。生态、生态环境、资源三者的关系一直有争论,致使用“生态环境”还是用“生态环境资源保护”的表达不一。从国外的生态环境损害责任与赔偿相关法律来看,欧盟的环境责任与救济指令用的是 environment damage,美国相关法律将其定义为“污染行为所导致的对自然资源的破坏”,所以美国法主要使用 natural resource damage 。《超级基金法》将 natural resource 界定为自然资源,其中包括土地、鱼、野生动物、生物,还有空气、水以及地下水饮用水的供给以及其他相关资源,是一种列举式的定义。欧盟和美国很大的区别在于环境责任只适用于水、土地和栖息地三种确定的类型,像纯公共物品、大气并未纳入其中。因此,在法律表述中到底用生态环境还是环境资源,需要界定清楚生态环境或环境资源的内涵与外延,也就是说需要明晰环境法典适用的保护主体,并对该类主体作出明确规定。从这项工作涉及的部门来看,主要包括自然资源、生态环境、农业农村、水利、住房城乡建设以及林草等,所以用“负有相关环境资源保护监督管理职责的部门”是一个比较好的表述。

第二,生态环境修复中的基础性修复、替代性修复和赔偿性修复需要合理区分,并明晰适用条件。目前的技术标准规定了基本恢复、补偿性恢复、补充性恢复以及期间损害、永久性损害,这些术语主要借鉴欧美发达国家的经验。比如美国的《超级基金法》规定，natural resource monetary damage include the cost incurred by federal state governments in the restoration and the replacement of natural resources damage or destroyed due to the discharge。这个规定对损害价值量化的对象和成本（费用）给出了答案，损害价值量化的对象就是恢复成本。因此，要先确定恢复措施，再将恢复费用用于衡量生态环境损害。该恢复费用主要用于 restoration 和 replacement，分别翻译成恢复和重置。（restoration 指对受损害资源进行恢复，replacement 指对受损资源或栖息地的重置或重建。关于 restoration，美国相关法律规章作了进一步解释，指出 restoration 包括 primary restoration 和 compensatory restoration 两部分。其中，primary restoration 就是基础性修复，在发布的技术文件中规定为“基本恢复”。）

美国是全球第一个提出实施生态环境损害赔偿的国家。欧盟在2000 年制定环境责任指令时，基于美国现有规定作了更全面的创新。与美国法相比，有两个方面的变化。

一方面，remediation 和 restoration 的区别与欧盟、美国的法律体系及其立法背景有关。欧盟大部分是大陆法系国家，环境责任指令的目的是确定环境损害赔偿责任，采用 remediation（救济）泛指可能采用的各种清除、修复、恢复行动；而美国的法律体系由普通法和判例法构成，《超级基金法》不是美国的自然资源损害赔偿法，其立法目的是建立针对特定类型环境污染问题的响应机制，而后可就自然资源损害进行赔偿，它同时具有行政法和普通法的性质。［法律条文用 remediation 表述普适性的补救措施，包括“clean up”“removal”等清除行动，“neutralization（中和）”“incineration（焚烧）”“cover（覆盖）”等修复措施以及人群疏散等防护措施，同时采用 restoration 表述超出应急方案规定的恢复行动，包括 replacement（重置）和 rehabilitation（重建栖息地）等措施。］

另一方面，除了 primary remediation 和 compensatory remediation，欧盟环境责任指令还规定 complementary remediation，对应我国《环境评估技术指南》中的补充性恢复。之所以增加补充性恢复的规定，是因为实践中开展修复或恢复后存在没有达到预期目标的可能性，因此需要开展补充性恢复。

目前，我国的《环境评估技术指南》沿用欧盟环境责任指令中的表述，对基本恢复、补充性恢复和补偿性恢复作出规定。

第三,明确补偿性恢复的补偿内容。补偿型恢复就是补偿期间损害。目前关于期间损害和补偿性恢复的含义,以及两者关系缺乏明确的法律条文。《民法典》只规定需要赔偿“生态环境受到损害至修复完成期间服务功能丧失导致的损失”以及“清除污染、修复生态环境费用”等费用,可能导致无论是法院、检察院,还是生态环境行政机关,都认为只要计算金钱数额即可,并未将上述两项规定与《环境评估技术标准》的补偿性恢复和基本恢复予以对应。事实上,国内法律专家和技术专家已对生态环境损害的赔偿范围达成共识,也赞同以恢复的方式进行生态环境损害赔偿。但由于表述不统一,造成具体适用的误解和混乱。比如,在相关技术标准制定时,有专家认为不能进行补偿性恢复,一定要对应《民法典》“生态环境受到损害至修复完成期间服务功能丧失导致的损失”,算出经济损失才是正确的。而目前《环境评估技术指南》的规定,只有当基本或补偿性恢复无法实施时,才可以用价值量化的方法对损害数额进行评估。并且采用价值量化方法评估时,需要技术机构熟练掌握各类方法的适用情形,结合案件情况进行技术参数的实际调查,确保价值核算结果的合理性。根据以上分析,其间损害强调的是对生态环境损害实物量的评估,对应补偿性恢复的实施,也就是说实践中不一定要算到具体金额,提出基本恢复和补偿性恢复方案即可,这个问题可能是关于这项工作最大的误解。

欧美法律体系始终强调恢复的一个重要原因是价值评估存在很多技术困难,具有较大的不确定性。我国实践中该问题尤为突出,不同的机构、技术能力不同,便可能对同样的损害采用不同的方法、不同的技术参数,甚至是错误的方法和参数价值损失造成评估结果的较大差异。因此,法律和技术语境应用相同的专业术语表达相同的定义,做好法律语言和技术语言的衔接。

第四,提出关于法典编纂的三个建议。一是统一生态环境损害赔偿领域的法律和技术专业语言体系。二是合理衔接相关法律或司法解释关于法律责任的规定。虽然理论上是民事责任在前,优先赔偿,但部分现实案例表明,由于刑事手段在前,没收违法所得后违法违规企业没有能力再进行赔偿和修复。三是希望法典编纂能够全面体现生态环境损害的恢复责任,弱化金钱赔偿的责任。

6.6.10 生态环境责任编生态环境纠纷解决需要注意的问题*

生态环境责任纠纷解决分为非诉解决和诉讼解决，这种区分确实具有非常高的价值。在非诉纠纷解决方面，设置了行政处理、生态环境损害赔偿磋商和生态环境仲裁。就这三种类型的非诉解决方式而言，可能需要注意一些具体问题。

第一，生态环境纠纷的行政处理。生态环境责任纠纷通过行政裁决的方式加以解决，跟生态环境责任自身的特殊性有关。加大行政裁决范围，由行政机关对生态环境责任纠纷在行政过程中一并处理，具有效率优势。同时，行政机关也具有专业优势，但这种处理方式可能会涉及后续的救济问题。行政机关作出相关的行政裁决之后，对于该行政裁决不服的，后续可以通过行政诉讼进行救济。那么，后续行政诉讼救济解决当事人民事纠纷时，可以考虑借鉴现行的行政诉讼法司法解释的规定。同时，行政诉讼法司法解释对相关民事争议一并解决，有一套完整的解决机制。并且行政机关就生态环境责任纠纷作出裁决之后，后续可以通过民事争议在行政诉讼中一并解决，这样的方式或许会更有助于相关民事纠纷的解决。但若仅对行政裁决不服提起行政诉讼的话，所涉及的民事纠纷仍然无法从根本上一次性解决。

第二，生态环境损害赔偿的磋商。目前就生态环境损害赔偿采用磋商前置程序，符合优先非诉纠纷解决机制的要求。但磋商成功后加以确认的方式需要进一步明确，并且其能否通过民事诉讼法所规定的调解协议司法程序加以确认也需要法典的回应。尽管司法解释已有相关规定，但毕竟民事诉讼法规定的是由第三方主持达成的调解协议，故应当在法典中明确规定，若双方自主磋商达成协议，也可以通过司法确认程序予以确认。

第三，生态环境仲裁。应当对生态环境仲裁的性质予以明确，即是行政仲裁还是民商事仲裁。

---

* 肖建国，中国人民大学法学院教授。本部分根据作者在《生态环境法典专家建议稿（草案）》生态环境责任编专题研讨会（2022 年 4 月 17 日，北京）上的发言整理。

一是行政仲裁的情形。应该由行政机关下设的行政仲裁委员会,作出行政仲裁裁决。当事人一方不服,应当向人民法院提起民事诉讼。在此思路下就要单独对生态环境责任纠纷设立一个行政仲裁。可是,目前我国只在劳动争议仲裁和农村土地承包仲裁设立两种行政仲裁,设置生态环境责任纠纷的第三种新型仲裁是需要考虑的。

二是民商事仲裁的情形。主要讨论的是生态环境责任纠纷案件是否具有可仲裁性的问题。由于民商事仲裁要求纠纷具有可仲裁性,虽然我国仲裁法正在修改中,也对于可仲裁性的问题作了一个放宽规定。但即便是放宽,从目前生态环境责任纠纷案件来看,具备仲裁的可能性恐怕还存在一些问题。该种思路可能还需要对仲裁法的修改再作调整,使得生态环境责任纠纷的可仲裁性得到仲裁法的认可。此外,对生态环境责任纠纷案件来说,民商事仲裁需要以仲裁协议作为基石,那么生态环境责任纠纷案件中双方很难在事先达成仲裁协议。这也是采用民商事仲裁面临的最棘手的问题,有点类似于消费纠纷解决过程中有关消费仲裁协议的达成所面临的困难。

第四,诉讼解决纠纷方面。现有条文暂不能完全体现生态环境责任作为一种环境法专门责任的特殊性。但作为一种专门责任,它具有的独立性、特殊性与民事责任、刑事责任、行政责任不太一样。那么,在纠纷解决机制建构一个跟环境法这种专门责任相匹配的、相契合的诉讼解决机制,可能会有特殊的诉讼裁判权主体,有一套特别的诉讼程序规则和特殊的证据法规则,甚至可能会涉及一些相关的裁判执行规则。现在能否建构跟环境法专门责任相配套的一套诉讼机制,是需要讨论的。虽然《生态环境法典专家建议稿(草案)》已有该项趋势,但仍是现行法律基础上的拼盘,没有把环境法责任作为一种专门的独立责任所应当具备的特殊性充分展现。此外,这种特殊诉讼机制下的环境审判组织、环境诉讼程序,也应当考虑在一个环境诉讼程序中一并解决民事、行政、刑事的问题。这一系列问题都需要相关的主张证据共通原则、抗辩共通原则、证据的可采信性等环境诉讼特殊规则。

第五,生态环境损害赔偿与环境公益诉讼、环境私益诉讼关系的处理。现阶段生态环境责任纠纷诉讼已形成三分法,即环境私益诉讼、环境民事公益诉讼和生态环境损害赔偿诉讼(国益诉讼)。虽然司法解释也分别对这三种类型的诉讼专门出台相应司法解释,但司法解释只是一个权宜之计，在环境法典化过程中需要突破现有司法解释的规定作出一些特别规定。

即使最高人民法院在 2019 年 6 月 5 日世界环境日专门出台《关于审理生态环境损害赔偿案件的若干规定（试行）》，但该司法解释缺乏上位法律依据，主要是以中共中央办公厅、国务院办公厅的文件为基础，并且《民法典》出台后，它与环境民事公益诉讼之间的关系需要进一步作出协调。由于生态环境责任中公益诉讼和生态环境损害赔偿诉讼保护的法益在客观上存在很大的重合性，且生态环境赔偿诉讼保护的法益与公益诉讼的核心区别在于其功能性的永久损失。除此之外，它与公益诉讼保护的法益完全重合，使得环境民事公益诉讼和生态环境损害赔偿诉讼之间的关系需要得到更好的处理，其中涉及最后裁判利益的归属和裁判的执行问题。因此，可否提出一个系统的生态环境责任纠纷的特殊诉讼机制，是法典面临的巨大挑战，也是法典将来的亮点所在。

中国法学会环境资源法学研究会
环境法典编纂研究大事记

1. 2017年1月6日，中国法学会环境资源法学研究会（以下简称研究会）在北京大学举行“环境立法法典化高端研讨会”，拉开了中国环境法典编纂多学科、全方位和多视角研究的序幕。来自法理学、民法学、刑法学、行政法学等学科的著名学者，来自国家环境立法与行政机关的高级官员，以及来自全国各地的30余位中青年环境法学者，共聚一堂、热议环境法典的必要性和可行性，探索生态文明法治建设的新路径。会议达成的共识是，当前环境立法中存在大量重复性、冲突性条款，在生态文明建设的大背景下，环境法典具有现实的和政治上的必要性，因而环境法典研究意义重大、任重道远、大有可为。

2. 2017年10月21－22日，研究会在北京举行“各国环境法典翻译出版国际研讨会”，旨在促进中外环境法学者的交流沟通，加快和推动国内环境法典的编译和理论研究。来自国内和法国、德国、意大利、瑞典、俄罗斯等国高校、科研机构，以及原环境保护部、全国人大常委会法制工作委员会、原国务院法制办公室等实务部门的近百名专家学者参会。经过会议研讨，与会专家学者建议国家有关部门授权或委托中国法学会牵头组织环境法典起草的专家委员会，以推动环境法法典化研究，为建设美丽中国、实现生态文明和绿色发展提供必要的制度保障。

3. 2018年4月18日，研究会、清华大学环境资源能源法学研究中心在清华大学举办了“腾讯—清华环境与能源法论坛：环境法学与刑法学的对话”会议。来自最高人民法院以及国内高校的50多位环境法和刑法领域专家学者及相关研究人员参加了会议。与会学者认为有必要在刑法典外制定行政刑法或者附属刑法，环境刑法应该主要由环境法学者进行研究。

4. 2018年6月，研究会组织翻译的《瑞典环境法典》由法律出版社出版，该书是吕忠梅教授担任总主编、竺效教授担任执行主编的“绿典之路·各国环境法典译丛”系列的第一部。

5. 2018年8月，研究会与阿里巴巴公益基金会签署项目协议，正式启动“中国环境法典研究”和“环境资源法学研究队伍能力建设”两个专题的学术研究工作和能力建设活动。

6. 2018年8月，研究会在北京召开了“中国环境法典研究”专项课题领导小组会议，小组由吕忠梅教授担任组长，汪劲教授担任副组长。会议决定设置第一阶段15个基础理论课题面向法学界公开招标。

7. 2018年11月3日，研究会、中国法学会民法学研究会、中国人民大学民商事法律科学研究中心在中国人民大学联合举办“民法典分编绿色化学科对话会”。来自国内高校和科研机构，以及中国法学会、环保组织等实务部门的专家学者60余人齐聚一堂，就会议主题展开热烈研讨。会议认为，民法的环境保护功能是有射程的，民法典的绿色化不能超越边界，需要通过编纂环境法典来实现环境保护目标。民法与环境法在环境保护上既要作必要界分，也要有沟通协调。

8. 2018年12月22－23日，研究会在福州举办“首届环境法学前沿理论高端论坛——环境法典与生态法治高级研讨会”，来自全国各地80多名专家学者以及福建省政协、福州大学部分领导出席了会议。专家学者们就“环境法体系化的基本原理”“环境法法典化的域外经验”“环境法法典化的路径选择”“环境法法典化的制度设计”主题进行了研讨。此外，本次会议还包括“外国环境法典译丛”发布会、“中国环境法典研究”第一阶段招标课题公开开题报告会等环节。

9. 2019年9月，研究会先后两次在北京召开人工智能辅助环境法典编纂研究研讨会。吕忠梅教授带领的环境法典编纂研究团队和赵晓海总经理带领的北大英华公司技术团队参加了研讨会，就互联网信息技术和人工智能辅助环境法典编纂的技术路线和工作方案进行了讨论。与会双方团队就以下方面达成一致：环境法典编纂研究团队应全面搜集整理环境法典编纂相关资料，为人工智能技术团队提供全面、有效的知识要点和思维导图；人工智能技术团队应尽快建立具备查询、上传、分析等基本功能的环境法典编纂专用数据库。

10. 2019 年 10 月 25 日,研究会在海口召开“环境法典专家建议稿编纂”课题开题报告专家评审会,对第二阶段 5 个“环境法典专家建议稿编纂”课题进行了开题评审。评审专家一致同意 5 个课题通过评审,正式开启环境法典专家建议稿编纂研究工作。

11. 2019 年 11 月 8 日与 12 月 3 日,“环境法典专家建议稿编纂”课题组先后在北京大学召开两次工作协调会议,环境法典编纂研究团队代表与人工智能辅助环境法典编纂技术团队代表进行会谈,明确环境法典框架和主要内容。

12. 2019 年 11 月 30 日,研究会在宁波举行“中国环境法典研究”第一阶段课题中期检查报告会,对第一阶段 15 个课题的开展情况进行考核,并部署后续推进工作。评审委员会审议认为,15 个课题组已在学术刊物上发表了具有代表性的成果,共同形成了近百万字的研究报告初稿,一致同意通过中期检查。

13. 2021 年 5 月 29 日,研究会与中国法学会宪法学研究会在重庆西南政法大学举办“第二届宪法与环境法对话会”,国内 30 多所高校科研机构、报刊界、实务部门等近百位专家学者参与了此次会议。会议上围绕“绿色发展”“环境法典”“环境权”进行了探讨。与会学者认为,环境法、宪法的对话形成了良性互动的局面,有利于促进环境法典编纂研究。

14. 2021 年 8 月,“环境法典专家建议稿编纂”课题组完成《生态环境法典专家建议稿(草案)》初稿的编纂工作。

15. 2021 年下半年,“中国环境法典研究”第一阶段课题的研究成果“绿典之路 · 中国环境法典研究文丛”系列丛书由法律出版社出版发行。该文丛由吕忠梅教授担任总主编、焦艳鹏教授担任执行主编,包括《中国环境法典编纂的基本理论问题》《域外环境法典编纂的实践和启示》《环境法体系化研究》《环境法典编纂中的关系与结构》《环境法典编纂视野下的环境法效能研究》5 部著作。

16. 2021 年 10 月 30 日至 11 月 2 日,研究会在海口举办“环境法典草案专家建议稿的编纂方法与实务”培训会议,国内 20 余所高校代表通过线上和线下结合的方式参与了此次会议。会议聚焦《环境法典草案专